Feuerwehrgesetz für Baden-Württemberg

Praxiskommentar mit Satzungsmustern und Verwaltungsvorschriften

Dr. Wilhelm Surwald

ab der 8. Auflage fortgeführt von

Armin Ernst
Vorsitzender Richter am Landgericht Tübingen

10., überarbeitete Auflage, 2026

BOORBERG

Bibliografische Information der Deutschen Nationalbibliothek |
Die Deutsche Nationalbibliothek verzeichnet diese Publikation in der Deutschen Nationalbibliografie; detaillierte bibliografische Daten sind im Internet über www.dnb.de abrufbar.

ISBN 978-3-415-07792-8
10. Auflage, 2026

Anfragen gemäß EU-Verordnung über die allgemeine Produktsicherheit (EU) 2023/988 (General Product Safety Regulation – GPSR) richten Sie bitte an: Richard Boorberg Verlag GmbH & Co KG, Produktsicherheit, Scharrstraße 2, 70563 Stuttgart; E-Mail: produktsicherheit@boorberg.de
Satz: abavo GmbH, Nebelhornstraße 8, 86807 Buchloe | Druck und Bindung: CPI books GmbH, Eberhard-Finck-Straße 61, D-89075 Ulm

Richard Boorberg Verlag GmbH & Co KG | Scharrstraße 2 | 70563 Stuttgart
Stuttgart | München | Hannover | Berlin | Weimar | Dresden
www.boorberg.de

Vorwort zur 10. Auflage

Seit Erscheinen der 9. Auflage im Jahr 2018 sind mehr als sieben Jahre vergangen. Zwar haben sich seither im Feuerwehrgesetz nur wenige Änderungen ergeben. So wurden mit Gesetz vom 25. Februar 2025 seither lediglich § 4 Abs. 2 geändert und der 2. Halbsatz in dessen Abs. 3 gestrichen; zudem wurde die Verweisung in § 27 Abs. 4 korrigiert. Jedoch ist die umfassende Novellierung des Landeskatastrophenschutzgesetzes endlich am 3. Dezember 2025 vom Landtag verabschiedet worden. Im Anhang 6 findet sich eine Gegenüberstellung der in der Vorauflage zitierten bisherigen Regelungen mit den erfolgten Änderungen. Zudem wurden in der Zwischenzeit zahlreiche Gesetze, Verordnungen und Verwaltungsvorschriften, wie etwa das Polizei- und das Rettungsdienstgesetz und die VwV-Z-Feu, jetzt ZFeuVwV, auf die im Kommentar verwiesen wird, geändert oder neu gefasst. Gleiches gilt für Kommentare, die in diesem Werk zitiert werden. Des Weiteren sind zwischenzeitlich zahlreiche Urteile des Verwaltungsgerichtshofes zum Kostenersatz und zur Beendigung des Feuerwehrdienstes ergangen, der Bundesgerichtshof lehnte im Fall Baden-Baden eine Haftungsbeschränkung der Gemeinde bei schuldhaften Amtspflichtverletzungen ihrer Feuerwehrangehörigen ab. Es war daher Zeit, das Werk grundlegend zu überarbeiten. Wiederum war es mir dabei ein Anliegen, durch die Berücksichtigung des Kommentars der Autoren Gerhard Hildinger und Andrea Rosenauer auf Gemeinsamkeiten, aber auch unterschiedliche Sichtweisen bei der Auslegung und Kommentierung des Feuerwehrgesetzes hinzuweisen.

Ziel der vorliegenden Neubearbeitung ist es einerseits, den Stil des Kommentars und seine gute Lesbarkeit für die praktische Arbeit der Feuerwehrangehörigen zu erhalten, andererseits die rechtlich problematischen und im Feuerwehralltag bedeutsamen Vorschriften – die §§ 2, 3, 26, 30, 31 und 34 FwG – noch umfassender, aber dabei auch übersichtlicher zu kommentieren. Diesem Anspruch folgend, erscheint der Kommentar nun in einem neuen, noch leserfreundlicheren Format. Die Erläuterungen wurden durch zahlreiche Rechtsprechungsnachweise und weitergehende Literaturhinweise ergänzt. Soweit Rechtsprechung bei juris veröffentlicht wurde, erfolgen Hinweise auf die dortigen Randnummern, um ein schnelles und zielgerichtetes Nachschlagen zu ermöglichen. Die neuen Bestimmungen des Feuerwehrgesetzes sind erläutert, die übrigen Erläuterungen durchgesehen, gekürzt, aber ganz überwiegend ergänzt. Die zitierten Hinweise, Richtlinien und Verwaltungsvorschriften zum Feuerwehrgesetz sind auf den neuesten Stand gebracht. Sie befinden sich ebenso wie die zitierte Rechtsprechung auf dem Stand September 2025. In den Anhang aufgenommen sind zudem das Satzungsmuster für Feuerwehren mit Abteilungen (FwSAbt) mit den Erläuterungen, die VwV Zuwendungen Feuerwehrwesen (ZFeuVwV) sowie die Feuerwehr-Kostenersatz-Satzung (FwKS).

Die umfassende Überarbeitung und Neukommentierung nach solch langer Zeit und in einem sehr großen Umfang wird bedingen, dass sich der eine oder andere Fehler eingeschlichen haben mag oder Leserinnen und Leser positive oder auch negative Kritik üben möchten. Verbesserungen, Kritik und Anregungen zur weiteren Kommentierung sind herzlich willkommen. An Stellen im Kommentar, wo geschlechtsneutrale Formulierungen aus Gründen der Lesbarkeit unterbleiben, sind ausdrücklich stets beide Geschlechter angesprochen.

Dankbar bin ich meinen Kameradinnen und Kameraden der Freiwilligen Feuerwehr Tübingen für viele Stunden gemeinsamer schöner und erfolgreicher Feuerwehrarbeit, die nach wie vor den Praxisbezug des Kommentars ermöglicht. Dr. Frank Knödler und Michael Wegel, den Präsidenten des Landesfeuerwehrverbandes, bin ich verbunden für das Vertrauen, das sie mir mit der Ernennung zum Fachgebietsleiter Recht entgegenbrachten. Gerd Zimmermann, Geschäftsführer des Landesfeuerwehrverbandes, unterstützte mich bei der Recherche für die Überarbeitung des Kommentars. Danken möchte ich den Mitarbeitern der Landesfeuerwehrschule Baden-Württemberg, vor allem Frieder Lieb und Christoph Slaby, die meine Unterrichtstätigkeit an der Landesfeuerwehrschule ermöglichen, unterstützen und mir zahlreiche Anregungen und Hilfestellungen zuteilwerden ließen. Frau Sara Kerbeck vom Richard Boorberg Verlag unterstützte mich mit Korrekturen und zahlreichen Anregungen, sie war mir eine große Hilfe. Besondere Dankbarkeit jedoch schulde ich meinem im Feuerwehrdienst verunglückten Freund Kurt Schwägerle, der mich in die Freiwillige Feuerwehr Tübingen eingeführt hat, meinem Freund Brandmeister Andreas Töpfer, der mir in schweren Stunden des Feuerwehrdienstes zur Seite gestanden ist, meinem ehemaligen Kreisbrandmeister Karl Hermann, der mich für die Feuerwehrverbandsarbeit begeisterte, vor allem aber meiner Frau Sabine, die bei der Neukommentierung erneut zahllose Abende und Wochenenden auf mich verzichten und meine Launen ertragen musste.

Tübingen, im Dezember 2025

Armin Ernst

Inhalt

Abkürzungen und häufig verwendete Literatur

Die nur in den einzelnen Randnummern verwendeten Abkürzungen sind jeweils dort erläutert. Die ohne Angabe des Gesetzes angeführten Paragrafen beziehen sich auf das Feuerwehrgesetz Baden-Württemberg.

a. a. O.	am angegebenen Ort
a. A.	anderer Ansicht
a. E.	am Ende
a. F.	alte Fassung
AAG	Gesetz über den Ausgleich der Arbeitgeberaufwendungen für Entgeltfortzahlung (Aufwendungsausgleichsgesetz) vom 22. Dezember 2005 (BGBl. I S. 3686)
ABC	atomar, biologisch, chemisch; mittlerweile ersetzt durch den Begriff CBRN
Abs.	Absatz
Abschn.	Abschnitt
AG	Ausführungsgesetz bzw. Aktiengesellschaft
Aker/Hafner/Notheis	Gemeindeordnung für Baden-Württemberg, 2. Auflage, 2019, abrufbar über juris
ÄndG	Gesetz zur Änderung des Feuerwehrgesetzes
Anm.	Anmerkung
AO	Abgabenordnung in der Fassung vom 23. Januar 2025 (BGBl. 2025 I Nr. 24)
APrO	Ausbildungs- und Prüfungsordnung
ArbMedVV	Verordnung zur arbeitsmedizinischen Vorsorge vom 18. Dezember 2008 (BGBl. I S, 2768)
ArbStättV	Arbeitsstättenverordnung vom 12. August 2004 (BGBl. I S. 2179)
Art.	Artikel
Aufl.	Auflage
AzUVO	Verordnung der Landesregierung über die Arbeitszeit, den Urlaub, den Mutterschutz, die Elternzeit, die Pflegezeiten und den Arbeitsschutz der Beamtinnen, Beamten, Richterinnen und Richter (Arbeitszeit- und Urlaubsverordnung) vom 29. November 2005 (GBl. 2005, 716)
B	Bund(es...)

BW	Baden-Württemberg
Bad., bad.	Baden, badisch
BAföG	Bundesausbildungsförderungsgesetz vom 7. Dezember 2010 (BGBl. I S. 1952)
BAG	Bundesarbeitsgericht
BAnz.	Bundesanzeiger
BauGB	Baugesetzbuch
BaWüVBl.	Baden-württembergisches Verwaltungsblatt (Zeitschrift)
Bay., bay.	Bayern, bayerisch
BayVBl.	Bayerische Verwaltungsblätter (Zeitschrift)
BayVGHE n.F.	Sammlung von Entscheidungen des Bayerischen Verwaltungsgerichtshofs, neue Folge (zitiert nach Band und Seite)
BBesG	Bundesbesoldungsgesetz in der Fassung vom 19. Juni 2009 (BGBl. I S. 1434)
BBG	Bundesbeamtengesetz vom 5. Februar 2009 (BGBl. I S. 160)
BeamtStG	Beamtenstatusgesetz vom 17. Juni 2008 (BGBl. I S. 1010)
BeamtVG	Gesetz über die Versorgung der Beamten und Richter in Bund und Ländern (Beamtenversorgungsgesetz) in der Fassung vom 24. Februar 2010 (BGBl. I S. 150)
Begr.	Begründung
Belz/Mußmann/ Kahlert/Sander	Polizeigesetz für Baden-Württemberg, 9. Aufl. 2022, abrufbar über juris
Beschl.	Beschluss
Bespr.	Besprechung
BetrSichV	Betriebssicherheitsverordnung vom 3. Februar 2015 (BGBl. I S. 49)
BFH	Bundesfinanzhof
BGB	Bürgerliches Gesetzbuch
BGBl. I	Bundesgesetzblatt Teil I
BGH	Bundesgerichtshof
BGHSt	Entscheidungen des Bundesgerichtshofs in Strafsachen (zitiert nach Band und Seite)
BGHZ	Entscheidungen des Bundesgerichtshofs in Zivilsachen (zitiert nach Band und Seite)
BImSchG	Bundesimmissionsschutzgesetz in der Fassung vom 17. Mai 2013 (BGBl. S. 1274)

BKiSchG	Bundeskinderschutzgesetz vom 22. Dezember 2011 (BGBl. I S. 2975)
BKV	Berufskrankheiten-Verordnung vom 31. Oktober 1997 (BGBl. I S. 2623)
BMG	Bundesmeldegesetz in der Fassung vom 3. Mai 2013 (BGBl. I S. 1064)
BMI	Bundesministerium des Innern
BMJ	Bundesministerium der Justiz
BMV	Bundesministerium für Verkehr
BOS	Behörden und Organisationen mit Sicherheitsaufgaben
Brandhilfe	Fachzeitschrift für Feuerwehren und Rettungswesen, Organ des Landesfeuerwehrverbands Baden-Württemberg, mit den amtlichen Bekanntmachungen des Innenministeriums Baden-Württemberg
Brandschutz	Deutsche Feuerwehrzeitung, Zeitschrift für das gesamte Feuerwehr- und Rettungswesen
BRRG	Rahmengesetz zur Vereinheitlichung des Beamtenrechts (Beamtenrechtsrahmengesetz) in der Fassung vom 31. März 1999 (BGBl. I S. 654)
BStBl.	Bundessteuerblatt
BVerfG	Bundesverfassungsgericht
BVerfGE	Entscheidungen des Bundesverfassungsgerichts (zitiert nach Band und Seite)
BVerwG	Bundesverwaltungsgericht
BVerwGE	Entscheidungen des Bundesverwaltungsgerichts (zitiert nach Band und Seite)
BWGZ	Die Gemeinde, Zeitschrift für die Städte und Gemeinden, Organ des Gemeindetags Baden-Württemberg
BWVPr.	Baden-Württembergische Verwaltungspraxis, Fachzeitschrift für die Ausbildung und Fortbildung in der öffentlichen Verwaltung
BzG BW	Bildungszeitgesetz Baden-Württemberg vom 1. Juli 2015 (GBI. 2015, 161)
BZRG	Bundeszentralregistergesetz in der Fassung vom 21. September 1984 (BGBl. I, 1229)
bzw.	beziehungsweise
CBRN	chemische, biologische, radiologische und nukleare Gefahren für Menschen und die Gesellschaft
CEN	Europäisches Komitee für Normung

d. h.	das heißt
DFV	Deutscher Feuerwehrverband
DIN	DIN-Normen (ist ein E angefügt, handelt es sich um einen Normenentwurf) und Deutsches Institut für Normung
DLK	Drehleiter mit Korb
DLRG	Deutsche Lebensrettungsgesellschaft
DÖV	Die Öffentliche Verwaltung (Zeitschrift)
DRK	Deutsches Rotes Kreuz
DSGVO	Verordnung (EU) 20016/679 des Europäischen Parlaments und des Rates vom 27. April 2016 (Datenschutz-Grundverordnung)
DVBl.	Deutsches Verwaltungsblatt (Zeitschrift)
DVGW	Deutscher Verein des Gas- und Wasserfachs e. V.
DVO	Durchführungsverordnung
EG	Einführungsgesetz
EigBG	Gesetz über die Eigenbetriebe der Gemeinde (Eigenbetriebsgesetz) in der Fassung vom 8. Januar 1992 (GBl. 1992, 21)
ELW	Einsatzleitwagen
EN	Europäische Normen, ausgearbeitet von CEN
EntgFG	Entgeltfortzahlungsgesetz vom 26. Mai 1994 (BGBl. I S. 1014, 1065)
Erl.	Erlass und Erläuterung
Erman	Bürgerliches Gesetzbuch, 17. Aufl, 2023, abrufbar über juris
EStG	Einkommensteuergesetz in der Fassung vom 8. Oktober 2009 (BGBl. I S. 3366, 3862)
ESVGH	Entscheidungssammlung des Hessischen Verwaltungsgerichtshofs und des Verwaltungsgerichtshofs Baden-Württemberg mit Entscheidungen der Staatsgerichtshöfe beider Länder
f. (ff.)	und folgende Seite(n)
FAG	Gesetz über den kommunalen Finanzausgleich vom 20. Dezember 2001 (GBl. 2001, 3955)
FF	freiwillige Feuerwehr
FNFW	Fachnormenausschuss Feuerwehrwesen, ein Ausschuss des Deutschen Instituts für Normung e. V. (DIN)
FTG	Gesetz über die Sonntage und Feiertage (Feiertagsgesetz) in der Fassung vom 8. Mai 1995 (GBl. 1995, 450)

Fundstelle	Die Fundstelle für die Gemeindeverwaltungen in Baden-Württemberg (zitiert nach Jahrgang und Rn.)
Fw	Feuerwehr
FwDV	Feuerwehrdienstvorschrift(en)
FwG	Feuerwehrgesetz Baden-Württemberg in der Fassung vom 2. März 2010 (GBl. 2010, 333)
FwKS	Satzungsmuster Feuerwehr-Kostenersatz-Satzung des Gemeindetags Baden-Württemberg; abgedruckt im Anhang
FwSAbt	Muster für eine Satzung für eine Freiwillige Feuerwehr mit Abteilungen; abgedruckt im Anhang
GABl.	Gemeinsames Amtsblatt des Landes Baden-Württemberg
GaVO	Verordnung des Wirtschaftsministeriums über Garagen und Stellplätze (Garagenverordnung) vom 7. Juli 1997 (GBl. 1997, 332)
GBl.	Gesetzblatt für Baden-Württemberg
GemO	Gemeindeordnung für Baden-Württemberg in der Fassung vom 24. Juli 2000 (GBl. 2000, 581)
GewO	Gewerbeordnung in der Fassung vom 22. Februar 1999 (BGBl. I S. 202)
GG	Grundgesetz für die Bundesrepublik Deutschland in der Fassung vom 13. Juli 2017 (BGBl. I S. 2347)
GGVSEB	Gefahrgutverordnung Straße, Eisenbahn und Binnenschifffahrt vom 17. Juni 2009 (BGBl. I S. 711, 993)
GKV	Gesetz über den kommunalen Versorgungsverband vom 16. April 1996 (GBl. 1996, 393)
GKZ	Gesetz über kommunale Zusammenarbeit vom 16. September 1974 (GBl. 1974, 408)
GMBl.	Gemeinsames Ministerialblatt der Bundesministerien
GrStG	Grundsteuergesetz vom 7. August 1973 (BGBl. I S. 965)
GSZ	Zeitschrift für das Gesamte Sicherheitsrecht
GUV	Gemeindeunfallverband
GVBl.	Gesetz- und Verordnungsblatt
GVG	Gerichtsverfassungsgesetz in der Fassung vom 9. Mai 1975 (BGBl. I S. 3618)
HaftPflG	Haftpflichtgesetz vom 4. Januar 1978 (BGBl. I S. 145)
Hess., hess.	Hessen, hessisch
Hildinger/Rosenauer	Feuerwehrgesetz Baden-Württemberg, 4. Aufl., 2017

HLF	Hilfeleistungslöschgruppenfahrzeug
Hohenz., hohenz.	Hohenzollern, hohenzollerisch
i. d. F.	in der Fassung
i. S.	im Sinne
i. V. m.	in Verbindung mit
IM	Innenministerium Baden-Württemberg
JArbSchG	Jugendarbeitsschutzgesetz vom 12. April 1976 (BGBl. I S. 965)
JGG	Jugendgerichtsgesetz in der Fassung vom 11. Dezember 1974 (BGBl. I S. 3427)
juris	Juristisches Informationssystem für die Bundesrepublik Deutschland
KAG	Kommunalabgabengesetz vom 17. März 2005 (GBl. 2005, 206)
KomWG	Kommunalwahlgesetz vom 1. September 1983 (GBl. 1983, 429)
KraftStG	Kraftfahrzeugsteuergesetz vom 26. September 2002 (BGBl. I, S. 3818)
KunstUrhG	Gesetz betreffend das Urheberrecht an Werken der bildenden Künste und der Photographie in der bereinigten Fassung vom 16. Februar 2001 (BGBl. I S. 266)
LBeamtVGBW	Landesbeamtenversorgungsgesetz Baden-Württemberg vom 9. November 2010 (GBl. 2010, 793)
LBesGBW	Landesbesoldungsgesetz Baden-Württemberg vom 9. November 2010 (GBl. 2010, 826)
LBG	Landesbeamtengesetz vom 9. November 2010 (GBl. 2010, 793)
LBO	Landesbauordnung in der Fassung vom 20. November 2023 (GBl. 2023, 422)
LBOAVO	Allgemeine Ausführungsverordnung zur LBO vom 5. Februar 2010 (GBl. 2010, 24)
LDG	Landesdisziplinargesetz vom 14. Oktober 2008 (GBl. 2008, 343).
LDSG	Gesetz zum Schutz personenbezogener Daten (Landesdatenschutzgesetz) vom 12. Juni 2018 (GBl. 2018, 173)
LF	Löschgruppenfahrzeug
LFS	Landesfeuerwehrschule Baden-Württemberg

LHO	Landeshaushaltsordnung vom 19. Oktober 1971 (GBl. 1971, 428)
LKatSG	Landeskatastrophenschutzgesetz in der Fassung vom 3. Dezember 2025 (GBl. 2025, Nr. 136)
LKreiWiG	Landeskreislaufwirtschaftsgesetz vom 17. Dezember 2020 (GBl. 2020, 1233)
LKrO	Landkreisordnung für Baden-Württemberg vom 19. Juni 1987 (GBl. 1987, 288)
LNTVO	Landesnebentätigkeitsverordnung vom 28. Dezember 1972 (GBl. 1973, 57)
LOWiG	Landesgesetz über Ordnungswidrigkeiten (Landesordnungswidrigkeitengesetz) vom 8. Februar 1978 (GBl. 1978, 102)
LRKG	Landesreisekostengesetz vom 4. Februar 2021 (GBl. 2021, 111)
LT-Drs.	Landtagsdrucksache
LuftVG	Luftverkehrsgesetz vom 10. Mai 2007 (BGBl. I S. 698)
LV	Verfassung des Landes Baden-Württemberg vom 11. November 1953 (GBl. 1953, 173)
LVG	Landesverwaltungsgesetz Baden-Württemberg vom 14. Oktober 2008 (GBl. 2008, 313)
LVwVfG	Verwaltungsverfahrensgesetz für Baden-Württemberg (Landesverwaltungsverfahrensgesetz) in der Fassung vom 12. April 2005 (GBl. 2005, 350)
LVwVG	Landesverwaltungsvollstreckungsgesetz vom 12. März 1974 (GBl. 1974, 93)
LWaldG	Waldgesetz für Baden-Württemberg (Landeswaldgesetz) vom 31. August 1995 (GBl. 1995, 685)
m. w. N.	mit weiteren Nachweisen
MLR	Ministerium für Ernährung, Ländlichen Raum und Verbraucherschutz Baden-Württemberg
NATO	North Atlantic Treaty Organization (Nordatlantikpakt)
NJW	Neue Juristische Wochenschrift (Zeitschrift)
NJW-RR	Neue Juristische Wochenschrift-Rechtsprechungsreport (Zeitschrift)
NotrufV	Verordnung über Notrufverbindungen vom 6. März 2009 (BGBl. I S. 481)
NRW	Nordrhein-Westfalen
NVwZ	Neue Verwaltungszeitschrift (Zeitschrift)

NVwZ-RR	Neue Verwaltungszeitschrift-Rechtsprechungsreport (Zeitschrift)
OLG	Oberlandesgericht
OVG	Oberverwaltungsgericht
OWiG	Gesetz über Ordnungswidrigkeiten in der Fassung vom 19. Februar 1987 (BGBl. I S. 602)
PolG	Polizeigesetz von Baden-Württemberg in der Fassung vom 6. Oktober 2020 (GBl. 2020, 735)
RdErl.	Runderlass
RDG	Rettungsdienstgesetz von Baden-Württemberg in der Fassung vom 25. Juli 2024 (GBl. 2024, 66)
Rn.	Randnummer
Rdschr.	Rundschreiben
RegBl.	Regierungsblatt
RGBl. I	Reichsgesetzblatt Teil I
RGSt	Entscheidungen des Reichsgerichts in Strafsachen
RP	Regierungspräsidium
Rspr.	Rechtsprechung
RuS	Recht und Schaden (Zeitschrift)
RVO	Reichsversicherungsordnung, mittlerweile vollständig abgelöst durch das SGB
RW	Rüstwagen
S.	Seite
s.	siehe
SGB	Sozialgesetzbuch
sog.	sogenannt
SSW-StGB	Satzger/Schluckebier/Werner, Kommentar zum StGB, 6. Aufl., 2024
SSW-StPO	Satzger/Schluckebier/Werner, Kommentar zur StPO, 6. Aufl., 2025
StAnz	Staatsanzeiger für Baden-Württemberg
StGB	Strafgesetzbuch in der Fassung vom 13. November 1998 (BGBl. I S. 3322)
StGH	Staatsgerichtshof Baden-Württemberg
StLF	Staffellöschfahrzeug
Staudinger	Bürgerliches Gesetzbuch, Neubearbeitung 2019, abrufbar über juris
StPO	Strafprozessordnung in der Fassung vom 7. April 1987 (BGBl. I S. 1319)

StVG	Straßenverkehrsgesetz vom 5. März 2003 (BGBl. I, S. 310)
StVO	Straßenverkehrs-Ordnung in der Fassung vom 6. März 2013 (BGBl. I S. 367)
StVZO	Straßenverkehrs-Zulassungs-Ordnung vom 26. April 2012 (BGBl. I S. 679)
THL	Technische Hilfeleistung
THW	Bundesanstalt Technisches Hilfswerk
THWG	Gesetz über das Technische Hilfswerk vom 22. Januar 1990 (BGBl. I S. 118)
TKG	Telekommunikationsgesetz vom 23. Juni 2021 (BGBL I S. 1858)
TLF	Tanklöschfahrzeug
TSF-W	Tragkraftspritzenfahrzeug-Wasser
TÜV	Technischer Überwachungsverein
TVöD	Tarifvertrag für den öffentlichen Dienst
UKBW	Unfallkasse Baden-Württemberg
UrhG	Urheberrechtsgesetz vom 9. September 1965 (BGBl. I S. 1273)
Urt.	Urteil
UVV	Unfallverhütungsvorschrift
VbF	Verordnung über brennbare Flüssigkeiten (außer Kraft)
VBlBW	Verwaltungsblätter für Baden-Württemberg (Zeitschrift)
VersR	Versicherungsrecht (Zeitschrift)
VerwRspr.	Verwaltungsrechtsprechung in Deutschland (Zeitschrift)
vfdb	Vereinigung zur Förderung des deutschen Brandschutzes e. V.
VGH	Verwaltungsgerichtshof (wenn ohne nähere Bezeichnung: VGH Baden-Württemberg)
vgl.	vergleiche
VkBl.	Verkehrsblatt des Bundesministers für Verkehr
VkVO	Verkaufsstättenverordnung vom 11. Februar 1997 (GBl. 1997, 84)
VO	Verordnung
VOHvO	Verordnung des IM über die Mitwirkung von Helfer-vor-Ort-Systemen (Ersthelferverordnung) vom 12. Februar 2018 (GBl. 2018, 57)
VOKeFw	Verordnung Kostenersatz Feuerwehr vom 18. März 2016 (GBl. 2016, 253), zuletzt geändert durch VO vom 11. März 2024

Vorb.	Vorbemerkung
VRW	Vorausrüstwagen
VStättVO	Versammlungsstättenverordnung vom 28. April 2004 (GBl. 2004, 311)
VwGO	Verwaltungsgerichtsordnung in der Fassung vom 19. März 1991 (BGBl. I S. 686)
VwV	Verwaltungsvorschrift
VwV-Ergänzung Unfallversicherung Feuerwehr	Verwaltungsvorschrift über Leistungen zur Ergänzung der Unfallversicherung im Bereich der Feuerwehren vom 12. Juli 2016 (GABl. 2016, 558)
VwV-Feuerwehrausbildung	Verwaltungsvorschrift des Innenministeriums über die Aus- und Fortbildung der Feuerwehrangehörigen in Baden-Württemberg vom 5. Februar 2018 (GABl. 2018, 70)
VwV KatSD	Verwaltungsvorschrift des Innenministeriums über die Gliederung und Stärke des Katastrophenschutzdienstes vom 10. Oktober 2019 (GABl. 2019, S. 294)
VwV-Kostenfestlegung	Verwaltungsvorschrift über die Berücksichtigung der Verwaltungskosten vom 31. Oktober 2022 (GABl. 2022, 883)
VwV-Z-Feu	Verwaltungsvorschrift des Innenministeriums über Zuwendungen für das Feuerwehrwesen vom 11. Dezember 2017 (GABl. 2017, 637), außer Kraft und ersetzt durch die ZFeuVwV
WFVD	Werkfeuerwehrverband Deutschland
WG	Wassergesetz für Baden-Württemberg vom 3. Dezember 2013 (GBl. 2013, 389)
WHG	Wasserhaushaltsgesetz vom 31. Juli 2009 (BGBl. I S. 2585)
Württ., württ.	Württemberg, württembergisch
z. B.	zum Beispiel
ZFeuVwV	Verwaltungsvorschrift über Zuwendungen im Feuerwehrwesen vom 21. August 2024; abgedruckt im Anhang
ZfSch	Zeitschrift für Schadensrecht, abrufbar über juris
ZKSG	Zivilschutz- und Katastrophenhilfegesetz des Bundes vom 25. März 1997 (BGBl. I S. 726)
ZPO	Zivilprozessordnung in der Fassung vom 5. Dezember 2005 (BGBl. I S. 3202)

Einführung

A. Gesetzgebungszuständigkeit des Landes

Die Aufgabe des abwehrenden Brandschutzes wird von den Feuerwehren seit Mitte des 19. Jahrhunderts wahrgenommen; die erste Feuerwehr im Gebiet des Landes war das 1846 gegründete „Pompiercorps“ Durlach, 1853 bestanden bereits 38 freiwillige Feuerwehren. Abwehrender Brandschutz ist Gefahrenabwehr im Sinne des Rechts der öffentlichen Sicherheit und Ordnung (vgl. § 1 PolG) und unterliegt damit gemäß den Art. 30, 70 GG der Gesetzgebungs- und Verwaltungszuständigkeit der Bundesländer. Nach dem 24. Mai 1949, dem Zeitpunkt des Inkrafttretens des Grundgesetzes, haben alle Bundesländer ein Brandschutzgesetz erlassen, in manchen Ländern, so in Baden-Württemberg, Feuerwehrgesetz genannt. Der Landtag von Baden-Württemberg hat schon in seiner ersten Wahlperiode (1952 bis 1956) sein Gesetzgebungsrecht ausgeübt. 1

B. Das Gesetz und seine Vorgänger

Das Feuerwehrgesetz von Baden-Württemberg vom 6. Februar 1956 (GBl. S. 19) hat das in den einzelnen Landesteilen geltende Feuerwehrrecht vereinheitlicht. 2

Im ehemaligen Bundesland Württemberg-Baden (nicht identisch mit den jetzigen Regierungsbezirken Stuttgart und Karlsruhe) hatte bis zum 1. April 1956, dem Zeitpunkt des Inkrafttretens des Feuerwehrgesetzes, noch das Gesetz über das Feuerlöschwesen vom 23. November 1938 (RGBl. I S. 1662) mit seinen sieben Durchführungsverordnungen gegolten, nämlich:

- DVO vom 27. September 1939 (RGBl. I S. 1983), Organisation der Feuerschutzpolizei;
- DVO vom 9. Oktober 1939 (RGBl. I S. 2024), Verhalten bei Brandunfällen;
- DVO vom 24. Oktober 1939 (RGBl. I S. 2096), Organisation der Freiwilligen Feuerwehr;
- DVO vom 24. Oktober 1939 (RGBl. I S. 2100), Organisation der Pflichtfeuerwehr;

- DVO vom 6. November 1939 (RGBl. I S. 2172), Erstattung des Lohnausfalls an die Mitglieder der Feuerwehren;
- DVO vom 3. Januar 1940 (RGBl. I S. 20), Amt für Freiwillige Feuerwehren;
- DVO vom 17. September 1940 (RGBl. I S. 1250), Organisation der Werkfeuerwehr.

Dieses Gesetz war durch die amerikanische Militärregierung „entnazifiziert" worden (vgl. Vorschriften über das öffentliche Sicherheitswesen vom 22. Mai 1947, Tit. 9 Ziff. 200ff.). Ergänzend fand im württembergischen Teil dieses Bundeslandes damals noch die württ. Landesfeuerlöschordnung vom 7. Juni 1885 (RegBl. S. 235) in der Fassung der Verordnung des württ. Innenministeriums über das Feuerlöschwesen vom 21. Januar 1937 (RegBl. S. 21) Anwendung. Im badischen Landesteil des Bundeslandes Württemberg-Baden bestand bis zum Reichsgesetz über das Feuerlöschwesen von 1939 keine landesgesetzliche Regelung.

Im ehemaligen Bundesland Baden, dem späteren Regierungsbezirk Südbaden (nicht identisch mit dem heutigen Regierungsbezirk Freiburg) wurde das Reichsgesetz über das Feuerlöschwesen durch das Landesgesetz über die Feuerwehren vom 25. November 1949 (GVBl. 1950 S. 17) abgelöst.

Das frühere Bundesland Südwürttemberg-Hohenzollern, der spätere gleichnamige Regierungsbezirk, hatte schon zwei Jahre früher neue Rechtsgrundlagen für das Feuerwehrwesen geschaffen; es waren die Rechtsanordnung über das Statut des Feuerlöschwesens vom 25. April 1947 (RegBl. S. 77) und die Anordnung der Landesdirektion des Innern zur Ausführung der Rechtsanordnung über das Statut des Feuerlöschwesens vom 30. April 1947 (RegBl. S. 90) mit einem Anhang zu § 69 dieser Anordnung vom 1. September 1947 (RegBl. S. 94).

Das Feuerwehrgesetz vom 6. Februar 1956 ist ein Zusammenschnitt der vier genannten Altgesetze, die in den drei früheren Bundesländern, welche sich durch Volksabstimmung vom 9. Dezember 1951 zum Bundesland Baden-Württemberg vereinigt hatten, gegolten hatten. Das Feuerwehrgesetz von 1956 enthielt kaum eine Bestimmung, die nicht einem dieser vier Gesetze entnommen ist. So ist beispielsweise die Feuerwehr als Selbstverwaltungsaufgabe der Gemeinde, die Beschränkung der staatlichen Aufsicht auf die Rechtsaufsicht und auch die Selbstverwaltung und Selbstbestimmung innerhalb der Feuerwehr dem bad. Landesgesetz über die Feuerwehr vom 25. November 1949 (a.a.O.) entnommen. Ebenso wenig wie der badische Landtag im Jahr 1949 die Feuerwehr aus der Gemeinde herausgelöst und, wie vor 1938, wieder „auf eigene Füße" gestellt hat – die Feuerwehr als Verein und die Gemeinde als Kostenträger –, ebenso wenig wollte auch der Landtag von Baden-Württemberg die Feuerwehr als eigene Rechtsperson. Sie blieb eine unselbstständige Einrichtung der Gemeinde, und zwar nicht als Auftragsangelegenheit des Landes, sondern als Pflichtaufgabe der Selbstverwaltungskörperschaft Gemeinde. Die württ. Landesfeuerlöschordnung aus dem Jahr 1885 (a.a.O.) stand „Pate" für die (inzwischen als verfassungswidrig erklärte und aufgehobene) Feuerwehrabgabe (vgl. dort Art. 22); ebenso geht die Mitfinanzierung von Feuerwehreinrichtungen der Gemeinden aus den Brandschadensumlagen der Gebäudeversicherung Baden-Württemberg auf Art. 23 der Landesfeuerlöschordnung zurück. Die Einrichtung der feuerwehrtechnischen Beamten (Kreisbrandmeister, Bezirksbrandmeister und Landesbranddirektor) fußt auf dem Statut des Feuerlöschwesens vom 25. April 1947 (a.a.O.), ebenso der Landesfeuerwehrbeirat (vgl. Art. 53, 54 des Statuts mit § 25 FwG).

C. Die Änderungen des Gesetzes

Das Feuerwehrgesetz von Baden-Württemberg vom 6. Februar 1956 (GBl. S. 19) ist seither 22 Mal geändert worden und dabei fünfmal in neuer Fassung und neuer Paragrafenfolge erschienen: 1960, 1978 und 1987, 2009 und 2010. Die einzelnen Gesetze, die das Feuerwehrgesetz änderten, und die einzelnen jeweils geänderten Gesetzesbestimmungen sind in der Kommentierung zu § 40 aufgeführt. 3

Die letzte große inhaltliche Änderung erfolgte durch das Gesetz zur Änderung des Feuerwehrgesetzes vom 10. November 2009 (GBl. S. 633) und bezweckte eine Attraktivitätssteigerung und dauerhafte Sicherung des Personalbestandes der Feuerwehren durch die in § 11 erfolgte Veränderung der Ein- und Austrittsregelungen und durch Senkung des für den Eintritt in die Einsatzabteilungen maßgebenden Alters von 18 Jahren auf 17 Jahre, durch die Möglichkeit der Doppelmitgliedschaft (§ 7 Abs. 3) sowie der zeitlich befristeten „Beurlaubung" vom Feuerwehrdienst (§ 14 Abs. 3). Die Verbesserung der Wirtschaftlichkeit der Gemeindefeuerwehren erfolgte durch die Stärkung der kommunalen Zusammenarbeit in § 3 Abs. 4 und vor allem durch die Erweiterung der kostenersatzpflichtigen Tatbestände für Feuerwehreinsätze in § 34 Abs. 1 Satz 2. Weitere wesentliche Neuerungen waren die hauptamtliche Bestellung der Kreisbrandmeister (§ 23 Abs. 1 Satz 1) sowie die Schaffung der Möglichkeit zur Einrichtung gemeinsamer Werkfeuerwehren in Industrie- und Gewerbeparks (§ 19 Abs. 3 Satz 2).

Die Änderung durch das Gesetz vom 17. Dezember 2015 hatte vor allem folgende Ziele:

- die ehrenamtlich tätigen Angehörigen von im Katastrophenschutz mitwirkenden Organisationen, die auf Anforderung des Bürgermeisters oder des Technischen Einsatzleiters bei ihrer Organisation am Einsatz mitwirken, hinsichtlich der Ansprüche auf Sachschadenersatz sowie Ersatz des Verdienstausfalls den ehrenamtlich tätigen Feuerwehrangehörigen gleichzustellen;
- die Vorschriften zur Berechnung und Erhebung des Kostenersatzes für Einsätze der Gemeindefeuerwehr zur Klarstellung und Vereinfachung neu zu fassen, um damit vor allem den Gemeinden zu ermöglichen, angemessenen Kostenersatz für die Leistungen der Feuerwehr zu verlangen.

Bei den übrigen Änderungen handelte es sich um redaktionelle, inhaltliche oder rechtliche Klarstellungen oder Anpassungen.

Mit Gesetz vom 25. Februar 2025 wurden lediglich § 4 Abs. 2 geändert und der 2. Halbsatz in dessen Abs. 3 gestrichen; zudem wurde die Verweisung in § 27 Abs. 4 korrigiert.

D. Die Rechtsgrundlagen der Feuerwehr

4 Rechtsgrundlage für die Feuerwehr sind neben dem Feuerwehrgesetz (FwG) auch die Satzungen der Gemeinde aufgrund des Feuerwehrgesetzes. Nach § 6 Abs. 1 Satz 3 sind Gliederung und Verwaltung der Gemeindefeuerwehr durch Satzung zu regeln. Rechte und Pflichten der Angehörigen der Gemeindefeuerwehr können, soweit sie über die ihnen im FwG gewährten bzw. auferlegten hinausgehen, ebenfalls durch Satzung näher geregelt werden (§ 7 Abs. 1 Satz 1). Satzungsermächtigungen an die Gemeinde enthalten ferner § 10 Abs. 3 Satz 1, § 18 Abs. 1 Satz 1 und § 34 Abs. 5 Satz 5.

Verbindliches Recht auf dem Gebiet des Feuerwehrwesens kann auch das Innenministerium setzen. Es kann gemäß § 3 Abs. 1 Satz 3 Verwaltungsvorschriften über die Mindestzahl, Art, Beschaffenheit, Normung, Prüfung und Zulassung von Feuerwehrausrüstungen und -einrichtungen sowie über die Gliederung, die Dienstgrade, eine landeseinheitliche Bekleidung und die Aus- und Fortbildung der Gemeindefeuerwehren erlassen. Folgende Verwaltungsvorschriften (sämtlich eingestellt in der aktuellen Fassung auf der Internetseite der LFS) sind für den Bereich der Feuerwehren insbesondere von Bedeutung:

- VwV Feuerwehrausbildung,

- VwV Feuerwehrbekleidung,
- VwV Ergänzung Unfallversicherung Feuerwehr,
- ZFeuVwV (abgedruckt im Anhang).

Die Ermächtigung, Rechtsverordnungen zu erlassen, enthalten die § 3 Abs. 1 Satz 4, § 22 Abs. 3, § 23 Abs. 4 und § 34 Abs. 8. Aufgrund von § 34 Abs. 8 erlassen hat das Innenministerium die Verordnung über den Kostenersatz für Einsätze der Feuerwehr (VOKeFw) vom 18. März 2016 (GBl. 2016, 253).

E. Die Feuerwehren im Sinne des Gesetzes

„Feuerwehr" i. S. des Feuerwehrgesetzes (vgl. hierzu Rn. 2 zu § 1) ist die Gemeindefeuerwehr, einschließlich der Verbandsfeuerwehr als öffentliche Feuerwehr, und die Werkfeuerwehr als private Feuerwehr. Die Gemeindefeuerwehr als Freiwillige Feuerwehr (ggf. mit einer Abteilung Berufsfeuerwehr oder hauptamtlicher Kräfte) ist eine unselbstständige Einrichtung der Gemeinde. Die Gemeinde ist nach § 3 gehalten, eine Feuerwehr aufzustellen, auszurüsten und zu unterhalten (Pflichtaufgabe). Diese Aufgabe ist den Gemeinden nicht zur Erfüllung nach Weisung auferlegt. Sie nehmen die Aufgaben nach § 3 in eigener Verantwortung wahr, was § 1 Abs. 3 Satz 1 ausdrücklich klarstellt. Die Aufsicht über die Gemeinde als Feuerwehrträger beschränkt sich auf die Rechtsaufsicht (vgl. § 22 Abs. 4 Satz 1). 5

F. Die verwaltungsmäßige Selbstständigkeit der Freiwilligen Feuerwehr

Die Gemeindefeuerwehr genießt als Freiwillige Feuerwehr verwaltungsmäßige Selbstständigkeit. Die Angehörigen der Einsatzabteilungen der Freiwilligen Feuerwehr wählen sich ihre Organe (Feuerwehrkommandant, Feuerwehrausschuss sowie ggf. Abteilungskommandant und Abteilungsausschuss) selbst (vgl. § 8 Abs. 2 und § 10 Abs. 1 und 2). Der Feuerwehrausschuss entscheidet autonom über die Aufnahme in die Gemeindefeuerwehr, soweit der Bewerber den Feuerwehrdienst ehrenamtlich leisten will. Die Unterführer der Gemeindefeuerwehr werden, soweit sie ehrenamtlich tätig sind, vom Abteilungskommandanten ernannt, der dazu das Einvernehmen des Feuerwehrkommandanten einzuholen hat. Die Feuerwehr kann kraft Satzung selbst über die sog. Kameradschaftskasse verfügen (vgl. § 18). In keinem anderen Bundesland ist die verwal- 6 tungsmäßige Selbstständigkeit der Freiwilligen Feuerwehr so weitreichend wie in Baden-Württemberg.

G. Feuerwehr und Gemeindeordnung

7 Da die Feuerwehr eine Einrichtung der Gemeinde ist, sind die Vorschriften der Gemeindeordnung (GemO) grundsätzlich auf die Feuerwehr und ihre Angehörigen anwendbar. Ausgenommen sind kraft § 7 Abs. 2 Satz 2 jedoch die Vorschriften der Gemeindeordnung über die ehrenamtliche Tätigkeit. Nicht anwendbar sind daher die §§ 15 bis 19 GemO und kraft § 18 Abs. 1 Satz 2 die „Vorschriften über die Gemeindewirtschaft", d.h. die §§ 77 bis 117 GemO samt der Gemeindekassenverordnung. Die übrigen Vorschriften der Gemeindeordnung sind, soweit das Feuerwehrgesetz keine entsprechende oder widersprechende Regelung enthält, ergänzend heranzuziehen.

H. Feuerwehr und Polizeigesetz

8 Anders ist das Verhältnis des Feuerwehrgesetzes zum Polizeigesetz (PolG). Aus der Tatsache, dass sich die der Feuerwehr nach § 2 obliegenden Aufgaben unter die Generalklausel des § 1 PolG subsumieren lassen, folgt, dass die Feuerwehr als unselbstständige Einrichtung der Gemeinde eine „andere Stelle" i. S. von § 2 Abs. 1 PolG ist. Die Polizei (Polizeibehörden und Polizeivollzugsdienst) kann auf dem Aufgabengebiet des § 2 „vorläufige Maßnahmen" treffen, befristet bis zum Eintreffen der Feuerwehr an der Gefahren- bzw. Schadensstelle. Wie aus § 1 Abs. 1 Satz 2 folgt, ist die Feuerwehr von der Polizei „unabhängig". Beide sind nicht nur organisationsrechtlich getrennt, sondern auch voneinander weisungsunabhängig. Soweit der Bürgermeister nach dem Feuerwehrgesetz Aufgaben wahrzunehmen hat, obliegen sie ihm als Verwaltungsorgan der Gemeinde i. S. von § 23 GemO und nicht als Ortspolizeibehörde (vgl. hierzu §§ 106 Abs. 1 Nr. 4, 106 Abs. 4 PolG). Die Regelungen des Feuerwehrgesetzes gehen denen des Polizeigesetzes vor.

I. Feuerwehrgesetz und Katastrophenschutzgesetz

9 Umgekehrt ist das Verhältnis des Feuerwehrgesetzes zum Landeskatastrophenschutzgesetz (LKatSG) und zum Bundesgesetz über den Zivilschutz und die Katastrophenhilfe des Bundes (Zivilschutz- und Katastrophenhilfe-

gesetz – ZSKG). Die Vorschriften dieser Gesetze verdrängen als „leges speciales“ (spezielle Gesetze) die des Feuerwehrgesetzes; bei Katastrophen in Friedenszeiten ist anstelle des Feuerwehrgesetzes das Landeskatastrophenschutzgesetz und bei Katastrophen im Verteidigungsfall das o.a. Bundesgesetz anzuwenden (siehe hierzu ausführlich Rn. 6 zu § 2). Das hat nicht unerhebliche praktische Auswirkungen. Zwei Beispiele verdeutlichen die unterschiedliche Rechtslage: Das eine ist die Regelung über die Technische Einsatzleitung, das andere die über die Art der Entschädigung an ehrenamtlich Tätige bei Einsätzen und bei Ausbildungsveranstaltungen (Näheres hierzu in Rn. 4 zu § 27 und Rn. 4 zu § 16).

J. Unfallversicherungsschutz für die Feuerwehrangehörigen

Der Unfallversicherungsschutz für Feuerwehrangehörige war in § 5 Nr. 2 **10**
(a.F.) bis zu seiner ersatzlosen Streichung durch Art. 1 Nr. 1 des Haushaltsstrukturgesetzes 1997 vom 16. Dezember 1996 (GBl. S. 776) geregelt.

Die Aufwendungen aus der Unfallversicherung sind nunmehr von der **Unfallkasse Baden-Württemberg** (UKBW, Augsburger Straße 700, 70329 Stuttgart), einer landesunmittelbaren Körperschaft des öffentlichen Rechts, als Träger der gesetzlichen Unfallversicherung zu erbringen (vgl. Verordnung der Landesregierung über die Errichtung der Unfallkasse BW vom 8. April 2003, GBl. 2003, 171). Die zuvor bestehenden Unfallversicherungsträger (Badischer Gemeindeunfallversicherungsverband, Württembergischer Gemeindeunfallversicherungsverband, Badische Unfallkasse, Württembergische Unfallkasse) wurden zum 1. Juli 2003 in die UKBW eingegliedert. Für die Mittel der Ausgaben der UKBW kommen ihre Mitglieder, somit die Gemeinden als Träger der Feuerwehren, auf.

I. Leistungen bei Unfällen/Krankheiten

1. Leistungen nach dem SGB

Der Feuerwehrdienst ist nicht ungefährlich. Vor allem bei Einsätzen sind **11**
Leben und Gesundheit der Feuerwehrangehörigen und auch der hinzugezogenen helfenden Personen bedroht. Aus diesem Grund sind schon seit 1928 alle Personen, die im Dienst der Feuerwehr tätig sind, in den Kreis der kraft Gesetzes versicherten Personen aufgenommen worden. Sie erhalten seither die Leistungen der gesetzlichen Unfallversicherung, früher nach dem dritten Buch der Reichsversicherungsordnung (RVO), seit dem 1. Januar 1997 nach dem siebten Buch des Sozialgesetzbuches (SGB VII). Der Trä-

ger der gesetzlichen Unfallversicherung hat vier verschiedene Arten von Leistungen zu erbringen (vgl. § 22 Abs. 1 des 1. Buchs des Sozialgesetzbuches – SGB I), nämlich Unfallverhütung, Unfallheilbehandlung, Haushalts- und Betriebshilfe und Entschädigungen für Unfallfolgen.

2. Mehrleistungen der UKBW

11a Darüber hinaus erhalten Feuerwehrangehörige unter den Voraussetzungen des Anhangs zu § 19 der Satzung der Unfallkasse Baden-Württemberg (Mehrleistungsbestimmungen vom 8. Juli 2003 in der Fassung vom 16. November 2023, eingestellt auf der Internetseite der UKBW) Mehrleistungen zu den gesetzlichen Leistungen (Regelleistungen).

3. Leistungen des Landes

11b Zusätzlich zu diesen Leistungen der gesetzlichen Unfallversicherung gewährt das Land auf freiwilliger Basis Leistungen:

- Nach der Verwaltungsvorschrift des Innenministeriums über Leistungen zur Ergänzung der Unfallversicherung im Bereich der Feuerwehr (**VwV Ergänzung Unfallversicherung Feuerwehr**) vom 12. Juli 2016 (GABl. 2016, 558, eingestellt auf der Internetseite der LFS). Sie bestehen zum einen in Zuschlägen zu den gesetzlichen Entschädigungsleistungen, und zwar grundsätzlich in Höhe des Unterschiedsbetrags zwischen diesen Leistungen und dem tatsächlichen Verdienstausfall. Die zusätzlichen Leistungen können in gleichem Umfang wie die unfallversicherungsrechtlichen Mehrleistungen des Landes kapitalisiert werden. 2016 hinzugekommen sind die Unterstützungsleistungen für Gesundheitsschäden, für die aufgrund eines fehlenden medizinischen Zusammenhangs zum Unfall (insbesondere aufgrund von Vorschäden) kein Anspruch auf die vorgenannten Leistungen besteht, sog. „schicksalsbedingte Leiden". Die Leistungen wurden erweitert durch die Änderung vom 28. Januar 2021 (GABl. S. 42), siehe hierzu die Information durch das IM in Brandhilfe 4/2021, S. 11.
- Die Erholungsfürsorge des Landes besteht in der kostenfreien mehrtägigen Unterbringung von Feuerwehrangehörigen im Feuerwehrhotel „St. Florian" am Titisee (Gemeinde Hinterzarten). Eigentümer des Feuerwehrhotels ist der Landesfeuerwehrverband Baden-Württemberg, betrieben wird es vom im Stuttgarter Vereinsregister eingetragenen Verein „Baden-Württembergisches Feuerwehrheim". Die Erholungsfürsorge wird aus Mitteln des Landes, der Gemeinden, der SV Sparkassenversicherung und der Stiftung „Jubiläumsspende der Württembergischen Feuerversicherung AG in Stuttgart" bestritten. Das Innenministerium verteilt jährlich die Freiplätze

auf die Regierungspräsidien und den Landesfeuerwehrverband. Die Zuteilung richtet sich grundsätzlich nach der Zahl der Feuerwehrangehörigen. Die Landratsämter und die Bürgermeisterämter der Stadtkreise entscheiden darüber, wer in dem vom Regierungspräsidium für die einzelnen Freiplätze bestimmten Zeitraum an der Erholungsfürsorge teilnimmt.

4. Hinweise zu den Leistungen

Einzelheiten zu den Voraussetzungen der Leistungen anlässlich eines Unfalls im Feuerwehrdienst und Hinweise zum Umfang und zur Geltendmachung dieser Leistungen finden sich insbesondere in den Dokumenten: **11c**

- Unfälle im Feuerwehrdienst – Fragen und Antworten zur Absicherung der ehrenamtlichen Feuerwehrangehörigen (eingestellt auf der Internetseite der LFS);
- Leitfaden der UKBW für Feuerwehren (eingestellt auf der Internetseite der UKBW).

II. Versicherte Personen

Gewährt werden die o.g. Leistungen nur solchen Feuerwehrangehörigen, bei denen die UKBW Träger der gesetzlichen Unfallversicherung ist. **12**

1. Angehörige der Gemeindefeuerwehren

Die **in einer Gemeindefeuerwehr ehrenamtlich Tätigen** sind nach § 2 Abs. 1 Nr. 12 SGB VII gesetzlich unfallversichert. Gleichgültig ist, ob es sich um Angehörige einer Einsatzabteilung oder um Angehörige der Jugendfeuerwehr, der Musikabteilung oder der Altersabteilung handelt. Gleichgültig ist auch, ob der Feuerwehrangehörige aufgrund freiwilliger Meldung in die Gemeindefeuerwehr aufgenommen worden ist (§ 11) oder als feuerwehrdienstpflichtiger Gemeindeeinwohner zur Gemeindefeuerwehr herangezogen worden ist (vgl. § 12). **12a**

Hauptamtlich tätige Angehörige der Gemeindefeuerwehr, die nicht im Beamtenverhältnis stehen, sind nach § 2 Abs. 1 Nr. 1 SGB VII bei der UKBW gegen Unfälle versichert. Hauptamtlich im Gemeindeunternehmen Feuerwehr ist tätig, zu dessen Dienstaufgaben der Feuerwehrdienst (Einsatz-, Übungsdienst) gehört. Der Leistungsumfang der nach § 2 Abs. 1 Nr. 1 SGB VII Versicherten unterscheidet sich von dem der nach § 2 Abs. 1 Nr. 12 der gesetzlichen Unfallversicherung versicherten Feuerwehrangehörigen. Der in einem Arbeitsverhältnis im Unternehmen „Feuerwehr" Beschäftigte erhält zwar bei Feuerwehrunfällen die Leistungen, nicht jedoch die sog. Mehrleistungen und auch nicht zusätzliche Leistungen des Landes gemäß der VwV Ergänzung Unfallversicherung Feuerwehr (siehe dazu oben Rn. 11a und 11b). Der hauptamtlich tätige Feuerwehrangehörige ist bei Unfällen so gestellt wie jeder andere gegen Entgelt Beschäftigte. Die Feststellung des Begriffs „hauptamtlicher Feuerwehrangehöriger" ist im Fall eines Feuerwehrunfalles damit von Bedeutung.

Die im Unternehmen Feuerwehr als Beamte tätigen Feuerwehrangehörigen erhalten bei Dienstunfällen die beamtenrechtlichen Unfallfürsorgeleistungen nach §§ 44 ff. des Landesbeamtenversorgungsgesetzes (LBeamtVGBW) i. V. mit der Verordnung des Finanzministeriums zur Durchführung des § 48 Abs. 6 des LBeamtVGBW vom 16. Dezember 2010 (Heilverfahrensverordnung Baden-Württemberg – LHeilvfVOBW, GBl. 2010, 1082). Sie sind deshalb versicherungsfrei (vgl. § 4 Abs. 1 Nr. 1 SGB VII). Seit 1. Januar 2011 kann Beamten des Einsatzdienstes der Feuerwehr anstelle von Heilfürsorge zu den Aufwendungen in Krankheitsfällen Beihilfe nach den beihilferechtlichen Vorschriften des Landes und ein Zuschuss zu den Beiträgen an eine Krankenkostenversicherung gewährt werden (vgl. § 79 Abs. 4 LBG). Die Höhe des Zuschusses zu den Beiträgen an einer Krankheitskostenversicherung gemäß § 79 Abs. 4 LBG für Beamte des Einsatzdienstes der Feuerwehr ist vom kommunalen Normgeber, d. h. dem Gemeinderat, anhand sachlicher Kriterien differenziert oder in Form eines einheitlichen Pauschalbetrags mittels Satzung festzusetzen (VGH, Urteil vom 17. November 2016, 4 S 1942/14, juris [Rn. 29]). Um eine einheitliche Handhabung des Zuschusses zu ermöglichen, hat die Geschäftsstelle des Städtetags BW in Abstimmung und Zusammenarbeit mit verschiedenen Städten im Februar 2018 eine Mustersatzung erarbeitet und herausgegeben. Die Kommunen sind bei der Festsetzung des Zuschusses jedoch nicht an diese Satzung gebunden, letztlich muss sich die Festsetzung an sachlichen Kriterien orientieren und diese transparent offengelegt werden.

2. Angehörige der Werkfeuerwehren

12b Die Angehörigen der Werkfeuerwehren sind gemäß § 2 Abs. 1 Nr. 1 SGB VII gegen Arbeitsunfälle versichert bei der für den Betrieb, die Einrichtung oder Verwaltung sachlich zuständigen Berufsgenossenschaft. Die Berufsgenossenschaft gewährt die Leistungen dann, wenn der Betriebsangehörige innerhalb des Betriebes einen Unfall erleidet. Etwas anderes gilt bei Einsätzen nach § 19 Abs. 7 Satz 1 oder bei Einsätzen in einem der Werkfeuerwehr nach § 19 Abs. 8 zugewiesenen Gemeindegebiet. Hier sind die Angehörigen der Werkfeuerwehr bei Unfällen auch nach § 2 Abs. 1 Nr. 12 und Nr. 13 Buchst. a SGB VII versichert, da sie hierbei für das Unternehmen Gemeindefeuerwehr tätig sind. Das Land gewährt dann zusätzliche Leistungen nach Maßgabe der VwV Ergänzung Unfallversicherung Feuerwehr, ebenso die UKBW (siehe 1.2 bei Rn. 11a).

3. Feuerwehrangehörigen gleichgestellte Personen

Die den Angehörigen der Feuerwehr gleichgestellten Personen, das sind Personen, die zur Hilfeleistung herangezogen werden oder unaufgefordert Hilfe leisten (vgl. § 30 Abs. 4), sind gemäß § 2 Abs. 1 Nr. 13 Buchst. a bzw. Nr. 12 SGB VII gegen Feuerwehrunfälle versichert (dazu Bertkau, ZfSch 2018, 607). Auch sie erhalten neben den Leistungen nach §§ 26 ff. SGB VII zusätzliche Leistungen nach Maßgabe der VwV Ergänzung Unfallversicherung Feuerwehr (siehe Rn. 11b). **12c**

Den **Unfall** oder auch die Krankheit (siehe dazu Rn. 15) muss sich der nach § 2 Abs. 1 Nr. 12 SGB VII Versicherte beim Tätigwerden in dem „Unternehmen zur Hilfe bei Unglücksfällen" oder bei der Teilnahme „an Ausbildungsveranstaltungen dieser Unternehmen" zugezogen haben. Der nach § 2 Abs. 1 Nr. 13 Buchst. a SGB VII Versicherte (Gleichgestellte) muss sich den Unfall oder die Krankheit bei der Hilfeleistung „bei Unglücksfällen oder gemeiner Gefahr oder Not" oder bei der Rettung eines „anderen aus erheblicher gegenwärtiger Gefahr für seine Gesundheit" zugezogen haben. **13**

III. Versicherte Tätigkeiten

Versichert ist der gesamte Feuerwehrdienst, zu dem außer dem Einsatz- und Übungsdienst auch die Aus- und Fortbildung gehören (siehe dazu Rn. 3 zu § 14). Bei der Teilnahme an der Aus- und Fortbildung ist nicht nur der Auszubildende, sondern auch der Ausbilder versichert. Zum Feuerwehrdienst zählen nach der Rechtsprechung der Sozialgerichte ferner alle Tätigkeiten, die vom Standpunkt des Versicherten dem Unternehmen Feuerwehr objektiv dienlich sein können, z. B. die Leistungs- und Geschicklichkeitsprüfungen, die Wartung und Instandsetzung der Feuerwehrfahrzeuge, -geräte und -einrichtungen, die Brandsicherheitswache, die Teilnahme an offiziellen Zusammenkünften und Versammlungen (auch Feuerwehrfeste), der Besuch fachbezogener Ausstellungen und auch der Besuch in- und ausländischer Partnerschaftsgemeinden, wenn dabei die Pflege der Feuerwehrkameradschaft im Vordergrund steht. **14**

Eine sportliche Tätigkeit, die der körperlichen Ertüchtigung dient, steht ebenfalls unter Versicherungsschutz, wenn nicht der Wettkampf oder die Erzielung von Spitzenleistungen im Vordergrund steht. Auch freundschaftliche sportliche Begegnungen von Feuerwehrsportgemeinschaften verschiedener Gemeinden oder Gemeindeteile sind unfallversichert, nicht dagegen Punkt- oder Pokalspiele (Wettkampfsport), ebenso wenig die außerdienstliche sportliche Betätigung von Angehörigen der Feuerwehr.

Bei den Musikabteilungen besteht Versicherungsschutz sowohl bei Übungen als auch beim offiziellen Auftreten. Versichert sind jedoch nur die der Feuerwehr angehörenden Mitglieder.

Für Kinder und Jugendliche, die der Jugendfeuerwehr angehören, fällt unter den Versicherungsschutz auch die jugendpflegerische Tätigkeit wie Ausflüge, Kinobesuche, Fahrten usw.

Unfallversichert sind selbst Tätigkeiten, die für ehrenamtlich tätige Angehörige nicht zum Feuerwehrdienst erklärt werden dürfen, z.B. das Aufstellen und der Abbau von Festzelten, der Ordnerdienst oder Streckenposten bei einem Radrennen oder auf einem Volksfest. Wird diese Art von Tätigkeiten gleichwohl vom Kommandanten zum Feuerwehrdienst erklärt, gewährt die UKBW den Unfallversicherungsschutz gemäß § 2 Abs. 1 Nr. 12 SGB VII, d.h. einschließlich der Mehrleistungen und der zusätzlichen Leistungen des Landes.

Der Besuch von Gaststätten im Anschluss an einen Feuerwehreinsatz oder eine Übung ist in der Regel der eigenwirtschaftlichen Betätigung zuzurechnen und steht als solche nicht unter dem gesetzlichen Unfallversicherungsschutz.

Der besondere Schutz der gesetzlichen Unfallversicherung besteht andererseits nicht nur dann, wenn sich der Unfall oder die Krankheit bei der Ausübung des Feuerwehrdienstes ereignet hat, sondern auch auf einem damit zusammenhängenden Weg (vgl. auch § 8 Abs. 2 SGB VII). Ein Wegeunfall liegt vor, wenn der Unfall auf einem mit dem Feuerwehrdienst zusammenhängenden Weg nach und von dem Ort der Tätigkeit eingetreten ist. Der Weg beginnt mit dem Verlassen des häuslichen Lebensbereiches, also an der Haustür. Eine Ausnahme ist zu machen, wenn der Feuerwehrangehörige nachts „aus dem Bett“ gerufen wird und z.B. beim eiligen Aufstehen verunglückt. Der Versicherungsschutz besteht bei Wegeunfällen nicht nur gegen Verkehrsgefahren, sondern auch gegenüber den allgemeinen Gefahren des täglichen Lebens (herabfallende Dachziegel, Ausrutschen auf glattem Boden).

IV. Versicherungsfälle

15 **Unfall**, bei dem Versicherungsschutz besteht, ist ein körperlich schädigendes, zeitlich begrenztes Ereignis. Körperschaden ist jede nicht unerhebliche physische oder psychische Beeinträchtigung. Dem Körperschaden gleichgestellt ist die Beschädigung eines Körperersatzstücks (Prothese, Zahnersatz, etc.) oder eines größeren orthopädischen Hilfsmittels (z.B. Stützkorsett).

Krankheiten, die im Gegensatz zu Unfällen auf längeren Einwirkungen beruhen, z. B. Entzündungen, stehen unter Versicherungsschutz, wenn sie eine sog. Berufskrankheit sind. Berufskrankheiten gelten als Feuerwehrunfälle, wenn sie auf den Feuerwehrdienst zurückzuführen sind. Auf die Berufskrankheiten-Verordnung (BKV) vom 19. Februar 2025 (BGBl. 2025 I Nr. 50) wird hingewiesen. Die UKBW wird auch solche Erkrankungen wie einen Feuerwehrunfall entschädigen, wenn diese nicht in der BKV aufgeführt sind, aber nach neueren medizinischen Erkenntnissen auf die Feuerwehrtätigkeit zurückzuführen sind (vgl. § 9 SGB VII).

Wie beim Arbeitsunfall bedarf es auch beim Feuerwehrunfall der doppelten **Kausalitätsprüfung**. Es muss ein ursächlicher Zusammenhang

- zwischen dem schädigenden Ereignis und dem Unfall bestehen und
- zwischen dem schädigenden Ereignis und dem Feuerwehrdienst oder dem damit zusammenhängenden Weg.

Das Bundessozialgericht (Urteil vom 6. Mai 2021, B 2 U 15/19 R, SozR 4-2700 § 8 Nr. 77, juris [Rn. 13] m. w. N.) formuliert den Ursachenbegriff dahin, dass Ursachen i. S. des Unfallversicherungsrechts nur diejenigen Einzelbedingungen sind, die wegen ihrer besonderen Beziehungen zum Erfolg an dessen Eintritt wesentlich mitgewirkt haben. Ein Ursachenzusammenhang ist daher nicht gegeben, wenn der Unfallschaden nur zufällig beim Feuerwehrdienst eingetreten ist (z. B. Bandscheibenschäden, Herzinfarkt). Bei Unfällen aus inneren, nicht feuerwehrbedingten Ursachen können gleichwohl die Art und auch die Schwere der Verletzung auf die Feuerwehrtätigkeit zurückzuführen sein (Feuerwehrangehöriger erleidet Herzinfarkt aufgrund der besonders schweren Belastung als Atemschutzgeräteträger).

Feuerwehrgesetz
(FwG)

in der Fassung der Bekanntmachung vom 2. März 2010 (GBl. S. 333), letzte Änderung vom 25. Februar 2025 (GBl. S. 14)

ERSTER TEIL
Allgemeines

§ 1
Begriff der Feuerwehr

(1) [1]Die Feuerwehr ist eine gemeinnützige, der Nächstenhilfe dienende Einrichtung der Gemeinde ohne eigene Rechtspersönlichkeit. [2]Sie ist in ihrer Einrichtung von der Polizei unabhängig.

(2) Außer der Gemeindefeuerwehr dürfen nur Werkfeuerwehren die Bezeichnung „Feuerwehr" mit und ohne Zusatz führen.

(3) [1]Die Gemeinden und Landkreise erfüllen ihre Aufgaben nach diesem Gesetz als weisungsfreie Pflichtaufgaben. [2]Sie haben bei der Erfüllung ihrer Aufgaben nach diesem Gesetz die Behörden und sonstigen Stellen ihres jeweiligen Bereichs, deren Belange berührt werden, zu beteiligen.

Übersicht **Rn.**

A. Allgemeines

§ 1 enthält entgegen dem Wortlaut der Paragrafenüberschrift keine Be- 1
griffsbestimmung der Feuerwehr. Der **Begriff „Feuerwehr"** muss daher aus den Aufgaben hergeleitet werden, die der Feuerwehr nach § 2 oblie-

gen. Aus historischer Sicht kann der Begriff „Feuerwehr“ wie folgt umschrieben werden: Die Feuerwehr ist ein Ausrüstungs-, Ausbildungs- und Führungssystem, das durch Zusammenwirken zum sofortigen Einsatz befähigt. Unabdingbare **Kriterien** für die Existenz einer Feuerwehr sind:

- gesicherte und schnelle Alarmierung von Einsatzkräften,
- unverzügliches Ausrücken zur Einsatzstelle,
- tatkräftiges Wirken einer ausgebildeten, einsatzwilligen und eingeübten Mannschaft,
- zweckmäßige Ausrüstung,
- Sicherstellung der ständigen Einsatzbereitschaft der gesamten Ausrüstung durch ständige Instandhaltung,
- Statuten, Organisationsregeln, zum Beispiel Dienst- und Übungsvorschriften, Aufgabenzuweisungen.

§ 1 regelt in Absatz 1 die Rechtsstellung der Gemeindefeuerwehr und schützt in Absatz 2 die Bezeichnung „Feuerwehr“. Der durch ÄndG 2009 eingeführte Absatz 3 enthält in Satz 1 eine Beschreibung der bereits zuvor bestehenden Rechtslage und dient also lediglich der Klarstellung; in Satz 2 ist eine Informationspflicht der Gemeinden und Landkreise gegenüber Dritten geregelt.

2 **Zum Anwendungsbereich des Gesetzes:** Das Feuerwehrgesetz findet Anwendung nur auf die **Gemeindefeuerwehren und die Werkfeuerwehren**, nicht jedoch auf Selbsthilfeeinrichtungen der privaten Betriebe und Verwaltungen, die nicht als Werkfeuerwehr anerkannt sind. Diese führen seit dem ÄndG 1978 die Bezeichnung „Betriebsfeuerwehr“, zuvor hießen sie „privater Lösch- und Rettungsdienst“. Dies folgt aus Absatz 1 Satz 1 und Absatz 2, da danach das Feuerwehrgesetz nur Regelungen für die Gemeindefeuerwehren und die Werkfeuerwehren trifft. Bilden Gemeinden im Rahmen eines Zweckverbandes eine sog. **Verbandsfeuerwehr** (z. B. die Verbandsfeuerwehr Ellbachtal der Gemeinden Ellhofen und Lehrensteinsfeld, siehe hierzu auch Rn. 2 zu § 3), um die Feuerwehraufgaben gemeinsam erfüllen zu können, so handelt es sich ebenfalls um eine Gemeindefeuerwehr im Sinne des Feuerwehrgesetzes.

3 Nicht anzuwenden ist das Feuerwehrgesetz als Landesgesetz auf die Feuerwehren der bundeseigenen Verwaltungen (insb. Bundeswehr) und auch nicht auf die in Baden-Württemberg stationierten Feuerwehren der anderen NATO-Staaten.

B. Erläuterung

I. Zu Absatz 1

1. Satz 1

Die Gemeindefeuerwehr ist kraft Satz 1 eine „gemeinnützige" Einrichtung 4
der Gemeinde. Das bedeutet für die Gemeinde, dass sie die Feuerwehr nicht zur Gewinnerzielung einsetzen darf. Das **Gemeinnützigkeitsprinzip** gilt auch für die Kostenerstattung nach § 26 Abs. 2 und § 34. Es führt andererseits für die Gemeinde zu folgenden steuerlichen Vergünstigungen: Die dem Feuerwehrdienst dienenden Grundstücke sind gemäß § 3 Abs. 1 Nr. 1 GrstG von der Grundsteuer befreit. Die Gemeinde als Halterin von Kraftfahrzeugen, die ausschließlich im Feuerwehrdienst (Einsatz, Übung, Ausbildung) verwendet werden und auch äußerlich als Feuerwehrfahrzeuge erkennbar sind, ist von der Kfz-Steuer befreit (vgl. § 3 Nr. 5 KraftStG). Die Steuerfreiheit – wegen Gemeinnützigkeit der Feuerwehr – genießt der Träger der Feuerwehr nicht bei öffentlichen Feuerwehrveranstaltungen, bei denen ein Verkauf stattfindet (z.B. Getränke, Speisen, Lose). Sie unterliegt dann der Körperschaft- und Gewerbebesteuerung nur, wenn die Umsatzfreigrenze von 45.000 Euro überschritten ist.

Bei **musikalischen Darbietungen und Veranstaltungen** ist der Träger der Feuerwehr zur Zahlung von Tantiemen an die GEMA (Gesellschaft für mechanische Aufführungs- und Vervielfältigungsrechte) verpflichtet; Einzelheiten dazu unter Rn. 11.

Die Gemeindefeuerwehr ist nach Satz 1 eine **„der Nächstenhilfe dienende" Einrichtung**, d.h., sie dient in erster Linie der Allgemeinheit. Sie ist 5
keine Hilfeleistungsorganisation zum Schutz der Gemeindeeinrichtungen und unterscheidet sich insoweit von den Werkfeuerwehren und auch von den Bundeswehrfeuerwehren, die ausschließlich oder doch weit überwiegend Selbsthilfeeinrichtungen sind. In dieser Regelung spiegelt sich somit die traditionelle Aufgabenstellung der Freiwilligen Feuerwehr als bürgerschaftliche Selbsthilfeeinrichtung wider („Gott zur Ehr', dem Nächsten zur Wehr"). Die Gemeindefeuerwehr leistet jedoch dem hilfebedürftigen Nächsten nicht jede erdenkliche Hilfe; der Begriff „Nächstenhilfe" in Satz 1 wird konkretisiert und auch eingegrenzt durch die in § 2 aufgezählten Aufgaben der Feuerwehr.

Die Gemeindefeuerwehr ist eine Einrichtung der Gemeinde **„ohne eigene** 6
Rechtspersönlichkeit". Sie erfüllt einen Ausschnitt der den Gemeinden als Sicherheitsbehörden zugewiesenen Aufgabe der Gefahrenabwehr. Sie

tritt nach außen rechtlich nicht selbstständig und eigenverantwortlich auf, sondern bildet eine unselbstständige Dienststelle der Gemeindeverwaltung (vgl. auch Bay. VGH, Urteil vom 25. Januar 2007, 4 BV 04.3156, juris [Rn. 20]). Sie kann daher im Rechtsverkehr nicht Träger von Rechten und Pflichten sein, sie ist weder rechts- noch geschäftsfähig; auch Vermögen kann sie nicht bilden. Das Letztere gilt auch für die sog. **Kameradschaftskasse der Feuerwehr** als Sondervermögen der Gemeinde (vgl. § 18 Abs. 1). Rechtsgeschäfte können von den Organen der Feuerwehr (Kommandant, Feuerwehrausschuss) nur im Auftrag und in Vollmacht der Gemeinde – die Vollmacht kann schriftlich oder mündlich erteilt sein (vgl. § 167 Abs. 2 BGB) – abgeschlossen werden. Schließt z. B. der Feuerwehrkommandant zwar im Auftrag, jedoch ohne Vertretungsmacht (Vollmacht) einen Vertrag, haftet er persönlich (vgl. § 179 BGB), es sei denn, die Gemeinde genehmigt den Vertrag nachträglich (§ 177 BGB).

Wenn auch die Feuerwehr eine unselbstständige Einrichtung der Gemeinde ist und damit grundsätzlich von den verfassungsmäßigen Gemeindeorganen (Gemeinderat, Bürgermeister) zu leiten und lenken, so räumt ihr das FwG in den §§ 8, 9 Abs. 2, 10, 18 und 27 doch das Recht der weitgehenden Selbstbestimmung ein.

2. Satz 2

7 Die Gemeindefeuerwehr muss „in ihrer Einrichtung **von der Polizei unabhängig**“ sein. Daraus folgt, dass Feuerwehr und Polizei organisatorisch getrennt sein müssen und auch nicht unter einheitlicher Leitung stehen dürfen. Satz 2 bedeutet ferner, dass der Polizei, insbesondere dem Polizeivollzugsdienst, keine Befehlsgewalt über die Feuerwehr zusteht. Feuerwehr und Polizeivollzugsdienst sind voneinander unabhängig. Aus diesem Grund sollte die Aufsicht über die Polizei und die Feuerwehr nicht in einer Hand liegen (Hildinger/Rosenauer, FwG, 4. Aufl., § 1 Rn. 4). § 1 Abs. 1 Satz 2 ist die Reaktion des 1. Landtags von Baden-Württemberg (1952–1956) auf die in die „Ordnungspolizei“ (heute Polizeivollzugsdienst) eingegliederte „Feuerschutzpolizei“ (Berufsfeuerwehr) und die „Polizeihilfstruppe“ (Freiwillige Feuerwehr) in der Zeit der nationalsozialistischen Diktatur (vgl. Reichsgesetz über das Feuerlöschwesen vom 23. November 1938, RGBl. I S. 1662, i. V. mit der 1. DVO hierzu vom 27. September 1939, RGBl. I S. 1983, und der 3. DVO vom 24. Oktober 1939, RGBl. I S. 2094). Schon § 1 Abs. 3, 2. Halbsatz des badischen Landesgesetzes über die Feuerwehr vom 25. November 1949 (bad. GVBl. 1950 S. 17) formulierte klar und deutlich: „... die Feuerwehr selbst darf keiner Dienststelle der Polizei angegliedert oder unterstellt werden“. Vor diesem Hintergrund ist Satz 2 auszulegen.

Dieser Trennung wird heute auch aus anderen Gründen eine besondere Bedeutung zugemessen (vgl. die kleine Anfrage vom 18. Mai 2017, LT-Drs. 16/2100). Denn es gilt im Hinblick auf die unterschiedlichen Aufgaben zum Schutz der Feuerwehrangehörigen eine deutliche Unterscheidung zum Polizeivollzugsdienst zu wahren. Dies wird auch durch die im Einsatz getragene und von der Polizeiuniform deutlich unterscheidbare Feuerwehr-Schutzkleidung mit der Kennzeichnung „Feuerwehr" nach außen dargestellt. Aus diesem Grund sei eine sorgfältige Prüfung dringend angeraten, wenn Anfragen des Polizeivollzugsdienstes auf Unterstützung an die Feuerwehren herangetragen werden. Dies gilt besonders, wenn die Erfüllung originärer Polizeiaufgaben durch offensichtliche technische, personelle oder organisatorische Feuerwehrressourcen im Raum steht, z.B. die Unterstützung anlässlich von Großdemonstrationen.

II. Zu Absatz 2

Absatz 2 **schützt die Bezeichnung „Feuerwehr"**. Danach dürfen nur die Gemeindefeuerwehren und die Werkfeuerwehren die Bezeichnung „Feuerwehr" mit und ohne Zusatz führen. Absatz 2 verbietet nicht nur jeder anderen Hilfeleistungsorganisation, sich Feuerwehr zu nennen, sondern auch die Aufgaben der Feuerwehr nach § 2 wahrzunehmen. 8

Absatz 2 ist weder straf- noch bußgeldbewehrt. Die Bezeichnung „Feuerwehr" ist keine „Amts- oder Dienstbezeichnung" i.S. von § 132a Abs. 1 Nr. 1 StGB und nicht in § 38 aufgenommen. Ein Verstoß gegen Absatz 2 stellt jedoch eine „Störung der öffentlichen Ordnung" i.S. von § 1 Abs. 1 Satz 1 PolG dar, die zu beseitigen „im öffentlichen Interesse geboten ist".

Das missbräuchliche Verwenden von Feuerwehruniformen durch Dritte ist strafbewehrt (vgl. § 132a Abs. 1 Nr. 4 StGB). Da es sich um ein sog. Offizialdelikt und kein Antragsdelikt handelt, werden die Ermittlungsbehörden bei Kenntniserlangung auch ohne Strafantrag tätig.

Das Verbot, die Bezeichnung „Feuerwehr" zu verwenden, gilt nicht für Hilfsleistungsorganisationen, die nicht der Regelungsbefugnis des Landes unterliegen, also nicht für die Selbsthilfeeinrichtungen des Bundes (vgl. Rn. 3) und der ausländischen Streitkräfte. 9

III. Zu Absatz 3

Satz 1 dient lediglich der Klarstellung, denn die Aufgaben nach dem Feuerwehrgesetz oblagen seit dessen Einführung den Gemeinden und Landkreisen als weisungsfreie Pflichtaufgaben (siehe dazu Rn. 2 zu § 3). 10

Satz 2 weist die Gemeinden und Landkreise auf ihre Pflicht gegenüber anderen Behörden und sonstigen Stellen (z. B. Forstbehörde, Wasserbehörden, Straßenverkehrsbehörden) hin, diese zu beteiligen, soweit durch die Aufgabenerfüllung deren Belange berührt werden. So müssen beispielsweise bei Waldbränden die unteren Forstbehörden umgehend informiert werden. Diese Informationspflichten können durch organisatorische Regelungen in den Integrierten Leitstellen sichergestellt werden.

C. Ergänzungen, Weiterführendes

11 Das Recht der **GEMA**, ein Entgelt für die Aufführung musikalischer Werke zu erheben, stützt sich auf § 15 Abs. 2 mit § 19 Abs. 2 und 3 UrhG, wonach die Befugnis, Werke der Tonkunst öffentlich aufzuführen, ausschließlich dem Urheber vorbehalten ist, dessen wirtschaftliche Interessen von der GEMA wahrgenommen werden. Der Deutsche Feuerwehrverband hat mit der GEMA für sich und seine Mitglieder einen Gesamtvertrag abgeschlossen, der Vorzugssätze als Aufführungstantiemen für ihre Musikaufführungen einräumt, soweit sie im eigenen Namen und auf eigene Rechnung abgehalten werden und die Aufführungsgenehmigung erworben wird. Der Landesfeuerwehrverband BW schließt seit 1975 mit der GEMA Rahmenverträge, die aktuelle Vereinbarung zur Lizenzierung von pauschal abgegoltenen Musiknutzungen stammt aus dem Jahr 2025. Nach der neuen Vereinbarung fallen jährliche Kosten von 20,25 Euro (Stand 2025) pro Feuerwehreinsatzabteilung an. Damit sind wesentliche Veranstaltungen der Feuerwehren, bei denen musikalische Werke aufgeführt werden, tantiemenfrei. Diesen Betrag stellt der Landesfeuerwehrverband den Stadt- und Kreisfeuerwehrverbänden in Rechnung.

12 Alle Veranstaltungen (auch die gebührenfreien!) sind im Voraus (spätestens fünf Tage vor Stattfinden) der GEMA zu melden. Nach der Veranstaltung ist der GEMA eine Auflistung über die bei der Veranstaltung benutzten Werke (Musikfolge) zu übersenden.

Gebührenfrei sind für die Feuerwehren in Baden-Württemberg:

1. Jahresversammlungen, Monatsversammlungen, Vortragsveranstaltungen und Kameradschaftsveranstaltungen, sofern
   a) sie dienstlich veranlasst sind,
   b) nur die Mitglieder der Feuerwehr und die zum Hausstand der Mitglieder gehörenden Personen sowie offiziell geladene Vertreter aus Politik, Verwaltung und Wirtschaft zugelassen sind,

c) weder ein Eintrittsgeld noch ein sonstiger Kostenbeitrag mit oder ohne Sachleistung erhoben wird,

d) alle musikalisch Mitwirkenden insgesamt eine Aufwandsvergütung von höchstens 50 Euro erhalten;

2. Feuerwehrleistungswettbewerbe, Tage der offenen Tür, Werbevorführungen, Schau- und Einsatzübungen sowie feuerwehrtechnische Vorführungen im Freien, bei denen die Aufgaben der Feuerwehren im Vordergrund stehen und nicht über 20:00 Uhr hinausgehen;
3. Wertungsspiele der Feuerwehrmusik auf Kreis-, Bezirks- und Landesebene;
4. Festzüge im Zusammenhang mit Veranstaltungen der Feuerwehr wie Jubiläen usw., bei denen die Feuerwehrabteilung(en) oder ein Feuerwehrverband als alleinige Veranstalter auftreten;
5. Festakte bei offiziellen Feuerwehrveranstaltungen;
6. Totenfeiern;
7. Dienstsport der Feuerwehren;
8. Veranstaltungen der Jugendfeuerwehren, sofern
   a) kein Eintrittsgeld oder Kostenbeitrag über 1,00 Euro je Person zu entrichten ist sowie
   b) die Mitwirkenden keinerlei Vergütung erhalten;
9. Musiknutzungen bei der Wiedergabe von Videofilmen und sonstigen Bildtonträgerdateien zu Aus- und Fortbildungszwecken im Rahmen der Aufgaben der Feuerwehren;
10. die Wiedergabe von Tonträgern und die Wiedergabe von Hörfunk- oder Fernsehsendungen in Feuerwehrhäusern, -heimen und -schulen ohne Veranstaltungscharakter, soweit sie nur für Mitglieder der Feuerwehren und die zum Hausstand der Mitglieder gehörenden Personen zugänglich sind und durch die Feuerwehren, den Landesfeuerwehrverband oder eine mit diesem verbundene Einrichtung geführt werden.

Die Feuerwehren des Landes erhalten bei rechtzeitiger Anmeldung auf die Vergütungssätze einen Nachlass gemäß Gesamtvertrag mit dem DFV, wenn die Veranstaltung aufgrund der Vereinbarung nicht tantiemenfrei ist.

Bei anderen Feuerwehrveranstaltungen und auch immer dann, wenn ein Entgelt erhoben wird, muss die Gemeinde Tantiemen an die GEMA entrichten. Die GEMA legt jedes Jahr ihre **Vergütungssätze** fest. Die Höhe der aktuellen Vergütungssätze der GEMA und weitere Einzelheiten und Hinweise sind vom Landesfeuerwehrverband BW auf dessen Internetseite veröffentlicht. Die Höhe der Vergütungssätze der GEMA richtet sich nach der Höhe des pro Platz erhobenen Entgelts, nach der Gesamtzahl der Sitzplätze – berechnet nach m^2 des Veranstaltungsprogramms – und auch nach der Tageszeit der Veranstaltung.

Weitere Informationen, Vordrucke usw. sind auf der Internetseite des Landesfeuerwehrverbandes BW unter „Feuerwehr und GEMA“ eingestellt.

§ 2
Aufgaben der Feuerwehr

(1) [1]Die Feuerwehr hat

1. bei Schadenfeuer (Bränden) und öffentlichen Notständen Hilfe zu leisten und den Einzelnen und das Gemeinwesen vor hierbei drohenden Gefahren zu schützen und

2. zur Rettung von Menschen und Tieren aus lebensbedrohlichen Lagen technische Hilfe zu leisten.

[2]Ein öffentlicher Notstand ist ein durch ein Naturereignis, einen Unglücksfall oder dergleichen verursachtes Ereignis, das zu einer gegenwärtigen oder unmittelbar bevorstehenden Gefahr für das Leben und die Gesundheit von Menschen und Tieren oder für andere wesentliche Rechtsgüter führt, von dem die Allgemeinheit, also eine unbestimmte und nicht bestimmbare Anzahl von Personen, unmittelbar betroffen ist und bei dem der Eintritt der Gefahr oder des Schadens nur durch außergewöhnliche Sofortmaßnahmen beseitigt oder verhindert werden kann.

(2) Die Feuerwehr kann ferner durch die Gemeinde beauftragt werden

1. mit der Abwehr von Gefahren bei anderen Notlagen für Menschen, Tiere und Schiffe und

2. mit Maßnahmen der Brandverhütung, insbesondere der Brandschutzaufklärung und -erziehung sowie der Brandsicherheitswache.

(3) Rechtsansprüche einzelner Personen werden durch die vorstehenden Bestimmungen nicht begründet.

Übersicht **Rn.**

A. Allgemeines

I. Sachliche Zuständigkeit der Feuerwehr

Die Aufgaben der Feuerwehr sind in § 2 genannt. Diese Norm ist daher von zentraler Bedeutung. Aus ihr ergibt sich die **sachliche Zuständigkeit** der Feuerwehr (zur örtlichen Zuständigkeit siehe Rn. 8 zu § 3). Die sachliche Zuständigkeit bestimmt, welche Behörde im Einzelfall rechtlich zu hoheitlichem Handeln ermächtigt und gegebenenfalls verpflichtet ist. 1

Nur bei der Erfüllung von Aufgaben nach § 2 findet das FwG Anwendung. Dies gilt vor allem für die Ermächtigungsgrundlagen der §§ 30, 31 für Eingriffe in Grundrechte während des Feuerwehreinsatzes und für den Kostenersatz nach § 34 FwG. Denn die Gemeinde kann nur für die in § 2 genannten Aufgaben Kostenersatz mittels Leistungsbescheides (Verwaltungsakt, vgl. § 34 Abs. 9) verlangen.

Absatz 1 nennt die Aufgaben, die der Feuerwehr schon kraft Gesetzes obliegen **(Pflichtaufgaben)**. Absatz 2 enthält die Aufgaben, die die Feuerwehr nur wahrzunehmen hat, wenn sie ihr übertragen sind **(Kann-Aufgaben)**.

Schon die Inhaltsüberschrift macht klar, dass die Aufgaben in § 2 der „Feuerwehr" übertragen sind. Der Begriff „Feuerwehr" ist hier wie in § 1 auszulegen und umfasst die Gemeindefeuerwehr (einschließlich der Verbandsfeuerwehr) und die Werkfeuerwehr. Die Gemeindefeuerwehr hat die Aufgaben nach § 2 im Gemeindegebiet, die Verbandsfeuerwehr im Verbandsgebiet und die Werkfeuerwehr auf dem Werksgelände wahrzunehmen.

II. Abgrenzung Pflichtaufgaben und Kann-Aufgaben

2 Die Frage, ob die Feuerwehr bei einer Maßnahme zur Erfüllung einer Pflichtaufgabe oder zur Erfüllung einer Kann-Aufgabe handelt, ist von **entscheidender Bedeutung für die Ausstattung der Feuerwehr** (siehe § 3, Rn. 7) und **vor allem im Hinblick auf die Kosten des Feuerwehreinsatzes**: Einsätze nach § 2 Abs. 1 sind im Grundsatz unentgeltlich (§ 34 Abs. 1); für Einsätze nach § 2 Abs. 2 sollen die Träger der Gemeindefeuerwehr Kostenersatz verlangen (§ 34 Abs. 2).

Ein Feuerwehreinsatz kann sowohl der Erfüllung von Pflicht- als auch Kann-Aufgaben dienen. Im Sachverhalt, der dem Urteil des VGH vom 21. November 2008 (BWGZ 2009, 219 und juris) zugrunde lag, wurde die Gemeindefeuerwehr von der Leitstelle unter dem Alarmstichwort „Brand Ökonomiegebäude“ alarmiert. Vor Ort stellte sich heraus, dass ein Brand nicht ausgebrochen, ein Heustock lediglich durch Fermentation überhitzt war. Zur Beseitigung der Brandgefahr räumte die Feuerwehr daraufhin den Heustock aus. Der VGH entschied, dass die Feuerwehr bis zur Feststellung der Lage durch den Einsatzleiter wegen des begründeten Verdachts eines Brandes einer (unentgeltlichen) Pflichtaufgabe gemäß § 2 Abs. 1 Satz 1 Nr. 1 nachgekommen war (vgl. hierzu unten Rn. 9 ff.). Nachdem sich herausgestellt hatte, dass ein Feuer nicht ausgebrochen war, wurde die Feuerwehr durch das Ausräumen des Heustocks (entgeltlich) zur Brandverhütung gemäß § 2 Abs. 2 Nr. 2 tätig (vgl. unten Rn. 38).

III. Weitere Tätigkeiten der Feuerwehr

3 Aufgaben, die über die in § 2 genannten hinausgehen, können der Feuerwehr weder durch die Feuerwehrsatzung noch durch Dienstanweisung übertragen werden.

Dem steht nicht entgegen, dass die Feuerwehr darüber hinaus **Amtshilfe** zu leisten hat. Hierbei erfüllt sie nicht Aufgaben nach § 2, sondern solche, die der Behörde obliegen, der Amtshilfe geleistet wird (vgl. zur Amtshilfe die Rn. 43 ff. sowie VGH, Urteil vom 30. November 2010, 1 S 1120/10, juris [Rn. 34]).

Die Feuerwehr wird tatsächlich auch in zahlreichen Fällen tätig, ohne dass die Voraussetzungen des § 2 Abs. 1 oder 2 vorliegen oder die Feuerwehr Amtshilfe leistet (sog. Freiwilligkeitsleistungen). Etwa wenn sie Kellerräume auspumpt, ohne dass eine Notlage für Menschen, Tiere oder Schiffe gegeben ist, was indes Voraussetzung für § 2 Abs. 2 ist (vgl. dazu unten Rn. 26). Sie handelt dann entweder aufgrund eines mit dem Betroffenen geschlossenen **zivilrechtlichen Vertrages** (Werkvertrag, Dienstvertrag) – bei dem der Vertragspartner den Willen erklären muss, dass die Feuerwehr für ihn entgeltlich tätig werden soll – oder im Rahmen der **Geschäftsführung ohne Auftrag (GoA)**, falls der Betroffene nicht anwesend, die Tätigkeit der Feuerwehr aber in seinem Interesse ist (vgl. dazu Rn. 42 zu § 34).

Zur Einordnung des Handelns der Feuerwehr siehe auch das Prüfungsschema unter Rn. 49.

Ehrenamtlich tätigen Angehörigen der Gemeindefeuerwehr dürfen andere als die in § 2 genannten Aufgaben, mit Ausnahme der aufgrund der Amtshilfe zu leistenden, nicht gegen deren Willen übertragen werden. 4

Beispiele hierfür sind: Aufstellen und Abbau eines Festzeltes, Ordnerdienst bei feuerwehrfremden Veranstaltungen, Bau- und Instandsetzungsarbeiten am Feuerwehrhaus (a. A. Hess. VGH, Urteil vom 20. Juli 2017, 5 A 911/16, juris [Rn. 28], der Abbruch- und Umbaumaßnahmen am Feuerwehrhaus als „Wartungsarbeiten" am solchen ansieht).

Auch die **Regelung des Straßenverkehrs** bei örtlichen Veranstaltungen, Umzügen und Prozessionen **ist keine Aufgabe der Feuerwehr**. Denn gemäß § 44 Abs. 2 StVO ist zur Regelung des fließenden Verkehres durch Zeichen und Weisungen nur die Polizei befugt. Die Feuerwehr kann die Verkehrsregelung als Amtshilfeleistung weder für die Straßenverkehrsbehörde noch für den Polizeivollzugsdient wahrnehmen (so auch Hildinger/Rosenauer, FwG, 4. Aufl., § 2 Rn. 65 f.). Der Umstand, dass eine Handlung als Amtshilfe erbeten oder geleistet wird, erweitert weder die Zuständigkeit der ersuchten Stelle – hier die Feuerwehr – noch ihre Befugnisse; so auch das Innenministerium (BWGZ 1991, 144) in seiner Stellungnahme auf einen Antrag im Landtag, (LT-Drs. 10/3975 vom 25. Oktober 1990). Daraus folgt, dass die Feuerwehren zu solchen Ordnungsdiensten nicht eingesetzt werden und Bürgermeister und Feuerwehrkommandant keinen Dienst anordnen dürfen. Die Angehörigen der Gemeindefeuerwehr können aber als Privatpersonen innerhalb des durch Anordnung der Straßenverkehrsbehörden oder der Polizei für den öffentlichen Verkehr gesperrten Verkehrsraums wie jeder andere Bürger an einem Ordnungsdienst des Veranstalters teilnehmen. Allerdings dürfen sie dabei keine Dienstkleidung tragen; denn § 14 Abs. 1 Nr. 6 beschränkt deren Verwendung ausdrücklich auf dienstliche Zwecke. 5

Wird der ehrenamtlich tätige Angehörige der Gemeindefeuerwehr aufgrund einer überkommenen Praxis zur Regelung des Straßenverkehrs bei örtlichen Festen, Umzügen oder Prozessionen eingesetzt, stellt sich die Frage der Haftung der Feuerwehrangehörigen, wenn beispielsweise durch Fehlanweisungen, Irrtum oder Missverständnis Personen- oder/und Sachschäden entstehen. Das Innenministerium (a.a.O.) hat diese Frage wie folgt beantwortet: „Die Angehörigen der Gemeindefeuerwehr können sich jedoch freiwillig bereiterklären, den Ordnerdienst bei örtlichen Veranstaltungen in ihrer Freizeit zu erfüllen. Sie unterstehen dabei den Weisungen des Veranstaltungsleiters. Das Feuerwehrgesetz findet in diesen Fällen keine Anwendung, da es sich um feuerwehrfremde Aufgaben handelt... Bei Bestehen einer Veranstalterhaftpflichtversicherung sind die eingesetzten Ordner über diese abgesichert." Die Gemeinden haben bei den kommunalen Haftpflichtversicherungen als Zusatzwagnis die Haftpflicht der Freiwilligen Feuerwehr als Verein für alle Vereinsaktivitäten und Veranstaltungen jeder Art versichert. Der Umfang des Haftpflichtversicherungsschutzes kann dem WGV-INFO Nr. 1, 2012, „Versicherungsschutz für die Freiwillige Feuerwehr" (zu beziehen über die Württ. Gemeindeversicherung a.G., Tübinger Straße 55, 70178 Stuttgart) entnommen werden.

IV. Aufgaben im Katastrophenschutz

6 Die Feuerwehr wirkt mit beim **„Katastrophenschutzdienst"** (vgl. § 6 Abs. 1 LKatSG). Dieser umfasst für die Feuerwehr bei Katastrophen und Außergewöhnlichen Einsatzlagen i.S. von § 2 Abs. 2 bzw. 1 LKatSG die Fachdienste „Brandschutz", „Technische Hilfe" und „CBRN-Schutz" (vgl. auch Nummer 2 der Verwaltungsvorschrift des Innenministeriums über die Stärke und Gliederung des Katastrophenschutzdienstes – VwV KatSD). Des Weiteren ist in § 11 Abs. 1 ZSKG festgelegt, dass die für den friedensmäßigen Katastrophenschutz in den Ländern vorhandenen Einheiten ihre Aufgaben auch hinsichtlich der besonderen Gefahren und Schäden im Verteidigungsfall wahrnehmen. Die Aufgaben, die die Feuerwehr bei Katastrophen in Friedenszeiten und im Verteidigungsfall wahrzunehmen hat, sind in § 2 FwG genannt.

Katastrophe ist dabei ein Geschehen, „welches das Leben oder die Gesundheit einer Vielzahl von Menschen oder Tieren oder die natürlichen Lebensgrundlagen oder bedeutende Sachwerte oder die lebensnotwendige Versorgung der Bevölkerung in so ungewöhnlichem Maße gefährdet oder schädigt, dass ein Zusammenwirken aller Beteiligter unter einheitlicher Gesamtleitung der Katastrophenschutzbehörde geboten erscheint. Eine Katastrophe liegt auch vor, wenn tatsächliche Anhaltspunkte dafür bestehen, dass eine Katastrophe eintreten kann (Katastrophenvoralarm)" (§ 2 Abs. 2 LKatSG). Nach § 44 Abs. 1 LKatSG stellt die Katastrophenschutzbehörde den Zeitpunkt fest, von dem an eine Katastrophe i.S. des LKatSG vorliegt und bestimmt das Katastrophengebiet. Untere **Katastrophenschutzbehörden** sind gemäß § 4 Abs. 1 LKatSG die Landratsämter und die Bürgermeisterämter der Stadtkreise als untere Verwaltungsbehörden. Ist der Katastrophenfall festgestellt, tragen die Stadt- bzw. Landkreise die **Kosten**, die entstehen bei der in ihrem Gebiet erfolgenden Bekämpfung von Katastrophen und bei der Mitwirkung bei der unmittelbar anschließenden vorläufigen Beseitigung erheblicher Katastrophenschäden (vgl. § 56 LKatSG). Eine **Außergewöhnliche Einsatzlage** ist ein Geschehen, welches das Leben oder die Gesundheit einer großen Anzahl von Menschen oder Tieren oder die natürlichen Lebensgrundlagen oder erhebliche Sachwerte oder die lebensnotwendige Versorgung einer großen Anzahl Betroffener in einem solchen Maße gefährdet oder schädigt, dass eine Ergänzung des Regelbetriebs der Gefahrenabwehr durch Kräfte des Katastrophenschutzes geboten erscheint. Eine Außergewöhnliche Einsatzlage liegt auch vor, wenn die erforderlichen Maßnahmen einen erheblichen und koordinierungsbedürftigen Aufwand verursachen, sodass die Übernahme der Einsatzleitung Außergewöhnliche Einsatzlage durch die Katastrophenschutzbehörde geboten erscheint (§ 2 Abs. 1 LKatSG).

Daraus folgt, dass LKatSG und ZSKG die in § 2 genannten Pflichtaufgaben der Feuerwehr nicht erweitern. Vielmehr findet durch die genannten Gesetze im Katastrophenfall wegen der Größe des zu bekämpfenden Schadens eine Verschiebung der sachlichen Zuständigkeit und eine **einheitliche Leitung** der hilfeleistenden Behörden, Stellen und Organisationen statt. In diesem Fall schließen die im LKatSG enthaltenen Spezialregelungen – insbesondere hinsichtlich der sachlichen Zuständigkeit (§ 9 LKatSG), des Aufwendungsersatzes und der Haftung (§§ 17 ff. LKatSG), der Leitung des Einsatzes (§ 35 f. LKatSG) und der Kostentragung (§§ 50 ff. LKatSG) – die Anwendung des FwG aus (vgl. VG Sigmaringen, BWGZ 2009, 223 und juris [Rn. 20]; VGH, VBlBW 2010, 237 und juris [Rn. 25]).

Wichtig ist daher die **strenge Unterscheidung** zwischen öffentlichem Notstand i. S. des § 2 Abs. 1 Nr. 1 und der Katastrophe. In einem öffentlichen Notstand findet erst dann das LKatSG Anwendung, wenn die Katastrophe (§ 44 Abs. 1 LKatSG) festgestellt ist. Bis dahin handelt die Feuerwehr (Gemeinde) zur Erfüllung eigener Aufgaben (Hildinger/Rosenauer, FwG, 4. Aufl., § 2 Rn. 16).

V. Abgrenzung zur Polizei

Die Aufgaben nach § 2 sind polizeiliche Aufgaben i. S. von § 1 Abs. 1 PolG. Da die Feuerwehr jedoch eine „andere Stelle" i. S. von § 2 Abs. 1 7
PolG ist, darf die Polizei (Polizeibehörden und Polizeivollzugsdienst) die Feuerwehraufgaben nur wahrnehmen bis zum Eintreffen der Feuerwehr (vgl. § 2 Abs. 1 PolG). Die Polizei wird auf dem Aufgabengebiet nach § 2

nur subsidiär (aushilfsweise) tätig, und zwar nur, wenn **„Gefahr im Verzug"** vorliegt – d.h., wenn der Erfolg einer zur Gefahrenabwehr notwendigen Maßnahme ohne sofortiges Einschreiten der Polizei beeinträchtigt oder gar vereitelt wird. Nach § 2 Abs. 1 Satz 2 PolG muss die Polizei die Feuerwehr „unverzüglich", d.h. ohne schuldhaftes Zögern unterrichten.

VI. Abgrenzung zum Rettungsdienst

8 Eine weitere Einschränkung der Hilfeleistung durch die Feuerwehr erfolgt durch § 1 Abs. 2 Satz 1 RDG. Danach ist es Aufgabe der mit dem **Rettungsdienst** beauftragten Organisationen, „bei Notfallpatienten Maßnahmen zur Erhaltung des Lebens oder zur Vermeidung gesundheitlicher Schäden einzuleiten, sie transportfähig zu machen und unter fachgerechter Betreuung in eine für die weitere Versorgung geeignete Einrichtung zu befördern". Nach § 1 Abs. 2 Satz 2 RDG sind Notfallpatienten Kranke oder Verletzte, die sich in Lebensgefahr befinden oder bei denen schwere gesundheitliche Schäden zu befürchten sind, wenn sie nicht umgehend medizinische Hilfe erhalten. Ferner haben die Rettungsdienstorganisationen gemäß § 1 Abs. 3 Satz 1 RDG „anderen Kranken, Verletzten oder sonst Hilfebedürftigen nötigenfalls Erste Hilfe zu leisten und sie unter sachgerechter Betreuung zu befördern".

§ 1 Abs. 2 und 3 RDG geht als speziellere Regelung § 2 FwG vor; d.h., **das Rettungsdienstgesetz schränkt die Aufgaben der Feuerwehr auf dem Gebiet des Rettungsdienstes ein**. Aufgabe der Feuerwehr bei Gefahr für Leib oder Leben von Menschen ist es, technische Hilfe mit Gerätschaften der Feuerwehr zu leisten (siehe dazu Rn. 20f.). Bei der Rettung von Menschen haben Feuerwehr und die Rettungsdienstorganisationen vertrauensvoll zusammenzuwirken. Beide nehmen Aufgaben, wenn auch unterschiedliche, auf dem Gebiet der Menschenrettung wahr. Pflichtaufgabe der Feuerwehr ist es, mit technischem Gerät Menschen aus lebensbedrohlichen Zwangslagen zu befreien und aus dem Gefahrenbereich in Sicherheit zu bringen. Oftmals wird diese Aufgabe als „Bergungsdienst" bezeichnet; allerdings fälschlicherweise, denn Bergen ist nach DIN 14011, 3.2.2.9, „das Einbringen von Leichen, Kadavern oder Sachwerten". Ist die in Not geratene Person aus ihrer Zwangslage befreit, ist sie – soweit erforderlich – der zuständigen Sanitätsorganisation zu übergeben. Diese hat dann die ihr nach § 1 Abs. 2 bzw. 3 RDG obliegenden lebenserhaltenden Maßnahmen einzuleiten (Erste und auch ärztliche Hilfe) sowie die Beförderung ins Krankenhaus mit Rettungs- oder Krankenwagen durchzuführen. Den Sanitätsorganisationen obliegt in Baden-Württemberg der „Rettungsdienst" i.S. der DIN 14011, 3.6.1.5. Die Feuerwehr hat Erste Hilfe nur bis zum Eintreffen der Sanitätsorganisationen zu leisten; sie ist auch für die Erste Hilfe nur subsidiär zuständig.

VII. Gefahrbegriffe

Unter **Gefahr** ist eine Sachlage zu verstehen, die nach allgemeiner Erfahrung die Wahrscheinlichkeit eines Schadeneintritts in sich birgt. Eine **unmittelbare Gefahr** liegt bei einer Situation vor, bei welcher der Eintritt des Schadens in allernächster Zeit mit an Sicherheit grenzender Wahrscheinlichkeit zu erwarten ist, wenn nicht sofort Abwehrmaßnahmen ergriffen werden (VG Freiburg, BWGZ 2010, 730 und juris [Rn. 19]). 9

Die Feuerwehr muss jedoch nicht nur dann nach § 2 tätig werden, wenn tatsächlich ein Schadenfeuer ausgebrochen ist, ein Notstand oder eine Notlage für Menschen, Tiere oder Schiffe besteht. Ebenso besteht eine Handlungspflicht, wenn zum Zeitpunkt des Tätigwerdens der Feuerwehr objektiv der Anschein (sog. Anscheinsgefahr dazu Rn. 10) oder der begründete Verdacht (sog. Gefahrenverdacht, dazu Rn. 11) bestand, eine solche Gefahrenlage sei gegeben.

Als **Anscheinsgefahr** wird eine Situation bezeichnet, die sich im Nachhinein als „ungefährlich" erweist oder die ein Tätigwerden der Feuerwehr nicht mehr erfordert – die jedoch zum Zeitpunkt des Handelns (sog. **ex-ante-Sicht**, siehe auch Rn. 13) der Feuerwehr aufgrund konkreter Anhaltspunkte bei besonnener und verständiger Würdigung als Gefahrenlage gewertet werden durfte (vgl. VGH, BWGZ 2009, 219 und juris [Rn. 25] sowie NJW 2004, 3441 und juris [Rn. 22]). Eine sog. Anscheinsgefahr liegt etwa beim Ausrücken der Feuerwehr aufgrund eines von einem Bürger irrtümlich gemeldeten Brandes vor. Der Leitstellenbeamte, der die Alarmierung der Feuerwehr veranlasste, durfte sich zum Zeitpunkt des Anrufs sicher sein, dass ein Schadenfeuer vorlag. Das Handeln der Feuerwehr ist in diesem Fall durch § 2 Abs. 1 gedeckt und daher bei Beachtung des Verhältnismäßigkeitsgrundsatzes **rechtmäßig**. Hierbei von der Feuerwehr verursachte Schäden hat der Betroffene grundsätzlich entschädigungslos zu dulden, sofern nicht die Voraussetzungen des § 31 Abs. 2 Satz 2 vorliegen (siehe dazu Rn. 8 ff. zu § 31). 10

Dagegen liegt lediglich eine sog. **Scheingefahr** (oder Putativgefahr) vor, wenn die Feuerwehr irrtümlich das Vorliegen einer Gefahr annimmt, obwohl bei verständiger Betrachtung hierfür keinerlei Anhaltspunkte bestehen, also weder die Annahme des Anscheins noch der Verdacht einer Gefahr gerechtfertigt erscheinen (vgl. VGH, Urteil vom 16. November 2017, 1 S 2136/17, juris [Rn. 33]; VG Münster, Urteil vom 11. Dezember 2006, 1 K 3539/04, juris [Rn. 25]). Eine Scheingefahr liegt beispielsweise vor, wenn der Einsatzleiter aufgrund des Batteriewarntons eines Rauchwarnmelders die gewaltsame Öffnung der Wohnung veranlasst. Das Handeln der Feuerwehr ist in diesem Fall nicht durch § 2 Abs. 1 gedeckt und daher rechtswidrig. Hierbei von der Feuerwehr verursachte Schäden sind vom Betroffenen nicht entschädigungslos zu dulden, da mangels Gefahrenlage die Voraussetzungen des § 31 nicht gegeben sind und die Feuerwehr somit eine Amtspflichtverletzung (siehe dazu Rn. 5 zu § 7) begangen hat.

11 Von der Anscheinsgefahr zu unterscheiden ist der **Gefahrenverdacht**. Im Fall eines Gefahrenverdachts hält die Feuerwehr aufgrund objektiver Umstände das Vorhandensein der Gefahr zwar für möglich, nicht aber für sicher. Beim Gefahrenverdacht sind die Abwehrmaßnahmen zwar grundsätzlich vorrangig auf die Klärung der Gefahrensituation zu richten. Bei Einsätzen der Feuerwehr, insbesondere bei einer möglichen unmittelbaren Gefahr für Leib und Leben, können jedoch die notwendigen Maßnahmen über die bloß vorläufige Klärung und Sicherung hinaus den Charakter endgültiger Gefahrenabwehr annehmen (vgl. VGH, VBlBW 2014, 56 und juris [Rn. 30]). Aus diesem Grund ist die Unterscheidung von Anscheinsgefahr und Gefahrenverdacht bei Feuerwehreinsätzen von geringer Bedeutung. So ist beispielsweise das gewaltsame Öffnen der Wohnungstür durch die Feuerwehr rechtmäßig, wenn der Alarmton eines dort befindlichen Rauchwarnmelders ausgelöst hat und andere Möglichkeiten zur sicheren Lagefeststellung nicht gegeben sind (vgl. LG Heidelberg, Urteil vom 7. März 2014, 1 O 98/13, juris [Rn. 18], wobei das LG Heidelberg hier das Vorliegen einer Anscheinsgefahr bejaht hat).

12 Bei der vorgenannten **ex-ante-Sicht** ist nicht etwa erst auf die Einschätzung des Einsatzleiters am Ort der (vermeintlichen) Gefahr abzustellen. Denn bereits zuvor ist die Feuerwehr tätig geworden. Maßgeblich ist vielmehr der Zeitpunkt der Alarmierung der Feuerwehr durch die Leitstelle (VGH, BWGZ 2009, 219 und juris [Rn. 26] sowie NJW 2004, 3441 und juris [Rn. 23], VG Karlsruhe, Urteil vom 16. Dezember 2015; 4 K 511/13, juris [Rn. 22]). Das Abstellen auf die ex-ante-Sicht erfolgt allgemein im Recht der Gefahrenabwehr, da die Behörden zur Beseitigung von Störungen und zur Abwehr von Gefahren rasch tätig werden müssen, ohne in jedem Fall ausführlich prüfen zu können, ob alle Angaben, auf die sie ihre Entscheidung stützen, zutreffen (VG Karlsruhe, VBlBW 2000, 292). Dieser besonderen Situation würde eine ex-post-Betrachtung (Betrachtung im Nachhinein, d.h. nach Abschluss des Handelns) nicht gerecht, denn „hinterher ist man immer schlauer". Dies gilt insbesondere beim Tätigwerden der Feuerwehr.

B. Erläuterung

I. Zu Absatz 1

13 Absatz 1 Satz 1 nennt die drei **Pflichtaufgaben** der Feuerwehr. Diese sind:

- Hilfeleistung bei Schadenfeuern (Nr. 1, 1. Alt.);

- technische Hilfeleistung bei öffentlichen Notständen i. S. von § 2 Abs. 1 Satz 2 (Nr. 1, 2. Alt.);
- technische Hilfeleistung bei der Rettung von Menschen und Tieren aus lebensbedrohlichen Lagen (Nr. 2).

1. Satz 1 Nr. 1

1.1 Hilfeleistung bei Schadenfeuern

Ein **„Schadenfeuer“** ist ein selbstständig fortschreitendes, unkontrolliertes 14
Feuer außerhalb einer Feuerstätte, das nicht zum Verbrennen bestimmte oder nicht wertlose Gegenstände vernichtet (OVG Nordrhein-Westfalen, Urteil vom 24. Juni 2008, 9 A 3961/06, juris [Rn. 28]). Der Begriff des Feuers setzt dabei – in gleicher Weise wie im Sachversicherungsrecht – die Veränderung von Sachen durch eine Verbrennung als chemischen Vorgang voraus. Eine offene Flamme ist dabei nicht erforderlich. Mindestens bedarf es jedoch einer Lichterscheinung wie Glühen oder Glimmen, wie sie bei Schwel- oder Glimmbränden auftritt. Demgegenüber sind chemische Veränderungen durch Wärme oder Hitze ohne Lichterscheinung kein Feuer. Hierzu zählen die Verkohlung als thermische Zersetzung fester Stoffe oder die Fermentation als Gärungsvorgang (VGH, BWGZ 2009, 219 und juris [Rn. 20]).

Der Begriff „Brand“ ist in allen anderen Bestimmungen (vgl. insbesondere §§ 29, 30) einheitlich als „Schadenfeuer“ auszulegen.

Brennen wertlose Sachen, z.B. Abfälle oder eigene Sachen, deren man sich entledigen will, liegt grundsätzlich kein Schadenfeuer vor, d.h. ihr Ablöschen ist keine Aufgabe der Feuerwehr (VGH, Urteil vom 22. Januar 2004, 1 S 2263/02, juris [Rn. 22]). Werden wertlos gewordene Sachen entzündet, kann gleichwohl ein Schadenfeuer gegeben sein, **wenn durch das Feuer schädlich auf die Umwelt (Menschen, Tiere, Pflanzen, Luft) eingewirkt wird** (Fischer, Rechtsfragen beim Feuerwehreinsatz, 4. Aufl., S. 50 f.) oder wenn die Gefahr einer unkontrollierten Ausbreitung des Feuers besteht. Schädliche Umwelteinwirkungen sind Immissionen, die Gefahren für die Allgemeinheit oder die Nachbarschaft herbeiführen können.

Das Verbrennen von Abfällen, um diese zu beseitigen, kann durch eine Abfallsatzung verboten sein (vgl. § 10 Abs. 1 LKreiWG und § 2 der Verordnung der Landesregierung über die Beseitigung pflanzlicher Abfälle außerhalb von Abfallbeseitigungsanlagen vom 30. April 1974, GBl. S. 187). Wird hiergegen verstoßen, liegt kein Brand vor; das Ablöschen des Feuers ist nicht Aufgabe der Feuerwehr. Das Einschreiten gegen den polizeiwidrigen Zustand ist eine Aufgabe des Bürgermeisters als Ortspolizeibehörde. Zieht dieser die Feuerwehr zur Hilfeleistung heran, ist der Feuerwehreinsatz in diesem Fall als Maßnahme i.S. von § 8 PolG anzusehen (LT-Drs. 7/3261 Nr. 33 S. 27).

15 Der Wortlaut des § 2 Abs. 1 Satz 1 Nr. 1 beschränkt den dort erwähnten **abwehrenden Brandschutz** auf die Hilfeleistung bei bereits ausgebrochenen Bränden. Gefahren finden dort nämlich nur insoweit Erwähnung, als sie von Bränden selbst ausgehen können. Zur Definition der Gefahr siehe oben Rn. 9 ff. Regelmäßig gehen von einem Feuer auch Gefahren aus. So entstehen z. B. beim Verbrennen PVC-haltiger Stoffe Atemgifte. Ein Feuer, das jedoch lediglich zu einer Störung des körperlichen oder seelischen Wohlbefindens führt, die nicht mit einem Schaden für die Gesundheit verbunden ist (Belästigung), ist kein Schadenfeuer (Brand).

Wird die Feuerwehr tätig, um einer Brandgefahr vorzubeugen, z. B. durch Ausräumen eines infolge Fermentation erhitzten Heustocks oder durch Entfernen eines Topfs mit Speisen vom eingeschalteten Herd, wird sie zur Brandverhütung i. S. von § 2 Abs. 2 Nr. 2 tätig (VGH, BWGZ 2009, 219 und juris [Rn. 22]). Ein solches Tätigwerden ist dann grds. kostenpflichtig (vgl. § 34 Abs. 2). Die in § 2 geregelte strikte Trennung von (grds. unentgeltlichem) abwehrendem Brandschutz (Absatz 1) und (kostenpflichtigem) vorbeugendem Brandschutz (Absatz 2) wird zwar in anderen Bundesländern so nicht durchgeführt. In Bayern etwa umfasst der abwehrende Brandschutz auch die drohende Brandgefahr und führt zur kostenmäßigen Gleichbehandlung in Art. 1 Abs. 1, Art. 28 Abs. 2 Nr. 1 BayFwG. Durch die in Baden-Württemberg vom Gesetzgeber in § 2 gewollte Trennung werden jedoch insbesondere im Rahmen von § 34 Abgrenzungsschwierigkeiten zwischen einfacher und unmittelbar bevorstehender Brandgefahr vermieden; denn Feuerwehreinsätze zur Bekämpfung unmittelbar bevorstehender Brandgefahr wären dann unentgeltlich. Zudem ist es nicht unbillig, Brandgefahren, die wie bei der Heustockerhitzung zur typischen Betriebsgefahr zählen, aber gleichwohl grundsätzlich vermeidbar sind, kostenmäßig dem Eigentümer zuzuweisen (VGH, a. a. O. [Rn. 24]).

1.2 Hilfeleistung bei öffentlichen Notständen

16 Der Begriff **„öffentlicher Notstand“** ist in **Satz 2 legal definiert** (siehe unten Rn. 23 ff. und VG Freiburg, Urteil vom 24. Oktober 2007, 2 K 742/07, juris [Rn. 19]). Bei öffentlichen Notständen i. S. von Satz 2 hat die Feuerwehr „Hilfe zu leisten und den Einzelnen und das Gemeinwesen vor hierbei drohenden Gefahren zu schützen“. Das Gesetz sagt nicht ausdrücklich, welche Hilfe und welchen Schutz die Feuerwehr leisten bzw. gewähren muss. Daraus kann indes nicht gefolgert werden, dass die Feuerwehr jegliche Hilfe und allumfassenden Schutz gewähren muss und darf. Sie hat jeweils diejenige Hilfe zu erbringen, die sie personell, ihrer Ausbildung entsprechend sowie mit Fahrzeugen und Geräten leisten kann (vgl. Bargen, VBlBW 1994, 101, unter B.I.1).

Die Hilfeleistung bei öffentlichen Notständen durch die Feuerwehr erfordert regelmäßig einen hohen Aufwand an Personal und Gerät (siehe dazu unten Rn. 28). Leider wird diesem Umstand bei den Hinweisen zur Leistungsfähigkeit einer Feuerwehr (vgl. Rn. 11 f. zu § 3) bislang zu wenig Rechnung getragen.

2. Satz 1 Nr. 2

Satz 1 Nr. 2 enthält die dritte Pflichtaufgabe der Feuerwehr, und zwar die Aufgabe, die die Feuerwehr unabhängig davon erfüllen muss, ob ein Brand oder ein öffentlicher Notstand i. S. von Satz 2 gegeben ist. 17

Eine Pflichtaufgabe nach Nr. 2 ist unter zwei Voraussetzungen gegeben:

a. Vorliegen einer lebensbedrohlichen Lage für Mensch oder Tier und

b. technische Hilfeleistung durch die Feuerwehr.

zu a.: Schutzobjekt von Satz 1 Nr. 2 **ist das Leben jedes einzelnen Menschen oder Tieres.** Bei Tieren ist allerdings eine Einschränkung gegeben. Die Feuerwehr rettet nur schutzwürdige Tiere aus lebensbedrohlichen Lagen. Schutzwürdig sind Tiere von erheblichem materiellem oder ideellem Wert (VG Freiburg, BWGZ 2010, 730 und juris [Rn. 22]). 18

Lebensbedrohlich kann jede Zwangslage sein, in der sich ein Mensch oder ein Tier befindet (vgl. die Aufzählung in Rn. 20). Der Begriff der lebensbedrohlichen Lage ist im FwG nicht definiert, er bedarf daher der Auslegung (vgl. VG Karlsruhe, Urteil vom 16. Dezember 2015, 4 K 511/13, juris [Rn. 20]). Der Begriff ist synonym mit dem einer lebensgefährlichen Situation, also einem Zustand, der bei einem zu prognostizierenden weiteren Ablauf zum Tod führen kann. Erforderlich ist, dass dieser Zustand akut bevorstehen muss und eine Gefahr für das Leben offensichtlich droht. Diese Wortlautauslegung wird auch durch den Vergleich dieses Begriffs zu seinem gesetzlichen Kontext gestützt. Denn die Rettung von Menschen aus lebensbedrohlichen Lagen wird mit Schadenfeuern und öffentlichen Notständen gleichgestellt (vgl. VG Karlsruhe, a. a. O.).

Von der lebensbedrohlichen Lage zu unterscheiden ist die Lage, die zwar die Gesundheit, nicht aber das Leben bedroht. Letztgenannte kann von § 2 Abs. 2 Nr. 1 erfasst sein. Im Zweifelsfall hat die Feuerwehr Hilfe zu leisten, z. B.: Säugling oder Schwerkranker ist allein in der Wohnung, deren Tür sich nicht öffnen lässt (Schlüssel steckt von innen oder zugeschlagene Tür). Von Bedeutung ist die Unterscheidung allerdings beim Kostenersatz, denn dadurch wird entschieden, ob für die Kosten Absatz 1 (grds. Kostenfreiheit) oder Absatz 2 (Kostenpflicht) des § 34 Anwendung findet.

19 **zu b.:** Nr. 2 stellt klar, auf welche Aufgabe die Feuerwehr bei der Rettung von Menschen und Tieren beschränkt ist, und grenzt die Aufgaben der Feuerwehr gegenüber denen der Sanitätsorganisationen ab (vgl. oben Rn. 8). Die Feuerwehr hat bei der Rettung von Menschen und Tieren technische Hilfe zu leisten. **„Technische Hilfe“** ist Hilfe mittels technischen Geräts, das zur herkömmlichen Ausstattung der Feuerwehr gehört (VG Karlsruhe, Urteil vom 16. Dezember 2015, 4 K 511/13, juris [Rn. 22]), wie z. B. Drehleiter, Geräte zur Rettung aus Höhen und Tiefen, Ziehfix zur Türöffnung. Aus diesem Grund gehört Hilfeleistung mittels eines Defibrillators (AED) durch sog. **First-Responder-Gruppen** nicht zu den Pflichtaufgaben der Feuerwehr, vielmehr handelt es sich um eine medizinische Maßnahme am Notfallpatienten (vgl. dazu die Ersthelferverordnung VOHvO des Innenministeriums). Hilfeleistung mittels der natürlichen Sinnesorgane oder geistigen Kräfte ist keine technische Hilfe i. S. von Satz 1 Nr. 2. Das Vorliegen von Lebensgefahr allein reicht daher für die Annahme einer Pflichtaufgabe nach § 2 Abs. 1 Satz 1 Nr. 2 nicht aus! Die Vermisstensuche ohne Einsatz von zusätzlicher bzw. besonderer Geräte- oder Fahrzeugtechnik ist deshalb keine Pflichtaufgabe (Bay. VGH, DÖV 2007, 345 und juris [Rn. 15]; VG Gießen, Urteil vom 19. Dezember 2011,4 K 857/11, juris [Rn. 25]) und auch keine Kann-Aufgabe nach Abs. 2 Nr. 1 (hierzu unten Rn. 36). Dies gilt auch für den Einsatz von Drohnen, da es sich hierbei (jedenfalls momentan noch) nicht um eine bei den Feuerwehren übliche Ausrüstung handelt.

Wird die Feuerwehr alarmiert, um mittels Drehleiter oder Sprungretter eine Person zu retten, die in Selbsttötungsabsicht von einem Gebäude zu springen droht, erfüllt sie nach dem eindeutigen Gesetzeswortlaut eine Pflichtaufgabe nach Abs. 1 Nr. 2 und leistet dem Polizeivollzugsdienst keine Amtshilfe. (h.M., vgl. Fischer, Rechtsfragen beim Feuerwehreinsatz, 4. Aufl., S. 54 f.). Die Gegenansicht begründet die Annahme einer polizeilichen Lage und damit die Leistung von Amtshilfe durch die Feuerwehr damit, dass die Person von der Feuerwehr eventuell nicht gerettet werden will, weshalb Zwangsmittel (körperliche Gewalt) erforderlich werden könnten, für deren Anwendung die Feuerwehr nicht ausgebildet ist.

20 Anlässe, bei denen die Feuerwehr zu technischer Hilfeleistung nach Satz 1 Nr. 2 ausrücken muss, können sein:

- eine **eingeklemmte Person**, dies ist eine Person, die ganz oder teilweise zwischen Gegenständen eingeklemmt ist und sich nicht aus eigener Kraft befreien kann;

- eine **verschüttete Person**, dies ist eine Person, die ganz oder teilweise von Schüttgut oder Trümmern umhüllt ist und sich nicht aus eigener Kraft befreien kann;
- eine **kontaminierte Person**, dies ist eine Person, die mit radioaktiven Stoffen in Berührung gekommen ist, denn die Dekontamination ist eine technische Hilfeleistung i. S. von Satz 1 Nr. 2;
- eine **eingeschlossene Person**, dies ist eine Person, die in ihrer Bewegungsfreiheit eingeschränkt ist und sich nicht aus eigener Kraft befreien kann;
- ein **Wasserunfall oder Eisunfall**; ein Wasserunfall ist ein Unfall, bei dem ein Mensch oder ein Tier zu ertrinken droht; ein Eisunfall ist ein Unfall, bei dem ein Mensch oder ein Tier in eine Eisfläche eingebrochen ist und zu ertrinken droht. Die Gemeindefeuerwehr führt im Bereich von Gewässern die Wasserrettung und Eisrettung durch (vgl. dazu die „Hinweise zur Sicherstellung der Hilfeleistung auf, in und an oberirdischen Gewässern in Baden-Württemberg", eingestellt auf der Internetseite der LFS). Bei einigen Gemeindefeuerwehren wurden Tauchergruppen aufgestellt. Dies erfolgte aufgrund der Häufigkeit und des speziellen Risikos bei Wasserunfällen sowie der damit verbundenen – gesellschaftlich gewünschten – Leistungsfähigkeit der Feuerwehr bei solchen Ereignissen;
- ein **Verkehrsunfall**, dies ist ein Unfall auf allgemein zugänglichen Verkehrsflächen, durch den ein Mensch verletzt wurde;
- ein **Strahlenunfall**, dies ist ein Ereignis, bei dem durch unkontrolliertes Freiwerden ionisierender Strahlung Gefahren für Menschen und Tiere entstehen können;
- das **Freiwerden gefährlicher Stoffe**, dies ist ein Ereignis, bei dem durch unkontrolliertes Entweichen solcher Stoffe Gefahren für Menschen, Tiere, Sachwerte und Umwelt entstehen können (vgl. VG Karlsruhe, Urteil vom 16. Dezember 2015, 4 K 511/13, juris [Rn. 22] bei Gasgeruch in einem Mehrfamilienhaus). Werden durch das Freiwerden gefährlicher Stoffe ausschließlich Sachwerte und/oder Umwelt gefährdet, liegt keine Pflichtaufgabe nach Satz 1 Nr. 2 vor, es kann aber ein öffentlicher Notstand gegeben sein;
- ein **Einsturz**, dies ist das plötzliche, unvorhergesehene Zusammenbrechen einer baulichen Anlage;
- oder eine **Absturzgefahr**; dies ist eine Gefahr, bei der Menschen und/oder Gegenstände herunterzustürzen drohen. Bei einigen Gemeindefeuerwehren wurden, aus den gleichen Erwägungen wie bei Wasserunfällen heraus, spezielle Höhenrettungsgruppen aufgestellt.

21 Häufig wird der Integrierten Leitstelle (ILS) ein Unglücksfall über **automatisierte Notrufe** durch eCall oder mobile Geräte (Mobiltelefon, Tablet etc.) gemeldet. Fraglich ist dann, von welcher Schadenslage die ILS auszugehen hat, wenn eine Abklärung der Lage mittels Sprechverbindung nicht möglich ist (vgl. dazu ausführlich Ernst, Brandhilfe 3/2025, S. 25 ff.). Bei dem Eingang eines Notrufs über **eCall** hat die ILS davon auszugehen, dass entweder ein Verkehrsunfall vorliegt, der den Einsatz der Feuerwehr zur Rettung von Personen mittels technischen Rettungsgeräts erforderlich macht oder jedenfalls erforderlich machen könnte. Die Aufgabe der Feuerwehr zur technischen Hilfeleistung ergibt sich aus Satz 1 Nr. 2, denn es wird bei im Fahrzeug eingeklemmten Personen vom Vorliegen lebensbedrohlicher Verletzungen ausgegangen. Besteht eine Verbindung zum verunfallten Fahrzeug, kann die ILS den Umfang des Unfalls und der voraussichtlich benötigten technischen Hilfeleistung abklären und entsprechend der Alarm- und Ausrückeordnung alarmieren. Besteht keine Verbindung oder erhält die Leitstelle keine Antwort, hat sie zum Zeitpunkt der Alarmierung vom Vorliegen eines Verkehrsunfalls mit mindestens einer schwer verletzen Person auszugehen. Der Kostenersatzanspruch der Gemeinde ergibt sich dann aus § 34 Abs. 1 Satz 2 Nr. 2, wenn die Feuerwehr am Unfallort zur Rettung von Menschenleben tätig wird.

Im Gegensatz dazu liegt bei der **Alarmauslösung über mobile elektronische Geräte** in aller Regel keine Aufgabe der Feuerwehr nach § 2 vor. So bestehen durch diese automatisierte Alarmierung keine Anhaltspunkte für eine Lage, in der einer verunfallten Person *technische* Hilfe durch die Feuerwehr geleistet werden muss, was aber zwingende Voraussetzung ist für eine Aufgabe der Feuerwehr nach § 2 Abs. 1 Satz 1 Nr. 2 oder § 2 Abs. 2 Nr. 1. Selbst wenn man davon ausgeht, dass eine Alarmierung der Leitstelle infolge einer starken Erschütterung vorliegt, kann zwar von einem Unglücksfall durch Sturz, Bewusstlosigkeit oder ähnliches ausgegangen werden. Damit liegt aber noch kein Anhalt vor, dass die verunfallte Person über medizinische Hilfe hinaus eine Hilfe in Form einer technischen Rettung mittels Feuerwehrgeräts benötigt. Es liegt hier nämlich keine Vergleichbarkeit zur Alarmierung über eCall vor, denn dort wird davon ausgegangen, dass es zu einem Verkehrsunfall gekommen ist, weshalb die Möglichkeit des Einsatzes von Rettungsgeräten durch die Feuerwehr nicht fernliegend ist. Auch eine Vergleichbarkeit zu Einsatzlagen, die von der Feuerwehr unter dem Stichwort „Hilflose Person in Wohnung“ gefahren werden, scheidet aus, da in diesen Fällen schon bei der Alarmierung davon auszugehen ist, dass feuerwehrtechnisches Gerät zur Türöffnung verwendet werden soll.

Technische Hilfe leistet auch die Bundesanstalt Technisches Hilfswerk (THW) und die DRF Luftrettung (vormals Deutsche Rettungsflugwacht). Die Aufgaben des THW ergeben sich aus § 1 Abs. 2 THWG. Dort sind folgende Aufgaben verankert: 22

1. technische Hilfe nach dem Zivilschutz- und Katastrophenhilfegesetz,
2. technische Hilfe im Ausland im Auftrag der Bundesregierung,
3. technische Hilfe bei der Bekämpfung von Katastrophen, öffentlichen Notständen und Unglücksfällen größeren Ausmaßes auf Anforderung der für die Gefahrenabwehr zuständigen Stellen,
4. technische Hilfe bei der Erfüllung öffentlicher Aufgaben i. S. der Nummern 1 bis 3, soweit es diese durch Vereinbarung übernommen hat.

Das THW bedient sich bei der Durchführung seiner Aufgaben freiwilliger, ehrenamtlich tätiger Helfer, die sich hierzu verpflichtet haben, sowie hauptamtlicher Mitarbeiter. Das THW unterhält überörtliche Fachgruppen: Infrastruktur (FGr I), Beleuchtung (FGr Bel), Räumen (FGr R, Typ A, B und C), Wassergefahren (FGr W, Typ A und B), Ortung (FGr O, Typ A und B), Elektroversorgung (FGr E), Wasserschaden/Pumpen (FGr WP), Logistik (FGr Log) und Führung/Kommunikation (FGr FK). Weiter vorgesehen sind auf Landesverbandsebene die überregionalen Fachgruppen Trinkwasserversorgung (FGr TW), Ölschaden (FGr Öl, Typ A, B und C), Brückenbau (FGr BrB) und Sprengen (FGr Sp) sowie für den Auslandseinsatz die Fachgruppen Schnelleinsatzeinheit Bergung Ausland (FGr SEEBA), Schnelleinsatzeinheit Wasserversorgung Ausland (FGr SEEWA) und Schnelleinsatzeinheit Logistikabwicklung im Lufttransportfall (FGr SEE-Lift).

Daraus folgt, dass das THW wie die Feuerwehr eine technische Hilfeleistungsorganisation ist. Das THW besitzt jedoch bei der Gefahrenabwehr in Friedenszeiten keine originäre Zuständigkeit und kann nur tätig werden, wenn es von der belegenen Gemeinde oder dem Landratsamt angefordert wird, d.h., es leistet insoweit Amtshilfe (Art. 35 GG). Nur bei Gefahr im Verzug kann es ohne behördliche Anordnung tätig werden. Es muss dann aber unverzüglich die Gemeinde über die getroffenen Maßnahmen unterrichten, die dann über die weitere Hilfeleistung entscheidet.

3. Satz 2

Die gesetzliche Definition des Begriffs „Notstand“ in Satz 2 ist der Rechtsprechung entnommen (vgl. etwa VGH, NJW 1992, 1470; VG Freiburg, BWGZ 2010, 730 und juris [Rn. 19]). 23

Ein **öffentlicher Notstand** ist nach der Definition unter folgenden Voraussetzungen gegeben:

a. Vorliegen eines durch ein Naturereignis, einen Unglücksfall oder dergleichen verursachten Ereignisses,
b. das zu einer gegenwärtigen oder unmittelbar bevorstehenden Gefahr
c. für das Leben und die Gesundheit von Menschen und Tieren oder für andere wesentliche Rechtsgüter führt,
d. von dem die Allgemeinheit unmittelbar betroffen ist und
e. bei dem die Schadensbeseitigung/Gefahrabwehr nur durch außergewöhnliche Sofortmaßnahmen erfolgen kann.

Dabei liegt ein öffentlicher Notstand bereits dann vor, wenn diese Voraussetzungen gegeben sind. Der öffentliche Notstand muss, anders als der Katastrophenfall (vgl. § 44 Abs. 1 LKatSG), nicht festgestellt werden!

24 **Zu a.: „Naturereignisse“** sind: Blitzschlag, Hagel, Sturm, Hochwasser, Eis, Überschwemmung, Erdbeben, Erdrutsch, Bergsturz, Lawinen und Schneedruck. Auch hier muss ein „öffentlicher Notstand“ die Folge sein. Müssen infolge einer Überschwemmung z. B. lediglich einige Keller ausgepumpt werden, liegt insoweit kein öffentlicher Notstand vor (vgl. VG Karlsruhe, VBlBW, 2000, 290; siehe dazu auch unten Rn. 33).

„Unglücksfälle und dergleichen“, die zu einem öffentlichen Notstand führen können, sind z. B. Explosionen mit großer zerstörender Wirkung (Einsturz eines Mehrfamilienhauses, Absturz eines Großraumflugzeugs); Auslaufen wassergefährdender Stoffe in einer die Allgemeinheit bedrohenden Menge (Gefahr der Trinkwasserverunreinigung). Jedoch begründet nicht jede Verunreinigung eines Gewässers einen öffentlichen Notstand. Bei Unfällen mit wassergefährdenden Stoffen i. S. des § 62 Abs. 3 Wasserhaushaltsgesetz (WHG) droht in der Regel nur dann ein öffentlicher Notstand, wenn die öffentliche Trinkwasserversorgung oder andere bedeutende Rechtsgüter der Allgemeinheit unmittelbar gefährdet sind (VGH, Urteil vom 16. November 1992, 1 S 2727/91, juris [Rn. 17]; VG Freiburg, BWGZ 2010, 730 und juris [Rn. 19]). Selbst im Fall des Sinkens eines Schiffes verneint der VGH (a. a. O.) demgemäß trotz der dabei naheliegenden Gefahr des Ölaustritts einen öffentlichen Notstand, wenn keine konkrete Gefahr für die Trinkwasserversorgung besteht.

Nicht bei allen öffentlichen Notständen hat die Feuerwehr Hilfe zu leisten. Eine Handlungspflicht besteht nur bei Notständen, deren Ursache ein Ereignis im Sinne von Satz 2 ist (so auch VGH, NJW 1992, 1490 und 1993, 1543). Ist Ursache des öffentlichen Notstands ein anderes Ereignis (z. B.

anhaltende Massendemonstration, Arbeitsstreik, Stromausfall, Straftat), nimmt die Feuerwehr, wenn sie zum Einschreiten aufgefordert wird, nicht eigene Aufgaben wahr, sondern fremde; d.h., sie leistet Amtshilfe bzw. behördeninterne Hilfe. Zur Hilfeleistungspflicht bei Amtshilfeersuchen und zu den Grenzen der Amtshilfe vgl. §§ 4 bis 8 LVwVfG und Rn. 43ff.

Zu b.: Ein Notstand setzt voraus, dass ein entsprechender **Schaden** bereits 25
eingetreten („gegenwärtig") ist oder unmittelbar bevorsteht (Gefahr). Eine **unmittelbare Gefahr** liegt bei einer Situation vor, bei welcher der Eintritt des Schadens in allernächster Zeit mit an Sicherheit grenzender Wahrscheinlichkeit zu erwarten ist, wenn nicht sofort Abwehrmaßnahmen ergriffen werden (VG Freiburg, BWGZ 2010, 730 und Juris [Rn. 19]). Dabei ist ausreichend, wenn das Ereignis erfahrungsgemäß geeignet ist, einen Sach- oder Personenschaden hervorzurufen.

Zu c.: Zu schützende Rechtsgüter sind beim Notstandsbegriff Leben und 26
Gesundheit von Menschen und Tieren (siehe hierzu oben Rn. 19) und wesentliche Rechtsgüter. Zu den wesentlichen Rechtsgütern zählen insbesondere die Umwelt (Schutz vor Boden-, Luft- und Gewässerverunreinigung, vgl. VGH, NVwZ-RR 1994, 52 und juris [Rn. 17]), bedeutende Sachwerte und die öffentliche Daseinsvorsorge (z.B. Versorgung mit Elektrizität und Trinkwasser).

Zu d.: Das Merkmal der **Allgemeinheit** – d.h. eine unbestimmte und nicht 27
bestimmbare Anzahl von Personen – dient zur Abgrenzung des Notstands i.S. von § 2 Abs. 1 Satz 1 Nr. 1 (Pflichtaufgabe) von der Notlage i.S. von § 2 Abs. 2 Nr. 1 (Kann-Aufgabe). So lehnte der VGH (NJW 1993, 1543 und juris [Rn. 18]) das Vorliegen eines Notstandes ab, als Ammoniak in einem öffentlich nicht zugänglichen umschlossenen Raum in einer wegen Renovierung geschlossenen Eishalle ausgetreten war. Hier bestand eine Gefahr nämlich nur für die wenigen dort eingesetzten Arbeiter. Hätte sich allerdings die Gefahr gezeigt, dass eine größere Menge Ammoniak unkontrolliert ins Freie gelangt, wäre ein Notstand durch die unmittelbare Gefahr für die Anwohner und Umwelt gegeben gewesen.

Verschmutzungen öffentlicher Straßen durch ausgelaufene Kraftstoffe, Kühlerflüssigkeit oder Öle aus Kraftfahrzeugen, die sich auf der Fahrbahn befinden, sieht der VGH (vgl. die Entscheidungen in NJW 1992, 1470 und juris [Rn. 14] sowie VBlBW 2002, 73 und juris [Rn. 18]) regelmäßig **nicht als Notstand, sondern als Notlage** i.S. § 2 Abs. 2 Nr. 1 an, da nicht jede durch einen Verkehrsunfall verursachte Gefährdung der Sicherheit des Straßenverkehrs einen öffentlichen Notstand begründet. Von einem solchen kann vielmehr nur dann gesprochen werden, wenn wegen der Art und des Ausmaßes des Schadens oder der drohenden Gefahren nicht nur einzelne Verkehrsteilnehmer, sondern die Allgemeinheit unmittelbar betroffen ist. Die Gefahr durch die bei dem Verkehrsunfall entstandene Ölspur ist jedoch regelmäßig auf die nachfolgenden Verkehrsteilnehmer beschränkt.

Ist eine **Gefährdung von Verkehrsteilnehmern** (etwa durch polizeiliche Absperrmaßnahmen) **ausgeschlossen**, handelt die Feuerwehr bei der Beseitigung der Verschmutzung im Wege der **Amtshilfe** (vgl. dazu Rn. 43) für den Träger der Straßenbaulast (Bund, Land, Landkreis), da dieser für die Beseitigung des straßenverkehrsgefährdenden Zustands verantwortlich ist. Keine Amtshilfe liegt jedoch vor, wenn die Gemeinde, zu der die Feuerwehr gehört, selbst als Straßenbaulastträger für die Beseitigung zuständig ist. Denn dann handelt die Feuerwehr als Teil der Gemeindeverwaltung nicht für eine andere Behörde (Hildinger/Rosenauer, FwG, 4. Aufl., § 2 Rn. 12), sie leistet dann behördeninterne Hilfe.

28 **Zu e.**: Von einem Notstand kann weiterhin nur bei Ereignissen von einer außergewöhnlichen Tragweite gesprochen werden, deren Beseitigung einen weit **über das gewöhnliche Maß hinausgehenden Aufwand** an Personen, Sachmitteln und Organisation erfordert und damit die Grenzen der bloßen Hilfeleistung oder eines „alltäglich“ vorkommenden Schadens übersteigt (VG Halle, Urteil vom 27. August 2010, 3 A 197/09, juris [Rn. 19]).

II. Zu Absatz 2

1. Vorbemerkung

29 Die in Absatz 2 genannten Aufgaben kann die Feuerwehr nur wahrnehmen, **wenn diese ihr ausdrücklich übertragen sind**. Zuständig für die Beauftragung der Feuerwehr ist – wie der Gesetzeswortlaut klarstellt – nicht etwa die Aufsichtsbehörde, sondern allein die Gemeinde als Trägerin der Feuerwehr. Die Aufgaben, bei denen es sich um Aufgaben der Gefahrenabwehr im Bereich der öffentlichen Sicherheit und Ordnung handeln muss, können der Feuerwehr durch Einzelanordnung, durch generelle Anordnung und auch durch die Feuerwehrsatzung übertragen werden. Es ist zweckmäßig, die Aufgaben, die die Feuerwehr nach Absatz 2 wahrnehmen soll, bereits in der Feuerwehrsatzung festzulegen. Der Bürgermeister kann Anordnungen nach Absatz 2 nur treffen, wenn ihm diese Aufgabe obliegt. Zur „laufenden Verwaltung“ (§ 44 Abs. 2 Satz 1 1. Alternative GemO) zählt nur die Heranziehung bzw. Beauftragung der Feuerwehr in einem Einzelfall. Die dauernde (generelle) Inanspruchnahme der Feuerwehr zu Aufgaben nach Absatz 2 kann der Bürgermeister daher nur verfügen, wenn ihm diese Aufgabe durch Hauptsatzung der Gemeinde übertragen ist (§ 44 Abs. 2 Satz 2 GemO).

Eine Übertragung von Aufgaben nach Abs. 2 auf die Feuerwehr sollte nur erfolgen, wenn die Feuerwehr über genügend Einsatzkräfte verfügt und durch die Aufgabenübertragung die Pflichtaufgaben dennoch erfüllt werden können. Dies hat zur Folge, dass Feuerwehren mit ausreichendem Personalstand und guter sachlicher Ausrüstung mehr Aufgaben durch ihre Gemeinden übertragen werden können als Feuerwehren mit wenig Personal und geringerer Ausrüstung.

Für die Erfüllung der Aufgaben nach Absatz 2 (Kann-Aufgaben) soll die Gemeinde Kostenersatz durch Verwaltungsakt erheben (vgl. § 34 Abs. 2 und 9). In den Gesetzesmaterialien (LT-Drs. 14/5103, S. 31) ist eindeutig formuliert, dass die die Erfüllung der Aufgaben nach § 2 Abs. 2 Nr. 1 Vorrang vor der Erfüllung der Aufgaben nach Nr. 2 hat.

2. Nr. 1

Eine **„andere Notlage"** i. S. von Absatz 2 Nr. 1 ist unter drei Voraussetzungen gegeben: 30

a. Vorliegen eines Unglücksfalls, bei dem Menschen, Tiere oder Schiffe geschädigt oder gefährdet sind und

b. bei dem die Feuerwehr nicht schon nach Absatz 1 zur Hilfeleistung verpflichtet ist und

c. bei dem für die Abwehr der jeweiligen Gefahr die speziellen Geräte und Fähigkeiten erforderlich sind, über die die Feuerwehr für den Einsatz in öffentlichen Notständen verfügt.

Zu a.: Zu beachten ist, dass eine „andere Notlage" nicht vorliegt, wenn die Hilfeleistung allein zum Schutz privater Sachgüter erfolgt. Denn nach dem klaren Wortlaut erfordert § 2 Abs. 2 Nr. 1 eine **Hilfeleistung für Menschen, Tiere oder Schiffe**, mithin muss also eines dieser Schutzgüter in irgendeiner Weise gefährdet sein (vgl. VGH, Urteil vom 20. März 2003, 1 S 397/01, juris [Rn. 22]). Der VGH (a. a. O.) hat argumentiert, dass es die ausdrückliche Beschränkung auf die „Hilfeleistung für Schiffe" als ausgeschlossen erscheinen lasse, dass der Wille des Landesgesetzgebers bei § 2 Abs. 2 FwG a. F. dahin gegangen sei, auch Fallgruppen einzubeziehen, die lediglich mit einer Beeinträchtigung oder Gefährdung sonstiger privater Sachwerte einhergehen. Hieran hat der Gesetzgeber bei der Neufassung festgehalten. 31

An einer Hilfeleistung für Menschen und Tiere fehlt es, wenn keine Anhaltspunkte dafür ersichtlich sind, dass einzelne Menschen oder Tiere in irgendeiner Weise gefährdet werden. Für die Beurteilung der Not- bzw. Gefahrenlage kommt es auf die ex-ante-Sicht an (VGH, VBlBW 2002, 73 und juris [Rn. 18] sowie Urteil vom 30. November 2010, 1 S 1120/10, juris [Rn. 36]; vgl. auch oben Rn. 12).

32 **„Schiff"** i. S. von Abs. 2 Nr. 1 ist ein schwimmfähiges, mit einem Hohlkörper versehenes Fahrzeug von nicht ganz unbedeutender Größe und erheblichem Wert – dies folgt aus der Gleichstellung mit den beiden Schutzobjekten Mensch und Tier – und dessen Zweckbestimmung es ist, auf oder unter Wasser fortbewegt zu werden und dabei Personen oder Sachen zu tragen. Kleine Wasserfahrzeuge wie z. B. Sportsegelboote, Ruderboote oder Tretboote fallen nicht unter den Schiffsbegriff (Letzteres offengelassen vom VGH, Urteil vom 13. April 2011, 1 S 2535/10, juris [Rn. 30]).

33 Angesichts der abschließenden Aufzählung der Schutzgüter (vgl. oben Rn. 31) dürften Gemeinden das **Auspumpen einzelner Kellerräume** nicht als Kann-Aufgabe ihrer Feuerwehr nach § 34 Abs. 2 ansehen und hierfür Kostenersatz mittels Kostenbescheides verlangen (so auch Hildinger/Rosenauer, FwG, 4. Aufl., § 2 Rn. 60), dies wurde indes vom VG Karlsruhe (BWGZ 2000, 411 und juris [Rn. 14]) übersehen. Der VGH (Urteil vom 20. März 2003, 1 S 397/01, juris [Rn. 23]) hat zwar mit der Begründung, dass das unkontrollierte Austreten größerer Wassermengen bei Kontakt mit Elektroinstallationen zu einem Kurzschluss und in der Folge zu Gefahren für das Leben oder jedenfalls die Gesundheit von Menschen führen kann, eine andere Notlage im Sinn von § 2 Abs. 2 Nr. 1 bejaht. Dabei hat sich der VGH aber nicht mit der Frage auseinandergesetzt, ob zur Abwehr dieser Gefahr tatsächlich das Beseitigen des Wassers in der Wohnung durch die Feuerwehr erforderlich war, oder ob hierfür nicht das Stromlosschalten der Wohnung ausgereicht hätte, welches einen wesentlich kürzeren Feuerwehreinsatz ermöglicht hätte.

Eine ähnliche Problematik stellt sich, wenn die Feuerwehr zur **Beseitigung eines umgestürzten Baumes (Sturmholz)** gerufen wird. Wenn dieser bereits auf dem Boden zum Liegen gekommen ist, ist eine Gefahr für Menschen nur dann zu bejahen, wenn dadurch etwa die Sicherheit des Straßenverkehrs oder die Erreichbarkeit von Anwohnern mit Rettungsfahrzeugen gefährdet ist (vgl. auch Hildinger/Rosenauer, FwG, 4. Aufl., § 2 Rn. 55). Auch das Beräumen eines Daches von Schnee durch Einsatzkräfte der Gemeindefeuerwehr unterfällt, solange keine Notstandslage anzunehmen ist, nicht § 2 Abs. 1 oder Abs. 2 Nr. 1, sondern es liegt eine **Freiwilligkeitsleistung** der Feuerwehr vor (vgl. dazu OLG Rostock, Urteil vom 28. Juli 2017, 6 U 131/15, juris [Rn. 73 ff.]). Zum Zustandekommen einer solchen Freiwilligkeitsleistung siehe Rn. 13 a. E. zu § 7.

Der Gesetzgeber hat auch bei den letzten Änderungen des Gesetzes den Wortlaut in § 2 Abs. 2 Nr. 1 nicht geändert und etwa um die Schutzgüter „bedeutende Sachwerte“ und „Umwelt“ erweitert. Da § 34 Abs. 2 als Voraussetzung für den Kostenersatz mittels Verwaltungsakts ausdrücklich auf § 2 Abs. 2 verweist, ist dem Träger der Feuerwehr anzuraten, in vorgenannten Fällen sorgfältig zu prüfen, ob eine „andere Notlage“ i. S. von § 2 Abs. 2 Nr. 1 angenommen werden kann (vgl. dazu auch Ernst, VBlBW 2014, 99 und Rn. 41 zu § 34).

Zu b.: Die Annahme einer „anderen Notlage“ ist nach dem Wortlaut ausgeschlossen, wenn die Feuerwehr Pflichtaufgaben erfüllt. Eine andere Notlage kann somit kein Brand sein. Sie ist vielmehr ein Unglücksfall, der nicht die Allgemeinheit, sondern nur einzelne bestimmte Personen, Tiere oder Schiffe betrifft (eine andere Notlage ist ein „kleiner“ Notstand) und bei dem sich Menschen oder Tiere nicht in einer lebensbedrohlichen Lage (vgl. Abs. 1 Satz 1 Nr. 2) befinden. In Betracht kommt etwa das Türöffnen, um dem Rettungsdienst die Versorgung einer nicht lebensbedrohlich erkrankten Person zu ermöglichen (vgl. dazu VGH, Urteil vom 30. November 2010, 1 S 1120/10, Juris [Rn. 37]) oder die Befreiung von Personen aus Aufzügen. 34

Zu c.: Nach der Rechtsprechung (VGH, Urteil vom 30. November 2010, 1 S 1120/10, juris [Rn. 36]; VG Freiburg, BWGZ 2010, 730 und juris [Rn. 23]) stellt nicht jedes Gefahren- oder Schadensereignis unterhalb der Schwelle des öffentlichen Notstands eine andere Notlage i. S. von Abs. 2 Nr. 1 dar. Eine andere Notlage liegt danach nur dann vor, wenn für die Abwehr der jeweiligen Gefahr die **speziellen Geräte und Fähigkeiten erforderlich sind, über die die Feuerwehr für den Einsatz in öffentlichen Notständen verfügt**. 35

„Hilfeleistung“ nach Absatz 2 Nr. 1 ist zudem Hilfe mit Geräten und sonstiger Ausstattung, über die die Feuerwehr verfügen muss, um die ihr in Absatz 1 obliegenden Pflichtaufgaben erfüllen zu können (VGH, Urteil vom 30. November 2010, 1 S 1120/10, juris [Rn. 36]); also technische Hilfe (vgl. oben Rn. 20). 36

Aus diesem Grund handelt es sich bei der einfachen Suche nach vermissten Personen grundsätzlich nicht um eine technische Hilfeleistung i. S. des Abs. 2 Nr. 1, weil es hier nicht allein auf die bei der Feuerwehr vorhandenen Sachmittel oder das bei den Mitgliedern der Feuerwehr vorhandene Fachwissen ankommt (VG Gießen, Urteil vom 19. Dezember 2011, 4 K 857/11, juris [Rn. 25]; Bay. VGH, DÖV 2007, 345 und juris [Rn. 15]).

3. Nr. 2

Durch das ÄndG vom Dezember 2015 wurde der Begriff „Feuersicherheitsdienst“ durch „Brandsicherheitswache“ ersetzt. Hierbei handelte es sich lediglich um eine redaktionelle Änderung. Der Begriff des Feuersicherheitsdienstes wurde dem üblichen Sprachgebrauch angepasst. So fin- 37 det auch in § 41 Abs. 2 VStättVO der Begriff „Brandsicherheitswache“ Verwendung.

38 **„Maßnahmen der Brandverhütung“** i. S. von Absatz 2 Nr. 2 sind Maßnahmen des vorbeugenden Brandschutzes. Neben Brandschutzerziehung, Brandschutzaufklärung und der Brandsicherheitswache (vgl. „insbesondere“) sind dies Tätigkeiten zur Beseitigung einer (auch unmittelbaren) Brandgefahr (z.B. das Ausräumen eines durch Fermentation erhitzten Heustocks, vgl. VGH, BWGZ 2009, 219 und juris [Rn. 23] sowie oben Rn. 2 und Rn. 15). „Maßnahmen der Brandverhütung“ sind auch die Durchführung oder die Teilnahme an der Brandverhütungsschau (vgl. VwV-Brandverhütungsschau vom 17. September 2012, GABl. 2012, 863) und die Überprüfung (Begutachtung) der Baugesuche auf Einhaltung der Bestimmungen auf dem Gebiet des vorbeugenden Brandschutzes (vgl. hierzu Nr. 3 der VwV-Brandschutzprüfung, vom 17. September 2012, GABl. 2012, 865). Zur Brandverhütungsschau kann die Feuerwehr jedoch nur herangezogen werden, wenn diese Aufgabe in die Zuständigkeit der Gemeinde fällt, d.h. wenn sie untere Baurechtsbehörde ist (vgl. zur Beteiligung der Feuerwehr am baurechtlichen Verfahren Nr. 3 der VwV-Brandschutzprüfung).

39 Nach § 34 Abs. 1 hat grundsätzlich die Gemeinde die **Kosten der „Brandwache“** zu tragen, wenn diese im Rahmen eines Schadenfeuers vom Technischen Einsatzleiter angeordnet worden ist. Der Technische Einsatzleiter hat eine Brandwache anzuordnen, wenn die Gefahr besteht, dass wegen verbleibender Brandnester oder aus anderen Gründen das Schadenfeuer wiederauflebt. Zur Anordnung einer Brandwache genügt, dass das Wiederaufleben eines Schadenfeuers nicht mit Sicherheit ausgeschlossen werden kann (vgl. dazu auch OLG Hamm, Urteil vom 8. Februar 2012, 11 U 150/10, juris [Rn. 29]). Ist nach Ansicht des Technischen Einsatzleiters eine Brandwache nicht oder nicht mehr erforderlich, aber vom Eigentümer oder Besitzer nachdrücklich gefordert oder gewünscht, handelt es sich um eine Maßnahme der Brandverhütung gemäß § 2 Abs. 2 Nr. 2. Die Kosten sind dann vom Eigentümer bzw. Besitzer zu tragen (§ 34 Abs. 2).

40 Die Brandschutzerziehung (für Kinder) und die Brandschutzaufklärung (für Erwachsene) sind als Aufgaben der Feuerwehr im Jahr 2009 in das FwG aufgenommen worden. Somit kann die Gemeinde die Feuerwehr beauftragen, die Bevölkerung durch geeignete Maßnahmen (z.B. Brandschutzerziehung im Kindergarten, Tage der offenen Tür, Information mittels Broschüren und Internet) über die Gefahren durch Feuer und über den Brandschutz zu informieren (vgl. dazu auch die unter www.brandschutzaufklaerung.de bereitgestellten Informationen des gemeinsamen Ausschusses Brandschutzauf-

klärung und Brandschutzerziehung der vfdb und des DFV). Ein Rechtsanspruch auf Maßnahmen der Brandschutzerziehung und -aufklärung besteht nicht. Zur Form der Übertragung dieser Aufgaben siehe oben Rn. 29. Nehmen Feuerwehrangehörige Aufgaben der Brandverhütung nach Absatz 2 Nr. 2 wahr, handeln sie hoheitlich und unterliegen im Schadensfall der Amtshaftung (vgl. OLG Stuttgart, Urteile vom 24. Juni 2020, 4 U 33/20 und 42/20, Pressemitteilung in juris). In der Praxis wirken auch Angehörige aus den Altersabteilungen an dieser Aufgabenwahrnehmung mit; in der vom Innenministerium BW herausgegebenen Broschüre „65plus, Senioren aktiv in unseren Feuerwehren" (eingestellt auf der Internetseite des LFV oder der LFS), wird dies sogar als „ideales Betätigungsfeld" für die Senioren in den Feuerwehren bezeichnet (dort S. 21 f.). Tatsächlich ist die Wahrnehmung der Aufgaben des § 2 allerdings bislang den Mitgliedern der Einsatzabteilungen vorbehalten, weil auch sämtliche anderen in § 2 genannten Aufgaben von den Mitgliedern der Einsatzabteilungen wahrgenommen werden. Eine gesetzliche Klarstellung, dass diese Tätigkeiten auch von Feuerwehrangehörigen durchgeführt werden können, die nicht Angehörige einer Einsatzabteilung sind, wäre daher wünschenswert.

Die **„Brandsicherheitswache"** (früher Feuersicherheitsdienst) hat folgen- 41
de Aufgaben:

- unmittelbare Alarmierung der zuständigen Feuerwehr,
- Brandbekämpfung in der Entstehungsphase,
- Überprüfung, ob die Notausgänge und Flächen für die Feuerwehr (§ 15 LBO) freigehalten sind, ob Feuerlöscher und sonstige Löschanlagen vorhanden sind, der Feuerschutzvorhang (bei Bühnen) funktionsfähig ist.

Gemäß § 41 Abs. 2 VStättVO (siehe auch die Hinweise zur Versammlungsstättenverordnung auf der Internetseite der LFS und das Merkblatt zum Brandsicherheitswachdienst des Arbeitskreises vorbeugender Brand- und Gefahrenschutz der Feuerwehren BW) ist bei jeder Veranstaltung auf Großbühnen sowie Szenenflächen mit mehr als 200 m^2 Grundfläche eine Brandsicherheitswache der Feuerwehr notwendig. Nach § 41 Abs. 2 VStättVO muss bei jeder Veranstaltung auf Großbühnen sowie Szenenflächen mit mehr als 200 m^2 Grundfläche eine Brandsicherheitswache der Feuerwehr anwesend sein. Die Brandsicherheitswache kann von der Gemeinde als Ortspolizeibehörde zum Bestandteil bzw. zur Auflage einer Veranstaltungsgenehmigung gemacht werden (vgl. §§ 1, 62 Abs. 4, 66 Abs. 2 PolG), soweit sie nicht schon nach der VStättVO vorgeschrieben und von der unteren Baurechtsbehörde (vgl. § 48 LBO) angeordnet wird. Dies wird regelmäßig dann geschehen, wenn bei einer Veranstaltung mit einem erhöhten Gefahrenpotenzial zu rechnen ist. Das kann der Fall sein, wenn mit einer großen Anzahl von Besuchern gerechnet wird, wenn mit offenem Feuer oder leichtentzündlichen oder explosiven Stoffen umgegangen wird oder, wenn brandschutztechnische Mängel bekannt sind. Die Brandsicherheitswache ist von der Gemeindefeuerwehr zu stellen, wenn ihr diese Aufgabe nach § 2 Abs. 2 Nr. 2 übertragen ist. Auf die Kostenerstattungspflicht nach § 34 Abs. 2 in Verbindung mit § 2 Abs. 2 Nr. 2 wird hingewiesen. Sicherheitswachen nach sonstigen Rechtsvorschriften sind vom Veranstalter, nicht von der Gemeindefeuerwehr zu stellen und insofern keine Brandsicherheitswachen i. S. von § 2 Abs. 2 Nr. 2.

II. Zu Absatz 3

42 Die Verpflichtung der Gemeinde, die in § 2 vorgesehenen Aufgaben durch eine leistungsfähige Gemeindefeuerwehr erfüllen zu lassen (vgl. § 3), besteht nicht gegenüber einzelnen Personen. Da gemäß Absatz 3 Rechtsansprüche Einzelner ausgeschlossen sind, kann der Einzelne die Gemeinde nicht auf die Erfüllung dieser Aufgaben in Anspruch nehmen. Darin erschöpft sich die Bedeutung von Absatz 3. Schadensersatzansprüche gegen die Gemeinde wegen schuldhafter Nichterfüllung der Pflichtaufgaben oder fehlerhafter Gefahrenabwehr bzw. Schadensbekämpfung durch die Feuerwehr werden durch diese Regelung indes nicht ausgeschlossen. Ein solcher Haftungsausschluss der Gemeinde würde Art. 34 GG widersprechen und wäre insoweit verfassungswidrig.

§ 2 Abs. 1 bezweckt allerdings nicht nur den Schutz der Allgemeinheit. Die Feuerwehr hat schon nach dem klaren Wortlaut von Absatz 1 auch das Leben, das Eigentum, den Besitz des Einzelnen zu schützen. Damit ist Absatz 1 ein Schutzgesetz i. S. von § 823 Abs. 2 BGB. Der Schutz des Einzelnen, d.h. eines Dritten, obliegt der Feuerwehr nach ständiger Rechtsprechung des Bundesgerichtshofs (vgl. BGHZ 63, 167 und juris [Rn. 12] m. w. N.) als Amtspflicht i. S. des § 839 Abs. 1 BGB.

C. Ergänzungen, Weiterführendes

I. Amtshilfe

43 **Amtshilfe** ist gesetzlich definiert als von einer Behörde einer anderen Behörde auf deren Ersuchen geleistete ergänzende Hilfe bei der Wahrnehmung von Aufgaben der ersuchenden Behörde (§ 4 Abs. 1 Satz 1 LVwVfG). Dies ist beispielsweise der Fall, wenn die Feuerwehr auf Anforderung der

Polizei eine Wohnungstür öffnet, damit die Polizei eine Wohnungsdurchsuchung wegen des Verdachts einer durch den Wohnungsbesitzer begangenen Straftat vornehmen kann.

44 Demgegenüber liegt **keine Amtshilfe** vor, wenn die Feuerwehr die Wohnungstür öffnet, weil dort eine hilflose Person vermutet wird (ausführlich hierzu VGH, Urteil vom 30. November 2010, 1 S 1120/10, juris [Rn. 36]). Eine eigene Aufgabe der Feuerwehr liegt ebenfalls vor, wenn das Türöffnen erfolgt, um den Abtransport einer verunfallten Person durch den Rettungsdienst zu ermöglichen. Denn hier nimmt die Feuerwehr eine eigene Aufgabe wahr, entweder nach § 2 Abs. 1 Satz 1 Nr. 2 oder nach § 2 Abs. 2 Nr. 1 (abhängig davon, ob der Gesundheitszustand der verunfallten Person lebensbedrohlich erschien oder nicht). Dementsprechend hat der VGH im Urteil vom 17. Mai 2010 (VBlBW 2010, 474 und juris [Rn. 16]) entschieden, dass die gesetzlichen Krankenkassen gemäß § 34 Abs. 2 Nr. 3 die Kosten für die Hilfeleistung der Feuerwehr (hier: Transport eines stark übergewichtigen gehunfähigen Patienten mittels Drehleiter aus der Wohnung zum Krankenwagen) zur Ermöglichung eines unter die privilegierten Tatbestände des § 60 Abs. 2 SGB V fallenden Krankentransports zu tragen haben.

45 Die Frage, ob die Feuerwehr eine eigene Aufgabe nach § 2 wahrnimmt oder im Wege der Amtshilfe handelt, ist von erheblicher praktischer Bedeutung. Nimmt die Feuerwehr eine eigene Aufgabe wahr, richten sich ihre Befugnisse gegenüber dem vom Schadensereignis Betroffenen und auch Dritten nach §§ 30 Abs. 2 und 3, 31. Für den Einsatz der Feuerwehr kann die Gemeinde gemäß § 34 Abs. 2 Kostenersatz verlangen, soweit eine Aufgabe nach § 2 Abs. 2 erfüllt wurde. Einsätze nach § 2 Abs. 1 sind hingegen grundsätzlich unentgeltlich (§ 34 Abs. 1 Satz 1). Handelt die Feuerwehr im Rahmen der Amtshilfe, leiten sich ihre Befugnisse aus dem für die ersuchende Behörde geltenden Recht ab (vgl. § 7 LVwVfG). Die Kosten für den im Rahmen der Amtshilfe geleisteten Einsatz kann die Gemeinde ausschließlich von der ersuchenden Behörde verlangen (§ 8 Abs. 1 Satz 2 LVwVfG).

Mangels des Merkmals „für eine andere Behörde" liegt auch **kein Fall der Amtshilfe** vor, wenn die Feuerwehr Aufgaben derjenigen Gemeinde erfüllt, der sie angehört. Denn sie ist unselbstständiger Teil dieser Gemeinde (vgl. Rn. 6 zu § 1). Sie leistet dann behördeninterne Hilfe. Dies ist bspw. der Fall, wenn sie eine Ölspur auf einer Gemeindestraße beseitigt oder Aufgaben der Gemeinde als Ortspolizeibehörde erfüllt, etwa bei der Suche nach vermissten Personen (Bay. VGH, DÖV 2007, 345 und juris [Rn. 15]).

46 Praktisch **wichtige Fälle** der Amtshilfe durch die Feuerwehr sind: Die Beseitigung von Verschmutzungen (Ölspur) oder Hindernissen (umgestürz-

ter Baum) auf Straßen, wenn eine Gefährdung anderer Verkehrsteilnehmer nicht besteht (sonst erfüllt die Feuerwehr eine eigene Aufgabe nach § 2 Abs. 2 Nr. 1), für den dafür zuständigen Straßenbaulastträger (Bund, Land, Landkreis); die Beseitigung von Gewässerverunreinigungen für die zuständige Wasserbehörde, sofern von diesen Verunreinigungen eine Gefährdung für die Umwelt, Menschen, Tiere oder die Trinkwasserversorgung nicht ausgeht (sonst erfüllt die Feuerwehr eine eigene Aufgabe nach § 2 Abs. 1 Satz 1 Nr. 1 oder § 2 Abs. 2 Nr. 1); das Tätigwerden für den Polizeivollzugsdienst bei strafprozessualen Maßnahmen (Türöffnen zum Ermöglichen einer Wohnungsdurchsuchung).

Unterstützt die Feuerwehr die Polizei bei der Beseitigung von Straßenblockaden sog. **Klimakleber** erfüllt die Feuerwehr keine eigene Aufgabe nach § 2, sondern leistet dem Polizeivollzugsdienst bei Einsatz feuerwehrtechnischen Geräts Amtshilfe. Das Vorliegen einer Notlage nach Abs. 2 Nr. 1 scheitert nämlich regelmäßig daran, dass die Klimaaktivisten sich selbst und freiwillig in diese Situation begeben haben und die Blockade durch Festkleben an der Fahrbahn bewusstes Ziel dieser Aktion ist. Die Feuerwehr wird im Rahmen der Amtshilfe angefordert werden, wenn deren besondere Ausrüstung oder Fähigkeiten benötigt werden, wenn also nicht nur Klebstoffe mit Lösungsmitteln gelöst werden sollen, sondern durch die Aktivisten mittels anderer Werkstoffe eine permanente Verbindung zur Fahrbahn hergestellt wurde (vgl. dazu auch Erlass des Innenministeriums BW vom 19. Oktober 2023, IM6-1523-14/1/4 und Zinell, VBlBW 2024, 323 und juris).

47 Die Feuerwehr **braucht** unter den Voraussetzungen des § 5 Abs. 3 LVwVfG **keine Amtshilfe zu leisten**. Dies ist der Fall, wenn:

- eine andere Behörde die erbetene Hilfe wesentlich einfacher oder mit wesentlich geringerem Aufwand leisten kann,
- die Feuerwehr die Hilfe nur mit unverhältnismäßig großem Aufwand leisten könnte oder
- die Feuerwehr durch die ersuchte Aufgabenerfüllung in der Erfüllung der ihr nach dem FwG obliegenden Aufgaben ernstlich gefährdet wäre.

Im Hinblick auf § 5 Abs. 3 LVwVfG braucht die Feuerwehr bspw. keine Amtshilfe durch Türöffnen zu leisten, wenn das Leben der Einsatzkräfte durch Waffengebrauch des Wohnungsbesitzers gefährdet wäre (so auch Hildinger/Rosenauer, FwG, 4. Aufl., § 2 Rn. 62 und Hinweise des Innenministeriums „Türöffnung – Amtshilfe für die Polizei“, eingestellt auf der Internetseite der LFS). Des Weiteren ist es der Feuerwehr als eine der

Nächstenhilfe dienende Einrichtung (§ 1 Abs. 1 Satz 1) nicht zumutbar, dem Polizeivollzugsdienst Amtshilfe etwa zur Täuschung von gefährlichen Straftätern durch Überlassen von Feuerwehruniformen oder durch den Einsatz von Tanklöschfahrzeugen als Wasserwerfer bei Demonstrationen zu leisten. Die Feuerwehr ist zur Erfüllung ihrer gesetzlich zugewiesenen Aufgaben und zum Schutz der Gesundheit ihrer Einsatzkräfte dringend darauf angewiesen, nicht mit Personen des Polizeivollzugsdienstes verwechselt zu werden (vgl. dazu auch Rn. 7 zu § 1).

Kostenerstattungspflichtig bei Amtshilfe der Gemeindefeuerwehr ist die ersuchende Behörde, der die Hilfe geleistet worden ist. Leistet die Gemeindefeuerwehr der unteren Wasserbehörde Amtshilfe, ist das Landratsamt als Dienststelle des Landkreises kostenerstattungspflichtig (§ 52 Abs. 2 LKrO). Wird dem Landratsamt als allgemeiner Polizeibehörde Amtshilfe geleistet, trägt das Landratsamt die Kosten des Feuerwehreinsatzes (§ 52 Abs. 2 LKrO, vgl. Kahlert/Sander, Polizeigesetz für BW, 9. Aufl., § 127 Rn. 6). Leistet die Gemeindefeuerwehr den nicht unter § 127 Abs. 1 PolG fallenden allgemeinen Polizeibehörden und dem Polizeivollzugsdienst Amtshilfe ist das Land Kostenträger (§ 127 Abs. 2 PolG und Kahlert/Sander, a. a. O., § 127 Rn. 4) Wird die Feuerwehr von einer anderen Gemeinde angefordert, sei es als Träger von Selbstverwaltungsaufgaben, als untere Verwaltungsbehörde oder als Orts- und/oder Kreispolizeibehörde, trägt diese die Amtshilfekosten (§ 127 Abs. 1 PolG). Gleiches gilt für die Verwaltungsgemeinschaft nach § 14 LVG. Unterstützt die Gemeindefeuerwehr eine Werkfeuerwehr, können die Hilfeleistungskosten nicht nach § 8 LVwVfG beansprucht werden, da ein Gewerbebetrieb keine Behörde ist und ihm daher keine Amtshilfe geleistet werden kann. Eine Kostenerstattung kann hier nur unter den Voraussetzungen des § 34 verlangt werden. 48

II. Prüfungsschema zur sachlichen Zuständigkeit beim Handeln der Feuerwehr

Zur Prüfung der Fragen, ob beim Tätigwerden der Feuerwehr das FwG, insbesondere die §§ 15–17 (Freistellung, Entschädigung, Ersatz von Sachschäden), die Ermächtigungsnormen (§§ 30, 31) und für den Kostenersatz § 34 Anwendung finden, empfiehlt sich folgende Prüfungsreihenfolge: 49

1. **Erfüllt die Feuerwehr bei ihrer Tätigkeit eine Pflichtaufgabe nach § 2 Abs. 1?**
   a. Bekämpfung von Gefahren durch Schadenfeuer (Nr. 1, 1. Alt.);
   b. Hilfeleistung bei öffentlichen Notständen (Nr. 1, 2. Alt.);

c. Technische Hilfeleistung bei lebensbedrohlichen Notlagen für Menschen oder Tiere (Nr. 2).

Falls ja, findet das FwG Anwendung, §§ 30 Abs. 2 und 3, 31 gelten uneingeschränkt, den Kostenersatz regelt § 34 Abs. 1.

Falls nein, ist die Prüfung fortzusetzen:

2. **Erfüllt die Feuerwehr bei ihrer Tätigkeit eine Kann-Aufgabe nach § 2 Abs. 2?**

a. Technische Hilfeleistung bei einer anderen Notlage (Nr. 1);

b. Maßnahmen der Brandverhütung (Nr. 2).

Falls ja, findet wiederum das FwG Anwendung, § 30 Abs. 3 gilt für sämtliche Kann-Aufgaben, § 31 nur für die Kann-Aufgaben nach Nr. 1, den Kostenersatz regelt § 34 Abs. 2.

Falls nein, ist die Prüfung fortzusetzen:

3. **Erfüllt die Feuerwehr bei ihrer Tätigkeit eine Aufgabe ihrer Gemeinde?**

Falls ja, findet das FwG keine Anwendung, weil keine Aufgaben nach § 2 erfüllt werden. Es liegt keine Amtshilfe vor, weil die Feuerwehr keine andere Behörde ist. Die Ermächtigungsnormen und der Kostenersatz ergeben sich aus dem Gesetz, das für die Aufgabenerfüllung der Gemeinde gilt, z. B. StrG.

Falls nein, ist die Prüfung fortzusetzen:

4. **Leistet die Feuerwehr bei ihrer Tätigkeit einer anderen Behörde Amtshilfe?**

Falls ja, findet das FwG keine Anwendung, weil die Feuerwehr keine eigene Aufgabe erfüllt, sondern einer anderen Behörde bei deren Aufgabenerfüllung Hilfe leistet. Die Eingriffsnormen folgen aus dem Gesetz, das für das Handeln der ersuchenden Behörde gilt. Der Kostenersatz richtet sich nach § 8 LVwVfG.

Falls nein, ist die Prüfung fortzusetzen:

5. **Leistet die Feuerwehr aus anderen Gründen Hilfe?**

Hier findet das FwG wiederum keine Anwendung, es liegt ein sog. Freiwilligkeitsleistung vor. Die Rechte und Pflichten der Feuerwehr und der Kostenersatz richten sich nach der zugrunde liegenden vertraglichen Regelung (Werkvertrag, Dienstvertrag, Auftrag) bzw. den Regeln der Geschäftsführung ohne Auftrag (GoA).

ZWEITER TEIL
Aufgaben der Träger

§ 3
Aufgaben der Gemeinden

(1) [1]Jede Gemeinde hat auf ihre Kosten eine den örtlichen Verhältnissen entsprechende leistungsfähige Feuerwehr aufzustellen, auszurüsten und zu unterhalten. [2]Sie hat insbesondere

1. **die Feuerwehrangehörigen einheitlich zu bekleiden, persönlich auszurüsten sowie aus- und fortzubilden,**
2. **die für einen geordneten und erfolgreichen Einsatz der Feuerwehr erforderlichen Feuerwehrausrüstungen und -einrichtungen sowie die Einrichtungen und Geräte zur Kommunikation zu beschaffen und zu unterhalten,**
3. **für die ständige Bereithaltung von Löschwasservorräten und sonstigen, der technischen Entwicklung entsprechenden Feuerlöschmitteln zu sorgen,**
4. **die für die Aus- und Fortbildung und Unterkunft der Feuerwehrangehörigen sowie für die Aufbewahrung der Ausrüstungsgegenstände erforderlichen Räume und Plätze zur Verfügung zu stellen und**
5. **die Kosten der Einsätze zu tragen, sofern nichts anderes bestimmt ist.**

[3]Das Innenministerium kann Verwaltungsvorschriften über die Mindestzahl, Art, Beschaffenheit, Normung, Prüfung und Zulassung der vorgenannten Ausrüstungen und Einrichtungen sowie über die Gliederung der Gemeindefeuerwehr, die Dienstgrade, eine landeseinheitliche Bekleidung und die Aus- und Fortbildung der Angehörigen der Gemeindefeuerwehr erlassen. [4]Die Landesregierung wird ermächtigt, zur Sicherstellung eines effektiven Schutzes der Bevölkerung vor den in § 2 Abs. 1 genannten Gefahren Rechtsverordnungen über die Mindestanforderungen an die Leistungsfähigkeit und an die Funktionsträger der Gemeindefeuerwehr zu erlassen.

(2) [1]Für die nach Absatz 1 Satz 2 Nr. 2 von den Stadtkreisen betriebenen Leitstellen gilt § 4 Abs. 1 Satz 2 bis 5 und Abs. 2 entsprechend. [2]Für die zur Alarmierung der Feuerwehr notwendigen Kommunikationsnetze gilt § 4 Abs. 3 entsprechend.

(3) [1]Der Bürgermeister kann

1. **Eigentümer und Besitzer von Grundstücken und baulichen Anlagen, von denen im Falle eines gefahrbringenden Ereignisses Gefahren für das Leben oder für die Gesundheit einer größeren Anzahl von Menschen, für erhebliche Sachwerte oder für die Umwelt ausgehen können oder bei denen eine Schadensabwehr nur unter besonders erschwerten Umständen möglich ist, dazu verpflichten, die für die Bekämpfung dieser Gefahren erforderlichen besonderen Ausrüstungsgegenstände und Anlagen zu beschaffen, zu unterhalten und ausreichend Löschmittel und sonstige Einsatzmittel bereitzuhalten und**
2. **Eigentümer und Besitzer von abgelegenen Gebäuden dazu verpflichten, Löschwasseranlagen für diese Gebäude zu errichten und zu unterhalten.**

[2]Andere gesetzliche Verpflichtungen bleiben unberührt.

(4) [1]Zur Erfüllung ihrer Aufgaben nach diesem Gesetz können die Gemeinden die Möglichkeiten der kommunalen Zusammenarbeit nutzen. [2]Insbesondere können sie zur Zusammenarbeit der Feuerwehren im Einsatz gemeinsame Alarm- und Ausrückeordnungen sowie Kostenregelungen vereinbaren.

Übersicht **Rn.**

A. Allgemeines

1 § 3 ist eine wichtige Norm, da **§ 3 abschließend die Aufgaben der Gemeinde auf dem Gebiet des Feuerwehrwesens nennt**. Die in mehreren anderen Bestimmungen des Gesetzes genannten Aufgaben der Gemeinde bzw. deren Organe (vgl. § 6 Abs. 3, § 7 Abs. 1, § 9 Abs. 2, § 12, § 13 Abs. 2 und 3, § 14 Abs. 5 Satz 2, § 15 Abs. 2, § 16, § 17, § 27 Abs. 4, § 32 Abs. 4) erweitern

die Aufgaben der Gemeinde nach § 3 nicht, sondern formen sie lediglich aus. § 3 verpflichtet die Gemeinde, ihre Feuerwehr so auszurüsten, dass diese in der Lage ist, die Aufgaben nach § 2 zu erfüllen.

Die Aufgaben nach § 3 sind ausschließlich der Gemeinde übertragen. Diese Aufgaben dürfen daher weder vom Landkreis noch vom Land selbst wahrgenommen werden.

In jüngerer Zeit wird vermehrt die Frage diskutiert, ob Gemeinden zur Wahrnehmung ihrer Aufgaben nach dem Feuerwehrgesetz eine **gemeinsame Feuerwehr einrichten** oder die **Aufgaben** nach § 2 Abs. 1 **einer anderen Feuerwehr übertragen** können. § 3 steht Vereinbarungen von Gemeinden über die Einrichtung einer gemeinsamen Feuerwehr nicht entgegen. § 3 Abs. 4 bestimmt vielmehr ausdrücklich, dass die Gemeinden zur Erfüllung der Aufgaben nach dem Feuerwehrgesetz die Möglichkeiten der kommunalen Zusammenarbeit nutzen können. Diese im Jahr 2009 eingefügte Regelung zielt auf eine verstärkte Anwendung der bereits bestehenden Gestaltungsmöglichkeiten für eine kommunale Zusammenarbeit ab. 2

Nach dem Gesetz über kommunale Zusammenarbeit (GKZ) kann für die gemeinsame Wahrnehmung der Aufgaben nach dem Feuerwehrgesetz durch zwei Gemeinden entweder ein **Zweckverband** (§§ 1 ff. GKZ) gebildet **oder** eine **öffentlich-rechtliche Vereinbarung** (§§ 25 ff. GKZ) geschlossen werden. Ein öffentlich-rechtlicher Vertrag nach § 54 LVwVfG kommt hier nicht in Betracht, da hierdurch insbesondere Einzelmaßnahmen oder Maßnahmen von vorübergehender Dauer geregelt werden sollen.

Mit der Bildung eines Zweckverbands nach § 1 GKZ entsteht eine neue eigenständige Körperschaft des öffentlichen Rechts, die ihre Angelegenheiten im Rahmen der Gesetze in eigener Verantwortung regelt (§ 3 GKZ). Die sich nach dem FwG ergebenden Rechte und Pflichten gehen auf den Zweckverband über. Seine Rechtsverhältnisse werden durch eine Verbandssatzung geregelt (§ 5 Abs. 1 GKZ), die der Genehmigung der Rechtsaufsichtsbehörde bedarf (§ 7 Abs. 1 GKZ). Der Zweckverband hat eigene Organe (Verbandsversammlung, Verbandsvorsitzender, ggf. Verwaltungsrat), deren Bildung und Zuständigkeiten sich nach §§ 12 ff. GKZ und der Verbandssatzung richten.

Nach § 25 Abs. 1 GKZ können Gemeinden und Landkreise vereinbaren, dass eine der beteiligten Körperschaften bestimmte Aufgaben für alle Beteiligten erfüllt. Die Rechte und Pflichten der übrigen Körperschaften zur Erfüllung der Aufgabe gehen auf die übernehmende Körperschaft über. Zuständig sind die Organe der übernehmenden Körperschaft (z.B. Gemeinderat, Bürgermeister). Den übrigen Beteiligten können in der Vereinbarung Mitwirkungsrechte eingeräumt werden (§ 25 Abs. 2 GKZ).

Einem bereits bestehenden Gemeindeverwaltungsverband (§§ 59 ff. GemO) können nach § 61 Abs. 5 GemO als Erfüllungsaufgabe die Aufgaben nach dem FwG übertragen werden. Für den Gemeindeverwaltungsverband gelten grundsätzlich die Vorschriften für den Zweckverband nach dem GKZ entsprechend.

2a In Baden-Württemberg wurde von der Möglichkeit der Bildung eines Zweckverbandes zur Errichtung und dem Betrieb einer Gemeindefeuerwehr i. S. des FwG bislang in zwei Fällen **Gebrauch gemacht**: Im Landkreis Ludwigsburg bildeten die Kommunen Markgröningen und Schwieberdingen einen Zweckverband mit dem Namen „Zweckverband Hardt- und Schönbühlhof". Dieser übernimmt u. a. die Aufgaben einer Gemeindefeuerwehr zum Grundschutz für den zur Stadt Markgröningen gehörenden Weiler Schönbühlhof sowie für den zur Gemeinde Schwieberdingen gehörenden Weiler Hardthof.

Im Landkreis Heilbronn bildeten die Kommunen Ellhofen und Lehrensteinsfeld einen Zweckverband zum Betrieb der gemeinsamen neuen Freiwilligen Feuerwehr Ellbachtal.

Noch weitergehend hat die Gemeinde Merzhausen i. Brsg. ihre Aufgaben nach § 2 Abs. 1 im Rahmen einer öffentlich-rechtlichen Vereinbarung nach § 25 GKZ für ihr gesamtes Gemeindegebiet der Feuerwehr Freiburg übertragen, deren Standorte in örtlicher Nähe zur Gemeinde Merzhausen liegen. Dementsprechend verfügt die Gemeinde Merzhausen über keine eigene Gemeindefeuerwehr. Dafür beteiligt sie sich an der Finanzierung der Feuerwehr Freiburg. Nach Ansicht der Gemeinde Merzhausen ist durch diese Kooperation ein professioneller und kostengünstiger Brandschutz gewährleistet.

2b Auch in anderen Fällen kann es durchaus sinnvoll sein, in speziellen Bereichen die Aufgaben nach § 2 Abs. 1 an eine andere Gemeindefeuerwehr zu übertragen. Gründe hierfür können exemplarisch sein: kürzere Eintreffzeiten, ausgedehnte gebietsübergreifende Objekte (Tunnel, größere Gewässer) sowie Spezialisierung, Ausstattung und Vorhaltung besonderer Ressourcen (im Rahmen von Autobahnalarm- und -einsatzplänen, siehe dazu auch Rn. 3 zu § 26).

Immer muss jedoch gewährleistet sein, dass die Gemeindefeuerwehr, der diese Aufgabe übertragen worden ist, zusätzlich auch für die übertragenen Bereiche den örtlichen Verhältnissen entsprechend leistungsfähig ist (vgl. die Hinweise zur Leistungsfähigkeit der Feuerwehr, unten Rn. 11).

3 Die Sicherstellung des Brandschutzes ist eine **Pflichtaufgabe der Gemeinde**, die ihr nicht als staatliche Aufgabe nach Weisung (vgl. § 2 Abs. 3 GemO) übertragen ist. Sie gehört, wie sich aus § 1 Abs. 3 Satz 1 ergibt, zum sog. **eigenen Wirkungskreis der Gemeinde** (vgl. § 2 Abs. 1 GemO).

Die Feuerwehr ist somit Teil der kommunalen Selbstverwaltung i. S. von Art. 28 GG und von Art. 71 Abs. 1 und 2 LV. Die Gemeinde unterliegt als Träger der Feuerwehr daher dem Grundsatz nach nur der Rechtsaufsicht, nicht der Fachaufsicht (vgl. § 118 Abs. 1 GemO). Demnach können die Aufsichtsbehörden nur eingreifen, wenn die Gemeinden gegen gesetzliche Vorschriften verstoßen; Näheres hierzu unter Rn. 3 zu § 22.

In der Anhörung zum Entwurf des Änderungsgesetzes zum FwG im Jahr 2009 war gefordert worden, den Gemeinden die Erstellung einer **Feuerwehrbedarfsplanung** gesetzlich vorzuschreiben. Der Gemeindetag trat dem mit der Argumentation entgegen, dass die Gemeinden mit dem Thema der Bedarfsplanung aufgrund der „Hinweise des Landes zur Leistungsfähigkeit einer Feuerwehr" (vgl. unten Rn. 11 ff.) und auch in Zusammenarbeit mit den jeweiligen Kreisbrandmeistern verantwortlich umgingen und daher aus eigener Gestaltungskraft die Feuerwehrbedarfsplanung regeln könnten (vgl. Ruf, BWGZ 2010, 682). Mit überzeugender Begründung hat der Gesetzgeber eine gesetzliche Regelung für die Erstellung von Feuerwehrbedarfsplänen abgelehnt (vgl. LT-Drs. 14/5103, S. 28 und Ruf, a. a. O.): Die Aufstellung und Unterhaltung einer leistungsfähigen Feuerwehr erfordern von den Gemeinden bisher schon örtliche Planungen. Die „Hinweise zur Leistungsfähigkeit der Feuerwehr" bilden hierfür eine geeignete Grundlage. Die Form der Planung kann weiterhin der Entscheidung jeder einzelnen Gemeinde überlassen bleiben. Zudem wird so unnötiger Verwaltungsaufwand verhindert, weil es nicht sachgerecht ist, kleineren Gemeinden förmliche Vorgaben zu machen. 4

Ein Muster für einen gemeindlichen Feuerwehrbedarfsplan ist eingestellt auf der Internetseite der LFS unter dem Fachthema „Recht, Organisation und Hinweise".

Die Verpflichtung der Gemeinde, die ihr nach § 3 obliegenden Aufgaben zu erfüllen, ist keine Amtspflicht gegenüber der Allgemeinheit. Daher hat der Einzelne der Gemeinde gegenüber keinen Rechtsanspruch auf Erfüllung und kann die Gemeinde auch nicht auf Erfüllung verklagen (vgl. § 2 Abs. 3 und Rn. 42 zu § 2). 5

B. Erläuterung

I. Zu Absatz 1

1. Satz 1

1.1 Pflicht zur Kostentragung

Satz 1 bildet die Generalklausel der gemeindlichen Aufgaben und wird durch Satz 2 näher konkretisiert. Satz 1 stellt mit der Formulierung **„auf** 6

ihre Kosten" klar, dass die Gemeinde sämtliche Aufwendungen zu tragen hat, die ihr durch die Erfüllung der Aufgaben nach § 3 erwachsen. Die Gemeinde trägt damit die Kosten:

- der Aufstellung,
- der Ausrüstung (Ausstattung),
- der Unterhaltung der Feuerwehr einschließlich der Aus- und Fortbildung und
- der Feuerwehreinsätze, soweit in § 34 keine abweichende Regelung getroffen ist.

Dies gilt unabhängig von der finanziellen Leistungsfähigkeit einer Gemeinde (Hildinger/Rosenauer, FwG, 4. Aufl., § 3 Rn. 1 m.w.N.). Finanzielle Erwägungen müssen im Hinblick auf die besondere Bedeutung dieser Aufgaben für die öffentliche Sicherheit außer Betracht bleiben. Die Gemeinde wird allerdings kostenmäßig entlastet durch den Landkreis (vgl. § 4 Abs. 4) und das Land (vgl. § 5 Nr. 2 und 4).

1.2 Anforderungen an die Gemeindefeuerwehr

7 Die Gemeindefeuerwehr muss hinsichtlich des Personals und der Ausrüstung in der Lage sein, in dem von ihr zu schützenden Bereich die Aufgaben nach § 2 erfüllen zu können. Aus diesem Grund bestimmt Satz 1, dass die Feuerwehr **„den örtlichen Verhältnissen"** entsprechen muss. Zu den örtlichen Verhältnissen zählen die Größe des zu schützenden Bereichs, die Brandbelastung (vgl. hierzu DIN 18230) der in diesem Bereich vorhandenen Gebäude und Anlagen, die Verkehrswege (z.B. Autobahn, Straßen- oder Eisenbahntunnel, Wasserstraße), die topografische Lage (z.B. Naturkatastrophengebiet, starke Höhenunterschiede) und auch die Löschwasserversorgung. Alle diese Faktoren haben Einfluss auf die Aufstellung, Ausrüstung und Unterhaltung der Feuerwehr. Entsprechend einer Antwort des Innenministeriums auf eine Landtagsanfrage (veröffentlicht in BWGZ 1979, 16) sind folgende **Kriterien** für die notwendige Ausstattung der Feuerwehren von Bedeutung:

- Größe und Zahl der Einwohner des Einsatzgebietes,
- Aufteilung der Gemeinden in Ortsteile,
- räumliche Ausdehnung der Bebauung,
- topografische und klimatische Verhältnisse,
- Konzentration der Bebauung, Ausmaß und Höhe der Gebäude,
- Größe, Art und Zahl der Industrie- und Gewerbebetriebe (auch Kernkraftwerke),

- Leistungsfähigkeit der Löschwasserversorgung,
- Verkehrswege und -dichte, Unfallgefahren und -häufigkeit,
- Gefahrenschwerpunkte an Seen, fließenden Gewässern, Wasserschutzgebieten und Ölfernleitungen,
- Vorhandensein von Gebäuden und Einrichtungen besonderer Art und Nutzung (Krankenhäuser, psychiatrische Anstalten, Alten- und Pflegeheime, Schulen, Gebäude unter Denkmalschutz, Hotels, Flughäfen usw.).

Der von der Gemeindefeuerwehr **zu schützende Bereich ist grundsätzlich das Gemeindegebiet**. Dieser Bereich bestimmt damit die **örtliche Zuständigkeit** der Gemeindefeuerwehr. Er kann nicht größer sein als das Gemeindegebiet; er wird auch nicht dadurch größer, dass die Gemeindefeuerwehr bereits im Rahmen von gebietsübergreifenden Alarm- und Ausrückeordnungen benachbarten Gemeinden Überlandhilfe leistet. Er kann jedoch größer werden, insbesondere durch Vereinbarungen im Rahmen der interkommunalen Zusammenarbeit wie die Übernahme von Aufgaben nach § 2 Abs. 1 von anderen Feuerwehren außerhalb des eigenen Gemeindegebiets, z. B. im Rahmen von Autobahnalarm- und -einsatzplänen. Der von der Gemeindefeuerwehr zu schützende Bereich kann jedoch kleiner sein als das Gemeindegebiet: Die Gebäude und das Betriebsgelände eines Unternehmens oder Einrichtung mit Werkfeuerwehr und die Betriebsanlagen der Bergwerke sind von deren Feuerwehr, nicht von der Gemeindefeuerwehr zu schützen (vgl. § 19 Abs. 6 Satz 1 und § 37). Die Gemeindefeuerwehr wird in der Regel nur tätig, wenn eine Alarmierung nach § 29 Abs. 2 erfolgt (§ 19 Abs. 6 Satz 2). **8**

In der heutigen Zeit werden die zu errichtenden baulichen Anlagen vielfach immer komplexer und verfügen in der Erstellungsphase noch nicht über die zur Inbetriebnahme notwendigen Sicherheitseinrichtungen. Insbesondere bei lang andauernden Erstellungsphasen, Großprojekten (wie Tunnelbauten), sich verändernden Rahmenbedingungen und in Abgrenzung zu den besonderen Bauherrenpflichten (vor allem aus dem Arbeitsschutzrecht) kommt der Schnittstelle zwischen kommunaler Feuerwehr und bauherrenseitigen Sicherheitsmaßnahmen eine zentrale Bedeutung zu. Für den Bereich der Hohlraum- und Tunnelbaustellen in Baden-Württemberg wurden daher gemeinsame Hinweise zur Sicherheit durch die beteiligten Ministerien und Behörden formuliert (siehe hierzu die gemeinsamen Hinweise des Innenministeriums, des Ministeriums für Verkehr und Infrastruktur und des Ministeriums für Arbeit und Sozialordnung zur Sicherheit in Hohlraum- und in Tunnelbaustellen vom 7. Januar 2014 sowie deren gemeinsamen Empfehlungen zur Einrichtung von Ret- **8a** tungseinheiten und deren Zusammenarbeit mit den Feuerwehren vom 4. Oktober 2016, beide eingestellt auf der Internetseite der LFS).

9 Der abwehrende Brandschutz für **Einrichtungen der Bundeswehr** ist grundsätzlich Aufgabe der Gemeinden, soweit nicht die Wahrnehmung dieser Aufgabe durch die Bundeswehr selbst zur Erfüllung des Verteidigungsauftrags – etwa im Hinblick auf den militärischen Geheimschutz, die Durchführung des militärischen Auftrags und auf ein spezielles militärisches Gefahrenpotenzial – konkret notwendig ist (BVerwG, DVBl. 1997, 954 und juris [Rn. 20]; Bay. VGH, NVwZ-RR 2017, 302 und juris [Rn. 20]; anders noch VGH, DVBl. 1995, 365: Für den Brandschutz in bundeswehreigenen Liegenschaften ist der Bund zuständig). Das Recht des Bundes, eigene Feuerwehren aufzustellen, wird aus der vom BVerfG entwickelten Annexkompetenz des Bundes im Bereich Verteidigung (Art. 73 Nr. 1 GG, vgl. Bay. VGH, NVwZ-RR 2017, 302 und juris [Rn. 21] m. w. N.) abgeleitet.

10 Die Gemeinde muss eine **leistungsfähige Feuerwehr** haben. Leistungsfähig ist sie, wenn sie sämtliche Aufgaben, die ihr nach § 2 obliegen, erfüllen kann. Leistungsfähig müssen das Personal (nach Zahl und Ausbildungsstand) und die sachliche Ausstattung der Feuerwehr (Fahrzeuge, Ausrüstung, Löschmittel, Kommunikationsmittel usw.) sein. Bei der Bemessung der Gemeindefeuerwehr muss deshalb eine gemeindespezifische, risikoorientierte Planung durchgeführt werden (siehe dazu oben Rn. 7). Dabei ist zu beachten, dass sich das Risiko aus den Faktoren „Schadensausmaß“ und „Eintrittswahrscheinlichkeit eines Schadensereignisses“ zusammensetzt (siehe hierzu „Methode für die Risikoanalyse im Bevölkerungsschutz“, Wissenschaftsforum, Band 8 des Bundesamts für Bevölkerungsschutz und Katastrophenhilfe, eingestellt auf der dortigen Internetseite).

Aus dieser Ortsrisikoanalyse sind im Rahmen eines Risikomanagements feuerwehrspezifische **Schutzziele** abzuleiten, deren Erfüllung die Leistungsfähigkeit der Gemeindefeuerwehr dimensioniert. Bei der Schutzzielbestimmung sind als Qualitätskriterien nach Einsatzarten festzulegen:

- in welcher Zeit (Eintreffzeit oder auch Hilfsfrist),
- mit wie viel Einsatzkräften und Gerät (Funktionsstärke und Ausstattung),
- in wie viel Prozent der Fälle (Zielerreichungsgrad)

die Feuerwehr am Schadensort eintreffen soll, um wirksam das Szenario bewältigen zu können.

Zur Verdeutlichung der Schutzzieldefinition wurden bereits standardisierte Einsatzszenarien und daraus abgeleitet entsprechende Schutzziele definiert. Diese legen den Begriff der Leistungsfähigkeit der Feuerwehr aus und sind für die Dimensionierung vieler Gemeindefeuerwehren ausreichend. Für Baden-Württemberg erfolgt dies durch die Hinweise zur Leistungsfähigkeit der Feuerwehr.

1.3 Hinweise zur Leistungsfähigkeit der Feuerwehr

Das Innenministerium und der Landesfeuerwehrverband BW haben in 11 einem gemeinsamen Arbeitskreis **Hinweise zur Leistungsfähigkeit der Feuerwehr** (abgedruckt im Anhang) erarbeitet. Sie und der Gemeinde-/Städtetag sowie der Landkreistag sehen darin eine fachlich fundierte Hilfe für eine Bedarfsplanung kommunaler Feuerwehren in den Städten und Gemeinden Baden-Württembergs. Die darin festgelegten Bemessungswerte dienen als Grundlage bei Entscheidungen über die Aufstellung und die Unterhaltung einer leistungsfähigen Gemeindefeuerwehr. Bei der Bemessung der Gemeindefeuerwehr muss darüber hinaus eine gemeindespezifische, risikoorientierte Planung durchgeführt werden. Hierbei sind das Gefahrenpotenzial und die damit verbundene Eintrittswahrscheinlichkeit eines Schadensereignisses in der Gemeinde zu berücksichtigen (siehe dazu oben Rn. 10).

Nach Abschnitt 1 der Hinweise zur Leistungsfähigkeit der Feuerwehr soll 12 innerhalb des Bebauungszusammenhangs:

- spätestens **zehn Minuten** nach Alarmierung eine Löschgruppe mit mindestens einem TSF-W oder einem StLF 10/6 bei einem **Standardbrand** oder einer **Standardhilfeleistung** an der Einsatzstelle eingetroffen sein. Dabei wird toleriert, dass die zur Gruppenstärke fehlende Mannschaft von drei Funktionen innerhalb desselben Zeitraums an der Einsatzstelle vervollständigt wird, beispielsweise durch zusätzliches Heranführen mit einem Mannschaftstransportwagen;
- bei einem Standardbrand in jeder Gemeinde spätestens **15 Minuten** nach der ersten Alarmierung eine zweite Gruppe an der Einsatzstelle eingetroffen sein. Eine der beiden Gruppen soll mindestens über ein LF 10/6 verfügen;
- bei der technischen Hilfeleistung zusätzlich spätestens **20 Minuten** nach der ersten Alarmierung zur ersten Gruppe eine weitere taktische Einheit mit mindestens einem HLF 10/6 an der Einsatzstelle eingetroffen sein.

Als **Standardbrand** definiert ist ein Wohnungsbrand in einem Obergeschoss eines Wohnhauses mit bis zu zwei bzw. drei Obergeschossen, durch welchen Menschen in Obergeschossen unmittelbar gefährdet und deren bauliche Rettungswege verraucht sind. Als Standardhilfeleistung wird ein Unfall mit austretendem Kraft- bzw. Betriebsstoff und einer verletzten, eingeklemmten Person angenommen.

In Abschnitt 2 der Hinweise sind die Geräte und Feuerwehrfahrzeuge aufgeführt, die bei **von den Standardeinsätzen abweichenden Szenarien** benötigt werden. Ob eine Gemeinde diese Geräte und Fahrzeuge selbst beschafft oder ob sie deren Verfügbarkeit durch interkommunale Vereinbarungen sicherstellt, ist auf der Grundlage einer Risikoanalyse zu entscheiden. Als Eintreffzeiten dieser weiteren Fahrzeuge/Geräte sind im 2. Abschnitt genannt:

- zehn Minuten für Hubrettungsfahrzeuge für die Menschenrettung,
- 20 Minuten für den ELW 1,
- 25 Minuten für Hubrettungsfahrzeuge zur Brandbekämpfung und als Arbeitsgerät,
- 25 Minuten für den Rüstwagen und den Schlauchwagen (SW 2000) sowie
- 30 Minuten für den Gerätewagen-Gefahrgut und den Gerätewagen-Atemschutz.

1.4 Eintreffzeit

13 Von verschiedener Seite wurde die **Festschreibung** einer zehnminütigen **Eintreffzeit** bei Änderung des FwG im Jahr 2009 gefordert, was seitens des Gemeindetags abgelehnt wurde (vgl. Ruf, BWGZ 2010, 682). Der Gesetzgeber hat daher – bei einer Abwägung des möglichen Sicherheitsgewinnes für die Bevölkerung gegenüber den durch die gesetzliche Festschreibung entstehenden Kosten – zu Recht hiervon abgesehen. In der Begründung zum Entwurf des ÄndG 2009 wird dazu ausgeführt, dass die gesetzliche Festschreibung einer zehnminütigen Eintreffzeit im Interesse der öffentlichen Sicherheit wünschenswert sei. In der überwiegenden Zahl der Fälle könne diese Eintreffzeit eingehalten werden. Für das gesamte abzudeckende Gemeindegebiet wie beispielsweise für entlegene Höfe, Gebäude, Außerortsstraßen und Waldgebiete könne dies aber nicht garantiert und oft auch nicht realisiert werden. Der Gesetzesentwurf sehe daher eine Regelung über eine Eintreffzeit nicht vor (vgl. LT-Drs. 14/5103, S. 28). Die Festschreibung einer zehnminütigen Eintreffzeit hätte einen erheblichen Mehrbedarf der Gemeinden an hauptamtlichen Kräften bedeutet. Damit stünden erhebliche Kosten einem nur geringen Sicherheitsgewinn gegenüber. Durch Verbesserungen im vorbeugenden Brandschutz (z.B. Pflicht zum Installieren von Rauchwarnmeldern, konsequente Schaffung von baulichen zweiten Rettungswegen und Rauchabschnitten) lässt sich jedoch ein größerer Sicher-

heitsgewinn für die Bevölkerung generieren als durch die Festschreibung einer Eintreffzeit für den abwehrenden Brandschutz.

Die den örtlichen Verhältnissen entsprechende leistungsfähige Feuerwehr 14
ist in Gemeinden mit mehr als **100.000 Einwohnern** grundsätzlich die Feuerwehr mit einer Einsatzabteilung der Berufsfeuerwehr (vgl. § 6 Abs. 2). Denn eine solche Einwohnerzahl wird als Indiz für eine hohe absolute Häufigkeit von feuerwehrrelevanten Einsätzen herangezogen, bei der zu erwarten ist, dass eine rein ehrenamtlich getragene Struktur an ihre Grenzen stößt. Zur Entlastung der ehrenamtlich tätigen Feuerwehrangehörigen kann auch in Gemeinden mit weniger Einwohnern eine Feuerwehr mit einer Einsatzabteilung der Berufsfeuerwehr bzw. mit hauptamtlichen Kräften sinnvoll sein. Die jeweiligen örtlichen Verhältnisse entscheiden, wann solches oder ein ständig besetztes Feuerwehrhaus notwendig ist. Ein **ständig besetztes Feuerwehrhaus** ist eine Einrichtung, in der Einsatzkräfte, Fahrzeuge und sonstige Ausstattung der Feuerwehr einsatzbereit gehalten werden. Da ein ständig besetztes Feuerwehrhaus i. S. einer Feuerwache (DIN 14011 – 3.6.3.1.) mit ehrenamtlich tätigen Angehörigen der Gemeindefeuerwehr unstreitig nicht betrieben werden kann, müssen hierfür hauptamtliche Kräfte bereitgestellt werden. Die Bedeutung der ständig besetzten Feuerwehrhäuser liegt darin, die Zeitspanne zwischen der Alarmierung und dem Ausrücken der ersten selbstständigen feuerwehrtaktischen Einheit deutlich zu verkürzen (Ausrückezeit). Bei den in den Schutzzielen definierten Eintreffzeiten (Summe aus Ausrücke- und Anmarschzeit) ergeben sich durch verkürzte Ausrückzeiten größere Zeiträume für den Anmarsch (Anmarschzeit), was sich insgesamt positiv auf den Abdeckungsbereich auswirkt.

1.5 Personalstärke

Entsprechend der vorhandenen Feuerwehrfahrzeuge und Feuerwehrgeräte 15
ist eine **ausreichende Personalstärke** vorzuhalten. Unter **„Sollstärke"** ist die Mindestzahl der Angehörigen der Einsatzabteilung einer Gemeindefeuerwehr zu verstehen, damit die für einen geordneten und erfolgreichen Einsatz der Feuerwehr notwendigen Einsatzfunktionen jederzeit verlässlich besetzt werden können. Hierfür werden im Ehrenamt je zu besetzender Einsatzfunktion mindestens zwei, optimalerweise drei Feuerwehrangehörige mit der hierfür notwendigen Qualifikation angesetzt. Dieser Schlüssel wird als Personalfaktor bezeichnet. Bei einer ständigen Vorhaltung hauptamtlichen Personals rund um die Uhr beträgt der Personalfaktor in Abhängigkeit zur durchschnittlichen wöchentlichen Arbeitszeit derzeit fünf.

Die Gemeinden haben jedoch nicht nur darauf hinzuwirken, dass die Gemein- 16
defeuerwehr die zu ihrer Leistungsfähigkeit erforderliche Sollstärke erreicht

(z.B. durch Werbung). Sie haben auch die **maximale Stärke** im Blick zu behalten, damit der einzelne Feuerwehrangehörige die Möglichkeit erhält, ausreichend Einsatzerfahrung zu sammeln, die zur Aufrechterhaltung der Leistungsfähigkeit erforderlich ist. Die Gemeinden sollten aus diesem Grund in der Feuerwehrsatzung neben der Mindestzahl (Sollstärke) auch eine **Höchstzahl** der Angehörigen der Einsatzabteilung **festlegen** (vgl. dazu auch VG Stuttgart, Urteil vom 28. April 1994, 9 K 3086/93). Ist diese festgelegte Höchstzahl erreicht, soll der Feuerwehrausschuss kein weiteres Personal in die Feuerwehr aufnehmen. Schweigt die Satzung, kann der Bürgermeister dem Feuerwehrausschuss die gesetzliche Befugnis, allein über die Aufnahme eines Bewerbers zu entscheiden (vgl. § 11 Abs. 3 Satz 1), nicht beschneiden, etwa durch Verhängung einer Aufnahmesperre. Die Festlegung der Höchstzahl der Angehörigen der Einsatzabteilung in der Feuerwehrsatzung empfiehlt sich auch aus finanziellen Gründen. Die Gemeinde ist nämlich verpflichtet, jeden einzelnen Angehörigen der Einsatzabteilung persönlich auszurüsten.

1.6 Aufstellen, Ausrüsten und Unterhalten

17 Die Gemeinde hat eine Feuerwehr **„aufzustellen, auszurüsten und zu unterhalten“**. Damit ist umschrieben, was die Gemeinde leisten muss, um eine personell und sächlich leistungsfähige Feuerwehr zu erhalten.

18 Eine Feuerwehr **aufzustellen** bedeutet, die Art (Freiwillige Feuerwehr oder Feuerwehr mit Einsatzabteilung der Berufsfeuerwehr oder mit hauptamtlichen Kräften) und die Gliederung (in Abteilungen und/oder in taktische Einheiten) der Feuerwehr durch Satzung festzulegen, für den Eintritt in die Feuerwehr zu werben und bei dringendem Bedarf die Feuerwehr durch Heranziehung von Feuerwehrdienstpflichtigen (§ 12 Abs. 2) zu ergänzen. Zur Aufstellung der Feuerwehr gehört auch die Ausbildung der Feuerwehrangehörigen. Aus Absatz 1 Satz 2 Nr. 1 folgt, dass **die Aus- und Fortbildung grundsätzlich Gemeindeaufgabe** ist; der Feuerwehrkommandant hat die Gemeinde bei der Ausbildung zu unterstützen (vgl. § 9 Abs. 1 Satz 2).

2. Satz 2

19 Die in Satz 2 enthaltene beispielhafte Aufzählung konkretisiert die in Satz 1 genannten gemeindlichen Aufgaben (Aufstellen, Ausrüsten und Unterhalten der Feuerwehr).

2.1 Zu Nr. 1 und 2

20 **Ausrüstung** i.S. von Satz 1 ist der Sammelbegriff:

- für die sog. persönliche Ausrüstung (Satz 2 Nr. 1) des einzelnen Feuerwehrangehörigen und

- für die Ausstattung mit Feuerwehrfahrzeugen und mit sonstigen Geräten (vgl. Satz 2 Nr. 2).

Zur **persönlichen Ausrüstung** zählen insbesondere der Dienstanzug, auch Uniform genannt, sowie Dienst- und Schutzkleidung, Feuerwehrhelm mit Nackenschutz, Sicherheitsgurt, Feuerwehrbeil mit Schutztasche, Feuerwehrschutzhandschuhe und Feuerwehrsicherschutzschuhwerk. Das Innenministerium hat am 27. September 2022 eine Verwaltungsvorschrift über die einheitliche Bekleidung, die Dienstgrade sowie die Dienstgrad- und Funktionsabzeichen bei den Feuerwehren und im feuerwehrtechnischen Dienst in Baden-Württemberg (**VwV-Feuerwehrbekleidung**, GABl. 2022, 845) erlassen und darüber hinaus Hinweise für ein einheitliches Erscheinungsbild bei der Bekleidung mit der Broschüre „Uniform – vollendet" veröffentlicht (beide eingestellt auf der Internetseite der LFS).

Sonstige Geräte i. S. des Satz 2 Nr. 2 sind Geräte, welche die Feuerwehr zur Erfüllung der Aufgaben nach § 2 benötigt. Hierzu zählen beispielsweise Pumpen, Spritzen, tragbare Leitern, Sonderlöschgeräte, wasserführende Armaturen, Handwerkszeug, Stromerzeuger sowie Einrichtungen und Geräte zur Kommunikation wie Alarmeinrichtungen, Funkgeräte, Funkmeldeempfänger, Notrufabfrageeinrichtungen, Einsatzleitrechner und andere computergesteuerte Systeme zur Datenübertragung.

Funkanlagen als Geräte zur Kommunikation bedurften bis Mai 2000 der Genehmigung der Deutschen Telekom AG. Durch die Richtlinie mit der Bezeichnung „Bestimmungen für Frequenzzuteilungen zur Nutzung für das Betreiben von Funkanlagen der Behörden und Organisationen mit Sicherheitsaufgaben (BOS) – BOS-Funkrichtlinie" wurde das Genehmigungserfordernis durch die Frequenzzuteilung für die Funkanlage ersetzt. Funkanlagen dürfen daher erst nach einer Frequenzzuteilung betrieben werden, die den Antragsteller berechtigt, mit seinen Funkanlagen bestimmte Frequenzen zu nutzen. Zuständig für die Frequenzzuteilung ist die Bundesnetzagentur (BNetzA). Zu den Einzelheiten siehe die Hinweise zu Anmeldung und Betrieb von BOS-Funkanlagen der Feuerwehren (Hinweise BOS-Funkanlagen) des RP Karlsruhe vom 7. März 2014 – Az.: 16-0268.5-0 und die Verwaltungsvorschriften für Frequenzzuteilung zur Nutzung von Funkanwendungen der Behörden und Organisationen mit Sicherheitsaufgaben/VwV (BOS Funk).

Die von der Gemeinde beschaffte Feuerwehrausrüstung (Fahrzeuge und 21
Gerät) müssen für die Aufgaben der Feuerwehr nach § 2 ständig einsatzbereit sein. Werden sie **zweckentfremdet** eingesetzt (z. B. Drehleiter zur Instandhaltung der Straßenbeleuchtung, zu Arbeiten an hohen Gebäuden oder zur Anbringung von Straßendekorationen; Motorspritzen zum Be-

wässern von Grünflächen oder zum Auspumpen von Gruben u. Ä.), verstößt die Gemeinde gegen § 3 Abs. 1 Satz 2; es sei denn, die sofortige Abrufmöglichkeit zu einem Feuerwehreinsatz ist gesichert (Wegstrecke, Abbauzeit, fernmeldemäßige Erreichbarkeit). Bei häufiger Zweckentfremdung hat die Feuerwehraufsichtsbehörde (§ 22) dies zu beanstanden (vgl. § 121 Abs. 1 Satz 1 GemO).

22 Die Gemeinde muss die erforderliche Feuerwehrausrüstung nicht nur beschaffen, sondern auch **unterhalten**. Unter Unterhaltung einer Feuerwehr versteht man das Instandsetzen und -halten. Dazu gehören insbesondere die Überprüfung der Funktionsfähigkeit, die Beseitigung von Mängeln und das Bereithalten einer ausreichenden Menge Betriebsstoff. Die Überprüfung der Feuerwehrfahrzeuge und -geräte erfolgt nach den „Prüfgrundsätzen für Ausrüstung und Geräte der Feuerwehr" der Deutschen Gesetzlichen Unfallversicherung (**DGUV Grundsatz 305-002**, früher GUV-G 9102). Zur Prüfung der Ausrüstung und Geräte für die Feuerwehr haben das Innenministerium und die Unfallkasse Baden-Württemberg gemeinsame Hinweise erlassen (eingestellt auf der Internetseite der LFS). Auf diese wird verwiesen.

23 Durch die zum 1. Dezember 2010 erfolgte Änderung der StVO und Einführung einer „Winterreifenpflicht" (BGBl. I S. 1737) besteht auch für Feuerwehrfahrzeuge eine **Pflicht zur witterungsbedingten Bereifung**. Als Winterreifen gelten seit Juni 2017 nur noch Reifen, die mit dem sog. Alpine-Symbol gekennzeichnet sind. Feuerwehrfahrzeuge bis 3,5 Tonnen zulässiges Gesamtgewicht müssen bei entsprechenden Witterungsverhältnissen auf allen Achsen mit Winterreifen ausgestattet sein, Fahrzeuge über 3,5 Tonnen zulässiges Gesamtgewicht müssen auf den permanenten Antriebsachsen und auf den gelenkten Vorderachsen mit Winterreifen ausgerüstet sein.

2.2 Zu Nr. 3

24 Die Sicherstellung eines für die Brandbekämpfung ausreichenden **Löschwasservorrats** ist eine der wesentlichsten Voraussetzungen des Löscherfolgs. Daher verpflichtet **Satz 2 Nr. 3** die Gemeinden zur ständigen Bereithaltung von Löschwasservorräten (VGH, Beschluss vom 29. März 2011, 8 S 2910/10, juris [Rn. 31]). Das Löschwasser wird zunächst der Trinkwassersammelleitung (mittels Hydrant) entnommen. Die Löschwasserversorgung beeinflusst damit die **Dimensionierung der Sammelwasserleitung**. Der Rohrdurchmesser sollte nicht kleiner als 100 mm (mindestens 80 mm) betragen. Die Abstände zwischen den Hydranten im bebauten Gebiet sollten 60–80 m, der statische Druck im Rohrnetz mindestens 5 bar betragen. Soweit dem Rohrnetz nicht genügend

Löschwasser entnommen werden kann und natürliche oder künstliche Gewässer nicht vorhanden sind oder nicht ausreichen, muss die Löschwasserversorgung durch Löschwasserteiche (DIN 14210), Löschwasserbrunnen (DIN 14220) oder unterirdische Löschwasserbehälter (DIN 14230) ergänzt werden. **Richtwerte für die Ermittlung des Löschwasserbedarfs** (m^3/h) enthält das vom Fachnormenausschuss Feuerwehrwesen (FNFW) des Deutschen Instituts für Normung (DIN) in Zusammenarbeit mit dem Deutschen Verein des Gas- und Wasserfachs e.V. (DVGW) als Regel der Technik herausgegebene **DVGW-Arbeitsblatt W 405 „Bereitstellung von Löschwasser durch die öffentliche Trinkwasserversorgung"** (Stand Februar 2008). Das Arbeitsblatt W 405 gibt bei der Planung und dem Bau ausgewiesener Bebauungsgebiete und für Bauvorhaben im Außenbereich (einschließlich Aussiedlerhöfe) wertvolle Hinweise. Es gilt auch für die Prüfung, in welchem Umfang das Löschwasser aus dem öffentlichen Trinkwasserrohrnetz entnommen werden kann. Neu hinzugekommen zum DVGW-Arbeitsblatt ist ein Beiblatt (W 405-B 1, Ausgabe Juni 2016, eingestellt auf der Internetseite des DVGW), in welchem technische Regeln zur Vermeidung von Beeinträchtigungen des Trinkwassers und des Rohrnetzes bei Löschwasserentnahmen beschrieben werden. In diesem Zusammenhang wird auf die gemeinsame Fachempfehlung von DFV und AGBF (eingestellt auf den Internetseiten des DVGW und des DFV) verwiesen.

In den Löschwasservorrat nach Satz 2 Nr. 3 braucht der Wasserbedarf zum Betrieb privater Sprinkleranlagen nicht eingerechnet zu werden. Es ist nicht Aufgabe der Gemeinde, die Wasserzufuhr für einen längeren Betrieb der Sprinkleranlagen sicherzustellen; sie braucht nur für den Löschwasserbedarf der Feuerwehr zu sorgen.

Die von den Gemeinden vorzuhaltenden **sonstigen Feuerlöschmittel** (Satz 2 **25**
Nr. 3) müssen der technischen Entwicklung entsprechen. Die Gemeinde muss deshalb für jeden brennbaren Stoff – diese werden in **Brandklassen** eingeteilt – über das geeignete Löschmittel in ausreichender Menge verfügen. Die Menge reicht aus, wenn sie der jeweiligen Brandbelastung entspricht. Die einzelnen Brandklassen verlangen zu ihrer Brandbekämpfung verschiedene Löschmittel:

Brandklasse	Art des brennenden Stoffes	Geeignete Löschmittel
A	feste Stoffe (z. B. Holz, Papier, Kohlen, Kunststoffe)	Wasser, Schaum, ABC-Pulver, CO_2
B	brennbare Flüssigkeiten (z. B. Lacke, Alkohol, Benzin, Farben usw.)	Schaum, ABC- & BC-Pulver, CO_2

Brandklasse	Art des brennenden Stoffes	Geeignete Löschmittel
C	Gase unter Druck (z. B. Acetylen, Propan, Stadtgas, Wasserstoff usw.)	ABC- & BC-Pulver, CO_2
D	brennbare Metalle (z. B. Aluminium, Magnesium, Lithium, Natrium usw.)	Metallbrandpulver, Sand
F	Fette, Öle (z. B. Fritteusen, Pfannen)	Fettbrandlöscher

Nicht mehr aufgeführt ist die Brandklasse E (elektrische/elektronische Geräte und Anlagen). Halon ist als Löschmittel in Deutschland aufgrund der Chemikalien-Ozonschichtverordnung vom 13. November 2006 (ChemOzonSchichtV, BGBl. I 2006, S. 2638) nicht mehr zugelassen.

2.3 Zu Nr. 4

26 Die für die Ausbildung und Unterkunft der Angehörigen der Feuerwehr sowie für die Aufbewahrung der Ausrüstungsgegenstände erforderlichen Räume und Plätze hat die Gemeinde nach Satz 2 Nr. 4 zur Verfügung zu stellen. Diese Pflichtaufgabe erfüllt die Gemeinde durch Errichtung und Unterhaltung eines **Feuerwehrhauses** (DIN 14092). Es ist gleichzeitig Unterkunftsgebäude und Gerätehaus und enthält zumindest einen Ausbildungsraum. Besondere Übungsplätze für die Feuerwehr sind nicht gefordert. Im Allgemeinen wird es an Plätzen in den Gemeinden nicht fehlen, die für Übungszwecke der Feuerwehr mitverwendet werden können. Notfalls ist ein Platz für den öffentlichen Verkehr zu sperren. Bei der Auswahl des Übungsplatzes ist aber darauf zu achten, dass Anwohner so gut wie möglich vor Beeinträchtigungen (z. B. der Zufahrt, durch Lärm oder Einsicht in die Privatsphäre) geschützt werden.

2.4 Zu Nr. 5

27 Unter den Begriff „Unterhaltung der Feuerwehr" gehört auch das **Tragen der Entschädigungsleistungen**, die aus Anlass von Einsätzen (vgl. **Satz 2 Nr. 5**), Übungen, Aus- und Fortbildung und anderer Veranstaltungen der Feuerwehr entstehen. Üblicherweise regeln die Gemeinden, für welche Tätigkeiten in welcher Höhe Entschädigungen an die Feuerwehrangehörigen zu leisten sind in ihren Feuerwehrentschädigungssatzungen. Des Weiteren zählt hierzu die Übernahme sonstiger Kosten, die die Einrichtung „Feuerwehr" verursacht. Die Gemeinde trägt die Kosten der Aus- und Fortbildung nicht nur innerhalb der eigenen Gemeinde, sondern sie hat auch die Kosten der Aus- und Fortbildung zu tragen, wenn diese an der Landesfeuerwehrschule oder überörtlich auf Kreisebene durchgeführt wird. Sie hat ferner den Einsatzkräften der eigenen Feuerwehr die

Entschädigungen nach § 16 selbst dann zu zahlen, wenn diese Überlandhilfe geleistet haben. Gleiches gilt für die sonstigen Kosten des Überlandhilfeeinsatzes. Die Kosten der Überlandhilfe hat letztlich jedoch der Träger der Gemeindefeuerwehr zu tragen, der Hilfe geleistet worden ist (§ 26 Abs. 2). Nach § 5 Nr. 3 obliegt dem Land die Gewährung von Zuwendungen für die Überlandhilfe.

3. Satz 3

Satz 3 ermächtigt das Innenministerium, **Verwaltungsvorschriften** (VwV) über Mindestzahl, Art, Beschaffenheit, Normung, Prüfung und Zulassung der Ausrüstungen und Einrichtungen sowie über die Gliederung, der Gemeindefeuerwehr, die Dienstgrade, eine landeseinheitliche Bekleidung und die Aus- und Fortbildung der Angehörigen der Gemeindefeuerwehren zu erlassen. 28

Verwaltungsvorschriften sind generell-abstrakte Weisungen mit verbindlicher Wirkung. Die Verwaltungsvorschriften gibt es als Begriff seit 1980, zuvor nannte man sie Erlass. Die Verwaltungsvorschriften des Innenministeriums werden im GABl. veröffentlicht und in das Gültigkeitsverzeichnis des Landes, das jedes Jahr neu herausgegeben wird, aufgenommen. In jeder Verwaltungsvorschrift ist deren Geltungsdauer festzulegen, sie beträgt höchstens sieben Jahre (vgl. Nr. 4.7.1 der VwV-Regelungen in der Fassung vom 26. September 2023). Das Gültigkeitsverzeichnis gibt verbindlich Auskunft über die am Stichtag 1. Januar gültigen VwV des Innenministeriums.

Adressat der Verwaltungsvorschriften des Innenministeriums sind hier die Gemeinden bzw. Betriebe und Einrichtungen mit einer Werkfeuerwehr als Träger der Feuerwehren. Da es sich bei diesen Adressaten jedoch nicht um nachgeordnete Behörden handelt, bedurfte es der besonderen gesetzlichen Ermächtigung zum Erlass von Verwaltungsvorschriften in Satz 3.

Das Innenministerium hat von der Möglichkeit zum Erlass von Verwaltungsvorschriften über die **Mindestzahl, Art, Beschaffenheit, Normung, Prüfung und Zulassung** der Ausrüstungen und Einrichtungen der Feuerwehr bislang keinen Gebrauch gemacht. 29

Mittelbare Wirkung geht aus von Nr. 4.2 der Verwaltungsvorschrift des Innenministeriums über Zuwendungen für das Feuerwehrwesen vom 21. August 2024 (ZFeuVwV, abgedruckt im Anhang, weiterführende Informationen auf der Internetseite der LFS).

Der Begriff **„Gliederung“** ist nicht anders zu verstehen als der gleichlautende Begriff in § 6 Abs. 1 Satz 3 (vgl. Rn. 13 zu § 6). Von praktischer Bedeutung ist eine verbindliche Festlegung der Gliederung nur in Bezug auf 30 die Einteilung der Gemeindefeuerwehr nach taktischen Gesichtspunkten. Eine taktische Einheit der Feuerwehr hat zur Bewältigung bestimmter Einsatzaufgaben eine festgelegte Mannschaftsstärke und Geräteausstattung. Taktische Einheiten der Feuerwehr sind gemäß FwDV 3: selbstständiger Trupp (Mannschaftsstärke 1/2/3), Staffel (1/5/6), Gruppe (1/8/9) und Zug (1/3/18/22). Diese sind auch in DIN 14011, 3.6.4., taktische Einheiten und taktische Verbände, festgelegt, sodass das Innenministerium von seiner Ermächtigung nach Satz 3 keinen Gebrauch machen muss.

31 Das Innenministerium hat am 27. September 2022 eine Verwaltungsvorschrift über die einheitliche Bekleidung, die Dienstgrade sowie die Dienstgrad- und Funktionsabzeichen bei den Feuerwehren und im feuerwehrtechnischen Dienst in Baden-Württemberg (**VwV-Feuerwehrbekleidung**, GABl. 2022, 845) erlassen (eingestellt auf der Internetseite der LFS). In der Anlage 1 zur VwV-Feuerwehrbekleidung ist das Aussehen der einzelnen Feuerwehrbekleidungsstücke beschrieben, in der Anlage 2 sind die Dienstgrade und Dienstgradabzeichen sowie die Voraussetzungen zur Verleihung der einzelnen Dienstgrade geregelt. Zum Begriff **„Dienstgrade“** gehören auch die Dienstgradabzeichen auf der Uniform (samt Helmkennzeichnung) und die Dienstgradbezeichnungen (z.B. Hauptbrandmeister). In der Anlage 3 zu dieser VwV sind die Funktionsabzeichen der Kreis- und Stadtfeuerwehrverbände sowie des Landesfeuerwehrverbandes BW beschrieben.

32 Die Aus- und Fortbildung der Feuerwehrangehörigen in Baden-Württemberg auf Gemeinde- und Kreisebene sowie an der LFS wird detailliert in einer Verwaltungsvorschrift (**VwV-Feuerwehrausbildung**, GABl. 2018, 70, eingestellt auf der Internetseite der LFS) geregelt. Ergänzend hierzu hat die LFS Handreichungen zu den rechtlichen und organisatorischen Regelungen der Ausbildung der Feuerwehren in Baden-Württemberg veröffentlicht. Diese sind eingestellt auf der Internetseite der LFS und sollen die Regelungen der VwV-Feuerwehrausbildung erläutern sowie Empfehlungen und Kommentare der LFS geben.

Zudem hat das Innenministerium von der Ermächtigung, die Aus- und Fortbildung verbindlich festzulegen, durch den Erlass folgender aktueller **Feuerwehrdienstvorschriften** (FwDV, sämtliche eingestellt auf der Internetseite der LFS) Gebrauch gemacht:

- FwDV 1: „Grundtätigkeiten Lösch- und Hilfeleistungseinsatz“,
- FwDV 2: „Ausbildung der Freiwilligen Feuerwehren“,
- FwDV 3: „Einheiten im Lösch- und Hilfeleistungseinsatz“,

- FwDV 7: „Atemschutz“,
- FwDV 8: „Tauchen“,
- FwDV 10: „Die tragbaren Leitern“,
- FwDV 100: „Führung und Leitung im Einsatz“,
- FwDV 500: „Einheiten im ABC-Einsatz“.

Die Verwaltungsvorschrift über die Feuerwehrdienstvorschriften der Gemeindefeuerwehren in Baden-Württemberg (VwV-FwDV) vom 19. Juni 1988 wurde zwar durch Verwaltungsvorschrift des Innenministeriums vom 15. November 2001 (GABl. S. 1221) aufgehoben, die FwDV sind dennoch aufgrund der VwV-Feuerwehrausbildung für die Ausbildung verbindlich. Nach Nr. 1.2 VwV-Feuerwehrausbildung sind bei der Ausbildung der Feuerwehrangehörigen u.a. die Feuerwehrdienstvorschriften, die vom Innenministerium den Gemeinden bekannt gegeben wurden, zu beachten.

4. Satz 4

Absatz 1 Satz 4 ermächtigt die Landesregierung zur Sicherstellung eines 33
effektiven Schutzes der Bevölkerung vor den in § 2 Abs. 1 genannten Gefahren, **Rechtsverordnungen** über die Mindestanforderungen an die Leistungsfähigkeit und an die Funktionsträger der Gemeindefeuerwehr zu erlassen. Von dieser Ermächtigung wurde bislang kein Gebrauch gemacht. Falls jedoch durch den demografischen Wandel der Gesellschaft Personalprobleme auf die Feuerwehren zukommen sollten, kann hierauf durch den Erlass von Rechtsverordnungen reagiert werden (vgl. LT-Drs. 14/5103, S. 32).

II. Zu Absatz 2

Die Verpflichtung für die Stadtkreise, Leitstellen als Einrichtungen zur 34
Alarmierung, Information und Kommunikation zu beschaffen und zu unterhalten, folgt schon aus Absatz 1 Satz 1 Nr. 2. Absatz 2 **Satz 1** überträgt lediglich die Pflicht zur Errichtung Integrierter Leitstellen und die nach § 4 Abs. 1 bestehenden neuen Möglichkeiten der Landkreise zur Gestaltung der Leitstellenstruktur auch auf die Stadtkreise. Damit ist, der Absicht des Absatzes 4 entsprechend, der Spielraum bei der Einrichtung und dem Betrieb von Leitstellen im Sinne einer stärkeren kommunalen Zusammenarbeit und einer Verbesserung der Wirtschaftlichkeit erweitert (vgl. LT-Drs. 14/5103, S. 32). Der Verweis auf § 4 Abs. 2 bestimmt die Leitstellen zu Abfragestellen für den europaweit einheitlichen Notruf 112.

Durch den in **Satz 2** enthaltenen Verweis auf § 4 Abs. 3 wird klargestellt, dass Gemeinden die vorhandenen Netze des Landes kostenlos mitnutzen dürfen. Eine Aufgabenübertragung ist damit nicht verbunden (vgl. LT-Drs. 14/5103, S. 32).

III. Zu Absatz 3

1. Vorbemerkung

35 Absatz 3 nennt die Voraussetzungen, unter denen von Eigentümern oder Besitzern von Grundstücken und baulichen Anlagen, von denen besondere Gefahren ausgehen können, **Unterstützungshandlungen** zum vorbeugenden oder abwehrenden Brandschutz verlangt werden können. Zweck des Absatzes 3 ist es, die Gemeindefeuerwehr durch Maßnahmen der Eigentümer und Besitzer in die Lage zu versetzen, auf bestimmte, im Gesetz definierte, besonders gefahrbringende Ereignisse effizient und schnell reagieren zu können, ohne den Gemeindehaushalt und damit die Allgemeinheit finanziell über Gebühr zu belasten (vgl. LT-Drs. 14/5103, S. 32). Absatz 3 ist eine Ausprägung des **Verursacherprinzips**.

Sind derartige Maßnahmen mit der Gestellung von Fahrzeugen und Ausrüstungsgegenständen verbunden, müssen auch die dadurch entstehenden Folgekosten z. B. durch Instandsetzung, Wartung, Prüfungen und Ersatzbeschaffungen sowie ggf. weitere erforderliche Qualifizierungen und Nachweise berücksichtigt werden.

36 Für den Erlass des **Verpflichtungsbescheids** (Verwaltungsakt i. S. von § 35 LVwVfG) ist der Bürgermeister zuständig. Es handelt sich um eine durch Gesetz dem Bürgermeister übertragene Aufgabe i. S. von § 44 Abs. 2 Satz 1 GemO (vgl. VGH, VBlBW 2020, 234 und juris [Rn. 57]). Die Schriftform ist zwar nicht vorgeschrieben (vgl. § 10 LVwVfG), jedoch sollte sie aus Gründen der Rechtssicherheit stets gewählt werden. Ergeht die Anordnung somit schriftlich, ist sie auch schriftlich zu begründen (§ 39 Abs. 1 LVwVfG) und mit einer Rechtsmittelbelehrung zu versehen (§ 58 VwGO). Vor Erlass der Anordnung ist der Betroffene anzuhören (§ 28 LVwVfG). Gegen die Anordnung des Bürgermeisters kann der Verpflichtete Widerspruch (§ 68 VwGO) und bei dessen Ablehnung Anfechtungsklage (§ 42 Abs. 1, Alt. 1 VwGO) beim Verwaltungsgericht erheben.

Beim Erlass von Anordnungen ist wie bei jedem Verwaltungshandeln der **Verhältnismäßigkeitsgrundsatz** zu beachten. So darf beispielsweise von Eigentümern und Besitzern von Grundstücken und baulichen Anlagen nicht verlangt werden, solche Ausrüstungsgegenstände zu beschaffen und zu unterhalten, die die Gemeinde zur Erfüllung ihrer Pflichtaufgaben nach § 2 Abs. 1 üblicherweise selbst vorhalten muss.

Zu beachten ist in jedem Fall, wie der VGH im Urteil vom 12. Juli 2016 (NVwZ-RR 2016, 878 und juris [Rn. 51]) klargestellt hat: 37

- eine auf der Grundlage von Absatz 3 ergangene Beschaffungs- und Unterhaltungsanordnung lässt die Pflicht der Gemeinde nach Absatz 1, ihre Feuerwehr gerätemäßig so auszurüsten, dass sie in der Lage ist, ihre Aufgaben nach § 2 zu erfüllen, nicht entfallen;
- die Entlastungswirkung einer solchen Anordnung tritt, soweit die Beschaffung von nach den örtlichen Verhältnissen der Gemeinde für einen geordneten und erfolgreichen Feuerwehreinsatz erforderlichen Ausrüstungsgegenständen in Rede steht, erst dann ein, wenn die Ausrüstungsgegenstände von dem in Anspruch genommenen Eigentümer oder Besitzer tatsächlich beschafft worden sind und infolgedessen für die Einsatzkräfte zur Verfügung stehen.

2. Satz 1

2.1 Zu Nr. 1

Die Formulierung **„Eigentümer und Besitzer von Grundstücken und baulichen Anlagen“** ermöglicht es, Betriebe (Industrie, Handwerk, Handel), öffentliche und private Institute der Wissenschaft und Forschung, Einrichtungen des Bundes und des Landes sowie sogar jeden Eigentümer und Pächter (Besitzer eines Grundstücks) oder Mieter (Besitzer einer baulichen Anlage) zu sog. Selbstschutzmaßnahmen i.S. dieser Bestimmung verpflichten zu können, sofern besondere Gefahren von deren Grundstück oder baulichen Anlage ausgehen. Unter **„gefahrbringenden Ereignissen“** werden alle Ereignisse verstanden, bei denen die Feuerwehr im Rahmen ihrer Pflichtaufgaben nach § 2 Abs. 1 tätig wird. Solche gefahrbringenden Ereignisse gehen insbesondere von Betrieben mit erhöhter Brand- oder Explosionsgefahr (vgl. hierzu Rn. 7 zu § 35), Einrichtungen mit einer hohen Anzahl pflegebedürftiger oder bettlägeriger Bewohner bzw. Patienten sowie von Anlagen mit atomaren, biologischen oder chemischen Gefahren aus. Hierzu zählen vor allem Kernkraftanlagen, Forschungseinrichtungen und chemische Betriebe, in denen in hohem Maße schädliche Stoffe (schädlich für die Gesundheit, die Umwelt oder Sachwerte) hergestellt, verarbeitet oder gelagert werden. 38

Liegt ein solches Grundstück oder eine solche bauliche Anlage im Sinne von Satz 1 Nr. 1 vor, muss zunächst geprüft werden, ob eine Werkfeuerwehr erforderlich ist oder ob Anordnungen nach Nr. 1 ausreichen. Auch hier ist der Verhältnismäßigkeitsgrundsatz allen staatlichen Handelns zu beachten: **Eine Werkfeuerwehr darf nur angeordnet werden, wenn Maß-**

nahmen nach § 3 Abs. 3 nicht (mehr) ausreichend sind. Die untere Aufsichtsbehörde (vgl. § 22 Abs. 1) muss sich bei dieser Frage – sie ist für die Anordnung einer Werkfeuerwehr sachlich zuständig (vgl. § 19 Abs. 4) – mit dem Bürgermeister – er ist für die Anordnungen nach Satz 1 zuständig – verständigen. Kommt eine Verständigung nicht zustande, kann der Bürgermeister nur tätig werden, wenn und solange die Aufsichtsbehörde den Eigentümer bzw. Besitzer nicht verpflichtet, eine Werkfeuerwehr aufzustellen und zu unterhalten. Der Bürgermeister kann daher nur subsidiär (aushilfsweise) tätig werden; § 19 hat insoweit Vorrang vor § 3 Abs. 3. Die Entscheidung, ob eine Werkfeuerwehr erforderlich oder Selbstschutz ausreichend ist, hängt letztlich von der Größe des Betriebes oder der Einrichtung und damit auch von der Anzahl der Beschäftigten, der Kunden, der Benutzer (Verkehrsanlagen), der Belegungs- und Besucherzahl (Kliniken, Altenheime) und den Gefahren (durch Betriebsverfahren oder/und durch lagernde oder zu verarbeitende Stoffe) ab.

39 Der Begriff **Ausrüstungsgegenstände** in Nr. 1 ist wie der Begriff „Feuerwehrausrüstung" in Absatz 1 Satz 2 Nr. 2 auszulegen. Er umfasst also alles, was zur Bekämpfung der besonderen Gefahr an Ausrüstung benötigt wird, also nicht nur tragbare Geräte (z.B. Tragkraftspritze, Schlauch, Atemschutzgerät), sondern auch Spezialfahrzeuge (z.B. TroLF).

Anlagen im Sinn dieser Bestimmung sind ortsfeste und tragbare Feuerlöschanlagen (Sprinkler-Anlagen, CO_2-Anlagen, Schaumlöschanlagen, Pulverlöschanlagen), Brandmeldeanlagen (DIN 14675) und Löschteiche.

40 Die wesentliche Bedeutung von Absatz 3 Satz 1 liegt in der Formulierung **„ausreichend Löschmittel** ... bereitzuhalten". Die Gemeinde kann nämlich ihre Verpflichtung nach Absatz 1 Nr. 3, die Trinkwasserversorgungsleitungen so zu dimensionieren, dass dadurch auch das Löschwasser für den sog. Objektschutz i. S. des Arbeitsblatts „W 405" der vom DVGW herausgegebenen Technischen Regel „Bereitstellung von Löschwasser durch die öffentliche Trinkwasserversorgung" sichergestellt ist, auf den Eigentümern und Besitzern von Grundstücken mit besonderer Gefahr i. S. von Satz 1 überbürden. Diese können allerdings nur dann verpflichtet werden, ausreichend Löschwasser bereitzuhalten, wenn die bestehende öffentliche Trinkwasserversorgungsleitung dafür nicht ausreicht. Nur in diesem Fall können Eigentümer und Besitzer verpflichtet werden, die nach der mobilen und immobilen Brandbelastung zu berechnende Löschwassermenge über eine natürliche Wasserstelle oder durch Anlage eines Feuerlöschteichs bereitzuhalten. Welche sonstigen Löschmittel (z.B. Schaummittel, Pulver, CO_2) in welcher Menge bereitzuhalten sind, ergibt sich aus der Brandklas-

seneinteilung der einzelnen brennbaren Stoffe und deren Menge auf den jeweiligen Grundstücken bzw. in den baulichen Anlagen. Die Brandklassen bestimmen sich nach DIN EN2 (siehe hierzu Rn. 25).

Unter den Begriff **„sonstige Einsatzmittel"** fallen insbesondere solche Einsatzmittel, über die die Gemeindefeuerwehr üblicherweise nicht verfügt, etwa ein Boot bei Kiestageabbau in einem Baggersee oder Atemschutzregenerationsgeräte bei langen Straßen- oder Eisenbahntunneln. Hierzu zählen auch Ölbindemittel. 41

2.2 Zu Nr. 2

Unter den Begriff **„abgelegene Gebäude"** fallen vor allem Gebäude, die außerhalb der im Zusammenhang bebauten Ortsteile, d.h. die im baurechtlichen Außenbereich i.S. von § 35 BauGB, liegen. Es kann sich auch um eine Gebäudegruppe handeln, die einen kleinen Ortsteil bildet. 42

Unter **„Löschwasseranlagen"** sind die von einer Sammelwasserleitung unabhängigen Löschwasserversorgungsanlagen zu verstehen. Es kann sich hier um natürliche Wasserstellen (Flüsse, Bäche, Seen usw.) mit einer befestigten Anlagestelle – bei flach fließenden Bächen mit einer beweglichen Stauvorrichtung – oder um künstliche Wasserstellen, insbesondere **Feuerlöschteiche** (vgl. zum Begriff und zu Anforderungen DIN 14210) handeln. 43

Der abgelegene Grundstücksbesitzer – vor allem also der ausgesiedelte Landwirt – kann vom Bürgermeister nicht nur verpflichtet werden, eine bestehende (öffentliche oder private) Löschwasseranlage in gebrauchsfähigem Zustand zu erhalten (= unterhalten); er kann zusätzlich auch verpflichtet werden, eine solche zu errichten. Der erforderliche Löschwasservorrat eines **Aussiedlerhofs** beträgt nach dem Arbeitsblatt W405 Abschn. 5.4 des DVGW (vgl. oben Rn. 24) 30 m^3. 44

3. Satz 2

„Andere gesetzliche Verpflichtungen", mit denen das gleiche Ziel wie in Absatz 3 Satz 1 verfolgt wird, bleiben unberührt. Absatz 3 ist daher gegenüber den anderen gesetzlichen Bestimmungen subsidiär (nachrangig). Eine andere gesetzliche Verpflichtung enthält nicht nur § 19, sondern auch § 2 LBOAVO (Flächen für die Feuerwehr, Löschwasserversorgung), Nr. 2.2. (Maßnahmen gegen Brände) des Anhangs zu den Anforderungen an Arbeitsstätten nach § 3 Abs. 1 Arbeitsstättenverordnung, § 12 Garagenverordnung, §§ 33 bis 35 Versammlungsstättenverordnung, § 20 Verkaufsstättenverordnung. Die Baurechtsbehörde kann in die Baugenehmigung Brandschutzbedingungen bzw. Brandschutzauflagen aufnehmen. Sie kann z.B. 45

den Einbau von Feuerlöschanlagen und Brandmeldeanlagen, die Anbringung von Feuerlöschern, Feuerlöschschläuchen u. Ä. verlangen. Ebenso kann das Gewerbeaufsichtsamt Brandschutzauflagen aufgrund der GewO erlassen. Berücksichtigt man die Zuständigkeit der Baurechtsbehörden und der Gewerbeaufsichtsämter, verbleibt dem Bürgermeister, durch Anordnungen nach § 3 Abs. 3 Lücken zu schließen.

IV. Zu Absatz 4

46 Der durch ÄndG 2009 eingefügte Absatz 4 griff die Forderung des Landesrechnungshofes in seiner Denkschrift 2005 nach einer verstärkten kommunalen Zusammenarbeit zur Verbesserung der Wirtschaftlichkeit im Bereich des Feuerwehrwesens auf und bezweckt eine verstärkte Anwendung der dafür – bereits nach bisherigem Recht bestehenden – Gestaltungsmöglichkeiten (vgl. **Absatz 4 Satz 1** und LT-Drs. 14/5103, S. 33). Denn nach den Feststellungen des Rechnungshofes hatten bis dahin nur wenige Gemeinden Synergieeffekte zur Verbesserung der Wirtschaftlichkeit und Effektivität der Gemeindefeuerwehren erschlossen, indem sie auf dem Weg kommunaler Zusammenarbeit Anforderungen an ihr Feuerwehrwesen gemeinsam gelöst haben. Sinnvoll ist zum Beispiel die gemeinsame Beschaffung von selten und nicht zur Erfüllung der Standardaufgaben gebrauchter Feuerwehrausrüstung, um die parallele Vorhaltung zu vermeiden und die Wirtschaftlichkeit der Gemeindefeuerwehren zu verbessern (siehe dazu auch Abschnitt 2 der Hinweise des Innenministeriums und des Landesfeuerwehrverbandes zur Leistungsfähigkeit der Feuerwehr, abgedruckt im Anhang).

47 **Satz 2** sieht die Vereinbarungen für gemeinsame Alarm- und Ausrückeordnungen sowie Kostenregelungen für die Zusammenarbeit im Einsatz vor. Dabei sind unter **„Zusammenarbeit im Einsatz"** sowohl die Überlandhilfe (§ 26), der Abschluss einer öffentlich-rechtlichen Vereinbarung nach dem Gesetz über kommunale Zusammenarbeit als auch die Bildung eines Zweckverbandes (siehe dazu oben Rn. 2) zu verstehen.

§ 4
Aufgaben der Landkreise

(1) [1]Die Landkreise haben Leitstellen zu schaffen und zu betreiben. [2]Leitstellen sind für die Feuerwehr und für den Rettungsdienst als Integrierte Leitstellen in gemeinsamer Trägerschaft zu betreiben. [3]Die Landkreise können mit Gemeinden, Verwaltungs-

gemeinschaften, anderen Landkreisen oder dem Träger einer Rettungsleitstelle vereinbaren, dass diese die Aufgaben nach Satz 1 für den Landkreis erledigen. [4]Mehrere Landkreise und Stadtkreise können gemeinsam eine Leitstelle im Sinne von Satz 2 (Bereichsübergreifende Integrierte Leitstellen) betreiben. [5]In einer Vereinbarung sind die Trägerschaft, die Kostenaufteilung und der Leistungsumfang festzulegen.

(2) [1]Die Träger der Leitstellen stellen sicher, dass unter der einheitlichen europäischen Notrufnummer 112 eingehende Notrufe entgegengenommen und bearbeitet werden können. [2]Für die Beantwortung von an die Notrufnummer 112 gerichteten Notrufen ist dasselbe Kommunikationsmittel wie für den Eingang zu verwenden. [3]Die unverzügliche Weiterleitung an die zuständige Leitstelle der Feuerwehr, des Rettungsdienstes oder der Polizei ist zu gewährleisten.

(3) Die Landkreise haben zur Alarmierung der Gemeindefeuerwehren geeignete Kommunikationsnetze zu errichten und zu betreiben.

(4) Die Landkreise sollen die Gemeinden unterstützen bei der

1. **Planung der Zusammenarbeit der Feuerwehren im Einsatz und bei der Festlegung von Einsatzgebieten und Alarm- und Ausrückeordnungen,**
2. **Planung und Beschaffung der für den überörtlichen Einsatz der Feuerwehren notwendigen Feuerwehrausrüstungen und -einrichtungen,**
3. **Planung und Durchführung gemeinsamer Übungen und Aus- und Fortbildungen der Angehörigen von Gemeindefeuerwehren; § 3 Abs. 1 Satz 2 Nr. 1 und § 5 Nr. 1 bleiben unberührt.**

(5) Die Landkreise können Personen mit besonderen Fähigkeiten und Kenntnissen als ehrenamtlich Tätige nach der Landkreisordnung oder als Ehrenbeamte bestellen.

Übersicht **Rn.**

A. Allgemeines

1 § 4 enthält die Aufgaben, welche die Landkreise auf dem Gebiet des Feuerwehrwesens wahrzunehmen haben (Abs. 1 bis 3) bzw. wahrnehmen sollen (Abs. 4). Diese Aufgaben müssen **überörtlich** erfüllt werden, da die Gemeinden hiermit überfordert wären. Die in § 4 genannten Aufgaben gehören zum Wirkungskreis der Landkreise nach § 2 Abs. 1 LKrO; § 4 konkretisiert Aufgaben, die wahrzunehmen die Landkreise schon aufgrund der Generalklausel des § 2 Abs. 1 LKrO ermächtigt sind. § 4 schränkt § 2 Abs. 1 Satz 1 LKrO auch nicht dahingehend ein, dass die Landkreise auf dem Gebiet des Feuerwehrwesens nur die in § 4 genannten Aufgaben wahrnehmen dürften. Träger einer Feuerwehr kann der Landkreis allerdings aufgrund von § 2 Abs. 1 Satz 2 LKrO nicht werden. Das lässt sich auch aus § 1 Abs. 2 folgern.

Im Zuge der Novellierung des FwG und des Rettungsdienstgesetzes (RDG) im Jahr 2009 hat der Gesetzgeber die Entscheidung getroffen, dass in Baden-Württemberg künftig die Leitstellen für den Rettungsdienst und die Feuerwehr im integrierten Betrieb (Integrierte Leitstellen) in gemeinsamer Trägerschaft zu betreiben sind (§ 11 Abs. 1 RDG, § 4 Abs. 1 FwG). In einer Vereinbarung zwischen dem Träger der Rettungsleitstelle und dem nach § 4 Abs. 1 Satz 1 FwG zuständigen Landkreis als Träger der Leitstelle für die Feuerwehren sind die Trägerschaft, die Kostenaufteilung und der Leistungsumfang festzulegen (§ 4 Abs. 1 Satz 5 FwG, § 6 Abs. 1 Satz 4 RDG). Träger der Integrierten Leitstelle für den Bereich der Feuerwehr sind nach § 4 Abs. 1 Satz 1 die Land- und Stadtkreise. In Baden-Württemberg gibt es derzeit (Stand: März 2024) 34 Integrierte Leitstellen (vgl. Innenministerium in LT-Drs. 17/6495, S. 3), zwei davon werden als Bereichsübergreifende Leitstellen betrieben. Hierbei handelt es sich um die Integrierte Regionalleitstelle Ostwürttemberg für die Landkreise Ostalbkreis und Heidenheim sowie die Integrierte Leitstelle Bodensee-Oberschwaben für die Landkreise Ravensburg, Sigmaringen und Bodenseekreis.

B. Erläuterung

I. Zu Absatz 1

1. Vorbemerkung

2 Der durch das ÄndG 2009 neu gefasste **Absatz 1** spiegelte die aktuelle Entwicklung der Leitstellenstruktur wider und eröffnet den Landkreisen – ebenso wie § 3 Abs. 2 den Stadtkreisen – einen größeren Gestaltungs-

spielraum bei der Erfüllung der Aufgabe „Errichtung und Betrieb einer Leistelle“. Im April 2004 haben das Innenministerium und das Ministerium für Soziales und Integration „Gemeinsame Grundsätze zur Weiterentwicklung der Struktur der Leitstellen für Rettungsdienst und Feuerwehr“ erlassen mit dem Ziel, Synergieeffekte zur Auslastung der Leitstellen herbeizuführen und die Investitions- und Betriebskosten zu reduzieren. 2007 und 2010 wurde dieses Papier, das nunmehr **„Gemeinsame Hinweise zur Leitstellenstruktur der nichtpolizeilichen Gefahrenabwehr“** heißt, überarbeitet (die aktuelle Fassung ist eingestellt auf der Internetseite der LFS).

2. Satz 1

Absatz 1 enthält die Rechtsgrundlage der **„Leitstelle“**. Sie zu schaffen und zu betreiben, ist nach Satz 1 eine weisungsfreie Pflichtaufgabe der Landkreise und kann deshalb nicht von den Gemeinden wahrgenommen werden. Eine Leitstelle betreut ein überörtliches Gebiet. 3

Satz 1 enthält keine Definition des Begriffs „Leitstelle“. Eine Leitstelle ist eine ständig mit Personal besetzte und mit Informations- und Kommunikationssystemen ausgestattete Einrichtung, die Notrufe entgegennimmt und unverzüglich Maßnahmen trifft, um Personal, Fahrzeuge und Geräte zu entsenden. Sie alarmiert, koordiniert und lenkt Einsatzkräfte und unterstützt die Einsatzleitung (vgl. Anlage 1 zu den Gemeinsamen Hinweisen zur Leitstellenstruktur der nichtpolizeilichen Gefahrenabwehr).

3. Satz 2

Satz 2 verpflichtet die Landkreise als Träger der Feuerwehrleitstellen, diese nur noch als **Integrierte Leitstellen** für Feuerwehr und Rettungsdienst zu betreiben. Eine Integrierte Leitstelle ist eine Leitstelle, die ihre Aufgaben technisch, organisatorisch und personell sowohl für die Feuerwehr als auch für den Rettungsdienst erfüllt. Der Rettungsdienst umfasst hierbei sowohl die Notfallrettung als auch den Krankentransport, einschließlich der Berg-, Luft- und Wasserrettung. Die Integrierte Leitstelle im Sinne dieser Hinweise nimmt auch Aufgaben im Katastrophenschutz wahr. Sie kann weitere Aufgaben als Dienstleistung übernehmen, zum Beispiel den vertragsärztlichen Notdienst. In einer Integrierten Leitstelle erledigt jeder Disponent alle anfallenden Aufgaben unter Nutzung der gleichen Technik nach gleichen Organisationsregeln. Integrierte Leitstellen gewährleisten somit, dass Notrufe, die unter der einheitlichen europäischen Notrufnummer 112 für Einsätze des Rettungsdienstes und der Feuerwehr eingehen, schnell und ohne zeitliche Verzögerung abgearbeitet werden können und qualifizierte Hilfe geleistet wird (vgl. Anlage 1 zu den gemeinsamen Hinweisen zur Leitstellen- 4 struktur der nichtpolizeilichen Gefahrenabwehr). Die einzelnen Aufgaben einer Integrierten Leitstelle sind detailliert aufgezählt in der Anlage 2 der Gemeinsamen Hinweise zur Leitstellenstruktur der nichtpolizeilichen Gefahrenabwehr. Neben der Entgegennahme von Notrufen und der Alarmierung der zuständigen Gemeindefeuerwehr nach Maßgabe der Alarm- und Ausrückeordnung kommen der Integrierten Leitstelle im Bereich der Feuerwehr danach insbesondere folgende **Aufgaben** zu:

- Die Leitstelle veranlasst auf Anforderung der zuständigen Stelle (vgl. § 26 Abs. 1 Satz 2) die überörtliche Hilfe der Feuerwehren (§ 26 Abs. 1 Satz 1).
- Sie gibt dem Technischen Einsatzleiter (§ 27) sachdienliche Hilfestellung. Die Leitstelle überwacht die Funktionsfähigkeit der angeschlossenen Feuerwehr-Fernmeldeeinrichtungen und sorgt im Störungsfall für eine unverzügliche Instandsetzung.
- Sie überwacht den Funkverkehr auf den zugewiesenen Frequenzen. Sie sorgt für Sprechdisziplin und versucht, bei Störungen deren Ursachen zu ermitteln. Sie zeichnet den Funkverkehr auf sowie den Fernsprechverkehr, soweit er Hilfeersuchen und Einsatzangelegenheiten betrifft (vgl. § 35 Abs. 5).
- Sie ist Ansprechstelle für „fremde" Feuerwehreinheiten und -fahrzeuge; sie übernimmt auf Anforderung die örtliche Einweisung.
- Falls die Leitstelle gleichzeitig auch dem Katastrophenschutz dient (vgl. § 5 Abs. 2 LKatSG), ist sie im Katastrophenfall ein Führungsmittel des Landrats/Oberbürgermeisters. Erhält die Leitstelle von einem Ereignis Kenntnis, welches die Merkmale einer Katastrophe oder einer Außergewöhnlichen Einsatzlage i. S. des § 2 Abs. 1 LKatSG erfüllt oder erfüllen könnte, so benachrichtigt sie nach Maßgabe des Katastrophen-Meldesystems die zuständigen Stellen, insbesondere den Landrat/Oberbürgermeister, und veranlasst unverzüglich die Besetzung ihrer Arbeitsplätze für Katastrophenabwehraufgaben. Nach Arbeitsaufnahme der für die Einsatzleitung zuständigen Stellen dient die Leitstelle der Katastrophen-Abwehrleitung als Führungsmittel, insbesondere als Melde-, Informations- und Nachrichtenübermittlungsstelle.

5 Die **Qualifikation der Leitstellendisponenten** ist sowohl für die Sicherheit als auch für die Akzeptanz Integrierter Leitstellen von großer Bedeutung. Die Leitstellendisponenten müssen aufgrund ihrer Eignung und Ausbildung befähigt sein, alle Aufgaben einer Integrierten Leitstelle wahrzunehmen. Das Personalqualifikationsniveau, das sich zu Beginn durch den

bloßen Zusammenschluss von Disponenten aus Rettungsleitstellen (Qualifikation: Rettungsassistenten sowie Rettungssanitäter oder Personen mit vergleichbarer Ausbildung, die über praktische Einsatzerfahrung im Rettungsdienst verfügen) und aus Feuerwehrleitstellen (Qualifikation: mittlerer feuerwehrtechnischer Dienst oder Personen mit vergleichbarer Ausbildung) ergab, reichte nicht aus, um die volle Integration in den Leitstellen zu erzielen. Deshalb erfolgt nunmehr eine dem Integrationsgedanken entsprechende modulare Ausbildung für Disponenten. Die Lernziele und die Module sind in **Anlage 3 der gemeinsamen Hinweise zur Leitstellenstruktur der nichtpolizeilichen Gefahrenabwehr** beschrieben (zuletzt geändert im November 2016, eingestellt auf der Internetseite der LFS). Die modulare schulische Ausbildung erfolgt im Wechsel zur praktischen Einweisung bzw. zur Arbeit in der Integrierten Leitstelle. Die Leitstellendisponenten sollen aus möglichst allen Aufgabenbereichen der Leitstelle rekrutiert werden. Für das bereits eingesetzte Leitstellenpersonal wurden geeignete Qualifizierungsmaßnahmen für den Einsatz in Integrierten und Bereichsübergreifenden Leitstellen durchgeführt. Die Anlage 3 der Gemeinsamen Hinweise zur Leitstellenstruktur der nichtpolizeilichen Gefahrenabwehr gilt uneingeschränkt für alle Leitstellendisponenten, die nach ihrer Verkündung in Integrierten Leitstellen des Landes eingestellt worden sind. Sie ist für alle Träger der Leitstellen bindend.

Die Einführung des einheitlichen europäischen Notrufs in Verbindung 6
mit der Notrufverordnung (NotrufV) erforderte zur Vermeidung zeitlicher Verzögerungen bei der Hilfeleistung die Bildung Integrierter Leitstellen. Da bis zum ÄndG 2009 sieben Leitstellen in Baden-Württemberg noch nicht über eine Integrierte Leitstelle verfügten und bei einzelnen Landkreisen auch keine Bereitschaft zur Errichtung einer Integrierten Leitstelle vorhanden war (lesenswert dazu Schwäbisches Tagblatt vom 15. Oktober 2009 – „Tübinger Kreistag diskutiert über eine gemeinsame Leitstelle"), war die durch das ÄndG 2009 erfolgte gesetzliche Verpflichtung der Landkreise zur Bildung Integrierter Leitstellen im Interesse der Sicherheit der Bevölkerung notwendig (vgl. LT-Drs. 14/5103, S. 33).

4. Satz 3

Satz 3 **ermächtigt** die Landkreise, die ihnen nach Satz 1 obliegende Pflicht- 7
aufgabe durch eine Gemeinde, eine Verwaltungsgemeinschaft, einen anderen Landkreis oder den Träger der Rettungsleitstelle **erledigen zu lassen**. Zuständiges Organ des Landkreises hierfür ist der Kreistag, der die Entscheidung auch einem beschließenden Ausschuss übertragen kann. Der Landrat kann diese nicht treffen, da sie kein „Geschäft der laufenden Verwaltung"

i.S. von § 42 Abs. 2 LKrO ist. Macht der Landkreis von der Ermächtigung Gebrauch, steht ihm weiterhin die volle Sachentscheidungsbefugnis zu. Er bleibt nämlich Aufgabenträger und damit für die Erfüllung der Aufgabe zuständig und verantwortlich. Nur für die Erledigung (Ausführung) der in Satz 1 genannten Sachaufgaben ist der Landkreis nicht mehr zuständig. Der Landkreis, der mit einer Gemeinde, einer Verwaltungsgemeinschaft, einem anderen Landkreis oder dem Träger der Rettungsleitstelle eine Vereinbarung nach Satz 3 trifft, bleibt auch Kostenträger für die Einrichtung und den Betrieb der Leitstelle – es sei denn, der Erledigungsträger übernimmt die Kosten in der Vereinbarung ganz oder teilweise (vgl. Absatz 1 Satz 5). Der Landkreis kann die Erledigung wieder an sich ziehen, wenn er sich die Kündigung in der Vereinbarung vorbehalten hat.

5. Satz 4

8 Satz 4 lässt als Ergebnis der Überarbeitung der „Gemeinsamen Hinweise zur Leitstellenstruktur" **Bereichsübergreifende Integrierte Leitstellen** zu. Er gibt den Landkreisen damit die Möglichkeit, bisher bereichsbezogene Integrierte Leitstellen künftig gemeinsam mit anderen Land- oder Stadtkreisen bereichsübergreifend einzurichten und zu betreiben (vgl. LT-Drs. 14/5103, S. 33). Hiervon haben bislang fünf Landkreise Gebrauch gemacht (siehe oben Rn. 1). Auch diese Bereichsübergreifenden Leitstellen sind zur Vermeidung von Verzögerungen bei der Hilfeleistung (siehe oben Rn. 4) zwingend als Integrierte Leitstellen zu betreiben. Da für eine Integrierte Leitstelle ca. 500.000 Einwohner die Dimension zur Erreichung der unteren Grenze der Wirtschaftlichkeit sind (vgl. Maurer in „Brandschutz" 2010, 1029), werden künftig aus Gründen der Wirtschaftlichkeit in Baden-Württemberg vermehrt Bereichsübergreifende Integrierte Leitstellen gebildet werden. Hier besteht ein großes Einsparpotenzial, ohne jeglichen Verlust an Sicherheit für die Bevölkerung. Das Innenministerium hat am 5. Dezember 2016 eine Lenkungsgruppe eingesetzt mit dem Ziel, die bestehende Leitstellenstruktur von Feuerwehr und Rettungsdienst im Land zu überprüfen und gegebenenfalls fortzuentwickeln. Dabei sollen auch die voranschreitende Technik und die wachsenden Herausforderungen für die Behörden und Organisationen der nichtpolizeilichen Gefahrenabwehr berücksichtigt werden (Einzelheiten dazu finden sich auf der Internetseite des IM unter „Projekt Leitstellenstruktur in Baden-Württemberg").

6. Satz 5

9 Satz 5 regelt, dass in einer Vereinbarung die Trägerschaft, die Kosten und der Leistungsumfang festzulegen sind. Im Rahmen der Vereinbarung zum

gemeinsamen Betrieb einer Integrierten Leitstelle bildet die Frage der Kostenverteilung einen Regelungsschwerpunkt. Entsprechend unterschiedlicher bzw. differierender Aufgaben und Organisationsstrukturen ergeben sich in der Praxis Regelungen zur Kostenverteilung mit einer Bandbreite für den Anteil des Rettungsdienstes bzw. der Kommunen als Träger der Feuerwehr zwischen 40 und 60 Prozent. Ganz überwiegend haben die Träger der Integrierten Leitstellen eine hälftige Kostenverteilung vereinbart (Antwort des IM auf eine Landtagsanfrage, LT-Drs. 15/866, S. 3).

Alarmiert die Integrierte Leitstelle eine unzuständige Feuerwehr oder 10
alarmiert sie die Feuerwehr, obwohl die Feuerwehr für die Aufgabenerfüllung sachlich nicht zuständig ist **(Falschalarmierung)**, finden die Grundsätze der verschuldensabhängigen Amtshaftung Anwendung. Dem die Alarmierung ausführenden Disponenten einer Leitstelle obliegt nämlich die Amtspflicht gegenüber den angeschlossenen Gemeinden, die zuständige Feuerwehr zu alarmieren. Der Landkreis haftet für das schuldhafte Fehlverhalten (gem. § 839 BGB i. V. m. Art. 34 GG) selbst dann, wenn die Aufgabe, die zuständige Feuerwehr zu alarmieren, gemäß Absatz 1 Satz 3 von einer anderen Einrichtung erledigt wird. Der Landkreis kann im Innenverhältnis Rückgriff nehmen, wenn die abgeschlossene Vereinbarung eine entsprechende Regelung enthält (so das Innenministerium in LT-Drs. 10/3975, wiedergegeben in BWGZ 1991, 144).

II. Zu Absatz 2

Satz 1 des Absatzes 2 bestimmt, dass die Träger der Leitstellen für die Ent- 11
gegennahme der unter der europäischen Notrufnummer 112 eingehenden Anrufe zuständig sind. Nach § 3 Abs. 1 Satz 1 der Notrufverordnung (NotrufV) legen die nach Landesrecht zuständigen Behörden die Einzugsgebiete und die jeweiligen Einsatz-Notrufabfragestellen im Benehmen mit den jeweiligen Netzbetreibern fest. Durch Absatz 2 Satz 1 ist seit 2009 die in Baden-Württemberg bis dahin lediglich gewohnheitsrechtlich anerkannte Zuständigkeit der Feuerwehrleitstellen für die Entgegennahme von Notrufen unter der Nummer 112 als Aufgabe der Integrierten Leitstelle gesetzlich normiert. Mit der NotrufV werden die rechtlichen Vorgaben des Telekommunikationsgesetzes (TKG) für den Notruf ergänzt. In § 108 Abs. 1 Satz 1 TKG ist die europaeinheitliche Notrufnummer 112 festgeschrieben. § 4 Abs. 2 NotrufV verpflichtet die an der Herstellung einer Notrufverbindung beteiligten Telefondiensteanbieter und Netzbetreiber dafür zu sorgen, dass Notrufverbindungen unverzüglich zur örtlich zuständigen Notrufabfragestelle hergestellt werden.

12 Der durch ÄndG 2025 eingefügte **Satz 2** entspricht der Regelung in § 11 Abs. 2 RDG und dient der Umsetzung der Vorgaben des Art. 4 Abs. 8 i.V.m. Anhang I Abschnitt V der Richtlinie (EU) 2019/882 des Europäischen Parlaments und des Rates vom 17. April 2019 über die Barrierefreiheitsanforderungen für Produkte und Dienstleistungen (vgl. die Begründung in LT-Drs. 17/8113, S. 8). Um Menschen mit Behinderungen die uneingeschränkte barrierefreie Nutzung der einheitlichen europäischen Notrufnummer 112 zu ermöglichen, sollen Notrufe unter Verwendung desselben Kommunikationsmittels wie für den Eingang des Notrufs erfolgen. Die Umsetzung hat dabei durch Sprache und Text, einschließlich Text in Echtzeit in Form eines synchronisierten Gesamtgesprächsdienstes zu erfolgen. Da die technischen Voraussetzungen für eine Beantwortung von Notrufen mit demselben Kommunikationsmittel derzeit noch nicht gegeben sind, räumt die Richtlinie (EU) 2019/882 einen Umsetzungsspielraum bis zum 28. Juni 2027 ein. Die Regelung tritt daher erst zu diesem Zeitpunkt in Kraft.

Satz 3 beinhaltet die Verpflichtung, Notrufe unverzüglich, d.h. ohne schuldhaftes Zögern weiterzuleiten, wenn eine andere Leitstelle, bspw. die des Nachbarkreises oder der Polizei für die Bearbeitung zuständig ist.

III. Zu Absatz 3

13 Der durch ÄndG 2009 eingefügte Absatz 3 passte die Gesetzeslage an die seit 1978 bestehende Praxis an, dass die **Landkreise** – und nicht die Gemeinden – die zur Alarmierung der Gemeindefeuerwehren geeigneten **Kommunikationsnetze zu errichten und zu betreiben haben** (vgl. dazu die Begründung in LT-Drs. 14/5103, S. 34f.). Entgegen dieser Praxis hatte der VGH in einem Urteil vom 24. April 2008 (VBlBW 2008, 373 und juris [Rn. 21]) die Auffassung vertreten, die Verantwortung für die Sicherstellung der Erreichbarkeit der Einsatzkräfte liege nicht zuletzt wegen der Ortsnähe bei den Gemeinden; insoweit sei die Bereitstellung eines Alarmumsetzers nicht Teil der dem Landkreis gemäß § 4 Abs. 1 obliegenden Aufgabe der „Alarmierung der Feuerwehren“. Hierfür seien die Gemeinden nach § 3 Abs. 2 (a.F., jetzt § 3 Abs. 1 Satz 2 Nr. 2) zuständig. Diese Auffassung ist aufgrund der erfolgten Gesetzesänderung überholt.

Durch die Regelung in Absatz 3 – und die damit bei Berücksichtigung der Rechtsprechung des VGH verbundene Aufgabenverlagerung von den Gemeinden auf die Landkreise – sollen nach Ansicht des Gesetzgebers **keine zusätzlichen Kosten für die Landkreise** entstehen (vgl. LT-Drs. 14/5103, S. 35), da das Land schon bisher auf freiwilliger Basis landesweit analoge Funknetze auch für die Alarmierung der Feuerwehren zur Verfügung stellte. Zurzeit erfolgt der Übergang zum **digitalen Sprechfunknetz** für die Behörden und Organisationen mit Sicherheitsaufgaben (BOS, siehe dazu Rn. 14), das – in Abhängigkeit von der künftigen Sende- bzw. Empfangsstärke – landesweit zur Alarmierung der Gemeindefeuerwehren genutzt werden kann. Die Finanzierung dieses BOS-Digitalfunknetzes erfolgt zu 62 % durch das Land über die ZFeuVwV, die übrigen 38 % trägt der Bund.

Im Zuge des Übergangs zum einheitlichen, gemeinsamen Digitalfunk BOS **14**
für die einsatzrelevante Sprachkommunikation und eine begrenzte Datenkommunikation der Einsatzkräfte ist vorgesehen, dass das Land spätestens zum 31. Dezember 2025 aus dem Betrieb der analogen Gleichwellenfunknetze für die Feuerwehren aussteigt, über die bisher die Sprachkommunikation abgewickelt wurde. Bisher werden die Netze teilweise auch für die Durchführung der Alarmierung von Einsatzkräften genutzt. Mit dem Aufbau der digitalen Alarmierungsnetze (POCSAG) durch die Land- und Stadtkreise stehen unabhängige, von der Sprachkommunikation getrennte Netze zur Verfügung, die ein hohes Maß an Sicherheit bei der Alarmierung der Einsatzkräfte bieten. Der zweite Halbsatz des Absatzes 3 ist damit gegenstandslos geworden und wird daher zum 1. Januar 2026 gestrichen (vgl. die Begründung in LT-Drs 17/8113, S. 8).

IV. Zu Absatz 4

1. Zu Nr. 1

Nach Nummer 1 sollen die Landkreise die Gemeinden bei der Planung der **15**
Zusammenarbeit der Feuerwehren im Einsatz und bei der Festlegung von Einsatzgebieten und Alarm- und Ausrückeordnungen **unterstützen**. Die **Alarmordnung** legt fest, welche Feuerwehr bzw. welche Einsatzkräfte bei welcher Gefahr oder welchem Schadensfall und auch auf welchem Wege zu benachrichtigen sind. Die **Ausrückeordnung** weist aus, welche Feuerwehr mit welchem Fahrzeug und Gerät bei welchen Schadensfällen (Einsätzen) in welcher Reihenfolge Hilfe zu leisten hat.

Die überörtliche Zusammenarbeit der Feuerwehren ist eine Aufgabe der Gemeinden, bei der der Landkreis daher keine verbindlichen Festlegungen treffen, sondern nur Unterstützung und Moderation leisten kann. Das überörtliche Einsatzgebiet einer Gemeindefeuerwehr (Gebiet, in dem eine Feuerwehr vorrangig Überlandhilfe leistet) kann verbindlich nur festgelegt werden, wenn sämtliche Bürgermeister im Überlandhilfebezirk ihr Einvernehmen erklären, d.h. der beabsichtigten Festsetzung zustimmen. Das fehlende Einvernehmen des Bürgermeisters kann nicht vom Landkreis als untere Feuerwehraufsichtsbehörde (§ 22 Abs. 1 Nr. 1) im Aufsichtswege ersetzt werden, da eine Selbstverwaltungsangelegenheit der Gemeinden betroffen ist. Aus diesem Grund wurde durch das ÄndG 2009 § 22 Abs. 4 Satz 2 a. F. gestrichen.

Die in Nummer 1 genannte Aufgabe beruht auf der Überlegung, dass Alarm- und Ausrückeordnungen und die Festlegung von Einsatzgebieten als Grundlage für die Arbeit der von den Landkreisen betriebenen Intergierten Leitstellen unerlässlich sind.

Zur Zusammenarbeit der Feuerwehren im Einsatz gehören neben der Überlandhilfe der Abschluss einer öffentlich-rechtlichen Vereinbarung nach dem Gesetz über kommunale Zusammenarbeit (GKZ) und die Bildung eines Zweckverbandes (siehe dazu Rn. 2 ff. zu § 3).

2. Zu Nr. 2

16 Nummer 2 hält die Landkreise grundsätzlich an, die Gemeinden als Träger öffentlicher Feuerwehren (§ 3) „bei der Planung und Beschaffung der **für den überörtlichen Einsatz der Feuerwehren notwendigen Feuerwehrausrüstungen und -einrichtungen" zu unterstützen**. Umgesetzt werden kann dies z. B. durch Gewährung finanzieller Zuschüsse an die Gemeinden bei deren Beschaffung von Fahrzeugen und Geräten für den überörtlichen Einsatz (insb. Hubrettungsfahrzeuge, Schlauchwagen und Gerätewagen) oder durch Übernahme der Ausschreibung und Vergabe dieser Ausrüstungen/Einrichtungen. Nicht unter den Begriff „unterstützen" fällt, wenn der Landkreis die in Nummer 2 genannten Feuerwehrausrüstungen und -einrichtungen selbst beschafft und für überörtliche Einsätze der Gemeindefeuerwehr bereithält. Der Landkreis kann dies – und anderes mehr – tun, ohne hierzu durch Nummer 2 angehalten zu sein.

Für den überörtlichen Einsatz der Feuerwehr notwendig i. S. von Nummer 2 sind nur die Feuerwehrausrüstungen und -einrichtungen, die zur Erfüllung überörtlicher Aufgaben zusätzlich erforderlich sind. Die Verpflichtung der Landkreise, die Gemeinden bei der Beschaffung beispielsweise von Fahrzeugen für den überörtlichen Einsatz zu unterstützen, bezweckt die Erfüllung der Vorgaben in den Hinweisen zur Leistungsfähigkeit einer Feuerwehr (siehe Rn. 11 f. zu § 3) mithilfe kommunaler Zusammenarbeit. Ziel ist es, eine hohe und gleichmäßige Sicherheit für alle Einwohner im Landkreis, auch unter Berücksichtigung wirtschaftlicher Gesichtspunkte, zu garantieren. Zudem hat der Landkreis durch die Förderung der Gemeinden bei deren Fahrzeug- und Gerätebeschaffungen die Möglichkeit, auf die Verteilung von Fahrzeugen und Ausrüstung im Landkreis nach feuerwehrstrategischen Gesichtspunkten Einfluss zu nehmen.

3. Zu Nr. 3

Nach **Nummer 3** sollen die Landkreise die Durchführung gemeinsamer Übungen sowie die überörtliche Aus- und Fortbildung der Angehörigen von Gemeindefeuerwehren fördern. Die örtliche Ausbildung ist Aufgabe der Gemeinde nach § 3 Abs. 1 Satz 2 Nr. 1. Die Förderung der überörtlichen Ausbildung obliegt nach § 5 Nr. 1 auch dem Land. Das Land kommt seiner Aufgabe durch Abhaltung von Unterrichtsveranstaltungen an der Landesfeuerwehrschule nach. Der Landkreis hat demgegenüber auf Gebieten ausbilden zu lassen, für die die Gemeindeebene zu klein ist und die gemäß den Feuerwehrdienstvorschriften (FwDV) nicht an der Landesfeuerwehrschule durchgeführt werden. Gerade der im Jahr 1978 eingeführten FwDV wegen, war § 4 um diese Aufgabe erweitert worden. So wird die Ausbildung zum Truppmann und Truppführer, zum Sprechfunker und Atemschutzgeräteträger vielerorts nur auf überörtlicher Ebene durchführbar sein. Auch die Maschinisten für Feuerwehrfahrzeuge werden auf Kreisebene ausgebildet. 17

Die **Kosten der überörtlichen Ausbildung** kann der Landkreis den Trägern der Feuerwehren aufbürden. Darin liegt in erster Linie die Bedeutung von Nummer 3, 2. Halbsatz. Nach § 3 Abs. 1 Satz 2 Nr. 1 muss die Gemeinde die Kosten der Ausbildung tragen, auch die der überörtlichen Ausbildung. Dazu gehören nicht nur die den Lehrgangsteilnehmern entstandenen Auslagen und der ihnen entstandene Verdienstausfall, sondern auch die Reisekosten und das Unterrichtshonorar der Ausbilder sowie Energie- und Reinigungskosten. Die Landkreise können die Kosten der Kreisausbildung anteilig von den die Lehrgangsteilnehmer entsendenden Gemeinden beanspruchen. Der Landkreis muss hierfür lediglich in Vorlage treten. Aus Nummer 3, 2. Halbsatz folgt ferner, dass der Landkreis nicht die überörtliche Ausbildung an der Landesfeuerwehrschule zu fördern hat. Auch soweit die Landesfeuerwehrschule gemäß § 5 Nr. 1 auf Kreisebene Ausbildungslehrgänge durchführt, ist der Landkreis nicht Kostenträger. 18

V. Zu Absatz 5

Durch den mittels ÄndG 2009 eingefügten Absatz 5 können Fachberater wie zum Beispiel Ärzte, Chemiker, Baustatiker, Umweltschutz- und Strahlenschutzfachleute oder auch Notfallseelsorger als Ehrenbeamte oder als ehrenamtlich Tätige nach §§ 11 ff. LKrO für mehrere Gemeindefeuerwehren gemeinsam oder für den Landkreis tätig werden. Dies war zwar schon zuvor Praxis, streitig war jedoch der Status solcher Fachleute. 19

§ 5
Aufgaben des Landes

Dem Land obliegt

1. **die Förderung der Aus- und Fortbildung der Angehörigen der Feuerwehr, insbesondere durch Errichtung und Unterhaltung einer Landesfeuerwehrschule und durch Abhaltung von Aus- und Fortbildungslehrgängen,**
2. **die Unterstützung der Gemeinden und Gemeindeverbände bei der Beschaffung und Unterhaltung von Ausrüstungsstücken und Feuerwehreinrichtungen durch Förderung der Normung und Forschung sowie durch Gewährung von Zuwendungen,**
3. **die Gewährung von Zuwendungen für die Überlandhilfe,**
4. **die Gewährung von Zuwendungen für Schadensersatzleistungen, zu denen die Gemeinde nach § 17 Abs. 1 und 2 verpflichtet ist.**

Übersicht **Rn.**

A. Allgemeines

1 § 5 nennt die **Pflichtaufgaben des Landes** („dem Land obliegt …") auf dem Gebiet des Feuerwehrwesens. Das Land kann über die Erfüllung der Pflichtaufgaben hinaus freiwillig weitere Aufgaben wahrnehmen, sofern sie nicht kraft Gesetzes den Gemeinden und Landkreisen zugewiesen sind und der Haushaltsplan des Landes eine entsprechende Ausgabenermächtigung enthält (vgl. § 3 LHO). Das Land bestreitet die Aufwendungen zur Erfüllung seiner Aufgaben nach § 5 nahezu ausschließlich aus dem Aufkommen an Feuerschutzsteuer (siehe dazu § 33).

Über die in § 5 genannten Pflichtaufgaben hinaus erbringt das Land weitere **freiwillige Leistungen** auf dem Gebiet des Feuerwehrwesens:

- Das Land stellt im Feuerwehrhotel „St. Florian" am Titisee Freiplätze für Angehörige der Gemeindefeuerwehren zur Verfügung. Das Land trägt hierbei die Kosten für Unterkunft und Verpflegung (Halbpension) und die Kurtaxe. Dies war bis zu ihrem Außerkrafttreten in der VwV-Feuerwehr-Erholungsfürsorge normiert.

- Das Land gewährt dem Landesfeuerwehrverband einen jährlichen Finanzzuschuss, der teilweise für Zwecke der Jugendfeuerwehr zu verwenden ist.

B. Erläuterung

I. Zu Nr. 1

Der Aufgabe, die **Aus- und Fortbildung zu fördern,** hat das Land in zweifacher Weise nachzukommen: 2

- indem es die Aus- und Fortbildung selbst organisiert und durchführt („insbesondere durch ...") und
- durch finanzielle oder personelle Unterstützung der von anderen betriebenen Aus- und Fortbildung (Gemeinden, Landkreise); in welcher Weise und Höhe die Ausbildung anderer zu fördern ist, steht im Ermessen des Landes.

Zur Förderung der Aus- und Fortbildung im letzteren Sinne hat das Innenministerium 1963 das **Feuerwehr-Leistungsabzeichen** geschaffen, das in drei Stufen (Bronze, Silber, Gold) erworben werden kann. Die erforderlichen Leistungsübungen werden in der Regel bei größeren Feuerwehrveranstaltungen mit mehreren Löschgruppen durchgeführt. Die Voraussetzungen für den Erwerb von Leistungsabzeichen können der VwV Feuerwehr-Leistungsabzeichen und Geschicklichkeitsprüfung des Innenministeriums vom 8. März 2024 (GABl. 2024, 122; eingestellt auf der Internetseite der LFS) entnommen werden. Der Förderung der Ausbildung dient auch die Geschicklichkeitsprüfung für Einsatzfahrer (Maschinisten), die das Innenministerium in derselben VwV geregelt hat. 3

Auszeichnungen: Zur Anerkennung von Verdiensten auf dem Gebiet des Feuerwehrwesens hat die Landesregierung ein **Feuerwehr-Ehrenzeichen** gestiftet, das in fünf Stufen (Bronze, Silber, Gold, Gold in besonderer Ausführung, Sonderstufe) verliehen wird. Die Verleihungsrichtlinien ergeben sich aus folgenden Vorschriften: 4

- Anordnung der Landesregierung über die Stiftung eines Feuerwehr-Ehrenzeichens vom 25. Juni 1956 (GBl. 1956, 99),
- VwV des Innenministeriums über die Verleihung von Feuerwehr-Ehrenzeichen vom 28. März 2018 (VwV-Feuerwehr-Ehrenzeichen, GABl. 2018, 190).

Der Präsident des Deutschen Feuerwehrverbands verleiht das vom Bundespräsidenten gestiftete **Feuerwehr-Ehrenkreuz** in den Stufen Bronze, Silber und Gold. Es wird ebenfalls verliehen als Anerkennung von „besonderen Verdiensten um das Feuerlöschwesen" (vgl. dazu die Satzung des Deutschen Feuerwehr-Ehrenkreuzes und die Richtlinie zur Verleihung von Auszeichnungen, beides eingestellt auf der Internetseite des DFV).

5 **Angehörige der Feuerwehr** i. S. von § 5 Nr. 1 sind die Angehörigen der Feuerwehren nach § 1 Abs. 2, also der Gemeindefeuerwehren und der Werkfeuerwehren nach § 19. Das Land fördert auch die Jugendarbeit der **Jugendfeuerwehren** finanziell sowie ideell, beispielsweise durch einen Zuschuss in Höhe von 70 % des Personalaufwands eines hauptamtlichen Bildungsreferenten durch Zuwendungen zur Ausrüstung und Ausstattung der Jugendfeuerwehren, durch kostenfreie Aus- und Fortbildung, durch Landespräsenz an den Jugendfeuerwehrtagen und Landesdelegiertentagen.

6 Das Land kommt seiner Verpflichtung zur Errichtung und Unterhaltung einer Landesfeuerwehrschule (siehe auch § 20) durch die **Landesfeuerwehrschule Baden-Württemberg** in Bruchsal nach. Zum Zeitpunkt des Inkrafttretens des Feuerwehrgesetzes am 1. April 1956 gab es eine Feuerwehrschule für das frühere Land Baden (ehemals französische Zone) in Freiburg und die Landesfeuerwehrschule Bruchsal. 1961 wurde die neu erbaute Landesfeuerwehrschule Baden-Württemberg in Bruchsal, Steinackerstraße 47, in Betrieb genommen, in welche die Freiburger Feuerwehrschule eingegliedert wurde. Die Verpflichtung des Landes, eine Landesfeuerwehrschule zu errichten, enthält auch die Verpflichtung, die Landesfeuerwehrschule den Bedürfnissen der Zeit anzupassen (Lehrgangsplätze, Entwicklung der Feuerwehrtechnik, Umweltschutz). Die Landesfeuerwehrschule war bis zum April 2017 auf zwei voneinander räumlich getrennte Gelände verteilt. Der ursprüngliche, 1961 in Betrieb genommene und inzwischen aufgegebene Standort in der Steinackerstraße diente zuletzt hauptsächlich der Unterkunft und dem theoretischen Unterricht; die Feuerwehr-Übungsanlage für die praktische Ausbildung fand im Übungsgelände im Gewerbegebiet „Im Wendelrot" statt, welches 1996 in Betrieb genommen worden war. Diese Trennung führte zu erheblichen Fahrzeiten der Lehrgangsteilnehmer. Nachdem die Gebäude in der Steinackerstraße aufwendig hätten saniert werden müssen, entschloss sich das Land zur Errichtung von vier Unterkunftsgebäuden, eines Verwaltungs- und Schulungsgebäudes sowie einer Kantine am Standort der Übungsanlage. Die neue Landesfeuerwehrschule wurde am 25. Juli 2017 offiziell eingeweiht. Die Baukosten von rund 40 Millionen Euro wurden aus der Feuerschutzsteuer finanziert.

Das Angebot der Schule umfasst derzeit rund 50 Lehrgänge (vgl. die Aufstellung in Rn. 3 zu § 20). Jährlich werden mehr als 6.500 Feuerwehrangehörige ausgebildet. Das Ausbildungsprogramm umfasst technikorientierte oder Laufbahn-Lehrgänge, Fortbildungsseminare sowie Sonderveranstaltungen (weiterführende Informationen hierzu auf der Internetseite der LFS).

Aus der Verpflichtung, eine Landesfeuerwehrschule zu unterhalten, folgt, dass das Land die **Kosten** der Schulunterhaltung und des Schulbetriebs nicht den die Lehrgangsteilnehmer entsendenden Trägern der Feuerwehren aufbürden kann. Die Mittel für die Errichtung, Unterhaltung und den Betrieb der Landesfeuerwehrschule entnimmt das Land dem zweckgebundenen Aufkommen der Feuerschutzsteuer (§ 33). Das Land trägt in Verbindung mit der VwV-Feuerwehrausbildung die Kosten für die Durchführung der Lehrgänge an der Landesfeuerwehrschule für ehrenamtlich und hauptamtliche Angehörige der Gemeindefeuerwehren, Angehörige von Werkfeuerwehren, Angehörige aus der Landesverwaltung, feuerwehrtechnische Beamte nach § 23 FwG, Angehörige von Feuerwehren der Bundeswehr und der NATO-Streitkräfte, die im Land tätig sind (Einzelheiten unter Rn. 4 zu § 20). Die vom Land getragenen Kosten umfassen die Kosten für das Personal, für den Bau bzw. die Beschaffung sowie den Betrieb und die Unterhaltung von Einrichtungen, Fahrzeugen und Geräten der Landesfeuerwehrschule.

Aus- und Fortbildungslehrgänge i. S. von § 5 Nr. 1 führt ausschließlich 7
die Landesfeuerwehrschule durch. Der gesamte Unterricht an der Schule wird in Lehrgängen erteilt. Ein Lehrgang kann innerhalb oder außerhalb des Schulgeländes durchgeführt werden, mittlerweile erfolgt Unterricht auch in Form von Web-Seminaren. Inhalt und Dauer eines Lehrgangs richten sich nach den Feuerwehr-Dienstvorschriften und der VwV-Feuerwehrausbildung (VwV-Feuerwehrausbildung und das aktuelle Lehrgangsangebot eingestellt auf der Internetseite der LFS).

II. Zu Nr. 2

Gemeindeverbände i. S. der Nr. 2 sind die Landkreise. Bilden mehrere Ge- 8
meinden zur Erfüllung ihrer Aufgaben nach § 3 einen Zweckverband, so handelt es sich ebenfalls um einen Gemeindeverband i. S. der Nr. 2.

Gegenstand der Förderung durch das Land sind **Ausrüstungsstücke und** 9
Feuerwehreinrichtungen. Darunter ist die gesamte Ausstattung der Feuerwehr nach § 3 zu verstehen. Bei den Landkreisen fällt nur die Integrierte Leitstelle (§ 4 Abs. 1) unter die Nr. 2. Beschafft der Landkreis Feuerwehrfahrzeuge oder sonstige Feuerwehrausstattung, um sie Gemeinden zur Verfügung zu stellen, wird er hierbei vom Land nicht gefördert, weil diese Aufgabe ihm nicht nach § 4 obliegt.

10 Die **Normung** der Ausrüstungsstücke und Feuerwehreinrichtungen wird durch den Fachnormenausschuss Feuerwehrwesen (FNFW) des Deutschen Instituts für Normung e.V. **(DIN)** durchgeführt. Im FNFW sind hauptsächlich die für das Feuerwehrwesen zuständigen obersten Landesbehörden und die Feuerwehrgeräteindustrie vertreten. Der FNFW untergliedert sich, analog zur Internationalen und Europäischen Normung, in fünf Fachbereiche, wobei die Fachbereiche ihre speziellen Aufgabengebiete teilweise auf einzelne Arbeitsausschüsse weiter verteilt haben. Der FNFW nimmt die für sein Fachgebiet notwendigen Normungsarbeiten wahr auf nationaler, europäischer und internationaler Ebene. Er ist insbesondere in den Bereichen des Brand- und Katastrophenschutzes, des Vorbeugenden Brandschutzes, der Technischen Hilfeleistung und des Krisenmanagements tätig. Der Zuständigkeitsbereich erstreckt sich von der Feuerwehrausrüstung über die Feuerwehrfahrzeuge, die Brandmelde- und Löschanlagen sowie Feuerlöschgeräte bis hin zu baulichen Anlagen und Einrichtungen für Feuerwehren und umfasst weiterhin das Gebiet der Sicherheit und des Schutzes des Gemeinwesens. Um der immer wichtiger werdenden europäischen und internationalen Normung von Feuerwehr- und Brandschutztechnik gebührend Rechnung tragen zu können, kooperieren die Arbeitsausschüsse auf europäischer und internationaler Ebene sehr intensiv mit den CEN-Gremien. Die Normen auf dem Gebiet des Feuerwehrwesens weisen eine Kennzeichnungsnummer zwischen 14000 und 14999 auf. In jeder Norm sind Gegenstand, Maße, Herstellungsverfahren, Werkstoff und teilweise Prüfverfahren festgelegt. Die DIN-Normen können bezogen werden vom Beuth Verlag GmbH (Burggrafenstraße 6, 10787 Berlin, www.beuth.de). Wichtige DIN-Normen auf dem Gebiet des Feuerwehrwesens sind auch eingestellt auf der Internetseite der LFS.

Das Land fördert die Normung durch aktive Mitarbeit in den Ausschüssen des FNFW und durch Zahlung eines jährlichen nach der Einwohnerzahl eines Landes bemessenen Beitrags. Die im Haushaltsplan des FNFW veranschlagten Mittel werden je zur Hälfte von den Bundesländern und den übrigen Förderern (Feuerwehrgeräteindustrie) aufgebracht.

11 Das Land fördert die **Forschung** auf dem Gebiet des vorbeugenden und abwehrenden Brandschutzes. „Ausrüstungsstücke und Feuerwehreinrichtungen" i.S. von Nr. 3 sind nur ein Teil davon. Brandschutzforschung wird in erster Linie von der Forschungsstelle für Brandschutztechnik am Karlsruher Institut für Technologie (KIT) betrieben. Sie wird aufgrund eines Verwaltungsabkommens der Bundesländer durchgeführt. Nach den §§ 2 und 5 des Abkommens sind die Vergabe der Forschungsaufträge, die Verwaltung der Forschungsmittel und die Aufstellung des Verwendungs-

nachweises dem Land Baden-Württemberg übertragen. Die erforderlichen Mittel werden jedes Jahr durch eine Umlage aufgebracht, die sich auf die Bundesländer zu zwei Dritteln nach dem Ist-Aufkommen der Feuerschutzsteuer im vorangegangenen Rechnungsjahr und zu einem Drittel nach der letzten allgemeinen Volkszählung verteilt.

Zuwendungen zur Beschaffung und Unterhaltung von Ausrüstungsstü- 12
cken und Feuerwehreinrichtungen gewährt das Land nach Maßgabe der Richtlinien des Innenministeriums für die Gewährung von Zuwendungen zur Förderung des Feuerwehrwesens (**Zuwendungsrichtlinien Feuerwehrwesen – ZFeuVwV**, abgedruckt im Anhang).

Da nach § 5 Nr. 2 die Gewährung von Zuwendungen „dem Land obliegt", besteht dem Grunde nach ein **Rechtsanspruch auf die Zuwendung**, nicht jedoch auf eine bestimmte Höhe. Unter dem Gesichtspunkt der Gleichbehandlung (Art. 3 GG) haben die Gemeinden jedoch einen Anspruch auf Anwendung der in ihrem Interesse erlassenen Zuwendungsrichtlinien. Durch diese bindet sich nämlich das Land, die in ihnen vorgesehenen Leistungen nach Maßgabe der zur Verfügung stehenden Haushaltsmittel zu erbringen und dabei den Gleichbehandlungsgrundsatz zu beachten (BVerwG, Urteil vom 18. Dezember 1990, 6 A 3/88, juris [Rn. 14]). Gefördert werden nur notwendige und feuerwehrtechnisch zweckmäßige Vorhaben, die den DIN-Normen und/oder den Verwaltungsvorschriften des Innenministeriums (vgl. § 3 Abs. 1 Satz 3) entsprechen. Ist für Ausrüstungsstücke und Feuerwehreinrichtungen eine Prüfung durch eine Prüfstelle nach der Verwaltungsvereinbarung der Bundesländer über die Prüfung und Anerkennung von Feuerlöschmitteln und Feuerwehrgeräten vorgesehen, so gelten sie nur als feuerwehrtechnisch zweckmäßig, wenn sie geprüft und anerkannt wurden.

III. Zu Nr. 3

Nach § 26 Abs. 1 Satz 1 haben sich die Gemeinden gegenseitig auf Anfor- 13
derung Hilfe zu leisten. Die Hilfe durch eine Feuerwehr außerhalb der eigenen Gemeinde wird, wie sich aus der Überschrift von § 26 ergibt, Überlandhilfe genannt. Die durch den Überlandhilfeeinsatz entstandenen Kosten hat gemäß § 26 Abs. 2 Satz 1 grundsätzlich der Träger der Gemeindefeuerwehr zu tragen, dem die Hilfe geleistet wurde. Da der jährliche Pauschalbetrag für jeden Angehörigen einer Einsatzabteilung nach Nr. 5.2.2.e) ZFeuVwV jedoch auch Überlandhilfeleistungen, überörtliche Feuerwehreinsatzübungen, Einsätze auf Bundesautobahnen und Bundeswasserstraßen erfasst, werden gesonderte Zuwendungen für Überlandhilfeleistungen nicht mehr gewährt.

V. Zu Nr. 4

14 Nach Nr. 4 hat das Land den Gemeinden Zuwendungen für die von ihnen nach § 17 Abs. 1 und 2 zu erstattenden Sachschäden und Vermögensschäden der ehrenamtlich tätigen Angehörigen der Gemeindefeuerwehr zu gewähren. Da der jährliche Pauschalbetrag für jeden Angehörigen einer Einsatzabteilung nach Nr. 5.2.2.d) ZFeuVwV jedoch auch diese Leistungen umfasst, werden gesonderte Zuwendungen nicht mehr gewährt.

DRITTER TEIL
Die Feuerwehren

1. Abschnitt
Gemeindefeuerwehr

§ 6
Organisation der Gemeindefeuerwehr

(1) [1]Die Gemeindefeuerwehr besteht aus mindestens einer Einsatzabteilung der Freiwilligen Feuerwehr. [2]Sie kann daneben auch eine Einsatzabteilung mit Angehörigen der Berufsfeuerwehr oder hauptamtlichen Kräften sowie eine Jugendfeuerwehr, Altersabteilungen und Musikabteilungen aufstellen. [3]Gliederung und Verwaltung der Gemeindefeuerwehr sind durch Satzung zu regeln. [4]Die Gemeindefeuerwehr führt die Bezeichnung „Freiwillige Feuerwehr". [5]Ist eine Einsatzabteilung der Berufsfeuerwehr oder eine Einsatzabteilung mit hauptamtlichen Kräften eingerichtet, führt sie die Bezeichnung „Feuerwehr".

(2) [1]In Gemeinden mit mehr als 100 000 Einwohnern ist eine Einsatzabteilung der Berufsfeuerwehr aufzustellen. [2]Das Innenministerium kann für Gemeinden mit weniger als 150 000 Einwohnern Ausnahmen zulassen.

(3) Angehörige der Musikabteilung sind beim aktiven Wahlrecht nach § 10 und bei staatlichen Ehrungen Angehörigen einer Einsatzabteilung der Freiwilligen Feuerwehr gleichgestellt, wenn sie an einer feuerwehrspezifischen Grundausbildung erfolgreich teilgenommen haben, nach Maßgabe der Satzung regelmäßigen Übungsdienst leisten und für Einsätze zur Verfügung stehen.

Übersicht **Rn.**

A. Allgemeines

§ 6 ist die zentrale **Organisationsnorm** für die Feuerwehren. So wird in Absatz 1 aufgezählt, aus welchen Abteilungen eine Gemeindefeuerwehr bestehen muss (Satz 1) und aus welchen sie bestehen kann (Satz 2). Durch den mit ÄndG 2009 eingeführten Begriff „Einsatzabteilung“ anstelle des bis dahin gebrauchten Begriffs „aktive Abteilung“ für Abteilungen, die Einsatzdienst leisten, sollte deren Aufgabe eindeutiger beschrieben werden (LT-Drs. 14/5103, S. 36). Die Verwendung des Begriffs „aktive Abteilung“ in §§ 8, 10, 18 FwG a.F. hatte den Anschein erweckt, dass die Angehörigen der Jugendfeuerwehr oder Musikabteilung nicht „aktiv“ wären, was zu Irritationen und Verärgerung seitens dieser Feuerwehrangehörigen geführt hatte. 1

Die Organisation ihrer Feuerwehren legen die Gemeinden in den Feuerwehrsatzungen fest. Der Gemeindetag Baden-Württemberg hat in Zusammenarbeit mit dem Innenministerium und dem Landesfeuerwehrverband den Gemeinden ein dem FwG angepasstes **Satzungsmuster (FwSAbt)** mit Erläuterungen an die Hand gegeben (abgedruckt als Anhang).

B. Erläuterung

I. Zu Absatz 1

1. Satz 1

2 Satz 1 schreibt vor, dass jede Gemeindefeuerwehr aus mindestens einer Einsatzabteilung der Freiwilligen Feuerwehr bestehen **muss**. Diese Einsatzabteilungen sind verwaltungsmäßig selbstständig. Dies bedeutet:

- der Leiter der Abteilung wird von den Abteilungsangehörigen gewählt;
- die Abteilung kann über einen eigenen Feuerwehrausschuss verfügen;
- die Abteilung kann Feuerwehrveranstaltungen durchführen, einen Schriftführer bestellen und
- die eigenen Einnahmen im Rahmen von § 18 kassenmäßig verwalten.

2. Satz 2

2.1 Einsatzabteilung der Berufsfeuerwehr oder hauptamtlicher Kräfte

3 Nach Satz 2 **kann** (Ermessen) die Gemeinde eine Einsatzabteilung mit Angehörigen der **Berufsfeuerwehr** oder **hauptamtlichen Kräften** aufstellen (siehe dazu Rn. 14 zu § 3). Aus dem Wortlaut („eine") ergibt sich, dass diese auch auf mehrere Abteilungen „verteilt" werden kann. Ebenso kann die Gemeinde eine Jugendfeuerwehr, Altersabteilungen und Musikabteilungen aufstellen.

Ferner ist aus Satz 2 zu folgern, dass die Gemeinde, wenn sie zusätzlich zur bestehenden Freiwilligen Feuerwehr eine Berufsfeuerwehr aufstellen will, die Gemeindefeuerwehr in Abteilungen gliedern muss. Dasselbe gilt, wenn sie eine Jugendfeuerwehr aufbauen oder die altersmäßig nicht mehr Feuerwehrdienst leistenden bzw. feuerwehrdienstuntauglich gewordenen Feuerwehrangehörigen in der Gemeindefeuerwehr behalten will (Altersabteilung). Durch die Benennung der hauptamtlichen Kräfte in Satz 2, der mit ÄndG 2009 eingefügt wurde, ist eine eindeutige Rechtsgrundlage für die in der Praxis seit Langem bestehenden eigenständigen Organisationseinheiten für hauptamtliche Kräfte bei Freiwilligen Feuerwehren geschaffen. Allein der Umstand, dass eine Gemeindefeuerwehr über mehrere hauptamtlich Beschäftigte verfügt, bedeutet allerdings nicht, dass sie über eine **Abteilung mit hauptamtlichen Kräften** verfügt, denn eine Feuerwehrabteilung muss grundsätzlich in der Lage sein, ein Feuerwehrfahrzeug mindestens mit der Personalstärke einer Staffel zu besetzen. Dabei ist es zulässig, einzelne Funktionen (etwa nachts oder am Wochenende) durch ehrenamtliche Feuerwehrangehörige zu besetzen (vgl. Hildinger/Rosenauer, FwG, 4. Aufl., § 6 Rn. 6). Von einer Abteilung mit hauptamtlichen Kräften wird daher erst ab einer Anzahl von circa 25 Feuerwehrangehörigen gesprochen werden können. Bei dieser Personalstärke ist es auch zulässig, wenn nachts oder am Wochenende die Einsatzbereitschaft weiterhin komplett von ehrenamtlichem Personal abgedeckt wird, da auch bei zahlreichen kleineren Abteilungen Freiwilligen Feuerwehren eine durchgehende Einsatzbereitschaft an 24 Stunden in 7 Tagen nicht gewährleistet ist.

2.2 Jugendfeuerwehr

Die **Jugendfeuerwehr** ist eine Abteilung der Gemeindefeuerwehr und untersteht als solche dem Feuerwehrkommandanten (vgl. § 8 Abs. 1). Die Jugendfeuerwehr kann aus Jugendgruppen bestehen, die bei den Einsatzabteilungen gebildet werden (vgl. § 7 FwSAbt). Die Jugendfeuerwehr ist als Abteilung nicht verwaltungsmäßig selbstständig. Zum Wesen der „Selbstständigkeit" gehört das Wahlrecht nach § 10 Abs. 1 und 2, das den Angehörigen der Jugendfeuerwehr kraft Gesetzes nicht zusteht. Eine Jugendfeuerwehr entsteht durch entsprechenden Satzungsbeschluss des Gemeinderats (vgl. Abs. 1 Satz 3). Vorher ist der Feuerwehrausschuss anzuhören (§ 10 Abs. 4 Satz 2). Die Entscheidung, eine Jugendfeuerwehr aufzustellen, steht im Ermessen des Gemeinderats. Die Feuerwehr wirkt an dieser Entscheidung durch den Feuerwehrausschuss mit. Der Feuerwehrkommandant kann darauf über § 9 Abs. 2 Satz 1 und 2 Einfluss nehmen. Die Jugendfeuerwehr BW besteht mittlerweile aus über 1.000 Jugendfeuerwehren mit ca. 32.000 Mitgliedern. 4

Jugendfeuerwehrarbeit ist speziell auf die Feuerwehr ausgerichtete Jugendarbeit. 5

Aus diesem Grund spielt auch die Umsetzung der Vorgaben des BKiSchG für die Feuerwehren, hier insbesondere die Neufassung des § 72a SGB VIII zur Vorlage eines erweiterten Führungszeugnisses eine Rolle (Einzelheiten hierzu unter Rn. 24 ff.). Die Angehörigen der Jugendfeuerwehr sollen an die gemeinnützige, auf Nächstenhilfe ausgerichtete Tätigkeit der Gemeindefeuerwehr herangeführt werden. Die nachfolgend wiedergegebenen Grundsätze der Jugendfeuerwehrarbeit finden sich in den sog. „Backnanger Thesen" des Landesfeuerwehrverbandes anlässlich der Verbandsversammlung am 22. und 23. Oktober 2010 in Backnang (eingestellt auf der Internetseite der Jugendfeuerwehr Baden-Württemberg). Danach muss der Ausbildungsdienst in der Jugendfeuerwehr alters- und leistungsgerecht erfolgen. Die Kinder und Jugendlichen sind nicht zu unter-, aber auch nicht zu überfordern. Die körperliche und geistige Leistungsfähigkeit der einzelnen Jugendlichen ist unbedingt zu beachten. Gestellte Aufgaben sollte jedes Mitglied der Gruppe ohne Druck bewältigen können. Das Programm der Jugendfeuerwehr ist attraktiv zu gestalten. Die Jugendlichen sollen bei der Jugendfeuerwehr an die Grundtätigkeiten der Feuerwehr spielerisch und altersgerecht herangeführt werden. Die eigentliche tiefer gehende feuerwehrtechnische Ausbildung beginnt erst mit dem Übertritt in die Einsatzabteilung bzw. bei den einschlägigen Lehrgängen.

Die feuerwehrtechnische Ausbildung sollte dabei rund die Hälfte der Arbeit in der Jugendfeuerwehr ausmachen. Die andere Hälfte sollte der überfachlichen Jugendarbeit gewidmet werden. Die Jugendfeuerwehr dient in erster Linie der Nachwuchsgewinnung. Sie hat aber auch eine gesellschaftspolitische Zielsetzung, indem sie den heranwachsenden Jugendlichen die Regeln des Gemeinschaftslebens und eine demokratische Lebensauffassung nahebringen soll. Gefördert werden kann dies z. B. durch Spiel, Sport, Ausflüge, Wettkämpfe, Kinobesuche, Bastelabende, Aussprachen oder Wahlen innerhalb der Jugendfeuerwehr.

Die Jugendfeuerwehren der Gemeinden haben sich zur **„Jugendfeuerwehr Baden-Württemberg“** im Landesfeuerwehrverband Baden-Württemberg e. V. zusammengeschlossen. Die „Jugendfeuerwehr Baden-Württemberg“ hat sich eine Verbandsordnung gegeben, die Bestandteil der Satzung des Landesfeuerwehrverbandes ist.

6 In die Jugendfeuerwehr können selbstverständlich männliche und weibliche Personen aufgenommen werden. Weder das Mindest- noch das Höchstalter für den Zeitpunkt der Aufnahme sind gesetzlich festgelegt. In die Feuerwehrsatzung, die nach § 6 Abs. 1 Satz 3 zu erlassen ist, sollte neben der zwingenden Bestimmung über das Mindest- und Höchstalter für den Eintritt auch die Dauer der Zugehörigkeit zur Jugendfeuerwehr aufgenommen werden. Ferner sind in der Satzung die **Aufnahme** und das **Ausscheiden** aus der Jugendfeuerwehr zu regeln. Als Satzungsinhalt über das Ausscheiden aus der Jugendfeuerwehr bieten sich an festzulegen:

- das Höchstalter, bei dessen Überschreiten der Angehörige der Jugendfeuerwehr kraft Satzung ausscheidet,
- dass auch auf Antrag des Jugendlichen und des Erziehungsberechtigten ein Ausscheiden möglich ist,
- die Voraussetzungen, bei deren Vorliegen aus der Jugendabteilung zu entlassen (z. B. bei Wegzug aus der Gemeinde) oder auszuschließen (z. B. bei unehrenhaftem Verhalten oder bei Unzuverlässigkeit) sein wird.

Kindergruppen in der Jugendfeuerwehr sind seit einigen Jahren fester Bestandteil der Jugendfeuerwehrwelt in Baden-Württemberg. Mit der Bildung von Kindergruppen besteht die Möglichkeit, Kinder bereits im Grundschulalter für die Jugendfeuerwehrarbeit zu gewinnen. Zum 31.12.2023 gab es bereits ca. 400 Kindergruppen bei der Jugendfeuerwehren in Baden-Württemberg. Näheres hierzu findet sich auf der Internetseite der Jugendfeuerwehr BW unter „Kindergruppen".

Um für die Jugendfeuerwehren zu möglichst einheitlichen Satzungsbestimmungen zu kommen, ist den Gemeinden zu empfehlen, die Satzung entsprechend § 7 Abs. 2 und 3 des vom Gemeindetag Baden-Württemberg herausgegebenen Musters für eine Feuerwehrsatzung (FwSAbt, abgedruckt im Anhang) auszugestalten.

§ 7 Abs. 4 FwSAbt stellt auch Ausbildungsanforderungen an den **Leiter** 7
der Jugendabteilung (Jugendfeuerwehrwart genannt). Dieser muss einer Einsatzabteilung einer Gemeindefeuerwehr angehören und soll den Lehrgang Jugendfeuerwehrwart besucht haben. Mindestens ebenso wichtig wie die feuerwehrtechnische Ausbildung ist für den Leiter der Jugendfeuerwehr aber auch dessen jugendpädagogische Befähigung. Er muss Jugendliche motivieren können und soll Vorbildcharakter haben.

Satzungsregelungen über die Aufnahme, das Ausscheiden sowie die Rechte 8
und Pflichten der Angehörigen der Jugendabteilung gehen als Spezialregelungen den entsprechenden gesetzlichen Regelungen des FwG vor; das sind §§ 11; 13; § 8 Abs. 2, 4, 5 mit § 10 Abs. 1, 2; § 14. Ansonsten gelten alle übrigen Vorschriften des FwG auch für die Angehörigen der Jugendabteilung, zumindest entsprechend. So ist er Angehöriger der Gemeindefeuerwehr und damit Berechtigter i. S. von § 5 Nr. 1 und 4; er ist ehrenamtlich (§ 7 Abs. 2) und auch im Auftrag der Gemeinde (§ 7 Abs. 1) tätig, ihm stehen die Entschädigungsansprüche nach den §§ 16, 17 und auch der Freistellungsanspruch nach § 15 zu.

2.3 Altersabteilungen

Die Aufstellung von **„Altersabteilungen"** steht im Ermessen des Gemein- 9
derats als Satzungsgeber (vgl. unten Rn. 13). Sie entsteht durch den Satzungsbeschluss nach Absatz 1 Satz 3. Die meisten Gemeindefeuerwehren haben eine Altersabteilung, oftmals auch als Senioren- oder Ehrenabteilung bezeichnet.

Gesetzlich ist nicht normiert, wer **Angehöriger** der Altersabteilung sein 10
kann. Es sollte daher in der Satzung geregelt sein, dass auch vor Vollendung des 65. Lebensjahres (vgl. § 13 Abs. 1 Nr. 5) und noch bei voller Gesundheit (vgl. § 13 Abs. 1 Nr. 4) in die Altersabteilung übergewechselt werden darf. Durch Satzung kann auch erlaubt werden, dass dieses Überwechseln ab einem bestimmten Lebensalter und/oder einer bestimmten Dienstzeit (z. B. zwischen 10 und 30 Dienstjahren in einer Einsatzabteilung) möglich sein soll. Die in § 6 Abs. 1 und 2 des vom Gemeindetag Baden-Württemberg her-

ausgegebenen Musters für eine Feuerwehrsatzung (FwSAbt, abgedruckt als Anhang) vorgesehenen Regelungen (z.B. automatische Aufnahme in die Altersabteilung bei Wegzug aus der Gemeinde, Wechsel in die Altersabteilung grds. erst mit 55 Jahren möglich) sind leider wenig praxistauglich und sollten bei der Ausgestaltung der jeweiligen Satzung kritisch hinterfragt werden.

Der Altersabteilung gehört nur an, wer ihr angehören will, weshalb ein Antrag auf Übernahme in die Altersabteilung erforderlich ist. Eine Satzungsbestimmung des Inhalts, dass mit Erreichen eines bestimmten Lebensjahres in die Altersabteilung übernommen wird, wer keine gegenteilige Erklärung abgibt (so die Formulierung in § 6 Abs. 1 FwSAbt), ist rechtlich zulässig. Es kann mittlerweile angenommen werden, dass diese Satzungsbestimmung den betroffenen ehrenamtlichen Angehörigen der Gemeindefeuerwehr bekannt ist, sie also wissen, dass ihr Schweigen als Zustimmung zur Aufnahme in die Altersabteilung gewertet wird.

11 Die Angehörigen der Altersabteilung haben kraft Gesetzes **kein Wahlrecht**. Allerdings kann ein solches Recht entweder durch Satzung eingeräumt sein oder sich durch Absprache unter den Mitgliedern der Altersabteilung ergeben. Ein solches Wahlrecht ist dann aber auf die Altersabteilung beschränkt (Wahl des Leiters und Sprechers der Abteilung). Eine Satzungsbestimmung, die den Angehörigen der Altersabteilung das Wahlrecht einräumte, den Feuerwehrkommandanten oder die Mitglieder des Feuerwehrausschusses mitzubestimmen, verstößt gegen § 8 Abs. 2 bzw. § 10 Abs. 1 und 2 und ist daher von der Rechtsaufsichtsbehörde zu beanstanden.

2.4 Musikabteilungen

12 Bei zahlreichen Feuerwehren bestehen zudem **Musikabteilungen**. Durch das ÄndG 2009 wurde deren Angehörigen ein aktives Wahlrecht für den Feuerwehr- und Abteilungsausschuss eingeräumt (siehe dazu die Erläuterungen zu Absatz 3 unter Rn. 21 ff.). Pflichten und weitere Rechte sowie die Voraussetzungen für die Aufnahme in oder das Ausscheiden aus der Musikabteilung sind – mit Ausnahme des § 13 Abs. 3 – im FwG nicht geregelt. Bestimmungen hierzu sind in der Feuerwehrsatzung zu treffen.

Die in § 8 Abs. 1 und 2 des vom Gemeindetag Baden-Württemberg herausgegebenen Musters für eine Feuerwehrsatzung (FwSAbt, abgedruckt als Anhang) vorgesehenen Regelungen sind leider wenig praxistauglich und sollten bei Ausgestaltung der jeweiligen Satzung hinterfragt werden; so müssen Angehörige der Musikabteilung sicher nicht den Anforderungen des Feuerwehrdienstes gewachsen sein oder sich zu einer längeren Dienstzeit bereit erklären müssen.

3. Satz 3

Die Gemeindefeuerwehr zu **gliedern** bedeutet, in der Feuerwehrsatzung zu bestimmen: 13

- ob, wie viele und welche Abteilungen (Einsatzabteilung/en, Jugendfeuerwehr, Alters- und Musikabteilung), wo (Ortsteile) gebildet werden;
- die Art und die Zahl der selbstständig einsetzbaren feuerwehrtaktischen Einheiten (Staffel, Gruppe, Zug) und gegebenenfalls deren Aufteilung auf die einzelnen Einsatzabteilungen.

Regelungen über die **„Verwaltung“** der Gemeindefeuerwehr i.S. von Satz 3 sind z.B. die Bestimmungen über die Zusammensetzung und Geschäftsordnung des Feuerwehrausschusses sowie das Verfahren bei den Wahlen nach § 10 Abs. 1 und 2 einschließlich der Einberufung der Wahlgremien (vgl. § 10 Abs. 3 Satz 1). Ebenso gehören dazu Bestimmungen über die Verwaltung der Feuerwehrfahrzeuge und Feuerwehrgeräte aber auch Bestimmungen über die sog. Kameradschaftskasse (vgl. § 18 Abs. 4) und über die Schriftführung innerhalb der Feuerwehr. 14

Satz 3 nennt den Inhalt der **Feuerwehrsatzung** nicht abschließend, vgl. § 7 Abs. 1 Satz 1. Über Satz 3 hinaus können die Gemeinden, gestützt auf § 4 Abs. 1 Satz 1 GemO, weitere Regelungen in die Feuerwehrsatzung aufnehmen, soweit sie nicht dem Feuerwehrgesetz widersprechen. So kann die Satzung z.B. über § 11 Abs. 1 hinaus weitere persönliche Voraussetzungen für die Aufnahme in die Freiwillige Feuerwehr festlegen (z.B. Dienstverpflichtung über zehn Jahre, Höchstalter, Wohnsitzprinzip) sowie Regelungen über die Ehrenmitgliedschaft. Das Feuerwehrgesetz lässt den Gemeinden einen weiten Spielraum für die Regelungen in der Feuerwehrsatzung. Sie können dabei selbst einzelne Regelungen des Vereinsrechts nachbilden. In der Satzung sollte auch geregelt sein, welche der in § 2 Abs. 2 genannten Aufgaben die Gemeindefeuerwehr ständig wahrzunehmen hat (siehe hierzu Rn. 29 zu § 2). 15

Vor Erlass oder Änderungen der Feuerwehrsatzung ist gemäß § 10 Abs. 4 Satz 2 der **Feuerwehrausschuss** anzuhören; d.h., ihm ist rechtzeitig vor dem Satzungsbeschluss Gelegenheit zu geben, sich zum Satzungsentwurf zu äußern. Wie jede andere Satzung ist auch die Feuerwehrsatzung nach der Beschlussfassung öffentlich bekannt zu machen und der Rechtsaufsichtsbehörde **anzuzeigen** (vgl. § 4 Abs. 3 GemO). Um zu vermeiden, dass die Rechtsaufsichtsbehörde eine bereits bekannt gemachte Satzung wegen Rechtsfehlern nachträglich beanstandet, empfiehlt es sich, die Feuerwehrsatzung vor der öffentlichen Bekanntmachung anzuzeigen. Zweifelsfälle sind möglichst vor der Beschlussfassung mithilfe der Rechtsaufsichtsbehörde auszuräumen. Rechtlich nicht zu 16 beanstanden ist, wenn in der Feuerwehrsatzung im Interesse der Übersichtlichkeit Bestimmungen des Feuerwehrgesetzes nachrichtlich wiederholt und erläutert werden. Da diesen keine rechtsbegründende Wirkung zukommt, sollten sie mit Rücksicht auf die Rechtsklarheit nur in dem für die oben genannten Zwecke notwendigen Umfang eingesetzt werden.

4. Sätze 4 und 5

17 Gemäß **Satz 4** führt die Gemeindefeuerwehr grundsätzlich die Bezeichnung „Freiwillige Feuerwehr". Aus **Satz 5** folgt, dass dies aber nur dann der Fall ist, wenn die Gemeindefeuerwehr ausschließlich aus Einsatzabteilungen mit ehrenamtlichen Angehörigen besteht. Besteht die Gemeindefeuerwehr aus einer Einsatzabteilung Berufsfeuerwehr oder einer Einsatzabteilung aus hauptamtlichen Kräften und aus Abteilungen Freiwilliger Feuerwehr, ist der Name nicht „Berufsfeuerwehr A" oder/und „Freiwillige Feuerwehr A", sondern schlicht „Feuerwehr A". Auf dem Ärmelabzeichen der Uniform kann in diesem Fall jedoch außer „Feuerwehr A" auch „Berufsfeuerwehr" bzw. „Freiwillige Feuerwehr" für die jeweiligen Abteilungsangehörigen stehen.

II. Zu Absatz 2

1. Satz 1

18 Satz 1 trägt dem Umstand Rechnung, dass die den örtlichen Verhältnissen entsprechende Leistungsfähigkeit der Feuerwehr bei Gemeinden mit mehr als 100.000 Einwohnern grundsätzlich nur mit einer Einsatzabteilung der **Berufsfeuerwehr** zu gewährleisten ist.

19 Nach der herrschenden Auffassung ist Mindestvoraussetzung für eine Berufsfeuerwehr die ständige Alarmbereitschaft einer Mannschaft in Sollstärke eines taktischen Löschzugs. Der Zug besteht nach der FwDV 3 aus drei taktischen Einheiten (entweder Zugtrupp als Führungstrupp und zwei Gruppen oder einer entsprechenden Anzahl von Staffeln oder Trupps = 22 Einsatzkräfte; vgl. hierzu auch DIN 14011 – 3.6.4.6.) und den dazugehörenden Feuerwehrfahrzeugen. Dies sind zwei Löschgruppenfahrzeuge (regelmäßig HLF oder LF des Typs 20/16) sowie ein Hubrettungsfahrzeug (zumeist DLK 23–12).

Praktisch durchgesetzt hat sich bei den Berufsfeuerwehren eine Zugstärke von 15 Einsatzkräften. Dieser „BF-Zug" besteht aus zwei Staffeln (2 × 1/5), einem Trupp (1/1), ggf. standortbezogen, zusätzlich einem Mann als Fahrer und Melder, dazu der Zugführer (somit 12/3/1 = 1/15 Mann). Um den Löschzug in der Besetzung „1/15" rund um die Uhr (0–24 Uhr) einsatzbereit zu haben (Drei-Schichten-Wechseldienst mit der regelmäßigen

Einteilung: 24 Stunden Dienst, 48 Stunden frei) und unter Berücksichtigung von Krankheit, Urlaub, Fortbildung werden als Sollstärke einer Berufsfeuerwehr mit einer Wache mindestens 56 Einsatzkräfte ausschließlich Leiter und Stellvertreter der Berufsfeuerwehr anzusetzen sein (bei einem Multiplikator von 3,5 – der tatsächliche Multiplikator bei den Berufsfeuerwehren liegt jedoch höher). Der Standort der Wache ist dabei so zu wählen, dass die Anfahrt zur Einsatzstelle höchstens acht Minuten im Normalfall beträgt. Einzelheiten zu Vorstehendem enthält das Grundsatzpapier der AGBF; Qualitätskriterien für die Bedarfsplanung von Feuerwehren in Städten vom 16. September 1998 mit Fortschreibung vom 19. November 2015 (eingestellt auf der Internetseite der AGBF bund).

2. Satz 2

Satz 2 ermächtigt das Innenministerium, Gemeinden mit mehr als 100.000, 20
aber weniger als 150.000 Einwohnern von der Verpflichtung, eine Einsatzabteilung der Berufsfeuerwehr aufzustellen, zu befreien. In der Gesetzesbegründung (Lt-Drs. 7/2930, S. 23) hieß es hierzu: „Satz 2 ist eine Folgerung aus der Gemeindegebietsreform. Sie hat Gemeinden geschaffen, die in absehbarer Zeit eine Einwohnerzahl über 100.000 erreichen können. Was die erhöhte Industrieansiedlung und die bauliche Verdichtung mit erhöhter Brand- und Gefahrenanfälligkeit anlangt, sind nicht alle diese Gemeinden typische Großstädte, für die die Aufstellung einer Berufsfeuerwehr zwingend wäre. Mit Satz 3 [a.F.] soll auch den durch die Gebietsreform entstandenen neuen einwohnerstarken Gemeinden genügend Zeit zum Neuaufbau einer Berufsfeuerwehr eingeräumt werden können."

III. Zu Absatz 3

Absatz 3 stellt Angehörige der Musikabteilung beim aktiven Wahlrecht 21
nach § 10 und bei staatlichen Ehrungen den Angehörigen einer Einsatzabteilung der Freiwilligen Feuerwehr gleich, sofern sie an einer feuerwehrspezifischen Grundausbildung erfolgreich teilgenommen haben, regelmäßigen Übungsdienst leisten und für Einsätze zur Verfügung stehen. Ein Wahlrecht bei den Wahlen zum Feuerwehr- und Abteilungskommandanten (§ 8 Abs. 2) steht ihnen allerdings nicht zu, da Absatz 3 die Gleichstellung beim Wahlrecht ausdrücklich auf § 10 beschränkt. Hintergrund dieser Einschränkung ist, dass grundsätzlich nur die Angehörigen der Einsatzabteilung bei der Aufgabenerfüllung der Feuerwehr nach § 2 mitwirken. Gerade hierbei wird aber dem gegenseitigen Vertrauensverhältnis als Voraussetzung für den Einsatzerfolg und die Sicherheit im Einsatz eine besondere Bedeutung beigemessen (LT-Drs. 14/5103, S. 36).

22 Ziel dieser Regelungen ist es, die Angehörigen der Musikabteilung zu einer Grundausbildung zu motivieren, die sie in die Lage versetzt, qualifiziert feuerwehrtypische Sofortmaßnahmen durchführen zu können und insbesondere bei Großschadenslagen in Zusammenarbeit mit erfahrenen Angehörigen der Einsatzabteilung diese unterstützen zu können. Des Weiteren sollen dadurch neue Mitglieder für die Einsatzabteilung gewonnen werden (vgl. LT-Drs. 14/5103, S. 36).

23 Die in Absatz 3 genannte **feuerwehrspezifische Grundausbildung** umfasst mindestens 70 Stunden. Sie besteht gemäß Nr. 2.1.6. der Handreichungen der Landesfeuerwehrschule zu den rechtlichen und organisatorischen Regelungen zur Ausbildung der Feuerwehren in Baden-Württemberg (eingestellt auf der Internetseite der LFS) aus Teilen der Inhalte der Truppmannausbildung Teil 1, reduziert um den Stundenumfang des D-1-Lehrgangs Musik nach der Richtlinie des Landesfeuerwehrverbandes zu den D-Lehrgängen für die Instrumentalmusik. Die Ausbildung erfolgt gemäß eines von der Landesfeuerwehrschule erstellten Stoffplans. Der Besuch dieser feuerwehrspezifischen Grundausbildung für Angehörige der Musikabteilung kann vom Kreisbrandmeister bzw. Feuerwehrkommandanten in Stadtkreisen bei Bedarf als Qualifikation zum Besuch weiterführender Lehrgänge nach der VwV-Feuerwehrausbildung anerkannt werden.

C. Ergänzungen, Weiterführendes

24 Ziel des am 1. Januar 2012 in Kraft getretenen Gesetzes zur Stärkung eines aktiven Schutzes von Kindern und Jugendlichen (**Bundeskinderschutzgesetz** – BKiSchG) ist es, Präventions- und Interventionsmechanismen im Kinderschutz zu stärken. Ein Regelungsbereich dieses Gesetzes umfasst den Ausschluss von einschlägig vorbestraften Personen im Rahmen von Tätigkeiten der Kinder- und Jugendhilfe. Durch die Neufassung des § 72a SGB VIII zur Vorlage eines **erweiterten Führungszeugnisses** (§§ 30, 30a Abs. 1 Bundeszentralregistergesetz – BZRG) soll verhindert werden, dass in kinder- und jugendnahen Bereichen Personen beschäftigt oder tätig werden, die rechtskräftig wegen einschlägiger Straftatbestände verurteilt wurden, unabhängig von der Höhe der Strafe und dem Alter bei der Begehung der Straftat. Das erweiterte Führungszeugnis zeigt daher alle Straftaten im Bereich der Sexualdelikte und auf Kinder und Jugendliche bezogene Straftaten, selbst wenn diese im einfachen Führungszeugnis nicht aufgeführt sind. Nach § 72a Abs. 4 SGB VIII sollen die Träger der öffentlichen Jugendhilfe (Jugendämter) durch Vereinbarungen mit den Trägern der freien Jugendhilfe

sicherstellen, dass unter deren Verantwortung keine neben- oder ehrenamtlich tätige Person, die wegen einer einschlägigen Straftat rechtskräftig verurteilt worden ist, Kinder oder Jugendliche beaufsichtigt, betreut, erzieht oder ausbildet oder einen vergleichbaren Kontakt zu ihnen hat. In diesen Vereinbarungen sind die Tätigkeiten festzulegen, die von in diesen Bereichen tätigen Personen aufgrund von Art, Intensität und Dauer des Kontakts mit Kindern und Jugendlichen nur nach Einsichtnahme in ein erweitertes Führungszeugnis nach § 30a BZRG wahrgenommen werden dürfen.

Die Gemeinden sind hinsichtlich der Jugendfeuerwehren zwar nicht Träger der freien Jugendhilfe im eigentlichen Sinn, jedenfalls im Blick auf den Schutzzweck des § 72a SGB VIII aber wie solche zu behandeln. Dies gilt auch für Musikabteilungen, denen Kinder und Jugendliche angehören. Die Gemeinden schließen daher regelmäßig mit den Jugendämtern diese Vereinbarungen ab. 25

Angehörige der Gemeindefeuerwehr, die wegen der Art, Intensität und Dauer des Kontakts mit Kindern und Jugendlichen nur nach Einsichtnahme in ein erweitertes Führungszeugnis nach § 30a BZRG diese Tätigkeiten wahrnehmen dürfen, sind in der Regel bei den **Jugendfeuerwehren:**

- der Jugendfeuerwehrwart;
- die Leiter der Jugend- und Kindergruppen und
- alle Personen, die regelmäßig oder wiederkehrend Kontakt mit Kindern und Jugendlichen haben (Betreuer).

Bei den **Musikabteilungen** sind dies regelmäßig:

- der musikalische Leiter;
- der Leiter einer Musikabteilung;
- die Jugendbetreuer und Ausbilder.

Kommen darüber hinaus weitere Personen regelmäßig oder wiederkehrend in vergleichbarem Umfang in Kontakt mit Kindern und Jugendlichen, ist auch von ihnen ein erweitertes Führungszeugnis zu verlangen.

Bei kurzfristigen näheren Kontakten zu Kindern und Jugendlichen sollte, wenn diese wiederholt vorkommen, eine Erklärung verlangt werden, dass keine Verurteilung wegen einer Straftat nach den §§ 171 (Verletzung der Fürsorge- oder Erziehungspflicht), 174 bis 174c, 176 bis 180a, 181a, 182 bis 184l (Straftaten gegen die sexuelle Selbstbestimmung), 225 (Misshandlung von Schutzbefohlenen), 232 bis 233a, 234, 235 oder 236 (Straftaten gegen die persönliche Freiheit) StGB vorliegt und auch keine entsprechenden Verfahren anhängig sind. Die Erklärung sollte die Verpflichtung einschließen, die Gemeinde über die Einleitung eines entsprechenden Verfahrens zu informieren.

26 Das erweiterte Führungszeugnis ist vom Betroffenen selbst zu beantragen. Das erweiterte Führungszeugnis muss der Gemeinde nur zur Einsichtnahme vorgelegt werden; es darf von ihr nicht einbehalten werden. Es empfiehlt sich eine Vorlage bei der personalverwaltenden Stelle in der Gemeindeverwaltung; dort sind ausreichend Kenntnisse über den Umgang mit personenbezogenen Daten vorhanden. Zeitpunkt und Ergebnis der Einsichtnahme sind aktenkundig zu machen. Für die Frage der Betreuung von Kindern und Jugendlichen in der Jugendfeuerwehr kommt es allein darauf an, ob das erweiterte Führungszeugnis Eintragungen zu einschlägigen Straftaten enthält. Einträge zu Straftaten, die den Kinder- und Jugendschutz nicht betreffen, sind grundsätzlich unbeachtlich.

27 Neben den Personen, die in der Gemeindefeuerwehr Jugendarbeit leisten, sind von § 72a SGB VIII auch Personen betroffen, die in den **Kreis- und Stadtjugendfeuerwehrverbänden** bzw. in der Jugendfeuerwehr Baden-Württemberg in der Jugendarbeit tätig sind. Auch hier gilt die Pflicht zur Vorlage eines erweiterten Führungszeugnisses für Personen, die im Stadt-/Kreisfeuerwehrverband und in der Jugendfeuerwehr Baden-Württemberg feste Aufgaben im Umgang mit den Kindern und Jugendlichen übernehmen, wiederkehrend selbstständig mit den Kindern und Jugendlichen unterwegs sind, eine Bezugsperson darstellen oder aufgrund ihrer Rolle ein besonderes Nähe- oder Vertrauensverhältnis zu den Kindern und Jugendlichen aufbauen können. Hier sind die Verantwortlichen fürs Jugendforum und die Jugendsprecher zu nennen.

Personen, die auf Kreis- und Landesebene in der Jugendarbeit mitarbeiten, werden regelmäßig von ihren Gemeindefeuerwehren für diese Tätigkeit entsandt. Unter Bezugnahme auf dieses Entsendungsprinzip kann einer autorisierten Person des Kreisfeuerwehr-/Stadtfeuerwehrverbandes bzw. der Jugendfeuerwehr Baden-Württemberg anstelle des erweiterten Führungszeugnisses auch eine Bescheinigung der Gemeinde über die Einsichtnahme in das erweiterte Führungszeugnis vorgelegt werden, wenn dieses keine relevanten Einträge enthält.

28 Wesentliches Anliegen der Kinder- und Jugendarbeit in den Gemeindefeuerwehren ist es, den Missbrauch von Kindern und Jugendlichen auszuschließen. Mit dem erweiterten Führungszeugnis kann verhindert werden, dass Personen in der Betreuung von Kindern und Jugendlichen in der Jugendfeuerwehr eingesetzt werden, die sich einschlägig strafbar gemacht haben. Durch geeignete Maßnahmen muss darüber hinaus verhindert werden, dass es bei der Kinder- und Jugendarbeit zu derartigen Handlungen kommt.

Die Jugendfeuerwehr im Landesfeuerwehrverband BW hat ein umfassendes **Präventionskonzept** erarbeitet. Es gliedert sich in die Bereiche „Selbstverständnis und Werte", „Qualifizierung und Sensibilisierung", „Tätigkeitsausschluss von einschlägig vorbestraften Personen" und „Handlungen im Verdachtsfall" (eingestellt auf der Internetseite der Jugendfeuerwehr beim LFV BW). Die Lehrgänge für die Jugendfeuerwehrarbeit (Kindergruppenleiter/Jugendwart) an der Landesfeuerwehrschule umfassen eigene Unterrichtseinheiten zum Themenbereich „Kinder- und Jugendschutzgesetz". Die Teilnehmer werden u.a. über die rechtlichen Grundlagen informiert und in Fallbeispielen über Kindeswohlgefährdungen und sexualisierte Gewalt gegen Kinder und Jugendliche sensibilisiert. Die Präventionsinhalte sind in der Schrift „Kindergruppen in der Jugendfeuerwehr – pädagogisches Konzept und Handreichung" festgehalten; sie ist auf der Internetseite der LFS eingestellt. Feuerwehrangehörige in Führungsfunktionen werden in Lehrgängen und Seminaren in Präventionsthemen geschult, die insbesondere auch Gegenstand in Fortbildungen für Feuerwehrkommandanten sind. Bei Führungsfortbildungen für die Jugendfeuerwehren an der Landesfeuerwehrschule werden die Themen künftig weiter vertieft.

§ 7
Angehörige der Gemeindefeuerwehr

(1) [1]Die Rechte und Pflichten der Angehörigen der Gemeindefeuerwehr sind durch Satzung zu regeln, soweit sie sich nicht aus dem Gesetz ergeben. [2]Die Angehörigen der Gemeindefeuerwehr werden bei der Ausübung ihres Dienstes stets im Auftrag der Gemeinde tätig, deren Feuerwehr sie angehören.

(2) [1]Die Angehörigen der Abteilungen der Freiwilligen Feuerwehr verrichten ihren Dienst ehrenamtlich, soweit sie nicht nach den allgemeinen für Gemeindebedienstete geltenden Vorschriften angestellt sind. [2]Die Vorschriften der Gemeindeordnung über ehrenamtliche Tätigkeit sind auf die Angehörigen der Gemeindefeuerwehr nicht anzuwenden.

(3) [1]Angehörige einer Gemeindefeuerwehr können einer weiteren Gemeindefeuerwehr oder einer Werkfeuerwehr angehören, soweit dies im Interesse der Feuerwehren liegt. [2]Dies gilt auch für die Mitgliedschaft in mehreren Einsatzabteilungen der Gemeindefeuerwehr.

Übersicht **Rn.**

A. Allgemeines

1 § 7 nennt, anders als die Paragrafenüberschrift vermuten lässt, nicht, wer Angehöriger der Gemeindefeuerwehr ist. Er beinhaltet stattdessen mittlerweile ein Sammelsurium verschiedener Regelungen. In **Absatz 1** gibt Satz 1 den Gemeinden die Befugnis, durch Satzung die nach dem FwG bestehenden Dienstpflichten zu konkretisieren. Satz 2 stellt klar, dass die Angehörigen der Gemeindefeuerwehr bei der Ausübung ihres Dienstes stets im Auftrag der Gemeinde tätig werden. **Absatz 2** Satz 1 zeigt auf, dass der Feuerwehrdienst in der Gemeindefeuerwehr grundsätzlich ehrenamtlich verrichtet wird, aber auch hauptamtlich verrichtet werden kann. Satz 2 stellt klar, dass die Vorschriften des FwG über ehrenamtliche Tätigkeit die entsprechenden Vorschriften der Gemeindeordnung verdrängen. **Absatz 3** lässt zur Stärkung der Einsatzbereitschaft der Feuerwehren ausdrücklich die Doppelmitgliedschaft in zwei Feuerwehren oder zwei Einsatzabteilungen einer Feuerwehr zu.

B. Erläuterung

I. Zu Absatz 1

1. Satz 1

2 Die **Rechte** und auch die **Pflichten** der Angehörigen der Gemeindefeuerwehr ergeben sich im Wesentlichen bereits aus dem FwG.

Die gesetzlichen Rechte sind:

- das Wahlrecht nach § 8 Abs. 2 und § 10 Abs. 1 und 2,
- das Recht, im Dienst Uniform zu tragen,
- der Anspruch auf Freistellung von der Arbeit im Rahmen des § 15 und

- der Anspruch auf Entschädigung nach den §§ 16 und 17.

Die Pflichten sind in § 14 geregelt. Wirkt der Feuerwehrangehörige im Katastrophenschutz mit, regelt § 45 LKatSG das Verhältnis zwischen LKatSG und FwG. Nach § 45 Abs. 1 LKatSG haben bei der Außergewöhnlichen Einsatzlage i.S. des § 2 Abs. 1 LKatSG die Regelungen des FwG Vorrang. Bei der Katastrophe i.S. des § 2 Abs. 2 LKatSG gehen die Regelungen des LKatSG, insbesondere im Hinblick auf die Leitung des Einsatzes, die Rechte der Helfer und die Eingriffsbefugnisse, dem FwG vor.

„Angehörige der Gemeindefeuerwehr“ i.S. von § 7 sind: 3

- die vom Feuerwehrausschuss in die Feuerwehr aufgenommenen Personen,
- die von der Gemeinde als Arbeitnehmer oder Beamte für die Gemeindeeinrichtung „Feuerwehr“ eingestellten Personen,
- die vom Bürgermeisteramt nach § 12 Abs. 1 Satz 1 durch Verpflichtungsbescheid herangezogenen dienstpflichtigen Personen,
- die in die Jugendabteilung der Gemeindefeuerwehr (Jugendfeuerwehr) aufgenommenen Personen,
- die Angehörigen der Altersabteilung der Gemeindefeuerwehr,
- die Angehörigen der Musikabteilung.

Ehrenmitglieder und **fördernde Mitglieder** sind als solche keine Angehörigen der Gemeindefeuerwehr i.S. von § 7. Die Verleihung der Ehrenmitgliedschaft an Personen, die sich besondere Verdienste um das Feuerwehrwesen erworben haben, ebenso wie die Verleihung der Bezeichnung „Ehrenkommandant“ durch ein Organ der Feuerwehr (Feuerwehrkommandant, Feuerwehrausschuss oder Hauptversammlung) ist nur möglich, wenn die Feuerwehrsatzung dies vorsieht (vgl. hierzu § 9 FwSAbt).

Die Angehörigen der Gemeindefeuerwehr sind, soweit sie eine öffentlich-rechtliche Tätigkeit ausüben (siehe hierzu unten Rn. 5), **Amtsträger i.S. des Strafrechts**. Dies kann eine Rolle spielen für die Stellung eines Strafantrags im Falle einer Beleidigung eines Feuerwehrangehörigen (§ 194 StGB), für die Anwendung der Bestimmungen über den Widerstand gegen bzw. des tätlichen Angriffs auf Vollstreckungsbeamte (§ 113 bzw. § 114 StGB), aber auch für die Anwendung der Bestimmungen über die Vorteilsannahme und Bestechlichkeit (§§ 331 bis 334 StGB). Eine **Amtspflichtverletzung** eines Feuerwehrangehörigen kann eine Amtshaftung der Gemeinde nach § 839 BGB i.V.m. Art. 34 GG auslösen, während sich die Haftung der Gemeinde im privatrechtlichen Bereich nach §§ 278 und 831 BGB richtet Näheres zur Haftung bei Schäden durch Feuerwehrangehörige ist unten bei Rn. 13 ff. ausgeführt.

4 Satz 1 ermächtigt die Gemeinden nicht, dem Feuerwehrangehörigen über § 14 hinaus weitere Dienstpflichten aufzuerlegen oder die gesetzlichen Dienstpflichten abzuschwächen bzw. zu verschärfen. Die gesetzlichen Dienstpflichten können lediglich durch Satzung konkretisiert, d.h. näher erläutert werden. Räumt die Satzung dem Feuerwehrangehörigen weitere Rechte ein, können sich diese nicht auf die Selbstverwaltung und Selbstführung der Feuerwehr oder auf über § 16 hinausgehende Entschädigungsleistungen beziehen (das Gesetz kann durch die Satzung nicht abbedungen werden). Durch Satzung können allerdings sonstige Vergünstigungen gewährt werden (z.B. freie Benutzung der gemeindlichen Verkehrsmittel).

2. Satz 2

5 Satz 2 stellt klar, dass die Angehörigen der Gemeindefeuerwehr „bei der Ausübung ihres Dienstes stets im Auftrag der Gemeinde tätig“ werden. Mit dieser Aussage stellt sich die **Haftungsfrage** – d.h. wer ist einstandspflichtig für einen Schaden, der dadurch entstanden ist, dass ein Angehöriger der Gemeindefeuerwehr in Ausübung seiner Tätigkeit einem Dritten einen Körper- oder Sachschaden zugefügt hat (siehe hierzu ausführlich Bertkau, ZfSch 2018, 605 ff.; Müssig/Ruppel/Timm, „Wer haftet, wenn etwas passiert“, 2016, S. 102 ff.; Fischer, Rechtsfragen beim Feuerwehreinsatz, 4. Aufl., S. 228 ff.). Begeht der Feuerwehrangehörige die Verletzungshandlung „in Ausübung eines öffentlichen Amtes“ (Art. 34 GG) – ein öffentliches Amt nimmt wahr, wer hoheitliche Aufgaben erfüllt –, **so haftet anstelle des Feuerwehrangehörigen die Gemeinde als Träger der Feuerwehr nach Amtshaftungsgrundsätzen** gemäß § 839 BGB, Art. 34 GG (Einzelheiten zur Amtshaftung und Fiskalhaftung unter Rn. 13 ff.).

6 Dem **2. Halbsatz von Satz 2** kommt Bedeutung bei Amtshilfeleistungen und bei der Überlandhilfe (§ 26) zu. Verursacht z.B. der Feuerwehrangehörige der Gemeinde A bei einem Überlandhilfeeinsatz in der Gemeinde B einem Dritten schuldhaft einen Körper- oder Sachschaden, haftet für den Schaden nicht etwa die Gemeinde B, sondern die Gemeinde A (sog. **Anstellungstheorie**, vgl. dazu Erman-Mayen, BGB, 17. Aufl. § 839 Rn. 102).

II. Zu Absatz 2

1. Satz 1

1.1 Ehrenamtlich tätige Feuerwehrangehörige

7 Die Angehörigen der Gemeindefeuerwehr verrichten ihren „Dienst“ (Einsatz-, Übungs- und Aus- und Fortbildungsdienst) ehrenamtlich oder hauptamtlich („soweit sie nicht ...“). Es liegt im Wesen der **ehrenamtlichen Tätig-**

keit begründet, dass sie ohne Entgelt ausgeübt wird. Wesentlich ist, dass der ehrenamtlich Tätige aus seinem Feuerwehrdienst keinen finanziellen Nutzen zieht. Andererseits soll er durch seinen ehrenamtlichen Dienst auch keine ins Gewicht fallenden finanziellen Nachteile in Kauf nehmen müssen. Die Entschädigungsregelungen der §§ 16 und 17 sollen dem Rechnung tragen.

Im Hinblick auf die in § 7 Abs. 2 Satz 1 geforderte Ehrenamtlichkeit beanstandete das Landratsamt Tübingen als Aufsichtsbehörde das landesweit bekannt gewordene Konzept der Gemeinde Dettenhausen zur **Förderung des Ehrenamts in der Feuerwehr** (vgl. dazu Artikel in Schwäbisches Tagblatt vom 14. Januar 2009). Im Rahmen dieses Konzepts wollte die Gemeinde u.a. für ihre Feuerwehrangehörigen die Kosten der Grundsteuer und einen Teil der Kindergartengebühren übernehmen. Die Höhe dieser geplanten Förderung überstieg aber den Wesensgehalt der Ehrenamtlichkeit deutlich. Zudem stehen Grundsteuer und Kindergartengebühren nicht mit dem Feuerwehrdienst in Zusammenhang und können deshalb auch nicht zum Kriterium gemeindlicher Förderung gemacht werden. Andere von der Gemeinde vorgesehene Förderungen von Feuerwehrangehörigen – wie eine finanzielle Beteiligung an den Kosten zum Erwerb einer Fahrerlaubnis für Lkw, an Fitnessstudiobesuchen und an Erholungsurlauben im Feuerwehrhotel St. Florian am Titisee – stehen mit dem Feuerwehrdienst in Zusammenhang (Dienstsport, Erhaltung der körperlichen Leistungsfähigkeit) und blieben daher unbeanstandet.

Der Landesfeuerwehrverband BW hat in seinem 2015 veröffentlichten **Strategiepapier „Freiwillig.stark!“** (eingestellt auf der Internetseite des LFV) den Kommunen ein breites Spektrum von Möglichkeiten aufgezeigt, wie der ehrenamtliche Feuerwehrdienst effektiv, unter Beachtung des Grundsatzes der Ehrenamtlichkeit, und nachhaltig gefördert werden kann.

1.2 Hauptamtlich tätige Feuerwehrangehörige

Durch Satz 1, 2. Halbsatz („soweit nicht ...“) wird klargestellt, dass es den **8**
Gemeinden freisteht, hauptamtliche Kräfte mit dem Dienst in der Feuerwehr zu beschäftigen. Die Gemeinden dürfen, da die Feuerwehr unstreitig hoheitliche Aufgaben wahrzunehmen hat, diese Aufgaben grundsätzlich (vgl. Art. 33 Abs. 4 GG und Art. 77 Abs. 1 LV) nur Beamten des feuerwehrtechnischen Dienstes übertragen. Auch die zunehmende Technisierung der Feuerwehreinsätze erfordert für die hauptamtlichen Kräfte der Feuerwehr im Regelfall die Ausbildung zum Beamten des mittleren feuerwehrtechnischen Dienstes.

Beamte im Feuerwehrdienst müssen für ihre Einstellung die entsprechenden laufbahnrechtlichen Voraussetzungen erfüllen. Ausbildung und

Prüfung sind in den Ausbildungs- und Prüfungsordnungen für den mittleren, gehobenen und höheren feuerwehrtechnischen Dienst geregelt (vgl. Rn. 29 zu § 8). Die Beamten des Einsatzdienstes der Feuerwehr erhalten freie Dienstkleidung (§ 55 Abs. 2 Nr. 4 LBG) und nach § 79 Abs. 1 LBG freie Heilsfürsorge (vgl. auch Einf. Rn. 12). Seit 1. Januar 2011 kann ihnen anstelle von Heilfürsorge zu den Aufwendungen in Krankheitsfällen Beihilfe nach den beihilferechtlichen Vorschriften des Landes und ein Zuschuss zu den Beiträgen an eine Krankheitskostenversicherung gewährt werden (vgl. § 79 Abs. 4 LBG). Die Höhe des Zuschusses zu den Beiträgen an einer Krankheitskostenversicherung gemäß § 79 Abs. 4 LBG für Beamte des Einsatzdienstes der Feuerwehr ist vom kommunalen Normgeber, d.h. dem Gemeinderat, anhand sachlicher Kriterien differenziert oder in Form eines einheitlichen Pauschalbetrags mittels Satzung festzusetzen (VGH, Urteil vom 17. November 2016, 4 S 1942/14, juris [Rn 29]). Um eine einheitliche Handhabung des Zuschusses zu ermöglichen, hat die Geschäftsstelle des Städtetags BW in Abstimmung und Zusammenarbeit mit verschiedenen Städten im Februar 2018 eine Mustersatzung erarbeitet und herausgegeben. Die Kommunen sind bei der Festsetzung des Zuschusses jedoch nicht an diese Satzung gebunden. Letztlich muss sich die Festsetzung an sachlichen Kriterien orientieren und diese transparent offengelegt werden. Die Beamten des Einsatzdienstes treten mit Vollendung des 60. Lebensjahrs in den Ruhestand. Die Altersgrenze wurde zwar ab dem 1. Januar 2012 stufenweise auf 62 Jahre angehoben (vgl. Tabelle zu § 3 Abs. 4 zu Art. 62 des Dienstrechtsreformgesetzes vom 27. Oktober 2010), dies wurde jedoch durch den am 25. November 2015 in § 36 LBG neu eingefügten Abs. 3a wieder zurückgenommen (vgl. zur Gesetzesbegründung LT-Drs. 15/7552, S. 15 ff.).

Werden die hauptamtlichen Kräfte im Feuerwehrdienst nicht ins Beamtenverhältnis übernommen (z. B., weil sie nicht die beamtenrechtlichen Voraussetzungen erfüllen), sind sie als sog. **„feuerwehrtechnische Beschäftigte“** (das sind Arbeitnehmer, die nach dem Arbeitsvertrag im Einsatzdienst tätig sind) zu beschäftigen. Für sie als Beschäftigte im kommunalen feuerwehrtechnischen Dienst gelten zusätzlich zum Tarifvertrag für den öffentlichen Dienst (TVöD) in § 46 des „Besonderen Teils Verwaltung“ (BT-V) Sonderregelungen. Ausführlich dazu die digitale Broschüre „Wissenswertes für Beschäftigte im feuerwehrtechnischen Dienst in Baden-Württemberg“ der ver.di-Landesfachgruppe Feuerwehr BW vom Februar 2016. Diese **Sonderregelungen** ermöglichen auf Verlangen (!) eine Beendigung des Arbeitsverhältnisses vor Vollendung des 65. Lebensjahres zu dem Zeitpunkt, zu dem vergleichbare Beamte im Einsatzdienst der Berufsfeuerwehr in den gesetzlichen Ruhestand treten (vgl. dazu vorausgegangenen Absatz), und sehen die Zahlung einer Übergangsversorgung vor. Nicht unter § 46 BT-V fallen Angestellte, die nach dem Anstellungsvertrag ausschließlich im Verwaltungsdienst, Telefondienst, im Krankentransport tätig sind, sowie die mit der Wartung von Fahrzeugen und Geräten betrauten Beschäftigten (Gerätewarte). Die Beschäftigten, für die § 46 BT-V nicht gilt, können der Feuerwehr ehrenamtlich angehören. Die Zugehörigkeit als ehrenamtlich tätige Angehörige der Freiwilligen Feuerwehr wird durch den Arbeitsvertrag (z.B. als Gerätewart) nicht berührt. Ob ein feuerwehrtechnischer Beschäftigter i.S. des § 46 BT-V gleichzeitig der Feuerwehr ehrenamtlich angehören kann, ist eine Frage des Einzelfalls (siehe dazu näher Rn. 11).

2. Satz 2

Satz 2 stellt klar, dass die Vorschriften des FwG über ehrenamtliche Tätigkeit den entsprechenden Vorschriften der Gemeindeordnung (GemO) vorgehen. So verdrängt § 14 den § 17 GemO, die §§ 15, 16 verdrängen § 19 GemO und die §§ 11, 12 verdrängen die §§ 15, 16 GemO. Daneben regelt Satz 2, dass unabhängig davon, ob das FwG eine entsprechende Vorschrift enthält, sämtliche Vorschriften der GemO über ehrenamtliche Tätigkeit, also auch die §§ 17 und 18 GemO, auf die ehrenamtlich Tätigen der Gemeindefeuerwehr nicht anzuwenden sind. 9

III. Zu Absatz 3

Zur Stärkung der Einsatzbereitschaft der Feuerwehren und insbesondere zur Verbesserung der Tagesalarmbereitschaft lässt Absatz 3 seit dem ÄndG 2009 ausdrücklich **Doppelmitgliedschaften** bei zwei Gemeindefeuerwehren oder bei einer Gemeindefeuerwehr und einer Werkfeuerwehr zu (**Satz 1**). Gleiches gilt für die Mitgliedschaft bei zwei Einsatzabteilungen einer Gemeindefeuerwehr (**Satz 2**). Durch Absatz 3 können beispielsweise Feuerwehrangehörige sowohl am Wohnort als auch am Arbeits- oder Studienort Mitglied der Feuerwehr sein (vgl. LT-Drucks. 14/5103, S. 37). Auch Werkfeuerwehrangehörige können gleichzeitig Mitglied in einer Gemeindefeuerwehr sein. Von der Möglichkeit, zur Arbeit einpendelnde Feuerwehrangehörige anderer Gemeinden zum Feuerwehrdienst während des Tages zu gewinnen, machen viele Gemeinden (insbesondere Kreisstädte könnten profitieren) keinen Gebrauch. Als Begründung werden Argumente wie eine mögliche Doppelbelastung für den 10

Feuerwehrangehörigen durch vermehrten Einsatz- und Übungsdienst sowie Unklarheiten, wo der Übungsdienst abgehalten werden soll, genannt. Vor dem Hintergrund der angespannten finanziellen Verhältnisse der Kommunen sind von den Verwaltungen vermehrte Anstrengungen zur solchen Mitgliederwerbung zu fordern. Die Einzelheiten, z. B. wo Übungsdienste abzuleisten sind oder welcher Einsatz Vorrang hat, können, soweit § 14 Abs. 4 dies nicht regelt, im Einzelfall zwischen den betroffenen Gemeinden vorab vereinbart werden (LT-Drucks. 14/5103, S. 37).

11 Auch die Beamten der Berufsfeuerwehr und hauptamtliche Feuerwehrangehörige können unstreitig gleichzeitig einer **anderen** Gemeindefeuerwehr ehrenamtlich angehören. Die sich aus ihrer beruflichen Tätigkeit ergebenden Dienstpflichten gehen den Dienstpflichten aus der ehrenamtlichen Tätigkeit vor (§ 14 Abs. 4). Der Beamte muss zur Ausübung der ehrenamtlichen Tätigkeit nicht die Genehmigung seines Dienstherrn einholen. Der ehrenamtliche Feuerwehrdienst ist kein „Nebenamt" i. S. von § 60 Abs. 2 LBG, da diese Tätigkeit nicht „auf Grund behördlicher Bestellung oder öffentlich-rechtlicher Wahl" i. S. von § 1 der Landesnebentätigkeitsverordnung (LNTVO) ausgeübt wird. Es ist auch keine genehmigungspflichtige Nebenbeschäftigung i. S. des § 60 Abs. 1 Satz 1 LBG, weil die Tätigkeit ehrenamtlich und daher ohne Vergütung ausgeübt wird. Die ehrenamtliche Tätigkeit bei einer Freiwilligen Feuerwehr kann einem Beamten der Berufsfeuerwehr nur bei Missbrauch untersagt werden. Ein Missbrauch liegt nach der höchstrichterlichen Rechtsprechung vor, wenn der Beamte bei Ausübung der Nebentätigkeit seine dienstlichen Pflichten verletzt oder wenn deren Verletzung nach den konkreten Umständen des einzelnen Falles in absehbarer Zeit in hohem Maße wahrscheinlich ist (vgl. BVerwG, VBlBW 1987, 223 und juris [Rn. 20] – zur Tätigkeit eines Mitgliedes der Berufsfeuerwehr als Kommandant der Freiwilligen Feuerwehr einer anderen Gemeinde).

Problematisch ist die Frage, ob ein Feuerwehrangehöriger gleichzeitig hauptamtlich und ehrenamtlich **derselben** Gemeindefeuerwehr angehören kann. Denn zum Hauptamt gehörende Aufgaben können nicht ehrenamtlich wahrgenommen werden. Ob die Zuordnung des Einsatzdienstes außerhalb der regelmäßigen Arbeitszeiten zum Hauptamt gehört, ergibt sich bei Beamten aus dem Dienstposten, welcher diesen nach dem Geschäftsverteilungs- und Organisationsplan übertragen ist (sog. konkret-funktionales Amt), bei feuerwehrtechnischen Beschäftigten aus dem Arbeitsvertrag (Hildinger/Rosenauer, FwG, 4. Aufl., § 7 Rn. 22). Ist der Einsatzdienst außerhalb der regelmäßigen Arbeitszeit vom Hauptamt getrennt, ist eine Mitgliedschaft in der Berufsfeuerwehr/hauptamtlichen Abteilung und einer freiwilligen Einsatzabteilung grundsätzlich möglich. Aber nur, wenn Anzahl und Dauer der Einsatzdienste außerhalb der regelmäßigen Arbeitszeit von untergeordneter Bedeutung sind, lässt sich eine Zuordnung dieser Einsatzdienste zum ehrenamtlichen Bereich rechtfertigen (Hildinger/Rosenauer, a.a.O.).

C. Ergänzungen, Weiterführendes

I. Dienstausweis

Seit dem ÄndG 1986 ist die Ausstellung eines **Dienstausweises** nicht mehr 12
im Feuerwehrgesetz vorgeschrieben. Die Gemeinden werden bei Bedarf weiterhin einen Dienstausweis ausstellen; § 3 Abs. 6 FwSAbt sieht dementsprechend vor, dass jedem Angehörigen der Gemeindefeuerwehr ein vom Bürgermeister ausgestellter Dienstausweis auszuhändigen ist. Mittlerweile ist in den vom Landesfeuerwehrverband und Innenministerium gemeinsam herausgegebenen Hinweisen zur Verwendung des Feuerwehrsignets Baden-Württemberg (eingestellt auf den Internetseiten der LFS und des LFV) eine Anpassung des Ausweises an das neue Feuerwehrsignet erfolgt. Zudem hat der neue Dienstausweis das gängige „Scheckkartenformat". Vordrucke für den Feuerwehr-Dienstausweis können über den Fachhandel bezogen werden.

II. Amtshaftung

Nimmt der Feuerwehrangehörige ein öffentliches Amt wahr, indem er ho- 13
heitliche Aufgaben erfüllt, und verursacht er hierbei einen Schaden, **so haftet anstelle des Feuerwehrangehörigen die Gemeinde als Träger der Feuerwehr nach Amtshaftungsgrundsätzen** gemäß § 839 BGB i. V. m. Art. 34 GG. Mit überzeugender Begründung entschied der BGH (Urteil vom 14. Juni 2018, III ZR 54/17, juris [Rn. 53ff.]), dass die Haftung der Gemeinde wegen eines amtspflichtwidrigen Verhaltens eines zur Gefahrenabwehr handelnden Feuerwehrangehörigen nicht mehr entsprechend § 680 BGB auf dessen Vorsatz oder grobe Fahrlässigkeit beschränkt ist. Insbesondere der Umstand, dass durch die Regelungen in § 34 Abs. 1 Satz 2 und Abs. 2 die Mehrzahl der Feuerwehreinsätze kostenersatzpflichtig ist, widerspricht einer entsprechenden Anwendung der Haftungsbeschränkung, die vor dem Hintergrund eines fremdnützigen Handelns in Notfällen gemacht wird. Zudem bezweckt die Regelung des § 680 BGB den Schutz des spontan Hilfeleistenden, während die Feuerwehrangehörigen für den Hilfeeinsatz ausgebildet und trainiert sind (vgl. Bertkau, ZfSch 2018, 606).

Demnach besteht in diesen Fällen ein Schadensersatzanspruch des Geschädigten nur gegenüber der Gemeinde, nicht jedoch gegenüber dem Feuerwehrangehörigen. Allerdings hat die Gemeinde gegen den Feuerwehrangehörigen eine Rückgriffsmöglichkeit, wenn dem Feuerwehrangehörigen Vorsatz oder grobe Fahrlässigkeit vorzuwerfen ist (vgl. Art. 34 Satz 2 GG i.V.m. § 48 BeamtStG). An dieser Haftungseinschränkung hat sich durch das vorgenannte Urteil des BGH vom 14. Juni 2018 (III ZR 54/17, juris) nichts geändert.

Obwohl § 839 Abs. 1 BGB die Folgen einer Amtspflichtverletzung durch einen „Beamten" normiert, bezieht sich diese Regelung auf die Haftung **aller Angehörigen der Gemeindefeuerwehr** bei hoheitlicher Tätigkeit. Die Amtshaftungsgrundsätze gelten daher nicht nur bei Beamten im Feuerwehrdienst (sog. statusrechtlicher Beamtenbegriff), sondern auch bei Arbeitnehmern und ehrenamtlich Tätigen der Gemeindefeuerwehr (sog. weiter Beamtenbegriff im haftungsrechtlichen Sinn, vgl. Erman, BGB, 17. Aufl., § 839 Rn. 27).

Die Amtshaftungsgrundsätze gelten nur **bei hoheitlicher Tätigkeit** des Angehörigen der Gemeindefeuerwehr. Daher stellt sich die Frage, welche Tätigkeiten der Feuerwehr außerhalb des Einsatzgeschehens, welches als Gefahrenabwehr unzweifelhaft hoheitliche Tätigkeit darstellt, als hoheitlich anzusehen sind. Der BGH (DÖV 1962, 792 f. und juris [Rn. 13]) hat hierzu ausgeführt, dass in den Bereich der hoheitlichen Betätigung des Amtsträgers jede Handlung fällt, die – wenn auch nur mittelbar – der Ausführung des hoheitlichen Geschäfts dient. Entscheidend ist, dass ein genügend enger, innerer und äußerer Zusammenhang zwischen der schädigenden Handlung und der hoheitlichen Betätigung gegeben ist und die schädigende Handlung nicht nur in einer rein äußeren, zeitlichen oder gelegenheitsmäßigen Beziehung zur hoheitlichen Betätigung steht. Dieser innere Zusammenhang entfällt allerdings bei einer vollständig dienstfremden Handlung nur gelegentlich einer Amtstätigkeit, etwa wenn der Beamte auf einer Dienstreise mit dem Kraftwagen einen längeren Umweg zur Erledigung privater Zwecke einlegt.

Diesen Grundsätzen folgend hat die Rechtsprechung **folgende Tätigkeiten der Feuerwehr als Ausübung hoheitlicher Tätigkeit** gewertet:

1. die gesamte Einsatztätigkeit nach § 2 FwG (vgl. OLG Hamm, Urteil vom 8. Februar 2012, 11 U 150/10, juris [Rn. 29]) einschließlich der Rückfahrt ins Gerätehaus nach dem Einsatz (BGH, VersR 2008, 410 ff. und Juris [Rn. 23]) sowie Tätigkeiten, die dem Wiederherstellen der Einsatzbereitschaft dienen (z.B. Auftanken des Löschfahrzeuges mit Wasser nach Einsatz, LG Dessau-Roßlau, Urteil vom 11. Mai 2012, 2 O 425/11, juris [Rn. 21]);

2. Übungen, die auf ein Einsatzgeschehen vorbereiten sollen oder der Erprobung von Feuerwehrausrüstung dienen (BGH, DÖV 1962, 792 und juris [Rn. 16]; OLG Naumburg, Beschluss vom 9. August 2010, 10 W 4/10, juris [Rn. 14]; Brandenburgisches OLG, Urteil vom 3. September 2015, 5 U 159/09, juris [Rn. 42]);
3. Tätigkeiten im Rahmen von Lehrgängen und Fortbildungsveranstaltungen (LG Dortmund, Urteil vom 3. Januar 2001, 21 O 331/00, juris);
4. Fahrten im privaten Pkw von der Wohnung zum Feuerwehrgerätehaus im Rahmen von Einsätzen (OLG Stuttgart, NJW 2002, 2118 und juris [Rn. 7]; LG Magdeburg, Urteil vom 7. September 2010, 10 O 564/10, juris [Rn. 19 und 26]), denn der Einsatz des Feuerwehrangehörigen beginnt bereits mit deren Alarmierung;
5. grundsätzlich Fahrten zu Dienstbesprechungen, Übungen, Lehrgängen und Fortbildungsveranstaltungen (unabhängig, ob mit einem Dienstfahrzeug oder privaten Fahrzeug getätigt, BGH, DÖV 1979, 865; BGH, DVBl 1992 1360 und juris [Rn. 8]; siehe hierzu aber auch Rn. 14 f.).
6. Brandschutzerziehung für gemeindliche Einrichtungen und andere Einrichtungen (Kindergarten, Schulen, Vereine), da die Gemeinde im gesetzlichen Auftrag handelt (vgl. OLG Stuttgart, Urteile vom 24. Juni 2020, 4 U 33/20 und 42/20, Pressemitteilung in juris).

Folgende Tätigkeiten der Feuerwehr erfolgen **nicht in Ausübung hoheitlicher Gewalt,** sondern anlässlich fiskalischer Tätigkeiten, sodass den Feuerwehrangehörigen, sollte er ausnahmsweise anstelle der Gemeinde haften müssen, hier nicht das Amtshaftungsprivileg zugutekommt (siehe dazu unten III. Fiskalhaftung):

1. Brandschutzaufklärung bei kommerziellen Veranstaltungen, da diese nicht dem gesetzlichen Auftrag des § 2 Abs. 2 Nr. 2 unterfallen;
2. reine Tragehilfe für den Rettungsdienst, ohne dass Feuerwehrtechnik zum Einsatz kommt bzw. kommen soll;
3. Bewirtung im Rahmen von Feuerwehrveranstaltungen;
4. Beseitigen umgestürzter Bäume, ohne dass eine Gefährdung für Menschen besteht;
5. Räumen von Schnee auf einem Hausdach (vgl. OLG Rostock Urteil vom 28 Juli 2017, 6 U 131/15, juris [Rn. 68]);
6. Auspumpen von Kellerräumen außerhalb einer Notstandslage i. S. von § 2 Abs. 1 Satz 1 Nr. 1.

In den drei letztgenannten Fällen wird als Grundlage für das Handeln der Feuerwehr entweder ein Werk- bzw. Dienstvertrag oder das Institut der Geschäftsführung ohne Auftrag angenommen (siehe dazu Rn. 42 zu § 34). Die Gemeinde wird bei Vertragsschluss gemäß § 53 GemO durch ihren hauptamtlich beschäftigen Technischen Einsatzleiter vertreten. Ein ehrenamtlich tätiger Technischer Einsatzleiter kann die Gemeinde nicht vertreten. Gleichwohl muss sich die Gemeinde das Handeln des Einsatzleiters zurechnen lassen (vgl. Aker/Hafner/Notheis, Gemeindeordnung BW, 2. Aufl., § 53 Rn. 7), weil ein Handeln der Feuerwehr in solchen Fällen übliche Praxis ist und die Gemeinde sonst ein Tätigwerden in diesen Fällen der Feuerwehrführung untersagen muss.

14 **Zu 4.:** Bei diesen Fahrten mit Privatfahrzeugen ins Feuerwehrhaus nach Alarmierung der Feuerwehr dürfen Angehörige der Feuerwehr Sonderrechte nach § 35 StVO in Anspruch nehmen (OLG Stuttgart, NJW 2002, 2118 und juris [Rn. 7]). Für solche Fahrten hat die LFS Hinweise herausgegeben (eingestellt auf der Internetseite der LFS).

Zu 5.: Nach dem Urteil des OLG Oldenburg vom 6. März 1973 (NJW 1973, 1199, zitiert in „Brandschutz" 1976, 174) ist selbst die Fahrt mit einem Feuerwehrfahrzeug zur fälligen TÜV-Untersuchung gemäß § 29 StVZO „Ausübung hoheitlicher Gewalt", da damit die Einsatzbereitschaft der Feuerwehr sichergestellt bleibe. Diese Auffassung **überzeugt nicht**. Eine derartige Fahrt ist dem Bereich fiskalischer Tätigkeit zuzuordnen (vgl. unten Rn. 17). Folgte man der Argumentation des OLG Oldenburg, würden nahezu alle fiskalischen Hilfsgeschäfte, da sie letztlich der Erhaltung der Funktionsfähigkeit der Feuerwehr dienen, dem Privileg der Amtshaftung unterliegen (Butz, NJW 1973, 1803). Folgerichtig sind nach der Rechtsprechung des BGH (DÖV 1962, 792) der Ankauf eines Feuerwehrfahrzeugs, seine Besichtigung und eine Probefahrt beim Kauf regelmäßig keine Ausübung hoheitlicher Gewalt, sondern eine fiskalische Betätigung, insbesondere bei Vorführungen oder Probefahrten durch den Verkäufer.

15 An dem vorbezeichneten Zusammenhang zwischen Fahrt und hoheitlicher Tätigkeit und damit an der **Ausübung hoheitlicher Gewalt fehlt es** jedoch, wenn es der Behörde gleichgültig ist, in welcher Weise der Amtsträger zum Ort der unmittelbaren hoheitlichen Tätigkeit gelangt, wenn also die Art und Weise, wie er den Weg zurücklegt, „wertneutral" ist (Staudinger-Wöstmann, BGB, 2020, § 839 Rn. 90; BGHZ 49, 267 ff.). Das ist etwa der Fall, wenn der Feuerwehrangehörige, statt die allgemeinen Beförderungsmittel des öffentlichen Verkehrs zu benutzen, den Weg zu einer dienstlichen Verrichtung nur aus Bequemlichkeit mit einem (behördeneigenen oder privaten) Kraftfahr-

zeug zurücklegt, etwa wenn sich der Feuerwehrbeamte morgens mit dem eigenen Wagen zu seiner Dienststelle begibt (Staudinger-Wöstmann, a.a.O.). Das Gleiche gilt, wenn der Feuerwehrangehörige mit seinem Wagen zu einem Besprechungstermin fährt, ohne dass die Ausführung der Fahrt in dieser Weise vom Dienstvorgesetzten aus dienstlichen Gründen angeordnet war, und auch keine dienstliche Notwendigkeit zur Wahrnehmung des Termins unter Benutzung des eigenen Wagens bestand. Es spielt für die Anwendbarkeit des § 839 BGB i.V.m. Art 34 GG in solchen Fällen auch keine Rolle, ob dem Beamten von seiner Behörde die Benutzung des eigenen Fahrzeugs unter dem Gesichtspunkt der Reisekostenerstattung gestattet war (Staudinger-Wöstmann, a.a.O.). Dagegen ist die unmittelbare Verknüpfung mit der hoheitlichen Tätigkeit gegeben, wenn die Benutzung von Kraftfahrzeugen zur Durchführung der hoheitlichen Aufgabe notwendig war, etwa wenn der Feuerwehrangehörige infolge mangelnder oder besonders ungünstiger Verbindungen der öffentlichen Verkehrsmittel gezwungen ist, zur Teilnahme an einer Besprechung oder an einer Fortbildung sich eines Kraftfahrzeugs zu bedienen (vgl. BGH DÖV 1979, 865 und juris [Rn. 11] sowie VersR 1981, 753 und juris [Rn. 11]). Nicht zum hoheitlichen Aufgabenbereich gehören ebenso Geschäftsbewegungen, die sich ihrem Wesen nach nicht von denen des allgemeinen Wirtschaftslebens und privatrechtlicher Betätigung unterscheiden und die nur beiläufig in der öffentlichen Verwaltung anfallen. Hierzu zählen sog. **fiskalische Hilfstätigkeiten** wie Reparaturen, Materialbeschaffung usw.

Verursacht ein Angehöriger der Gemeindefeuerwehr bei einer **Dienstfahrt** 16
schuldhaft einen Verkehrsunfall, haftet die Gemeinde nach Amtshaftungsgrundsätzen (§ 839 BGB). Sie kann sich dabei dem Geschädigten gegenüber grundsätzlich nicht auf das Verweisungsprivileg des § 839 Abs. 1 Satz 2 BGB – Haftung der Gemeinde für Fahrlässigkeit des Beamten nur, wenn der Geschädigte nicht auf andere Weise Ersatz verlangen kann – berufen (BGH, DVBl 1977, 573 und juris [Rn. 18] sowie DÖV 1983, 294 und juris [Rn. 9]). Werden bei der Fahrt jedoch die Sonderrechte nach § 35 Abs. 1 StVO in Anspruch genommen, kann sich die Gemeinde auf ihre subsidiäre Haftung nach § 839 Abs. 1 Satz 2 BGB berufen (BGH, DÖV 1983, 294 und juris [Rn. 9]). Ist die Gemeinde Halterin des Fahrzeugs, haftet sie außerdem nach den Grundsätzen der **Gefährdungshaftung** (§ 7 StVG). Ist der Angehörige der Feuerwehr Halter des Kfz, haftet außer der Gemeinde (nach § 839 BGB, Art. 34 GG) auch er nach § 7 StVG (Brandenburgisches OLG, Urteil vom 13. Juli 2010, 2 U 13/09, juris [Rn. 15]; vgl. dazu auch Fischer, Rechtsfragen beim Feuerwehreinsatz, 4. Aufl., S. 237 ff.). Die Gemeinde kann den Geschädigten nicht auf die Halterhaftung nach § 7 StVG als anderweitige Ersatzmöglichkeit (§ 839 Abs. 1 Satz 2 BGB) verweisen.

III. Fiskalhaftung

17 Bei Schadensfällen, die nicht in einem unmittelbaren ursächlichen Zusammenhang mit hoheitlicher Tätigkeit stehen, tritt die sog. **Fiskalhaftung der Gemeinde** ein – entweder über §§ 823, 89 Abs. 1, 31 BGB, wenn der schuldhaft handelnde Feuerwehrangehörige ein sog. verfassungsmäßiger Vertreter der Feuerwehr ist (z.B. Feuerwehrkommandant, Leiter einer Abteilung), oder über § 831 BGB, wenn der schuldhaft Handelnde ein „normaler" Feuerwehrangehöriger ist. In beiden Fällen trifft die Gemeinde als Träger der Feuerwehr die Verpflichtung zur Schadensersatzleistung. Sofern die Gemeinde die bestellte Person sorgfältig ausgewählt hat oder wenn der Schaden auch bei Anwendung dieser Sorgfalt entstanden sein würde, kann sie sich gemäß § 831 Abs. 1 Satz 2 BGB exkulpieren. Es kann dann in diesem Fall zur Eigenhaftung des Feuerwehrangehörigen nach §§ 823 ff. BGB kommen (siehe hierzu ausführlich: Müssig/Ruppel/Timm, „Wer haftet, wenn etwas passiert", 2016, S. 102 ff.). Die Zahl der Fälle, in denen Feuerwehrangehörige direkt in Anspruch genommen werden, ist allerdings äußerst gering, da die Gemeinden aus Gründen der Fürsorge oder der Kulanz den entstandenen Schaden vielfach übernehmen. Hat die Gemeinde eine Haftpflichtversicherung abgeschlossen, kommt diese auch für den Schaden auf (vgl. hierzu Württembergische Gemeindeversicherung „Versicherungsschutz für die Freiwillige Feuerwehr", wgv-info Nr. 1, 2012, und Rn. 28 zu § 16).

§ 8
Leitung der Gemeindefeuerwehr

(1) [1]Die Gemeindefeuerwehr wird von einem Feuerwehrkommandanten geleitet. [2]Bei Gemeindefeuerwehren mit mehreren Einsatzabteilungen werden die einzelnen Einsatzabteilungen der Freiwilligen Feuerwehr von Abteilungskommandanten geleitet. [3]Besteht eine Einsatzabteilung der Berufsfeuerwehr, ist deren Leiter der Feuerwehrkommandant.

(2) [1]Der ehrenamtlich tätige Feuerwehrkommandant und sein Stellvertreter oder seine Stellvertreter werden aus der Mitte der Einsatzabteilungen durch die Angehörigen der Einsatzabteilungen der Freiwilligen Feuerwehr der Gemeindefeuerwehr, die Abteilungskommandanten und deren Stellvertreter durch die Angehörigen der jeweiligen Einsatzabteilung aus deren Mitte auf die Dauer von fünf Jahren in geheimer Wahl gewählt und nach Zustimmung des Gemeinderats zur Wahl durch den Bürgermeister bestellt. [2]Bei vorzeitigem Ausscheiden eines Feuerwehr- oder Abteilungskommandanten oder eines Stellvertreters kann die Amtszeit für den Nachfolger verkürzt wer-

den; das Nähere ist durch Satzung zu regeln. [3]Kommt binnen drei Monaten nach Freiwerden der Stelle oder nach Versagung der Zustimmung keine Neuwahl zustande, bestellt der Bürgermeister den vom Gemeinderat gewählten Feuerwehrangehörigen zum Feuerwehr- oder Abteilungskommandanten oder zu deren Stellvertreter. [4]Die Bestellung nach Satz 3 endet mit der Bestellung eines Nachfolgers nach Satz 1. [5]Der Feuerwehrkommandant, die Abteilungskommandanten und die Stellvertreter können vom Gemeinderat nach Anhörung des Feuerwehrausschusses abberufen werden.

(3) Vor der Bestellung hauptamtlich tätiger Feuerwehrkommandanten, Abteilungskommandanten und ihrer Stellvertreter ist der Feuerwehrausschuss, bei hauptamtlich tätigen Abteilungskommandanten und ihren Stellvertretern auch der Abteilungsausschuss zu hören.

(4) Die Unterführer (Zug- und Gruppenführer) bei den Einsatzabteilungen der Freiwilligen Feuerwehr werden durch den Abteilungskommandanten im Einvernehmen mit dem Feuerwehrkommandanten bestellt.

(5) Feuerwehrkommandant, Abteilungskommandanten, ihre Stellvertreter und die Unterführer dürfen nur bestellt werden, wenn sie die für ihr Amt erforderlichen persönlichen und fachlichen Voraussetzungen erfüllen.

(6) [1]Gegen eine Wahl nach Absatz 2 kann binnen einer Woche nach der Wahl von jedem Wahlberechtigten Einspruch bei der Gemeinde erhoben werden. [2]Nach Ablauf der Einspruchsfrist können weitere Einspruchsgründe nicht mehr geltend gemacht werden. [3]Gegen die Entscheidung über den Einspruch können der Wahlberechtigte, der Einspruch erhoben hat, und der durch die Entscheidung betroffene Bewerber unmittelbar Anfechtungs- oder Verpflichtungsklage erheben.

Übersicht **Rn.**

A. Allgemeines

1 § 8 regelt die Leitung einer Gemeindefeuerwehr und die Bestellung der Feuerwehrführer. Die in **Absatz 1** genannten Feuerwehrführer, nämlich der Feuerwehrkommandant (Satz 1) und die Abteilungskommandanten (Satz 2) sowie die in Absatz 2 aufgeführten jeweiligen Stellvertreter, bilden die **„Leitung der Gemeindefeuerwehr"** (vgl. Paragrafenüberschrift). Die Unterführer (Zug- und Gruppenführer) gehören nicht zur Leitung der Gemeindefeuerwehr.

Die Aufgaben der Feuerwehr nach § 2 machen es erforderlich, für den Kommandanten **mindestens einen Stellvertreter** zu bestellen. Bei der Bestellung mehrerer Stellvertreter ist die Reihenfolge der Stellvertretung festzulegen. Der bzw. die Stellvertreter nehmen die Funktion des von ihnen Vertretenen nur bei dessen Verhinderung wahr („Verhinderungsstellvertreter").

2 In **Absatz 2** sind die Wahl und Bestellung des ehrenamtlichen Kommandanten und dessen Stellvertreter(s) sowie der Abteilungskommandanten und deren Stellvertreter geregelt. Zudem ist in Satz 3 ein Verfahren für den Fall vorgesehen, dass eine Wahl durch die Feuerwehrangehörigen oder die Bestellung des Gewählten scheitert und daher die Funktion nicht binnen drei Monaten besetzt werden kann. In **Absatz 6** sind die Rechtsschutzmöglichkeiten gegen die Wahlentscheidung ausgeführt. **Absatz 3** gewährt dem Feuerwehrausschuss bzw. dem Abteilungsausschuss ein Anhörungsrecht vor der Bestellung hauptamtlicher Feuerwehrführer. **Absatz 4** regelt die Bestellung und Abberufung der Unterführer.

3 In der Verwaltungsvorschrift über die einheitliche Bekleidung, die Dienstgrade sowie die Dienstgrad- und Funktionsabzeichen bei den Feuerwehren und im feuerwehrtechnischen Dienst in Baden-Württemberg (VwV-Feuerwehrbekleidung, siehe dazu Rn. 31 zu § 3) ist geregelt, dass der Feuerwehrkommandant bzw. der Werkfeuerwehrkommandant drei je 2 mm starke Querbalken unterhalb des Dienstgrades, sein Stellvertreter und die Abteilungskommandanten zwei je 2 mm starke Querbalken unterhalb des Dienstgrades und die stellvertretenden Abteilungskommandanten einen 2 mm starken Querbalken unterhalb des Dienstgrades als Funktionskennzeichen tragen. Diese **Funktionskennzeichen** dürfen nur so lange getragen werden, wie die jeweilige Funktion ausgeübt wird.

B. Erläuterung

I. Zu Absatz 1

1. Satz 1

„Feuerwehrkommandant“ ist die gesetzliche Amts- und Funktionsbezeichnung für den ehren- und den hauptamtlichen Leiter der Gemeindefeuerwehr. Daraus folgt, dass diese Amtsbezeichnung nur führen kann, wer das Amt innehat; nicht also der Leiter einer Werkfeuerwehr (vgl. jedoch § 19 Abs. 2 Satz 5) und auch nicht der Leiter einer Einsatzabteilung. Feuerwehrkommandant ist andererseits auch die Amtsbezeichnung des Leiters einer Verbandsfeuerwehr, da diese an die Stelle der Gemeindefeuerwehr tritt (vgl. Rn. 2 zu § 1). 4

Die Gemeindefeuerwehr und auch eine Einsatzabteilung zu **leiten** bedeutet: 5

- weisungsberechtigter Vorgesetzter zu sein,
- den Übungs-, Aus- und Fortbildungsdienst festzulegen und für dessen Durchführung zu sorgen,
- auf die Instandhaltung der Feuerwehrausrüstung und -einrichtungen hinzuwirken,
- für die Leistungsfähigkeit von Mannschaft und Gerät verantwortlich zu sein,
- bei einem Feuerwehreinsatz grundsätzlich die technische Einsatzleitung i. S. des § 27 innezuhaben (der Abteilungskommandant hat sie im Gebiet der Abteilung über die Einsatzkräfte der Abteilung, soweit nicht der Kommandant eine abweichende Regelung getroffen hat),
- den Vorsitz im Feuerwehrausschuss bzw. Abteilungsausschuss innezuhaben,
- die Unterführer zu bestellen,
- bei anfallenden Verwaltungsarbeiten für deren Erledigung zu sorgen.

Die Aufgaben nach § 9 Abs. 2 und § 14 Abs. 5 obliegen allein dem Feuerwehrkommandanten.

Der Feuerwehrkommandant kann seine Stellvertreter oder auch andere Führungskräfte bei einzelnen der vorgenannten Aufgaben mit seiner Vertretung beauftragen. Dies ist bei der Vielzahl der Aufgaben zu seiner Entlastung dringend anzuraten, zudem stärkt dies auch die Verantwortung und Motivation seiner Führungskräfte. Diese **Delegation** betrifft sowohl die Vertretung bei einzelnen konkreten Tätigkeiten, wie z. B. die Vertretung an einer Feuerwehrveranstaltung, vor allem aber auch die Übertragung von Leitungsaufgaben wie z. B. die Einsatzleitung bei bestimmten Einsätzen oder die Organisation des Übungsbetriebes. Die vom Kommandanten übertragenen Befugnisse sind auf den jeweiligen Aufgabenkreis beschränkt. Der Feuerwehrkommandant hat die Geeignetheit der von ihm beauftragten Führungspersonen vorab zu überprüfen und sich von der ordnungsgemäßen Erledigung der von ihm übertragenen Aufgaben zu vergewissern. Die Letztverantwortung verbleibt trotz Delegation bei ihm.

2. Satz 2

6 Gliedert sich eine Gemeindefeuerwehr in mehrere Einsatzabteilungen, führt der Leiter einer Einsatzabteilung der Freiwilligen Feuerwehr die gesetzliche Amts- und Funktionsbezeichnung **„Abteilungskommandant"**. Der Abteilungskommandant hat in der Einsatzabteilung die Funktion und Aufgaben, die der Feuerwehrkommandant in der Gemeindefeuerwehr hat. Das oben unter Rn. 5 beschriebene Delegationsrecht des Kommandanten gilt auch für den Abteilungskommandanten hinsichtlich dessen Aufgaben. Daraus, dass Satz 2 von der Leitung der Einsatzabteilung der freiwilligen Feuerwehr spricht, folgt ferner, dass die Leiter der Einsatzabteilung mit hauptamtlichen Kräften, der Jugendfeuerwehr, der Altersabteilung und der Musikabteilung nicht die Amtsbezeichnung „Abteilungskommandant" führen dürfen.

3. Satz 3

7 Der durch ÄndG 2009 eingeführte Satz 3 bestimmt, dass der Leiter der Einsatzabteilung der Berufsfeuerwehr aufgrund seiner Ausbildung und hauptberuflichen Tätigkeit Feuerwehrkommandant ist. Die gesetzliche Regelung entsprach der bis zur Einführung gängigen Übung.

II. Zu Absatz 2

1. Satz 1

8 Die Gemeinde entscheidet nach pflichtgemäßem Ermessen, ob die Gemeindefeuerwehr **„ehrenamtlich"** – dann sind die Feuerwehrführer nach Absatz 2 zu wählen und zu bestellen – oder **hauptamtlich** (vgl. Absatz 3) zu leiten ist. Dieses Wahlrecht besteht allerdings – wie sich aus Absatz 1 Satz 3 ergibt – nicht, wenn die Gemeindefeuerwehr über eine Einsatzabteilung der Berufsfeuerwehr verfügt, denn dann ist deren Leiter hauptberuflicher Feuerwehrkommandant. Auch den ehrenamtlichen Feuerwehrkommandanten kann die Gemeinde zum Beamten ernennen, nämlich zum Ehrenbeamten (vgl. hierzu Rn. 4 zu § 23).

9 Der Feuerwehrkommandant und der Abteilungskommandant müssen nach Satz 1 mindestens einen Stellvertreter haben. Der „satzungsgemäße" **Stellvertreter** wird, wenn er ehrenamtlich tätig ist, nach Absatz 2 gewählt und bestellt, d.h. auf die gleiche Weise wie der „gesetzliche" Stellvertreter. Der Stellvertreter vertritt den Kommandanten, wenn dieser verhindert ist; er ist also kein ständiger Vertreter, sondern nur **„Verhinderungsstellvertreter"**.

10 **Wahlberechtigt** für die Wahl des Feuerwehrkommandanten und seines(r) Stellvertreter(s) sind alle Angehörigen der **Einsatzabteilungen** der Freiwilligen Feuerwehr, d.h. nicht nur die ehrenamtlich Tätigen, sondern auch die hauptberuflich Beschäftigten (Beamte und Beschäftigte der Gemeinde, zu deren Dienstaufgaben der Einsatzdienst in einer Einsatzabteilung der Freiwilligen Feuerwehr gehört). Feuerwehrangehörige, die ihren Dienst ausschließlich in der Abteilung Berufsfeuerwehr oder hauptamtlicher Kräfte versehen, sind nicht wahlberechtigt. Das Wahlrecht steht den Angehörigen einer Einsatzabteilung der Freiwilligen Feuerwehr zu, unabhängig davon, ob sie das 18. Lebensjahr vollendet haben, auf Probe aufgenommen sind und unabhängig vom jeweiligen Ausbildungsstand. Dies gilt auch für Fachberater i.S. des § 11 Abs. 4, wenn sie einer Einsatzabteilung zugehörig sind und nicht dem Kommandanten direkt unterstellt sind (siehe dazu Rn. 1 und Rn. 25 zu § 11). Angehörige der Jugendfeuerwehr, der Altersabteilung und der Musikabteilung besitzen weder eine aktive (das Recht zu wählen) noch passive (das Recht gewählt zu werden) Wahlberechtigung. Dies folgt aus der Formulierung „aus der Mitte der Einsatzabteilungen". Mit dem Übertritt von der Einsatzabteilung in die Altersabteilung enden die Dienstpflichten nach § 13 Abs. 1 Nr. 4 und 5 und damit das Wahlrecht. Die in § 14 Abs. 2 vorgesehene Möglichkeit, einen noch feuerwehrdienstfähigen Angehörigen der Altersabteilung zu einer Übung oder einem Einsatz heranziehen zu können, ändert hieran nichts.

11 Aktiv und passiv wahlberechtigt für den Abteilungskommandanten und seine(n) Stellvertreter sind die Angehörigen der jeweiligen Einsatzabteilung. Für das passive Wahlrecht folgt dies aus den Worten „aus ihrer Mitte". Der ehrenamtlich tätige Abteilungskommandant kann sich zum ehrenamtlich tätigen Feuerwehrkommandanten wählen lassen. Das Gesetz steht einer solchen Doppelfunktion nicht entgegen. Allerdings ist bei einer solchen Doppelfunktion zu bedenken, dass der Kommandant leicht in Verdacht geraten kann, die Einsatzabteilung zu bevorzugen, die er auch als Abteilungskommandant leitet. Beide Wahlen können in derselben Wahlversammlung durchgeführt werden. Rechtlich unzulässig ist es, den hauptamtlich tätigen Abteilungskom-

mandanten nach Absatz 2 zum Feuerwehrkommandanten zu wählen. Wer hauptamtlich Feuerwehrdienst leistet, kann der Gemeindefeuerwehr grundsätzlich nicht gleichzeitig ehrenamtlich angehören (vgl. Rn. 11 zu § 7). Der hauptamtlich tätige Abteilungskommandant kann jedoch gleichzeitig mit dem Amt des Feuerwehrkommandanten hauptamtlich betraut werden.

12 Die **Amtsdauer aller gewählten Feuerwehrführer beträgt** grundsätzlich (vgl. aber Satz 2) **fünf Jahre**. Die Amtszeit beginnt, da § 8 hierzu keine Bestimmung enthält, mit dem Dienstantritt. Der gewählte Feuerwehrführer kann seinen Dienst jedoch erst antreten, wenn der Gemeinderat der Wahl zugestimmt und der Bürgermeister ihm daraufhin die Bestellungsurkunde ausgehändigt hat (vgl. unten Rn. 15). Das gilt auch bei unmittelbarer Wiederwahl. Ist die vorherige Amtszeit (seine oder die des bisherigen Feuerwehrführers) im Zeitpunkt der Bestellung noch nicht abgelaufen, schließt die fünfjährige Frist an das Ende der vorangegangenen an. Ist die fünfjährige Frist abgelaufen, bevor der Nachfolger sein Amt antritt, führt der bisherige Feuerwehrführer sein Amt nicht (auch nicht kommissarisch) kraft Gesetzes bis zur Neubestellung weiter. Durch die Feuerwehrsatzung sollte daher die kommissarische Weiterführung des Amts bestimmt werden.

13 **Geheim** ist die Wahl nur, wenn der Wähler sein Recht so ausüben kann, dass andere Personen nicht gegen seinen Willen Kenntnis von seiner Entscheidung erhalten. Kein Abstimmender kann gezwungen werden offenzulegen, wie er abgestimmt hat. Durch den Geheimhaltungsgrundsatz soll gerade vermieden werden, dass Wahlhandlungen unter Druck, unter Drohung oder unter der Erwartung unangenehmer Folgen stattfinden. Aus der Tatsache, dass in Satz 1 nur der Wahlgrundsatz der geheimen Wahl genannt ist, folgt selbstverständlich nicht, dass bei den Feuerwehrwahlen nicht auch die anderen Grundsätze einer demokratischen Wahl – allgemein, unmittelbar, frei, gleich – zu beachten wären.

Geheim ist die Wahl auch dann, wenn es notwendig werden sollte, dass ein Wähler den Namen des Kandidaten handschriftlich auf den Stimmzettel notieren muss. Dies kann etwa der Fall sein, wenn ein Bewerber seine Bereitschaft zur Kandidatur erst in der Versammlung bekannt gibt. Da die Kandidaten an der Auszählung nicht beteiligt sein dürfen und die Stimmzettel unmittelbar nach Auszählung in die Verwahrung der Gemeinde gelangen, ist nicht zu besorgen, dass durch einen Kandidaten versucht werden könnte, durch Einsichtnahme in die Stimmzettel Rückschlüsse auf ein Wahlverhalten zu ziehen.

14 Wenn auch § 8 Abs. 2 zum Wahlverfahren keine umfassenden Regelungen enthält, so sind die Feuerwehrführer doch nach den allgemeinen Grund-

sätzen der **Mehrheitswahl** zu wählen (so auch geregelt in § 17 Abs. 3 FwSAbt). Danach ist gewählt, wer von den abgegebenen Stimmen die meisten erhalten hat. Eine absolute Mehrheit ist erforderlich. Stimmenthaltungen gelten, soweit die Satzung nichts anderes bestimmt, als nicht abgegebene Stimmen; ebenso verhält es sich mit den ungültigen Stimmen. Dabei ist nur der Stimmzettel ungültig, durch den der Wählerwille nicht eindeutig erkennbar ist. § 24 KomWG ist als spezielle Regelung für die Kommunalwahl bei Feuerwehrwahlen nicht anwendbar.

Die Wahl der Feuerwehrführer bedarf zu ihrer Rechtswirksamkeit der **Zustimmung durch den Gemeinderat**. In Gemeinden mit Ortschaftsverfassung (vgl. §§ 67 ff. GemO) kann die Zuständigkeit für die Zustimmung zur Wahl der Leiter der Einsatzabteilungen in den Ortschaften auch beim Ortschaftsrat liegen. Dies ist (nur) dann der Fall, wenn dem Ortschaftsrat nach der Hauptsatzung diese Entscheidung übertragen wurde (vgl. § 70 Abs. 2 Satz 1 GemO). Gemeinderat bzw. Ortschaftsrat werden hierbei als Kontrollorgan tätig. Dieser muss selbst prüfen (bzw. durch den Bürgermeister prüfen lassen), ob die Wahl ordnungsgemäß durchgeführt worden ist, insbesondere keine unzulässige Wahlbeeinflussung stattgefunden hat oder nicht offen abgestimmt worden ist, und der Gewählte die für sein Amt erforderlichen persönlichen und fachlichen Voraussetzungen (vgl. Abs. 5) erfüllt. War die Wahl ordnungsgemäß durchgeführt und liegen beim Gewählten die fachlichen und persönlichen Voraussetzungen für das Amt vor, hat der Gemeinderat bzw. der Ortschaftsrat die Zustimmung zu erteilen, ein Ermessen steht ihm insoweit nicht zu, denn die demokratische Willensbildung der Feuerwehrangehörigen hat insoweit Vorrang vor sonstigen Bedenken des Gemeinde- bzw. Ortschaftsrates. Stimmen der Gemeinderat bzw. der Ortschaftsrat der Wahl nicht zu, ist zumindest ein weiterer Wahlgang erforderlich. Die Gründe, weshalb die Zustimmung nicht erteilt wurde, sind dem Gewählten schriftlich bekannt zu geben, damit dieser ggf. eine gerichtliche Überprüfung der ablehnenden Entscheidung veranlassen kann. 15

Der Bürgermeister **„bestellt“** den Gewählten, indem er eine Bestellungsurkunde aushändigt. Erst anschließend kann dieser sein Amt wahrnehmen. Zu den Rechtsfragen um eine unterbliebene Bestellung von gewählten Feuerwehrführungskräften siehe auch Ernst, Brandhilfe 8/2024, S. 21 f.

2. Satz 2

Der durch ÄndG 2009 eingefügte **Satz 2** sieht vor, dass durch Satzung bestimmt werden kann, dass der Nachfolger für vorzeitig ausscheidende Feuerwehr- oder Abteilungskommandanten oder ihre Stellvertreter auch 16 für eine kürzere Amtszeit als fünf Jahre gewählt werden kann, um so bei der nächsten Wahl wieder eine gleichzeitige Wahl für den Kommandanten bzw. Abteilungskommandanten und den oder die Stellvertreter durchführen zu können (vgl. LT-Drucks. 14/5103, S. 37).

3. Satz 3

17 Mit der Regelung in **Satz 3** wollte der Gesetzgeber vermeiden, dass die Gemeindefeuerwehr länger als drei Monate ohne ehrenamtlich tätigen Feuerwehrkommandanten oder dieser ohne Stellvertreter ist, um ein Absinken der Leistungsfähigkeit der Feuerwehr wegen Führungslosigkeit zu vermeiden. Die durch ÄndG 2009 erfolgte Verlängerung der gesetzlichen Frist von einem auf drei Monate diente der Anpassung der Gesetzeslage an die verwaltungstechnische Praxis (vgl. LT-Drucks. 14/5103, S. 37). Der Gemeinderat muss den Feuerwehrkommandanten bzw. dessen Stellvertreter wählen, wenn die Bestellung nach Satz 1 scheitert. Der vom Gemeinderat Gewählte ist vom Bürgermeister zu bestellen. Die Anhörung des Feuerwehrausschusses ist in diesem Fall nicht gesetzlich vorgeschrieben, denn die Bestellung nach Satz 3 ist keine „allgemein örtliche Regelung" i.S. von § 10 Abs. 4 Satz 2. Die Anhörung ist gleichwohl vor einer Wahl und Bestellung nach Satz 3 dringend zu empfehlen.

Statt nach Satz 3 vorzugehen, kann die Gemeinde allerdings auch einen hauptamtlich tätigen Feuerwehrkommandanten bestellen (siehe unten Rn. 22). Dieser Schritt sollte aber im Hinblick auf die Kosten und die derzeit durchaus überschaubare Bewerberlage wohl überlegt sein.

4. Satz 4

18 Nach Satz 4 ist die Bestellung nach Satz 3 zeitlich befristet bis zur Bestellung eines von der Feuerwehr nach Satz 1 Gewählten.

5. Satz 5

19 Der Feuerwehrkommandant, der Abteilungskommandant und ihr(e) Stellvertreter können von ihrem Amt nicht kraft eigenen Willensentschlusses zurücktreten. Dies dient der Sicherstellung der Einsatzfähigkeit der Feuerwehr. Die gewählten Feuerwehrführer können nur vom Gemeinderat bzw. Ortschaftsrat (vgl. oben Rn. 15) von ihrem Amt entbunden werden (Entpflichtung). Satz 5 nennt keinen besonderen Grund für die Abberufung.

Das Verb **„abberufen"** ist nicht gleichbedeutend mit unehrenhaftem Entfernen aus dem Amt. Das Wort ist vielmehr weit auszulegen. Abberufen werden kann der Feuerwehrführer nämlich auch auf eigenen Wunsch (Antrag). Hauptgründe für eine Abberufung werden neben der Abberufung auf eigenen Antrag allerdings Ungeeignetheit und Unfähigkeit als Feuerwehrführer bzw. ein unüberbrückbarer Vertrauensverlust in der Mannschaft sein. Abberufung darf nicht mit der Entlassung oder gar mit der Beendigung des Feuerwehrdienstes aus wichtigem Grund nach § 13 Abs. 3 verwechselt werden. Wer nach Satz 5 abberufen wird, bleibt Angehöriger der Gemeindefeuerwehr. Liegt ein Grund i. S. von § 13 Abs. 2 oder 3 vor, wird der Feuerwehrführer in der Regel nicht abzuberufen, sondern dessen Feuerwehrdienst wird zu beenden sein.

Vor der Abberufung muss der Gemeinderat den **Feuerwehrausschuss anhören**. Damit soll sichergestellt werden, dass nicht „hinter dem Rücken" der Feuerwehrangehörigen, deren Vertretung der Feuerwehrausschuss ist, deren gewählte Führer aus ihrem Amt entfernt werden. Mit der Anhörung kann der Gemeinderat einen seiner Ausschüsse oder auch eine Delegation beauftragen.

Absatz 2 Satz 5 regelt nur die Möglichkeit der Abberufung ehrenamtlich 20
tätiger Kommandanten, Abteilungskommandanten und deren Stellvertreter. Nicht umfasst von dieser Befugnis ist die **Abberufung hauptamtlich tätiger Kommandanten**. Die Möglichkeit, diese abzuberufen, ist im FwG nicht geregelt. Selbstverständlich muss es jedoch auch möglich sein, solche Führungskräfte aus den gleichen Gründen wie ehrenamtlich tätige Kommandanten aus ihrer Führungsposition zu entfernen. Dies gilt insbesondere für den Fall, dass die Angehörigen der Einsatzabteilungen dem Kommandanten aufgrund schwerwiegender Fehler bei der Einsatzleitung oder charakterlicher Mängel kein Vertrauen mehr entgegenbringen können, denn das gegenseitige Vertrauen ist Grundlage des Einsatzerfolges (vgl. unten Rn. 28). Diese Möglichkeit der Abberufung besteht in der beamtenrechtlichen **Umsetzung** des Feuerwehrkommandanten; eine Entlassung aus dem Beamtenverhältnis ist grundsätzlich nur bei schweren Dienstvergehen oder Straftaten (vgl. § 24 BeamtStG) möglich. Die Umsetzung bedeutet die Übertragung eines anderen funktionellen Amtes (d. h. eines anderen Aufgabenkreises in der Gemeindeverwaltung) innerhalb des statusrechtlichen Amtes (z. B. Amt des Brandrats). Voraussetzung für eine Umsetzung bzw. eine ihr ähnliche Aufgabenänderung ist ein **dienstliches Bedürfnis**, wobei dem Dienstherrn grundsätzlich sehr weite Grenzen gesetzt sind (vgl. VGH, Beschluss vom 23. Februar 2016, 4 S 2527/15, juris [Rn. 17]). Der Beamte hat nämlich kein Recht am Amt im konkret-funktionellen Sinn. Auch der Verlust einer leitenden Funktion oder der Vorgesetzteneigenschaft oder die Einbuße an einem mit dem bisherigen Dienstposten tatsächlich oder vermeintlich verbundenen besonderen gesellschaftlichen Ansehen schränkt das Ermessen des Dienstherrn nicht

ohne Weiteres ein; auch darf die Umsetzung der Beseitigung eines Spannungsverhältnisses dienen. Eine Umsetzung ist erst dann rechtswidrig, wenn der umgesetzte Beamte eine Dienstfunktion erhält, die ihn eindeutig unterfordert bzw. die nicht amtsangemessen ist (vgl. BVerwG, Beschluss vom 26. November 2004, 2 B 72/04, juris [Rn. 5]; VG Sigmaringen, Beschluss vom 19. Mai 2005, 1 K 33/05, juris [Rn. 21]).

Die Umsetzung stellt eine Organisationsmaßnahme dar, die grundsätzlich unter die Geschäftsverteilungsbefugnis (Organisationsgewalt) des Bürgermeisters fällt. Denn für die Verteilung der Aufgaben an Gemeindebedienstete, d.h. die Regelung organisatorischer Fragen des Verwaltungsaufbaus und -ablaufs, ergibt sich die Zuständigkeit des Bürgermeisters aus § 44 Abs. 1 GemO. Der Gemeinderat ist demgegenüber nach § 24 Abs. 2 GemO für die Entscheidung über Ernennung, Beförderung, Abordnung, Versetzung und Entlassung der Beamten der Gemeinde zuständig.

Vor einer Umsetzung ist gemäß § 10 Abs. 4 Satz 2 der Feuerwehrausschuss zu hören.

III. Zu Absatz 3

21 Die Bedeutung von **Absatz 3** liegt allein in der Verpflichtung der Gemeinde, dass vor der Entscheidung, ob der Feuerwehrkommandant und/oder sein(e) Stellvertreter, der Abteilungskommandant und/oder sein(e) Stellvertreter hauptamtlich bestellt werden, dem Feuerwehrausschuss/Abteilungsausschuss Gelegenheit zur Stellungnahme eingeräumt werden muss. Aus Absatz 3 folgt andererseits, dass eine Anhörung der Feuerwehrausschüsse gesetzlich nicht vorgeschrieben ist, wenn die Gemeinde Zugführer und/oder Verbandsführer hauptberuflich beschäftigen, d.h. diese zu Beamten ernennen will.

22 Es steht im pflichtgemäßen Ermessen der Gemeinde, den Feuerwehrführer hauptberuflich zu bestellen oder ihn gemäß Absatz 2 durch die Angehörigen der Einsatzabteilungen der Gemeindefeuerwehr wählen zu lassen. Entscheidende Kriterien für die zu treffende Entscheidung sollten sein:

- die Größe der Gemeinde (können die dem Feuerwehrkommandanten obliegenden Aufgaben neben einem anderen Beruf noch wirksam wahrgenommen werden?);
- die Ausbildung des Feuerwehrführers (kann der Leiter der Gemeindefeuerwehr die ihm obliegenden Aufgaben ohne Ausbildung zum Beamten des gehobenen bzw. höheren feuerwehrtechnischen Dienstes sach- und fachgerecht erfüllen?).

Will die Gemeinde den Feuerwehrkommandanten oder Abteilungskommandanten **hauptamtlich** bestellen, hat sie ihn, da diesen hoheitliche Aufgaben übertragen sind, grundsätzlich zum Beamten des feuerwehrtechnischen Dienstes zu berufen (Art. 33 Abs. 4 GG). Erfüllt der zum hauptamtlichen Feuerwehrkommandanten Bestellte die laufbahnrechtlichen Voraussetzungen zum Beamten des feuerwehrtechnischen Dienstes noch nicht, sollte ihm Gelegenheit gegeben werden, diese zu erwerben.

Wird der Ausschuss entgegen Absatz 3 nicht angehört, ist eine Verfahrens- 23
vorschrift verletzt. Dieser Verstoß macht indes die Bestellung nicht nichtig (vgl. § 44 LVwVfG), denn aus § 45 Abs. 1 Nr. 3 LVwVfG folgt, dass die **Anhörung** nachgeholt werden kann. Ergibt sich aufgrund der sodann nachgeholten Anhörung, dass eine andere Entscheidung auch bei vorheriger Anhörung nicht hätte getroffen werden können, kann die Bestellung nicht aufgehoben und deren Aufhebung auch nicht verlangt werden (vgl. § 46 LVwVfG).

IV. Zu Absatz 4

Bereits das ÄndG 1986 hatte dem Feuerwehrausschuss das Vorschlagsrecht 24
für die **Unterführer** genommen, die Unterführer kann sich der Abteilungskommandant selbst aussuchen und bestellen. Er sollte sich hierbei vom Abteilungsausschuss beraten lassen; er braucht dies jedoch nicht zu tun. Allerdings ist regelmäßig derjenige zum Unterführer zu bestellen, der über die durch eine erfolgreiche Teilnahme an einem Lehrgang nachgewiesene fachliche Qualifikation verfügt, denn Plätze für die Ausbildung zum Gruppen- bzw. Zugführer an der Landesfeuerwehrschule sind rar. Eine Ablehnung der Bestellung dürfte daher nur gerechtfertigt sein, wenn eine vertrauensvolle Zusammenarbeit des Abteilungskommandanten mit dem Feuerwehrangehörigen aus nachvollziehbaren Gründen nicht möglich erscheint. Der Feuerwehrkommandant hat bei der Bestellung der Unterführer durch den Abteilungskommandanten nur ein Vetorecht (vgl. hierzu unten Rn. 26). Da der Feuerwehrkommandant entscheidet, welche Feuerwehrangehörigen er auf welche Führungslehrgänge an der Landesfeuerwehrschule entsendet, ist eine vertrauensvolle Zusammenarbeit zwischen ihm und den Abteilungskommandanten bei der Personalplanung erforderlich.

Nicht geregelt in Absatz 4 ist die Unterführerbestellung in einer Berufsfeuerwehr und in dem Fall, dass die Gemeindefeuerwehr nicht in Abteilungen gegliedert ist (vgl. § 6 Abs. 1 Satz 1). Da es auch in diesen Fällen Unterführer geben muss, bleibt nur der Feuerwehrkommandant als Bestellender übrig. Die Bestellung der Unterführer ist dann Ausfluss der Verantwortung des Feuerwehrkommandanten für die Leistungsfähigkeit der Gemeindefeuerwehr (vgl. § 9 Abs. 1 Satz 1).

Das Recht, die Unterführer zu bestellen, schließt ein, diese **auch abzuberufen**, wenn sie sich nicht bewähren.

Bei den Unterführern kann die Bestellung durch Regelung in der Feuerwehrsatzung zeitlich befristet werden, denn § 8 enthält keine Regelung zur Dauer der Bestellung von Unterführern.

25 Die in Klammer gesetzten Begriffe begrenzen den Unterführerbegriff. Absatz 4 regelt nur die Bestellung der **Zug- und Gruppenführer** – diese sind hier nicht beispielhaft genannt. Daraus folgt, dass die Trupp- und Staffelführer und auch die Führer von taktischen Verbänden keine Unterführer i. S. des FwG sind; sie werden nicht formell „bestellt". Ein taktischer Verband besteht aus mehreren taktischen Einheiten, deren Gesamtstärke größer ist als die Stärke eines um einen Trupp erweiterten Zuges. Er kann aus gleichartigen oder aus verschiedenartigen taktischen Einheiten (auch unterschiedlicher Organisationen und/oder Fachdiensten) bestehen. Diese Funktionen nimmt bei einem Feuerwehreinsatz wahr, wer die in den FwDV festgelegten fachlichen Voraussetzungen erfüllt und vom Führer der größeren taktischen Einheit im Einzelfall mit der Funktion betraut wird. Rückt die Feuerwehr in Staffelstärke aus, kann der Einsatz von einem Gruppenführer geleitet werden, da die Funktion des Gruppenführers die Befähigung zum Staffelführer voraussetzt.

26 Stimmt der Feuerwehrkommandant einem Bestellungsvorschlag des Abteilungskommandanten nicht zu, kann es zu keiner Unterführerbestellung kommen. Das fehlende **„Einvernehmen"** kann nicht ersetzt werden, weder von der Gemeinde noch von der Feuerwehraufsichtsbehörde. Allerdings hat der Feuerwehrkommandant eine Nichtbestellung nachvollziehbar zu begründen.

V. Zu Absatz 5

27 Die Bedeutung von **Absatz 5** liegt nicht in der Aussage, dass die genannten Feuerwehrführer persönlich und fachlich für ihr Amt geeignet sein müssen, denn dies ist eine Selbstverständlichkeit, die keiner gesetzlichen Regelung bedarf. Vielmehr enthält Absatz 5 die Bedingung, dass zum Feuerwehrkommandanten, Abteilungskommandanten, zu deren Stellvertreter sowie zum Zug- und Gruppenführer nur bestellt werden darf, wer die fachliche Befähigung aufweist.

Daher müssen jedenfalls die Unterführer die für ihr **Amt erforderliche Ausbildung** bereits abgeschlossen haben. Zum Feuerwehrführer hingegen kann ausnahmsweise auch derjenige bestellt werden, der die für sein Amt noch fehlende erforderliche Ausbildung alsbald nachholen wird, andernfalls könnte beispielsweise ein nur sehr eingeschränkter Personenkreis (nämlich Zugführer) zum (stellvertretenden) Abteilungskommandanten einer größeren Einsatzabteilung gewählt werden. Dieses Ausnahmeerfordernis folgt zum einen praktischen Bedürfnissen, wenn etwa kein ausreichend Qualifizierter Willens ist, das vakante Amt zu übernehmen, zum anderen ist es im Hinblick auf eine demokratische Wahl geboten, wenn etwa die Abteilung einen erfahrenen Gruppenführer zum Abteilungskommandanten oder dessen Stellvertreter wählt. Solange der Gewählte jedoch noch nicht den Lehrgang abgeschlossen hat, der ihn befähigt, die regelmäßig ausrückenden taktischen Einheiten der Wehr zu führen (zumeist mindestens Zugführerlehrgang), kann er als Feuerwehrführer nicht Technischer Einsatzleiter i. S. des § 27 sein; die Technische Einsatzleitung ist solange auf andere Führungskräfte zu delegieren, welche die erforderliche Befähigung besitzen.

Zu den **persönlichen Voraussetzungen** gehören Alter, Charakter, Erfahrung 28
im Feuerwehrwesen und Eigenschaften eines Menschen. Das Erreichen eines Mindestalters ist sicherlich wünschenswert; es ist nur mittelbar vorgeschrieben durch § 11 Abs. 1 Nr. 1 und durch die Zeitdauer des Erwerbs der fachlichen Voraussetzungen für ein bestimmtes Feuerwehramt.

Die Feuerwehrführungskraft muss nach Nr. 2.1 der FwDV 100 andere veranlassen können, „das zu tun, was zur Erreichung des gesetzten Ziels erforderlich ist“. Zum Feuerwehrführer sollte daher nur bestellt werden, wer Menschen positiv beeinflussen kann, denn die Einflussnahme auf andere hängt letztlich von dem Vertrauen ab, das er zu verbreiten vermag. Neben diesem Erfordernis sollte die Führungskraft aber auch in der Lage sein, die Feuerwehrangehörigen zu motivieren und eigene Aufgaben auch zu delegieren. Andernfalls wird er Leitungsaufgaben nicht effizient erfüllen können.

Die für das Amt „erforderlichen **fachlichen Voraussetzungen**“ werden 29
durch die **VwV-Feuerwehrausbildung** und deren Anlage 1 (vgl. Rn. 32 zu § 3) festgelegt. Darin werden die Voraussetzungen zur Teilnahme und die Dauer der Lehrgänge zum Gruppenführer, Zugführer, Abteilungskommandanten und Feuerwehrkommandanten genannt. Die gleichen fachlichen Voraussetzungen müssen auch die Stellvertreter erfüllen.

Die fachlichen Voraussetzungen der Angehörigen der Berufsfeuerwehr und hauptamtlicher Einsatzabteilungen wurden durch die Ausbildungs- und Prüfungsordnungen für den feuerwehrtechnischen Dienst festgelegt. Die Ausbildung und Prüfung der Beamten des mittleren, gehobenen und höheren feuerwehrtechnischen Dienstes ist in Verordnungen des Innenministeriums geregelt. Es gelten für die drei Laufbahnen der Beamten des feuerwehrtechnischen Dienstes folgende **Ausbildungs- und Prüfungsordnungen** (APrO):

- APrO für den mittleren feuerwehrtechnischen Dienst vom 17. November 2014 (GBl. 2014, 657);
- APrO für den gehobenen feuerwehrtechnischen Dienst vom 17. November 2014 (GBl. 2014, 663);
- APrO für den höheren feuerwehrtechnischen Dienst vom 15. März 2022 (GBl. 2022, 182).

Die Staatsprüfungen für den mittleren und gehobenen feuerwehrtechnischen Dienst werden an der Landesfeuerwehrschule in Bruchsal abgelegt.

VI. Zu Absatz 6

30 Die Regelungen des Absatzes 6 sind an § 31 Abs. 1 und 3 KomWG angelehnt. Satz 1 eröffnet einem Wahlberechtigten die Möglichkeit, binnen einer Woche nach der Wahl zum Feuerwehrkommandanten, zum Abteilungskommandanten oder der jeweiligen Stellvertreter den Rechtsbehelf des **Einspruchs** bei der Gemeinde erheben zu können. Die (kurze) Wochenfrist und der Ausschluss weiterer Einspruchsgründe nach deren Ablauf in Satz 2 dient der Rechtssicherheit (vgl. LT-Drucks. 14/5103, S. 38).

Gegen die Entscheidung der Gemeinde über den Einspruch können bei Ablehnung des Einspruchs der Einspruchsführer, bei positiver Bescheidung des Einspruchs der dadurch betroffene Bewerber **unmittelbar** den Rechtsweg vor das Verwaltungsgericht beschreiten (Satz 3). Die Durchführung eines Widerspruchverfahrens vor Klageerhebung findet somit nicht statt. Die statthafte Klageart ist für den durch die stattgebende Einspruchsentscheidung Betroffenen die **Anfechtungsklage** (§ 42 Abs. 1, Alt. 1 VwGO), da er die Aufhebung der ihn belastenden Einspruchsentscheidung durch das Verwaltungsgericht begehrt (§ 113 Abs. 1 Satz 1 VwGO). Der die Wahl anfechtende Wahlberechtigte muss die **Verpflichtungsklage** (§ 42 Abs. 1, Alt. 2 VwGO) erheben und beantragen, den Einspruchsbescheid aufzuheben und die Gemeinde zu verpflichten, bei Spruchreife der Sache die Wahl für ungültig zu erklären, in den anderen Fällen den Kläger unter Beachtung der Rechtsauffassung des Gerichts zu bescheiden (§ 113 Abs. 5 VwGO; vgl. auch VGH, VBlBW 2007, 377 und juris [Rn. 34] sowie VG Karlsruhe, Urteil vom 23. April 2024, 10 K 5449/23, juris [Rn. 27] zu § 31 KomWG).

§9
Aufgaben des Feuerwehrkommandanten

(1) [1]Der Feuerwehrkommandant ist für die Leistungsfähigkeit der Gemeindefeuerwehr verantwortlich. [2]Er hat insbesondere
1. eine Alarm- und Ausrückeordnung für die Aufgaben nach § 2 aufzustellen und fortzuschreiben,
2. auf die ordnungsgemäße feuerwehrtechnische Ausstattung hinzuwirken,
3. für die Aus- und Fortbildung der Angehörigen der Gemeindefeuerwehr und
4. für die Instandhaltung der Feuerwehrausrüstungen und -einrichtungen zu sorgen.

[3]Die Gemeinde hat ihn bei der Durchführung seiner Aufgaben angemessen zu unterstützen.

(2) [1]Der Feuerwehrkommandant hat den Bürgermeister und den Gemeinderat in allen feuerwehrtechnischen Angelegenheiten zu beraten. [2]Er soll zu den Beratungen der Gemeindeorgane über Angelegenheiten der Feuerwehr mit beratender Stimme zugezogen werden.

Übersicht

A. Erläuterung

I. Zu Absatz 1

1. Satz 1

Die **Verantwortung des Feuerwehrkommandanten für die Leistungsfähigkeit** (siehe zu diesem Begriff Rn. 10 bis Rn. 16 zu § 3) der Gemeindefeuerwehr ist in Zusammenhang mit der Verantwortung der Gemeinde nach § 3 Abs. 1 zu sehen. Des Weiteren hängt die Leistungsfähigkeit der Gemeindefeuerwehr auch vom Landkreis ab (vgl. § 4 Abs. 1 und 4). Der Feuerwehrkommandant kommt seiner Verantwortung dadurch nach, dass er die ihm nach den anderen Bestimmungen des Gesetzes obliegenden Aufgaben er- 1 füllt und die Gemeinde auf die ihr nach § 3 obliegende Verantwortung für die Leistungsfähigkeit nachdrücklich hinweist (vgl. Abs. 2 Satz 1).

2. Satz 2

2 Das Wort „insbesondere" stellt klar, dass die Aufzählung in Satz 2 nur eine beispielhafte Ausformung von Satz 1 ist. Die Leistungsfähigkeit der Gemeindefeuerwehr, für die der Feuerwehrkommandant der Gemeinde gegenüber verantwortlich ist, hängt davon ab, wie er diese gemäß Absatz 2 berät und wie er selbst die Feuerwehr leitet (vgl. Rn. 5 zu § 8). Die „ordnungsgemäße feuerwehrtechnische Ausrüstung", die „Aus- und Fortbildung" und die „Instandhaltung der Feuerwehrausrüstungen und -einrichtungen" sind Pflichtaufgaben der Gemeinde (§ 3 Abs. 1 Satz 1 und 2). Der Feuerwehrkommandant muss nach Satz 2 auf deren Erfüllung **„hinwirken"**.

3 Im Einzelnen ergeben sich für den Kommandanten folgende **Aufgaben:**

- Aus der Pflicht, für die ständige Einsatzbereitschaft der Feuerwehr Sorge zu tragen, muss er eine Alarm- und Ausrückeordnung aufstellen und fortschreiben (vgl. Nr. 1).
- Er hat darauf zu achten, dass die Ausrüstung von der Gemeinde beschafft, von den Feuerwehrangehörigen gewartet und beim Einsatz und bei der Übung getragen bzw. mitgeführt wird (vgl. Nr. 2).
- Es obliegt ihm, die nach der FwDV 2 auf Gemeindeebene durchzuführende Ausbildung zu organisieren (ggf. muss er auch selbst unterrichten) und die Feuerwehrangehörigen anzuweisen, an der nach ihrer Funktion notwendigen Ausbildung auf überörtlicher Ebene (Kreisausbildung, Landesfeuerwehrschule) teilzunehmen (vgl. Nr. 3).
- Er muss den Übungsdienst organisieren und sollte ihn im Regelfall auch leiten (vgl. Nr. 3). Überträgt er die Leitung des Übungsdienstes an seine Abteilungskommandanten oder Unterführer, muss er sich von der Ordnungsgemäßheit der Leitung des Übungsdienstes durch Kontrollen überzeugen. Bei Festlegung der Übungstermine ist darauf zu achten, dass möglichst vielen Feuerwehrangehörigen eine Teilnahme möglich ist, zudem sind §§ 6 Abs. 1 und 7 Abs. 1 des Gesetzes über die Sonntage und Feiertage (FTG) zu beachten.
- Er hat der Gemeinde mitzuteilen, wenn am Feuerwehrhaus, an Fahrzeugen, Ausrüstungsgegenständen, Einrichtungen und Geräten der Kommunikation Instandhaltungsarbeiten (Reparaturen oder Wartung) ausgeführt werden müssen, und zwar unabhängig davon, ob sie vom Gerätewart oder von Fachfirmen auszuführen sind (vgl. Nr. 4). Fällt eine, die Leistungsfä-

higkeit berührende Feuerwehreinrichtung für eine nicht unerhebliche Zeitspanne aus (z.B. auch für die TÜV-Untersuchung), muss der Kommandant für Ersatz sorgen oder die Einsatzbereitschaft durch vorherige Absprache mit einer benachbarten Feuerwehr (Überlandhilfe) sichern.

- Zudem obliegt es ihm, Kontakt zu Behörden und Organisationen mit Sicherheitsaufgaben (BOS) und dem Kreisfeuerwehrverband zu halten.

3. Satz 3

4 Satz 3 **verpflichtet die Gemeinde**, den Kommandanten bei der Durchführung seiner Aufgaben angemessen **zu unterstützen**. Dieser auf Vorschlag des Landesfeuerwehrverbandes durch ÄndG 2009 aufgenommene Satz dient zwar lediglich der Klarstellung (LT-Drucks. 14/5103, S. 38), denn diese Verpflichtung bestand schon vor der Neufassung des Gesetzes. Allerdings hat der Kommandant somit eine gesetzliche Anspruchsgrundlage, mit der er gewünschte Maßnahmen zur Unterstützung seiner Kommandantentätigkeit (z.B. die Bereitstellung von Kommunikations- oder Organisationsmitteln oder eines Dienstwagens) bei der Gemeinde einfordern kann.

II. Zu Absatz 2

1. Satz 1

5 Die Pflicht des Feuerwehrkommandanten, den Bürgermeister und den Gemeinderat zu **„beraten“**, bezieht sich auf alle **„feuerwehrtechnischen Angelegenheiten“**. Dieser Begriff ist enger auszulegen als der Begriff „Angelegenheiten der Feuerwehr“ in Satz 2. Feuerwehrtechnische Angelegenheiten sind nur solche, die die Aufstellung (einschließlich taktischer Gliederung), die Ausrüstung und die Ausstattung der Feuerwehr betreffen. Darunter fallen insbesondere die Beschaffungen der Gemeinde nach § 3. Das Wort „und“ in Satz 1 bedeutet nicht, dass der Feuerwehrkommandant in einer feuerwehrtechnischen Angelegenheit sowohl den Bürgermeister als auch den Gemeinderat beraten muss. Er muss lediglich das Gemeindeorgan beraten, in dessen Zuständigkeit die Angelegenheit fällt. Die Pflicht besteht darin, dem zuständigen Gemeindeorgan die feuerwehrtechnische **Angelegenheit** mitzuteilen und sie auf Fragen hin zu erläutern.

2. Satz 2

6 Satz 2 ergänzt das mit Satz 1 verfolgte Anliegen des Gesetzgebers, dass die Gemeinde in Angelegenheiten der Feuerwehr erst entscheidet, wenn sie die Auffassung des Feuerwehrkommandanten als Funktionsträger und als Sprachrohr der Feuerwehr kennt. Satz 2 verpflichtet das Verwaltungs-

organ der Gemeinde (§ 23 GemO) grundsätzlich („sollen" heißt „müssen" mit begründeten Ausnahmen), den Feuerwehrkommandanten in den „Angelegenheiten der Feuerwehr" anzuhören (d.h.: mit beratender Stimme zuzuziehen).

7 Der Begriff **„Angelegenheiten der Feuerwehr"** in Satz 2 ist weit auszulegen. Er umfasst alle Angelegenheiten, die die Feuerwehr unmittelbar berühren. Dazu gehören auch alle feuerwehrtechnischen Angelegenheiten i. S. von Satz 1, ferner die Dienstverpflichtungen nach § 12, die Entlassung aus der Feuerwehr nach § 13 Abs. 2, die Beendigung des Feuerwehrdienstes aus wichtigem Grund nach § 13 Abs. 3, die Aufstellung einer Jugendfeuerwehr, Alters- oder Musikabteilung nach § 6 Abs. 1 Satz 2. Das Antragsrecht des Kommandanten nach § 14 Abs. 5 Satz 2 (Verhängung von Geldbußen durch den Bürgermeister) geht indes über das bloße Anhörungsrecht des Satzes 2 hinaus. Ist die Gemeinde für Entscheidungen nach § 19 Abs. 2 bis 4 bzgl. Werkfeuerwehren sachlich zuständig (dies ist in den Stadtkreisen der Fall, weil sie hier untere Aufsichtsbehörde ist), ist Satz 2 ebenfalls einschlägig; weshalb vor der Entscheidung der Feuerwehrkommandant anzuhören ist.

Unterlässt das zuständige Verwaltungsorgan der Gemeinde (§ 23 GemO), sich vom Feuerwehrkommandanten vor der Entscheidung in einer Angelegenheit nach Satz 2 beraten zu lassen, leidet die Entscheidung an einem entscheidungserheblichen Verfahrensfehler, der von der Aufsichtsbehörde (§ 22) gemäß § 121 GemO zu beanstanden ist.

§ 10
Feuerwehrausschuss, Abteilungsausschüsse

(1) [1]Die Angehörigen der Einsatzabteilungen der Freiwilligen Feuerwehr wählen aus ihrer Mitte einen Feuerwehrausschuss für die Dauer von fünf Jahren. [2]Vorsitzender des Feuerwehrausschusses ist der Feuerwehrkommandant.

(2) [1]Durch Satzung kann bestimmt werden, dass die Einsatzabteilungen der Freiwilligen Feuerwehr aus ihrer Mitte Abteilungsausschüsse für die Dauer von fünf Jahren wählen. [2]Vorsitzender ist der jeweilige Abteilungskommandant.

(3) [1]Wahlverfahren, Zusammensetzung und Geschäftsordnung sind durch Satzung zu regeln. [2]Dabei können weitere Angehörige der Gemeindefeuerwehr zu Mitgliedern des Feuerwehrausschusses und der Abteilungsausschüsse bestimmt werden.

(4) [1]Der Feuerwehrausschuss hat den Feuerwehrkommandanten, die Abteilungsausschüsse haben die Abteilungskommandanten zu beraten und zu unterstützen.

[2]Vor allgemeinen örtlichen Regelungen, die die Gemeindefeuerwehr berühren, ist der Feuerwehrausschuss zu hören.

Übersicht **Rn.**

A. Allgemeines

§ 10 regelt die **Zusammensetzung und Aufgaben** des Feuerwehrausschusses und der Abteilungsausschüsse (Organe der Selbstverwaltung der Freiwilligen Feuerwehr). Die Nennung der Aufgaben in § 10 ist aber unvollkommen, denn die Aufgaben des Feuerwehrausschusses bzw. der Abteilungsausschüsse ergeben sich außer aus Absatz 4 auch aus (siehe dazu auch Rn. 15 ff.): 1

- § 8 Abs. 2 und 3 (Anhörungsrecht bei Abberufung des Feuerwehr- oder Abteilungskommandanten bzw. Bestellung eines hauptamtlichen Kommandanten bzw. Abteilungskommandanten);
- § 11 Abs. 3 (Entscheidung über die Aufnahme ehrenamtlich tätiger Feuerwehrangehöriger in die Einsatzabteilung);
- § 13 Abs. 2 und 3 (Anhörungsrecht bei der Entscheidung über das Ausscheiden eines ehrenamtlich tätigen Feuerwehrangehörigen aus der Einsatzabteilung) sowie
- § 18 Abs. 2 und 3 (Entscheidungsrecht über die Verwendung des Sondervermögens für die Kameradschaftspflege).

2 Über die Zusammensetzung von Feuerwehrausschuss (Abs. 1) und Abteilungsausschüssen (Abs. 2) entscheidet letztlich die Gemeinde in ihrer Feuerwehrsatzung. Die in den Erläuterungen zu § 14 Abs. 1 FwSAbt vorgesehene und bei den Feuerwehren tradierte Praxis, das Wahlrecht der Angehörigen einer Einsatzabteilung auf die der Abteilung zustehenden Sitze im Feuerwehrausschuss zu beschränken und den Wahlberechtigten nicht so viele Stimmen zu geben, wie Sitze im Feuerwehrausschuss zu vergeben sind (vgl. unter Rn. 11), wird der besonderen Bedeutung des Feuerwehrausschusses als Organ der Gesamtfeuerwehr nicht gerecht.

In dem Feuerwehrausschuss haben außer dem Vorsitzenden nicht nur gewählte Mitglieder Sitz und Stimme, sondern auch die von der Gemeinde durch Satzung „Auserwählten“ (Abs. 3 Satz 2). Deren Zahl kann sogar größer sein als die der von den Feuerwehrangehörigen der Einsatzabteilungen gewählten Mitglieder.

B. Erläuterung

I. Zu Absatz 1

1. Satz 1

3 **Aktiv und passiv wahlberechtigt** für den Feuerwehrausschuss sind die Angehörigen der Einsatzabteilungen der Freiwilligen Feuerwehr. Den „freiwilligen Abteilungen“ können auch hauptamtlich tätige Feuerwehrangehörige angehören (siehe dazu Rn. 10 zu § 8). Dazu können auch die nach § 12 Abs. 2 zur Dienstleistung herangezogenen feuerwehrdienstpflichtigen Gemeindeeinwohner gehören. Ein aktives (nicht passives) Wahlrecht haben auch diejenigen Angehörigen der Musikabteilung, die an einer feuerwehrspezifischen Grundausbildung erfolgreich teilgenommen haben, nach Maßgabe der Satzung regelmäßigen Übungsdienst leisten und für Einsätze zur Verfügung stehen (§ 6 Abs. 3).

4 Die **Amtsdauer** des Feuerwehrausschusses beträgt **fünf Jahre**. Sie stimmt daher mit der des Ausschussvorsitzenden (Feuerwehrkommandant) überein (vgl. § 8 Abs. 2 Satz 1). Sie beginnt mit Ablauf der Amtszeit des vorangegangenen Ausschusses. War diese zum Zeitpunkt der Wahl bereits abgelaufen, beginnt sie am Tag nach der Wahl. Ist nach Ablauf der Amtsdauer der neue Ausschuss noch nicht gewählt, hat die Feuerwehr keinen Feuerwehrausschuss. Durch Satzung sollte daher bestimmt werden, dass zur kommissarischen Wahrnehmung der Aufgaben des Ausschusses der bisherige Ausschuss zuständig bleibt.

2. Satz 2

Der Feuerwehrkommandant ist kraft Gesetzes Vorsitzender des Feuerwehrausschusses. Ist der Feuerwehrkommandant verhindert, ist sein Stellvertreter Vorsitzender, gleichgültig, ob dieser dem Ausschuss angehört oder nicht. Aufgabe des Vorsitzenden ist es, die Sitzung einzuberufen und diese zu leiten. Bei Abstimmungen hat der Vorsitzende wie jedes andere stimmberechtigte Ausschussmitglied eine Stimme. 5

II. Zu Absatz 2

Absatz 2 lässt ausdrücklich zu, durch Satzung den freiwilligen Einsatzabteilungen der Gemeindefeuerwehr einen eigenen Ausschuss zu geben (**Abteilungsausschuss**). Wahlverfahren, Amtsdauer und Vorsitz sind Absatz 1 nachgebildet. Durch die Bildung von Abteilungsausschüssen wird der Feuerwehrausschuss nicht entbehrlich. Der Abteilungsausschuss hat, bezogen auf die Abteilung, nicht die gleichen Aufgaben wie der Feuerwehrausschuss in Bezug auf die Gemeindefeuerwehr (vgl. unten Rn. 16f.). Die Gliederung in Einsatzabteilungen bedeutet nicht zwingend die Bildung von Abteilungsausschüssen. Die Entscheidung, von Absatz 2 Gebrauch zu machen, steht im Ermessen („kann“) des Gemeinderats bei Fassung der Feuerwehrsatzung. 6

III. Zu Absatz 3

1. Satz 1

Satz 1 bestimmt, dass mindestens das Wahlverfahren, die Zusammensetzung und Geschäftsordnung des Feuerwehrausschusses und der Abteilungsausschüsse durch Satzung festzulegen sind. Er hindert die Gemeinden nicht, auch andere Angelegenheiten, die den Feuerwehrausschuss betreffen, durch Satzung zu regeln. So sollte z.B. geregelt werden, dass der bisherige Ausschuss die Geschäfte kommissarisch weiterführt, wenn nach Ablauf der fünfjährigen Amtszeit der neue Ausschuss noch nicht gewählt oder die Wahl angefochten worden ist (vgl. oben Rn. 4). 7

In die Satzungsbestimmungen über das **Wahlverfahren** ist gemäß Satz 1 aufzunehmen, ob durch Stimmzettel (in geheimer Wahl) oder durch offene Stimmabgabe die Feuerwehrausschüsse zu wählen sind (vgl. dazu unten Rn. 9). Es kann auch bestimmt werden, dass stattdessen auf Verlangen eines Wahlberechtigten (oder eines Quorums von Stimmberechtigten) geheim zu wählen ist. In die Satzungsbestimmung über das Wahlverfahren sollte auch das Auszählverfahren aufgenommen werden. Bei mehreren Wahlvorschlägen sollte nicht das Mehrheitswahlrecht, sondern das 8

Verhältniswahlrecht vorgeschrieben werden. Sind die Sitze im Feuerwehrausschuss in der Satzung auf die einzelnen Einsatzabteilungen proportional aufgeteilt, gleicht die Wahl der unechten Teilortswahl i. S. von § 27 Abs. 2 GemO. Es liegt dann nahe, für die Stimmauszählung die Regeln des Kommunalwahlgesetzes in die Satzung aufzunehmen.

9 Durch das ÄndG 1986 wurden die Worte „in geheimer Wahl" in § 18 Abs. 1 Satz 1 a.F. gestrichen, weil ermöglicht werden sollte, sowohl den Feuerwehrausschuss als auch die Abteilungsausschüsse in Form einer offenen Stimmabgabe zu wählen. Der Gesetzgeber hat hieran bei der Neufassung des FwG stets festgehalten. Damit könnte die Gemeinde durch Satzung tatsächlich eine offene Wahl der Ausschüsse vorsehen (nicht jedoch bei den Wahlen zum Kommandanten, Abteilungskommandanten und deren Stellvertreter, da in § 8 Abs. 2 Nr. 1 die geheime Wahl gesetzlich vorgeschrieben ist). Von einer **offenen Wahl** ist aufgrund der weitreichenden Aufgaben, die dem Feuerwehrausschuss und, wenn auch in geringerem Umfang, den Abteilungsausschüssen nach dem FwG zukommen, dringend abzuraten. Eine offene Wahl setzt die einzelnen Wahlberechtigten unter Druck und dient nicht der Kameradschaft. Letztlich ist eine offene Wahl bei einer Vielzahl von zu wählenden Ausschussmitgliedern und einer großen Anzahl von Bewerbern auch schwer durchführbar. In § 17 Abs. 2 FwSAbt ist daher auch für die Wahl des Feuerwehrausschusses bzw. der Abteilungsausschüsse die geheime Wahl vorgesehen.

10 Nicht in § 10 geregelt ist die **Anfechtung der Wahl** des Feuerwehr- bzw. Abteilungsausschusses. In Betracht kommt eine analoge Anwendung der Regelungen des § 8 Abs. 6, zumal § 31 Abs. 1 und 3 KomWG ebenfalls nicht unmittelbar anwendbar ist. In beiden Fällen ist einem Wahlberechtigten die Möglichkeit eröffnet, binnen einer Woche nach der Wahl zum Feuerwehr- oder Abteilungsausschuss den Rechtsbehelf des **Einspruchs** bei der Gemeinde erheben zu können. In beiden Fällen gelten die (kurze) Wochenfrist (§ 8 Abs. 6 Satz 1 bzw. § 31 Abs. 1 Satz 1 KomWG) und der Ausschluss weiterer Einspruchsgründe nach deren Ablauf (§ 8 Abs. 6 Satz 2 bzw. § 31 Abs. 1 Satz 2 KomWG). Gegen die Entscheidung der Gemeinde über den Einspruch können bei Ablehnung des Einspruchs der Einspruchsführer, bei positiver Bescheidung des Einspruchs der dadurch betroffene Bewerber **unmittelbar** den Rechtsweg vor das Verwaltungsgericht beschreiten (§ 8 Abs. 6 Satz 3 bzw. § 31 Abs. 3 KomWG). Somit findet die Durchführung eines Widerspruchverfahrens vor Klageerhebung nicht statt. Die statthafte Klageart ist für den durch die stattgebende Einspruchsentscheidung Betroffenen die **Anfechtungsklage** (§ 42 Abs. 1, Alt. 1 VwGO), da er die Aufhebung der ihn be-

lastenden Einspruchsentscheidung durch das Verwaltungsgericht begehrt (§ 113 Abs. 1 Satz 1 VwGO). Der die Wahl anfechtende Wahlberechtigte muss die **Verpflichtungsklage** (§ 42 Abs. 1, Alt. 2 VwGO) erheben und beantragen, den Einspruchsbescheid aufzuheben und die Gemeinde zu verpflichten, bei Spruchreife der Sache die Wahl für ungültig zu erklären, bzw. in den anderen Fällen den Kläger unter Beachtung der Rechtsauffassung des Gerichts zu bescheiden (§ 113 Abs. 5 VwGO; vgl. auch VGH, VBlBW 2007, 377 und juris [Rn. 34] sowie VG Karlsruhe, Urteil vom 23. April 2024, 10 K 5449/23, juris [Rn. 27] zu § 31 KomWG).

Unter **„Zusammensetzung"** des Feuerwehrausschusses ist die Festlegung der Anzahl der Mitglieder und deren Aufteilung auf die Gliederungen der Gemeindefeuerwehr zu verstehen. Ist die Gemeindefeuerwehr in mehrere Einsatzabteilungen gegliedert, sollte die Satzung die Sitze anteilmäßig auf diese verteilen. Bei der Bestimmung der auf die einzelnen Abteilungen entfallenden Anzahl der Sitze ist von der Zahl der Angehörigen der Einsatzabteilung auszugehen. Maßgeblich ist dabei die Zahl, auf die in der Gemeindefeuerwehr im Durchschnitt ein Ausschusssitz entfällt. Strenge Verhältnismäßigkeit bei der Verteilung der Sitze ist nicht geboten, doch sollten sich Differenzierungen, die durch die örtlichen Verhältnisse nach Maßgabe des Vertretungsbedürfnisses gerechtfertigt sein können, in Grenzen halten. 11

Auch bei einer Aufteilung der Sitze auf die einzelnen Abteilungen durch die Satzung sollten die Mitglieder des Feuerwehrausschusses von allen wahlberechtigten Angehörigen der Gemeindefeuerwehr gewählt werden und nicht etwa die auf eine Abteilung entfallenden Mitglieder nur von den wahlberechtigten Angehörigen dieser Abteilung. Denn die Feuerwehrausschussmitglieder sind Sachwalter aller Angehörigen der Gemeindefeuerwehr und nicht lediglich Interessenvertreter der einzelnen Einsatzabteilung, der sie angehören. Der Feuerwehrausschuss muss in seiner Gesamtheit der Gefahr einseitiger Einflussnahmen durch die einzelnen Abteilungen entgegenwirken. Dies setzt voraus, dass die Mitglieder des Feuerwehrausschusses vom Vertrauen aller Angehörigen der Einsatzabteilungen der Gemeindefeuerwehr getragen sind. Dem Wähler sollte der Satzungsgeber daher so viele Stimmen geben, wie der Feuerwehrausschuss zu wählende Mitglieder hat, und **nicht** den Erläuterungen zur **FwSAbt folgen**, wonach es dem Gemeinderat freistehen soll, in der Satzung das Wahlrecht der Angehörigen einer Einsatzabteilung auf die der Abteilung zustehenden Sitze im Feuerwehrausschuss zu beschränken und die Mitglieder des Feuerwehrausschusses auf den einzelnen Abteilungsversammlungen anstatt gesamt auf der Feuerwehrhauptversammlung wählen zu lassen (vgl. die Erläuterungen zu § 14

Abs. 1 FwSAbt). Auch wenn die Gesetzesmaterialien keine Auskunft hierzu ermöglichen, folgt daraus nicht, dass die Ermächtigung, das Wahlverfahren und die Zusammensetzung durch Satzung zu regeln, es einschließt, das Wahlrecht auf die Abteilungssitze zu beschränken.

Unter den Begriff „Zusammensetzung" fällt auch die satzungsmäßige Festlegung der weiteren Mitglieder des Feuerwehrausschusses i. S. von Satz 2.

12 Auch die **„Geschäftsordnung"** des Feuerwehrausschusses muss nach Satz 1 Rechtsnormcharakter haben, d. h. in der Feuerwehrsatzung oder durch gesonderte Satzung geregelt werden. In der Geschäftsordnung sind die Einberufung des Ausschusses, und zwar Form und Frist, die Beschlussfähigkeit sowie das Abstimmungsverfahren zu regeln. Enthält die Geschäftsordnung keine Regelung über die beratende Beiziehung weiterer Personen zu den Sitzungen, beschließt hierüber der Ausschuss, keinesfalls der Vorsitzende allein. Beigezogene Personen haben kein Stimmrecht. Sie dürfen von sich aus keinen Einfluss auf die Meinungsbildung des Feuerwehrausschusses nehmen. Sie können nicht verlangen, dass ihnen das Wort erteilt wird. Sie müssen sich vielmehr darauf beschränken, auf Aufforderung durch den Vorsitzenden vorzutragen oder auf gestellte Fragen zu antworten.

13 Der Gesetzgeber hat in § 10 – anders als in § 8 Abs. 2 Satz 2 beim Feuerwehrkommandanten – keine Regelung für eine verkürzte Amtszeit getroffen. Er sah dafür keine Notwendigkeit, weil Nachwahlen, bei denen sich die Frage der Dauer der Amtszeit stellen würde, regelmäßig nicht notwendig werden. Bei Ausscheiden eines Ausschussmitgliedes **rückt** ein bei der Wahl nicht zum Zug gekommener Feuerwehrangehöriger für die restliche Amtszeit **nach**. Der Gesetzgeber nimmt es in Kauf, dass – für den selten vorkommenden Fall des Fehlens eines Nachrückers – der Ausschuss bis zum Ende der Amtszeit seine Sollstärke nicht erreicht (vgl. LT-Drucks. 14/5103, S. 38). Allerdings können in der Satzung Nachwahlen geregelt werden.

2. Satz 2

14 Satz 2 stellt es dem Gemeinderat als Satzungsgeber frei, den nach Absatz 1 gewählten Feuerwehrausschuss und den nach Absatz 2 gewählten Abteilungsausschuss durch **weitere** stimmberechtigte oder nicht stimmberechtigte **Mitglieder** zu vergrößern. Er kann dies nur in der Satzungsbestimmung über die Zusammensetzung des Ausschusses gemäß Absatz 3 Satz 1 regeln. Die weiteren Mitglieder müssen Angehörige der Gemeindefeuerwehr sein. Als weitere Mitglieder kommen beim Feuerwehrausschuss der Stellvertreter des Feuerwehrkommandanten und die Abteilungskommandanten, die Leiter der Alters- und Musikabteilung, der Jugendfeuerwehrwart, der Schriftführer,

Kassenverwalter und Pressesprecher sowie Vertreter der Einsatzabteilungen der Berufsfeuerwehr bzw. der hauptamtlichen Kräfte infrage, weil deren Angehörige weder passiv noch aktiv wahlberechtigt sind (vgl. auch § 14 Abs. 2 FwSAbt). Bei den Abteilungsausschüssen kommen als weitere Mitglieder der stellvertretende Abteilungskommandant und die Zugführer, der Jugendgruppenleiter, Schriftführer und Kassenverwalter in Betracht.

Der Gemeinderat sollte bei der satzungsmäßigen Nominierung weiterer Ausschussmitglieder darauf achten, dass die von den Angehörigen der Einsatzabteilungen der Freiwilligen Feuerwehr gewählten Mitglieder im Feuerwehrausschuss zahlenmäßig nicht in die Minderheit geraten, vor allem, wenn die weiteren Ausschussmitglieder mit Stimmrecht ausgestattet werden.

IV. Zu Absatz 4

1. Vorbemerkung

Absatz 4 zählt die Aufgaben des Feuerwehrausschusses und der Abteilungsausschüsse nicht abschließend auf. Weitere Aufgaben obliegen den Ausschüssen nach § 8 Abs. 2 und 3, § 11 Abs. 3, § 13 Abs. 2 und 3 sowie § 18 Abs. 2 und 3. Außer den gesetzlichen Aufgaben können ihnen weitere durch die Feuerwehrsatzung übertragen werden. Allerdings kann die Satzung Aufgaben, die nach dem Gesetz anderen Feuerwehrorganen obliegen (z. B. Bestellung der Unterführer gemäß § 8 Abs. 4), nicht den Ausschüssen zuweisen. Aufgaben, die gesetzlich nicht festgelegt sind (z. B. Vorbereitung einer Feuerwehrveranstaltung), fallen nicht „automatisch“ dem Feuerwehrausschuss zu. Der Feuerwehrkommandant, dem die interne Organisationsgewalt zukommt, weist in diesem Fall (bei Schweigen der Satzung) die Aufgaben zu. 15

2. Satz 1

Nach Satz 1 **berät und unterstützt** der Feuerwehrausschuss den Feuerwehrkommandanten. Aus Satz 1 ist auch zu folgern, dass dieser die Pflicht hat, sich beraten zu lassen. Demnach muss der Feuerwehrkommandant alle wesentlichen Angelegenheiten, die er zu entscheiden hat, dem Feuerwehrausschuss zur Beratung unterbreiten. Gleiches gilt für das Verhältnis zwischen Abteilungsausschuss und Abteilungskommandant. 16

3. Satz 2

Durch Satz 2 sind die **Aufgaben** zwischen dem Feuerwehrausschuss und den Abteilungsausschüssen wie folgt aufgeteilt: 17

Nach Satz 2 ist der Feuerwehrausschuss vor allen „allgemeinen **örtlichen Regelungen,** welche die Gemeindefeuerwehr berühren“ zu hören. Allgemeine örtliche Regelungen (Rechtsnormen, verbindliche, generelle Anweisungen, Alarm- und Ausrückeordnung) können der Gemeinderat, der Bürgermeister, der Feuerwehrkommandant und auch die untere Verwaltungsbehörde als Aufsichtsbehörde nach § 22 erlassen. Der Begriff „Regelungen, die die Gemeindefeuerwehr berühren" ist weit auszulegen. Es genügt, wenn die Regelung der Feuerwehr auch nur mittelbar zum Vorteil oder Nachteil gereichen kann. Regelungen des Gemeinderats, vor deren Erlass der Feuerwehrausschuss anzuhören ist, sind die Feuerwehrsatzung, die (ggf. gesonderte) Satzung über die Jugendfeuerwehr und die Entschädigungssatzung. Eine allgemeine Regelung des Feuerwehrkommandanten ist z.B. die Festlegung von Wochentag und Uhrzeit der regelmäßigen Feuerwehrübungen. Eine allgemeine Regelung ist auch die Anerkennung oder Anordnung einer Werkfeuerwehr nach § 19 Abs. 3 und 4 und die Aufgabenübertragung nach § 19 Abs. 8.

Gemäß § 11 Abs. 3 Satz 1 entscheidet der Feuerwehrausschuss allein, wer in die Gemeindefeuerwehr ehrenamtlich aufgenommen wird. Besteht ein Abteilungsausschuss, ist dieser vorher anzuhören, § 11 Abs. 3 Satz 2.

Nach § 13 Abs. 2 ist der Feuerwehrausschuss in bestimmten Fällen vor der Entlassung, gemäß § 13 Abs. 3 in allen Fällen vor der Beendigung des Feuerwehrdienstes eines Feuerwehrangehörigen aus wichtigem Grund anzuhören. Dieser sollte den Abteilungsausschuss hierzu befragen, verpflichtet dazu ist er allerdings nicht.

Der Feuerwehrausschuss ist vor der Abberufung des Feuerwehrkommandanten, des Abteilungskommandanten und deren Stellvertreter vom Gemeinderat anzuhören (§ 8 Abs. 2 Satz 5, vgl. Rn. 19 zu § 8). Bei der Abberufung des Abteilungskommandanten ist außerdem der Abteilungsausschuss anzuhören.

Nach § 8 Abs. 3 ist der Feuerwehrausschuss schließlich vom Gemeinderat anzuhören, wenn dieser den Feuerwehrkommandanten oder dessen Stellvertreter hauptberuflich bestellen will. Gleiches gilt vor der hauptberuflichen Bestellung eines Abteilungskommandanten oder dessen Stellvertreters. Bei der hauptamtlichen Bestellung der Letzteren ist vom Gemeinderat außerdem der Abteilungsausschuss anzuhören.

Bei der Bestellung der Unterführer (vgl. hierzu Rn. 24 zu § 8) wirkt der Feuerwehrausschuss seit dem ÄndG 1986 nicht mehr kraft Gesetzes mit. Von 1956 bis 1986 hatte dieser das ausschließliche Vorschlagsrecht für alle Unterführer.

Weitere Aufgaben können dem Feuerwehrausschuss und dem Abteilungsausschuss durch Satzung übertragen werden, siehe hierzu jedoch die Einschränkungen in obiger Rn. 15.

§ 11
Aufnahme der ehrenamtlich Tätigen in die Gemeindefeuerwehr

(1) In die Einsatzabteilungen der Gemeindefeuerwehr können auf Grund freiwilliger Meldung Personen als ehrenamtlich Tätige aufgenommen werden, die
1. das 17. Lebensjahr vollendet haben; sie dürfen erst nach Vollendung des 18. Lebensjahres an Einsätzen teilnehmen,
2. den gesundheitlichen Anforderungen des Feuerwehrdienstes gewachsen sind,
3. geistig und charakterlich für den Feuerwehrdienst geeignet sind,
4. sich zu einer längeren Dienstzeit bereit erklären,
5. nicht infolge Richterspruchs nach § 45 des Strafgesetzbuchs (StGB) die Fähigkeit zur Bekleidung öffentlicher Ämter verloren haben,
6. keinen Maßregeln der Besserung und Sicherung nach § 61 StGB mit Ausnahme der Nummer 5 (Entziehung der Fahrerlaubnis) unterworfen sind und
7. nicht wegen Brandstiftung nach §§ 306 bis 306c StGB verurteilt wurden.

(2) [1]Die Aufnahme in eine Einsatzabteilung der Freiwilligen Feuerwehr erfolgt für die ersten zwölf Monate auf Probe. [2]Innerhalb der Probezeit soll der Feuerwehrangehörige erfolgreich an einem Grundausbildungslehrgang teilnehmen. [3]Aus begründetem Anlass kann die Probezeit verlängert werden. [4]Auf eine Probezeit kann verzichtet oder sie kann abgekürzt werden, wenn Angehörige einer Jugendfeuerwehr oder einer Musikabteilung in eine Einsatzabteilung übertreten oder eine Person eintritt, die bereits einer anderen Gemeindefeuerwehr oder einer Werkfeuerwehr angehört oder angehört hat.

(3) [1]Über die Aufnahme auf Probe, die Verkürzung oder Verlängerung der Probezeit und die endgültige Aufnahme entscheidet der Feuerwehrausschuss. [2]Besteht ein Abteilungsausschuss, ist dieser vom Feuerwehrausschuss vor dessen Entscheidung anzuhören. [3]Ein Rechtsanspruch auf Aufnahme besteht nicht. [4]Eine Ablehnung ist dem Antragsteller schriftlich mitzuteilen.

(4) [1]In die Gemeindefeuerwehr können Personen mit besonderen Fähigkeiten und Kenntnissen als Fachberater aufgenommen werden. [2]Dienstpflichten, Aufnahme und Beendigung des Feuerwehrdienstes können im Einzelfall abweichend von den Absätzen 1 und 2, § 13 Abs. 1 Nr. 5 und § 14 geregelt werden.

Übersicht **Rn.**

A. Allgemeines

1 § 11 Abs. 1 bis 3 regelt die Aufnahme von Personen, die in der Gemeindefeuerwehr Feuerwehrdienst **ehrenamtlich** leisten wollen und somit die Aufnahme von Bewerbern in die Einsatzabteilung(en) der Gemeindefeuerwehr. Wer den Feuerwehrdienst als Beruf wählt, wird nicht gemäß § 11 Abs. 3 in die Gemeindefeuerwehr aufgenommen, sondern von der Gemeinde „nach den allgemeinen für Gemeindebedienstete geltenden Vorschriften“ (§ 7 Abs. 2 Satz 1, 2. Halbsatz) angestellt. Dessen ungeachtet wird wohl kein Bewerber hauptamtlich angestellt, der nicht die Voraussetzungen von Absatz 1 erfüllt.

Der bereits durch das ÄndG 1986 angefügte Absatz 4 regelt die Aufnahme von Fachberatern in die Gemeindefeuerwehr, die zwar einer Einsatzabteilung zugehörig sein können, dies jedoch nicht müssen, sondern auch dem Feuerwehrkommandanten unmittelbar unterstellt sein können. Die durch ÄndG vom 17. Dezember 2015 erfolgte Neufassung der Paragrafenüberschrift trägt diesem Umstand nunmehr Rechnung.

Die Aufnahme in die Jugendfeuerwehr, die Musikabteilung und die Altersabteilung wird nicht von § 11 geregelt. Regelungen hierfür sind durch die Feuerwehrsatzung zu treffen (siehe dazu § 6 unter Rn. 6 für die Jugendfeuerwehr, Rn. 10 für die Altersabteilung, Rn. 12 für die Musikabteilung).

2 § 11 schließt die Aufnahme von Personen nicht aus, die keinen Einsatzdienst leisten, sondern die Feuerwehr lediglich ideell oder finanziell fördern wollen, oder von Personen, die sich um das Feuerwehrwesen in der Gemeinde verdient gemacht haben (Ehrenmitglieder). Dass die Gemeindefeuerwehr kein Verein ist, steht dem nicht entgegen; die **Aufnahme von fördernden** und **Ehrenmitgliedern** durch den Feuerwehrausschuss ist

Ausfluss der Selbstverwaltung der Feuerwehr. Allerdings setzt die Aufnahme solcher Personen voraus, dass die Feuerwehrsatzung (§ 6 Abs. 1 Satz 3) dies zulässt.

B. Erläuterung

I. Zu Absatz 1

Die Aufnahme in die Feuerwehr setzt einen **Antrag des Aufnahmewilligen** („aufgrund freiwilliger Meldung“) voraus. Bei Personen, die das 18. Lebensjahr noch nicht vollendet haben (vgl. Nr. 1), ist die Einwilligung des/r gesetzlichen Vertreter(s) erforderlich. Schreibt die Feuerwehrsatzung keine Form vor, kann der Antrag schriftlich und mündlich gestellt werden, ein schriftlicher Antrag ist jedoch allgemeine Praxis. Adressat des Antrags ist grundsätzlich der Feuerwehrausschuss als das über den Antrag entscheidende Organ (vgl. Absatz 3 Satz 1). In den meisten Feuerwehrsatzungen ist jedoch geregelt, dass ein schriftlicher Antrag bei der Gemeinde oder beim Feuerwehrkommandanten gestellt werden soll, der in der Folge dem Feuerwehrausschuss zur Entscheidung vorgelegt wird. Die Landesfeuerwehrschule hat Hinweise zu einem Aufnahmegespräch in die Einsatzabteilung und zur Aufnahme in die Einsatzabteilung mit 17 Jahren erstellt (beides eingestellt auf der Internetseite der LFS). 3

Bereits seit dem ÄndG 1978 können nicht nur Gemeindeeinwohner, sondern auch Einwohner anderer Gemeinden in die Feuerwehr aufgenommen werden. Der Gesetzgeber hat das Wohnsitzprinzip aufgegeben, um die Aufnahme von Personen zu ermöglichen, die zwar in einer Nachbargemeinde wohnen, aber in der Nähe des Feuerwehrhauses ihren Beruf ausüben (also der Feuerwehr tagsüber zur Verfügung stehen können). Ungeachtet der **Aufgabe des Wohnsitzprinzips** sollten grundsätzlich nur Gemeindeeinwohner oder Personen, die im Gemeindegebiet ihren Beruf ausüben, aufgenommen werden. Entscheidend für die Aufnahme ist nämlich, ob der Bewerber tatsächlich auch Feuerwehrdienst leisten kann. Wer am Ort der Feuerwehr weder wohnt noch seine Arbeitsstelle hat, wird in aller Regel den Dienstpflichten nach § 14 Abs. 1 Nr. 1 und 2 nicht nachkommen können. Durch den Wegfall des Wohnsitzprinzips ist es auch möglich, sowohl der Feuerwehr der Wohnsitzgemeinde als auch der am Ort der regelmäßigen Berufsausübung anzugehören, Gleiches gilt für die Mitgliedschaft in zwei Einsatzabteilungen einer Gemeindefeuerwehr (vgl. § 7 Abs. 3). 4

1. Zu Nr. 1

5 In die Einsatzabteilungen dürfen seit dem ÄndG 2009 bereits Personen aufgenommen werden, die das **17. Lebensjahr vollendet** haben. Mit der Herabsetzung des Eintrittsalters bezweckte der Gesetzgeber, Jugendliche bereits möglichst frühzeitig für die Feuerwehrarbeit zu gewinnen und den Übertritt von der Jugendfeuerwehr in die Einsatzabteilung zu erleichtern. Durch die Herabsetzung des Eintrittsalters können die Jugendlichen auch frühzeitiger mit der Grundausbildung beginnen und stehen damit bereits ab dem 18. Lebensjahr für Einsätze voll ausgebildet zur Verfügung. Mit der Herabsetzung sollte auch der Entwicklung begegnet werden, dass viele Angehörige der Jugendfeuerwehr ab dem Alter von 16 Jahren die Jugendfeuerwehr wieder verlassen, da diese für sie an Attraktivität verloren hat (vgl. die ausführliche Begründung in LT-Drs. 14/5103, S. 39). Im Übrigen wurde damit auch der weit verbreiteten Praxis Rechnung getragen, dass 17-jährige Jugendfeuerwehrangehörige an Übungen der Einsatzabteilung teilnahmen.

Da gemäß § 22 Abs. 1 Jugendarbeitsschutzgesetz (JArbSchG) ein Beschäftigungsverbot für Jugendliche bei gefährlichen Arbeiten besteht und Jugendliche hinsichtlich der Arbeitszeit und der Pausenregelungen durch das JArbSchG weiteren Beschränkungen unterworfen sind, dürfen Feuerwehrangehörige der Einsatzabteilung bis zur Vollendung des 18. Lebensjahres nur am Übungsdienst, nicht aber an Einsätzen teilnehmen.

2. Zu Nr. 2

6 Nach Nr. 2 muss jeder Bewerber **„den gesundheitlichen Anforderungen des Feuerwehrdienstes gewachsen“** sein (Feuerwehrdienstfähigkeit). Der Begriff der „Feuerwehrdienstfähigkeit“ ist aufgaben- und funktionsorientiert. Der Bewerber muss nach seinen körperlichen und geistigen Fähigkeiten geeignet sein, nach durchgeführter Ausbildung den der Feuerwehr nach § 2 obliegenden Aufgaben nachkommen zu können. Da die Feuerwehrdienstfähigkeit eine der Aufnahmevoraussetzungen ist, muss sie vor der Aufnahme festgestellt werden. Beweispflichtig ist der Bewerber, der damit grundsätzlich auch die Kosten einer notwendig werdenden ärztlichen Untersuchung zu tragen hat. Allerdings werden diese regelmäßig freiwillig von den Gemeinden übernommen. Eine **ärztliche Untersuchung** wird in den Durchführungsanweisungen zu § 6 der Unfallverhütungsvorschrift „Feuerwehr“ (DGUV Vorschrift 49) verlangt, wenn Zweifel an der geistigen und/oder körperlichen Tauglichkeit für den Feuerwehrdienst bestehen. Besondere Anforderungen an die körperliche Eignung werden insbesondere an Feuer-

wehrangehörige gestellt, die als Atemschutzgeräteträger, als Taucher oder als Ausbilder in Übungsanlagen zur Brandbekämpfung Dienst tun; siehe hierzu auch § 4 Abs. 1 ArbMedVV. Die neuen „DGUV Empfehlungen für arbeitsmedizinische Beratungen und Untersuchungen“ lösen die bisherigen „DGUV Grundsätze für arbeitsmedizinische Untersuchungen“ ab. Statt der bisher bekannten Untersuchungsgrundsätze G 26 bzw. G 31 geben nun die DGUV Empfehlungen „Atemschutzgeräte (Eignungsbeurteilung)“ bzw. „Überdruck (Arbeiten in Druckluft und Taucharbeiten)“ Hilfestellung zur Umsetzung von Eignungsuntersuchungen für Tätigkeiten unter Atemschutz bzw. Taucharbeiten bei den Feuerwehren.

3. Zu Nr. 3

Mit der Formulierung, dass in die Feuerwehr nur aufgenommen werden darf, der **„geistig und charakterlich für den Feuerwehrdienst geeignet“** ist, wurde im ÄndG 2009 die frühere Formulierung „wer einen guten Ruf besitzt“ ersetzt. Zur Begründung wurde angeführt, dass der „Ruf“ einer Person nicht notwendigerweise Auswirkungen auf seine Eignung für den Feuerwehrdienst habe. Entscheidendes Kriterium sei vielmehr, ob der Bewerber die geistigen und charakterlichen Eigenschaften besitze, die erforderlich sind, um zuverlässig und kompetent in Zusammenarbeit mit anderen den Feuerwehrdienst zu verrichten, sodass er sich, die anderen und den Einsatzerfolg nicht gefährdet (vgl. LT-Drs. 14/5103, S. 39). 7

Da eine Person keinen guten Ruf besitzt, wenn ihr Führungszeugnis Eintragungen enthält, konnten nach § 10 Abs. 1 Nr. 3 FwG a.F. Bewerber nicht in die Feuerwehr aufgenommen werden, die wegen Straftaten zu Geldstrafen von mehr als 90 Tagessätzen oder zu Freiheitsstrafe von mehr als 3 Monaten verurteilt worden waren (vgl. § 32 Abs. 2 Nr. 5 Bundeszentralregistergesetz (BZRG) und 7. Aufl. dieses Kommentars, § 10 Rn. 5). Durch die Änderung des Gesetzes im Jahr 2009 ist deren Aufnahme grundsätzlich nicht mehr ausgeschlossen, sofern sie nicht wegen vorsätzlichen Brandstiftungsdelikten (vgl. Abs. 1 Nr. 7) oder nicht wegen eines Verbrechens zu mehr als einem Jahr Freiheitsstrafe (vgl. Abs. 1 Nr. 5 und unten Rn. 10) verurteilt wurden. Gleichwohl sollten die Gemeinden weiterhin von der Möglichkeit Gebrauch machen, von Bewerbern die Vorlage eines Führungszeugnisses zu fordern. Denn dort eingetragene Verurteilungen wegen Diebstahls, Untreue, Betruges, Gewaltdelikten oder Straftaten gegen die sexuelle Selbstbestimmung werden einem vertrauensvollen Miteinander bei der Feuerwehrarbeit entgegenstehen. Bewerber mit solchen Verurteilungen sind daher regelmäßig als für den Feuerwehrdienst **charakterlich ungeeignet** anzusehen. 8

4. Zu Nr. 4

9 Aufnahmevoraussetzung ist ferner die freiwillig übernommene **Bereitschaft „zu einer längeren Dienstzeit“**. Der Gesetzgeber hat bei der Neufassung im Jahr 2009 das Wort „Verpflichtung“ durch „Bereitschaft“ zu einem längeren Feuerwehrdienst ersetzt, um damit ein mögliches Hindernis für eine Bewerbung zu beseitigen. Verpflichtung bedeutete nämlich das Ableisten von grundsätzlich mindestens zehn Jahren Feuerwehrdienst (vgl. dazu 7. Aufl. dieses Kommentars, § 10 Rn. 6). Da Arbeitswelt und auch Partnerschaft heute jedoch teilweise sehr hohe Erwartungen an die räumliche Mobilität und die zeitliche Flexibilität stellen und auch der Wohnungsmarkt Umzüge erforderlich machen kann, wäre kaum jemand mehr in der Lage, sich zu einer längeren Dienstzeit fest zu verpflichten (vgl. LT-Drs 14/5103, S. 39). In der Praxis verlangen Gemeinden jedoch nicht selten von Personen, die nach kurzer Dienstzeit aus der Feuerwehr ausscheiden, anteilig Kostenersatz für eine gewährte Führerscheinausbildung oder individuell angefertigte Ausrüstungsgegenstände (z.B. Maßanfertigungen von Feuerwehrstiefeln). Dies ist allerdings nicht zulässig (vgl. Bay. VGH, Urteil vom 24. April 2015, 4 BV 13.2391, juris [Rn. 33] und Ernst, Brandhilfe 11/2020, S. 19f.).

5. Zu Nr. 5

10 Wer wegen eines Verbrechens zu einer Freiheitsstrafe von mindestens einem Jahr verurteilt wird, verliert kraft Gesetzes (vgl. § 45 Abs. 1 StGB) für die Dauer von fünf Jahren die **Fähigkeit, öffentliche Ämter zu bekleiden.** Öffentliche Ämter sind solche, deren Träger Dienste verrichten, die aus der Staatsgewalt abgeleitet sind und staatlichen Zwecken dienen (RGSt 62, 24), also auch der Feuerwehrdienst. Nr. 5 kommt daher lediglich klarstellende Wirkung zu.

Außerdem kann das Gericht dem Verurteilten für die Dauer von zwei bis fünf Jahren diese Fähigkeit aberkennen, soweit die einzelnen Strafbestimmungen des StGB es besonders vorsehen (§ 45 Abs. 2 StGB). Mit dem Verlust der Fähigkeit, öffentliche Ämter zu bekleiden, verliert der Verurteilte zugleich die entsprechenden Rechtsstellungen und Rechte, die er als Träger eines öffentlichen Amtes innehat (§ 45 Abs. 3 StGB).

Bei Nr. 5 ist besonders zu beachten, dass die Verurteilung zu mindestens einem Jahr Freiheitsstrafe wegen eines **Verbrechens** erfolgt sein muss. Nicht jede Verurteilung zu einem Jahr Freiheitsstrafe erfolgt wegen eines Verbrechens, sie kann auch wegen eines Vergehens erfolgen. Gemäß § 12 Abs. 1 und 2 StGB sind Verbrechen rechtswidrige Taten, die im Mindestmaß mit Freiheitsstrafe von einem Jahr oder darüber bedroht sind; hierzu zählen etwa Raub (§ 249 Abs. 1 StGB) und vorsätzliche Brandstiftung (§ 306 Abs. 1 StGB). **Vergehen** hingegen sind rechtswidrige Taten, die im Mindestmaß mit einer geringeren Freiheitsstrafe oder mit Geldstrafe bedroht sind, dies sind z.B. Diebstahl (§ 242 Abs. 1 StGB) oder auch sexueller Missbrauch von Schutzbefohlenen (§ 174 Abs. 1 StGB).

6. Zu Nr. 6

Wer einer „**Maßregel der Besserung und Sicherung** gemäß § 61 StGB" 11
unterworfen ist, kann nicht in die Feuerwehr aufgenommen werden. Maßregeln i.S. von § 61 StGB dienen dem Schutz der Allgemeinheit vor gefährlichen Tätern; es handelt sich hierbei um:

- die Unterbringung in einem psychiatrischen Krankenhaus (vgl. § 63 StGB),
- die Unterbringung in einer Entziehungsanstalt (vgl. § 64 StGB),
- die Unterbringung in der Sicherungsverwahrung (vgl. § 66 StGB),
- die Führungsaufsicht (vgl. §§ 68 bis 68g StGB),
- die Entziehung der Fahrerlaubnis (§§ 69 bis 69b StGB),
- das Berufsverbot (§§ 70 bis 70b StGB).

Die Entziehung der Fahrerlaubnis führt allerdings bereits seit dem ÄndG 1986 nicht mehr zur Ungeeignetheit für den Dienst in der Gemeindefeuerwehr.

Ist die Maßregel erledigt (durch Zeitablauf oder gerichtliche Entscheidung), fällt auch die Ungeeignetheit für den Dienst in der Feuerwehr weg.

7. Zu Nr. 7

Durch Nr. 7 wird ausdrücklich geregelt, dass eine Verurteilung wegen 12
vorsätzlicher Brandstiftung, dies sind die §§ 306 bis 306c StGB, zur Ungeeignetheit, Feuerwehrdienst zu leisten, führt. Es ist mit dem öffentlichen Ansehen der Feuerwehr unvereinbar, wenn Feuerwehrangehörige zum Schaden anderer Feuer legen. Dies gilt auch dann, wenn sie die Strafe verbüßt haben (vgl. LT-Drs. 14/5103, S. 39). Im Führungszeugnis nicht mehr vorhandene (durch Zeitablauf getilgte) Eintragungen stehen jedoch einer Aufnahme in die Einsatzabteilung nicht entgegen; dies folgt aus § 51 BZRG (vgl. Ernst, Brandhilfe 10/2019, S. 23 ff.).

Der Ausschließungsgrund der Nr. 7 greift nicht bei einer Verurteilung wegen fahrlässiger Brandstiftung (§ 306d StGB). Von § 306d StGB sind die Fälle erfasst, in denen eine Person durch Unachtsamkeit ein Schadenfeuer verursacht hat. Eine solche Unachtsamkeit kann jedermann unterlaufen und führt deshalb nicht zur Ungeeignetheit zum Feuerwehrdienst. Im Übrigen kann eine Strafbarkeit gemäß § 306d StGB auch den Einsatzleiter der Feuerwehr treffen, der beispielsweise infolge Unaufmerksamkeit nach Ablöschen eines Brandes Glutnester übersieht, die später zu einem erneuten Brand führen. Auch in diesem Fall liegt es regelmäßig fern, Ungeeignetheit zum Feuerwehrdienst anzunehmen.

II. Zu Absatz 2

13 Mit Absatz 2 wurde durch das ÄndG 2009 eine einjährige **Probezeit** vor der endgültigen Aufnahme in die Einsatzabteilung eingeführt. Dadurch haben sowohl der Aufzunehmende als auch die „Feuerwehr" die Möglichkeit, während dieses Probezeitraums zu prüfen, ob sie „zueinander passen". Insbesondere kann der Feuerwehrangehörige innerhalb dieses Zeitraums wieder austreten (vgl. § 13 Abs. 1 Nr. 2), ohne sich hierfür wie bis dahin auf einen anderen der in § 13 aufgeführten Gründe berufen zu müssen. Dadurch soll die Nachwuchsgewinnung erleichtert werden (vgl. LT-Drs. 14/5103, S. 39). Zudem erhielt die Feuerwehr die Möglichkeit, sich unter erleichterten Voraussetzungen von einem „unpassenden" Bewerber zu trennen (vgl. § 13 Abs. 1 Nr. 1).

14 **Satz 1** bestimmt die Dauer der Probezeit auf grundsätzlich ein Jahr. Dadurch, dass nach **Satz 2** die Grundausbildung während der Probezeit durchgeführt werden soll, wird für die Gemeinde gewährleistet, dass die Grundausbildung durch den Feuerwehrangehörigen zügig absolviert wird und er dann für Einsätze ausgebildet zur Verfügung steht. Der Feuerwehrangehörige erhält umgekehrt dadurch einen Anspruch auf rasche Ausbildung und erfährt durch die intensive Grundausbildung, ob ihm der Feuerwehrdienst zusagt.

Satz 3 gibt der Feuerwehr die Möglichkeit, aus begründetem Anlass die Probezeit zu verlängern. Diese Verlängerungsgründe, die eine Beurteilung über die Eignung nach Ablauf von zwölf Monaten noch nicht zulassen, müssen vom Feuerwehrangehörigen zu vertreten sein. Dies kann bspw. der Fall sein, wenn es dem Feuerwehrangehörigen aus beruflichen oder privaten Gründen nicht möglich war, innerhalb der Jahresfrist die Grundausbildung abzuschließen. Denn eine Probezeit von zwölf Monaten ist für die Feuerwehr ausreichend, um zu prüfen, ob der Bewerber die Probezeit bestanden hat.

Nach **Satz 4** kann auf die Probezeit verzichtet oder diese abgekürzt werden, wenn anderweitig ausreichende Kenntnisse und Erfahrungen im Feuerwehrdienst, zum Beispiel in der Jugendfeuerwehr oder einer anderen Feuerwehr, erworben wurden und die Eignung des Aufzunehmenden nachgewiesen wurde. Es empfiehlt sich hierfür, Erkundigungen über den

Bewerber beim Jugendfeuerwehrwart oder dem Kommandanten der Herkunftsfeuerwehr einzuholen.

III. Zu Absatz 3

1. Satz 1

Sachlich zuständig für die Entscheidung über die Aufnahme auf Probe, 15
die Verlängerung oder Verkürzung bzw. ein Absehen von der Probezeit und für die Entscheidung über die endgültige Aufnahme in die Einsatzabteilung in die Feuerwehr ist der **Feuerwehrausschuss** (§ 10 Abs. 1). Satz 1 ist ein Vertrauensbeweis des Gesetzgebers in die Selbstverwaltung der Feuerwehr. Der Feuerwehrausschuss trägt mit seiner Entscheidungsbefugnis eine Mitverantwortung für die Kameradschaft, Leistungsfähigkeit und Leistungsbereitschaft der Feuerwehr.

2. Satz 2

Bei den nach Satz 1 zu treffenden Entscheidungen besteht für den Feuer- 16
wehrausschuss die Pflicht, den **Abteilungsausschuss anzuhören**. Ist die Gemeindefeuerwehr in Einsatzabteilungen gegliedert, wird in der Regel jede Einsatzabteilung über einen eigenen Ausschuss verfügen. Die Anhörung ist geboten, weil jeder Feuerwehrangehörige (mindestens) einer Abteilung angehören muss. Der Bewerber sollte gefragt werden, welcher Einsatzabteilung er zugeteilt werden will, wenn Wohnort und Arbeitsort innerhalb einer Gemeinde in Gebieten verschiedener Abteilungen liegen, der Feuerwehrangehörige jedoch nur Mitglied einer Abteilung sein will. Welcher Abteilung er zugewiesen wird, entscheidet der Feuerwehrausschuss. Er ist dabei an das Votum des Abteilungsausschusses nicht gebunden.

3. Satz 3

Liegen die Aufnahmevoraussetzungen nach Absatz 1 vor, steht es **im** 17
pflichtgemäßen Ermessen des Feuerwehrausschusses, einem Aufnahmeantrag stattzugeben oder ihn abzulehnen (VG Stuttgart, BWGZ 1998, 29). Enthält die Feuerwehrsatzung die Zahl der taktischen Einheiten (Gruppen, Züge), liegt damit auch die Zahl der erforderlichen Feuerwehrangehörigen fest (nämlich die drei- bis höchstens vierfache Besetzung der Gruppen bzw. Züge). An diese Zahl, d.h. an die Sollstärke der Feuerwehr (siehe dazu Rn. 16 zu § 3), ist der Feuerwehrausschuss gebunden. Außerdem ist der Feuerwehrausschuss an den Gleichbehandlungsgrundsatz des Art. 3 GG gebunden. Der Feuerwehrausschuss unterliegt bei der Entscheidung über die Aufnahme keinen sonstigen Vorgaben.

Einen Rechtsanspruch auf Aufnahme hat grundsätzlich weder der Feuerwehrangehörige nach Ablauf seiner Probezeit (siehe dazu aber Rn. 6 zu § 13) noch der über 17-jährige Angehörige der Jugendfeuerwehr. Aus der Zugehörigkeit zu einer Jugendfeuerwehr folgt jedoch ein Vorrang vor der Aufnahme anderer Bewerber ohne vorangegangene Feuerwehrausbildung. Die Bevorzugung von Bewerbern aus der eigenen Jugendfeuerwehr gegenüber Bewerbern aus anderen (Jugend-)Feuerwehren ist jedoch unzulässig (VG Stuttgart, a. a. O.). Der Feuerwehrausschuss sollte Anwärter, die die Voraussetzungen nach Absatz 1 erfüllen, aufnehmen, sofern die Sollstärke der Feuerwehr noch nicht in erheblichem Umfang überschritten ist.

4. Satz 4

18 Satz 4 kommt nur feststellende Bedeutung zu. Denn die Ablehnung eines Aufnahmeantrags ist ein **belastender Verwaltungsakt** (vgl. § 35 LVwVfG), der schon gemäß § 41 LVwVfG dem Gesuchsteller zugestellt werden muss. Der Ablehnungsbescheid ist außerdem zu begründen (§ 39 LVwVfG) und mit einer Rechtsbehelfsbelehrung zu versehen (§ 58 VwGO). Gegen die Ablehnung kann der Bewerber nach erfolgloser Durchführung des Widerspruchsverfahrens (§ 68 VwGO) vor dem Verwaltungsgericht Verpflichtungsklage gemäß § 42 Abs. 1, Alt. 2 VwGO (Antrag auf Neubescheidung durch die Gemeinde unter Beachtung der Rechtsauffassung des Verwaltungsgerichts, § 113 Abs. 5 VwGO) erheben.

IV. Zu Absatz 4

19 Die Regelung des Absatzes 4 trägt dem Umstand Rechnung, dass es für die Gemeindefeuerwehren von Vorteil ist, wenn ihr Personen mit besonderen Fachkenntnissen wie z. B. Ärzte, Chemiker, Strahlenschutzfachleute, Baustatiker, Notfallseelsorger zur Verfügung stehen. Denn diese **Fachberater** können die Feuerwehr bei der Planung, bei Übungen und im Einsatz beraten und unterstützen sowie Ausbildung leisten.

Ob die Gemeinde von dieser Möglichkeit Gebrauch machen will, entscheidet der Gemeinderat mit der Feuerwehrsatzung, denn ihm steht die Organisationshoheit (vgl. Hildinger/Rosenauer, FwG, 4. Aufl., § 11 Rn. 28) zu.

20 Satz 2 lässt bei diesen Personen **Abweichungen** zu:

- von § 11 Abs. 1 und 2 bei der Aufnahme,
- von § 14 bei den Dienstpflichten und
- von der Dienstaltershöchstgrenze des § 13 Abs. 1 Nr. 5.

Da in Satz 2 eine Abweichung von § 11 Abs. 3 gerade nicht normiert ist, entscheidet auch über die Aufnahme der Fachberater der Feuerwehrausschuss.

Eine Abweichung von § 11 Abs. 1 und 2 bei der **Aufnahme** wird regelmäßig im Verzicht auf eine Probezeit liegen. Auch können bei den gesundheitlichen Anforderungen Abstriche gemacht werden, da der Fachberater im Übungs- und Einsatzdienst aufgrund der konkret von ihm ausgeübten Tätigkeit regelmäßig keinen gefährlichen Situationen ausgesetzt sein wird. 21

Bei den **Dienstpflichten** können Abweichungen insbesondere bei denen nach § 14 Abs. 1 Nr. 1 und 2 erforderlich sein. So hat der Fachberater grundsätzlich an Übungen und an Einsätzen nur insoweit teilzunehmen, als dort seine besonderen Fachkenntnisse erforderlich sind. Letzteres ist durch eine gezielte Alarmierung zu bewerkstelligen. Die übrigen Dienstpflichten des § 14 gelten jedoch uneingeschränkt auch für den Fachberater (vgl. Hildinger/Rosenauer, FwG, 4. Aufl., § 11 Rn. 30). 22

Die Abweichung von der **Dienstaltershöchstgrenze** des § 13 Abs. 1 Nr. 5 hat ihren Grund darin, dass bei den Gemeinden teilweise Bedarf besteht, Fachberater auch über das 65. Lebensjahr hinaus bei der Feuerwehr einzusetzen (vgl. LT-Drs. 14/5103, S. 40), weil solche Fachberater oftmals schwierig zu finden sind und die besonderen Aufgaben der Fachberater eine Ausübung ihres Amtes auch über das 65. Lebensjahr hinaus regelmäßig zulassen. Es empfiehlt sich daher, in der Satzung keine starre Altersgrenze für die Fachberater festzulegen, sondern die Entscheidung über eine Beendigung des Feuerwehrdienstes für die Fachberater nach Vollendung deren 65. Lebensjahres im konkreten Einzelfall dem Feuerwehrausschuss zu übertragen (so auch Hildinger/Rosenauer, FwG, 4. Aufl., § 11 Rn. 31). 23

Die Fachberater haben mit der Aufnahme den Status eines ehrenamtlich tätigen Feuerwehrangehörigen. Ihnen stehen daher insbesondere die Rechte zu auf: 24

- Freistellung (§ 15),
- Entschädigung (§ 16),
- Ersatz von Sachschäden (§ 17) und
- Leistungen der gesetzlichen Unfallversicherung einschließlich der ergänzenden Leistungen des Landes.

Verursachen sie im Rahmen ihrer Tätigkeit bei Übungen oder Einsätzen Sachschäden handeln sie hoheitlich und genießen daher das Amtshaftungsprivileg (vgl. hierzu § 7 Rn. 13).

25 Sind die Fachberater einer Einsatzabteilung zugehörig und nicht direkt dem Kommandanten unterstellt (vgl. Rn. 1 zu § 11), sind sie wahlberechtigt für die Wahl des Feuerwehrkommandanten bzw. Abteilungskommandanten und deren Stellvertreter nach § 8 Abs. 2. Denn dieses **Wahlrecht** steht allen Angehörigen der Einsatzabteilungen der Freiwilligen Feuerwehr zu. Ebenso sind diese Fachberater aktiv und passiv wahlberechtigt für den Feuerwehrausschuss bzw. Abteilungsausschuss gemäß § 10 Abs. 1.

§ 12
Heranziehung zum Dienst in der Gemeindefeuerwehr

(1) [1]Die Gemeinden können durch Satzung Gemeindeeinwohner zwischen dem vollendeten 18. und dem vollendeten 50. Lebensjahr zum Dienst in der Gemeindefeuerwehr verpflichten. [2]Wer in mehreren Gemeinden wohnt, darf nur in der Gemeinde zum Feuerwehrdienst verpflichtet werden, in der die Hauptwohnung liegt. [3]Das Nähere, insbesondere Ausnahmen von der Feuerwehrdienstpflicht, Umfang und Dauer der Dienstverpflichtung sowie Rechte und Pflichten der Dienstverpflichteten, regelt die Satzung.

(2) [1]Die Dienstpflichtigen werden nach Maßgabe der Satzung durch schriftlichen Verpflichtungsbescheid für eine bestimmte Zeit zur Dienstleistung herangezogen. [2]Nicht herangezogen werden sollen Feuerwehrdienstpflichtige,

1. **bei denen die Voraussetzungen für eine Aufnahme in die Einsatzabteilung nach § 11 Abs. 1 Nr. 1 bis 3 und 5 bis 7 nicht vorliegen oder**
2. **die nach § 16 Abs. 1 der Gemeindeordnung aus wichtigen Gründen eine ehrenamtliche Tätigkeit ablehnen können.**

Übersicht **Rn.**

A. Allgemeines

Durch das ÄndG 1996 wurde die auf Männer beschränkte, gesetzlich festgelegte sog. Feuerwehrdienstpflicht ersetzt durch eine Satzungsermächtigung, die Feuerwehrdienstpflicht geschlechtsunabhängig kommunal einzuführen. Der Landtag hatte mit der Satzungsermächtigung der Tatsache Rechnung getragen, dass seit Inkrafttreten des Feuerwehrgesetzes am 1. April 1956 noch nie ein feuerwehrdienstpflichtiger Mann zur Dienstleistung in der Gemeindefeuerwehr herangezogen worden ist. Das hatte auch den Europäischen Gerichtshof für Menschenrechte bewogen, die an die Dienstpflicht anknüpfende Feuerwehrabgabe für Männer als gegen das Diskriminierungsverbot der Europäischen Menschenrechtskonvention verstoßend zu erklären (vgl. Urteil vom 18. Juli 1994, NVwZ 1995, 365 und juris [nur Leitsatz]). 1

Das BVerfG hatte daraufhin § 11 und § 38 a.F. für verfassungswidrig und damit für nichtig erklärt (Beschluss vom 24. Januar 1995, NJW 1995, 1733 und juris [Rn. 66]), es gleichzeitig aber als verfassungsrechtlich unbedenklich bezeichnet, an der Feuerwehrdienstpflicht festzuhalten, wenn nicht nur männliche, sondern auch weibliche Gemeindeeinwohner dienstpflichtig sind. Der zur Gemeindefeuerwehr Herangezogene nimmt eine herkömmliche, allgemeine, für jedermann gleiche Dienstpflicht i. S. von Art. 12 Abs. 2 GG wahr (BVerfG, a. a. O.). Das BVerfG hat weiter klargestellt, dass einer Ausweitung der Feuerwehrdienstpflicht auf Frauen nicht entgegengehalten werden könne, dass es eine Dienstpflicht dieses Inhalts in der Vergangenheit nicht gegeben habe und daher nicht „herkömmlich“ i. S. von Art. 12 Abs. 2 GG sei. Aus der Entstehungsgeschichte des Art. 12 Abs. 2 GG ergebe sich, dass der Verfassungsgeber Dienstverpflichtungen, wie sie in der NS-Zeit bestanden hatten (etwa zum Arbeitsdienst), ausschließen wollte. Dies sollte mit dem Wort „herkömmlich“ erreicht werden. Danach wolle der Verfassungsgeber mit dem Begriff „herkömmlich“ die Art der Dienstleistungspflicht, nicht jedoch den von ihr betroffenen Personenkreis festschreiben. Art und Charakter einer Dienstpflicht würden aber nicht dadurch verändert, dass auch Frauen von ihr betroffen werden.

Absatz 1 Satz 1 enthält eine **Satzungsermächtigung**, die Feuerwehrdienstpflicht örtlich einzuführen, Satz 3 nennt den Satzungsinhalt. Erreicht die Feuerwehr ihre Sollstärke nicht mit den Aufnahmen nach § 11, entscheidet die Gemeinde, ob sie mit benachbarten Gemeinden einen Zweckverband (siehe dazu Rn. 2 zu § 3) vereinbart, um gemeinsam eine leistungsstarke Feuerwehr aufzustellen, auszurüsten und zu unterhalten, oder ob 2 sie eine Satzung erlässt, um Gemeindeeinwohner zur Dienstleistung in der Gemeindefeuerwehr heranziehen zu können.

3 Der Feuerwehrdienst ist **kein Hand- und Spanndienst** i. S. von § 10 Abs. 5 GemO. Handdienste sind einfache Arbeiten, die ohne Vorbildung oder Ausbildung verrichtet werden können, was beim Feuerwehrdienst gerade nicht der Fall ist. Spanndienste sind demgegenüber Transportleistungen unter Gestellung eines Fahrers (vgl. Aker/Hafner/Notheis, Gemeindeordnung BW, 2. Aufl., § 10 Rn. 18).

4 Das Feuerwehrgesetz kennt im Gegensatz zu den Gesetzen vieler anderer Bundesländer die **Pflichtfeuerwehr** nicht. Die Pflichtfeuerwehr ist neben der Freiwilligen Feuerwehr und der Berufsfeuerwehr die dritte Art einer Gemeindefeuerwehr, vgl. z.B. § 7 Abs. 5 Hessisches Brand- und Katastrophenschutzgesetz (HBKG) vom 14. Januar 2014 (GVBl. Hessen 2014, S. 26) und § 13 Abs. 1 Brandschutz- und Hilfeleistungsgesetz Mecklenburg-Vorpommern vom 21. Dezember 2015 (GVOBl. M-V S. 20). Der Gesetzgeber von Baden-Württemberg hat bewusst darauf verzichtet, diese dritte Art der Gemeindefeuerwehr für den Fall vorzusehen, dass eine Freiwillige Feuerwehr nicht zustande kommt (Pflichtfeuerwehr = Ersatzfeuerwehr). Kann eine Gemeinde eine Freiwillige Feuerwehr nicht aufstellen, kann anstelle der Pflichtfeuerwehr im Rahmen eines Feuerwehr-Zweckverbands eine sog **Verbandsfeuerwehr** (z.B. die Verbandsfeuerwehr Ellbachtal der Gemeinden Ellhofen und Lehrensteinsfeld, siehe hierzu auch Rn. 2 zu § 3) gebildet werden.

B. Erläuterung

I. Zu Absatz 1

1. Satz 1

5 Satz 1 ermächtigt die Gemeinden, die Feuerwehrdienstpflicht durch Erlass einer Satzung einzuführen. Feuerwehrdienstpflichtig sind dann die Gemeindeeinwohner zwischen dem vollendeten 18. und dem vollendeten 50. Lebensjahr. In der Satzung über die Einführung der Feuerwehrdienstpflicht sind die Voraussetzungen für die Heranziehung von Feuerwehrdienstpflichtigen nach Absatz 2 festzulegen. Es ist nicht ausdrücklich geregelt, dass Feuerwehrdienstpflichtige nur zur Ergänzung der Gemeindefeuerwehr herangezogen werden dürfen, jedoch ist zu empfehlen, dies in die Satzung aufzunehmen. Es sollte klargestellt sein, dass nur bei Bedarf eine Heranziehung infrage kommt.

6 **„Gemeindeeinwohner“** ist, wer in der Gemeinde wohnt (vgl. § 10 Abs. 1 GemO). § 12 liegt, ebenso wie § 13 Abs. 2 GemO, der öffentlich-rechtliche Be-

griff des Wohnens zugrunde. Somit ist Gemeindeeinwohner, wer in der Gemeinde eine Wohnung unter Umständen innehat, die darauf schließen lassen, dass er die Wohnung beibehalten und benutzen wird (vgl. § 8 AO). **Wohnung** ist dabei jede Unterkunftsmöglichkeit, die für die ständige Unterbringung von Menschen geeignet ist; also keine Zelte, aber ein möbliertes Zimmer, ein Zimmer im Gasthaus, eine Schlafstelle oder ein Wohnwagen, soweit dieser nicht als Fortbewegungsmittel benutzt wird („Dauercamper"). Ein Aufenthalt zum Besuch, zur Erholung, im Krankenhaus und auf Geschäftsreise begründet keinen Wohnsitz. Ein Aufenthalt zur längeren Dienstleistung und zur Ausbildung (Studenten, Schüler) mit Unterkunft am Arbeits- oder Ausbildungsort reicht dagegen zur Begründung eines Wohnsitzes aus. Ein Zwischenquartier für wenige Monate bis zum Beziehen einer Wohnung in einer anderen Gemeinde kann keine Dienstpflicht begründen. Die Unterbringung in Durchgangs- und Auffanglagern, zu denen auch die Übergangswohnheime gehören, begründet grundsätzlich kein Wohnen. Anders ist es nur, wenn der im Lager vorläufig noch Untergebrachte der Lagergemeinde bereits zugewiesen ist. Auch Asylbewerber halten sich nur vorübergehend auf und begründen damit weder Wohnsitz noch gewöhnlichen Aufenthalt (BSG, NVwZ 1983, 246).

Ist die Feuerwehrdienstpflicht durch Satzung eingeführt, **beginnt sie mit dem Bezug der Wohnung**. Gebrauch machen von der eingeführten Feuerwehrdienstpflicht kann die Gemeinde indes erst, wenn sie davon erfährt, somit in der Regel erst mit der Anmeldung nach den Vorschriften des Bundesmeldegesetzes. Auf die Erlangung des Bürgerrechts (gemäß § 12 Abs. 1 Satz 1 GemO erst nach Ablauf von sechs Monaten) kommt es ebenso wenig an wie auf die Staatsangehörigkeit.

Da die Zahl der möglichen, zum Feuerwehrdienst heranzuziehenden Gemeindeeinwohner jeweils erheblich größer ist als die Zahl der zur Ergänzung benötigten Pflichtigen, ist die Gemeinde zur Differenzierung der pflichtigen Gemeindeeinwohner angehalten. Bei der Auswahl hat die Gemeinde auf die persönlichen Verhältnisse der Pflichtigen gebührend Rücksicht zu nehmen, und zwar über den in Absatz 2 Nr. 2 beschriebenen Personenkreis hinaus. Das der Gemeinde verbleibende Auswahlermessen wird außerdem durch Art. 3 Abs. 1 und 3 GG beschränkt; d.h., die Gemeinde muss bei der Auswahl der Pflichtigen einen einheitlichen Maßstab anlegen und darf sich auch nicht von sachfremden (darunter persönlichen) Motiven leiten lassen (vgl. zum Ermessen § 40 LVwVfG). 7

2. Satz 2

Wer in mehreren Gemeinden wohnt, darf nur dort zum Feuerwehrdienst verpflichtet werden, wo er seine „**Hauptwohnung**" hat. Der Begriff der 8

Hauptwohnung richtet sich nach § 21 Abs. 2 BMG, der § 17 Abs. 2 MeldeG ersetzt hat. Danach ist die vorwiegend (zeitlich gesehen) benutzte Wohnung die Hauptwohnung. Internatsschüler und Studenten, die die Woche über am Ort des Internats bzw. der Hochschule wohnen, d.h. sich nur am Wochenende bzw. während der Ferien in der elterlichen Wohnung aufhalten, sind daher am Internatsort bzw. Studienort feuerwehrdienstpflichtig, weil dort ihre Hauptwohnung ist (vgl. VGH, Urteil vom 22. Januar 1987, 2 S 2921/84 zu § 17 Abs. 2 MeldeG). Bei Verheirateten ist es die vorwiegend benutzte Familienwohnung, § 22 Abs. 1 BMG. Die melderechtlich relevante Benutzung ist die Benutzung zum Schlafen und Wohnen (also nicht die Benutzung zu anderweitigen Zwecken, z.B. zur Aufbewahrung der persönlichen Habe). Im Zweifelsfall ist die Hauptwohnung dort, wo der Schwerpunkt der Lebensbeziehungen des Einwohners liegt, § 22 Abs. 3 BMG. Der Meldepflichtige hat bei jeder An- und Abmeldung zu erklären, welche weiteren Wohnungen im Bundesgebiet er hat und welche Wohnung seine Hauptwohnung ist (§ 21 Abs. 4 BMG).

3. Satz 3

9 Satz 3 räumt dem Gemeinderat bei der Festlegung des Satzungsinhalts weitgehende **Gestaltungsfreiheit** ein. Die Satzung sollte jedenfalls die Ausnahmen von der Feuerwehrdienstpflicht, Umfang und Dauer der Dienstverpflichtung sowie Rechte und Pflichten der Dienstverpflichteten regeln.

Die Satzung kann auch Ausführungen zu Nr. 1 und 2 des Absatzes 2 enthalten. So kann die Satzung u.a. der Mehrfachbelastung durch Hausarbeit, Kinderbetreuung, Beruf mittels geschlechtsunabhängiger Freistellungsregelungen Rechnung tragen. Es sollte in der Satzung zudem in Anlehnung an § 11 Abs. 1 Nr. 2 bestimmt werden, dass zum Feuerwehrdienst nicht herangezogen wird, wer den gesundheitlichen Anforderungen des Feuerwehrdienstes nicht gewachsen ist.

Der Unterschied zwischen dem Gemeindeeinwohner, der kraft Satzung von der Feuerwehrpflicht ausgenommen ist, und demjenigen, der kraft Absatz 2 Satz 2 nicht zum Feuerwehrdienst herangezogen wird, besteht darin, dass der Erstere (ausnahmslos) nicht herangezogen werden darf, während der andere gemäß Satz 2 nicht herangezogen werden soll, d.h. grundsätzlich nicht herangezogen wird, wobei im Ausnahmefall gleichwohl ein Heranziehungsbescheid erlassen werden kann.

II. Zu Absatz 2

1. Satz 1

Die Heranziehung zur Dienstleistung in der Gemeindefeuerwehr setzt voraus, dass der Gemeinderat eine Satzung über die Einführung der Feuerwehrdienstpflicht nach Absatz 1 erlassen hat („nach Maßgabe der Satzung"). 10

Welches Organ der Gemeinde (Gemeinderat oder Bürgermeisteramt) die kraft Satzung Feuerwehrdienstpflichtigen zur Dienstleistung zwangsweise heranzieht, ist zwar nicht in § 12 festgelegt, jedoch handelt es sich hier zweifelsfrei um das Bürgermeisteramt als Verwaltungsorgan der Gemeinde (§ 23 GemO). Der Verpflichtungsbescheid ist nämlich ein **belastender Verwaltungsakt** i. S. v. § 35 LVwVfG, der schriftlich begründet (§ 39 LVwVfG) und dem Betroffenen zugestellt werden muss (§ 41 LVwVfG). Gegen den (belastenden) Verwaltungsakt kann der Betroffene Widerspruch einlegen (§§ 68 ff. VwGO) und bei dessen Erfolgslosigkeit Anfechtungsklage (§ 42 Abs. 1, Alt. 1 VwGO) erheben. 11

Die Verpflichtung muss **zeitlich befristet** werden („für eine bestimmte Zeit"). 12
Die Fristdauer ist gesetzlich nicht festgelegt. Im Hinblick auf die auch von den zwangsverpflichteten Gemeindeeinwohnern zu fordernde lange Ausbildungsdauer (zumindest Ausbildung zum Truppmann) sollte die Frist nicht unter fünf Jahren liegen. Bei längerfristigen Verpflichtungen kann zudem eher als bei kurzfristigen erwartet werden, dass der Herangezogene einen Aufnahmeantrag nach § 11 Abs. 1 stellt. Eine nach Ablauf der Frist wiederholte Heranziehung ist nur zulässig, wenn keine „ungedienten" feuerwehrdienstpflichtigen Gemeindeeinwohner herangezogen werden können, dies gebietet Art. 3 Abs. 1 GG. Unabhängig von der noch laufenden Frist ist der Verpflichtungsbescheid zu widerrufen (vgl. § 49 Abs. 1 LVwVfG), wenn und sobald die gesetzliche Ermächtigung für die Heranziehung entfallen ist; nämlich die gerätebezogene Mindeststärke der Feuerwehr aufgrund ausreichender freiwilliger Meldungen erreichbar ist.

Die Heranziehungsdauer kann in der Satzung gemäß Absatz 1 Satz 3 festgelegt werden.

2. Satz 2

Die in **Satz 2** genannten Gründe, einen Gemeindeeinwohner von der Heranziehung zum Dienst in der Gemeindefeuerwehr zu verschonen, werden ergänzt durch die Satzung, wenn darin „Ausnahmen von der Feuerwehrdienstpflicht" gemäß Absatz 1 Satz 3 festgelegt sind. Auch wenn es praktisch keinen Unterschied macht, ob man kraft Satzung oder kraft Nichther- 13 anziehung nach Absatz 2 Satz 2 keinen Feuerwehrdienst leisten muss, ist der in Satz 2 genannte Personenkreis nicht von der Feuerwehrpflicht befreit. Er **soll nur nicht** zur Dienstleistung in der Feuerwehr gegen seinen Willen herangezogen werden. Er darf nur dann herangezogen werden, wenn nicht genügend andere, nicht unter Satz 2 fallende, Dienstpflichtige heranziehbar sind. Muss „mangels Masse“ auf den Personenkreis des Satzes 2 (als letzte Reserve) zurückgegriffen werden, besteht bei der Heranziehung keine Rangfolge zwischen Pflichtigen nach Nr. 1 und denen nach Nr. 2.

14 Nach **Nr. 1** soll nicht herangezogen werden, wer den gesundheitlichen Anforderungen des Feuerwehrdienstes nicht gewachsen ist (§ 11 Abs. 1 Nr. 2), geistig oder charakterlich für den Feuerwehrdienst ungeeignet ist (§ 11 Abs. 1 Nr. 3) oder infolge eines Strafurteils nicht in die Einsatzabteilung der Feuerwehr aufgenommen werden könnte (§ 11 Abs. 1 Nr. 5 bis 7). Der in Nr. 1 enthaltene Verweis auf § 11 Abs. 1 Nr. 1 ist überflüssig, da nach § 12 Abs. 1 Satz 1 nur Personen zum Feuerwehrdienst herangezogen werden dürfen, die das 18. Lebensjahr vollendet haben.

Nach **Nr. 2** sollen Einwohner, die ein Ehrenamt (z. B. eine Gemeinderatstätigkeit, ein Schöffenamt) gemäß § 16 Abs. 1 GemO ablehnen können, aus denselben Gründen auch nicht zum Feuerwehrdienst verpflichtet werden. Als Gründe nach § 16 Abs. 1 GemO kommen insbesondere in Betracht: Ausübung eines geistlichen Amtes, mindestens zehnjährige Ausübung eines öffentlichen Ehrenamts, häufige oder lang dauernde berufliche Abwesenheit von der Gemeinde, anhaltende Krankheit oder erhebliche Behinderung in der Fürsorge für die Familie durch Ausübung der Feuerwehrdienstpflicht.

§ 13
Beendigung des ehrenamtlichen Feuerwehrdienstes

(1) Der Feuerwehrdienst in einer Einsatzabteilung endet, wenn der ehrenamtlich tätige Angehörige der Gemeindefeuerwehr

1. **die Probezeit nicht besteht,**
2. **während oder mit Ablauf der Probezeit seinen Austritt erklärt,**
3. **seine Dienstverpflichtung nach § 12 Abs. 2 erfüllt hat,**
4. **den gesundheitlichen Anforderungen des Feuerwehrdienstes nicht mehr gewachsen ist,**
5. **das 65. Lebensjahr vollendet hat,**
6. **infolge Richterspruchs nach § 45 StGB die Fähigkeit zur Bekleidung öffentlicher Ämter verloren hat,**

7. Maßregeln der Besserung und Sicherung nach § 61 StGB mit Ausnahme der Nummer 5 (Entziehung der Fahrerlaubnis) unterworfen wird oder
8. wegen Brandstiftung nach §§ 306 bis 306c StGB verurteilt wurde.

(2) [1]Der ehrenamtlich tätige Feuerwehrangehörige ist auf seinen Antrag vom Bürgermeister aus dem Feuerwehrdienst in einer Einsatzabteilung zu entlassen, wenn
1. er in die Altersabteilung überwechseln möchte,
2. der Dienst in der Einsatzabteilung aus persönlichen oder beruflichen Gründen nicht mehr möglich ist,
3. er seine Wohnung in eine andere Gemeinde verlegt oder
4. er nicht in der Gemeinde wohnt und er seine Arbeitsstätte in eine andere Gemeinde verlegt.

[2]In den Fällen der Nummern 3 und 4 kann der Feuerwehrangehörige nach Anhörung des Feuerwehrausschusses auch ohne seinen Antrag entlassen werden. [3]Der Betroffene ist vorher anzuhören.

(3) [1]Der Gemeinderat kann nach Anhörung des Feuerwehrausschusses den ehrenamtlichen Feuerwehrdienst eines Feuerwehrangehörigen aus wichtigem Grund beenden. [2]Dies gilt insbesondere
1. bei fortgesetzter Nachlässigkeit im Dienst,
2. bei schweren Verstößen gegen die Dienstpflichten,
3. bei erheblicher schuldhafter Schädigung des Ansehens der Feuerwehr oder
4. wenn sein Verhalten eine erhebliche und andauernde Störung des Zusammenlebens in der Gemeindefeuerwehr verursacht hat oder befürchten lässt.

[3]Der Betroffene ist vorher anzuhören. [4]Der Bürgermeister hat die Beendigung des ehrenamtlichen Feuerwehrdienstes durch schriftlichen Bescheid festzustellen.

Übersicht **Rn.**

A. Allgemeines

1 § 13 regelt das Ausscheiden aus dem Feuerwehreinsatzdienst bzw. aus der Gemeindefeuerwehr abschließend, jedoch nur für die ehrenamtlich tätigen Feuerwehrangehörigen. Der Feuerwehrdienst kann danach enden:

- kraft Gesetzes (Absatz 1),
- durch Entlassung, grundsätzlich auf Antrag (Absatz 2) und
- aus wichtigem Grund (Absatz 3).

2 §§ 12 und 13 a.F. hatten noch bei der Beendigung des Feuerwehrdienstes bereits in der Überschrift zwischen Entlassung (ehrenhaftes Ausscheiden), Ausschluss (unehrenhaftes Ausscheiden) und der gesetzlichen Beendigung des Feuerwehrdienstes unterschieden. Diese terminologische Unterscheidung hat der Gesetzgeber bei der Änderung des Feuerwehrgesetzes im Jahr 2009 aufgegeben und §§ 12 und 13 a.F. in § 13 zusammengefasst. Das Gesetz spricht daher nur noch von **„Beendigung"** des ehrenamtlichen Feuerwehrdienstes. Der Gesetzgeber befürchtete, dass die mit dem Begriff „Ausschluss" verbundene Stigmatisierung in der Vergangenheit immer wieder zu Verwaltungsgerichtsprozessen mit dem Ziel der Rehabilitierung geführt oder psychosomatische Krankheitssymptome bei den Betroffenen verursacht habe. Ziel eines Ausschlusses nach § 12 Abs. 4 a.F. bzw. § 13 Abs. 3 sei jedoch nicht die Stigmatisierung eines Feuerwehrangehörigen, sondern die Sicherstellung der Einsatzfähigkeit und der Schutz des Ansehens der Feuerwehr (vgl. LT-Drs. 14/5103, S. 40). Bei Lichte betrachtet handelt es sich um reine Wortkosmetik. Der von einer Beendigung des Feuerwehrdienstes aus wichtigem Grund i.S. des § 13 Abs. 3 Betroffene wird nicht durch die Bezeichnung „Ausschluss", sondern – auch nach der Neufassung – durch die Nennung der Gründe, die zu seinem Ausscheiden führen (z.B. fortgesetzte Nachlässigkeit, schwerer Verstoß gegen die Dienstpflicht, schuldhafte Schädigung des Ansehens der Feuerwehr etc.) belastet. Solche Vorwürfe – auch wenn sie im Ergebnis zu Recht erhoben werden – belasten den Betroffenen, schädigen sein Ansehen und führen weiter zu Gerichtsprozessen mit dem Ziel der Rehabilitierung.

3 Ein Austritt aus der Feuerwehr durch einseitige Erklärung (Kündigung) des ehrenamtlich tätigen Feuerwehrangehörigen ist nur während oder mit Ablauf der Probezeit (Abs. 1 Nr. 2) möglich; unmöglich ist auch ein Rücktritt als Feuerwehrführer. **§ 13 sieht einen Austritt durch einfache Erklärung grundsätzlich nicht vor**, denn die Feuerwehr ist kein Verein; sie hat vielmehr hoheitliche Aufgaben zu erfüllen. Diese Aufgabenerfüllung könnte durch Austritte und Rücktritte gefährdet werden.

Mit dem Ende des Feuerwehrdienstes in einer Einsatzabteilung enden auch die darin ausgeübten Funktionen des Feuerwehrangehörigen wie z.B. die Funktion als Feuerwehrkommandant oder Unterführer oder die Mitgliedschaft im Feuerwehrausschuss. Daher ist etwa eine Ausübung der Funktion als Kommandant über die Vollendung des 65. Lebensjahres hinaus nicht möglich. 4

Wer aus dem Einsatzdienst ausscheidet, muss auf Anordnung der Gemeinde die ihm überlassene persönliche Ausrüstung, den Funkmeldeempfänger und auch den Dienstausweis zurückgeben.

B. Erläuterung

I. Zu Absatz 1

Nach Absatz 1 endet der Feuerwehrdienst in einer Einsatzabteilung **kraft Gesetzes**, und damit zwingend, ein Entscheidungsspielraum der Gemeinde besteht nicht. Die Beendigung des Dienstes in einer Einsatzabteilung ist auch durch Satzungsbestimmung **nicht abdingbar**. Eine Ausnahme gilt lediglich für die Fachberater i. S. des § 11 Abs. 4 (siehe dazu Rn. 23 zu § 11). 5

Nach **Nr. 1** endet der Feuerwehrdienst, wenn der Feuerwehrangehörige die **Probezeit nicht besteht**, d.h. der Feuerwehrausschuss die endgültige Aufnahme des Feuerwehrangehörigen nach § 11 Abs. 3 ablehnt. Obwohl der Bewerber nach Ablauf der Probezeit keinen Anspruch auf Übernahme in die Einsatzabteilung hat (vgl. Rn. 17 zu § 11), ist zur Wahrung des Rechtsfriedens und im Hinblick auf eine mögliche verwaltungsgerichtliche Überprüfung in der schriftlichen (§ 11 Abs. 3 Satz 4) Ablehnung der Aufnahme nachvollziehbar zu begründen, weshalb eine Aufnahme in die Einsatzabteilung nicht erfolgt. Eine solche Begründung ist insbesondere dann angezeigt, wenn der Bewerber bereits erfolgreich die Grundausbildung absolviert hat und er somit viel Zeit und die Gemeinde Ausbildungskosten investiert haben. 6

Nr. 2 gibt dem Feuerwehrangehörigen die Möglichkeit, während oder nach Ablauf der Probezeit durch Erklärung seines **Austritts** den Feuerwehrdienst zu beenden, ohne dass die für eine Beendigung sonst notwendigen Gründe des Absatzes 2 vorliegen müssen (vgl. oben Rn. 3). Grund für diese Regelung ist, dass der Feuerwehrangehörige während der Probezeit die Möglichkeit haben soll zu prüfen, ob ihm der Feuerwehrdienst tatsächlich zusagt. 7

8 Gemäß **Nr. 3** endet der Feuerwehrdienst, wenn der nach § 12 dazu Verpflichtete die im Verpflichtungsbescheid bestimmte Dienstzeit erfüllt hat. Will er danach weiterhin Feuerwehrdienst leisten, muss er einen Antrag auf Aufnahme in die Einsatzabteilung nach § 11 stellen.

9 **Nr. 4** trägt dem Umstand Rechnung, dass ein Feuerwehrangehöriger infolge Krankheit oder durch Nachlassen der körperlichen und geistigen Kräfte mit zunehmendem Alter ungeeignet zum Feuerwehrdienst (feuerwehrdienstuntauglich) werden kann. Beides führt jedoch nur dann zur Beendigung der Mitgliedschaft in der Einsatzabteilung, wenn kein Einsatzdienst mehr geleistet werden kann. Wer nur einzelne Einsatzfunktionen nicht mehr wahrnehmen kann, z.B. nicht mehr atemschutztauglich ist, scheidet damit nicht aus der Einsatzabteilung kraft Gesetzes aus. Zur Feuerwehrdienstfähigkeit siehe auch Rn. 6 zu § 11.

10 Nach **Nr. 5** endet der Feuerwehrdienst aller ehrenamtlich tätigen Feuerwehrangehörigen in der Einsatzabteilung mit **Vollendung des 65. Lebensjahres**. Gleichgültig dabei ist, ob die Amtszeit eines gewählten Feuerwehrführers bei Vollendung des 65. Lebensjahres abgelaufen ist oder nicht.

Die Altersgrenze für die ehrenamtlich tätigen Angehörigen der Gemeindefeuerwehr wurde während der Geltungsdauer des Feuerwehrgesetzes mehrfach geändert. Ursprünglich (1956) stimmte sie überein mit der Altersgrenze, die für die Beamten und Angestellten des Einsatzdienstes der Gemeindefeuerwehr galt (nämlich Vollendung des 60. Lebensjahres). Das ÄndG vom Februar 1960 (GBl. S. 12) hob die Altersgrenze für die ehrenamtlich Tätigen ersatzlos auf; das ÄndG vom Juni 1970 (GBl. S. 201) führte sie wieder ein und setzte sie (aus Rücksicht auf das tatsächliche Alter mancher Feuerwehrkommandanten) auf das 65. Lebensjahr herauf. Bestrebungen, den ehrenamtlichen Feuerwehreinsatzdienst auf die Vollendung des 60. Lebensjahres zu senken, scheiterten zu Recht am Widerstand des Landesfeuerwehrverbandes im Hinblick auf das Alter vieler Feuerwehrführer. Mittlerweile wird insbesondere aus den Reihen der ehrenamtlich tätigen Feuerwehrangehörigen gefordert, die Altersgrenze zu streichen oder sie wenigstens auf 67 Jahre heraufzusetzen.

Da die Beendigung der Mitgliedschaft in der Einsatzabteilung **kraft Gesetzes** eintritt, kommt es auf die Zustellung eines dies feststellenden Bescheides nicht an, zumal das Dienstende kalendermäßig bestimmt ist. Aus der Feuerwehr scheidet trotz Vollendung des 65. Lebensjahres nicht aus, wer Angehöriger der Altersabteilung ist bzw. wird (siehe zur Altersabteilung Rn. 9 ff. zu § 6).

Zu beachten ist, dass § 11 Abs. 4 Satz 2 die Möglichkeit vorsieht, Fachberater von dieser Höchstaltersgrenze auszunehmen (siehe dazu Rn. 23 zu § 11). Nach der Neufassung der Überschrift des § 11 FwG sind die Fachberater auf jeden Fall Mitglied der Gemeindefeuerwehr, aber nicht mehr kraft Gesetzes auch Mitglied der Einsatzabteilung (vgl. Rn. 1 zu § 11).

Nach der ausführlichen Gesetzesbegründung (vgl. LT-Drs. 14/5103, S. 40) berücksichtigen **Nr. 6** (Verlust der Fähigkeit zur Bekleidung öffentlicher Ämter nach § 45 StGB), **Nr. 7** (Anordnung von Maßregeln der Besserung und Sicherung nach § 61 StGB mit Ausnahme der Entziehung der Fahrerlaubnis) und **Nr. 8** (Verurteilung wegen vorsätzlicher Brandstiftung) die Hinderungsgründe der Aufnahme nach § 11 Abs. 1 Nr. 5 bis 7. Denn wer nicht in die Feuerwehr aufgenommen werden kann, weil er die Fähigkeit zur Bekleidung öffentlicher Ämter nicht besitzt (vgl. hierzu Rn. 10 zu § 11) oder weil gegen ihn Maßregeln der Besserung und Sicherung nach § 61 StGB mit Ausnahme der Entziehung der Fahrerlaubnis verhängt wurden (vgl. hierzu Rn. 11 zu § 11) oder weil er wegen vorsätzlicher Brandstiftung verurteilt wurde (vgl. hierzu Rn. 12 zu § 11), soll auch nicht weiter Mitglied der Gemeindefeuerwehr bleiben können, wenn diese Umstände nach der Aufnahme in die Feuerwehr eintreten. Da die Nummer 8 aber erst durch ÄndG 2009 in das FwG aufgenommen wurde, gilt dieser Ausschlussgrund wegen § 51 Abs. 1 BZRG nicht für Feuerwehrangehörige, deren Verurteilung wegen vorsätzlicher Brandstiftung zu diesem Zeitpunkt bereits im Bundeszentralregister getilgt war (vgl. Ernst, Brandhilfe 10/2019, S. 19 ff.). 11

Diese Beendigungsgründe sollen das öffentliche Ansehen der Feuerwehr und das Vertrauen der Bevölkerung gegenüber der Feuerwehr schützen, weil die Feuerwehrangehörigen bei Einsätzen beispielsweise die Möglichkeiten haben, Einblicke in das private und geschäftliche Leben von Mitbürgern zu erhalten, oder sich in deren Räumlichkeiten aufzuhalten und somit auf fremdes Eigentum leichter Zugriff zu erlangen.

Dieser gesetzlichen Begründung ist vollumfänglich zuzustimmen, nicht jedoch der gesetzlichen Formulierung, denn diese ist unzureichend. Wer mit den oben genannten schweren Straftaten dem Ansehen der Feuerwehr schadet, muss nicht nur aus der Einsatzabteilung der Feuerwehr, sondern muss kraft Gesetzes **gänzlich** aus der Feuerwehr **ausgeschlossen werden**. Denn weder ein Verbleib in der Alters- noch ggf. in der Musikabteilung (beides berechtigt zum Tragen der Feuerwehruniform) ist hinzunehmen. Hier sollte die Feuerwehr durch Regelungen in der Feuerwehrsatzung eine Übernahme in die Altersabteilung oder ein Verbleiben in der Musikabteilung untersagen. Des Weiteren sollte nicht erst bei Straftaten, die 12 zum Verlust der Fähigkeit zur Bekleidung öffentlicher Ämter führen, ein gesetzlicher Ausschluss aus dem Feuerwehrdienst erfolgen. Wie in der Kommentierung zu § 11 (dort unter Rn. 10) ausgeführt, führt z. B. die Verurteilung wegen Diebstahls, Betruges oder sexuellen Missbrauchs von Schutzbefohlenen in aller Regel nicht zum Verlust der Fähigkeit, öffentliche Ämter zu bekleiden. Wenn jedoch der Gesetzgeber den Schutz des Vertrauens der Bevölkerung gegenüber der Feuerwehr hervorhebt, müssen auch Verurteilungen wegen Vermögens-, Eigentums-, Sexual- oder Gewaltdelikten, die mehrmonatige Freiheitsstrafen zur Folge haben, zum gesetzlichen Ausschluss aus der Feuerwehr führen. Bei der jetzigen Gesetzeslage bleibt in diesen Fällen nur die Beendigung des Feuerwehrdienstes nach § 13 Abs. 3 Nr. 3 oder 4.

13 In § 13 Abs. 2 a. F. war gesetzlich vorgeschrieben, dass der Bürgermeister in den durch Abs. 1 Nr. 4 und 7 (n. F.) bestimmten Fällen die Beendigung des Feuerwehrdienstes in einer Einsatzabteilung durch schriftlichen Bescheid festzustellen hatte. Dieser **Feststellungsbescheid** des Bürgermeisters beendete den Feuerwehreinsatzdienst nicht; er stellte lediglich deklaratorisch dessen Beendigung fest. Der Feuerwehrdienst endet nämlich bereits mit Eintritt der Tatbestandsvoraussetzungen des Absatzes 1. In § 13 ist daher eine solche Verpflichtung nicht mehr enthalten. Gleichwohl ist aus Gründen der Rechtssicherheit bzw. im Hinblick auf eine verwaltungsgerichtliche Überprüfung ein die Beendigung feststellender Bescheid zu erlassen, jedenfalls in den Fällen der Nr. 3, 4, 6 bis 8.

II. Zu Absatz 2

1. Satz 1

14 Entlassen werden kann nur, von Absatz 2 Satz 1 Nr. 3 und 4 abgesehen, wer einen **Antrag** stellt. Er kann formlos gestellt werden; also auch mündlich beim Bürgermeisteramt. Satz 1 gewährt dem Feuerwehrangehörigen einen Anspruch auf Entlassung, wenn die darin genannten Gründe vorliegen. Zuständig für die Entlassung ist der **Bürgermeister**.

15 **Nr. 1** ermöglicht Feuerwehrangehörigen, vor Vollendung des 65. Lebensjahres in die **Altersabteilung** überzuwechseln. In vielen Gemeinden ist ein solches Überwechseln in der Feuerwehrsatzung vom Erreichen einer Mindestdienstzeit (z. B. 25 Jahre) oder dem Eintritt von Feuerwehrdienstunfähigkeit abhängig. In § 6 Abs. 2 FwSAbt ist ein Überwechseln frühestens mit Vollendung des 55. Lebensjahres vorgesehen (was einer Mindestdienstzeit von 37 Jahren bei einem Eintritt in die Einsatzabteilung mit dem 18. Lebensjahr entspricht). Es empfiehlt sich daher, hiervon in der gemeindlichen

Satzung abzuweichen und eine großzügige Regelung vorzusehen. Denn bei allem Verständnis für das Anliegen der Gemeinden, ihre Feuerwehrangehörigen möglichst lange in der Einsatzabteilung zu halten, ist auch eine deutlich geringere Dienstzeit als 37 Jahre anerkennenswert und der Wunsch des Feuerwehrangehörigen, der die Feuerwehr nicht verlassen, sondern lediglich seinen Einsatzdienst beenden möchte, zu respektieren.

Nr. 2 beruht auf dem Gedanken, dass derjenige die Entlassung aus dem Feuerwehrdienst beantragen können soll, der im Hinblick auf seine persönliche oder berufliche Situation durch den Feuerwehrdienst im Vergleich zu anderen Feuerwehrangehörigen **besonders stark belastet** wird. Da der Dienst in der Feuerwehr für ihn dann eine „besondere Härte" darstellt (ihm wird dadurch im Vergleich zum durchschnittlichen Dienstpflichtigen beruflich oder persönlich ein Sonderopfer abverlangt), hat er einen Rechtsanspruch auf Entlassung. Letztlich müssen bei der Entscheidung über die beantragte Entlassung die geltend gemachten persönlichen und beruflichen Gründe gegenüber der Zumutbarkeit des Feuerwehrdienstes abgewogen werden. Dabei ist zu prüfen, ob den Belangen des Feuerwehrangehörigen nicht durch eine zeitlich befristete Befreiung von Dienstpflichten oder die nun nach § 14 Abs. 3 mögliche dauerhafte Beschränkung von Dienstpflichten Rechnung getragen werden kann. 16

Nr. 3 und 4 sind die Konsequenz daraus, dass regelmäßig keinen Feuerwehreinsatzdienst mehr leisten kann, wer weder in der Gemeinde seiner Feuerwehr wohnt noch arbeitet. Er kann dann wegen der langen Anfahrt in aller Regel an den zu leistenden Einsätzen – eine Hauptpflicht des Feuerwehrdienstes – weder bei Tage noch bei Nacht teilnehmen. Aus diesem Grund ist eine Entlassung, wie aus Absatz 2 Satz 2 folgt, auch ohne Antrag oder gegen den ausdrücklichen Willen des Betroffenen möglich (s. dazu unten Rn. 18). 17

Berührt wird durch den Wegzug oder die Aufgabe des Arbeitsplatzes nur die Mitgliedschaft in der Einsatzabteilung der Gemeindefeuerwehr. Eine Mitgliedschaft in der Musik- oder Altersabteilung bleibt trotz des Wegzugs weiterhin möglich, weil insofern keine Verpflichtung besteht, Feuerwehreinsatzdienst zu leisten.

2. Satz 2 und 3

In den Fällen des Absatzes 2 Nr. 3 und 4 kann der Bürgermeister auch **ohne Antrag** des Feuerwehrangehörigen nach Anhörung des Feuerwehrausschusses die Entlassung aussprechen **(Satz 2)**. Der Feuerwehrausschuss hat gegebenenfalls mit dem Abteilungskommandanten oder dem 18

Abteilungsausschuss Rücksprache zu halten. Durch das Anhörungserfordernis soll sichergestellt werden, dass die Feuerwehr Angehörige in der Einsatzabteilung halten kann, die zwar nicht mehr in der Gemeinde wohnen und arbeiten, denn bei Absatz 2 Nr. 3 und 4 handelt es sich nicht um zwingende Ausschlussgründe. Der Gemeinde steht vielmehr ein **Ermessensspielraum** zu, ob sie den Feuerwehrdienst gegen den Willen des Betroffenen (und der Feuerwehr) beenden will. Die Gemeinde hat in solchen Fällen auf der einen Seite ihr Interesse zu gewichten, dass Schutzausrüstung und Funkmeldeempfänger Personen zur Verfügung gestellt werden, die auch Einsatzdienst leisten. Auf der anderen Seite sind die Argumente zu berücksichtigen, die für einen Verbleib des Feuerwehrangehörigen in der Gemeindefeuerwehr sprechen. Dies kann beispielsweise der Fall sein, wenn die Entfernung zwischen Wohn- bzw. Arbeitsort in der neuen Gemeinde und dem Feuerwehrhaus der früheren Gemeinde so gering ist, dass ein Einsatzdienst immer noch, wenn auch mit gewisser zeitlicher Verzögerung, möglich ist. Auch können besondere Kompetenzen, etwa im Bereich der Führung oder Aus- und Fortbildung für einen Verbleib in der Gemeindefeuerwehr sprechen. Ebenso kann ein Verbleib im Interesse der Feuerwehr liegen, wenn der Feuerwehrangehörige wichtige Funktionen übernommen hat (z.B. ehrenamtlicher Gerätewart), die nur schwer adäquat besetzt werden können oder eine kosten- oder zeitintensive Ausbildung des Nachfolgers erfordern würde. Weniger gewichtig sind grundsätzlich persönliche Interessen des betroffenen Feuerwehrangehörigen, da es ihm unbenommen ist, bei der Feuerwehr seines neuen Wohnortes Einsatzdienst zu leisten (siehe dazu ausführlich Ernst, Brandhilfe 1/2025, S. 17 ff.).

Der Bürgermeister hat auch die Möglichkeit, die Entlassung durch einen Beschluss des Gemeinderats herbeizuführen.

Vor der Entlassung (Verwaltungsakt) ist der **Betroffene anzuhören (Satz 3)**. Die in Satz 3 formulierte Anhörungspflicht folgt jedoch bereits aus § 28 Abs. 1 LVwVfG.

III. Zu Absatz 3

1. Satz 1

19 Satz 1 ermächtigt den **Gemeinderat**, den ehrenamtlichen Feuerwehrdienst eines Feuerwehrangehörigen **aus wichtigem Grund** zu beenden. Der Gemeinderat ist gemäß Satz 1 für die Entscheidung über die Beendigung des Feuerwehrdienstes das zuständige Organ der Gemeinde, der

Bürgermeister ist nach Satz 4 für den Erlass des die Beendigung feststellenden Verwaltungsaktes im Außenverhältnis zuständig. Die Entscheidung über die Einleitung eines Verfahrens nach Absatz 3 kann daher nicht ohne oder gar gegen den Willen dieser beiden Gemeindeorgane erfolgen, sondern muss von einem dieser beiden Organe getroffen werden (vgl. VGH, Urteil vom 2. November 2021, 1 S 3252/20; juris [Rn. 42]). Auch wenn das Verfahren nach Absatz 3 im Gesetz nicht mehr als Ausschlussverfahren bezeichnet wird, ist eine solche Verfahrensweise gegenüber dem Disziplinarverfahren nach § 14 Abs. 5 (Verweis, Geldbuße) die „Ultima Ratio" (das letzte, äußerste Verfahren, vgl. VGH, Beschlüsse vom 9. August 2021, 1 S 1764/21, juris [Rn. 28] und vom 15. September 2014, 1 S 920/14, juris [Rn. 21]). Aus diesem Grund liegt die Entscheidungskompetenz beim Gemeinderat und nicht beim Bürgermeister.

Daraus resultiert zwingend folgende Vorgehensweise, wenn ein Angehöriger der Feuerwehr schuldhaft eine ihm obliegende Dienstpflicht verletzt.

Zunächst ist ihm vom Feuerwehrkommandanten ein Verweis zu erteilen oder bei „groben Verstößen" vom Bürgermeister eine Geldbuße aufzuerlegen; nach § 14 Abs. 5 („kann") steht die Ahndung in deren Ermessen.

Grundsätzlich ist erst bei weiteren Dienstpflichtverletzungen die Einleitung des Verfahrens nach § 13 Abs. 3 zulässig. Diese Vorgehensweise folgt aus dem verfassungsrechtlichen Grundsatz der **Verhältnismäßigkeit** staatlicher Zwangsmaßnahmen, denn es gibt selten einen Verstoß gegen eine Dienstpflicht, der die sofortige Beendigung des Feuerwehrdienstes als einzig angemessene Disziplinarmaßnahme erscheinen lässt.

Damit die Gemeinde bei Rechtsstreitigkeiten den Nachweis führen kann, dass vorangegangene Verstöße (erfolglos) mit einem Verweis geahndet worden waren und der Betroffene somit gewarnt war, empfiehlt es sich, Verweise in schriftlicher Form zu erteilen.

Aus der unterschiedlichen Formulierung in Absatz 1 und 2 (hier: Beendi- 20
gung des Feuerwehrdienstes in einer Einsatzabteilung) und Absatz 3 (hier: Beendigung des ehrenamtlichen Feuerwehrdienstes) folgt, dass ein Wechsel des betroffenen Feuerwehrangehörigen in die Alters- oder Musikabteilung ausgeschlossen ist.

Vor der Entscheidung des Gemeinderats muss der **Feuerwehrausschuss an- 21
gehört** werden. Dieser sollte vor seiner Stellungnahme wegen der Sachnähe den Abteilungskommandanten bzw. den Abteilungsausschuss anhören, insbesondere wenn die Beendigung auf die Gründe des Satzes 2 Nr. 1, 2 und

4 gestützt wird. Das VG Stuttgart (Beschluss vom 5. September 2022, 9 K 2418/22), juris [Rn. 49]) fordert, dass die Anhörung des Feuerwehrausschusses zeitlich nach der Anhörung des betroffenen Feuerwehrangehörigen gemäß Absatz 3 Satz 3 zu erfolgen hat, damit der Feuerwehrausschuss im Rahmen seiner Stellungnahme die Äußerungen des Betroffenen zu den Vorwürfen berücksichtigen kann.

2. Satz 2

22 Satz 2 nennt **beispielhaft** vier Beendigungsgründe, die genannten Beendigungsgründe sind nicht abschließend („insbesondere"). Satz 2 unterscheidet bei den Verstößen gegen die Dienstpflicht gemäß § 14 Abs. 1 zwischen Nachlässigkeiten (Nr. 1) und schweren Verstößen (Nr. 2).

Erfasst sind indes nicht nur Verstöße im Einsatz- oder Übungsdienst, sondern auch alle anderen gesetzlich vorgesehenen oder vorausgesetzten und im gesetzlichen Rahmen auf dem Satzungswege geregelten dienstlichen Veranstaltungen wie beispielsweise die Teilnahme an dienstlich angeordneten Besprechungen, Hauptversammlungen und dem Dienstsport oder die Ausübung von herausgehobenen Funktionen etwa im Rahmen der Leitungsämter (vgl. § 8 f.), im Feuerwehrausschuss (vgl. § 10) oder bei der Verwaltung des Sondervermögens für die Kameradschaftspflege im Sinne von § 18 (vgl. VGH, Beschluss vom 9. August 2021, 1 S 1764/21, juris [Rn. 21]).

2.1 Zu Nr. 1 und 2

23 **Nr. 1** (fortgesetzte Nachlässigkeit im Dienst): Eine „**Nachlässigkeit** im Dienst" ist stets ein Verstoß gegen eine Dienstpflicht, allerdings im unteren Bereich der Vorwerfbarkeit (so auch VGH, Beschluss vom 9. August 2021, 1 S 1764/21, juris [Rn. 22]). Damit Nachlässigkeiten im Dienst zur Beendigung des Dienstverhältnisses führen, müssen diese **„fortgesetzt"**, d. h. über einen längeren Zeitraum immer wieder begangen worden sein. Nachlässigkeiten sind z. B. Unpünktlichkeit, vereinzeltes unentschuldigtes Fehlen bei Übungen, Nichttragen und/oder unvollständiges Tragen der Dienstkleidung und der persönlichen Ausrüstung oder mangelnde Pflege derselben, Tragen von Dienstbekleidungsstücken außerhalb des Dienstes, Unzuverlässigkeit bei der Beachtung der Unfallverhütungsvorschriften.

Damit solche Nachlässigkeiten allerdings die Beendigung des Feuerwehrdienstes rechtfertigen, müssen zuvor mildere Disziplinarmaßnahmen angewandt worden sein, die ohne Erfolg geblieben sind, und es muss zu besorgen sein, dass eine Veränderung des Verhaltens des Feuerwehrangehörigen nicht eintreten wird (vgl. VGH, Beschluss vom 15. September 2014, 1 S 920/14, juris [Rn. 13]).

Nr. 2 (schwere Verstöße gegen die Dienstpflichten): Die Schwere bezieht sich auf den Unrechtsgehalt der Tat, nicht auf ihre Folgen. Schwere Verstöße sind auch grobe Pflichtverletzungen, also solche von besonderem Gewicht, und Pflichtverletzungen, die subjektiv auf Leichtsinn, grober Fahrlässigkeit oder Gleichgültigkeit beruhen. **„Schwere Verstöße"** können sein z.B. absichtliches, schuldhaftes Fernbleiben vom Einsatz-, Übungs- oder Ausbildungsdienst (vgl. § 14 Abs. 1 Nr. 1 und 2 sowie VGH, Beschluss vom 15. September 2014, 1 S 920/14, Juris [Rn. 4] und Urteil vom 2. November 2021, 1 S 3252/20, juris [Rn. 68]).; VG Karlsruhe, Urteil vom 26. Juni 2006, 6 K 2361/05, Juris [Rn. 23]) und Verstöße gegen die Verschwiegenheitspflicht (§ 14 Abs. 1 Nr. 7). 24

Wird gegen die Dienstpflichten der Nr. 3 (Weisungsgebundenheit), Nr. 4 (kameradschaftliches Verhalten) oder Nr. 5 (Einhaltung von Ausbildungs- und Unfallverhütungsvorschriften) des § 14 Abs. 1 verstoßen, kann dies je nach der Intensität des Unrechtsgehalts der Tat eine „Nachlässigkeit" oder ein „schwerer Verstoß" sein, was insbesondere für unkameradschaftliches Verhalten und Nichtbeachten einer dienstlichen Weisung eines Vorgesetzten gilt. Die Verletzung der Dienstpflicht nach § 14 Abs. 1 Nr. 6 (ordnungsgemäße Verwendung von Ausrüstungsgegenständen) ist in aller Regel als „Nachlässigkeit" zu werten.

Die Wertung einer Dienstpflichtverletzung als „schweren Verstoß" oder als „Nachlässigkeit" ist allein vom Gemeinderat vorzunehmen und nicht vom Feuerwehrkommandanten; sie ist auch nicht durch Abstimmen im Feuerwehrausschuss zu ermitteln. Bei Anfechtung der Entscheidung über die Beendigung des Feuerwehrdienstes ist das Verwaltungsgericht an die Wertung des Gemeinderates nicht gebunden.

Ein **einzelner Verstoß** rechtfertigt die Beendigung des Feuerwehrdienstes nur dann, wenn er so gravierend ist, dass seine Ahndung durch mildere Disziplinarmaßnahmen nicht ausreichend ist (vgl. VGH, Beschluss vom 15. September 2014, 1 S 920/14, juris [Rn. 21]).

2.2 Zu Nr. 3 und 4

Die Beendigungsgründe der **Nr. 3** (erhebliche Schädigung des Ansehens der Feuerwehr) und **Nr. 4** (erhebliche und andauernde Störung des Zusammenlebens in der Feuerwehr) wurden durch ÄndG 2009 eingefügt. Sie sind die Konsequenz daraus, dass nach § 13 a.F. eine Entlassung allein wegen unkameradschaftlichen Verhaltens eines Feuerwehrangehörigen und ein daraus folgendes fehlendes Vertrauensverhältnis zwischen ihm und einer Mehrzahl der übrigen Feuerwehrangehörigen einen Ausschluss aus der 25

Feuerwehr nicht rechtfertigte (vgl. VGH, BWGZ 1997, 826; NVwZ-RR 2005, 539 und juris [Rn. 8]). Diese Beendigungsgründe tragen dem Umstand Rechnung, dass es zur Erfüllung der Aufgaben der Feuerwehr absolut notwendig ist, dass die Zusammenarbeit zwischen den Feuerwehrangehörigen reibungslos funktioniert (vgl. LT-Drs. 14/5103, S. 41 und OVG Niedersachsen, Beschluss vom 26. November 2007, 11 LA 297/06, juris [Rn. 17]).

26 Eine **erhebliche schuldhafte Schädigung des Ansehens** der Feuerwehr i. S. der Nummer 3 liegt insbesondere bei gravierenden außerdienstlichen Straftaten vor. Straftaten im Feuerwehrdienst oder bei Gelegenheit des Feuerwehrdienstes unterfallen bereits der Nr. 2. Das VG Hamburg (Beschluss vom 11. Oktober 1999, 22 VG 3851/99, juris [Rn. 12]) hat dementsprechend eine erhebliche, schuldhafte Schädigung des Ansehens der Feuerwehr bejaht, als ein Feuerwehrmann außerdienstlich statt einer kollabierten und der Hilfe bedürftigen Frau beizustehen, mit ihr den Geschlechtsverkehr ausübte. Es hat hierzu ausgeführt, dass es berechtigtes Unverständnis in der Öffentlichkeit hervorriefe, wenn der Feuerwehrmann ungeachtet der gegen ihn erhobenen schwerwiegenden Anschuldigungen in einem mit erheblicher persönlicher Verantwortung für menschliches Leben verbundenen Einsatzdienst bliebe. Denn einem Feuerwehrmann werde in seiner klassischen Funktion als Lebensretter ein gleichsam elementares Vertrauen entgegengebracht. Dies Vertrauen beruhe nicht unwesentlich auf der Annahme einer unbedingten ethisch-charakterlichen Verpflichtung des jeweiligen Feuerwehrangehörigen auf den Erhalt bedrohten menschlichen Lebens. Mit diesen berechtigten Haltungen und Erwartungen der Öffentlichkeit unvereinbar wäre es, einen Beamten in diesem Bereich einzusetzen.

27 Der Beendigungsgrund der Nr. 4 erfordert, dass durch das Verhalten des Betroffenen eine **erhebliche und andauernde Störung des Zusammenlebens** in der Gemeindefeuerwehr eingetreten sein muss oder dies zu befürchten ist. Die Anforderungen an das Vorliegen eines solchen Beendigungsgrundes wurden bislang vom VGH in den beiden in Rn. 24 zitierten Entscheidungen zu Recht hoch angesetzt. Denn Streitigkeiten und Animositäten treten nahezu in jeder größeren Personengruppe auf und müssen grundsätzlich hingenommen werden, wenn sie nicht durch Vermittlung beseitigt werden können. Erst wenn die Spannungen ein solches Maß erreicht haben, dass eine Zusammenarbeit bestimmter Personen nicht mehr möglich und die Erfüllung der der Einsatzabteilung gestellten Aufgaben gefährdet ist, müssen sie durch Trennung der betroffenen Personen, ggf. durch Ausscheiden eines der Beteiligten aus der Einsatzabtei-

lung, bereinigt werden. Dabei ist zu beachten, dass der Feuerwehrdienst ein gegenseitiges Vertrauensverhältnis voraussetzt, um Gefahrensituationen gemeinsam bewältigen zu können (Bay. VGH, Beschluss vom 9. Mai 2011, 4 ZB 11.726, juris [Rn. 10]).

Ein solches Verhalten, das eine Beendigung des Feuerwehrdienstes rechtfertigt, kann daher beispielsweise sein: ein tätlicher Angriff gegen einen anderen Feuerwehrangehörigen, die Bezichtigung eines Kameraden der Begehung von Straftaten in massiver Weise vor Dritten ohne greifbare Belege, das systematische Untergraben der Dienstbereitschaft, schwerwiegende bzw. wiederholte Beleidigungen oder Bedrohungen oder Illoyalität gegenüber dem Bürgermeister oder Feuerwehrführungskräften.

Wird von der Gemeinde geltend gemacht, durch das Verhalten des Betroffenen sei eine solche schwerwiegende und andauernde Störung der auf Vertrauen basierenden Zusammenarbeit in der Feuerwehr eingetreten, muss dies mit vernünftigen, nachvollziehbaren Gründen, die einem unbeteiligten Dritten einleuchten, sowie mit Tatsachen belegt werden. Bloße Vermutungen reichen hierfür keinesfalls aus.

3. Satz 3

Nach **Satz 3** ist der Betroffene vor der Entscheidung des Gemeinderats anzuhören. **28** Diese Anhörungspflicht folgt bereits aus § 28 Abs. 1 LVwVfG, da die Beendigung des Feuerwehrdienstes aus wichtigem Grund einen für den Betroffenen belastenden Verwaltungsakt darstellt. Die Anhörung des Betroffenen setzt voraus, dass die Behörde ihn davon in Kenntnis setzt, dass überhaupt ein Verwaltungsverfahren i. S. des § 13 Abs. 3 eingeleitet ist, und dass sie den beabsichtigten Verwaltungsakt nach Art und Inhalt so konkret umschreibt, dass der Betroffene erkennen kann, dass, weshalb und wozu er sich äußern soll und mit welcher Entscheidung er zu rechnen hat (vgl. VGH, Beschluss vom 9. August 2021, 1 S 1764/21, juris Rn.[5] und Urteil vom 2. November 2021, 1 S 3252/20, juris [Rn. 41]). Durch das **Anhörungsrecht des Betroffenen** soll diesem Gelegenheit gegeben werden, auf den Gang und das Ergebnis des Verfahrens noch dadurch Einfluss zu nehmen, dass der Gemeinderat bei seiner Entscheidung die Stellungnahme des Betroffenen ernsthaft in Erwägung zieht (VGH, a. a. O.; VG Karlsruhe, Urteil vom 26. Juni 2006, 6 K 2361/05, Juris [Rn. 18 f.]). Das Anhörungsrecht bezieht sich auf den gesamten Sachvorgang, d. h. auf alle Tatsachen, Ermittlungs- und Beweisergebnisse. Es schließt das Recht des Betroffenen ein, Einsicht in die das Beendigungsverfahren betreffenden Akten zu nehmen, soweit deren Kenntnis zur Verteidigung der eigenen rechtlichen Interessen erforderlich ist (vgl. § 29 LVwVfG). Eine Entscheidung ohne Anhörung des Feuerwehrausschusses (Satz 1) oder/und des Betroffenen ist grundsätzlich rechtswidrig mit der Folge, dass sie bei anhängigem Verwaltungsrechtsstreit aufgehoben werden muss (VGH, Beschluss vom 9. August 2021, 1 S 1764/21, juris [Rn. 16]; VG Karlsruhe, a. a. O.).

4. Satz 4

29 Der Bürgermeister hat den Gemeinderatsbeschluss zu vollziehen und dem Betroffenen durch schriftlichen Bescheid mitzuteilen, dass sein ehrenamtlicher Feuerwehrdienst beendet ist. Der Bürgermeister hat hierbei keinerlei eigenen Entscheidungsspielraum (VG Karlsruhe, Urteil vom 26. Juni 2006, 6 K 2361/05, juris [Rn. 19]). Dieser Bescheid ist als belastender Verwaltungsakt mit einer Rechtsmittelbelehrung zu versehen.

C. Ergänzungen, Weiterführendes

30 Bzgl. der **Rechtsschutzmöglichkeiten** der von der Beendigung des Feuerwehrdienstes betroffener Feuerwehrangehöriger ist zu differenzieren:

Der Beendigungsbescheid in den Fällen des Absatzes 2 Satz 2 (Entlassung ohne Antrag) und des Absatzes 3 (Beendigung aus wichtigem Grund) sind **belastende Verwaltungsakte**, gegen die nach erfolgloser Durchführung des Widerspruchverfahrens (§§ 68 ff. VwGO) die Anfechtungsklage (§ 42 Abs. 1, Alt. 1 VwGO) statthaft ist.

Die „Entlassung" auf Antrag (Absatz 2 Satz 1) ist ein den Feuerwehrangehörigen **begünstigender Verwaltungsakt**, gegen den weder der Feuerwehrkommandant noch der Feuerwehrausschuss ein formelles Rechtsmittel (Widerspruch, Anfechtungsklage) haben. Bei Weigerung des Bürgermeisters, den Feuerwehrangehörigen auf dessen Antrag zu entlassen, kann der Feuerwehrangehörige nach erfolgloser Durchführung des Widerspruchverfahrens Verpflichtungsklage (§ 42 Abs. 1, Alt. 2 VwGO) erheben.

Die Beendigungsmitteilung in den Fällen des Absatzes 1 Nr. 4, 6 bis 8 ist wegen ihres deklaratorischen Charakters – die Beendigung des Feuerwehrdienstes tritt ja kraft Gesetzes ein – **kein Verwaltungsakt** (vgl. oben Rn. 12). Hält der betroffene Feuerwehrangehörige die Voraussetzungen der gesetzlichen Beendigung für nicht gegeben, kann er mit der Feststellungsklage gegen die Beendigungsmitteilung vorgehen.

§ 14
Dienstpflichten

(1) Die ehrenamtlich tätigen Angehörigen der Gemeindefeuerwehr sind verpflichtet,

1. am Dienst einschließlich der Aus- und Fortbildung regelmäßig pünktlich teilzunehmen,
2. bei Alarm sich unverzüglich zum Dienst einzufinden,
3. den dienstlichen Weisungen der Vorgesetzten nachzukommen,
4. im Dienst ein vorbildliches Verhalten zu zeigen und sich den anderen Angehörigen der Feuerwehr gegenüber kameradschaftlich zu verhalten,
5. die Ausbildungs- und Unfallverhütungsvorschriften für den Feuerwehrdienst zu beachten,
6. die ihnen anvertrauten Ausrüstungsgegenstände und Einrichtungen gewissenhaft zu pflegen und sie nur zu dienstlichen Zwecken zu benutzen,
7. über alle Angelegenheiten Verschwiegenheit zu wahren, von denen sie im Rahmen ihrer Dienstausübung Kenntnis erlangen und deren Geheimhaltung gesetzlich vorgeschrieben, besonders angeordnet oder ihrer Natur nach erforderlich ist.

(2) Die Angehörigen der Altersabteilung können zu Übungen und Einsätzen herangezogen werden, soweit sie die hierfür erforderlichen gesundheitlichen und fachlichen Anforderungen erfüllen.

(3) [1]Aus beruflichen, gesundheitlichen, familiären oder persönlichen Gründen kann ein ehrenamtlich tätiger Angehöriger der Gemeindefeuerwehr auf Antrag vom Feuerwehrkommandanten vorübergehend von Dienstpflichten nach Absatz 1 Nummern 1 und 2 befreit werden. [2]Unter den gleichen Voraussetzungen kann der Feuerwehrkommandant nach Anhörung des Feuerwehr- und des Abteilungsausschusses auf Antrag Dienstpflichten nach Absatz 1 Nummern 1 und 2 dauerhaft beschränken.

(4) Ist ein ehrenamtlich tätiger Angehöriger der Gemeindefeuerwehr gleichzeitig Mitglied einer Berufsfeuerwehr, einer Werkfeuerwehr oder hauptamtlicher Feuerwehrangehöriger, haben die sich hieraus ergebenden Pflichten Vorrang vor den Dienstpflichten nach Absatz 1 Nr. 1 und 2.

(5) [1]Verletzt ein ehrenamtlich tätiger Angehöriger der Gemeindefeuerwehr schuldhaft die ihm obliegenden Dienstpflichten, kann ihm der Feuerwehrkommandant einen Verweis erteilen. [2]Grobe Verstöße kann der Bürgermeister auf Antrag des Feuerwehrkommandanten mit einer Geldbuße bis zu 1 000 Euro ahnden. [3]Der Bürgermeister kann zur Vorbereitung eines Beschlusses des Gemeinderats auf Beendigung des Feuerwehrdienstes nach § 13 Abs. 3 den ehrenamtlich tätigen Feuerwehrangehörigen auch vorläufig des Dienstes entheben, wenn andernfalls der Dienstbetrieb oder die Ermittlungen beeinträchtigt würden. [4]Der Betroffene ist vor einer Entscheidung nach den Sätzen 1 bis 3 anzuhören.

Übersicht **Rn.**

A. Allgemeines

1 Die in § 14 genannten Dienstpflichten verfolgen das Ziel sicherzustellen, dass die Feuerwehren die in § 2 genannten Aufgaben (auch) durch ehrenamtlich tätige Feuerwehrangehörige zuverlässig erfüllen können. **Absatz 1** zählt die **Dienstpflichten** ehrenamtlich tätiger Feuerwehrangehöriger **abschließend** auf. Diese Dienstpflichten können in der Feuerwehrsatzung konkretisiert werden. So ist beispielsweise in § 5 Abs. 6 FwSAbt zur Konkretisierung der Dienstpflichten nach § 14 Abs. 1 Nr. 1 und 2 vorgesehen, dass die Angehörigen der Einsatzabteilungen der Freiwilligen Feuerwehr eine Abwesenheit von länger als zwei Wochen dem Feuerwehrkommandanten rechtzeitig vorher anzuzeigen und eine Dienstverhinderung bei ihrem Vorgesetzten vor Dienstbeginn zu melden haben. Weitere und andere Dienstpflichten als die in Absatz 1 genannten können den Feuerwehrangehörigen jedoch nicht auferlegt werden.

Absatz 2 sieht die Möglichkeit vor, in beschränktem Umfang Angehörige der Altersabteilung zu Übungen und Einsätzen heranzuziehen. In **Absatz 3** ist neben der Möglichkeit der vorübergehenden Befreiung von den Dienstpflichten aus persönlichen Gründen nunmehr auch die dauerhafte Beschränkung von Dienstpflichten nach Absatz 1 Nr. 1 und 2 vorgesehen.

Absatz 4 normiert eine Reihenfolge bei der Kollision von Dienstpflichten, wenn der hauptberuflich tätige Feuerwehrangehörige auch ehrenamtlich in einer Gemeindefeuerwehr tätig ist. In **Absatz 5** ist die Ahndung von Dienstpflichtverletzungen geregelt, ergänzt durch § 13 Abs. 3 (Beendigung des Feuerwehrdienstes) als härteste Ahndung von Dienstpflichtverletzungen, (vgl. dortige Rn. 23 bis 28), denn ohne die genaue Beachtung der Dienstpflichten ist ein ordnungsgemäßer Feuerwehrdienst nicht möglich.

Die Dienstpflichten sind allesamt selbstverständlich. Trotzdem sollte jeder neu aufgenommene Feuerwehrangehörige über die Dienstpflichten, deren Umfang (insbesondere bei der Verschwiegenheitspflicht, Abs. 1 Nr. 7) und die Folgen der Nichtbeachtung eingehend belehrt werden.

Adressat der Dienstpflichten sind die **ehrenamtlich** tätigen Angehörigen der 2
Gemeindefeuerwehr. Die Dienstpflichten der hauptamtlich tätigen Feuerwehrangehörigen im Angestelltenverhältnis ergeben sich aus dem Tarifvertrag für den öffentlichen Dienst (TVöD) und § 46 des „Besonderen Teils Verwaltung (BT-V) Sonderregelungen". Die Dienstpflichten der hauptamtlichen Feuerwehrangehörigen im Beamtenverhältnis ergeben sich aus dem Landesbeamtengesetz (§§ 47 bis 59 LBG).

Ein ehrenamtlich tätiger Angehöriger der Gemeindefeuerwehr kann die Erfüllung der ihm gemäß § 14 obliegenden Dienstpflichten nicht im Wege einer „Zurückbehaltung" oder „Aufrechnung" mit der Begründung verweigern, ihm stünden seinerseits Ansprüche auf Entschädigung oder dergleichen gegen die Gemeinde als Träger der Feuerwehr zu (vgl. VGH, Urteil vom 2. November 2021, 1 S 3252/20. juris [Rn. 69]).

In § 5 Abs. 5 FwSAbt sind die Dienstpflichten vollumfänglich aus § 14 Abs. 1 übernommen. In den Anmerkungen zu § 5 FwSAbt ist ausgeführt, § 5 Abs. 5 gelte für alle Angehörigen der Gemeindefeuerwehr. Dies ist in dieser Allgemeinheit so nicht richtig. Denn die Dienstpflicht des § 14 Abs. 1 Nr. 2 kann nicht für die Angehörigen der Jugendfeuerwehr und Angehörige der Einsatzabteilung, die das 18. Lebensjahr noch nicht vollendet haben, gelten, da diese bei Schadensfällen keinen Einsatzdienst leisten dürfen. Und auch die Dienstpflicht der Nr. 1 kann nicht uneingeschränkt den ehrenamtlich tätigen Angehörigen im kindlichen bzw. jugendlichen Alter treffen. Ebenso sind auf die Angehörigen der Altersabteilung die Nr. 1, 2 und 3 regelmäßig nicht anwendbar.

B. Erläuterung

I. Zu Absatz 1

1. Zu Nr. 1

3 Zum **„Dienst“** i. S. der Nr. 1 gehören:

- der Einsatz,
- die Übung und Ortsbegehung,
- die Aus- und Fortbildung (auf Orts- und Kreisebene sowie an der Landesfeuerwehrschule),
- dienstlich angeordnete Veranstaltungen (insbesondere Dienstsport, Leistungsabzeichen und Feuerwehrwettkämpfe, Hauptversammlung, Abteilungsversammlung, Sitzungen und Besprechungen, Veranstaltungen der Feuerwehrverbände) sowie
- Tätigkeiten, welche die Pflege und Wartung der persönlichen Ausrüstung, der Fahrzeuge und der Geräte sowie der Unterkunft der Freiwilligen Feuerwehr dienen, also intern zur Aufrechterhaltung des ordnungsgemäßen Feuerwehrbetriebs erforderlich sind (vgl. Hessischer VGH, Urteil vom 20. Juli 2017, 5 A 911/16, juris [Rn. 28]).

Die Teilnahme an einem „Aus- und Fortbildungslehrgang“ (mehrtägige, geschlossene Ausbildungsveranstaltung) ist Dienstpflicht, sobald der Aus- und Fortzubildende auf Antrag der Gemeinde zum Lehrgang zugelassen worden ist. Auch die Pünktlichkeit ist eine Dienstpflicht. **Pünktlich** sein heißt, zur festgesetzten Zeit anwesend zu sein. Bei Einsätzen allerdings bedeutet das Wort „pünktlich“ unverzüglich (vgl. hierzu Rn. 4). Am Dienst **„regelmäßig“** teilnehmen bedeutet nicht, dass der Feuerwehrangehörige nur „in der Regel“ (meist) teilzunehmen hat und somit hin und wieder wegbleiben darf; **regelmäßig** i. S. der Nr. 1 bedeutet insoweit ausnahmslos (immer), soweit keine Entschuldigungsgründe wie etwa Krankheit oder dringende berufliche Verhinderung gegeben sind. Die immer komplexer werdende Ausrüstung der Feuerwehren erfordert einen regelmäßigen Übungsdienst, um ihre reibungslose und sichere Handhabung im Einsatzfall zu gewährleisten. Die Praxis hat sich mittlerweile allerdings insofern weit von dieser gesetzlichen Forderung entfernt. Auf die Ableistung eines regelmäßigen Übungsdienstes der Feuerwehrangehörigen sollte daher von den Feuerwehrkommandanten mehr Augenmerk gelegt werden. Ein effektiver Übungsdienst erfordert andererseits aber auch von den Feuerwehrführungskräften eine sorgfältige Planung und Durchführung der Übungen, an denen möglichst viele Feuerwehrangehörige eingesetzt werden sollen.

2. Zu Nr. 2

„Alarm“ darf nur ausgelöst werden aus Anlass eines Gefahren- oder Schadensereignisses i. S. von § 2 und aus Anlass einer Alarm- und Einsatzübung. In diesem Fall hat sich der Feuerwehrangehörige **unverzüglich**, d. h. ohne schuldhaftes Zögern, zum Feuerwehrhaus zu begeben. Somit beginnt der Feuerwehreinsatz mit Auslösung des Alarms. 4

Demjenigen, der sich als Angehöriger einer Gemeindefeuerwehr nach Auslösung eines Alarms mit seinem privaten Fahrzeug zum Feuerwehrhaus begibt, stehen daher grundsätzlich die **Sonderrechte des § 35 Abs. 1 StVO** zu. Diese dürfen aber mangels ausreichender Anzeigemöglichkeit ihres Gebrauchs nur im Ausnahmefall und nach einer auf den Einzelfall bezogenen Abwägung unter gebührender Berücksichtigung der öffentlichen Sicherheit und Ordnung ausgeübt werden, wenn dies zur Erfüllung hoheitlicher Aufgaben dringend geboten ist. Mit einem privaten Pkw, der keine Signaleinrichtungen wie ein Feuerwehrfahrzeug aufweist, sind daher allenfalls mäßige Geschwindigkeitsüberschreitungen ohne Gefährdung oder gar Schädigung anderer Verkehrsteilnehmer erlaubt (vgl. dazu OLG Stuttgart, VBlBW 2002, 403 und juris [Rn. 7] und siehe auch unten Rn. 29). Da eine solche Abwägung schwierig ist und Feuerwehrangehörige bei Alarmfahrten oftmals schwere Verkehrsverstöße begingen, ist nach den Hinweisen des Innenministeriums zur Inanspruchnahme von Sonderrechten nach § 35 StVO mit Privatfahrzeugen und bei Übungen (eingestellt auf der Internetseite der LFS) bei Alarm von der **Inanspruchnahme** von Sonderrechten mit Privatfahrzeugen **grundsätzlich abzuraten**. Denn die Pflicht der Feuerwehrangehörigen, sich bei Alarm unverzüglich zum Dienst einzufinden, trete hinter die Pflicht zur Beachtung der geltenden Verkehrsregeln zurück.

Nicht bei allen Einsätzen der Feuerwehr sind Menschenleben, Tiere, die Umwelt oder erhebliche Sachwerte zu schützen (z. B. Sicherung von zerstörten Schaufenstern, Beseitigung von Ölspuren etc.). Hier ist weder bei der Fahrt zum Feuerwehrhaus noch bei der anschließenden Fahrt zur Einsatzstelle die Inanspruchnahme von Sonderrechten gerechtfertigt. Dies sollte dem Feuerwehrangehörigen bereits durch differenzierte Stichworte (z. B. „Alarm“ bei gebotener höchster Eile und „Einsatz“ bei anderen Lagen) bei der Alarmierung über Funkmeldeempfänger durch die Integrierte Leitstelle deutlich gemacht werden.

Die Pflicht, sich bei Alarm unverzüglich zum Feuerwehrhaus zu begeben, wird regelmäßig mit anderen Pflichten des Feuerwehrangehörigen kollidieren. In Betracht kommen insbesondere die Pflicht zur Arbeits- oder 5

Dienstleistung, bei Schülern die Schulpflicht oder Aufsichts- oder Betreuungspflichten gegenüber Angehörigen.

Bei der **Pflichtenkollision** mit Aufsichts- oder Betreuungspflichten hat der Feuerwehrangehörige zu prüfen, ob der Zustand der von ihm zu beaufsichtigenden bzw. zu betreuenden Person deren Verlassen wegen des Einsatzdienstes zulässt. Ist dies nicht der Fall, hat die Betreuungs- oder Aufsichtspflicht Vorrang. Im Rahmen der Kollision mit der Dienst- oder Arbeitspflicht trifft § 15 Abs. 1 Satz 1 eine Regelung zugunsten der Pflicht, sich unverzüglich zum Feuerwehrhaus zu begeben. Dieser Gedanke lässt sich auch auf die Kollision mit der Schulpflicht übertragen (vgl. Hildinger/Rosenauer, FwG, 4. Aufl., § 14 Rn. 7).

Insbesondere Hildinger/Rosenauer (dort § 14 Rn. 5) pochen auf eine stete Einhaltung der Einsatzdienstpflicht und führen aus, dass allein der Umstand, dass genügend andere Feuerwehrangehörige vorhanden sind, kein Grund sei, sich nicht unverzüglich im Feuerwehrhaus einzufinden. Auch wenn dem grundsätzlich zuzustimmen ist, sind die Folgen, die dies für den einzelnen Arbeitnehmer bei mehrmaliger Alarmierung in der Woche hat (wie dies insbesondere bei größeren Feuerwehren regelmäßig der Fall ist) in die Betrachtung miteinzustellen. Zudem ist aufgrund der Komplexität der heutigen Arbeitswelt zu berücksichtigen, welche Konsequenz das Fehlen des Arbeitnehmers infolge des Einsatzdienstes in der jeweils konkreten Situation für den Arbeitgeber hätte (z.B. Verlassen eines wichtigen Kundengespräches, Produktionsstillstand für andere Arbeitnehmer, Nichtantritt einer geplanten Dienstreise etc.), zumal der Arbeitgeber solche Folgewirkungen des Einsatzdienstes gesetzlich nicht von der Gemeinde entschädigt erhält. Ein solches Abwägen erfordert das aus § 241 Abs. 2 BGB resultierende **Gebot der gegenseitigen Rücksichtnahme zwischen Arbeitgeber und Arbeitnehmer** (vgl. dazu Erman, BGB, 17. Aufl., § 241 Rn. 17 ff.). Es ist in der Praxis daher durchaus üblich geworden, dass Feuerwehrangehörige nicht mehr bei jeder Alarmierung ausrücken (können). Dem Feuerwehrangehörigen ist demnach zuzugestehen, dass er sich nicht bei jedem Alarm im Feuerwehrhaus einfinden muss. Von einer leistungsfähigen Feuerwehr ist zu fordern, dass sie für solche Fälle eine ausreichende Anzahl an Personal vorhält und durch eine differenzierte Alarmierung es dem Feuerwehrangehörigen ermöglicht, nicht in jedem Fall seiner Einsatzdienstpflicht nachkommen zu müssen. Dabei leuchtet ein, dass der Feuerwehrangehörige seiner Einsatzpflicht auch dann nicht nachkommen kann, wenn er etwa in seiner Freizeit alkoholische Getränke oder andere berauschende Mittel zu sich genommen hat (dazu ausführlich Ernst, Brandhilfe 7/2024, S. 19 ff.).

3. Zu Nr. 3

Dienstliche Weisungen, denen nachzukommen Dienstpflicht ist, kann der Dienstvorgesetzte im Rahmen seiner fachlichen Zuständigkeit erteilen. Sie sind dienstbezogen, wenn sie in einem unmittelbaren Zusammenhang mit dem Feuerwehrdienst stehen. Werden nicht dienstbezogene Weisungen (z. B. Anweisung, als Streckenposten bei einem Radrennen tätig zu werden oder das Bierzelt auf- und abzubauen) erteilt, ist ihre Nichtbeachtung keine Dienstpflichtverletzung. Zu Veranstaltungen, die keinen unmittelbaren Bezug zur Feuerwehr haben, darf kein Feuerwehrangehöriger gegen seinen Willen zu Hilfsdiensten durch Weisung in Anspruch genommen werden. Ebenso dürfen dem Feuerwehrangehörigen keine Weisungen erteilt werden, die ihn in akute Lebensgefahr bringen oder die für ihn die hohe Wahrscheinlichkeit einer erheblichen Gesundheitsbeschädigung bergen (vgl. Hildinger/Rosenauer, FwG, 4. Aufl., § 14 Rn. 11). 6

Dienstliche Weisungen können erteilen:

- der Feuerwehrkommandant,
- die Leiter der Abteilungen nur den Angehörigen ihrer Abteilung und
- die Unterführer den Angehörigen der taktischen Einheit, die sie führen.

Die jeweiligen Stellvertreter sind weisungsberechtigte Vorgesetzte, wenn sie die Stelle des Vertretenen wahrnehmen. Als Verhinderungsstellvertreter treten sie an die Stelle des Vertretenen nur, wenn dieser tatsächlich verhindert ist. Bei Einsätzen und Übungen ist der Technische Einsatz- bzw. Übungsleiter weisungsberechtigter Vorgesetzter aller Einsatzkräfte. Der organisatorische Leiter eines Einsatzes (vgl. § 27 Abs. 4) kann dem Technischen Einsatzleiter dienstliche Weisungen erteilen; allerdings nicht im feuerwehrtaktischen Bereich (vgl. Rn. 12 zu § 27).

4. Zu Nr. 4

Die Dienstpflicht, sich im Feuerwehrdienst „vorbildlich“ und „kameradschaftlich“ zu verhalten (das außerdienstliche Verhalten berührt die Nr. 4 nicht), unterliegt in der Praxis oftmals der Fehldeutung. Sachliche Kritik, unabhängig davon, ob sie berechtigt ist oder nicht, stellt noch keinen Verstoß gegen die Dienstpflicht der Nr. 4 dar. Nur verletzende, herabsetzende Kritik ist unkameradschaftlich. Wer Unfrieden stiftet oder Zwietracht in die Reihen der Feuerwehr sät, verstößt demnach gegen die Dienstpflicht der Nr. 4. Dieses Verhalten kann, wenn dadurch eine erhebliche Störung des Zusammenlebens verursacht wird, gemäß § 13 Abs. 3 Satz 2 Nr. 4 zur Beendigung des Feuerwehrdienstes führen (vgl. Rn. 26 zu § 13). 7

5. Zu Nr. 5

8 Der **Beachtung** der **„Ausbildungs- und Unfallverhütungsvorschriften** für den Feuerwehrdienst" kommt ein hoher Stellenwert zu. Der Feuerwehrdienst ist gefährlich. Vor allem bei Einsätzen sind Leben und Gesundheit der Feuerwehrangehörigen und auch der manchmal hinzugezogenen Personen bedroht. Die große Mehrzahl der Feuerwehrunfälle ist auf die Nichtbeachtung der Ausbildungs- und Unfallverhütungsvorschriften zurückzuführen (vgl. dazu die jährliche Unfallstatistik der Unfallkasse Baden-Württemberg (UKBW) zum Feuerwehrdienst, eingestellt auf deren Internetseite). Während bei Feuerwehreinsätzen oft situative Überforderung der Feuerwehrangehörigen Ursache von Unfällen ist, ist es bei Übungen zumeist Nachlässigkeit.

Ausbildungsvorschriften sind:

- die vom Innenministerium verbindlich eingeführten **Feuerwehrdienstvorschriften (FwDV)** – siehe dazu Rn. 32 zu § 3. Es ist die Dienstpflicht des Leiters der Feuerwehr, dafür Sorge zu tragen, dass die FwDV eingehalten werden.
- die von der Unfallkasse Baden-Württemberg als Trägerin der gesetzlichen Unfallversicherung (DGUV) für die Gemeindefeuerwehren gemäß § 15 des Siebten Sozialgesetzbuches (SGB VII) als autonomes Recht erlassenen **Unfallverhütungsvorschriften (UVV)**. Nach § 14 DGUV Vorschrift 1 haben die Unfallversicherten nach ihren Möglichkeiten alle Maßnahmen zur Verhütung von Arbeitsunfällen, Berufskrankheiten und arbeitsbedingten Gesundheitsgefahren sowie für eine wirksame Erste Hilfe zu unterstützen und die entsprechenden Anweisungen der Gemeinde zu befolgen. Sie haben die zur Verfügung gestellte persönliche Schutzausrüstung zu benutzen. Die Versicherten dürfen sicherheitswidrige Weisungen nicht befolgen. Für Einzelheiten zu den für die Feuerwehren geltenden Unfallverhütungsvorschriften siehe unten Rn. 27.

Die **Straßenverkehrsvorschriften** (StVG, StVO, StVZO) dienen zwar auch dem Schutz der Straßenverkehrsteilnehmer (und damit der im Straßenverkehr sich bewegenden Feuerwehrangehörigen); sie **sind jedoch keine Unfallverhütungsvorschriften** i. S. der Nr. 5. Ein Verstoß dagegen ist damit keine Dienstpflichtverletzung.

6. Zu Nr. 6

9 Die Dienstpflicht der Nr. 6 ist die Folge davon, dass der Feuerwehrdienst funktionsfähige Ausrüstungsgegenstände und Einrichtungen erfordert.

„Anvertraut“ i. S. dieser Bestimmung ist dem Feuerwehrangehörigen die persönliche Schutzausrüstung einschließlich der Dienstkleidung (Dienstanzug, Dienstkleidung und Schutzanzüge) und Funkmeldeempfänger, dem Maschinisten sowie Gerätewart zusätzlich die „Feuerwehrgeräte“ (Fahrzeuge und mobile Geräte); „Feuerwehreinrichtungen“ (Gebäude und Ausrüstungen) sind demjenigen anvertraut, dem die Aufgabe übertragen ist, sie zu pflegen. **„Pflegen“** bedeutet, diese funktionsfähig zu erhalten sowie bei Übungen und im Einsatz sorgfältig und schonend („gewissenhaft“) damit umzugehen. Die anvertrauten Gegenstände und Einrichtungen dürfen nur zu **dienstlichen Zwecken**, d. h. zum Feuerwehrdienst benutzt werden (vgl. zum Begriff „Feuerwehrdienst“ oben Rn. 3).

7. Zu Nr. 7

Die in Nr. 7 normierte **Verschwiegenheitspflicht** ist § 17 Abs. 2 Satz 1 **10**
GemO nachgebildet (vgl. daher im Einzelnen die Kommentierung in Aker/Hafner/Notheis, Gemeindeordnung BW, 2. Aufl., § 17 Rn. 5 ff.), denn die GemO selbst findet wegen § 7 Abs. 2 Satz 2 auf den ehrenamtlichen Feuerwehrdienst keine Anwendung.

Sie verpflichtet die Feuerwehrangehörigen, über ihnen im Rahmen ihrer Dienstausübung bekannt gewordene schützenswerte Tatsachen Verschwiegenheit zu wahren. Hiervon umfasst sind nicht nur Informationen, die dem Feuerwehrangehörigen anvertraut wurden (z. B. Einsatzbefehle, Funkgespräche), sondern darüber hinaus auch solche, von denen er zufällig und gelegentlich einer dienstlichen Tätigkeit Kenntnis erhält (z. B. Äußerungen von Polizeibeamten oder Zeugen). Betroffen hiervon sind auch von Feuerwehrangehörigen gefertigte Bild- und Tonaufnahmen. Der Gesetzgeber begründet die Nr. 7 gerade damit, dass es in Zeiten von Mobiltelefonen und Smartphones mit Aufnahmefunktion sowie des Internets notwendig sei, Feuerwehrangehörige ausdrücklich auf die Geheimhaltung dienstlicher Vorgänge zu verpflichten. Durch die Verschwiegenheitspflicht wird einerseits der einzelne Bürger vor einer unbefugten Bekanntgabe seiner persönlichen und wirtschaftlichen Verhältnisse geschützt, andererseits aber auch der Feuerwehrangehörige vor der unbedachten Offenlegung seiner dienstlichen Meinungsäußerungen und Entscheidungen (vgl. LT-Drs. 14/5103, S. 41). Ein Blick in die sozialen Medien und in manche Internetseiten bzw. Foren der Feuerwehren verdeutlicht, wie wichtig dieses Gesetzesanliegen ist. Es empfiehlt sich, auf die Verschwiegenheitspflicht immer wieder hinzuweisen.

11 Im FwG ist (anders als etwa in § 35 Abs. 2 GemO) eine gesetzlich vorgeschriebene Geheimhaltungspflicht nicht enthalten. Die Pflicht zur Geheimhaltung kann sich für den Feuerwehrangehörigen ergeben aus

- einer dienstlichen Anordnung des Bürgermeisters oder Kommandanten,
- der Natur der Sache.

Eine **dienstliche Anordnung der Geheimhaltung** kann in Form einer speziellen Anordnung des Bürgermeisters oder des Kommandanten ergehen. Landkreistag, Städtetag und Gemeindetag BW haben hierzu 2012 die „Hinweise für die Erstellung einer Dienstanweisung zur Anfertigung und Verwendung von einsatzbezogenen Lichtbildern, Film- und Tonaufnahmen im Feuerwehrdienst" veröffentlicht. Nach diesen Hinweisen soll in einer Dienstanweisung die Herstellung von Aufnahmen untersagt werden, wobei die Anfertigung von Aufnahmen zu dienstlichen Zwecken den vom Kommandanten ausdrücklich beauftragten Personen vorbehalten bleibt. Diese Berechtigten müssen die Menschenwürde, das Persönlichkeitsrecht sowie die Privatsphäre der betroffenen Personen wahren. Außerdem wird gefordert, dass Ansichten von Opfern und Angehörigen unbedingt zu vermeiden sind. Im Rahmen dieser Dienstanweisung gefertigte Aufnahmen unterliegen dem ausschließlichen Nutzungsrecht der Gemeinde, wobei jede Veröffentlichung sowie Verbreitung oder Weitergabe ohne Zustimmung der Gemeinde untersagt ist. Dies gilt auch für die Bereitstellung über soziale Netzwerke. Aufnahmen – auch solche von Nichtberechtigten – sind der Einsatzleitung zu übergeben. Zuwiderhandlungen gegen die Dienstanweisung sind ein Verstoß gegen die Dienstpflichten und können nach dem FwG sanktioniert werden (dazu auch Gt-Info 01/2015, S. 1 f.). Gegenüber einer solchen Anordnung steht dem Feuerwehrangehörigen ein selbstständiges und sich über die Anordnung des Kommandanten oder Bürgermeisters hinwegsetzendes Urteil nicht zu.

Aus der Natur der Sache ergibt sich eine Geheimhaltungspflicht, wenn die Mitteilung der Angelegenheit an andere dem Gemeinwohl oder den schutzwürdigen Interessen einzelner Personen (allg. Persönlichkeitsrecht nach Art. 2 Abs. 1 GG, insb. Recht am eigenen Bild nach § 22 KunstUrhG) zuwiderlaufen würde.

Ein **Verstoß** gegen die Verschwiegenheitspflicht kann nach § 201 StGB (Verletzung der Vertraulichkeit des Wortes), § 201a StGB (Verletzung des höchstpersönlichen Lebensbereichs durch Bildaufnahmen), § 203 Abs. 2 StGB (Verletzung von Privatgeheimnissen) oder nach § 33 i.V.m. § 22 KunstUrhG strafbar sein.

Der Feuerwehrangehörige hat Verschwiegenheit auch als **Zeuge** vor einem Gericht oder vor Ermittlungsbehörden zu wahren, wenn nicht der Dienstvorgesetzte die Genehmigung zur Aussage erteilt hat (§ 54 StPO und § 376 ZPO). Dies gilt auch für ehrenamtlich tätige Feuerwehrangehörige, denn es wird hierbei auf die öffentliche Funktion und nicht auf das förmliche Beamtenverhältnis abgestellt (vgl. SSW-StPO, 6. Aufl., § 54 Rn. 9). Die **Aussagegenehmigung** erteilt der Bürgermeister bzw. der hauptamtlich tätige Kommandant, die Genehmigung ist von der Stelle, die den Feuerwehrangehörigen vernehmen will, einzuholen (ausführlich dazu Ernst, Brandhilfe 10/2024, S. 23 f.). 12

II. Zu Absatz 2

Die Entscheidung darüber, ob und wann noch **feuerwehrdienstfähige Angehörige der Altersabteilung** zu Übungen und Einsätzen zwangsweise „herangezogen" werden, trifft der Feuerwehrkommandant. Er darf von der Ermächtigung des Absatzes 2 im Ausnahmefall Gebrauch machen, wenn etwa bei einer Großschadenslage die Zahl der Angehörigen der Einsatzabteilungen zur Schadensbekämpfung nicht ausreicht. Mit dem Überwechseln von der Einsatzabteilung in die Altersabteilung ist nämlich grundsätzlich (d.h. von Absatz 2 abgesehen) die Entbindung von den Dienstpflichten nach Absatz 1 Nr. 1 und 2 verbunden. 13

Absatz 2 bezweckt, Feuerwehrangehörige heranziehen zu können, die vor Vollendung des 65. Lebensjahres in die Altersabteilung gewechselt haben. Denn wer wegen des Erreichens der Altersgrenze von 65 Jahren kraft Gesetzes keinen Dienst mehr in der Einsatzabteilung leisten darf, kann grundsätzlich auch nicht mehr aus der Altersabteilung heraus dazu verpflichtet werden. Die Ermächtigung des Absatzes 2 darf nicht dazu genutzt werden, die Vorschrift über die Beendigung des ehrenamtlichen Feuerwehrdienstes zu umgehen (vgl. Hildinger/Rosenauer, FwG, 4. Aufl., § 14 Rn. 20).

Da Absatz 2 lediglich die zwangsweise Heranziehung regelt, steht die Entscheidung über die freiwillige Teilnahme von noch feuerwehrdienstfähigen Angehörigen der Altersabteilung an Übungen und Einsätzen im freien Ermessen des Feuerwehrkommandanten. Allerdings dürfte die praktische Bedeutung einer solchen freiwilligen Teilnahme gering sein, nachdem der Gesetzgeber nunmehr die Möglichkeit einer dauerhaften Befreiung vom Einsatz- und Übungsdienst für Angehörige der Einsatzabteilung geschaffen hat (siehe dazu unten Rn. 17).

III. Zu Absatz 3

14 Wegen der Notwendigkeit der Einsatzfähigkeit der Gemeindefeuerwehr kann die Wahrnehmung der Dienstpflichten nach Absatz 1 Nr. 1 und 2 nicht im Belieben der Feuerwehrangehörigen liegen. Der neu formulierte Absatz 3 sieht daher für ehrenamtlich tätige Feuerwehrangehörige vor:

- die Möglichkeit der zeitlich befristeten **Beurlaubung vom Feuerwehrdienst** sowie
- **die Beschränkung von Dienstpflichten**.

Somit können Feuerwehrangehörige aus beruflichen, gesundheitlichen, familiären oder persönlichen Gründen von den Dienstpflichten nach Absatz 1 Nr. 1 und 2 zeitlich befristet befreit oder diese auch dauerhaft beschränkt werden. Die Dienstpflichten nach Absatz 1 Nr. 3 bis 7 gelten hingegen uneingeschränkt weiter.

Solche Befreiungs- bzw. Beschränkungsgründe können etwa die Betreuung von Kindern sowie die Pflege von Angehörigen sein, die Vorbereitung auf eine Schul- oder Ausbildungsabschlussprüfung, die berufliche oder studienbedingte Ortsabwesenheit, berufliche Unabkömmlichkeiten oder Erschöpfungszustände.

Bei der Entscheidung über die Befreiung bzw. Beschränkung sind neben den Gründen des Feuerwehrangehörigen insbesondere die Auswirkungen der Entscheidung auf die Einsatzfähigkeit der Feuerwehr zu beachten (Hildinger/Rosenauer, FwG, 4. Aufl., § 14 Rn. 23). Dabei ist neben der personellen Stärke der Feuerwehr insgesamt insbesondere die ausgeübte Tätigkeit des Feuerwehrangehörigen (bspw. Kommandant, Unterführer oder Maschinist) zu berücksichtigen. Zu beachten ist allerdings, dass eine Beschränkung der Dienstpflichten einem Übertritt in die Altersabteilung oder einer Entlassung des Feuerwehrangehörigen aus persönlichen Gründen vorzuziehen sein wird.

15 **Zuständig** für die Entscheidung über die Befreiung bzw. Beschränkung ist der Feuerwehrkommandant und nicht der Feuerwehrausschuss, da der Kommandant für die Einsatzfähigkeit der Feuerwehr verantwortlich ist. Nach Hildinger/Rosenauer (dort § 14 Rn. 21) soll jedoch für die Bescheidung des Antrags des Feuerwehranghörigen der Bürgermeister oder ein von ihm beauftragter Gemeindebediensteter (§ 53 Abs. 1 GemO) zuständig sein, wenn der Feuerwehrkommandant nicht zugleich Gemeindebediensteter ist. Dies ist nicht zutreffend, denn das Feuerwehrgesetz weist diese Entscheidung **explizit** dem **Feuerwehrkommandanten** und gerade

nicht dem Bürgermeister zu. Daher ist dieser – unabhängig von einer etwaigen Anstellung bei der Gemeinde – für die Entscheidung zuständig.

Die Entscheidung über den Antrag ist ein Verwaltungsakt nach § 35 LVwVfG. Gegen den ablehnenden Verwaltungsakt sind daher Widerspruch (§§ 68 ff. VwGO) und sodann Verpflichtungsklage (§ 42 Abs. 1, Alt. 2 VwGO) statthaft, da ein begünstigender Verwaltungsakt begehrt wird (a. A. Hildinger/Rosenauer, FwG, 4. Aufl., § 14 Rn. 21: Anfechtungsklage). Bei der Entscheidung über die dauerhafte Beschränkung von Dienstpflichten sind der Feuerwehrausschuss und der Abteilungsausschuss anzuhören.

Das Gesetz schreibt keine Grenze für die **Dauer der Beurlaubung** vor. Jedoch sollte in die Feuerwehrsatzung eine solche aufgenommen werden. Eine Beurlaubung für eine Dauer, die über zwei Jahre hinausgeht, erscheint wenig sinnvoll. Zum einen leistet der Feuerwehrangehörige während seiner Beurlaubung kaum oder keinen Einsatz- und Übungsdient und verliert so die Fähigkeit, die vorhandene Ausrüstung sicher bedienen zu können, sowie auch den Bezug zur Mannschaft. Zum anderen steht während dieser Zeit seine persönliche Ausrüstung anderweitig nicht zur Verfügung. In Fällen, in denen der Feuerwehrangehörige eine solche lange Beurlaubung wünscht, sollte er stattdessen (auf seinen Antrag hin) aus dem Feuerwehrdienst entlassen und nach seiner Verhinderung in die Einsatzabteilung neu aufgenommen werden. 16

Die durch ÄndG 2015 eingeführte Möglichkeit der Beschränkung von Dienstpflichten nach Nr. 1 und 2 gibt älteren erfahrenen Feuerwehrangehörigen die Möglichkeit, bei starker beruflicher oder familiärer Inanspruchnahme oder bei medizinischer Indikation nicht mehr an sämtlichen Einsätzen und Übungen teilnehmen zu müssen, wie dies die Dienstpflichten nach Nr. 1 und 2 vorschreiben (vgl. oben Rn. 3 f.). Damit soll insbesondere gefördert werden, dass diese Feuerwehrangehörigen länger in der Einsatzabteilung bleiben und nicht frühzeitig in die Altersabteilung wechseln (müssen). Zudem wurde eine solche in vielen Feuerwehren bereits vorhandene Praxis „legalisiert“. 17

Der Kommandant wird im Falle einer solchen Beschränkung jedoch eine gewisse **Mindestzahl von Übungsstunden und Einsätzen** zu fordern haben, um die Fähigkeit des Feuerwehrangehörigen, gefahrvolle Einsatzsituationen bewältigen zu können, und die Einbindung des Feuerwehrangehörigen in die Einsatzabteilung, zu erhalten. Zudem ist durch eine solche Regelung gewährleistet, dass der Feuerwehrangehörige trotz der vorgenommenen Beschränkung weiterhin bei der staatlichen Ehrung für geleisteten 25-, 40- oder gar 50-jährigen Feuerwehrdienst berücksichtigt werden kann.

Die **Anzahl** der zu fordernden Mindeststunden sollte beispielsweise von der Erfahrung des Feuerwehrangehörigen, der Größe der Einsatzabteilung und deren Ausrüstung sowie der Anzahl der Einsätze abhängig gemacht werden.

18 Die **Rechte** der ehrenamtlich tätigen Feuerwehrangehörigen werden durch die Befreiung bzw. Beschränkung von Dienstpflichten **nicht eingeschränkt**. Sie können daher während der Freistellungsphase auch ihr aktives Wahlrecht bei den Wahlen zum Feuerwehr- oder Abteilungsausschuss wahrnehmen. Ob sie auch in eines der Gremien wählbar sind, hängt davon ab, ob die Befreiung bzw. Beschränkung von der Teilnahme am Dienst die Tätigkeit im Feuerwehr- oder Abteilungsausschuss einschließt. Mit einer dauerhaften Beschränkung von Dienstpflichten unvereinbar ist die Ausübung des Amtes eines Feuerwehr- oder Abteilungskommandanten bzw. als deren Stellvertreter. Diese Ämter enden mit der positiven Entscheidung über die Beschränkung der Dienstpflicht.

19 Hildinger/Rosenauer (dort § 14, Rn. 29) sind der Ansicht, der neu eingeführte **Absatz 3 Satz 2** schaffe mit der Berufung auf persönliche Gründe die rechtliche Grundlage, nunmehr auch Personen in die Einsatzabteilungen der Gemeindefeuerwehr aufnehmen zu können, die von vornherein nur einzelne Tätigkeiten dort wahrnehmen können oder wollen. Ein Interesse der Feuerwehr an der Aufnahme solcher Personen könne sich aus deren Ausbildung, beruflicher Tätigkeit oder sonstigen, für die Feuerwehr nutzbaren Fähigkeiten oder Interessen ergeben. Sie könnten die Feuerwehrangehörigen bei verschiedenen Tätigkeiten in der Feuerwehr, beispielsweise der Gerätewartung oder der Aus- und Fortbildung, unterstützen und entlasten.

Diese **Ansicht** ist in ihrer Pauschalität **nicht zutreffend**. Ein solches Interesse der Feuerwehr besteht grundsätzlich nicht. Denn im Zuge der Gesetzesänderung 2015 wurde eine Regelung in § 11 über die Aufnahme in die Einsatzabteilungen der Gemeindefeuerwehr für eine nur eingeschränkte Dienstleistung diskutiert aber letztlich gerade auf Intervention des Landesfeuerwehrverbandes verworfen, der für die Einführung eines solchen von vornherein eingeschränkten Feuerwehrdienstes keinen praktischen Nutzen und keine Notwendigkeit sah. Die Feuerwehren haben nach wie vor ein Interesse, nur solche Personen in die Einsatzabteilungen aufzunehmen, die zunächst uneingeschränkt Feuerwehrdienst ausüben wollen und können. Personen, die die Feuerwehrangehörigen bei verschiedenen Tätigkeiten in der Feuerwehr unterstützen und entlasten, müssen nämlich gerade nicht zwingend Mitglied einer Einsatzabteilung sein, sondern können als Fachberater, Mitglied der Altersabteilung oder als beauftragte Personen solche entlastenden Tätigkeiten übernehmen. Die Möglichkeit der Beschränkung von Dienstpflichten nach Nr. 1 und 2 sollte daher älteren erfahrenen Feuerwehrangehörigen vorbehalten bleiben, die bereits lange Jahre Einsatz- und Übungsdient geleistet haben.

IV. Zu Absatz 4

Für den Fall einer Kollision von Dienstpflichten, die aus der ehrenamtlichen Tätigkeit eines Feuerwehrangehörigen in einer Gemeindefeuerwehr und seiner beruflichen Tätigkeit als angestellter oder beamteter Feuerwehrangehöriger folgen, bestimmt Absatz 4, dass die sich **aus dem Beruf ergebenden Dienstpflichten Vorrang** haben. Diese Regelung ist sachgerecht, denn auf eine ehrenamtliche Tätigkeit des Feuerwehranghörigen wird wegen der vorhandenen Sollstärke der freiwilligen Einsatzabteilung eher verzichtet werden können als auf seine Arbeit im Beruf, die ebenfalls der Gefahrenabwehr dient. Sollte die Erfüllung einer ehrenamtlichen Dienstpflicht des Feuerwehrangehörigen ausnahmsweise aus nicht vorhersehbaren Gründen unverzichtbar sein, ist nach den Grundsätzen des rechtfertigenden Notstands (vgl. § 34 StGB) sein Fehlen an der Arbeit entschuldigt, weil dann bei einer Abwägung die konkret geleistete ehrenamtliche Pflicht die verletzten beruflichen Pflichten eindeutig überwiegt. 20

Absatz 4 wurde zu Zeiten der Coronapandemie dazu benutzt, hauptamtlich bei der Feuerwehr beschäftigten Personen ihre Tätigkeit in der Einsatzabteilung der Freiwilligen Feuerwehr zu untersagen, da sie beim Feuerwehrdienst dort einem zusätzlichen Infektionsrisiko ausgesetzt seien. Dazu dient Absatz 4 indes nicht, weil dieser lediglich den Vorrang der hauptamtlichen Tätigkeit bei einer Kollision zweier zeitgleicher Dienstpflichten regeln will. Will der Arbeitgeber seinem hauptberuflich beschäftigten Feuerwehrangehörigen weitere Beschränkungen in dessen Freizeit auferlegen, bedarf es hierzu einer gesetzlichen oder arbeitsvertraglichen Grundlage. Eine entsprechende Anwendung des Absatzes 4 auf solche Fälle ist nicht möglich, da der damalige Gesetzgeber eine Pandemielage bei Erlass dieser Kollisionsregelung nicht im Blick hatte und eine grundsätzliche Untersagung ehrenamtlicher Feuerwehrtätigkeiten in Zeiten einer Pandemie eine erhebliche Einschränkung der Freizeitgestaltung des betroffenen Feuerwehrangehörigen darstellt und auch die Einsatzbereitschaft der Einsatzabteilungen der Freiwilligen Feuerwehr durch ein pauschales Verbot erheblich gefährdet wird, da oftmals gerade Führungspersonen in den Freiwilligen Einsatzabteilungen auch hauptamtlich bei Feuerwehren beschäftigt sind.

V. Zu Absatz 5

21 Absatz 5 regelt die bei Dienstpflichtverletzungen möglichen **Disziplinarmaßnahmen abschließend**. Mögliche Reaktionsmöglichkeiten bei Verfehlungen von ehrenamtlich tätigen Feuerwehrangehörigen sind:

- der Tadel bzw. die Ermahnung,
- der Verweis (Satz 1),
- die Geldbuße (Satz 2) und
- als letztes Mittel die Beendigung des Feuerwehrdienstes aus wichtigem Grund nach § 13 Abs. 3 (dies folgt aus Satz 3).

Die vorläufige Dienstenthebung ist keine Disziplinarmaßnahme, sondern kann **nur zur Vorbereitung eines Beschlusses des Gemeinderats nach § 13 Abs. 3 erfolgen** (vgl. VGH, Beschluss vom 15. September 2014, 1 S 920/14, juris [Rn. 13] und Rn. 18 bei § 13). Der bloße Tadel oder die Ermahnung bei leichten Verfehlungen kann vom Feuerwehrkommandanten, Abteilungskommandanten oder dem Unterführer der taktischen Einheit ausgesprochen werden, welcher der betroffene Feuerwehrangehörige im Einsatz oder Übungsdienst angehört. Sie sind als eine innerdienstliche Maßnahme in Absatz 5 nicht aufgeführt und kein Verwaltungsakt (vgl. Hildinger/Rosenauer, FwG, 4. Aufl., § 14 Rn. 32).

Nur schuldhaft (Vorsatz und Fahrlässigkeit) begangene Dienstpflichtverletzungen können nach Absatz 5 geahndet werden. Ob sie geahndet werden, steht im pflichtgemäßen **Ermessen** („kann") des Feuerwehrkommandanten (Satz 1) bzw. des Bürgermeisters (Satz 2). Absatz 5 lehnt sich insofern an §§ 27 ff. LDG an.

22 Die in Absatz 5 aufgeführten Disziplinarstrafen können gegen die ehrenamtlich tätigen Angehörigen der Gemeindefeuerwehren verhängt werden. Beamte der Feuerwehr müssen bei Dienstpflichtverletzungen mit höheren Geldbußen und weiteren Disziplinarstrafen rechnen, vgl. hierzu §§ 25 ff. LDG. Die Höhe der Geldbuße kann bei Beamten der Feuerwehr gemäß § 28 LDG die Höhe der einmonatigen Dienstbezüge erreichen. Die vorläufige Dienstenthebung eines Beamten der Feuerwehr bestimmt sich ausschließlich nach § 22 LDG. Hauptberufliche Kräfte der Feuerwehr, die nicht im Beamtenverhältnis stehen, haben bei Dienstpflichtverletzungen keine weiteren Disziplinarstrafen zu erwarten. Härteste Disziplinarstrafe ist bei Arbeitnehmern die fristlose Kündigung.

1. Satz 1

Der **Feuerwehrkommandant** kann Dienstpflichtverletzungen förmlich nur mit einem Verweis ahnden, weitere Disziplinarstrafen kann er nicht verhängen. 23

„Verweis" ist die Rüge eines bestimmten Verhaltens (Handelns oder Unterlassens), vgl. hierzu § 27 LDG. Der Verweis kann mündlich oder schriftlich erteilt werden. Er ist ein (belastender) Verwaltungsakt i. S. des § 35 LVwVfG (siehe daher auch Rn. 26). Sind weitere Dienstpflichtverletzungen des Feuerwehrangehörigen zu erwarten, sollte er zum Zwecke der Dokumentation in schriftlicher Form erteilt werden. Bei der späteren Verhängung weiterer und ggf. gravierenderer Disziplinarmaßnahmen ist somit dokumentiert, dass zunächst mildere Sanktionsmöglichkeiten eingesetzt wurden. Neben dem Kommandanten kann auch der Bürgermeister oder ein von ihm beauftragter Gemeindebediensteter (§ 53 Abs. 1 GemO) einen Verweis erteilen.

2. Satz 2

Der **Bürgermeister** kann bei Dienstpflichtverletzungen **Geldbußen** bis zu 1.000 Euro verhängen. Er darf dies nur auf Antrag des Feuerwehrkommandanten tun. Das Antragserfordernis gilt nicht für die Höhe der Geldbuße. Die Verhängung einer Geldbuße ist nur möglich bei „groben Verstößen". Das Wort „grob" bezieht sich auf den Unrechtsgehalt der Dienstpflichtverletzung, nicht auf ihre Folgen. Zwischen einem „groben" (Satz 2) und einem „schweren" (§ 13 Abs. 3 Satz 2 Nr. 2) Verstoß gegen eine Dienstpflicht gibt es keinen qualitativen Unterschied; beide Male muss die Dienstpflicht in erheblichem Maß verletzt worden sein. Zu dem Begriff „schweren Verstoß" vgl. Rn. 24 zu § 13. Die Geldbuße ist eine Disziplinarmaßnahme, keine Ordnungswidrigkeit i. S. des § 38. Sie ist ein (belastender) Verwaltungsakt (siehe daher auch Rn. 26). 24

3. Satz 3

Die **vorläufige Dienstenthebung** erfolgt seit ÄndG 2015 durch den **Bürgermeister**. Sie ist weder eine Disziplinarstrafe noch eine Disziplinarmaßnahme, denn sie gilt nur für die Zeit bis zur Entscheidung des Gemeinderates über die Beendigung des Feuerwehrdienstes oder den weiteren Verbleib des Feuerwehrangehörigen (vgl. LT-Drs. 14/5103, S. 42). Die endgültige Ahndung einer Dienstpflichtverletzung mit einem Ausschluss für einen oder mehrere Einsätze oder Übungen oder sonstige Feuerwehrveranstaltungen (Dienstenthebung für eine genau bestimmte Zeitspanne) ist daher mangels gesetzlicher Grundlage nicht möglich. Da die vorläufige Dienstenthebung der Vorberei- 25 tung der schwerwiegendsten Sanktion dient, ist es sachgerecht, dass das ÄndG 2015 nunmehr die Zuständigkeit vom Kommandanten auf den Bürgermeister verlagert hat. Zur Aufhebung der Dienstenthebung ist der Bürgermeister bis zum endgültigen Abschluss des eingeleiteten Verfahrens berechtigt. Enthebt der Bürgermeister einen Feuerwehrangehörigen vorläufig des Dienstes, muss das Beendigungsverfahren gemäß § 13 Abs. 3 eingeleitet werden. Während der vorläufigen Dienstenthebung kann der Betroffene weder sein Wahlrecht in der Feuerwehr ausüben noch darf er an Einsätzen, Übungen und Feuerwehrveranstaltungen teilnehmen. Auch ruhen sämtliche Funktionen, die er bei der Feuerwehr wahrnimmt (z. B. Abteilungskommandant, Unterführer, Mitgliedschaft im Feuerwehrausschuss, Gerätewart, Kassenverwalter).

Überlegenswert erscheint es, bei einer Änderung des Gesetzes die vorläufige Dienstenthebung auch in solchen Fällen möglich zu machen, in denen einem Feuerwehrangehörigen ein schweres Dienstvergehen vorgeworfen wird (z. B. sexuelle Belästigung anderer Feuerwehrangehöriger, Äußerung volksverhetzender Parolen während des Feuerwehrdienstes), wegen der erforderlichen Sachverhaltsaufklärung und der bestehenden Unschuldsvermutung noch nicht abgeschätzt werden kann, ob tatsächlich ein Verfahren zur Beendigung des Feuerwehrdienstes aus wichtigem Grund durchgeführt werden wird.

4. Satz 4

26 Wie auch vor der Entscheidung über die Beendigung des Feuerwehrdienstes aus wichtigem Grund (dort in § 13 Abs. 3 Satz 3) ist gemäß Satz 4 vor der Erteilung eines Verweises, der Verhängung einer Geldbuße und der vorläufigen Dienstenthebung der Betroffene zu hören, siehe daher zum Recht auf Anhörung Rn. 28 zu § 13. Die Gemeinde hat die Ermessensausübung (vgl. „kann“) bei der Entscheidung über die Disziplinarmaßnahme sorgfältig zu begründen.

Verweis, Geldbuße und Beendigung des Feuerwehrdienstes aus wichtigem Grund sind **belastende**, mit dem Rechtsmittel des Widerspruchs anfechtbare **Verwaltungsakte** der Gemeinde (vgl. zum Begriff § 35 LVwVfG). Den Bescheid über den Widerspruch erlässt das Landratsamt (§ 17 Abs. 1 AGVwGO). Untersteht die Gemeinde nicht der Rechtsaufsicht des Landratsamts, sondern der Rechtsaufsicht des Regierungspräsidiums (dies ist der Fall bei kreisfreien Städten), erlässt den Widerspruchsbescheid die Gemeinde selbst (§ 73 Abs. 1 Satz 2 Nr. 3 VwGO). Gegen den ablehnenden Widerspruchsbescheid steht der Rechtsweg zum Verwaltungsgericht (Anfechtungsklage gemäß § 42 Abs. 1, Alt. 1 VwGO mit dem Ziel der Aufhebung der belastenden Maßnahme) offen.

C. Ergänzungen, Weiterführendes

I. Einzelheiten zu den Veröffentlichungen der DGUV

Seit dem 1. Mai 2014 haben sich die Systematik und die Nummerierung des Regelwerks der deutschen gesetzlichen Unfallversicherungen (DGUV) geändert. Sämtliche Veröffentlichungen der DGUV sind den Kategorien: 27

- Unfallverhütungsvorschriften (DGUV-V),
- Regeln für Sicherheit und Gesundheitsschutz (DGUV-R),
- Informationen (DGUV-I) und
- Grundsätze (DGUV-G) zugeordnet.

Die DGUV-R geben Beispiele, wie die Bestimmungen der DGUV-V im Einzelnen erfüllt werden können, die DGUV-I geben weitere Hinweise zur DGUV-V.

Unfallverhütungsvorschrift (UVV) für den Feuerwehrdienst i.S. der Nr. 5 sind daher nicht nur die Unfallverhütungsvorschrift „Feuerwehren" (DGUV Vorschrift 49) und die Unfallverhütungsvorschrift „Allgemeine Vorschriften" (DGUV Vorschrift 1). Bestandteil der UVV „Feuerwehren" sind die hierzu erlassenen Durchführungsregeln (DGUV-R) und Informationen (DGUV-I). Ferner ist der UVV „Feuerwehren" ein Anhang angegliedert, in welchem die Unfallverhütungsvorschriften, Richtlinien, Sicherheitsregeln, Merkblätter, Grundsätze, DIN-Blätter, VDE-Bestimmungen angeführt sind, die im Zusammenhang mit der UVV „Feuerwehren" stehen.

Wichtige Regelungen für den Feuerwehrdienst sind (frühere Bezeichnung in Klammern):

- DGUV Vorschrift 1 (GUV-V A1): Grundsätze der Prävention;
- DGUV Vorschrift 49 (GUV-V C 53): Feuerwehren;
- DGUV Information 205–008 (GUV-I 8528): Sicherheit im Feuerwehrhaus;
- DGUV Information 205-014: Auswahl von persönlicher Schutzausrüstung für Einsätze bei der Feuerwehr;
- DGUV Information 205–010 (GUV-I 8651): Sicherheit im Feuerwehrdienst;
- DGUV Information 203–052 (GUV-I 8677): Elektrische Gefahren an der Einsatzstelle;
- DGUV Grundsatz 305–002 (GUV-G 9102): Prüfgrundsätze für Ausrüstung und Geräte der Feuerwehr und die dazu erlassenen Gemeinsamen Hinweise des Innenministeriums und der Unfallkasse Baden-Württemberg zur Prüfung der Ausrüstung und Geräte der Feuerwehr vom Juli 2017 (eingestellt auf der Internetseite der UKBW).

Die neuen „DGUV Empfehlungen für arbeitsmedizinische Beratungen und Untersuchungen“ lösen die bisherigen „DGUV Grundsätze für arbeitsmedizinische Untersuchungen“ ab. Statt der bisher bekannten Untersuchungsgrundsätze G 26 bzw. G 31 geben nun die DGUV Empfehlungen „Atemschutzgeräte (Eignungsbeurteilung)“ bzw. „Überdruck (Arbeiten in Druckluft und Taucharbeiten)“ Hilfestellung zur Umsetzung von Eignungsuntersuchungen für Tätigkeiten unter Atemschutz bzw. Taucharbeiten bei den Feuerwehren. Bei den DGUV Empfehlungen wird auf Nummerierungen verzichtet und lediglich die Bezeichnung genannt.

Unfallverhütungsvorschriften, Regeln und Informationen sowie Merkblätter zur Unfallverhütung im Feuerwehrdienst liefert die Unfallkasse Baden-Württemberg (Augsburger Straße 700, 70329 Stuttgart, www.ukbw.de), die auch Auskunft gibt bei Zweifelsfällen, wie die Bestimmungen der UVV im Einzelnen erfüllt werden können.

28 Insbesondere folgende Regelungen in der UVV „Feuerwehren“ (DGUV Vorschrift 49) sind in der Praxis von Bedeutung: Gemäß ihres § 1 gilt sie für Feuerwehren bei Ausbildung, Übung und Einsatz (Feuerwehrdienst) sowie für Feuerwehreinrichtungen und -geräte. Nach § 15 Abs. 1 Satz 3 darf von dieser UVV nur zur Rettung von Menschen abgewichen werden. „Feuerwehrangehörige“ i. S. der UVV „Feuerwehren“ sind feuerwehrangehörige Personen, die aktiv in der Feuerwehr Dienst leisten, einschließlich der Feuerwehr-Anwärter und der Angehörigen der Jugendgruppen (§ 2 Nr. 5). Laut § 8 sind die Feuerwehrangehörigen über die UVV „Feuerwehren“ und – soweit erforderlich – über die einschlägigen Bestimmungen anderer UVV zu informieren und über die Gefahren im Feuerwehrdienst sowie über die Maßnahmen zur Verhütung von Unfällen zu unterweisen.

Verstöße gegen die UVV „Feuerwehren“ können nicht nur nach § 14 Abs. 5 FwG geahndet werden; nach § 27 dieser UVV findet bei Verstößen die Ordnungswidrigkeitsbestimmung des § 209 Abs. 1 Nr. 1 SGB VII Anwendung. In § 209 Abs. 3 SGB VII wird bestimmt, dass gegen Versicherte, die vorsätzlich oder fahrlässig gegen ordnungsgemäß erlassene Unfallverhütungsvorschriften verstoßen, Bußgelder bis zu 10.000 Euro festzusetzen sind.

II. Einzelheiten zur Inanspruchnahme von Sonderrechten nach § 35 StVO

29 Wer wie die Feuerwehr im Straßenverkehr **Sonderrechte** (vgl. §§ 35, 38 StVO) in Anspruch nimmt, ist nach der Rechtsprechung zu erhöhter Sorgfalt verpflichtet. Die Feuerwehr ist nach § 35 StVO von den Vorschriften der StVO befreit, „soweit das zur Erfüllung hoheitlicher Aufgaben geboten ist“, d. h. im Alarm, jedoch **nicht im Einsatzfall**. „Feuerwehr“ i. S. von § 35 Abs. 1 StVO ist auch der Feuerwehrangehörige bei seiner Fahrt mit dem Privat-Pkw zum Feuerwehrhaus (OLG Stuttgart, VBlBW 2002, 403 und juris [Rn. 7]; Jäksch, NZV 2002, 412). Diese Fahrt ist nämlich zur Erfüllung hoheitlicher Aufgaben dringend erforderlich. Aus § 35 Abs. 8 StVO folgt jedoch, dass, je weiter der Sonderrechtsfahrer von Verkehrsregeln abweicht, desto mehr muss er Warnzeichen geben und sich vergewissern, dass der übrige Verkehr sie befolgt. Der Sonderrechtsfahrer muss im Zweifelsfall auf die Inanspruchnahme von Sonderrechten im Straßenverkehr verzichten (vgl. hierzu ausführlich KG Berlin, Urteil vom 5. Februar 2004, 22 U 95/03, juris [Rn. 34]; Ernst, Brandhilfe 10/2018, S. 7 ff. und VwV-StVO in der Fassung vom 3. April 2025 zu § 35, Nr. 1 und 2 sowie die hierzu ergangenen Hinweise der LFS, eingestellt auf deren Internetseite). Die Vorschriften über den rechtfertigenden Notstand nach § 16 OWiG bleiben hiervon unberührt. Zu beachten ist in diesem Zusammenhang schließlich, dass bei Fahrten, bei denen nicht alle Verkehrsregeln eingehalten werden können, die Inanspruchnahme von Sonderrechten, wenn möglich und zulässig, durch blaues Blinklicht zusammen mit rechtzeitig eingeschaltetem (KG Berlin, NZV 2008, 149 und juris [Rn. 9]) Einsatzhorn anzuzeigen ist. Mit diesen Sondersignalen werden indes nur Feuerwehrfahrzeuge, nicht Privat-Pkw ausgestattet.

Nach § 38 StVO darf das blaue Blinklicht (Rundumleuchte) zusammen mit dem Einsatzhorn (Martinhorn) nur während der Fahrt verwendet werden; an der Einsatz- bzw. Übungsstelle ist nur das blaue Blinklicht zulässig.

§ 15
Freistellung, Entgeltfortzahlung

(1) [1]Nehmen ehrenamtlich tätige Angehörige der Gemeindefeuerwehr während der Arbeits- oder Dienstzeit an Einsätzen oder an der Aus- und Fortbildung teil, sind sie für die Dauer der Teilnahme von der Arbeits- oder Dienstleistung freigestellt. [2]Dies gilt auch für eine angemessene Ruhezeit nach Einsätzen. [3]Die Teilnahme an Aus- und Fortbildungslehrgängen ist dem Arbeitgeber oder Dienstherrn rechtzeitig mitzuteilen. [4]Eine Kündigung oder Entlassung aus einem Dienst- oder Arbeitsverhältnis, eine Versetzung an einen anderen Beschäftigungsort und jede sonstige berufliche Benachteiligung aus diesem Grund sind unzulässig.

(2) [1]Die Gemeinde hat dem privaten Arbeitgeber auf Antrag seine auf Grund gesetzlicher oder vertraglicher Verpflichtung erbrachten Entgeltfortzahlungsleistungen zu erstatten, wenn die Arbeitsunfähigkeit des Arbeitnehmers durch den Feuerwehrdienst verursacht wurde. [2]Ein bestehender Erstattungsanspruch des privaten Arbeitgebers geht auf die Gemeinde über.

Übersicht **Rn.**

A. Allgemeines

1 Durch das ÄndG 2009 wurde der in § 17 FwG a. F. verwendete Begriff der „Lohnfortzahlung“ durch den nunmehr üblichen Begriff der „Entgeltfortzahlung“ ersetzt. Denn der Anspruch des Arbeitnehmers auf Lohn- oder Gehaltsfortzahlung bei Krankheit ist mittlerweile nicht mehr im Lohnfortzahlungs-, sondern im Entgeltfortzahlungsgesetz (EntgFG) geregelt. Die Freistellung und in der Folge die Entgeltfortzahlung bei einem Unfall im Einsatzdienst oder bei der Fort- und Ausbildung sind notwendige Voraussetzungen zur Erfüllung der in § 14 normierten Pflicht, sich bei Alarm unverzüglich zum Feuerwehrdienst einzufinden.

Absatz 1 ist daher eine wesentliche Bestimmung des FwG. Ihr Zweck ist es, durch die gesetzlich angeordnete Freistellung die Einsatzfähigkeit der Feuerwehr zu sichern und die Teilnahme von Feuerwehrangehörigen an Aus- und Fortbildungsveranstaltungen zu ermöglichen. Müsste die Gemeinde auf die nach Absatz 1 Freigestellten verzichten, weil der einzelne Arbeitgeber sie nicht freigibt, wäre die Einsatzfähigkeit vieler feuerwehrtaktischer Einheiten nicht ständig gewährleistet und ebenso wenig die mehrtägige Aus- und Fortbildung an der Landesfeuerwehrschule gesichert.

Entgegen der Überschrift verpflichtet der 1986 eingefügte **Absatz 2** den Arbeitgeber nicht zur Entgeltfortzahlung für die Zeit der Freistellung, dieser ist im Gegenteil gerade nicht verpflichtet, während der Zeit der Freistellung das Entgelt für seinen Arbeitnehmer fortzuzahlen, wie sich aus § 16 Abs. 1 ergibt. Absatz 2 gibt dem Arbeitgeber vielmehr einen **Anspruch auf Erstattung** seiner Aufwendungen, die ihm bei einem Feuerwehrdienstunfall des Arbeitnehmers infolge der gesetzlichen oder einer vertraglich eingegangenen Verpflichtung erbrachten Entgeltfortzahlungsleistungen entstehen.

Wegen der überragenden Bedeutung der Ziele, die Einsatzfähigkeit der Feuerwehr zu sichern und die Teilnahme von Feuerwehrangehörigen an Aus- und Fortbildungsveranstaltungen zu ermöglichen, hat der Landesgesetzgeber die **Freistellung von der Arbeits- und Dienstleistung** im FwG geregelt. § 15 Abs. 1 ist eine Vorschrift, die nicht nur einen Sachbezug zum Feuerwehrrecht (Landesgesetzgebungskompetenz) hat, sondern auch einen zum Arbeitsrecht (konkurrierende Gesetzgebungskompetenz, vgl. Art. 74 Nr. 12 GG) und zum öffentlichen Dienstrecht (Gesetzgebungskompetenz des Bundes, soweit Bundesbeamte betroffen sind, vgl. Art. 73 Nr. 8 GG). Das BVerfG hat mehrfach entschieden, wie die Sachgebiete kompetenzrechtlich zu behandeln sind, die zu mehreren Gesetzgebungsmaterien einen erkennbaren Sachbezug aufweisen (vgl. BVerfG, NJW 1998, 2128 und juris [Rn. 57]; Leibholz/Rink, GG, Stand März 2023, Art. 70 Rn. 31). Danach kommt es in einem solchen Fall auf die wesensmäßige Zugehörigkeit zu der jeweiligen Gesetzesmaterie an. Der Regelungsinhalt des § 15 Abs. 1 ist seinem Wesen nach schwerpunktmäßig eindeutig dem Feuerwehrrecht zuzuordnen (siehe oben). Als Vorschrift des zur ausschließlichen Gesetzgebungszuständigkeit der Länder gehörenden Feuerwehrrechts ist § 15 Abs. 1 auch für den Bund und für die bundesunmittelbaren juristischen Personen des öffentlichen Rechts als Arbeitgeber und Dienstherren verbindlich. Diese Rechtsauffassung vertritt auch das Innenministerium BW (a. A. Hildinger/Rosenauer, FwG, 4. Aufl., § 15 Rn. 4). 2

§ 17 Abs. 1 Satz 1, 2. Halbsatz FwG a. F. enthielt eine Privilegierung der öffentlichen Arbeitgeber gegenüber den privaten Arbeitgebern. Angehörige des öffentlichen Dienstes waren nur freigestellt, sofern nicht übergeordnete öffentliche Interessen einer Freistellung entgegenstanden. Durch die Streichung in § 15 Abs. 1 durch das ÄndG 2009 wollte der Gesetzgeber die Vorbildfunktion des öffentlichen Dienstes hervorheben (vgl. LT-Drs. 14/5103, S. 43). Diese Streichung war überfällig, wenn man sich beispielsweise vor Augen führt, dass in einer Vielzahl von Fällen Einsätze der Feuerwehren – vor allem tagsüber – durch Brandmeldeanlagen öffentlicher Einrichtungen 3 (z.B. Kliniken, Behörden, Universitäten) ausgelöst werden. Es war eine nicht gerechtfertigte Ungleichbehandlung, die Freistellungslast vornehmlich den privaten Arbeitgebern aufzuerlegen. Auch aus diesem Grund ist § 15 Abs. 1 auch auf für Bundesbedienstete anzuwenden.

4 Bei einem **Katastropheneinsatz** und bei der Ausbildung im Katastrophenschutz gilt nicht § 15; die Freistellung stützt sich in diesem Fall auf § 18 Abs. 1 LKatSG. Bei einer Außergewöhnlichen Einsatzlage i.S. des § 2 Abs. 1 LKatSG hingegen erfolgt die Freistellung nach § 15; dies folgt aus § 45 Abs. 1 LKatSG. Die Freistellung von der Arbeitsleistung nach § 18 Abs. 1 LKatSG gilt wegen § 11 ZSKG unabhängig davon, ob der Katastrophenhelfer dem Bereich des erweiterten oder des friedensmäßigen Katastrophenschutzes zuzurechnen ist.

B. Erläuterung

I. Zu Absatz 1

1. Satz 1

5 **Satz 1 regelt die Pflichtenkollision**, in die ein ehrenamtlich tätiger Angehöriger der Gemeindefeuerwehr gerät, wenn er während der Arbeits- oder Dienstzeit zum Feuerwehrdienst gerufen wird. Hier kollidiert die Arbeits- oder Dienstpflicht aufgrund des Arbeitsvertrages oder des öffentlichen Dienstverhältnisses mit der Feuerwehrdienstpflicht nach § 14 Abs. 1 Nr. 1 und 2 (siehe hierzu auch Rn. 5 zu § 14). Absatz 1 löst den Konflikt, indem er dem Feuerwehrdienst den Vorrang einräumt. Die Freistellung von der Arbeits- oder Dienstleistung wegen der Teilnahme am Einsatz **beginnt mit der Alarmierung**.

6 „Von der Arbeits- oder Dienstleistung freigestellt" sind alle **unselbstständig Beschäftigten** – Arbeitnehmer, Beamte (Bund, Land, Kreis, Gemeinde), Richter (Bund, Land), Soldaten (Bund) –, und zwar **kraft Gesetzes**. Das bedeutet, dass nicht etwa die Arbeitgeber bzw. Dienstherren die Feuerwehrangehörigen von der Arbeits- und Dienstleistung freistellen; die Feuerwehrangehörigen sind schon nach Satz 1 freigestellt. Die Selbstständigen stellen sich selbst frei. Die Verpflichtung hierzu ergibt sich aus § 14 Abs. 1 Nr. 1 und 2. Obwohl in § 15 nicht ausdrücklich geregelt, sind auch ehrenamtlich Feuerwehrdienst leistende Schüler für die Teilnahme an Einsätzen **von der Schulpflicht** freigestellt, denn der Schutz von Menschenleben, Umwelt und bedeutenden Sachwerten hat grundsätzlich Vorrang vor der Schulpflicht. Um den Schülern jedoch eine gute und unge-

störte Vorbereitungszeit auf wichtige Prüfungen zu ermöglichen, empfiehlt es sich, für solche Zeiten Feuerwehrdienstbefreiungen nach § 14 Abs. 3 zu erteilen (siehe hierzu auch Rn. 5 zu § 14).

Da die Freistellung von der Arbeitspflicht kraft Gesetzes erfolgt, ist es dem Arbeitgeber, Dienstherrn **verwehrt**, für die Zeit des geleisteten Feuerwehrdienstes dem Arbeitnehmer **Überstunden oder Urlaubstage zu streichen**. Da allerdings der private Arbeitgeber nicht verpflichtet ist, für die Zeit des geleisteten Feuerwehrdienstes das Arbeitsentgelt zu bezahlen, kann er die Weiterzahlung von Mehrarbeit oder der Streichung von Überstunden abhängig machen. Den Arbeitgebern/Dienstherren des öffentlichen Dienstes ist solches wegen § 16 Abs. 5 untersagt.

Die Freistellung der Beamten, Richter und Soldaten nach Satz 1 geht den dienstrechtlichen Regelungen (vgl. § 29 Abs. 1 Arbeitszeit- und UrlaubsVO, § 1 Sonderurlaubsverordnung für Bundesbeamte und Richter im Bundesdienst, § 9 SoldatenurlaubsVO) vor (a. A. Hildinger/Rosenauer, FwG, 4. Aufl., § 15 Rn. 4). Satz 1 verdrängt auch § 29 TVöD. Er wird andererseits bei Katastropheneinsätzen und Ausbildungsveranstaltungen im Katastrophenschutz von § 18 Abs. 1 LKatSG verdrängt (vgl. hierzu oben Rn. 4).

Ausführungen zum Verhältnis der Freistellung nach § 15 Abs. 1 zum Anspruch auf Freistellung nach dem Gesetz zur Stärkung des Ehrenamtes in der Jugendarbeit und zum Anspruch nach dem Bildungszeitgesetz folgen unten Rn. 18 bzw. Rn. 19.

Der Vorrang des Feuerwehrdienstes gegenüber der Arbeitsverpflichtung 7
ist jedoch nicht uneingeschränkt, sondern gilt jedenfalls nicht in den Fällen, in denen die Unterbrechung der Arbeitsleistung durch den Arbeitnehmer die Gefahr schwerwiegender Schäden für den Arbeitgeber (etwa durch Produktionsausfall, Verlust von Kunden) oder gar die Allgemeinheit mit sich bringen würde. § 15 Abs. 1 Satz 1 darf den Arbeitgeber nicht überfordern, der Feuerwehranghörige hat in solchen Fällen Rücksicht auf die schützenswerten Belange seines Arbeitgebers bzw. Dienstherrn zu nehmen. In solchen Fällen des Überschreitens der Zumutbarkeitsgrenze darf der Arbeitgeber bzw. Dienstherr den Feuerwehrangehörigen zurückhalten, wenn dieser zu einem Feuerwehreinsatz gerufen oder zu einer Aus- oder Fortbildungsveranstaltung einberufen wird.

Der unselbstständig Beschäftigte ist nur für den **Einsatzdienst** der Feuer- 8
wehr und für die **Feuerwehraus- und -fortbildung** freigestellt, nicht für Übungen und für sonstige dienstliche Feuerwehrveranstaltungen. In diesen Fällen ist der Arbeitgeber jedoch im Hinblick auf den aus § 241 Abs. 2 BGB resultierenden Grundsatz der gegenseitigen Rücksichtnahme (siehe

dazu auch Rn. 5 zu § 14) gehalten, etwa durch geänderte Arbeitszeiten oder Nacharbeit eine Teilnahme des Feuerwehrangehörigen zu ermöglichen, denn insbesondere die regelmäßige Übungsteilnahme ist Dienstpflicht und Voraussetzung für eine erfolgreiche Einsatztätigkeit.

Freigestellt ist nicht nur der Aus- und Fortzubildende, sondern **auch der Aus- und Fortbilder**. Zur Aus- und Fortbildung i. S. von Satz 1 gehört die örtliche und überörtliche Aus- und Fortbildung, einschließlich der mehrtägigen Lehrgänge an der Landesfeuerwehrschule.

9 Die Freistellung erstreckt sich nach dem Wortlaut des Satzes 1 auf die Dauer der Teilnahme am Einsatz und an der Aus- und Fortbildung, soweit diese in die Dienst- oder Arbeitszeit fallen. Der ehrenamtlich tätige Feuerwehrangehörige ist freigestellt für die übliche tägliche Arbeitszeit.

Gesetzlich immer noch nicht geregelt ist jedoch die **Anrechnung der Freistellungszeiten** für Einsätze **bei gleitender Arbeitszeit**. Umstritten ist daher, inwieweit der Arbeitgeber oder Dienstherr den Feuerwehrangehörigen bei gleitender Arbeitszeit auf seine Flexibilität bei der Arbeits- oder Dienstzeit verweisen und verlangen kann, Zeiten nachzuarbeiten, in denen wegen des Einsatzdienstes Arbeits- oder Dienstzeit versäumt wurde. Dies verdeutlicht folgendes Beispiel: Der Feuerwehrangehörige erfüllt seine tägliche Regelarbeitszeit von acht Stunden bei einer einstündigen Mittagspause gewöhnlich zwischen 8:00 und 17:00 Uhr; die Kernarbeitszeit liegt zwischen 9:00 und 15:00 Uhr. Wegen eines nächtlichen Einsatzes kann er die Arbeit erst um 10:00 Uhr antreten. Es stellt sich daher die Frage,

- ob ab diesem Zeitpunkt die tägliche Regelarbeitszeit von acht Stunden zu leisten ist und sich das Arbeitsende somit auf 19:00 Uhr verschiebt oder
- ob die Freistellung ab 8:00 Uhr (dem regelmäßigen Arbeitsbeginn) beginnt mit einem Arbeitszeitende um 17:00 Uhr oder
- ob die Freistellung mit dem Beginn der Kernarbeitszeit um 9:00 Uhr beginnt mit einem Arbeitsschluss folglich um 18:00 Uhr.

Bei der Lösung ist zugunsten der Feuerwehrangehörigen der in § 15 Abs. 1 Satz 4 formulierte Grundsatz ausschlaggebend, der jede berufliche Benachteiligung wegen der Freistellung für unzulässig erklärt. Für den Beispielsfall folgt daraus, dass bei einer Freistellung von der regelmäßig praktizierten Arbeitszeit auszugehen und damit die Zeit ab 8:00 Uhr als Arbeitszeit anzurechnen ist. Würde der Feuerwehrangehörige demgegenüber in solchen Fällen auf den tatsächlichen Arbeitsbeginn (10:00 Uhr) oder die Möglichkeit der Inanspruchnahme von Gleitzeit (9:00 Uhr) verwiesen werden, könnte, abhängig vom zeitlichen Umfang einer solchen Verschiebung, eine unzulässige berufliche Benachteiligung i. S. des § 15 Abs. 1 Satz 4 vorliegen. Da aber die Belange des Arbeitgebers oder Dienstherrn nicht völlig außer Acht bleiben können, ist im Vorfeld eine einvernehmliche und für alle Einsatzfälle einheitliche Lösung anzustreben, die die beiderseitigen Interessen angemessen berücksichtigt (Hildinger/Rosenauer, FwG, 4. Aufl., § 15 Rn. 9).

2. Satz 2

Die Freistellung dauert auch noch nach Beendigung des Einsatzes an. 10
Dies war schon von jeher anerkannt, ist aber durch **Satz 2** ausdrücklich klargestellt. Je nach Zeitdauer und Zeitpunkt des Einsatzes zählt auch noch eine angemessene Entspannungs- und Erholungszeit dazu. Bei Nachteinsätzen (zwischen 22 und 6 Uhr) steht dem Feuerwehrangehörigen vor der Arbeitsaufnahme der zur Erholung notwendige Schlaf zu. Der Arbeitgeber kann die Wiederaufnahme der Arbeit nicht zu einem Zeitpunkt erwarten, zu dem ein Feuerwehrangehöriger seine volle Arbeitsfähigkeit noch nicht wiedererlangt hat. Bei der Formulierung „angemessene Ruhezeit“ in Satz 2 handelt es sich um einen unbestimmten Rechtsbegriff, welcher der (verwaltungs-)gerichtlichen Kontrolle unterliegt. Die Grenzen der Erholungszeit werden durch die Zumutbarkeit bestimmt (siehe dazu Ernst, Brandhilfe 12/2024, S. 28 f.). Die Gemeinden sollten durch Absprachen mit den betreffenden Arbeitgebern diese Grenzen konkretisieren. Wegen der Verschiedenartigkeit der Berufe und der daraus resultierenden unterschiedlichen Anforderungen an die Leistungsfähigkeit der Arbeitnehmer erscheint es nicht sachgerecht, dass der Technische Einsatzleiter (§ 27) mit der Entscheidung über das Einsatzende auch die Dauer der sich anschließenden Ruhezeit der ehrenamtlich tätigen Feuerwehrangehörigen festlegt (so aber Hildinger/Rosenauer, FwG, 4. Aufl., § 27 Rn. 10 und die Hinweise des Innenministeriums zu Erholungs- und Ruhezeiten für Angehörige Freiwilliger Feuerwehren, eingestellt auf der Internetseite der LFS). Zwar spricht für eine solche Festlegung durch den Technischen Einsatzleiter, dass für den in der Ruhezeit entstehenden Verdienstausfall der ehrenamtlich tätige Feuerwehrangehörige gegenüber der Gemeinde einen Anspruch auf Ersatz von Verdienstausfall nach § 16 hat (siehe dazu auch Rn. 30 zu § 16). Der Technische Einsatzleiter müsste dann aber für jeden einzelnen Feuerwehrangehörigen prüfen, wann dessen berufliche Leistungsfähigkeit wiederhergestellt scheint. Eine solche Entscheidung ist daher dem jeweiligen Feuerwehrangehörigen selbst zu überlassen (vgl. Ernst, Brandhilfe 12/2024, S. 29). Dehnt der Feuerwehran-

gehörige die Erholungszeit unangemessen aus, steht ihm insoweit kein Anspruch auf Ersatz des etwa entstandenen Verdienstausfalls zu; von seiner Arbeitspflicht ist er in dieser Zeit selbstverständlich auch nicht freigestellt.

3. Satz 3

11 Die Verpflichtung, den Arbeitgeber bzw. Dienstherrn rechtzeitig von Zeitpunkt und Dauer der Teilnahme an Aus- und Fortbildungslehrgängen zu unterrichten, soll diesen vor vermeidbaren Nachteilen schützen. **„Rechtzeitig“** bedeutet nicht nur, dass die Mitteilung vor Beginn der Veranstaltung erfolgen muss, sondern auch so zeitig, dass die durch die Freistellung von der Arbeitsleistung drohenden wirtschaftlichen Nachteile, wenn möglich noch abgewendet werden können. Satz 3 regelt nicht ausdrücklich, wen die Verpflichtung zur Mitteilung trifft. **Die Verpflichtung zur Mitteilung hat grundsätzlich der Feuerwehrangehörige**, sofern nicht die Gemeinde dies übernommen hat. Wird die Mitteilungspflicht verletzt, so macht sich der zur Mitteilung Verpflichtete dem Arbeitgeber bzw. dem Dienstherrn gegenüber schadensersatzpflichtig, denn Satz 3 ist ein „Schutzgesetz“. i. S. des § 823 Abs. 2 Satz 1 BGB.

Die Verletzung der Pflicht zur rechtzeitigen Mitteilung vor Beginn der Aus- und Fortbildung beseitigt nicht die Freistellung von der Arbeitsleistung, wenn der Arbeitnehmer an der Ausbildung gleichwohl teilnimmt. Der Arbeitgeber kann seinem Arbeitnehmer grundsätzlich (vgl. oben Rn. 6 f.) nicht verbieten, von der gesetzlichen Freistellung Gebrauch zu machen und an der Aus- und Fortbildung teilzunehmen; er kann jedoch vom Feuerwehrangehörigen Schadensersatz verlangen.

4. Satz 4

12 Die Verbote des Satzes 4 schützen den ehrenamtlich tätigen Angehörigen der Gemeindefeuerwehr vor Benachteiligungen im Arbeits- oder Dienstverhältnis wegen der Freistellungen. Jegliche nachteilige arbeits- oder dienstrechtliche Maßnahme ist unzulässig. Unzulässig ist also nicht nur die fristgerechte oder fristlose Kündigung; ebenso können ein Ortswechsel, ein Arbeitsplatzwechsel im selben Betrieb oder Entlassung, eine tarifliche Herabstufung, der Wegfall oder eine Kürzung betrieblicher Vergünstigungen unzulässig sein.

13 **Bei Rechtsstreitigkeiten**, ob der ehrenamtlich tätige Feuerwehrangehörige von seiner Arbeitspflicht nach § 15 Abs. 1 Satz 1 freigestellt ist, gilt es Folgendes zu beachten: Da die Freistellung von der Arbeits- oder Dienstleistung

nach Satz 1 unmittelbar kraft Gesetzes erfolgt und eine ausdrückliche Freistellung oder Zustimmung durch den Arbeitgeber gerade nicht erforderlich ist, kann Zielrichtung einer Klage nicht ein Anspruch des Arbeitnehmers auf bzw. eine Verpflichtung des Arbeitgebers/Dienstherrn zur Freistellung sein. Lediglich möglich ist die Feststellung, dass der Arbeitnehmer in den genannten Fällen freigestellt ist. Nachdem sich die Freistellung aus dem FwG und damit aus dem öffentlichen Recht ergibt, kommt eine verwaltungsgerichtliche **Feststellungsklage** nach § 43 VwGO in Betracht. Eine solche Feststellungsklage ist aber nur vonseiten der Gemeinde oder des Arbeitgebers/Dienstherrn möglich. Die Möglichkeit einer gerichtlichen Geltendmachung der Freistellung durch den Feuerwehrangehörigen selbst besteht nicht, obwohl dadurch seine Arbeitspflicht betroffen ist (Hildinger/Rosenauer, FwG, 4. Aufl., § 15 Rn. 13). Grund hierfür ist, dass durch die beantragte Feststellung, dass die gesetzliche Freistellung des ehrenamtlichen Feuerwehrangehörigen von seiner Arbeitspflicht gegenüber dem Arbeitgeber/Dienstherrn tatsächlich besteht, unmittelbar das Rechtsverhältnis zwischen Arbeitgeber/Dienstherr einerseits und der Gemeinde als Träger der Feuerwehr andererseits betroffen ist. Denn die Freistellung dient der Sicherung der Einsatzfähigkeit der Feuerwehr (vgl. oben Rn. 2) und nicht der Regelung des Verhältnisses zwischen Arbeitgeber und Arbeitnehmer.

Für Rechtsstreitigkeiten aus Satz 4 sind wie auch sonst bei Streitigkeiten im Arbeits- oder Dienstverhältnis die Arbeits- bzw. Verwaltungsgerichte zuständig; § 15 ist in § 32 (Zuständigkeit der ordentlichen Gerichtsbarkeit) nicht aufgenommen.

II. Zu Absatz 2

1. Satz 1

Absatz 2 gibt dem privaten Arbeitgeber einen **Anspruch auf Erstattung seiner Aufwendungen**, die ihm bei einem Feuerwehrdienstunfall (zum Begriff des Feuerwehrdiensts siehe Rn. 3 zu § 14 bzw. Rn. 15 der Einf. zum Begriff des Dienstunfalls)) infolge der aufgrund gesetzlicher oder vertraglich eingegangener Verpflichtung erbrachten Entgeltfortzahlungsleistungen entstehen. Gesetzlich verpflichtet zur „Entgeltfortzahlung“ i. S. von Satz 1 ist nahezu jeder Arbeitgeber. Er muss gemäß § 3 Abs. 1 EntgFG dem Arbeitnehmer während dessen Arbeitsunfähigkeit das Arbeitsentgelt sechs Wochen lang weitergewähren. Auf die Ursache der Arbeitsunfähigkeit kommt es dabei nicht an. Das gilt selbst dann, wenn der Arbeitnehmer bei Ausübung einer ehrenamtlichen Tätigkeit verletzt wird und deshalb nicht arbeiten kann. Satz 1 gibt nur dem **privaten Arbeitgeber** einen Anspruch gegen die Gemein- 14 de auf Erstattung der Leistungen, die er aufgrund gesetzlicher Verpflichtung erbringen musste, obwohl die Arbeitsunfähigkeit des Arbeitnehmers durch ein Ereignis während des Feuerwehrdienstes verursacht worden ist. Damit will der Gesetzgeber erreichen, dass einem Arbeitnehmer durch die Mitgliedschaft in der Feuerwehr nicht wegen der Entgeltfortzahlungsverpflichtung Nachteile im Betrieb oder schon bei einer Einstellung entstehen.

Die **gesetzliche Verpflichtung** des privaten Arbeitgebers **zur Entgeltfortzahlung** bei Arbeitsunfähigkeit infolge Krankheit des Arbeitnehmers ergibt sich für alle Arbeitnehmer, einschließlich den zu ihrer Berufsausbildung Beschäftigten, aus § 1 EntgFG. Anspruch auf Entgeltfortzahlung haben nicht nur vollzeitbeschäftigte Arbeitnehmer, sondern auch Teilzeitkräfte sowie Ferienaushilfen und geringfügig beschäftigte Mitarbeiter (sog. Minijob mit bis zu 556 Euro Verdienst im Monat). Nicht erfasst werden Entgeltfortzahlungen aufgrund tarifvertraglicher Regelung (LT-Drs. 14/5103, S. 43).

15 In Satz 1 wurde 2009 aufgenommen die Verpflichtung der Gemeinde zur Erstattung der Entgeltfortzahlung aufgrund **vertraglicher Verpflichtung** des Arbeitgebers nach § 616 BGB. In den Anwendungsbereich des § 616 BGB sind in erster Linie diejenigen Personen einbezogen, die nicht dem personellen Schutzbereich arbeitsrechtlicher Bestimmungen (EntgFG) unterliegen. Den Vergütungsanspruch erhält § 616 Satz 1 BGB insbesondere bei freien Mitarbeitern, Organmitgliedern einer juristischen Person im Hinblick auf den von ihnen regelmäßig abgeschlossenen Anstellungsvertrag (Feuerwehrangehöriger ist bei einer Ein-Mann-GmbH einziger Gesellschafter und zugleich angestellter Geschäftsführer und einziger Mitarbeiter) und arbeitnehmerähnlichen Personen (vgl. Staudinger-Oetker, BGB, 2022, § 616 Rn. 31).

16 Von der Gemeinde zu erstatten sind **sämtliche Aufwendungen** des Arbeitgebers, die ihm bei Arbeitsunfähigkeit des Arbeitnehmers infolge gesetzlicher Verpflichtung entstehen (vgl. hierzu Ruf, BWGZ 1991, 200). Zu den zu ersetzenden Entgeltfortzahlungsleistungen gehören auch die Beiträge des Arbeitgebers zur Sozial- und Pflegeversicherung und zur Bundesanstalt für Arbeit (vgl. BGH NJW 1976, 326 und juris [Rn. 7]; Henssler/Willemsen/Kalb, Arbeitsrechtskommentar, 11. Aufl., § 6 EntgFG, Rn. 13). **Nicht** von dem Erstattungsanspruch **umfasst ist der entgangene Gewinn** des Arbeitgebers, der durch den feuerwehrdienstbedingten Ausfall seines Arbeitnehmers entstanden ist (VGH, BWGZ 2008, 107 und juris [Rn. 4]).

Für Klagen über Erstattungsansprüche des Arbeitgebers gegen die Gemeinde als Trägerin der Gemeindefeuerwehr ist der Verwaltungsrechtsweg gegeben. Statthafte Klageart ist die **Leistungsklage** (VGH, VBlBW 1997, 465 und juris [Rn. 14]; VG Sigmaringen, Urteil vom 6. März 2007, 4 K 266/06, juris [Rn. 10 f.]).

2. Satz 2

Ist die Arbeitsunfähigkeit des Feuerwehrangehörigen von einem Dritten schuldhaft verursacht worden, geht sein Anspruch auf Schadensersatz (z. B. nach § 823 BGB) wegen des Verdienstausfalls auf den zur Entgeltfortzahlung verpflichteten Arbeitgeber über. Außerdem erhält der Arbeitgeber gemäß § 1 Abs. 1 Aufwendungsausgleichsgesetz (AAG) von der Krankenkasse des Arbeitnehmers 80 % der Entgeltfortzahlungskosten ersetzt, sofern er nicht mehr als 30 Arbeitnehmer hat. Diese Erstattungsansprüche, die der Arbeitgeber geltend machen kann, lassen seinen Anspruch gegen die Gemeinde nach Satz 1 unberührt. Der Gesetzgeber will damit die Unsicherheit darüber, ob der Anspruch gegen den Schädiger durchgesetzt werden kann, nicht beim Arbeitgeber belassen, und hat daher, wie Satz 2 zeigt, das sog. Liquiditätsrisiko der Gemeinde aufgebürdet. 17

Lässt sich der private Arbeitgeber die Kosten der Lohnfortzahlung von der Gemeinde erstatten (Satz 1), gehen seine Erstattungsansprüche auf die Gemeinde über.

C. Ergänzungen, Weiterführendes

Neben der Freistellung nach Absatz 1 besteht für ehrenamtlich in der Jugendarbeit Tätige auch ein Anspruch auf Freistellung nach dem Gesetz zur Stärkung des Ehrenamtes in der Jugendarbeit vom 20. November 2007 (GBl. S. 530). Die Freistellung beträgt bis zu zehn Tage pro Jahr und gilt z. B. für die Tätigkeit in Zeltlagern und sonstigen Veranstaltungen, bei denen Jugendliche betreut werden, für die Teilnahme an internationalen Jugendbegegnungen und an Aus- und Fortbildungen. Dieses Gesetz gilt auch für die Jugendfeuerwehr, die eine Organisation der Jugendarbeit ist. 18

Das am 1. Juli 2015 in Kraft getretene Bildungszeitgesetz Baden-Württemberg (BzG BW) findet **keine Anwendung** auf Aus- und Fortbildung im Bereich der Feuerwehr. §§ 15, 16 gehen als lex specialis (Sonderregelung) vor. Durch das BzG BW haben zwar Beschäftigte in Baden-Württemberg einen Rechtsanspruch, an bis zu fünf Tagen pro Jahr zur Teilnahme an Maßnahmen der beruflichen oder der politischen Weiterbildung sowie für die Qualifizierung zur Wahrnehmung ehrenamtlicher Tätigkeit unter Fortzahlung ihrer Bezüge von der Arbeit freigestellt zu werden. Eine Freistellung für Qualifizierungen im Hinblick auf die Wahrnehmung ehren- 19 amtlicher Tätigkeiten ist nach § 1 Abs. 5 BzG BW jedoch nur für diejenigen Ehrenamtsbereiche möglich, die in einer Rechtsverordnung der Landesregierung festgelegt werden. Diese Verordnung wurde am 15. Dezember 2015 (VO BzG BW; GBl. S. 1251) erlassen. Die Bereiche „Feuerwehr" und „Katastrophenschutz" gehören indes nicht zu den darin festgelegten Ehrenamtsbereichen. Grund hierfür ist, dass die Freistellung für Aus- und Fortbildungsveranstaltungen im Bereich der Feuerwehr bereits durch § 15 spezialgesetzlich geregelt ist und § 16 den Feuerwehrangehörigen einen Anspruch gegen den Träger der Feuerwehr auf Ersatz des hierdurch entstehenden Verdienstausfalls gibt. Die Aufnahme des Bereichs „Feuerwehr" in die Rechtsverordnung hätte zudem dazu geführt, dass die Teilnahme an der Feuerwehrausbildung auf den Anspruch der Arbeitnehmer nach dem Bildungszeitgesetz angerechnet werden würde mit der Folge, dass keine Bildungszeit für andere Zwecke (beruflich, politisch oder für andere Ehrenamtsbereiche) mehr möglich wäre (Windmüller, Brandhilfe 2016, 13 und dieselbe in Hinweise des IM zur Feuerwehrausbildung und Bildungszeitgesetz, eingestellt auf der Internetseite der LFS).

§ 16
Entschädigung

(1) [1]Die ehrenamtlich tätigen Angehörigen der Gemeindefeuerwehr erhalten auf Antrag die durch die Ausübung des Dienstes einschließlich der Teilnahme an der Aus- und Fortbildung entstehenden notwendigen Auslagen und den nachgewiesenen Verdienstausfall ersetzt. [2]Anstelle der Entschädigung nach Satz 1 kann die Entschädigung durch Satzung geregelt werden; dabei können einheitliche und getrennte und nach Art des Feuerwehrdienstes unterschiedlich hohe Durchschnittssätze sowie Höchstbeträge festgesetzt werden. [3]Bei Personen, die keinen Verdienst haben und den Haushalt führen, gilt als Verdienstausfall das entstandene Zeitversäumnis; durch Satzung ist hierfür ein bestimmter Stundensatz festzusetzen. [4]Dauert ein Einsatz über vier Stunden, hat die Gemeinde des Einsatzortes einen Erfrischungszuschuss zu leisten.

(2) Durch Satzung können die Gemeinden ehrenamtlich tätigen Angehörigen der Gemeindefeuerwehr, die über das übliche Maß hinaus Feuerwehrdienst leisten, entweder eine Aufwandsentschädigung oder neben den Ansprüchen nach den Absätzen 1 und 3 eine zusätzliche Entschädigung zur Abgeltung des über das übliche Maß hinaus geleisteten Feuerwehrdienstes gewähren.

(3) Durch Satzung kann bestimmt werden, dass neben einem Durchschnittssatz für Auslagen, einer Aufwandsentschädigung oder einer zusätzlichen Entschädigung

nach Absatz 2 Reisekostenvergütung nach den für Beamte geltenden Bestimmungen gewährt wird.

(4) [1]Die ehrenamtlich tätigen Feuerwehrangehörigen erhalten den ihnen durch die Teilnahme an Einsätzen und an Aus- und Fortbildungslehrgängen mit einer Dauer von mehr als zwei aufeinander folgenden Tagen entstehenden Verdienstausfall und die notwendigen Auslagen in tatsächlicher Höhe ersetzt. [2]Dieser Anspruch besteht auch neben einer Aufwandsentschädigung nach Absatz 2.

(5) Die ehrenamtlich tätigen Angehörigen der Gemeindefeuerwehr, die im öffentlichen Dienst beschäftigt sind, behalten, wenn die Ausübung des Dienstes einschließlich der Teilnahme an der Aus- und Fortbildung in die Arbeitszeit fällt, ihren Anspruch auf Leistungen ihres Dienstherrn.

(6) Die Gemeinden haben die ehrenamtlich tätigen Angehörigen der Gemeindefeuerwehr gegen Haftpflicht in Höhe von mindestens 15 Millionen Euro zu versichern.

(7) Die Gemeinden haben die Möglichkeit, den Angehörigen der Gemeindefeuerwehr finanzielle Unterstützung insbesondere zur Erholung, Aufrechterhaltung und Wiederherstellung ihrer persönlichen Leistungsfähigkeit zu gewähren.

Übersicht **Rn.**

A. Allgemeines

§ 16 regelt die **finanzielle Entschädigung** für den ehrenamtlich geleisteten 1
Feuerwehrdienst abschließend. Freigebigkeitsleistungen, d.h. Leistungen der Gemeinde, die über § 16 hinausgehen, sind im Rahmen des allgemei-

nen Wirtschaftsgrundsatzes (§ 77 Abs. 2 GemO) zulässig, etwa bei der Gewährung kleiner Geldgeschenke anlässlich langer Einsatzdiensttätigkeit. § 16 verdrängt die allgemeine Entschädigungsregelung nach § 19 GemO für die ehrenamtliche Tätigkeit in der Gemeinde (vgl. § 7 Abs. 2 Satz 2 und Rn. 9 zu § 7) – und wird seinerseits verdrängt durch §§ 18, 19 LKatSG bei Katastropheneinsätzen (siehe unten Rn. 4).

§ 16 nennt keinen Kostenträger. Dies ist selbstverständlich die Gemeinde als Träger der Feuerwehr (vgl. § 3 Abs. 1 Satz 1).

2 **Absatz 1** Satz 2 ermächtigt alle Gemeinden, auch nach der Art des Feuerwehrdienstes (Einsatzdienst, Aus- und Fortbildung oder Übungsdienst) gestaffelte Durchschnitts- und Höchstsätze zur Abgeltung der nach Satz 1 zustehenden Entschädigungsansprüche durch Satzung festzulegen. Gemeinde- und Städtetag (eingestellt auf der Internetseite der LFS) einerseits und der Landesfeuerwehrverband BW (eingestellt auf der Internetseite des LFV BW) andererseits haben jeweils ein **Muster einer Feuerwehrentschädigungssatzung** herausgegeben. Beide Muster unterscheiden sich teilweise, was die Höhe der zu leistenden Entschädigung und die zu entschädigenden Tätigkeiten betrifft, so ist im Muster des LFV beispielsweise auch eine Entschädigung für die Teilnahme an Übungen oder für angeordnete Sonn- oder Feiertagsbereitschaftsdienste vorgesehen. Zudem ist nur beim LFV auch ein Satzungsmuster für die Entschädigung nach Absatz 1 Satz 1 enthalten. Seit 1987 erhält auch der ehrenamtlich Tätige, der keiner entgeltlichen Beschäftigung nachgeht, weil er den eigenen Haushalt führt, eine finanzielle Entschädigung, und zwar als Ausgleich für das entstandene Zeitversäumnis. Absatz 1 Satz 3 ist inhaltsgleich mit § 19 Abs. 1 Satz 2 GemO.

Den Funktionsträgern der Feuerwehr kann entweder anstelle oder zusätzlich zu der Entschädigung nach Absatz 1 oder 3 eine monatliche Funktionszulage gezahlt werden (**Absatz 2**). **Absatz 3** regelt die Vergütung von Reisekosten bei Ausübung des Feuerwehrdienstes. **Absatz 4** ist eine Sonderentschädigungsregelung für mehrtägige Aus- und Fortbildungsveranstaltungen und Einsätze; hier müssen der entstandene Verdienstausfall und notwendige Auslagen in tatsächlicher Höhe ersetzt werden, gleichgültig ob in der Entschädigungssatzung die Entschädigung nach Absatz 1 Satz 1 oder 2 vorgesehen ist. **Absatz 5** enthält eine Sonderregelung für die ehrenamtlich tätigen Angehörigen der Gemeindefeuerwehr, die im öffentlichen Dienst beschäftigt sind; diese behalten nämlich im Gegensatz zu den in der Privatwirtschaft beschäftigten Arbeitnehmern ihren Anspruch auf Leistungen ihres Dienstherrn, wenn die Ausübung des Dienstes einschließlich der Teilnahme an der Aus- und Fortbildung in die Arbeitszeit fällt. **Absatz 6** verpflichtet die Gemeinden, ihre ehrenamtlich tätigen Angehörigen der Feuerwehr gegen Haftpflicht in Höhe von mindestens 15 Millionen Euro zu versichern. In **Absatz 7** ist die Möglichkeit der Gemeinden vorgesehen, den ehrenamtlich tätigen Feuerwehrangehörigen finanzielle Unterstützung zu gewähren zur Erholung, Aufrechterhaltung und Wiederherstellung ihrer persönlichen Leistungsfähigkeit.

Es liegt im Wesen der **ehrenamtlichen Tätigkeit** (vgl. § 7 Abs. 2) begründet, dass sie ohne Entgelt ausgeübt wird (vgl. Rn. 7 zu § 7). Gleichzeitig soll jedoch der ehrenamtlich tätige Angehörige der Gemeindefeuerwehr durch den Feuerwehrdienst keine finanziellen Nachteile erleiden. Er erhält deshalb 3

- die Auslagen, die ihm durch die ehrenamtliche Tätigkeit entstehen, sowie
- den Verdienstausfall, der ihm während dieser Zeit im Beruf erwächst, ersetzt.

Neben der finanziellen Schadloshaltung will § 16 auch sicherstellen, dass sich niemand aus finanziellen Erwägungen gehindert sieht, Feuerwehrdienst zu leisten. Der Gesetzgeber hat sich in § 16 Abs. 1 für die **Verdienstausfallentschädigung** und damit gegen die sog. Entgeltfortzahlung entschieden. Der private – für den öffentlichen gilt Absatz 5 – Arbeitgeber ist somit nicht verpflichtet, das Arbeitsentgelt weiter zu gewähren, wenn sein Arbeitnehmer während der Arbeitszeit Feuerwehreinsatzdienst leistet, ausbildet (siehe Rn. 9) oder sich ausbilden lässt.

§ 16 hat auch Geltung, wenn der Feuerwehrangehörige bei einer **Außergewöhnlichen Einsatzlage** i. S. des § 2 Abs. 1 LKatSG eingesetzt ist; dies folgt aus § 45 Abs. 1 LKatSG. § 16 findet jedoch keine Anwendung, wenn der ehrenamtlich tätige Angehörige der Gemeindefeuerwehr bei Katastrophen i. S. des § 2 Abs. 2 LKatSG eingesetzt wird, d. h. „Dienst im Katastrophenschutz" i. S. von § 18 Abs. 1 LKatSG leistet. **Bei Katastropheneinsätzen** und Teilnahme an dienstlichen Veranstaltungen des Katastrophenschutzes muss dem ehrenamtlich tätigen Angehörigen der Gemeindefeuerwehr das Arbeitsentgelt gemäß § 18 Abs. 2 LKatSG weitergewährt werden. Privaten Arbeitgebern ist von der Gemeinde das weitergewährte Arbeitsentgelt auf Antrag zu erstatten (§ 18 Abs. 3 Satz 1 LKatSG). Ferner wird privaten Arbeitgebern das Arbeitsentgelt erstattet, das sie nach dem Entgeltfortzahlungsgesetz bei einer Arbeitsunfähigkeit des Arbeitnehmers infolge Krankheit weitergewähren, wenn die Arbeitsunfähigkeit auf den Dienst im Katastrophenschutz zurückzuführen ist, § 18 Abs. 3 Satz 2 LKatSG. Nur bei Katastro- 4 pheneinsätzen und bei der Katastrophenausbildung (vgl. zum Begriff „Katastrophe“ § 2 Abs. 2 LKatSG) wird § 16 durch § 18 LKatSG verdrängt. Ob den Arbeitnehmern der entstandene Verdienstausfall von der Gemeinde ersetzt wird oder ob der Arbeitgeber das Arbeitsentgelt weiterzugewähren hat, hängt also letztlich davon ab, welchen Umfang das Schadensereignis hat.

Öffentlichen Arbeitgebern wird das weitergewährte Arbeitsentgelt nicht erstattet. Das Gleiche gilt hinsichtlich der Besoldung der Beamten und Richter. Erhalten Feuerwehrangehörige Leistungen der Bundesanstalt für Arbeit, Sozialhilfe sowie sonstige Unterstützung und Bezüge aus öffentlichen Mitteln, werden ihnen diese Leistungen für die Zeit des Dienstes im Katastrophenschutz weitergewährt.

Für die ehrenamtlich tätigen Angehörigen der Gemeindefeuerwehr, die beruflich selbstständig sind, macht es keinen Unterschied, ob die Entschädigungsnorm § 16 FwG oder § 18 Abs. 2 LKatSG ist. Ihnen werden jeweils der entstandene Verdienstausfall und die notwendigen Auslagen ersetzt.

5 § 16 bietet für die **Entschädigung** der ehrenamtlich tätigen Angehörigen der Gemeindefeuerwehr verschiedene Wege an:

- die Entschädigung aufgrund von Einzelnachweisen über Auslagen und Verdienstausfall (sog. **Spitzabrechnung**, Absatz 1 Satz 1) mit der Möglichkeit, hierfür durch Satzung Obergrenzen festzulegen (Absatz 1 Satz 2),
- die Entschädigung nach Durchschnittssätzen **(Pauschalen)** mit der Möglichkeit, Höchstbeträge festzusetzen (Absatz 1 Satz 2), oder
- die Entschädigung durch Gewährung von Aufwandsentschädigungen (Absatz 2).

Die Gemeinden sind bei der Gestaltung der Feuerwehrentschädigungssatzung in ihrer Entscheidung frei, nach welcher dieser Möglichkeiten die bei der Feuerwehr ehrenamtlich Tätigen entschädigt werden. Erlässt sie keine Feuerwehrentschädigungssatzung, gilt für die Entschädigung der Feuerwehrangehörigen Absatz 1 Satz 1. In der Entschädigungssatzung kann dem ehrenamtlich Tätigen nicht die Wahl zwischen den Entschädigungsarten eingeräumt werden.

6 Trotz der Entschädigungsansprüche nach § 16 ist jede Gemeinde gehalten, darauf zu achten, dass der ehrenamtlich tätige Angehörige der Gemeindefeuerwehr nur insoweit in Anspruch genommen wird, dass ihm möglichst wenig Auslagen und Verdienstausfall entstehen. Das gleiche Ziel verfolgt § 77 Abs. 2 GemO, der die Gemeinde zur Wirtschaftlichkeit und Sparsamkeit verpflichtet. Das gilt insbesondere bei der Aus- und Fortbildung sowie beim Übungsdienst. Allein aus dem Umstand, dass eine Freistellung nach § 15

Abs. 1 nur für den Einsatzdienst sowie die Aus- und Fortbildung erfolgt, folgt nicht, dass eine Entschädigung für Übungsdienst nicht möglich ist, da auch durch die Teilnahme dort den Feuerwehrangehörigen Auslagen entstehen.

B. Erläuterung

I. Zu Absatz 1

1. Satz 1

7 Satz 1 gewährt den Feuerwehrangehörigen einen **Rechtsanspruch auf die Entschädigung**. Der Rechtsanspruch geht auf Ersatz des entstandenen **Verdienstausfalls** (vgl. Rn. 12) und der notwendigen **Auslagen** (vgl. Rn. 11). Soweit dem ehrenamtlich tätigen Angehörigen der Gemeindefeuerwehr nach § 16 kein Anspruch auf Entschädigung zusteht, können ihm von der Gemeinde nur in sehr bescheidenem Umfang weitere Entschädigungszahlungen gewährt werden. Die Gewährung eines Anerkennungsgeldes für die durch den Feuerwehrdienst verlorene Freizeit oder gestörte Nachtruhe ist derzeit gesetzlich nicht vorgesehen (vgl. auch Rn. 7 zu § 7). Da der Feuerwehrdienst aber, auch wenn der Feuerwehrangehörige hierfür durch § 15 Abs. 1 freigestellt ist, unstreitig zu einem Verlust an Arbeitszeit (die Aufgaben müssen dennoch erledigt werden) und auch Freizeit führt, sollte es Ziel sein, bei einer Änderung des Gesetzes auch eine Entschädigung für das Zeitversäumnis einzuführen, ähnlich wie dies für Zeugen in § 20 JVEG (Justizvergütungs- und entschädigungsgesetz) für die Zeit bei Gericht vorgesehen ist.

Hat die Gemeinde keine Entschädigungssatzung erlassen (in der Praxis selten, vgl. Rn. 15), sind sowohl der Verdienstausfall als auch die Auslagen in der tatsächlich entstandenen Höhe zu erstatten (sog. **Spitzabrechnung**, siehe Rn. 10). Will die Gemeinde die zu gewährende Entschädigung der Höhe nach begrenzen, muss sie Höchstbeträge für den Verdienstausfall und/oder für die Auslagen generell, d. h. durch Satzung festsetzen.

8 Im Gegensatz zu § 19 GemO erhält der ehrenamtlich tätige Angehörige der Gemeindefeuerwehr die Entschädigung **„auf Antrag“**. Wer keinen Antrag stellt, macht seinen Erstattungsanspruch nicht geltend. Die Nichtgeltendmachung ist jedoch nicht gleichbedeutend mit einem Verzicht auf die Entschädigung. Aus diesem Grund verbietet Satz 1 der Gemeinde nicht, die Erstattungsleistungen nach Satz 1 oder 2 auch ohne Antrag zu gewähren, was heute auch durchaus Praxis ist. Ein Antrag kann nach jedem Einsatz, aus dem ein Erstattungsanspruch erwachsen ist, gestellt werden. Anträge können aber auch „gesammelt“ (monatlich) eingereicht und abgerechnet werden.

9 Nach Satz 1 werden nur die Auslagen und der Verdienstausfall ersetzt, der durch die Ausübung des Dienstes entstanden ist. Zur **„Ausübung des Dienstes“** gehören in erster Linie die Erfüllung der Aufgaben nach § 2 Abs. 1 und 2, die Feuerwehrübungen, die gesamte Feuerwehraus- und -fortbildung in der Gemeinde, auf Kreisebene und an der Landesfeuerwehrschule sowie die dienstlichen Veranstaltungen. Die Worte „einschließlich der Teilnahme an der Aus- und Fortbildung“ dienen insoweit lediglich der Klarstellung. Nicht nur die Auszubildenden, sondern **auch die Ausbilder** nehmen an der Aus- und Fortbildung i. S. von § 16 teil. Aus- und fortgebildet i. S. von § 16 wird nur auf dem Aufgabengebiet der Feuerwehr nach § 2.

Als „Ausübung des Dienstes“ anzusehen ist selbstverständlich der Einsatzdienst im Rahmen der Überlandhilfe i. S. von § 26 und der aufgrund von Art. 35 GG geleisteten Amtshilfe. Wird „Dienst“ außerhalb des Aufgabengebietes von § 2 angeordnet (zur Frage, ob dieser angeordnet werden durfte, vgl. Rn. 4 zu § 2), ist ebenfalls nach § 16 zu entschädigen. Eine fehlerhafte Dienstanordnung kann in Bezug auf § 16 nicht zulasten des ehrenamtlich tätigen Angehörigen der Gemeindefeuerwehren gehen.

10 Zur **Spitzabrechnung**: Auslagen und Verdienstausfall sind bei der Einzelabrechnung nach Satz 1 dem Grund und der Höhe nach zu belegen. Bei der Pauschalabrechnung nach Satz 2 genügt hingegen der Nachweis des Grundes. Die Gemeinde ist berechtigt, Nachweise (z. B. Entgeltbescheinigungen) zu verlangen; sie kann sich auch mit der Versicherung über die Höhe der entstandenen notwendigen Auslagen und des entgangenen Arbeitsverdienstes begnügen. Diese Feststellungen brauchen nicht bei jedem Einsatz getroffen zu werden.

11 Zu den **„Auslagen“** gehören die Aufwendungen, die dem ehrenamtlich tätigen Angehörigen der Gemeindefeuerwehr für seine Person aus Anlass des Feuerwehrdienstes entstehen, z. B. Fahrkosten zum Feuerwehrhaus und zur Ausbildung, Reinigungskosten (Person, Kleidung, persönliche Ausrüstung) nach Einsätzen, erhöhte Verpflegungskosten, Telefonkosten, Mehraufwand für auswärtige Verpflegung und Unterkunft. Die Auslagen sind „notwendig“ i. S. von Satz 1, wenn sie durch den Feuerwehrdienst bedingt sind. In § 19 Abs. 1 LKatSG ist nunmehr geregelt, dass notwendige Auslagen, die durch die Teilnahme an dienstlichen Veranstaltungen entstehen, auf Antrag ersetzt werden und dass zu den Auslagen auch notwendige Kinderbetreuungskosten oder Pflegekosten gehören. Folgt man dieser Ansicht und wendet diesen Auslagenbegriff auch auf das FwG an, so kann der Feuerwehrangehörige bei Einsätzen und vor allem bei der Aus- und Fortbildung Ersatz der ihm dadurch entstandenen Betreuungs- und Pflegekos-

ten verlangen. Gleichwohl empfiehlt sich eine gesetzliche Klarstellung bei der nächsten Änderung des FwG.

„Verdienstausfall" kann nicht nur einem in abhängiger Stellung Beschäf- 12
tigten entstehen, sondern auch einem selbstständigen Gewerbetreibenden oder Angehörigen eines freien Berufes, der während des Feuerwehrdienstes nicht in seinem Beruf tätig werden kann. Bei ihm zählt auch der entgangene Gewinn zum Verdienstausfall. Auch eine Minderung der Einnahmen aus nebenberuflicher Tätigkeit ist Verdienstausfall.

Wessen Arbeitsentgelt während des Feuerwehrdienstes vom Arbeitgeber freiwillig fortgezahlt wird, und auch wer Angehöriger des öffentlichen Dienstes ist (vgl. Absatz 5), kann nur Ersatz von notwendigen Auslagen, nicht aber Verdienstausfall geltend machen. Ebenso wenig wie der öffentliche hat auch der private Arbeitgeber in diesem Fall einen Anspruch gegen die Gemeinde auf Erstattung der Lohn- und Lohnnebenkosten. Der private Arbeitgeber kann jedoch die Entgeltfortzahlung von der Abtretung des Anspruchs nach § 16 durch den Feuerwehrangehörigen (siehe dazu Rn. 31) abhängig machen.

Der Verdienstausfall umfasst neben dem entgangenen Nettoarbeitsentgelt 13
auch den entgangenen Arbeitgeberanteil an den Sozialversicherungsbeiträgen. Kürzt nämlich der Arbeitgeber das Arbeitsentgelt aufgrund der Freistellung für den Feuerwehrdienst, vermindern sich dadurch die an die Rentenversicherung abzuführenden Beiträge; dem Feuerwehrangehörigen entsteht daher ein Nachteil bei der gesetzlichen Rente. Um dies zu verhindern, sieht § 163 Abs. 3 SGB VI vor, dass der ehrenamtlich tätige Feuerwehrangehörige bei seinem Arbeitgeber beantragen kann, dass der Betrag zwischen dem tatsächlich erzielten Entgelt und dem Entgelt, das ohne den geleisteten Feuerwehrdienst erzielt worden wäre (Unterschiedsbetrag), auch als Arbeitsentgelt gilt. Allerdings hat der Arbeitnehmer den Rentenbeitrag für diesen Unterschiedsbetrag selbst zu tragen (§ 168 Abs. 1 Nr. 5 SGB VI). Pauschaliert die Gemeinde den Verdienstausfallersatz (Satz 2), sind mit dem Pauschbetrag diese Abzüge und Erstattungsbeträge abgegolten, weshalb sie in die Pauschale einzurechnen sind.

2. Satz 2

Da die Einzelnachweise für die Berechnung der Entschädigung oft schwer 14
zu führen sind und die individuelle Abrechnung für die Gemeinde einen nicht unerheblichen Verwaltungsaufwand mit sich bringt, lässt Satz 2 die **Pauschalierung der Höhe des Auslagen- und Verdienstausfallersatzes** zu. Von dieser Möglichkeit machen die Gemeinden entsprechend dem Muster

einer Feuerwehr-Entschädigungssatzung (vgl. oben Rn. 2) regelmäßig Gebrauch. Durchschnittssätze können nur in festen Beträgen festgesetzt und an veränderte Verhältnisse nur durch eine betragsgemäße Neufestsetzung angepasst werden (keine Dynamisierung). Setzt die Satzung Durchschnittssätze fest, erübrigt sich der Nachweis der Höhe der Auslagen und des Verdienstausfalls, nicht aber der Nachweis, dass sie überhaupt entstanden sind. Bei getrennten Durchschnittssätzen (einen für die Auslagen und einen für den Verdienstausfall) müssen beide dem Grunde nach nachgewiesen werden. Bei einem einheitlichen Durchschnittssatz genügt dieser Nachweis für einen der beiden Entschädigungsbestände (Auslagen oder Verdienstausfall). Da bei der Ableistung von Feuerwehrdienst aber regelmäßig Auslagen anfallen (vgl. oben Rn. 11), hat sich die Feuerwehrentschädigung nach einem einheitlichen Durchschnittssatz vom tatsächlich entstandenen Verdienstausfall gelöst. So erhalten beispielsweise auch Feuerwehrangehörige, die im öffentlichen Dienst beschäftigt oder arbeitslos sind, eine Feuerwehrentschädigung nach einem einheitlichen Durchschnittssatz.

Ein **Durchschnittssatz** ist zwar bei der Feuerwehr insofern ungerecht, weil er demjenigen, der kaum oder sogar keinen Verdienstausfall erleidet, den gleichen Entschädigungsbetrag zuspricht wie demjenigen mit höherem Verdienstausfall (die Auslagen können beim Feuerwehrdienst immer dem Grunde nach nachgewiesen werden). Andererseits wird bei einem Durchschnittssatz dem Feuerwehrangehörigen auch dann Verdienstausfall gewährt, wenn ihm tatsächlich keiner entstanden ist (z. B. weil der Einsatzdienst außerhalb der Arbeitszeit erfolgte). Maßstab für Durchschnittssätze nach Satz 2 können nur Auslagen und Verdienstausfälle sein, wie sie über einen längeren Zeitraum hinweg (z. B. im Jahr) durch den Dienst in der Feuerwehr erfahrungsgemäß entstehen. Durchschnittssätze müssen nach den mit der tatsächlichen Inanspruchnahme verbundenen Auslagen und Verdienstausfällen bemessen sein. Dies schließt feste monatliche Beträge für Auslagen und Verdienstausfall im Regelfall aus. Der Durchschnittssatz ist beim Verdienstausfall als Stundensatz oder als nach Stunden gestaffelter Tagessatz festzusetzen. Bei den Auslagen sollte der Durchschnittssatz dagegen an die Tatsache der einzelnen Inanspruchnahme (Einsatz, Aus- oder Fortbildungsveranstaltung) anknüpfen und weniger an deren Zeitdauer. So dürften die Auslagen anlässlich eines Feuerwehreinsatzes unabhängig davon, ob der Einsatz 30 Minuten oder vier Stunden dauerte, annähernd gleich hoch sein.

15 Durchschnittssätze gelten stets für alle ehrenamtlich tätigen Angehörigen der Gemeindefeuerwehr. Eine **Unterscheidung nach der Art des Feuer-**

wehrdienstes (z.B. Einsatzdienst, Aus- und Fortbildung, Übungsdienst, Brandsicherheitswache) ist gemäß Satz 2, 2. Halbsatz zulässig. Gerade bei eintägigen Aus- und Fortbildungsveranstaltungen sollte ein wesentlich höherer Durchschnittsatz gewährt werden als bei den Feuerwehreinsätzen, da die zeitliche Inanspruchnahme und der damit verbundene Verdienstausfall wesentlich höher liegen können. Nach den Funktionen differenzierte Aufwandsentschädigungen für Einsätze (z.B. erhöhte Entschädigung für Atemschutzgeräteträger oder Führungskräfte) sind unbeschadet der Gestaltungsmöglichkeiten des Absatzes 2 nicht zulässig, da der Aufwand und die Auslagen für alle am Einsatz beteiligten Feuerwehrangehörige etwa gleich hoch sein dürften.

Die Pauschalierung schließt eine Einzelabrechnung aus, ausgenommen hiervon sind der gesonderte Auslagenersatz nach Absatz 3 und 4. Fahrtkosten (nicht Reisekosten), die durch die Teilnahme an Ausbildungsveranstaltungen oder an Feuerwehrveranstaltungen außerhalb der Gemeinde entstehen, entziehen sich ihrer Natur nach einer Pauschalierung nach Satz 2. Sie sind jeweils besonders nachzuweisen und abzurechnen.

Die Gemeinde kann durch Satzung **„Höchstbeträge"** sowohl für den Verdienstausfall als auch für die Auslagen festsetzen. Höchstbeträge können sowohl bei Spitzabrechnung als auch bei einheitlicher oder getrennter Pauschalabrechnung festgesetzt werden. Höchstbeiträge können auch zur Verwaltungsvereinfachung beitragen.

Die Muster-Feuerwehrentschädigungssatzung (vgl. oben Rn. 2) empfiehlt, für Einsätze sowie Aus- und Fortbildung einen einheitlichen Durchschnittssatz festzulegen, mit dem Verdienstausfall und Auslagenersatz abgegolten werden, und diesen in der gemeindlichen Entschädigungssatzung als „Aufwandsentschädigung" zu bezeichnen. Dadurch können die ehrenamtlich tätigen Feuerwehrangehörigen hierfür den **Steuerfreibetrag von 2.400 Euro jährlich** gemäß § 3 Nr. 12 Satz 2 EStG für Aufwandsentschädigungen aus öffentlichen Kassen in Anspruch nehmen (siehe dazu auch „Leitfaden Steuerliche Behandlung der Angehörigen der freiwilligen Feuerwehr", eingestellt auf der Internetseite der LFS).

Auch wenn für den **Übungsdienst** eine Entschädigung gewährt wird, haben 16
die Gemeinden und auch die Feuerwehr- und Abteilungskommandanten weiterhin dafür zu sorgen, dass Übungen zeitlich und örtlich so angesetzt werden, dass den Teilnehmern kein Verdienstausfall und möglichst keine nennenswerten Auslagen entstehen. Zahlungen als Anerkennung dafür, dass die Übung Freizeit schmälert, sind nicht zulässig (siehe oben Rn. 7).

3. Satz 3

17 Satz 3 gewährt den **Hausfrauen und Hausmännern** einen finanziellen Ausgleich für das entstandene Zeitversäumnis. Der in der Satzung nach § 19 Abs. 1 Satz 2, 2. Halbsatz GemO hierfür angesetzte Stundensatz sollte auch den Angehörigen der Gemeindefeuerwehr unter den Voraussetzungen von Satz 3 gezahlt werden. Sind in der Entschädigungssatzung Durchschnittssätze für Verdienstausfall und Auslagen festgesetzt worden, gelten sie wegen des Gleichbehandlungsgrundsatzes auch für die in Satz 3 genannten Personen.

Unter Berufung auf Satz 3 hat die Universitätsstadt Heidelberg es abgelehnt, Studierenden, die Einsatzdienst in ihrer freiwilligen Feuerwehr leisteten, Feuerwehrentschädigung für diesen zu bezahlen, da diese weder berufstätig seien noch anstelle einer Berufsausübung einen Haushalt führten. Das VG Karlsruhe, (Urteil vom 18.10.2021, 7 K 3231/20, juris [Rn. 45 ff.]) ist dieser Rechtsansicht gefolgt. Zwar lasse sich weder dem Wortlaut noch dem Zweck des § 16 Abs. 1 eindeutig entnehmen, ob die Entschädigung auf solche Mitglieder beschränkt sein solle, die als Haupttätigkeit einen Haushalt führten. Jedoch zeige die Geschichte der Gesetzgebung, dass der Gesetzgeber eine solche Einschränkung gewollt habe. Denn im Lauf der Beratungen im Landtag zur Einführung der Entschädigungsvorschrift in die Gemeindeordnung, der § 16 Abs. 1 nachgebildet sei, sei der Gesetzgeber von einer weiten Formulierung, die Studierende eingeschlossen hätte, abgerückt. Dieses Verständnis sei auch mit dem Gleichbehandlungsgrundsatz vereinbar. Personen, die den Haushalt in Haupttätigkeit führten, leisteten einen der Erwerbstätigkeit gleichstehenden Beitrag zur Existenzsicherung der Familie oder Lebensgemeinschaft des Haushalts. Dies treffe auf Studierende, die ihren Haushalt neben dem Studium führten, nicht zu.

Diese Ansicht trifft jedenfalls dann nicht zu, wenn die Gemeinde Einsatzentschädigung nach einem einheitlichen Durchschnittsatz (Absatz 1 Satz 2) leistet, da jedenfalls entschädigungspflichtige Auslagen beim Einsatzdienst stets anfallen dürften (vgl. oben Rn. 11), welche zur Auslösung der Entschädigung ausreichen (vgl. oben Rn. 15). Um eine Gleichstellung von Studierenden und Schülern bei der Entschädigung, die auch das VG Karlsruhe in seinem Urteil befürwortete, (vgl. dort Rn. 50) auf jeden Fall rechtssicher zu ermöglichen, sollte daher bei einer Novellierung des Gesetzes die Streichung der Wörter „und den Haushalt führen“ erfolgen oder Studierende und Schüler in den Kreis der Entschädigungsberechtigten des Satzes 3 einbezogen werden.

4. Satz 4

Die Bedeutung dieses Satzes liegt allein darin, dass die im Einsatz befindlichen Feuerwehrangehörigen über vier Stunden hinweg einsatzfähig gehalten werden müssen, sie sind daher spätestens nach vier Stunden zu „erfrischen". Der **„Erfrischungszuschuss"** ist zu gewähren. Er braucht nicht in einer Naturalleistung zu bestehen. Da aber entscheidend ist, dass die „Erfrischung" dem Einsatz zugutekommt, wird sie regelmäßig in der Zurverfügungstellung von Getränken und Verpflegung liegen. Der Erfrischungszuschuss ist somit nicht als Belohnung für den Einsatz gedacht. Der Begriff „Zuschuss" bedeutet auch nicht, dass der Feuerwehrangehörige einen Teil der Kosten selber zu tragen hat. Der Erfrischungszuschuss ist nach dem Gesetzeswortlaut nicht vom Träger der Feuerwehr, sondern von der **„Gemeinde des Einsatzortes"** zu leisten. Diese Unterscheidung ist allerdings nur bei der Überlandhilfe von Bedeutung. 18

II. Zu Absatz 2

Absatz 2 stellt klar, dass auch Angehörige der Gemeindefeuerwehr eine **„Aufwandsentschädigung"** erhalten können. Er ermächtigt den Gemeinderat, durch Satzung diese Entschädigungsart einzuführen für Feuerwehrangehörige, die in besonderem Umfang Feuerwehrdienst leisten. Das „übliche Maß" Feuerwehrdienst leisten heißt, den Übungs- und Einsatzdienst sowie den Aus- und Fortbildungsdienst in der Feuerwehr regelmäßig wahrzunehmen. **„Über das übliche Maß hinaus"** Feuerwehrdienst leisten werden regelmäßig der Feuerwehrkommandant, der Abteilungskommandant und der Gerätewart. Eine Aufwandsentschädigung kann aber auch gerechtfertigt sein für den Leiter der Jugendfeuerwehr oder der Musikabteilung, der daneben Einsatz- und Ausbildungsdienst in der Einsatzabteilung leistet. Eine solche kann auch bei Stellvertretern des Feuerwehr- oder Abteilungskommandanten und zudem bei Zugführern in großen Einsatzabteilungen gewährt werden. 19

Eine Aufwandsentschädigung ist ein grundsätzlich **regelmäßig zu zahlender fester Betrag**, der veränderten Verhältnissen nur durch eine betragsgemäße Neufestsetzung angepasst werden kann. Eine Dynamisierung, etwa durch Bezugnahme auf die Beamtenbesoldung oder die allgemeinen Lebenshaltungskosten, ist nicht zulässig. Sie kann für unterschiedliche Funktionen in unterschiedlicher Höhe festgesetzt werden. Dabei darf nur nach dem Zeitaufwand, nicht nach der Art der ehrenamtlichen Tätigkeit gestaffelt werden. Das Maß für die Berechnung der Auf- 20 wandsentschädigung ist der durchschnittliche Zeitmehrbedarf gegenüber dem Zeitaufwand des „normalen“ Feuerwehrangehörigen.

Gemeinde- und Städtetag sowie der Landesfeuerwehrverband BW haben sich im Jahr 2017 auf das Papier **„Orientierungswerte Aufwandsentschädigung für ehrenamtliche Funktionsträger in der Feuerwehr“** geeinigt, in dem die Funktionen, die besonders entschädigt werden sollen, sowie der Umfang deren Entschädigung geregelt sind. Dieses Papier (eingestellt auf der Internetseite des LFV) wurde im August 2025 überarbeitet und an die Folgen der Preis- und Lohnentwicklungen der vergangenen Jahre angepasst.

21 Die Worte **„entweder ... oder“** bedeuten kein Wahlrecht des ehrenamtlich Tätigen zwischen den beiden Entschädigungsarten von Absatz 2. Darüber entscheidet allein der Gemeinderat in der Satzung.

22 Die zweite Alternative von Absatz 2 ermöglicht, die Funktionsträger der Feuerwehr nach Absatz 1 bzw. bei mehrtägiger Beanspruchung nach Absatz 4 zu entschädigen und ihnen für diese funktionsbedingten Aufwendungen einen festen Betrag zu gewähren. Diese **Funktionszulage** ist eine partielle Aufwandsentschädigung. Während mit der Gewährung einer Aufwandsentschädigung (1. Alternative von Absatz 2) sämtliche Aufwendungen des ehrenamtlich Tätigen mit Ausnahme von Reisekosten (Absatz 3) und des Verdienstausfalls und der Auslagen bei Veranstaltungen mit einer Dauer von mindestens drei Tagen (Absatz 4) abgegolten werden, deckt die Funktionszulage dagegen **nur die funktionsbedingten Aufwendungen** ab. Daneben erhält der Funktionsträger den Verdienstausfall und die Auslagen gemäß Absatz 1 ersetzt sowie die Leistungen der Absätze 3 und 4.

III. Zu Absatz 3

23 Absatz 3 ermöglicht eine von der Auslagenerstattung nach Absatz 1 abweichende Sonderregelung über die **Reisekosten**. Eine Regelung nach Absatz 3 schließt daher eine Abrechnung der Reisekosten nach Absatz 1 aus. Voraussetzung für eine von Absatz 1 abweichende Erstattung der Fahrtkosten, der Verpflegungs- und Übernachtungskosten bei Dienstreisen ist allein, dass der Gemeinderat dies durch **Satzung** ausdrücklich zulässt. Nach der Formulierung in Absatz 3 („nach den für ...“) bleibt dem Satzungsgeber keine andere Wahl, als die Reisekosten der ehrenamtlich Tätigen dann nach dem Landesreisekostengesetz (LRKG) abzurechnen. Absatz 3 steht entgegen, eine vom LRKG abweichende Reisekostenregelung zu treffen. Ein Bedürfnis für eine Satzungsregelung nach Absatz 3 besteht nur, wenn die Auslagen gemäß Absatz 1 Satz 2 pauschal ersetzt werden.

IV. Zu Absatz 4

Nach **Satz 1** muss die Gemeinde dem ehrenamtlich Tätigen den tatsächlichen Verdienstausfall in voller Höhe sowie die notwendigen Auslagen voll ersetzen, sobald dieser länger als zwei Tage im Einsatz ist oder an Aus- oder Fortbildungsveranstaltungen von mehr als zweitägiger Dauer (dies ist vor allem bei den Lehrgängen an der Landesfeuerwehrschule relevant) teilnimmt. Bedeutsam ist eine Entschädigung nach Absatz 4 nur, wenn die Gemeinde – was sehr oft der Fall ist – die Entschädigung nach Absatz 1 Satz 2 als Pauschale gewährt. 24

Da eine Aufwandsentschädigung i. S. des Absatzes 2 eine Pauschale ist, die lang dauernde Einsätze und Ausbildung nicht angemessen erfasst, schreibt **Satz 2** vor, auch in diesem Fall gemäß Satz 1 zu entschädigen. 25

V. Zu Absatz 5

Absatz 5 ist eine **Sonderregelung für die im öffentlichen Dienst beschäftigten Personen**, die ehrenamtlich Feuerwehrdienst leisten und verdrängt als gesetzliche Regelung entsprechende arbeitsvertragliche Bestimmungen, so z. B. § 29 TVöD. Erfasst von Absatz 5 sind Personen, die unmittelbar in einem Dienstverhältnis zu einer öffentlich-rechtlichen Anstalt (z. B. kommunale Sparkassen, Rundfunkanstalten), Körperschaft (z. B. Industrie- und Handelskammern, Ortskrankenkassen, Universitäten, Gemeinden, Landkreise, Land) oder Stiftung stehen. Nicht unter Absatz 5 fallen hingegen Personen, die in privatrechtlich organisierten Unternehmen des Landes oder der Gemeinde beschäftigt sind, z. B. bei einer Stadtwerke GmbH. 26

Den Personen nach Absatz 5 kann durch den Feuerwehrdienst kein Verdienstausfall entstehen, da sie ihren Anspruch auf Leistungen ihres Dienstherrn behalten, wenn sie während der Arbeitszeit am Einsatz, an der Übung oder an der Ausbildung teilnehmen. Absatz 5 bindet den Bund (vgl. Rn. 2 zu § 15; a. A. Hildinger/Rosenauer, FwG, 4. Aufl., § 15 Rn. 4), die Länder, die Kreise und Gemeinden als jeweiligen Dienstherrn. Beamte und Beschäftigte des öffentlichen Dienstes können nur ihre notwendigen Auslagen, die ihnen durch den Feuerwehrdienst entstanden sind, geltend machen sowie den Erfrischungszuschuss nach Absatz 1 Satz 4. Setzt die Gemeinde durch Satzung einen einheitlichen Durchschnittssatz für Auslagen und Verdienstausfall fest (siehe hierzu Rn. 15), erhält ihn auch der unter Absatz 5 fallende Personenkreis.

Nicht unter Absatz 5 fällt, wer seinen Lebensunterhalt ganz oder teilweise aus öffentlichen Mitteln bestreitet, aber nicht im öffentlichen Dienst 27 beschäftigt ist. Wer beispielsweise Bezieher von Arbeitslosengeld, Kurzarbeitergeld oder Bürgergeld ist, wer Zuschüsse oder Darlehen für die berufliche Ausbildung, Fortbildung, Umschulung oder finanzielle Leistungen zur Förderung der Arbeitsaufnahme erhält, oder auch wer in der Berufsausbildung steht (z. B. Schüler, Studenten) und Leistungen aufgrund des Bundesausbildungsförderungsgesetzes (BAföG) erhält, wird, wenn diese öffentlichen Leistungen infolge des Feuerwehrdienstes gekürzt werden, den finanziellen Verlust im Rahmen des Absatzes 1 ersetzt erhalten. Andererseits sind für die Grundsicherung von Arbeitssuchenden nach § 11a Abs. 1 Nr. 5 SGB II Aufwandsentschädigungen für Feuerwehrdienst nicht als Einkommen zu berücksichtigen, soweit diese Einnahmen einen Betrag von 3.000 Euro im Kalenderjahr nicht überschreiten.

VI. Zu Absatz 6

28 Nach Absatz 6 obliegt es den Gemeinden, die ehrenamtlich tätigen Angehörigen der Gemeindefeuerwehr gegen Haftpflicht in Höhe des genannten Mindestbetrags zu versichern. Der Abschluss einer **Haftpflichtversicherung** ist somit eine Pflichtaufgabe der Gemeinde. Die Gemeinden haben bei der Badischen bzw. Württembergischen Gemeindeversicherung a. G. Haftpflichtversicherungen abgeschlossen. Darin sind auch die Angehörigen der Feuerwehr mitversichert.

Absatz 6 gebraucht das Wort **„Haftpflicht"** im gesetzestechnischen Sinn (§§ 100 ff. Versicherungsvertragsgesetz). Danach ist die Haftpflichtversicherung eine Schadensversicherung. Der Versicherer ist verpflichtet, den Schaden zu übernehmen, den der Feuerwehrangehörige beim Feuerwehrdienst einem anderen zufügt. Er ist ferner verpflichtet, ihn von Ansprüchen Dritter freizuhalten. Neben diesen Ersatz- und Befreiungsanspruch tritt ein Anspruch auf Rechtsschutz. Die Haftpflichtversicherung umfasst allerdings nur die gerichtlichen und außergerichtlichen Kosten, die durch die Verteidigung gegen den von einem Dritten geltend gemachten Anspruch entstehen, auch wenn sich dieser als unbegründet erweist. Ferner die Kosten einer Strafverteidigung, wenn diese im Zusammenhang mit dem vom Feuerwehrangehörigen angerichteten versicherten Schaden stehen.

Der Versicherer der nach Absatz 6 abzuschließenden Haftpflichtversicherung ist zum Schadensausgleich nicht verpflichtet, wenn der Schaden zwar beim oder anlässlich des Einsatz-, Übungs- und Aus- und Fortbildungsdienstes entstanden ist, der Feuerwehrangehörige jedoch nicht dafür einzustehen hat. Die Gemeinde haftet in diesen Fällen nämlich anstelle des Feuerwehrangehörigen nach Amtshaftungsgrundsätzen (Art. 34 GG mit § 839 BGB, vgl.

hierzu Rn. 13 zu § 7). Nur bei einem Tätigwerden im nicht hoheitlichen Bereich (z.B. Gerätewart kauft Ersatzteile oder lässt Fahrzeug instand setzen) kann es zur Eigenhaftung des handelnden Feuerwehrangehörigen kommen und damit zu einem Eintretenmüssen des Haftpflichtversicherers.

Zum Umfang des gewährten Haftpflichtversicherungsschutzes siehe detailliert WGV-Info Nr. 1, 6. Auflage 2012, „Versicherungsschutz für die Freiwillige Feuerwehr“ der Württembergischen Gemeindeversicherung a.G., Tübinger Straße 55, 70178 Stuttgart.

VII. Zu Absatz 7

Absatz 7 wurde durch das ÄndG 2015 in das Gesetz aufgenommen. Mit 29
dieser Ergänzung wurde ein Vorschlag des Landesfeuerwehrverbandes BW umgesetzt. Der Absatz beschränkt sich inhaltlich auf die finanzielle Unterstützung der ehrenamtlich tätigen Feuerwehrangehörigen insbesondere zur Erholung, Aufrechterhaltung und Wiederherstellung ihrer persönlichen Leistungsfähigkeit. Damit können die Gemeinden beispielsweise ihren Feuerwehrangehörigen die Mitgliedschaft in Fitnessstudios und Erholungsaufenthalte im Feuerwehrhotel St. Florian finanzieren oder die unentgeltliche Nutzung gemeindlicher Schwimmbäder und Sporteinrichtungen ermöglichen. Eine gesetzliche Ermächtigung hierfür war zwar nicht notwendig, da die Gemeinden bereits zuvor solche Möglichkeiten hatten (vgl. dazu Rn. 7 zu § 7). Absatz 7 dient jedoch nicht nur der Klarstellung, er hat vor allem eine **Apell-Funktion**. Durch ihn werden die Gemeinden aufgefordert, entsprechend den Vorschlägen des Landesfeuerwehrverbandes in seinem 2015 veröffentlichten Strategiepapier „Freiwillig.stark!“ (eingestellt auf der Internetseite des LFV) zur Förderung des Ehrenamtes, vermehrt solche Unterstützungsleistungen zu gewähren. Diese sind ein Mittel, den ehrenamtlichen Feuerwehrdienst attraktiver zu machen.

C. Ergänzungen, Weiterführendes

Ist der Feuerwehrangehörige durch Inanspruchnahme einer **Ruhezeit** i.S. 30
des § 15 Abs. 1 Satz 2 von der Arbeitspflicht freigestellt (siehe dazu Rn. 10 zu § 15), besteht auch für diese Zeit ein **Entschädigungsanspruch** nach § 16 Abs. 1. Der Gesetzgeber stellt in § 15 Abs. 1 Satz 2 für die Freistellung die Ruhezeit der Zeit der Tätigkeit im Einsatz gleich („Dies gilt auch ...“). Mithin sind Feuerwehrangehörige für die in Anspruch genommene Ruhezeit grundsätzlich so zu entschädigen, wie sie für den Einsatzdienst zu

entschädigen sind. Dies ist unproblematisch, wenn der Einsatzdienst nach § 16 Abs. 1 Satz 1 (sog. Spitzabrechnung) entschädigt wird. Wird durch eine Satzung nach § 16 Abs. 1 Satz 2 die Einsatzzeit und damit auch die Ruhezeit nach Pauschalen entschädigt, führt dies in der Praxis oftmals zu unbilligen Ergebnissen: Derjenige Feuerwehrangehörige, der von seinem (privaten) Arbeitgeber für die Zeit der Freistellung kein Entgelt bezahlt bekommt, hat in der Regel einen wesentlich höheren Verdienstausfall, als er durch die Zahlung der Pauschale erstattet bekommt. Derjenige, dessen Arbeitgeber/Dienstherr das Entgelt bezahlt bzw. bezahlen muss, erhält einen pauschalierten Ersatz für die Ruhezeit, obwohl ihm tatsächlich gar kein Verdienstausfall entstanden ist. Aus diesem Grund empfiehlt es sich, in die Entschädigungssatzung eine Regelung aufzunehmen, nach der bei der Inanspruchnahme von Ruhezeit nur der tatsächlich entstandene Verdienstausfall ersetzt wird. Eine solche Differenzierung zwischen Einsatzentschädigung und Entschädigung für die Ruhezeit ist durch § 16 Abs. 1 Satz 2 gedeckt.

31 **Zur Übertragbarkeit, Pfändbarkeit**: Die Ansprüche nach § 16 sind übertragbar und damit grundsätzlich auch pfändbar, da § 16 ein dem § 19 Abs. 6 GemO entsprechendes Abtretungsverbot (mit der Folge der Unpfändbarkeit nach § 851 ZPO) nicht enthält und § 7 Abs. 2 Satz 2 einer entsprechenden Anwendung des § 19 Abs. 6 GemO auf die Entschädigungsansprüche nach § 16 entgegensteht. Gewährte Aufwandsentschädigungen nach Absatz 1 Satz 2 bzw. Absatz 2 sind unterhaltsrechtlich dem Einkommen des Feuerwehrangehörigen zuzurechnen; allerdings gemindert um den Anteil, der auf die Abgeltung von Auslagen entfällt.

Da die Ansprüche nach § 16 dem Feuerwehrangehörigen zustehen und deren Höhe in der Feuerwehrentschädigungssatzung begrenzt werden kann, kann der Feuerwehrangehörige an seinen Arbeitgeber Ansprüche **nur in der Höhe abtreten, wie sie ihm selbst gegen die Gemeinde zustehen**. Dies hat in der Praxis folgende Konsequenzen:

Bei der Spitzabrechnung nach Absatz 1 Satz 1 und Absatz 4 Satz 1 umfasst der abgetretene Anspruch der Feuerwehrangehörigen auf Ersatz des Verdienstausfalls nicht alle Lohnnebenkosten des Arbeitgebers. Umfasst von diesem Anspruch auf Verdienstausfall sind nur das Nettogehalt und der Arbeitnehmeranteil zur Sozialversicherung. Erstattet die Gemeinde dem Arbeitgeber darüber hinaus auch die verbleibenden Aufwendungen der Entgeltfortzahlung (z. B. Beiträge des Arbeitgebers zur Sozialversicherung und dessen Beiträge zur Unfallversicherung), verstößt sie dadurch nicht gegen § 16, denn diese Vorschrift regelt nur die finanziellen Rechtsbeziehungen zwischen dem Feuerwehrangehörigen und der Gemeinde; jedoch kann dem, sofern diese Freigebigkeitsleistung für die Gemeinde von wirtschaftlicher Bedeutung ist, § 77 Abs. 2 GemO entgegenstehen. Allerdings wird sich ein privater Arbeitgeber in der Praxis kaum auf die freiwillige Fortzahlung des Gehalts gegen die Abtretung des Anspruchs nach § 16 einlassen, wenn er nicht auch den von ihm zu tragenden Anteil der Sozialversicherung von der Gemeinde ersetzt bekommt. Zahlt er nämlich das Entgelt nicht fort, verringern sich der Nettolohn und damit auch der Arbeitgeberanteil zur Sozialversicherung. Aus diesem Grund ist die Erstattung auch dieser Beiträge durch die Gemeinde gängige Praxis.

Ist in der Feuerwehrentschädigungssatzung eine **Entschädigung nach Pauschalen** (Absatz 1 Satz 2) vorgesehen, kann der Arbeitgeber nicht das von ihm weiter bezahlte Entgelt von der Gemeinde verlangen, sondern nur in der Höhe, wie dem Feuerwehrangehörigen Ansprüche gegen die Gemeinde zustehen. Eine Spitzabrechnung des Arbeitgebers gegenüber der Gemeinde ist von dem gesetzlichen Ausnahmefall des Absatzes 4 daher nicht möglich. Dennoch wird dies von vielen Gemeinden in der Praxis so gehandhabt.

Der Entschädigungsanspruch des § 16 steht dem Feuerwehrangehörigen 32
zu. Wird für die Einsätze der Gemeindefeuerwehr aufgrund § 34 Abs. 1 oder 2 Kostenersatz erhoben, ist dieser wegen seines Charakters als Anspruch der Gemeinde im Haushalt der Gemeinde (brutto) zu veranschlagen und bei der Gemeinde zu vereinnahmen. Es ist daher nicht möglich, die Kostenersatzbeträge direkt durch die Gemeindefeuerwehr erheben zu lassen und sie bei der Kameradschaftskasse (§ 18) zum Zweck der Weitergabe an die Angehörigen der Gemeindefeuerwehr oder als durch konkludentes Verhalten gespendete Einsatzgelder zu vereinnahmen, sie quasi als Zufluss von Einsatzgeldern zu verwenden. Soweit die Feuerwehrangehörigen auf die Entschädigung nach § 16 zum Zwecke der Förderung der Kameradschaftskasse ganz oder teilweise verzichten möchten, bedarf es entsprechender, individueller **Abtretungserklärungen**.

Grundsätzliches zur **Steuerpflicht** (zu weiteren Einzelheiten siehe den 33
Leitfaden „Steuerliche Behandlung der Angehörigen der freiwilligen Feuerwehr", eingestellt auf der Internetseite der LFS):

Der **Ersatz des Verdienstausfalls** ist in vollem Umfang steuerpflichtig, und zwar bei der Einkunftsart, bei der der Verdienstausfall eingetreten ist. Der einem Arbeitnehmer ersetzte Verdienstausfall rechnet zu den Einkünften aus nicht selbstständiger Arbeit. Bei einem Gewerbetreibenden gehört die Verdienstausfallentschädigung zu den Einkünften aus Gewerbebetrieb. Die steuerliche Erfassung der finanziellen Ersatzleistungen erfolgt bei der Veranlagung zur Einkommensteuer, da ein Arbeitsverhältnis zur Gemeinde nicht besteht und es daher zu einem Lohnsteuerabzug durch die Gemeinde nicht kommen kann.

Der **Auslagenersatz** ist bei der Einzelabrechnung grundsätzlich steuerfrei (vgl. § 3 Nr. 12 Satz 2 EStG). Bei pauschaliertem Auslagenersatz gilt Folgendes: Übersteigt der Pauschalbetrag erfahrungsgemäß die tatsächlichen Aufwendungen, zählt der übersteigende Betrag zum Einkommen und ist bei Erheblichkeit steuerpflichtig. Nicht abgegoltene Auslagen i. S. von Absatz 1 Satz 1, die im Zusammenhang mit dem ehrenamtlichen Feuerwehrdienst entstehen, mindern als Werbungskosten die steuerpflichtige Verdienstausfallentschädigung entsprechend.

Entschädigungsleistungen nach § 16 Abs. 2 sind als Leistungen aus öffentlichen Kassen an Personen, die ein öffentliches Ehrenamt ausüben, nach § 3 Nr. 12 Satz 2 EStG steuerfrei, soweit sie zur Abgeltung von Aufwendungen dienen, die durch die Ausübung des öffentlichen Ehrenamts entstanden sind.

Zur erleichterten Feststellung, inwieweit es sich in den Fällen des § 3 Nr. 12 Satz 2 EStG um eine steuerfreie **Aufwandsentschädigung** handelt, kann bei ehrenamtlich tätigen Feuerwehrangehörigen in der Regel ohne weiteren Nachweis ein steuerlich anzuerkennender Aufwand von 200 Euro monatlich angenommen werden. Ist die Aufwandsentschädigung niedriger als 200 Euro monatlich, bleibt nur der tatsächlich geleistete Betrag steuerfrei. Soweit der steuerfreie Monatsbetrag von 200 Euro nicht ausgeschöpft wird, ist eine Übertragung in andere Monate dieser Tätigkeit im selben Kalenderjahr möglich (vgl. hierzu auch „Brandschutz" 1995, 746).

Die den ehrenamtlich tätigen **Übungsleitern**, den Aus- und Fortbildern, Erziehern in den Feuerwehren nach Absatz 2 gezahlten Aufwandsentschädigungen bleiben mit einem Betrag von 3.000 Euro (im Jahr) steuerfrei (vgl. § 3 Nr. 26 EStG).

§ 17
Ersatz von Sachschäden und bestimmten Vermögensschäden

(1) [1]Erleiden ehrenamtlich tätige Angehörige der Gemeindefeuerwehr in Ausübung oder infolge des Dienstes einschließlich der Aus- und Fortbildung einen Sachschaden, so hat ihnen die Gemeinde diesen auf Antrag zu ersetzen, wenn sie den Schaden we-

der vorsätzlich noch grob fahrlässig verursacht haben. [2]Satz 1 gilt entsprechend für die vermögenswerten Versicherungsnachteile, die ehrenamtlich tätige Angehörige der Gemeindefeuerwehr als Eigentümer oder Halter eines eingesetzten Kraftfahrzeuges erleiden. [3]Die Höhe der zu ersetzenden vermögenswerten Versicherungsnachteile bemisst sich nach den Verhältnissen zum Zeitpunkt der Entscheidung über den Antrag.

(2) [1]Sofern ehrenamtlich tätige Angehörige der Gemeindefeuerwehr bei Dienstfahrten Kraftfahrzeuge anderer Personen benutzen, gilt Absatz 1 entsprechend. [2]Die Gemeinde hat die Feuerwehrangehörigen insoweit von Schadensersatzansprüchen der Eigentümer oder Halter der Kraftfahrzeuge freizustellen.

(3) [1]Leistet die Gemeinde den Geschädigten Ersatz und haben diese einen Ersatzanspruch gegen einen Dritten, so geht der Ersatzanspruch auf die Gemeinde in Höhe des von ihr geleisteten Ersatzes über. [2]Der Übergang kann nicht zum Nachteil der Geschädigten geltend gemacht werden.

Übersicht **Rn.**

A. Allgemeines

§ 17 gewährt dem **ehrenamtlich tätigen** Angehörigen der Gemeindefeuerwehr **auf seinen Antrag** einen Rechtsanspruch auf Ersatz für im Feuerwehrdienst erlittene Schäden. Dieser Anspruch besteht sowohl, wenn der Feuerwehrangehörige von einem Dritten geschädigt wurde, als auch, wenn er sich selbst geschädigt hat, sofern ihm hierbei nicht der Vorwurf des Vorsatzes oder der groben Fahrlässigkeit zu machen ist. 1

Da nicht die Gemeinde den Feuerwehrangehörigen geschädigt hat und die Gemeinde das Forderungsrisiko trägt, wenn ein Dritter den Feuerwehrangehörigen geschädigt hat, begrenzt § 17 den Anspruch des Feuerwehrangehörigen gegen die Gemeinde auf den **Ersatz des Sachschadens und den nach § 17 Abs. 1 Satz 2 entstandenen Vermögensschaden**. So bekommt der Feuerwehrangehörige z.B. den Zeitwert seines beim Einsatz zerstörten Pkws ersetzt. Darüber hinausgehende Vermögensschäden wie z.B. entgangener Gewinn (wenn der Pkw zu einem höheren Preis als dem des Zeitwertes hätte verkauft werden können) und Nutzungsausfallentschädigung (weil der Pkw für die Zeit der Reparatur nicht zur Verfügung stand) erhält er von der Gemeinde nicht ersetzt. Solche weitergehenden Vermögensschäden kann der Feuerwehrangehörige unter Umständen von dem Dritten verlangen, der ihn geschädigt hat, bzw. von seiner Vollkaskoversicherung, wenn der Feuerwehrangehörige sich selbst geschädigt hat und eine solche Versicherung besteht.

Allerdings kann der Feuerwehrangehörige von der Gemeinde den verbleibenden **merkantilen Minderwert** seines unfallbeschädigten Pkws (Wertverlust als Unfallwagen trotz erfolgter Reparatur) und den **Ersatz von Mietwagenkosten** verlangen, wenn ein Mietwagen für die Zeit der Reparatur zwingend erforderlich war. Da dem Feuerwehrangehörigen im letztgenannten Fall eine Schadensminderungspflicht obliegt (§ 254 Abs. 2 BGB), sollte er vor der Anmietung des Ersatzfahrzeuges mit seiner Gemeinde Rücksprache halten und die Anmietung genehmigen lassen.

2 Den Beamten des feuerwehrtechnischen Dienstes wird der erlittene Sachschaden nach Maßgabe des § 47 LBeamtVGBW (bei Dienstunfall) bzw. § 80 LBG ersetzt. Für die im Unternehmen „Feuerwehr" beschäftigten Arbeitnehmer enthält der TVöD keine ausdrückliche Regelung, jedoch wird der ihnen entstandene Sachschaden in gleicher Weise zu ersetzen sein wie den Beamten, weil der Schaden im gleichen Tätigkeitsbereich entstanden ist und eine Ungleichbehandlung insofern nicht gerechtfertigt ist.

B. Erläuterung

I. Zu Absatz 1

1. Satz 1

3 Der von der Gemeinde auf Antrag zu erstattende Sachschaden muss „in Ausübung **oder** infolge des Dienstes" (zum Begriff Feuerwehrdienst siehe Rn. 3 zu § 14) entstanden sein.

4 **„In Ausübung … des Dienstes"** bedeutet, dass zwischen dem Feuerwehrdienst und dem Schadensereignis ein Ursachenzusammenhang (Kausalität) erforderlich ist. Der Feuerwehrdienst muss alleine oder wesentliche

(Teil-)Ursache für das Schadensereignis sein. Die Rechtsprechung fordert einen bestimmten sachlichen, örtlichen und zeitlichen Zusammenhang zwischen dem Sachschaden, den ein ehrenamtlich tätiger Angehöriger der Feuerwehr erleidet, und dem Dienst. Es genügt nicht jeglicher Zusammenhang mit dem Dienst, sondern es muss eine besonders enge ursächliche Verknüpfung des Sachschadens mit dem Dienst bestehen (OVG Berlin-Brandenburg, Urteil vom 18. November 2009, OVG 4 B 40.08, juris [Rn. 25]). Sinn und Zweck von § 17 ist es nämlich, ehrenamtlich tätigen Angehörigen der Feuerwehr einen Anspruch auf Ersatz derjenigen Sachschäden zu gewähren, die sie durch Risiken erleiden, die außerhalb ihrer privaten (eigenwirtschaftlichen) Sphäre **im Bereich der dienstlichen Sphäre** liegen. Dabei kann die Rechtsprechung, die zu der Voraussetzung „in Ausübung oder infolge des Dienstes“ des § 31 Abs. 1 Satz 1 BeamtVG ergangen ist, zur Auslegung der Voraussetzung des § 17 Abs. 1 Satz 1 herangezogen werden. Der erforderliche Zusammenhang des Sachschadens mit dem Dienst ist demnach bei Sachschäden gegeben, die ein Angehöriger der Freiwilligen Feuerwehr innerhalb des vom Dienstherrn beherrschbaren räumlichen Risikobereichs erleidet. Risiken, die sich am Dienstort **während der Dienstzeit** verwirklichen, sind daher in der Regel dem Dienstherrn zuzurechnen (vgl. OVG Berlin-Brandenburg, a. a. O.; BVerwG, NVwZ-RR 2008, 410 und juris [Rn. 10]). **Außerhalb** des durch **Dienstzeit** und Dienstort geprägten Geschehensablaufes kommt eine Ersatzpflicht des Dienstherrn für Sachschäden, die ein Angehöriger der Freiwilligen Feuerwehr erleidet, nur dann in Betracht, wenn die Sachschäden ihre wesentliche Ursache umgebungsunabhängig in einer dienstlichen Verrichtung haben. In derartigen Fällen müssen daher objektive Umstände festgestellt werden, die den Schluss rechtfertigen, dass die Verrichtung des Feuerwehrangehörigen nicht der vorgegebenen Privatsphäre desselben, sondern dem dienstlichen Bereich zuzurechnen ist. Aus diesem Grund hat das OVG Berlin-Brandenburg (a. a. O.) eine Ersatzpflicht der Gemeinde für den durch einen unbekannten Dritten am Pkw eines ehrenamtlich tätigen Feuerwehranghörigen verursachten Schaden abgelehnt, den dieser erlitten hatte, als er für eine Übungsteilnahme seinen Pkw in der Nähe des Feuerwehrhauses geparkt hatte.

Zur Frage des **„infolge des Dienstes“** entstandenen Schadens hat das BVerwG wiederholt entschieden, dass mit dieser Alternativvoraussetzung nur diejenigen Schadensfälle erfasst werden, in denen der erforderliche Ursachenzusammenhang zwischen dem Schadensereignis und dem entstandenen Sachschaden zwar während des Dienstes begonnen, aber erst nach Dienstschluss sein Ende gefunden hat. Auch in diesen Fällen muss 5 ein **enger, unmittelbarer Zusammenhang zwischen dem Schadensereignis und der Wahrnehmung der Dienstaufgaben** durch den Feuerwehrangehörigen feststellbar sein (BVerwGE 37, 139 und juris [Rn. 20] sowie NVwZ 2010, 442 und juris [Rn. 27]). Die Ursächlichkeit bestimmt sich nach der Adäquanztheorie. Der Ursachenzusammenhang ist demnach adäquat, wenn einerseits das äußere Ereignis die Möglichkeit eines derartigen Sachschadens generell nicht unerheblich erhöht hat und andererseits mit dem Eintritt eines derartigen Schadens nach der Lebenserfahrung vernünftigerweise gerechnet werden muss.

6 **Zum Dienst, gehören auch** Dienstreisen, das Zurücklegen des Weges zwischen der Wohnung und dem Dienstort (Feuerwehrhaus, Einsatzstelle, Übungsort, Ausbildungsraum) sowie dienstliche Veranstaltungen. **Dienstliche Veranstaltungen** sind nur solche, die materiell und formell dienstbezogen sind. Die **materielle Dienstbezogenheit** erfordert, dass die Veranstaltung ihre entscheidende Prägung durch die dienstliche Sphäre erhält und im engen natürlichen Zusammenhang mit den eigentlichen Aufgaben der Feuerwehr steht. Fehlen die üblichen Abgrenzungskriterien (Einsatz-, Übungs-, Ausbildungsdienst), kommt es entscheidend darauf an, ob die Veranstaltung den Feuerwehrinteressen unmittelbar dient, also intern zur Aufrechterhaltung des ordnungsgemäßen Feuerwehrbetriebs erforderlich sind (vgl. Hessischer VGH, Urteil vom 20. Juli 2017, 5 A 911/16, juris [Rn. 28]). Die **formelle Dienstbezogenheit** ist gegeben, wenn die Veranstaltung (mittelbar oder unmittelbar) von der Autorität eines Dienstvorgesetzten getragen und in den weisungsgebundenen Dienstbereich einbezogen ist. Im Regelfall wird die Gemeinde als Träger der Feuerwehr die dienstliche Veranstaltung selbst durchführen. In besonderen Fällen kann sogar eine von einer privaten Einrichtung organisierte und durchgeführte Veranstaltung eine formell in den dienstlichen Bereich einbezogene Veranstaltung sein, wenn ein dienstliches Interesse an der Teilnahme besteht und die Gemeinde besondere Einwirkungsmöglichkeiten auf Organisation, Programm und Ablauf der Veranstaltung hat. Der Problemkreis der materiellen und formellen Dienstbezogenheit stellt sich insbesondere bei der Teilnahme des Feuerwehrangehörigen an Sportveranstaltungen (Dienstsport?), vgl. hierzu BVerwG DÖV 1974, 23 und juris [Rn. 20] sowie Beschluss vom 25. Juli 2014, 2 B 62/13, juris [Rn. 10f.]. Nicht erforderlich zur Charakterisierung einer Veranstaltung als dienstliche Veranstaltung ist eine Pflicht zur Teilnahme; es genügt, wenn die Teilnahme empfohlen ist.

7 Für den **Begriff des Sachschadens** (vgl. dazu oben Rn. 1) ist es unerheblich, ob die Sache (Gegenstand) beschädigt, zerstört oder abhandengekommen ist.

Zu ersetzen hat die Gemeinde **nur die Sachschäden, die der Feuerwehrangehörige erleidet**. Demnach muss der Feuerwehrangehörige Eigentümer der Sache sein; allerdings braucht er nicht Alleineigentümer sein. Miteigentum und Bruchteilseigentum genügen. Bei einem Kfz braucht er nicht Halter zu sein (Halter und Eigentümer müssen nicht in einer Person zusammenfallen). Schäden an Gegenständen, deren Eigentümer ein Dritter ist, werden nach § 17 nicht ersetzt. Benutzt z. B. der Feuerwehrangehörige, um möglichst schnell am Einsatzort oder im Feuerwehrhaus zu sein, den Pkw seiner Firma, eines Familienangehörigen oder eines Freundes, und wird dieser Pkw auf der Fahrt zum Einsatz beschädigt, liegt zwar ein Sachschaden vor. Dieser ist jedoch nicht dem Feuerwehrangehörigen entstanden, sondern dem Dritten. Den Sachschaden des Dritten hat die Gemeinde nicht nach § 17 zu ersetzen, sie haftet hierfür jedoch nach Amtshaftungsgrundsätzen (vgl. hierzu Rn. 5 zu § 7). Wird der Feuerwehrangehörige in seinem Pkw von einem Dritten gefahren, erleidet selbstverständlich er einen nach § 17 zu ersetzenden Sachschaden, wenn sein Pkw beschädigt wird. 8

Die **Zurückstufung im Schadensfreiheitsrabatt der** Kfz-Haftpflichtversicherung oder in der Kaskoversicherung ist ein Vermögensschaden. Zu einer Zurückstufung in der Kaskoversicherung kann es allerdings nur dann kommen, wenn der Feuerwehrangehörige in einem Schadensfall nach § 17 seine Kaskoversicherung in Anspruch nimmt. Verpflichtet hierzu ist er nicht. Die Gemeinde kann ihn bei der Geltendmachung seines Anspruchs nach § 17 nicht auf die Inanspruchnahme seiner Kaskoversicherung verweisen. Aus diesem Grund hat der Gemeindetag den Gemeinden empfohlen, diese Vermögensschäden zu ersetzen.

Nach § 17 zu ersetzen sind nur Schäden von Sachen, die der Feuerwehrangehörige **üblicherweise beim Feuerwehrdienst mit sich führt** (z. B. Pkw, Fahrrad, Motorrad, Kleidung, Brille, Uhr, Taschenmesser usw.). Ein nach § 17 zu ersetzender Sachschaden liegt auch vor, wenn der Feuerwehrangehörige nach seiner Alarmierung schon in seinem Haus oder in seiner Werkstatt oder seinem Betrieb einen Sachschaden verursacht. Beispiel: Er vergisst in der Eile, in seiner keramischen Werkstatt einen Brennofen abzustellen. Dadurch entsteht am Brennofen ein Sachschaden, der ihm von der Gemeinde zu ersetzen ist. 9

Ein Anspruch auf Erstattung des erlittenen Sachschadens ist **nicht gegeben**, wenn der ehrenamtlich tätige Angehörige der Gemeindefeuerwehr den Schaden **„vorsätzlich oder grob fahrlässig"** verursacht hat. Die Beweislast hierfür liegt bei der Gemeinde. **Vorsatz** liegt vor, wenn der Feuer- 10 wehrangehörige bewusst und gewollt den Schaden verursacht oder dessen Eintritt in Kauf nimmt. Schwierigkeiten macht allein die Abgrenzung zwischen normaler (mittlerer) und grober Fahrlässigkeit. **„Grob fahrlässig"** handelt nach der ständigen Rechtsprechung, wer die im Verkehr erforderliche Sorgfalt in besonders schwerem Maß verletzt; wer nicht beachtet, was im gegebenen Fall jedem einleuchten muss; oder wer schon die einfachsten, ganz naheliegenden Überlegungen nicht anstellt (OVG Rheinland-Pfalz, NVwZ-RR 2004, 366 und juris [Rn. 5]). Die Beurteilung eines Verhaltens als grob fahrlässig hängt in besonderem Maße von den Umständen des Einzelfalls ab. Die nachstehenden Beispiele bieten daher nur mögliche Anhaltspunkte.

Grob fahrlässig handelt z. B., wer von einer klaren und eindeutigen Weisung grundlos abweicht; wer an Sicherheitsvorschriften gar nicht denkt; wer im Zustand völliger Übermüdung (OLG Celle, VersR 1966, 946) oder in alkoholisiertem Zustand (OLG Hamm, VersR 1995, 52) ein Kfz führt; wer bei schlechten Sichtverhältnissen mit stark überhöhter Geschwindigkeit fährt (OLG Karlsruhe, VersR 1966, 331) oder wer ohne beachtenswerten Anlass auf die Gegenfahrbahn gerät und dort einen Zusammenstoß verursacht (BVerwGE 19, 243 und juris [Rn. 15]).

2. Satz 2

11 Mit Satz 2 wird erreicht, dass der ehrenamtlich tätige Angehörige der Gemeindefeuerwehr keinen Vermögensschaden dadurch erleidet, dass er von seiner Kfz-Haftpflichtversicherung im sog. Schadensfreiheitsrabatt zurückgestuft wird, weil er auf der Fahrt zum Einsatz, zur Übung oder Aus- und Fortbildung mit dem eigenen Pkw einen **Drittschaden verursacht**. Verursacht er auf seiner Fahrt einen Sachschaden, ersetzt die Gemeinde aus Amtshaftungsgründen (Art. 34 GG i. V. m. § 839 BGB) den Sachschaden und gegebenenfalls den Vermögensschaden, der dem Feuerwehrangehörigen dadurch entstehen sollte, dass er als Fahrzeughalter nach § 7 StVG in Anspruch genommen wird. Die Gemeinde wird dazu wohl die Feuerwehrhaftpflichtversicherung (vgl. § 16 Abs. 6) in Anspruch nehmen.

Satz 2 erlangt jedoch **praktische Bedeutung, wenn** der Feuerwehrangehörige den Drittschaden auf der Fahrt mit seinem Pkw zwar verursacht hat, die Fahrt aber nicht hoheitlichen Zwecken, sondern **fiskalischen Zwecken** diente: Dies ist beispielsweise der Fall, wenn der Gerätewart der Feuerwehr Ersatzteile für ein Feuerwehrgerät abholt. Hier haftet die Gemeinde nicht nach den Grundsätzen der Amtshaftung mit der Folge, dass der Feuerwehrangehörige (und damit seine Kfz-Haftpflichtversicherung) grundsätzlich für den Drittschaden aufkommen muss, Zwar ist nach den von der Rechtsprechung entwickelten Grundsätzen der Beschränkung der Arbeitnehmerhaftung (vgl. BAG, Beschluss vom 27. September 1994, GS 1/89 (A), juris [Rn. 17]; BAG, Urteil vom 28. Oktober 2010, 8 AZR 418/09, juris [Rn. 17]) bei der Fiskalhaftung die Gemeinde dem Dritten gegenüber vollständig schadensersatzpflichtig in den Fällen der leichten Fahrlässigkeit des Feuerwehranghörigen. Dies gilt aber nicht bei mittlerer Fahrlässigkeit. Hier ist der Feuerwehrangehörige regelmäßig teilweise schadensersatzpflichtig mit der Konsequenz der Zurückstufung im Schadensfreiheitsrabatt. In solchen Fällen greift die Regelung des Satzes 2.

3. Satz 3

Die exakte Berechnung der Zurückstufung des Schadensfreiheitsrabatts 12
ist in der Praxis aufwendig und auch schwierig, da dies auch von der künftigen Entwicklung des jeweiligen Kfz-Haftpflichtversicherungsverhältnisses abhängen kann. Dies zu vermeiden, ist Ziel von Satz 3. Er gebietet der Gemeinde lediglich, eine einmalige und abschließende Vermögensschadenberechnung. Grundlage hierfür ist die schriftliche Auskunft der in Anspruch genommenen Kfz-Haftpflichtversicherung zum Zeitpunkt der Entscheidung über den Antrag des zurückgestuften Kfz-Halters nach Satz 1 und 2.

II. Zu Absatz 2

1. Satz 1

Nach Satz 1 greift die Regelung des Absatzes 1 Satz 1 bis 3 auch dann, 13
wenn der ehrenamtlich tätige Feuerwehrangehörige nicht mit dem Fahrzeug fährt, dessen Halter er ist, sondern mit dem seines Ehepartners, seines Kindes, seiner Eltern, seines Arbeitgebers oder sonstiger Dritter und damit verunfallt. Deren Haftpflichtversicherer muss in Anspruch genommen worden sein mit der Folge der Zurückstufung im Schadensfreiheitsrabatt. Nach Satz 1 steht dann dem Halter des geliehenen Kfz der Ersatzanspruch nach Absatz 1 Satz 1 bis 3 gegen die Gemeinde zu.

2. Satz 2

Wird der ehrenamtlich tätige Angehörige der Gemeindefeuerwehr wegen 14
eines Sachschadens, den er einem Dritten verursacht hat, oder wegen des erlittenen Vermögensschadens durch Zurückstufung beim Kfz-Schadensfreiheitsrabatt von dem Halter des benutzen Fahrzeugs in Anspruch genommen, kommt hierfür gemäß Satz 2 die Gemeinde auf. Sinn und Zweck

von Satz 2 ist also die Freistellung des Feuerwehrangehörigen von Schadensansprüchen des Halters des Kraftfahrzeugs, das der Feuerwehrangehörige gefahren hat.

III. Zu Absatz 3

1. Satz 1

15 Satz 1 bewirkt, dass ein Dritter, der den Feuerwehrangehörigen geschädigt hat, durch die Ersatzleistung der Gemeinde nicht von der eigenen Leistungspflicht befreit und der geschädigte Feuerwehrangehörige aber auch nicht doppelt entschädigt wird. Denn soweit die Gemeinde dem geschädigten Feuerwehrangehörigen Ersatz geleistet hat, **geht** der Ersatzanspruch des Geschädigten gegen den Dritten auf sie **kraft Gesetzes über**. Daher bedarf es nicht der Abtretung des Anspruchs an die Gemeinde. Diese kann den Ersatzanspruch gegen den Dritten im eigenen Namen geltend machen.

Ersatzansprüche i. S. von Satz 1 sind nicht nur auf Geld- oder Naturalersatz gerichtete Schadensersatzansprüche nach § 7 StVG sowie § 823 BGB und Ausgleichsansprüche nach §§ 426, 840 BGB und § 17 StVG, sondern auch Ansprüche auf Erstattung des Vermögensschadens nach Absatz 1 Satz 2 und Absatz 2 Satz 1.

2. Satz 2

16 Nach Satz 2 ist die Geltendmachung des nach Satz 1 übergegangenen Ersatzanspruchs ausgeschlossen, wenn sie dem geschädigten Feuerwehrangehörigen Nachteile brächte (praktisch sehr selten). Hierunter fallen nur reale, nicht ideelle Nachteile. Nachteil i. S. von Satz 2 ist z. B. die Inanspruchnahme von unterhaltsberechtigten Familienmitgliedern des Feuerwehrangehörigen seitens der Gemeinde.

C. Ergänzungen, Weiterführendes

17 Gemäß § 32 entscheiden bei Streitigkeiten über Ansprüche nach § 17 die **ordentlichen Gerichte**. Lehnt die Gemeinde daher den Antrag eines Feuerwehrangehörigen auf Ersatz des ihm entstandenen Sachschadens ab, muss er vor diesen (Amtsgericht oder Landgericht, abhängig von der Höhe des Streitwerts) Klage gegen die Gemeinde auf Zahlung erheben (a. A. Hildinger/Rosenauer, FwG, 4. Aufl., § 17 Rn. 2: Anfechtungsklage gemäß § 42 Abs. 1, Alt. 1 VwGO).

§ 18
Sondervermögen für die Kameradschaftspflege

(1) [1]Die Gemeinden können durch Satzung für die Gemeindefeuerwehr, für deren Einsatzabteilungen und für die Jugendfeuerwehr Sondervermögen für die Kameradschaftspflege und die Durchführung von Veranstaltungen bilden. [2]Die Vorschriften über die Gemeindewirtschaft sind auf die Sondervermögen nicht anzuwenden.

(2) Für jedes Sondervermögen wird

1. **vom Feuerwehrausschuss oder vom Abteilungsausschuss mit Zustimmung des Bürgermeisters ein Wirtschaftsplan aufgestellt, der alle im Haushaltsjahr für die Erfüllung der Aufgaben des Sondervermögens voraussichtlich eingehenden Einnahmen und zu leistenden Ausgaben enthält,**
2. **eine Sonderkasse eingerichtet und**
3. **eine Sonderrechnung geführt.**

(3) [1]Über die Verwendung der Mittel des Sondervermögens entscheidet der Feuerwehrausschuss oder der Abteilungsausschuss. [2]Zur Ausführung des Wirtschaftsplans kann der Feuerwehrkommandant oder der Abteilungskommandant Erklärungen abgeben, durch welche die Gemeinde verpflichtet werden kann; er handelt insoweit in Vertretung des Bürgermeisters. [3]Wird eine Veranstaltung nach Maßgabe des Wirtschaftsplans über das Sondervermögen abgewickelt, ist die Gemeinde Veranstalter.

(4) Das Nähere über

1. **den Inhalt und die Ausführung des Wirtschaftsplans,**
2. **die Führung und Beaufsichtigung der Sonderkasse und**
3. **die Führung der Sonderrechnung**

wird durch Satzung geregelt.

Übersicht **Rn.**

A. Allgemeines

1 § 18 enthält haushalts- und kassenrechtliche Regelungen über die **Kameradschaftskasse der Feuerwehr**.

Entstehungsgeschichte der Norm: Dem Gesetzgeber war schon bei der Schaffung des FwG im Jahr 1955 bewusst, dass bei den Feuerwehren seit jeher Kameradschaftskassen bestehen, über deren Mittel sie selbstständig verfügten und auch, dass Träger dieser Kassen nicht überall die Gemeinde war, sondern vereinzelt die sog. „Feuerwehrkameradschaft" als solche. Ein Bedürfnis, die Kameradschaftskasse gesetzlich zu regeln, sah der Gesetzgeber allerdings erst Mitte der Achtzigerjahre, als die Finanzämter Feuerwehrfeste (mit Bewirtung) zum Anlass genommen hatten, die Feuerwehren (als solche) aufzufordern, Körperschafts-, Gewerbe-, Vermögens- sowie Umsatzsteuererklärungen abzugeben. Sie behandelten die „Feuerwehrkameradschaft" steuerrechtlich als nicht rechtsfähigen Verein oder als BGB-Gesellschaft, und zwar immer dann, wenn die Feuerwehrveranstaltung nicht über den Gemeindehaushalt abgewickelt wurde und der Umsatz im Jahr 20.000 DM überstieg oder/und höhere Überschüsse als 5.000 DM erzielt wurden (vgl. dazu ausführlich Bundesfinanzhof, Urteil vom 18. Dezember 1996, I R 16/96, juris, [Rn. 19ff.] und Ruf, Brandhilfe 2006, 291). Diese steuerrechtliche Einordnung der kameradschaftlichen Veranstaltungen der Feuerwehr zu vermeiden, war das mit der Einführung des § 18a a.F. im Jahr 1989 verfolgte **Ziel**. Gleichzeitig hatte der Gesetzgeber die bisherige Praxis festgeschrieben, dass die Feuerwehren die „Sonderkasse" der Gemeinde selbstständig führen und über die Verwendung dieser Mittel entscheiden.

2 § 18 ermöglicht, die Kameradschaftskasse als öffentliche Kasse der Gemeinde von den **Feuerwehrorganen** führen zu lassen und dabei Steuern zu sparen (siehe dazu auch die ausführliche Information des LFV BW „Kameradschaftskassen: Das Sondervermögen für die Kameradschaftspflege in den Feuerwehren richtig führen", eingestellt auf der Internetseite des LFV, und zur steuerlichen Behandlung Fiedler u.a. BWGZ 2018, 942ff.), und zwar auf folgende Weise:

- Bildung eines Gemeindesondervermögens für die Kameradschaftspflege der Feuerwehr (Absatz 1),

- Aufstellung eines Wirtschaftsplans (Absatz 2 Nr. 1),
- Führung einer Sonderkasse (Absatz 2 Nr. 2),
- Führung einer Sonderrechnung (Absatz 2 Nr. 3),
- Zuständigkeit der Feuerwehrorgane (Absatz 3 Satz 1 und 2),
- Zuordnung der kameradschaftlichen Aktivitäten der Feuerwehr als Gemeindeveranstaltung (Absatz 3 Satz 3) und
- Satzungsermächtigung für die nähere Ausgestaltung (Absatz 4).

Innenministerium, Gemeindetag, Städtetag und Landesfeuerwehrverband **empfehlen, von der Satzungsermächtigung des § 18 Abs. 1 Satz 1 Gebrauch zu machen**. Der Gemeindetag hat den Gemeinden hierzu ein Satzungsmuster mit ausführlichen Erläuterungen an die Hand gegeben (vgl. Brandhilfe 2006, 291 ff.).

Gemäß § 18 besteht zudem die Möglichkeit, nicht nur für die Gemeinde- 3
feuerwehr als Ganzes und für deren Einsatzabteilungen, sondern auch für die Jugendfeuerwehr Sondervermögen zu bilden. Eine Ausdehnung auf alle Abteilungen der Feuerwehr (etwa Musikabteilung, Altersabteilung) ist aus steuerlichen Gründen nicht möglich (vgl. dazu die ausführliche Begründung in LT-Drs.14/5103, S. 43).

Da die kameradschaftlichen Veranstaltungen der Feuerwehr nach Maß- 4
gabe des Wirtschaftsplans abzuwickeln sind, stehen sie kraft Gesetzes in haushaltsrechtlicher Trägerschaft der Gemeinde (vgl. Absatz 3 Satz 3) und sind **bis zur Anwendung des § 2b UStG** als steuerrechtlicher „Betrieb gewerblicher Art“ (BgA) der Gemeinde anzusehen. Sie unterliegen daher den allgemeinen Besteuerungsregelungen nur, wenn **aus den Veranstaltungen** der Feuerwehr ein **Jahresumsatz von mehr als 45.000 Euro** erzielt wurde (Körperschaftssteuerrichtlinien 4 Abs. 5). Daher sind die Einnahmen aus Veranstaltungen der Feuerwehr steuerfrei, wenn bzw. sofern die Umsatzfreigrenze nicht überschritten wird. Zur Ermittlung dieser Umsatzgrenze ist zwischen den „wirtschaftlichen“ und den sonstigen Tätigkeiten des Sondervermögens zu unterscheiden. Nur die Einnahmen, die im „wirtschaftlichen“ Bereich anfallen, sind zu berücksichtigen. Dazu gehören alle Leistungen des Sondervermögens, die zur Durchführung der Veranstaltungen erbracht werden, ebenso Eintrittsgelder und Spenden, die zweckgebunden für die Veranstaltungen gewährt werden. Es empfiehlt sich daher, die mit einer Feuerwehrveranstaltung des Sondervermögens zusammenhängenden Einnahmen und Ausgaben im Wirtschaftsplan und in der Sonderrechnung gesondert zu erfassen. Dagegen sind alle anderen Einnahmen, die außerhalb des wirtschaftlichen Bereichs ihren

Rechtsgrund haben, nicht in die Berechnung der Umsatzgrenze von 45.000 Euro einzubeziehen. Dies gilt z. B. für Zuwendungen der Gemeinde und für Spenden, soweit sie nicht ausdrücklich zur Finanzierung einer wirtschaftlichen Veranstaltung bestimmt sind (vgl. Hildinger/Rosenauer FwG, 4. Aufl., § 18 Rn. 4).

Mit der Anwendung des § 2b UStG durch die Gemeinde sind die Körperschafts- und die Gewerbesteuer sowie der Solidaritätszuschlag auf den Gewinn zu entrichten, wenn die Umsatzgrenze von 45.000 Euro pro Jahr überschritten wird. Die Umsatzsteuer ist ab dem ersten Euro Umsatz zu entrichten (vgl. Fiedler u. a., BWGZ 2018, 948, Information des LFV zur Kameradschaftskasse, eingestellt auf dessen Internetseite, S. 20 ff.).

B. Erläuterung

I. Zu Absatz 1

1. Satz 1

5 Satz 1 ermächtigt die Gemeinden (Gemeinderat), durch Satzung festzulegen, dass die Kameradschaftskasse der Feuerwehr als **Sondervermögen** der Gemeinde zu führen ist. Da die Aufzählung der gemeindlichen Sondervermögen in § 96 Abs. 1 GemO abschließend ist und die Anwendung des Gemeindehaushaltsrechts einschließlich der Bestimmungen über die Gemeindewirtschaft (§§ 77–117 GemO) nicht gewollt war, musste das Sondervermögen für die Kameradschaftspflege ins FwG aufgenommen werden.

Durch die Satzung nach Satz 1 werden die in der bisherigen Kameradschaftskasse vorhandenen Vermögensbestände (Bargeld, Giro- und Sparkonten, Festgeldanlagen, andere Vermögensgegenstände und auch mögliche Schulden) Bestandteile des Sondervermögens. Hierzu bedarf es keines besonderen Beschlusses des Gemeinderats; diese Folge tritt mit Inkrafttreten der Satzung nach Satz 1 ein, es sei denn, die Kameradschaftskasse wird privatrechtlich geführt. Würde keine Satzung nach Satz 1 erlassen, d. h. kein „Sondervermögen für die Kameradschaftspflege" gebildet, wäre § 18 nicht anwendbar. Die Ein- und Ausgaben für die Kameradschaftspflege und zur Durchführung von sonstigen Feuerwehrveranstaltungen müssten dann in den Gemeindehaushalt und in die Jahresrechnung der Gemeinde aufgenommen werden; Vollzugsorgan wäre eine Zahlstelle der Gemeinde. Als weitere Möglichkeit bliebe, die Kameradschaftskasse aus dem Gemeindevermögen zu lösen und diese Kasse privatrechtlich führen zu lassen, d. h. von der Feuerwehrkameradschaft als Verein oder BGB-Gesellschaft. Das hätte dann nicht nur die oben in Rn. 1 aufgezeigten Steuernachteile zur Folge. Des Weiteren müsste der Verein regelmäßig von Feuerwehrfunktionsträgern, die ohnehin schon zeitlich stark gebunden sind, geführt werden, der Verein müsste bei Veranstaltungen durch den Abschluss von Haftpflichtversicherungen Vorsorge treffen und er müsste selbst die Steuererklärungen gegenüber dem Finanzamt abgeben. Der Landesfeuerwehrverband rät daher den Feuerwehren dringend ab, die Kameradschaftskasse über einen Feuerwehrverein führen zu lassen.

Die Satzung erhält der Feuerwehr die Autonomie über die Kameradschaftskasse (vgl. Absatz 2 und 3).

Außer dem Sondervermögen für die Gemeindefeuerwehr als solche können auch für die **Einsatzabteilungen** der Gemeindefeuerwehr und die Jugendfeuerwehr je ein Sondervermögen eingerichtet werden. Der Gesetzgeber hatte 1989 damit der Tatsache Rechnung getragen, dass viele Einsatzabteilungen seit der Gemeindegebietsreform Kameradschaftskassen haben. Diese Abteilungen waren vor der Gemeindegebietsreform eine Gemeindefeuerwehr und werden deshalb auch heute noch vielfach als Ortsteilwehren bezeichnet. Als Gemeindefeuerwehr hatten sie eine Kameradschaftskasse, die sie nach der Gemeindegebietsreform als Einsatzabteilung weiterführten. Sondervermögen für Einsatzabteilungen zu bilden, ist auch aus **Gründen des Steuerrechts zweckmäßig**. Denn die Finanzämter sehen die Einsatzabteilungen steuerlich als gesonderte „Betriebe gewerblicher Art (BgA)“ der Gemeinde an mit der Folge, dass jede Einsatzabteilung, sofern für sie ein Sondervermögen durch Satzung gebildet wurde, die Ertragssteuerfreigrenze von 45.000 Euro und bis zur Anwendung des § 2b UStG auch die Umsatzsteuerfreigrenze in dieser Höhe im Jahr zusteht (vgl. hierzu oben Rn. 4 und Fiedler u. a., BWGZ 2018, 943). 6

Die Bildung von Sondervermögen für die einzelnen Einsatzabteilungen setzt nicht voraus, dass für die Gemeindefeuerwehr als solche ein Sondervermögen besteht. Dieses Sondervermögen könnte dann sogar entbehrlich sein. Vor der Bildung des Sondervermögens für die Gemeindefeuerwehr sollte das zuständige Finanzamt befragt werden, ob auch dieses Sondervermögen als BgA anerkannt wird, insbesondere dann, wenn schon für das **einzelne** Sondervermögen der Einsatzabteilungen die Steuerfreigrenze bis zu einem Jahresumsatz von 45.000 Euro in Anspruch genommen wird.

Seit dem ÄndG 2009 kann Sondervermögen **auch für die Jugendfeuerwehr** gebildet werden. Zur Begründung führte der Gesetzgeber an, dass ein guter kameradschaftlicher Zusammenhalt ein wesentlicher Baustein dafür sei, Nachwuchs für die Feuerwehr zu gewinnen und die Jugendlichen bis zum Übertritt in die Einsatzabteilungen bei der Feuerwehr halten zu können (vgl. LT-Drs. 14/5103, S. 43).

Die Bildung von Sondervermögen i. S. von § 18 für die Altersabteilung oder Musikabteilung ist nicht möglich (vgl. dazu oben Rn. 3). Hatten sie eigene Kassen, sind es keine Sonderkassen i. S. von Absatz 2 Nr. 2. Ihre Veranstaltungen zur Kameradschaftspflege sind aus dem Gemeindehaushalt oder aus dem Sondervermögen der Gemeindefeuerwehr zu finanzieren, sofern Kassenmittel für sie dort eingestellt sind. Als sonstiges Sondervermögen kann das Vermögen dieser Abteilungen nicht geführt werden, da § 96 Abs. 1 GemO die zulässigen Sondervermögen abschließend aufführt.

7 Das **Sondervermögen** besteht aus:

- den Zuwendungen der Gemeinde – geleistet nach Maßgabe des Haushaltsplans der Gemeinde, in der Regel ein Jahresbeitrag –,
- den Zuwendungen Dritter (auch Spenden gehören dazu; allerdings nicht solche, für die die Gemeinde Spendenbescheinigungen ausgestellt hat, weil mit dem Sondervermögen nach § 18 keine steuerbegünstigten Zwecke der §§ 51 ff. AO verfolgt werden),
- den Erträgen aus Feuerwehrveranstaltungen, die nach Maßgabe des Wirtschaftsplans durchgeführt werden (Absatz 3 Satz 3),
- den Geldanlagen (Wertpapiere, Sparbücher) und den Gegenständen, die mit den Mitteln des Sondervermögens beschafft oder von der Gemeinde zur Verfügung gestellt wurden,
- den Erträgen des Sondervermögens,
- aufgrund von § 14 Abs. 5 Satz 2 wegen Dienstvergehen verhängten Geldbußen, wenn diese in die Kameradschaftskasse fließen sollen.

8 Rechtlich problematisch ist die **Annahme von Geschenken und Spenden** durch Feuerwehrangehörige unter dem Gesichtspunkt der **Vorteilsannahme** gemäß § 331 StGB, da Angehörige der Feuerwehr (auch ehrenamtlich Tätige bei Erfüllung hoheitlicher Aufgaben) Amtsträger im Sinne dieser Vorschrift sind. Ein Spender könnte sich daher gegen eine Zahlung an das Sondervermögen einen Vorteil im Bereich der Aufgabenerfüllung nach § 2 versprechen. § 331 StGB will die Lauterkeit der öffentlichen Verwaltung schützen. Es soll bereits der Verdacht der Käuflichkeit vermieden werden. Zur Vermeidung einer möglichen Strafbarkeit gemäß § 331 StGB bei der Entgegennahme von Spenden für das Sondervermögen sollte deshalb – sofern Regelungen durch die Gemeinde fehlen – Folgendes beachtet werden: Spenden sollten nur der Kommandant, Abteilungskommandant, deren Stellvertreter und der

Kassenverwalter annehmen. Der Spender ist darauf hinzuweisen, dass Spenden für das Sondervermögen steuerlich nicht als Sonderausgaben absetzbar sind, weil die Zwecke des Sondervermögens, nämlich die Kameradschaftspflege und die Durchführung von Veranstaltungen nicht gemeinnützig i. S. der §§ 51ff. AO sind. Einmalige kleine Spenden (unter **50 Euro**) unterfallen als sozialübliche Aufmerksamkeiten nicht § 331 StGB (SSW-StGB, 6. Aufl, § 331 Rn. 16). Größere Spenden sind offenzulegen, und der Grund der Zuwendung ist zu dokumentieren. Insbesondere wenn keine dienstlichen Berührungspunkte zwischen Spender und Amtsträger vorhanden sind, scheidet § 331 StGB aus (vgl. SSW-StGB, 6. Aufl., § 331 Rn. 30).

Zur Vermeidung einer möglichen Strafbarkeit von Feuerwehrangehörigen durch »die Annahme von Spenden prüft das Innenministerium derzeit die Anregung der kommunalen Spitzenverbände, § 18 dahingehend zu ändern, dass § 78 Abs. 4 GemO für anwendbar erklärt wird. Dies ist derzeit durch die Regelung des Absatz 1 Satz 2 ausgeschlossen (vgl. unten Rn. 12). Dann würden die Einwerbung und die Entgegennahme des Angebots einer Zuwendung ausschließlich dem Bürgermeister sowie den Beigeordneten obliegen. Über die Annahme oder Vermittlung entschiede der Gemeinderat (vgl. § 78 Abs. 4 Satz 2).

Satz 1 nennt als **Zweck des Sondervermögens** „die Kameradschaftspflege" 9
und „die Durchführung von Veranstaltungen". Weitere Zwecke dürfen mit dem Sondervermögen nicht verfolgt werden. Daran ist nicht nur die Gemeinde, sondern auch der Feuerwehrausschuss bzw. Abteilungsausschuss bei seinen Entscheidungen nach Absatz 2 Nr. 1 und Absatz 3 Satz 1 gebunden. Der Ankauf eines (gebrauchten) Löschfahrzeugs oder MTW mit Geldern aus der „Kameradschaftskasse" ist daher unzulässig. Fahrzeuge und Gegenstände, die zur Erfüllung der Aufgaben nach § 2 benötigt werden, müssen ausschließlich über den Gemeindehaushalt finanziert werden.

Der Begriff **„Kameradschaftspflege"** ist weit auszulegen. Der Zusammen- 10
halt in der Feuerwehr beruht wesentlich auf Kameradschaft. Sie verpflichtet alle Feuerwehrangehörigen, die Würde, die Ehre und die Rechte der Kameradinnen und der Kameraden zu achten und ihnen in Not und Gefahr solidarisch beizustehen. Dies schließt gegenseitige Anerkennung, Respekt und Achtung ein. Die Feuerwehrangehörigen bilden eine „Gefahrengemeinschaft"; der Erhalt und die Stärkung des notwendigen Zusammenhalts innerhalb dieser Gefahrengemeinschaft sind von großer Bedeutung und Sinn und Zweck der Kameradschaftspflege. Auch Feuerwehrveranstaltungen und sonstige gesellschaftliche Treffen der Feuerwehr dienen der Kameradschaftspflege.

Zur Kameradschaftspflege gehören daher insbesondere:

- feuerwehrinterne Veranstaltungen (z.B. Kameradschaftsabende, Grillfeste),
- Ausflüge,
- Geschenke an Feuerwehrangehörige zu Jubiläen und Ehrungen,
- kameradschaftliche Treffen mit Angehörigen anderer Feuerwehren (z.B. Teilnahme an deren Feuerwehrveranstaltungen und -jubiläen).

11 Nicht jede Veranstaltung der Feuerwehr darf aus den Mitteln des Sondervermögens finanziert werden. Eine Veranstaltung im Sinne des Sondervermögens wird, von Ausnahmen abgesehen, immer der Kameradschaftspflege dienen. Veranstaltet die Feuerwehr einen Tanzabend, einen Tag der offenen Tür, eine allgemeine Hocketse, so kann allerdings zweifelhaft sein, ob „Kameradschaftspflege" vorliegt. Hier greift dann der Zweck **„Durchführung von Veranstaltungen"** ein. Dieser Verwendungszweck hat Auffangcharakter, um alle Veranstaltungen der Feuerwehr, die mit einer wirtschaftlichen Betätigung verbunden sind, im Hinblick auf die dargestellten steuerlichen Vorteile über das Sondervermögen abwickeln zu können.

Veranstaltungen, die der Aus- oder Fortbildung der Feuerwehrangehörigen dienen, Einsatz- bzw. Übungsdienst oder auch Haupt- bzw. Abteilungsversammlungen sind über den Gemeindehaushalt abzuwickeln. Die Mittel des „Sondervermögens für die Kameradschaftspflege" dürfen hierfür nicht verwendet werden.

2. Satz 2

12 **„Vorschriften über die Gemeindewirtschaft"** sind die der Gemeindeordnung über die Gemeindewirtschaft; sie bilden den Dritten Teil der Gemeindeordnung (§§ 77–117 GemO). Damit finden auch die Gemeindehaushaltsverordnung, die Gemeindekassenordnung und auch die Gemeindeprüfungsverordnung keine Anwendung. Das „Sondervermögen für die Kameradschaftspflege" ist kraft Satz 2 auch kein Sondervermögen im Sinne der Gemeindeordnung. Die Regelungen des § 96 oder § 78 Abs. 4 GemO sind auf das Sondervermögen nach § 18 nicht anwendbar; denn auch sie gehören zu den Vorschriften des Dritten Teils der Gemeindeordnung.

II. Zu Absatz 2

13 Absatz 2 ist eine, den ehrenamtlichen Feuerwehrdienst berücksichtigende, von den Bestimmungen der Gemeindeordnung abweichende Regelung.

1. Zu Nr. 1

Wird durch Satzung **ein** Sondervermögen gebildet, ist Beschlussorgan für die nach Absatz 2 zu treffenden Entscheidungen allein der Feuerwehrausschuss (§ 10 Abs. 1). Wird für die Einsatzabteilungen **je ein** Sondervermögen eingerichtet, trifft die Entscheidungen der jeweilige Abteilungsausschuss. Besteht in der Abteilung kein Ausschuss (Jugendfeuerwehr, bei den Einsatzabteilungen mit Angehörigen der Berufsfeuerwehr und mit hauptamtlichen Kräften), ist der Feuerwehrausschuss zuständig. Gemeindeorgane wirken hierbei nicht mit. **14**

Der Begriff **„Wirtschaftsplan"** ist § 13 des Gesetzes über die Eigenbetriebe der Gemeinden (EigBG) entlehnt. Die Herauslösung des Sondervermögens nach § 18 aus dem kommunalen Haushaltsrecht durch Absatz 1 Satz 2 ist der Grund, weshalb für das Sondervermögen nach § 18 kein Haushaltsplan, sondern ein Wirtschaftsplan aufzustellen ist; aus diesem Grund ist der Begriff „Haushaltsjahr" in Absatz 2 Nr. 1 anstelle „Wirtschaftsjahr" inkonsequent. **15**

Mit der **Zustimmung des Bürgermeisters** zu dem von einem Feuerwehrorgan aufzustellenden Wirtschaftsplan wird ermöglicht, diesen vom Bürgermeisteramt auf seine Ordnungsmäßigkeit, auch im Hinblick auf die Einhaltung steuerrechtlicher Vorschriften, überprüfen zu lassen sowie die wirtschaftliche Verwendung der Mittel des Sondervermögens zu erreichen. Denn das Sondervermögen für die Kameradschaftspflege der Feuerwehr ist Teil des Gemeindevermögens. Das Zustimmungserfordernis ist auch als Korrektiv des Gesetzgebers zu sehen, weil § 18 Abs. 2 nicht das Hauptorgan der Gemeinde, den Gemeinderat den Wirtschaftsplan des Sondervermögens beschließen lässt und insofern von § 39 Abs. 2 Nr. 14 GemO abweicht. **16**

Der Bürgermeister kann seine Zustimmungsbefugnis nach § 53 GemO auf Bedienstete der Gemeinde (also nicht ehrenamtlich Tätige, ausgenommen Ehrenbeamte) übertragen. Er kann sie indes nicht auf den hauptamtlichen Feuerwehrkommandanten übertragen, da dieser als Vorsitzender des Feuerwehrausschusses (§ 10 Abs. 1 Satz 2) über die Aufstellung des Wirtschaftsplans mitentscheidet.

Der Bürgermeister kann dem Wirtschaftsplan nur zustimmen oder die Zustimmung verweigern. Er ist nicht befugt, ihn selbst inhaltlich zu ändern. Wenn er dem Entwurf nicht zustimmen will, muss er den Wirtschaftsplan an den Feuerwehr- bzw. Abteilungsausschuss zur erneuten Beratung und Beschlussfassung zurückverweisen.

17 Der vom Feuerwehrausschuss mit der Zustimmung des Bürgermeisters aufgestellte Wirtschaftsplan ist für die Bewirtschaftung der Mittel dieses Plans verbindlich. In ihn aufzunehmen sind „alle im Wirtschaftsjahr für die Erfüllung der Aufgaben des Sondervermögens voraussichtlich eingehenden Einnahmen und die zu leistenden Ausgaben“. Durch Satzung (aufgrund Abs. 4 Nr. 1) kann „Näheres“ hierzu festgelegt werden. Einnahmen und Ausgaben sind im Wirtschaftsplan in voller Höhe und getrennt voneinander zu veranschlagen. Überplanmäßige Ausgaben für bestimmte Aufgaben können in den Wirtschaftsplan aufgenommen werden, wenn ihre Deckung durch Mehreinnahmen gewährleistet ist und auch kein Fehlbetrag entsteht. Verpflichtungsermächtigungen für Leistungen von Aufgaben zulasten künftiger Wirtschaftsjahre gehören ebenfalls in den Wirtschaftsplan. Ein Muster eines Wirtschaftsplans enthält die Information des LFV zur Kameradschaftskasse, eingestellt auf dessen Internetseite, S. 13.

2. Zu Nr. 2

18 Jedes Sondervermögen muss notwendigerweise eine Kasse haben, in Nr. 2 **Sonderkasse** genannt. Und jede Kasse braucht einen Verwalter (Kassenverwalter). Er kann einen Vertreter haben; notwendig ist dieser indes nicht.

§ 18 nennt den Kassenverwalter nicht. Deshalb kann auch nicht gesetzlich geregelt sein, wer den Kassenverwalter bestellt. Es ist deshalb auch nicht zwingend erforderlich, dass er Angehöriger der Gemeindefeuerwehr ist.

Die **Bestellung des Kassenverwalters** sollte daher durch Satzung (vgl. Abs. 4 Nr. 2) festgelegt werden. Da der Feuerwehrausschuss den Wirtschaftsplan aufstellt und die Sonderkasse einrichtet, sollte er auch den Kassenverwalter bestellen dürfen. Da der Ausschuss ein Gremium ist, sind der Kassenverwalter und sein Stellvertreter zu wählen. Bei nur einem Kandidaten genügt eine Abstimmung. Auch die Dauer der Amtszeit sollte durch Satzung geregelt werden, und zwar in Anlehnung an die des Feuerwehrausschusses (vgl. § 10 Abs. 1 bzw. 2) auf fünf Jahre (so auch § 13 Abs. 1 FwSAbt). Bei der Auswahl des Kassenverwalters ist zu beachten, dass der Umgang mit Geld ein hohes Maß an Zuverlässigkeit voraussetzt.

19 Die Sonderkasse wickelt den Zahlungsverkehr ab und führt hierüber Nachweis durch Buchführung. Das Sammeln der Belege gehört sachlich und begrifflich zur Buchführung. Die Sonderkasse muss die ihr obliegenden Kassengeschäfte – Einnahmen annehmen, Ausgaben leisten, Buchungen vornehmen – selbstständig, d. h. sachlich unabhängig erledigen können. Näheres zur Führung der Sonderkasse kann durch Satzung geregelt werden (vgl. Abs. 4 Nr. 2).

Für die Sonderkasse ist ein **Sachbuch** (selbstverständlich auch in elektronischer Form möglich) erforderlich. Auch hierzu sollte es eine Satzungsbestimmung (vgl. § 13 Abs. 3 FwSAbt) geben (etwa: die Einnahmen und Ausgaben sind in zeitlicher Reihenfolge und einzeln zu buchen). Das Sachbuch wird vom Kassenverwalter geführt; es muss richtig, vollständig, zeitgerecht geordnet und nachprüfbar sein. Es hat auch Auskunft zu geben über Bestand und Änderungen der Rücklagen und Geldanlagen des Sondervermögens. 20

3. Zu Nr. 3

Nach Ablauf des Wirtschaftsjahres – gemäß Nr. 1 das Haushaltsjahr, d.h. das Kalenderjahr – ist eine Jahresrechnung aufzustellen, in Nr. 3 **Sonderrechnung** genannt. Die Jahresrechnung ist das zum Ende des Jahres abgeschlossene Sachbuch. Dabei sind die im Laufe des Jahres eingegangenen Einnahmen und die in dieser Zeit geleisteten Ausgaben für jede Buchungsstelle getrennt sowie insgesamt festzustellen. Das Ergebnis der Jahresrechnung ist der Überschuss, festzustellen durch Gegenüberstellung der Jahreseinnahmen und Gesamtausgaben. Ein Muster eines Jahresabschlusses enthält die Information des LFV zur Kameradschaftskasse, eingestellt auf dessen Internetseite, S. 15. 21

Ob der Überschuss der Rücklage zugeführt oder in das folgende Wirtschaftsjahr überführt wird, hat der Ausschuss zu entscheiden. Ein etwaiger Fehlbetrag ist grundsätzlich der Rücklage zu entnehmen; nur wenn dies „mangels Masse“ nicht möglich ist, kann er im folgenden, spätestens darauffolgenden Jahr getilgt werden.

Die Jahresrechnung wird vom Feuerwehrausschuss bzw. Abteilungsausschuss **geführt**. Wer eine Rechnung zu führen hat, stellt sie auf und auch fest. Diese Aufgabenzuweisung durch Absatz 2 Nr. 3 kann nicht durch Satzung geändert werden. Da der zuständige Ausschuss vielköpfig ist, kann es nicht zweckmäßig sein, eine derartige Rechenaufgabe im obigen Sinne vielköpfig zu lösen. Der Abteilungsausschuss wird daher seinen Vorsitzenden damit beauftragen und sich darauf beschränken, die vom Kommandanten erstellte Jahresrechnung festzustellen. Sie ist anschließend dem Bürgermeister zur Zustimmung vorzulegen. Die Gemeinde kann anschließend beurteilen, ob aus dem Bereich der dort dargestellten „Veranstaltungen“ eine Steuererklärung für die Ertragssteuern und die Umsatzsteuer zu erstellen ist. Diese Steuererklärungen stellt die Gemeinde, die Feuerwehr, die Jugendfeuerwehr bzw. die Einsatzabteilungen müssen dazu Informationen und Belege zur Verfügung stellen. 22

III. Zu Absatz 3

1. Satz 1

23 Der Ausschuss entscheidet „über die Verwendung der Mittel des Sondervermögens", und der Kommandant gibt die „zur Ausführung des Wirtschaftsplans" erforderlichen Erklärungen ab (vgl. Satz 2). Der Ausschuss ist bei seinen Entscheidungen nach Satz 1 an den Wirtschaftsplan gebunden. Ihm steht die interne Sachentscheidung darüber zu, wofür und wie viel im zu entscheidenden Fall von den im Wirtschaftsplan bei den einzelnen Ausgabetiteln ausgewiesenen Mitteln auszugeben sind. Er entscheidet z.B. darüber, welcher Betrag für ein Feuerwehrfest oder den Jahresausflug zur Verfügung gestellt wird oder auch, welches Geschenk zu welchem Preis der Feuerwehrangehörige nach 10-, 20-, 30-jähriger Dienstzeit überreicht bekommt. Die zur Vollziehung dieser Entscheidungen erforderlichen rechtsgeschäftlichen Willenserklärungen Dritten gegenüber (z.B. Abschluss eines Kaufvertrages, Buchung eines Ausflugsbusses, Eröffnung eines Auszahlungskontos) hat gemäß Satz 2 der Kommandant abzugeben. Der Kommandant handelt hierbei „in Vertretung des Bürgermeisters"; er ist damit gesetzlicher Vertreter des Bürgermeisters, der insoweit nicht auf § 53 GemO zurückgreifen kann.

Nicht alle Ausgabetitel des Wirtschaftsplans lassen sich in dem dargestellten Sinn bewirtschaften (interne Sachentscheidung und Handeln nach außen). So ist z.B. beim Ausgabetitel „Zuführung zur Rücklage" nichts zu entscheiden (Satz 1) und zu verfügen (Satz 2). Es handelt sich um eine nicht bewirtschaftungsfähige Ausgabe.

2. Satz 2

24 **Satz 2** enthält folgende Aussagen:

- der Feuerwehrkommandant bzw. der Abteilungskommandant führt die Entscheidungen des Feuerwehrausschusses bzw. Abteilungsausschusses nach Satz 1 aus; denn er kann „zur Ausführung des Wirtschaftsplans", konkretisiert durch die Entscheidungen des Ausschusses über die Verwendung der Mittel, „Erklärungen" nach außen abgeben (vgl. oben Rn. 23);
- die rechtsgeschäftlichen Willenserklärungen des Kommandanten binden die Gemeinde, d.h., er gibt Erklärungen im Namen der Gemeinde ab, und zwar „in Vertretung des Bürgermeisters" in dessen Eigenschaft als gesetzlicher Vertreter der Gemeinde (vgl. § 42 Abs. 1 Satz 2 GemO),
- die Gemeinde haftet anstelle des Kommandanten, wenn dieser fehlerhafte, Schadenersatz auslösende Erklärungen abgibt; Satz 2 nimmt dem Kommandanten das Haftungsrisiko ab.

Durch die Handlungen des Feuerwehr- oder des Abteilungskommandanten wird die Gemeinde als Trägerin der Gemeindefeuerwehr Dritten gegenüber rechtlich berechtigt und verpflichtet. Einer Beauftragung und Bevollmächtigung durch den Bürgermeister nach § 53 GemO bedarf es aufgrund von Satz 2 nicht. Die Vertretung der Gemeinde beim Vollzug des Wirtschaftsplans obliegt dem Feuerwehrkommandanten und den Abteilungskommandanten kraft Amtes und unabhängig von ihrem Status. Daher sind auch ehrenamtlich tätige Feuerwehr- oder Abteilungskommandanten beim Vollzug des Wirtschaftsplans des Sondervermögens gesetzliche Vertreter der Gemeinde.

Für die Wahrnehmung der Vertretung des Bürgermeisters gilt § 54 GemO. Denn diese Vorschrift über Verpflichtungserklärungen ist keine gemeindewirtschaftliche Vorschrift (§§ 77–117 GemO) und deshalb nicht durch Absatz 1 Satz 2 von der Anwendung auf das Sondervermögen ausgeschlossen.

Erklärungen i. S. von Satz 2 sind rechtsgeschäftliche Willenserklärungen 25 im Rechtsverkehr und keine internen Anordnungen gegenüber dem die Sonderkasse führenden Kassenverwalter, die erforderlichen Mittel auszuzahlen oder auch Einnahmen anzunehmen und notfalls beizutreiben und zu buchen. Die Anordnung in Bezug auf Einnahmen und Ausgaben ist etwas anderes als deren Bewirtschaftung. Weder Satz 1 noch Satz 2 regeln die **Anordnungsbefugnis gegenüber dem Kassenverwalter**. Dieser darf andererseits Ausgaben nur leisten, wenn ihm eine schriftliche Auszahlungsanordnung vorgelegt wird. Anordnung und Vollzug dürfen nicht von einer Person wahrgenommen werden. Somit darf Kassenanweisungen nur vorbereiten oder unterschreiben, wer keine Kassengeschäfte wahrnimmt. Auch der Kassenverwalter darf nicht bei der Anordnung mitwirken. Die Trennung von Anordnung und Vollzug dient dem Schutz gegen Veruntreuung.

Es besteht daher ein Bedürfnis, die sog. **Anordnungsbefugnis** durch Satzung festzulegen. Da die Anordnungsbefugnis als „Geschäft der laufenden Verwaltung" im Sinne von § 44 Abs. 2 GemO anzusehen ist und dem Bürgermeister innerhalb der Gemeindeeinrichtung Feuerwehr der Kommandant entspricht, sollte die Satzung die Anordnungsbefugnis gegenüber dem „Kassenverwalter" dem Kommandanten übertragen (so auch § 13 Abs. 3 FwSAbt). Es steht nichts entgegen, die Anordnungsbefugnis demjenigen zu übertragen, der, wie der Kommandant, an der Bewirtschaftung der Mittel des Sondervermögens mitwirkt (vgl. hierzu Rn. 23).

3. Satz 3

26 Satz 3 dient lediglich der **Klarstellung** (vgl. § 1 Abs. 1). Die gesetzliche Verankerung der Veranstaltereigenschaft der Gemeinde lässt keinen Zweifel, dass Unternehmer im Sinne des Steuerrechts die Gemeinde ist. Das Vorliegen eines „Betriebs gewerblicher Art" sowie das Vorliegen der Steuerpflicht ist nunmehr anhand der jährlichen Einnahmen eines „Sondervermögens für die Kameradschaftspflege" zu prüfen und zu entscheiden (siehe dazu oben Rn. 4). Satz 3 liegt also nur im Interesse der Feuerwehr.

Durch Satz 3 wird ferner klargestellt, dass die Gemeinde die zivilrechtlichen Folgen eines etwaigen Fehlverhaltens eines Feuerwehrorgans auch bei der Erledigung der diesem nach § 18 Abs. 2 und 3 obliegenden Aufgaben zu tragen hat. Hierin liegt die Bedeutung der Worte „Veranstaltung nach Maßgabe des Wirtschaftsplans". Auch dies war eines der Ziele, die der Gesetzgeber mit Satz 3 verfolgt hat.

IV. Zu Absatz 4

27 Absatz 4 überlässt das **Nähere** über die gesetzlichen Regelungen der Absätze 2 und 3 der Satzung. Das „Nähere" sollte auch dazu genutzt werden, letzte Zweifel darüber zu beseitigen, ob die Anbindung des „Sondervermögens für die Kameradschaftspflege" an die Gemeinde durch die Absätze 2 und 3 steuer- und haftungsrechtlich ausreichend ist.

28 Was durch Satzung näher zu regeln ist oder geregelt werden kann, ist in den Randnummern zu den Absätzen 2 und 3 erläutert, siehe bezüglich „Inhalt und Ausführung des Wirtschaftsplans" (Nr. 1) die Rn. 17 bzw. Rn. 23, bezüglich „Führung der Sonderkasse" (Nr. 2) die Rn. 18 bis Rn. 20 und bezüglich „Führung der Sonderrechnung" (Nr. 3) die Rn. 21 f.

Ergänzend ist anzumerken:

1. Zu Nr. 1

29 Durch Satzung sollten geregelt werden (vgl. § 18 Abs. 3 FwSAbt; Ruf, Brandhilfe 2006, 294):

- die Ausgaben (gegenseitig oder einseitig deckungsfähig),
- die über- und außerplanmäßigen Ausgaben (zulässig, wenn ihre Deckung gewährleistet ist),
- die außerplanmäßigen Ausgaben (bedürfen der Zustimmung des Bürgermeisters),

- die Verpflichtungen zur Leistung von Ausgaben in künftigen Wirtschaftsjahren (dürfen nur eingegangen werden, wenn der Wirtschaftsplan hierzu ermächtigt).

„Die Ausführung des Wirtschaftsplans“ obliegt dem Feuerwehrkommandanten bzw. dem Abteilungskommandanten (Abs. 3 Satz 2). Hierzu kann „Näheres“ durch Satzung geregelt werden. Näheres über „die Ausführung des Wirtschaftsplans“ wäre eine Satzungsregelung des Inhalts, den Ausschuss zu ermächtigen, die alleinige Bewirtschaftung der im Wirtschaftsplan ausgewiesenen Mittel bis zu einer bestimmten Höhe oder/und zu einem festgelegten Zweck dem Kommandanten überlassen zu können (vgl. § 18 Abs. 4 FwSAbt). 30

2. Zu Nr. 2

§ 18 enthält über **„die Beaufsichtigung der Sonderkasse“** keine Regelung. 31

Die Kasse des Sondervermögens unterliegt jedoch, weil sie Teil des Gemeindevermögens ist, der **„Beaufsichtigung“ durch den Bürgermeister** als Leiter der Gemeindeverwaltung und gesetzlicher Vertreter der Gemeinde (§ 42 Abs. 1 GemO). Der Bürgermeister kann sich hierbei durch einen Bediensteten der Gemeinde vertreten lassen (§ 53 GemO).

Darüber hinaus sollten die Angehörigen der Gemeindefeuerwehr, der jeweiligen Einsatzabteilung und der Jugendfeuerwehr über die Entwicklung des Sondervermögens informiert werden und damit eine Kontrollfunktion wahrnehmen durch:

- Informationen über den Wirtschaftsplan und die Sonderrechnung und deren Jahresabschluss (Jahresrechnung) beispielsweise in der Haupt- bzw. Abteilungsversammlung,
- Feststellung der Jahresrechnung durch die Haupt- bzw. Abteilungsversammlung,
- Entlastung von Kassenverwalter, Feuerwehr- oder Abteilungskommandant sowie Feuerwehr- und Abteilungsausschuss für die Haushalts- und Wirtschaftsführung des Sondervermögens durch die Hauptversammlung bzw. die Abteilungsversammlung.

Der Kassenverwalter wird bei seiner Tätigkeit vom Feuerwehrkommandanten oder dem Abteilungskommandanten beaufsichtigt.

Eine staatliche Aufsicht über die Sonderkasse ist, weil diese auf der Satzung beruht, nicht zulässig. Die Satzungsermächtigung schließt, **abgesehen von der Rechtsaufsicht** nach §§ 118 ff. GemO, Aufsichts- und Prüfungsbefugnisse staatlicher Behörden aus. Durch Satzung kann § 53 32

GemO nicht abbedungen werden. Es ist damit auch nicht zulässig, durch Satzung den Bürgermeister zu ermächtigen, sich bei der Aufsicht über die Sonderkasse durch ein Feuerwehrorgan vertreten zu lassen; und dadurch § 53 GemO durch eine auf Absatz 4 Nr. 2 gestützte Satzung zu erweitern.

3. Zu Nr. 3

33 Nr. 3 ermächtigt, die **Führung** der Sonderrechnung durch Satzung näher zu regeln (vgl. hierzu Rn. 21 f.). Da das Verb „führen" auch „prüfen" einschließt, kann durch Satzung auch geregelt werden, wer die Sonderrechnung zu prüfen hat, d.h., wem die **Rechnungsprüfung** obliegt. § 18 Abs. 5 FwSAbt legt die Rechnungsprüfung in die Hände der Feuerwehr. Danach ist die Kameradschaftskasse jährlich einmal von zwei Rechnungsprüfern, die von der Hauptversammlung auf fünf Jahre bestellt werden, zu prüfen. Er sieht ferner vor, dass der Rechnungsabschluss nach der Prüfung durch die Rechnungsprüfer dem Bürgermeister vorzulegen ist. Der Bürgermeister kann auch verlangen, dass ihm die Rechnungsunterlagen gezeigt werden.

2. Abschnitt
Werkfeuerwehren

§ 19
Werkfeuerwehren

(1) [1]Werkfeuerwehren sind Feuerwehren zum Schutz von Betrieben, Einrichtungen und Verwaltungen. [2]Die Verpflichtung der Gemeindefeuerwehr zur Hilfeleistung bleibt durch die Einrichtung einer Werkfeuerwehr unberührt. [3]Die Kosten einer Werkfeuerwehr hat der Betrieb, die Einrichtung oder die Verwaltung zu tragen.

(2) [1]Eine Werkfeuerwehr muss in Aufbau, Ausrüstung und Ausbildung den an Gemeindefeuerwehren gestellten Anforderungen entsprechen und die Aufgaben nach § 2 im Betrieb, in der Einrichtung oder in der Verwaltung erfüllen können. [2]Eine Werkfeuerwehr muss aus Werksangehörigen bestehen, die den Anforderungen des § 11 Abs. 1 Nr. 1 bis 3 entsprechen. [3]Das Regierungspräsidium kann auf Antrag Ausnahmen vom Erfordernis der Werksangehörigkeit zulassen. [4]Der Betrieb, die Einrichtung oder die Verwaltung kann bei der Werkfeuerwehr eine Jugendfeuerwehr aufstellen. [5]Die Bestellung des Leiters der Werkfeuerwehr (Werkfeuerwehrkommandant) bedarf der Bestätigung der Aufsichtsbehörde. [6]Die Aufsichtsbehörde hat vorher die Gemeinde anzuhören.

(3) [1]Die Aufsichtsbehörde kann auf Antrag eines Betriebs, einer Einrichtung oder einer Verwaltung eine Werkfeuerwehr anerkennen, wenn die Anforderungen nach

Absatz 2 Satz 1 vorliegen. [2]Die Aufsichtsbehörde kann eine gemeinsame Werkfeuerwehr für mehrere benachbarte Betriebe, Einrichtungen oder Verwaltungen anerkennen, wenn die Aufgabenerfüllung nach § 2 für jeden der Betriebe, Einrichtungen oder Verwaltungen sichergestellt ist. [3]Die Verantwortung für die ordnungsgemäße Aufgabenerfüllung verbleibt bei den Betrieben, Einrichtungen oder Verwaltungen.

(4) [1]Betriebe, Einrichtungen und Verwaltungen, von denen im Falle eines gefahrbringenden Ereignisses Gefahren für das Leben oder die Gesundheit einer größeren Anzahl von Menschen, für erhebliche Sachwerte oder für die Umwelt ausgehen können oder bei denen eine Schadensabwehr nur unter besonders erschwerten Umständen möglich ist, können von der Aufsichtsbehörde verpflichtet werden, eine Werkfeuerwehr aufzustellen, auszurüsten und zu unterhalten. [2]Mehrere Betriebe, Einrichtungen und Verwaltungen können zur Aufstellung einer gemeinsamen Werkfeuerwehr verpflichtet werden, wenn die Voraussetzungen nach Satz 1 für jeden Betrieb, jede Einrichtung oder Verwaltung einzeln oder für mehrere Betriebe, Einrichtungen oder Verwaltungen gemeinsam in einer Gesamtbetrachtung vorliegen und die Aufgaben auf dem Betriebsgelände zweckmäßigerweise nur einheitlich wahrgenommen werden können.

(5) Die Aufsichtsbehörde hat vor einer Entscheidung nach den Absätzen 3 und 4 die Gemeinde anzuhören.

(6) [1]In Betrieben, Einrichtungen und Verwaltungen mit Werkfeuerwehren obliegt die Hilfeleistung im Sinne von § 2 den Werkfeuerwehren. [2]Die Gemeindefeuerwehr wird in der Regel nur tätig, wenn eine Alarmierung nach § 29 Abs. 2 erfolgt. [3]Für den Kostenersatz der Gemeindefeuerwehr gilt § 34.

(7) [1]Werden Angehörige einer Werkfeuerwehr außerhalb des Betriebs, der Einrichtung oder der Verwaltung zur Unterstützung oder an Stelle einer Gemeindefeuerwehr eingesetzt, so unterliegen sie den Dienstpflichten der ehrenamtlich tätigen Angehörigen der Gemeindefeuerwehr. [2]Sie handeln in diesen Fällen im Auftrag der Gemeinde des Einsatzortes. [3]Bei einem Einsatz außerhalb des Betriebs, der Einrichtung oder der Verwaltung wird von der Gemeinde des Einsatzortes Ersatz der Kosten entsprechend § 26 Abs. 2 gewährt.

(8) [1]Die Aufsichtsbehörde kann einer Werkfeuerwehr die Aufgaben der Gemeindefeuerwehr für eine Gemeinde oder einen Gemeindeteil, zu denen der Betrieb, die Einrichtung oder die Verwaltung gehört, mit Zustimmung der Gemeinde und nach Anhörung der Leitung des Betriebs, der Einrichtung oder der Verwaltung übertragen, wenn ein ausreichender öffentlicher Brandschutz durch die Feuerwehr der Gemeinde nicht gewährleistet ist. [2]Bei der Übertragung sind der Einsatzbereich, die Alarmierung und die Kostentragung zu regeln.

Übersicht **Rn.**

A. Allgemeines

1 § 19 ist die wichtigste Norm des FwG für die Werkfeuerwehren. Den Begriff **„Werkfeuerwehr“** verwendet das FwG für eine Feuerwehr, die im Gegensatz zur Gemeindefeuerwehr nicht jeden Einzelnen und die Allgemeinheit vor den in § 2 genannten Gefahren schützt, sondern nur den eigenen Betrieb, die eigene Einrichtung oder Verwaltung einschließlich der dort sich aufhaltenden Personen (Abs. 1 Satz 1). Die Werkfeuerwehr ist daher eine Selbstschutzorganisation. Ihr Träger ist ein gewerblicher oder ein Verwaltungsbetrieb oder eine Einrichtung. Werkfeuerwehren dienen der schnellen und zielgerichteten Gefahrenabwehr innerhalb der

Betriebe, Einrichtungen und Verwaltungen. Die mit den innerbetrieblichen Besonderheiten und Gefahren vertrauten Werkfeuerwehren sind somit Garant für möglichst geringe Produktionsausfallzeiten nach Schadensereignissen. Kurze Anfahrtswege zu den Produktionsstätten sowie speziell für die vorherrschenden Gefahren ausgelegte Brandschutzkonzepte sorgen für hohe Effizienz und Effektivität. Die Ausstattung der Werkfeuerwehren ist speziell auf die betriebs- bzw. einrichtungsbedingten Gefahren ausgelegt. Oft verfügen sie über Spezialfahrzeuge, die in kommunalen Feuerwehren nur selten vorhanden sind.

Eine Werkfeuerwehr kann auf Antrag staatlich **anerkannt** werden, wenn sie in Aufbau, Ausrüstung und Ausbildung den an Gemeindefeuerwehren gestellten Anforderung entspricht und die Aufgaben nach § 2 im Betrieb, in der Einrichtung oder in der Verwaltung erfüllt (Absatz 3). Ebenso kann die Aufstellung, Ausrüstung und Unterhaltung einer Werkfeuerwehr unter den Voraussetzungen des Absatzes 4 staatlich **angeordnet** werden.

Betriebliche Brandschutzorganisationen, die keine Werkfeuerwehren sind, unterliegen nicht den Bestimmungen des Feuerwehrgesetzes, insbesondere weder der Feuerwehraufsicht nach § 22 Abs. 1 noch den Bestimmungen des § 19 (siehe auch Rn. 2 zu § 1). Häufig werden sie als **Betriebsfeuerwehren** bezeichnet. Ihre Aufgaben, Ausbildung und Ausstattung werden im Gegensatz zur Werkfeuerwehr allein vom Träger der Betriebsfeuerwehr bestimmt. Sie werden z. B. aus versicherungsrechtlichen Gründen in Betrieben eingerichtet, die nicht zur Einrichtung einer Werkfeuerwehr verpflichtet sind. Die Bedeutung dieser betrieblichen Brandschutzorganisationen liegt darin, dass sie bei der Schadensverhütung mitwirken, im Schadensfall den Ersteinsatz vornehmen und die Gemeindefeuerwehr aufgrund ihrer Ortskenntnisse in die Schadenslage einweisen können.

B. Erläuterung

I. Zu Absatz 1

1. Satz 1

Aus der Definition des Satzes 1 folgt, dass die **Werkfeuerwehr** eine Selbst- 2
schutzorganisation ist, d. h. im Gegensatz zur Gemeindefeuerwehr nur den eigenen Betrieb, die eigene Einrichtung oder Verwaltung vor den in § 2 benannten Gefahren, nicht aber jeden einzelnen Bürger oder die Allgemeinheit schützt.

Unter **„Betrieb“** wird eine örtliche, technische und organisatorische Einheit zur Erstellung von Gütern und Dienstleistungen verstanden. Durch den Begriff „Einrichtung“ wurde durch das ÄndG 2009 der Kreis derjenigen erweitert, die Werkfeuerwehren aufstellen können bzw. müssen. **„Einrichtungen“** i. S. von Satz 1 dienen wirtschaftlichen, sozialen und kulturellen Zwecken der Daseinsvorsorge oder wissenschaftlichen Zwecken. Darunter fallen insbesondere Forschungseinrichtungen, Krankenhäuser, Alten- und Pflegewohnheime sowie Verkehrseinrichtungen (z. B. Straßen- und Eisenbahntunnel). Insbesondere bei Krankenhäusern, Altenheimen und Forschungseinrichtungen können die Aufsichtsbehörden von der Verpflichtungsermächtigung des Absatz 4 Gebrauch machen (vgl. Hildinger/Rosenauer, FwG, 4. Aufl., § 19 Rn. 21).

2. Satz 2

3 Durch Satz 2 wird klargestellt, dass auch bei Bestehen einer Werkfeuerwehr die Gemeindefeuerwehr grundsätzlich nicht von ihrer Pflicht entbunden ist, den Schutz vor den in § 2 genannten Gefahren in dem Betrieb, der Einrichtung oder Verwaltung sicherstellen. **Die Gemeinde bleibt** für die Erfüllung dieser Aufgabe **weiter zuständig** (siehe aber auch unten Rn. 28 f.). Die Gemeindefeuerwehr nimmt daher bei einem Einsatz in einem Betrieb, einer Einrichtung oder Verwaltung mit Werkfeuerwehr eigene Aufgaben wahr. Da eine Werkfeuerwehr aber in der Lage sein muss, die Aufgaben nach § 2 im Betrieb, der Einrichtung oder Verwaltung zu erfüllen, überträgt die Gemeinde die Erfüllung dieser Aufgabe auf die dort bestehende Feuerwehr, wenn diese als Werkfeuerwehr anerkannt wurde (Abs. 3) oder als solche angeordnet wurde (Abs. 4). Die Gemeindefeuerwehr wird daher grundsätzlich nur tätig, wenn sie nach § 29 Abs. 2 alarmiert wird.

3. Satz 3

4 Nach Satz 3 muss der **Träger der Werkfeuerwehr sämtliche Kosten** tragen, die durch die Aufstellung, Ausstattung und Unterhaltung einer Werkfeuerwehr entstehen. Dazu gehören auch die Kosten der Aus- und Fortbildung, einschließlich der Lehrgänge an der Landesfeuerwehrschule. Zu den Kosten, die dem Träger der Werkfeuerwehr entstehen, gewährt das Land keine finanzielle Zuwendung. Leistet die Werkfeuerwehr der Gemeindefeuerwehr Hilfe, liegt keine Überlandhilfe i. S. von § 5 Nr. 3 vor. Ebenso wenig ist ein Angehöriger einer Werkfeuerwehr bei Einsätzen außerhalb des Betriebes als „ehrenamtlich tätiger Angehöriger der Gemeindefeuerwehr“ i. S. von § 5 Nr. 4 anzusehen.

II. Absatz 2

1. Satz 1

Satz 1 bestimmt, dass **jede** Werkfeuerwehr – gleichgültig ob anerkannt (Absatz 3) oder staatlich angeordnet (Absatz 4) – in Aufbau, Ausrüstung und Ausbildung den an Gemeindefeuerwehren gestellten Anforderungen entsprechen und die Aufgaben nach § 2 im Betrieb, in der Einrichtung und Verwaltung erfüllen können muss. 5

„Im Aufbau" einer Gemeindefeuerwehr entsprechen bedeutet, dass die Werkfeuerwehr eine Mindestsollstärke vorweisen muss, die der Größe und dem Gefährdungsgrad des Betriebes, der Einrichtung oder Verwaltung entspricht. Es ist die Sollstärke, die eine Gemeindefeuerwehr haben müsste, wenn sie ein entsprechendes Aufgabengebiet wahrzunehmen hätte. Werkfeuerwehren müssen die gleiche taktische Gliederung wie eine Gemeindefeuerwehr aufweisen (Trupp, Staffel, Gruppe, Zug). Ob eine Werkfeuerwehr ausschließlich aus hauptberuflichen Werkfeuerwehrangehörigen zu bestehen hat oder nebenberufliche Kräfte allein oder als ergänzender Teil genügen, richtet sich nach dem besonderen Gefährdungsgrad. 6

Zum „Aufbau" der Feuerwehr gehört schließlich auch das Führerprinzip. Eine Werkfeuerwehr kann nicht kollegial (durch ein mehrköpfiges Gremium) geführt werden. Für jede Werkfeuerwehr sind ein Leiter (Werkfeuerwehrkommandant) und mindestens ein Stellvertreter sowie für jede Schicht ein Schichtführer und ein Stellvertreter zu bestellen.

Dass die **Ausrüstung** der Werkfeuerwehr der einer Gemeindefeuerwehr entsprechen muss, bedeutet, dass die Feuerwehrfahrzeuge, -geräte und sonstige Feuerwehreinrichtungen i. S. von § 3 Abs. 1 Satz 2 staatlich geprüft, zugelassen und anerkannt sein müssen. Dies ist anzunehmen, wenn sie den Zuwendungsvoraussetzungen nach Nr. 4 der ZFeuVwV entsprechen. 7

Die einzelnen Ausrüstungsgegenstände richten sich nach dem besonderen Gefährdungsgrad des Betriebes, der Einrichtung oder Verwaltung. In der Regel muss die Werkfeuerwehr mit mindestens einem genormten Löschgruppenfahrzeug ausgestattet sein. Auf dem Betriebsgelände sind die für den Einsatz der Werkfeuerwehr erforderlichen Alarmeinrichtungen auf eigene Kosten anzubringen und ständig zu betreiben.

Schließlich hat auch die **Ausbildung** der Werkfeuerwehrangehörigen der der Gemeindefeuerwehrangehörigen zu gleichen. Die fachliche Qualifikation der Angehörigen der Werkfeuerwehr richtet sich nach ihrer haupt- oder nebenberuflichen Tätigkeit und Funktion in der Werkfeuerwehr. Sie hat den Anforderungen der Gemeindefeuerwehr an haupt- oder ehren- 8 amtliche Angehörige zu entsprechen. Die Ausbildung der nebenberuflichen Angehörigen der Werkfeuerwehr richtet sich nach den Feuerwehrdienstvorschriften (FwDV; siehe Rn. 32 zu § 3). Sind diese für die Gemeindefeuerwehren eingeführt, sind sie auch für die Werkfeuerwehren verbindlich.

Folglich müssen der nebenberufliche Leiter einer Werkfeuerwehr und sein Vertreter mindestens die fachliche Qualifikation eines Zugführers besitzen, da die Sollstärke einer Werkfeuerwehr mindestens zwei Löschgruppen ausmacht. Der Schichtführer einer Werkfeuerwehr muss einen Gruppenführerlehrgang an der Landesfeuerwehrschule mit Erfolg besucht haben. Andere Angehörige der Werkfeuerwehr sollten zum Truppführer ausgebildet sein. Die hauptamtlichen Angehörigen der Werkfeuerwehr müssen die Ausbildung wie ein Berufsfeuerwehrmann (Laufbahn des mittleren feuerwehrtechnischen Dienstes) vorweisen. Der hauptamtliche Leiter der Werkfeuerwehr muss darüber hinaus mindestens den Führungslehrgang I (B3) an der Landesfeuerwehrschule erfolgreich besucht haben; bei größeren Werkfeuerwehren sollte er an einem Brandinspektorenlehrgang mit Prüfung B4 erfolgreich teilgenommen haben. Als hauptberuflicher Schichtführer kann nur eingesetzt werden, wer den Führungslehrgang I (B3) an der LFS erfolgreich abgeschlossen hat (zu den Einzelheiten siehe die gemeinsamen Hinweise der LFS und des IM zur Ausbildung für hauptamtliche Feuerwehrangehörige, eingestellt auf der Internetseite der LFS).

2. Satz 2

9 Satz 2 schreibt fest, dass die Werkfeuerwehr grundsätzlich (zu den Ausnahmen siehe Abs. 2 Satz 3, Abs. 3 Satz 2 und Abs. 4 Satz 2) **aus Werksangehörigen** bestehen muss. Werksangehörige sind Personen, die selbst unmittelbar in einem Arbeits- oder Dienstverhältnis zum Träger der Werkfeuerwehr stehen. Das ist nicht der Fall bei überlassenen Arbeitnehmern nach dem Arbeitsüberlassungsgesetz (vgl. Hildinger/Rosenauer, FwG, 4. Aufl., § 19. Rn. 10).

Das Festhalten an diesem Erfordernis beim ÄndG 2009 stellte eine politische Entscheidung dar (vgl. WFVD-Info 3/2007, S. 18: „Oettinger bekennt sich zu seinen Werkfeuerwehren“), die **verfassungsrechtlicher Prüfung nicht ohne Weiteres standhalten dürfte**. Denn in der Begründung zum ÄndG 2009 wird zu Satz 2 ausgeführt: „Die bisherige Praxis, nur Werkfeuerwehren mit Werksangehörigen zuzulassen, hat sich bewährt. Die Qualität der Werkfeuerwehren hat einen hohen Standard. Auch bei einer

Öffnung für private Dienstleister ist daher davon auszugehen, dass die Betriebe, von wenigen Ausnahmen abgesehen, weiterhin werkseigene Feuerwehrangehörige beschäftigen werden. Eine Auslagerung der Werkfeuerwehren auf externe Dienstleister dürfte allenfalls für wenige große Werkfeuerwehren interessant sein" (LT-Drs 14/5103, S. 44). Dies als richtig unterstellt, drängt sich die Frage auf, weshalb dann am Werksangehörigkeitserfordernis überhaupt festgehalten wurde. Die verfassungsrechtliche Problematik würdigend führt die Gesetzesbegründung weiter aus: »Allerdings lassen insbesondere die Erfahrungen mit externen Werkfeuerwehren in anderen Bundesländern die bestehenden Sicherheitsbedenken nicht als so stichhaltig erscheinen, dass sich auch in Zukunft eine Zulassung privater Dienstleister generell ausschließen lässt. ... Bei der Frage der Werksangehörigkeit ist auch zu berücksichtigen, dass die Beibehaltung der Werkszugehörigkeit einen Eingriff in Art. 12 GG darstellen dürfte. Ein solcher Eingriff in die Grundrechte erfolgt nach der vom BVerfG entwickelten „Drei-Stufen-Theorie" ... [hier] auf der dritten und damit höchsten Stufe, nämlich auf der Stufe der objektiven Zulassungsvoraussetzungen, also der Voraussetzungen, auf die der Einzelne keinen Einfluss nehmen kann. Die Aufstellung solcher Voraussetzungen ist nach dem BVerfG nur zulässig, wenn dies zur Abwehr einer nachweisbaren oder höchstwahrscheinlichen Gefahr für ein überragend wichtiges Gemeinschaftsgut erfolgt und dieses Mittel auch geeignet und notwendig ist, um dieser Gefahr zu begegnen. Der insoweit geeignete und erforderliche Eingriff muss darüber hinaus auch noch dem Erfordernis genügen, dass bei einer Gesamtabwägung zwischen der Schwere des Eingriffs und der Bedeutung und Dringlichkeit der ihn rechtfertigenden Gründe die Grenze der Zumutbarkeit gewahrt ist. Dieses rechtliche Argument spricht unabhängig von der fachlich sicherheitsorientierten Bewertung für eine Öffnung der bisherigen Praxis und die Schaffung der Ausnahmemöglichkeit" (vgl. LT-Drs 14/5103, S. 44).

Diese gefestigte Rechtsprechung hat das BVerfG im Beschluss vom 8. Juni 2010 zur Neuordnung des Rettungsdienstes im Freistaat Sachsen erneut bestätigt (NVwZ 2010, 1212 und juris [Rn. 95 f.]: Beschränkungen der Berufsfreiheit durch objektive Berufszugangsvoraussetzungen sind im Allgemeinen nur zur Abwehr schwerer Gefahren für ein überragend wichtiges Gemeinschaftsgut gerechtfertigt). Fraglich ist bereits, ob der grundsätzliche gesetzliche Ausschluss privater Dienstleistungsfeuerwehren als Werkfeuerwehren der Abwehr von Gefahren für ein überragend wichtiges Gemeinschaftsgut dient, da die Werkfeuerwehren im Gegensatz zur Gemeindefeuerwehr gerade nicht jeden einzelnen Bürger oder die Allge- 10 meinheit, sondern nur den eigenen Betrieb, die eigene Einrichtung oder Verwaltung vor den in § 2 benannten Gefahren schützen. Sofern man mit der Argumentation bejahen will, dass Werkfeuerwehren nicht nur Sachwerte, sondern auch Leben und Gesundheit von Mitarbeitern, Besuchern, Patienten usw. schützen, stellt sich die Frage, ob durch die Zulassung von privaten Dienstleistungsfeuerwehren als Werkfeuerwehren die Funktionsfähigkeit der Werkfeuerwehren beeinträchtigt wäre. Nur dann ist deren gesetzlicher Ausschluss zulässig. Jedenfalls dies ist – was die Gesetzesbegründung ja auch einräumt – grundsätzlich nicht der Fall, wie die Erfahrungen aus anderen Bundesländern zeigen. In Anbetracht der vom Gesetzgeber gesehenen verfassungsrechtlichen Schwierigkeiten und der angeblich geringen praktischen Relevanz ist das **Beibehalten** des **Werkszugehörigkeitserfordernisses nicht nachvollziehbar**. Die Regierungspräsidien haben dies bei der Prüfung von Ausnahmemöglichkeiten nach Satz 3 (siehe unten Rn. 12) zu berücksichtigen.

11 Der Verweis auf die Anforderungen des § 11 Abs. 1 Nr. 1 bis 3 bedeutet, dass für die Tätigkeit bei einer Werkfeuerwehr die **gleichen Anforderungen** an das Mindestalter sowie die gesundheitlichen und charakterlichen Voraussetzungen gelten wie für den Dienst in einer Gemeindefeuerwehr (vgl. zu den Voraussetzungen im Einzelnen die Rn. 5 bis Rn. 8 zu § 11).

Zu beachten ist, dass § 19 **keine Höchstaltersgrenze** für die Tätigkeit bei einer Werkfeuerwehr festschreibt. Der Gesetzgeber begründet den Verzicht damit, dass dies der Deregulierung diene und der stufenweisen Anhebung der Regelaltersgrenze in der gesetzlichen Rentenversicherung bis zum 67. Lebensjahr Rechnung trage (vgl. LT-Drs. 14/5103, S. 45). Der Verzicht auf eine Höchstaltersgrenze ist im Verband der Werkfeuerwehren zu Recht auf Kritik gestoßen, da nur maximal die Hälfte der Berufsfeuerwehrleute bis zum Alter von 60(!) Jahren noch vollständig einsatztauglich ist (vgl. Bauch, WFVD-Info 3/2007, S. 8).

Die in § 19 Abs. 7 Satz 1 a.F. enthaltene Regelung, wonach Werkfeuerwehrangehörige nicht auch einer Gemeindefeuerwehr angehören sollten, ist im Jahr 2009 gestrichen worden. Pflichtenkollisionen, die sich aus einer Doppelmitgliedschaft ergeben können, sind in § 14 Abs. 4 mit einem Vorrang der Pflichten aus der Mitgliedschaft in der Werkfeuerwehr geregelt.

3. Satz 3

12 Sachlich zuständig für die Erteilung von beantragten Ausnahmen vom Erfordernis der Werkszugehörigkeit ist stets das **Regierungspräsidium** als Mittelbebehörde der Feuerwehraufsicht. Damit unterscheidet sich diese Re-

gelung von der Zuständigkeit für die Bestätigung des Werkfeuerwehrkommandanten, die Anerkennung von Werkfeuerwehren bzw. der Verpflichtung zur Aufstellung von Werkfeuerwehren. Hierfür ist gemäß § 22 Abs. 1 Nr. 1 und 3 das Landratsamt bzw. in den Stadtkreisen der Bürgermeister zuständig (vgl. unten Rn. 17). Der Gesetzgeber bezweckt mit der Konzentration bei den Regierungspräsidien eine möglichst große Einheitlichkeit bei der Genehmigung der Ausnahmeregelungen (vgl. LT-Drs. 14/5103, S. 44).

Bei der Zulassung externer Dienstleistungsfeuerwehren ist einerseits das Grundrecht der Berufsfreiheit zu beachten (vgl. oben Rn. 9 f.), andererseits hat das Regierungspräsidium darauf zu achten, dass die **Qualität des Brandschutzes** in den Betrieben, Einrichtungen und Verwaltungen **gewährleistet** ist. Dabei ist nicht allein die Ausbildung der Angehörigen der Dienstleistungsfeuerwehr das entscheidende Kriterium. Vielmehr muss das Regierungspräsidium prüfen, ob die Kenntnis von Örtlichkeiten, Betriebsabläufen und des Gefahrenpotenzials im Betrieb, in der Einrichtung oder Verwaltung bei Angehörigen einer Dienstleistungsfeuerwehr im gleichen Maß vorhanden ist wie bei Angehörigen einer Werkfeuerwehr, die aus Werksangehörigen besteht (vgl. Hildinger/Rosenauer, FwG, 4. Aufl., § 19 Rn. 12). Diese Kenntnis ist neben den kurzen Anfahrtswegen zu den Produktionsstätten und der speziellen, auf die betriebsbedingten Gefahren ausgelegten sachlichen Ausstattungen der Werkfeuerwehren der Garant für eine effektive Schadensbekämpfung. Eine solche Kenntnis kann indes nur vorhanden sein, wenn der Betreiber der Dienstleistungsfeuerwehr gewährleisten kann, dass seine Feuerwehrangehörigen eine längere Zeit im Betrieb, in der Einrichtung oder der Verwaltung Dienst leisten und aus diesem Grund mit den Örtlichkeiten, Betriebsabläufen und dem vorhandenen Gefahrenpotenzial vertraut sind.

4. Satz 4

Der durch ÄndG 2009 eingefügte Satz 4 schafft die Möglichkeit, bei einer 13 Werkfeuerwehr auch eine **Jugendfeuerwehr** aufzustellen, die beispielsweise aus noch nicht volljährigen Auszubildenden bestehen kann. Dadurch soll die Nachwuchsgewinnung bei freiwilligen Werkfeuerwehren gefördert werden. Die praktische Bedeutung des Satzes 4 dürfte aber gering sein, da das grundsätzliche Erfordernis der Werkzugehörigkeit und der Umstand, dass bereits ab dem 17. Lebensjahr Übungsdienst in der Einsatzabteilung der Werkfeuerwehr geleistet werden kann, den Kreis der potenziellen Kandidaten für die Jugendfeuerwehr sehr einschränkt.

Im Gesetz nicht vorgesehen ist, eine Altersabteilung bei einer Werkfeuerwehr aufzustellen. Da eine Werkfeuerwehr jedoch im Aufbau – d.h. auch in der Gliederung – einer Gemeindefeuerwehr entsprechen muss, spricht nichts dagegen, in entsprechender Anwendung des § 6 Abs. 1 Satz 2 dieses Recht auch den Werkfeuerwehren zuzugestehen. Für ein solches Recht spricht zudem, dass dadurch den Werkfeuerwehren die Möglichkeit eingeräumt wird, die Anerkennung für die Verdienste der ehemaligen Werkfeuerwehrangehörigen um das Feuerlöschwesen zum Ausdruck zu bringen.

5. Satz 5

14 **„Werkfeuerwehrkommandant"** ist die offizielle Funktionsbezeichnung des Leiters der Werkfeuerwehr. Demgegenüber führt der Leiter der Gemeindefeuerwehr die Funktionsbezeichnung „Feuerwehrkommandant". Der Werkfeuerwehrkommandant hat innerhalb der Werkfeuerwehr den gleichen Verantwortungsbereich wie der Feuerwehrkommandant innerhalb der Gemeindefeuerwehr (siehe dazu Rn. 1 bis 3 zu § 9), insbesondere ist er für die Leistungsfähigkeit der Werkfeuerwehr verantwortlich.

15 Die nach § 22 Abs. 1 Nr. 1 bzw. 3 zuständige Aufsichtsbehörde darf die **nach Satz 5 erforderliche Bestätigung** der Bestellung des Werkfeuerwehrkommandanten nur erteilen, wenn der Werkfeuerwehrkommandant die nach Satz 1 erforderliche Befähigung besitzt (siehe oben Rn. 8), und zwar fachlich und persönlich. Versagt sie die Bestätigung, hat der Träger der Werkfeuerwehr die Bestellung zurückzunehmen. Die Versagung der Bestätigung kann mit dem Rechtsbehelf des Widerspruchs (§§ 68 ff. VwGO) angefochten und anschließend mit der Verpflichtungsklage (§ 42 Abs. 1, Alt. 2 VwGO) begehrt werden. Der Stellvertreter des Werkfeuerwehrkommandanten und der Schichtführer bedürfen zu ihrer Bestellung dagegen nicht der staatlichen Bestätigung.

6. Satz 6

16 Die **Anhörung der Gemeinde**, in deren Gebiet der Betrieb, die Einrichtung oder die Verwaltung mit Werkfeuerwehr liegt, ist geboten, weil sie von der Bestellung des Werkfeuerwehrkommandanten im Hinblick auf die Zusammenarbeit mit der Gemeindefeuerwehr betroffen ist. Die Anhörungsverpflichtung gegenüber der Gemeinde als betroffene Beteiligte ergibt sich aus § 28 Abs. 1 LVwVfG. Satz 6 hat insoweit nur eine klarstellende Funktion.

III. Zu Absatz 3

1. Satz 1

17 **Sachlich zuständig** für die Anerkennung als Werkfeuerwehr ist die Aufsichtsbehörde nach § 22 Abs. 1, in deren Bezirk der Betrieb, die Einrichtung oder Verwaltung den Sitz hat. Sollte ein Betrieb, eine Einrichtung

oder Verwaltung im Bezirk mehrerer Aufsichtsbehörden liegen, bestimmt sich die örtliche Zuständigkeit nach § 3 Abs. 2 LVwVfG, d. h., es ist grundsätzlich die Aufsichtsbehörde, die zuerst tätig geworden ist.

Die sachliche Zuständigkeit liegt nicht bei jeder unteren Verwaltungsbehörde i. S. von § 13 Abs. 1 LVG. Feuerwehraufsichtsbehörde ist das **Landratsamt** (vgl. § 22 Abs. 1 Nr. 1) auch für das Gebiet der Großen Kreisstädte und der zu unteren Verwaltungsbehörden erklärten Verwaltungsgemeinschaften. Aufsichtsbehörde für Betriebe, Einrichtungen und Verwaltungen **in den Stadtkreisen** ist gemäß § 22 Abs. 1 Nr. 3 **der Bürgermeister**.

Die Regelung der sachlichen Zuständigkeit für die Anerkennung einer Werkfeuerwehr und für die Verpflichtung zur Aufstellung einer Werkfeuerwehr in § 19 ist eine baden-württembergische Besonderheit. In allen anderen Flächenstaaten der Bundesrepublik mit dreistufigem Verwaltungsaufbau liegt die Zuständigkeit bei der staatlichen Mittelinstanz. Und in den Bundesländern mit zweistufigem Verwaltungsaufbau ist sogar der Innenminister(-senator) hierfür zuständig. Im Hinblick auf die hohen Kosten, die Betrieben, Einrichtungen oder Verwaltungen durch die Verpflichtung zur Aufstellung einer Werkfeuerwehr entstehen können, wäre es aus dem gleichen Rechtsgedanken, welcher den Gesetzgeber bewog, über die Zulassung von Ausnahmen vom Erfordernis der Werkszugehörigkeit die Regierungspräsidien entscheiden zu lassen (vgl. oben Rn. 12), angezeigt gewesen, solche bedeutenden Entscheidungen von einer Oberbehörde treffen zu lassen.

Für die Anerkennung als Werkfeuerwehr ist ein **Antrag erforderlich**. Die 18
Anerkennung ist ein begünstigender Verwaltungsakt, gegen den die belegene Gemeinde kein Rechtsmittel hat, da sie durch die Anerkennung nicht in ihren Rechten verletzt sein kann. Selbst wenn die Voraussetzungen des Absatzes 3 erfüllt sind, besteht auf die Anerkennung kein Rechtsanspruch. Nach dem klaren Wortlaut („kann“) steht der zuständigen Behörde ein Ermessensspielraum zu. Gegen die Ablehnung des Antrags auf Anerkennung steht dem Antragsteller der Rechtsbehelf des Widerspruchs (§§ 68 ff. VwGO), nach dessen erfolgloser Durchführung die Verpflichtungsklage (§ 42 Abs. 1, Alt. 2 VwGO) zu.

Satz 1, 2. Halbsatz nennt die **Voraussetzungen**, bei deren Vorliegen die 19
Aufsichtsbehörde die Betriebsfeuerwehr als Werkfeuerwehr anerkennen kann. Die Werkfeuerwehr muss in der Lage sein, die der Feuerwehr nach § 2 obliegenden Aufgaben in ihrem Betrieb, ihrer Einrichtung oder Verwaltung in vollem Umfang selbst zu erfüllen. Sie muss in Aufbau, Ausrüstung und Ausbildung den an Gemeindefeuerwehren gestellten Anfor-

derungen entsprechen. Diese Voraussetzungen müssen Werkfeuerwehren erfüllen, gleichgültig, ob diese anerkannt (Absatz 3) oder angeordnet (Absatz 4) sind.

2. Satz 2 und 3

20 **Satz 2** eröffnet der Aufsichtsbehörde die Möglichkeit, eine Werkfeuerwehr für mehrere benachbarte Betriebe, Einrichtungen oder Verwaltungen anzuerkennen, sofern die Aufgabenerfüllung nach § 2 insgesamt gewährleistet ist. Dies wird zum einen in sog. Industrie- und Gewerbeparks relevant, wo wirtschaftliche Gründe für eine Aufgabenteilung sprechen. Zum anderen wird mit der Regelung auch dem Umstand Rechnung getragen, dass heute Betriebe aus steuerlichen oder wirtschaftlichen Gründen in mehrere Einzelbetriebe aufgeteilt werden. In solchen Fällen besteht ein Bedürfnis, dass die Werkfeuerwehr für mehrere Betriebe zuständig ist und sich aus Angehörigen verschiedener Betriebe zusammensetzt. Die Trägerschaft für diese gemeinsame Werkfeuerwehr kann gemeinsam ausgestaltet sein oder bei einzelnen der beteiligten Betriebe, Einrichtungen oder Verwaltungen liegen.

Die rechtliche Verantwortung für eine ordnungsgemäße Aufgabenerfüllung verbleibt jedoch bei den beteiligten Betrieben, Einrichtungen oder Verwaltungen (**Satz 3**).

IV. Zu Absatz 4

1. Satz 1

21 Satz 1 gibt der **Aufsichtsbehörde** (vgl. oben Rn. 17) die Möglichkeit, unter bestimmten Voraussetzungen eine **Werkfeuerwehr anzuordnen**. Die Voraussetzungen hierfür entsprechen denen in § 3 Abs. 3 Satz 1 Nr. 1; siehe zu diesen Voraussetzungen im Einzelnen die Kommentierung Rn. 38 ff. zu § 3. Diese Regelung stellt zwar einen Eingriff in die Berufsfreiheit des betroffenen Unternehmens nach Art. 12 GG dar. Sie trägt aber dem Grundgedanken des Sicherheitsrechts Rechnung, nach dem derjenige, der eine besondere Gefahrenlage schafft, auch für ihre Beherrschung zu sorgen hat (vgl. VG Ansbach, Urteil vom 28. Februar 2002, AN 5 K 00.00114, juris [Rn. 24]).

22 Der der Aufsichtsbehörde in Satz 1 gewährte **Ermessensspielraum** („können") ist dahingehend eingeschränkt, dass von einer Anordnung nur abgesehen werden darf, wenn die Gemeindefeuerwehr einschließlich möglicher Überlandhilfe personell und gerätemäßig in der Lage ist, den Betrieb, die Einrichtung oder Verwaltung und die Allgemeinheit vor den Betriebsgefahren in einem Schadensfall wirksam zu schützen (so auch VG Ansbach, Urteil vom 28. Februar 2002, AN 5 K 00.00114, juris [Rn. 23 f.]). Aller-

dings folgt aus dem **Verhältnismäßigkeitsgrundsatz** allen staatlichen Handelns, dass eine Werkfeuerwehr nur angeordnet werden darf, wenn Maßnahmen des Betriebes, der Einrichtung oder Verwaltung nach § 3 Abs. 3 nicht (mehr) ausreichend sind. Wird von der Anordnung einer Werkfeuerwehr abgesehen, ist der örtliche Bürgermeister zu Anordnungen nach § 3 Abs. 3 befugt und in der Regel auch aufgerufen (vgl. hierzu Rn. 36 zu § 3).

Der Verpflichtungsbescheid ist ein für den betroffenen Betrieb, die betroffene Einrichtung oder Verwaltung **belastender Verwaltungsakt**, für den die Schriftnorm zwar nicht vorgeschrieben (vgl. § 37 Abs. 2 LVwVfG), aber aufgrund der Komplexität der zu regelnden Materie sachdienlich ist. Bevor dieser erlassen wird, ist dem betroffenen Betrieb, der Einrichtung oder Verwaltung Gelegenheit zu geben, sich zu den für die Entscheidung erheblichen Tatsachen zu äußern (§ 28 Abs. 1 LVwVfG). Wenn auch gesetzlich nicht vorgeschrieben, so empfiehlt es sich doch, vor dem Erlass eines Verpflichtungsbescheids ggf. die örtlich zuständige Industrie- und Handelskammer anzuhören. Ergeht der Bescheid schriftlich, ist er auch schriftlich zu begründen (§ 39 Abs. 1 LVwVfG). Zuständige Widerspruchsbehörde ist das Regierungspräsidium (§ 22 Abs. 2). Statthaftes Rechtsmittel bei erfolglosem Widerspruch ist die Anfechtungsklage (§ 42 Abs. 1, Alt. 1 VwGO). 23

Auch die angeordnete Werkfeuerwehr muss in Aufbau, Ausrüstung und Ausbildung den an Gemeindefeuerwehren gestellten Anforderungen genügen. Ebenso wird bei den Aufgaben und Befugnissen der Werkfeuerwehr nicht zwischen der nach Absatz 3 und der nach Absatz 4 unterschieden. 24

2. Satz 2

Nach Satz 2 können mehrere Betriebe, Einrichtungen oder Verwaltungen zur Aufstellung einer **gemeinsamen Werkfeuerwehr verpflichtet** werden. Denn aufgrund der räumlichen Nähe, der guten Kenntnisse der örtlichen und produktionstechnischen Gegebenheiten sowie der besonderen Gefahren, die bei einem Brand in potenziell gefährlichen Betrieben bzw. Einrichtungen oder beim Übergreifen eines Brandes auf diese entstehen können, kann es zum Schutz der Mitarbeiter, der Anwohner und hoher Sachwerte einsatztaktisch sinnvoll und notwendig sein, zur Gefahrenabwehr eine gemeinsame Werkfeuerwehr zu errichten (LT-Drs. 14/5103, S. 45). 25

Die Anordnung einer gemeinsamen Werkfeuerwehr ist möglich, wenn: 26

- entweder die Voraussetzungen von Satz 1 für jeden einzelnen Betrieb, jede einzelne Einrichtung oder Verwaltung erfüllt sind,
- oder Betriebe, Einrichtungen oder Verwaltungen für sich allein die Voraussetzungen des Satzes 1 nicht erfüllen, jedoch in einer Gesamtschau

dessen Voraussetzungen erfüllt sind und die Aufgaben auf dem Betriebsgelände aus einsatztaktischen Gründen zweckmäßigerweise nur einheitlich wahrgenommen werden sollten. Dies gilt beispielsweise für Betriebe, Einrichtungen und Verwaltungen in Forschungszentren, Industrie- und Gewerbeparks, aber auch für verbundene Unternehmen nach § 15 Aktiengesetz, wenn sie sich auf einem Betriebsgelände in räumlicher Nähe zueinander befinden (vgl. LT-Drs. 14/5103, S. 45 und oben Rn. 20).

V. Zu Absatz 5

27 Die **Anhörung der Gemeinde**, in deren Gebiet der Betrieb, die Einrichtung oder Verwaltung mit Werkfeuerwehr liegt, ist geboten, weil sie von der Entscheidung über die Einrichtung oder Aufhebung einer Werkfeuerwehr sowohl im Hinblick auf die Auswirkungen auf die Gemeindefeuerwehr (vgl. Absatz 6) als auch im Hinblick auf § 3 Abs. 3 unmittelbar betroffen ist. Die Anhörungsverpflichtung gegenüber der Gemeinde als betroffene Beteiligte ergibt sich aus § 28 Abs. 1 LVwVfG. Absatz 5 stellt dies für das FwG klar. Der Feuerwehrausschuss der Gemeindefeuerwehr ist vor Erlass des Anerkennungsbescheids anzuhören. Denn die Anerkennung ist eine „allgemeine örtliche Regelung“ i. S. von § 10 Abs. 4 Satz 2 (vgl. Rn. 17 zu § 10).

VI. Zu Absatz 6

1. Satz 1

28 **Satz 1** nennt die Aufgaben der Werkfeuerwehr, nämlich die Hilfeleistung i. S. von § 2 in dem Betrieb, der Einrichtung oder Verwaltung. Daher muss die Werkfeuerwehr in der Lage sein, die der Feuerwehr nach § 2 obliegenden Pflichtaufgaben in vollem Umfang selbst zu erfüllen. Den abwehrenden Brandschutz in ihrem Bereich sicherzustellen, liegt im alleinigen Verantwortungsbereich des Betriebs, der Einrichtung oder Verwaltung mit Werkfeuerwehr. Das bedeutet für die Gemeinde auch, dass sie ihre Feuerwehr nicht für die Gefahren des Betriebs, der Einrichtung oder Verwaltung aufstellen und ausstatten muss.

2. Satz 2

29 **Satz 2** stellt zum einen klar, was bereits aus Satz 1 folgt: Die Gemeindefeuerwehr wird durch die Werkfeuerwehr entlastet. Denn die Gemeinde bleibt zwar grundsätzlich für die Erfüllung der Aufgaben nach § 2 weiterhin zuständig (Abs. 1 Satz 2), die Aufgaben werden aber nicht von der Gemeindefeuerwehr erfüllt, sondern gemäß Abs. 6 auf die Werkfeuerwehr übertragen.

Die Gemeinde muss daher – trotz der weiterhin bestehenden grundsätzlichen Verpflichtung zur Hilfeleistung – ihre Feuerwehr nicht mehr hinsichtlich der in den Betrieben, Einrichtungen und Verwaltungen mit Werkfeuerwehr bestehenden und über die ansonsten in der Gemeinde vorhandenen Risiken hinausgehenden besonderen Gefahren ausrüsten und ausbilden. Nur wenn die Werkfeuerwehr bei außergewöhnlich großen Schadensereignissen die Aufgaben nach § 2 nicht mehr selbstständig erfüllen kann, muss die Gemeindefeuerwehr unterstützend tätig werden (vgl. Hildinger/Rosenauer, FwG, 4. Aufl., § 19 Rn. 25). Zum anderen will Satz 2 den Träger einer Werkfeuerwehr von unnötigem Verwaltungsaufwand entlasten. Ein Betrieb, eine Einrichtung oder Verwaltung mit Werkfeuerwehr muss nicht bei jedem Gefahrenereignis die Feuerwehr alarmieren, sondern nur bei Gefahren, die „mit eigenen Kräften oder Mitteln" (hier mit der Werkfeuerwehr) nicht beseitigt werden können (vgl. § 29 Abs. 2). Dies ist daher nur bei großen Schadensereignissen der Fall. Die Gemeindefeuerwehr ist zur Hilfeleistung verpflichtet, jedoch nur wenn sie nach § 29 Abs. 2 alarmiert wird. Satz 2 hindert andererseits die Gemeindefeuerwehr nicht, im Zweifelsfall auszurücken, auch wenn ihr (noch) keine formelle Alarmierung zugegangen ist.

3. Satz 3

Aus der Verweisung auf § 34 folgt, dass die Gemeinde für das Tätigwerden der Gemeindefeuerwehr in Betrieben, Einrichtungen oder Verwaltungen unter den Voraussetzungen des § 34 mittels Verwaltungsakt Kostenersatz geltend machen. Satz 3 dient lediglich der **Klarstellung**. 30

Wird die Gemeindefeuerwehr einer anderen Gemeinde im Rahmen der Überlandhilfe in dem Betrieb, der Einrichtung oder Verwaltung tätig, kann sie gemäß § 26 Abs. 2 Satz 1 von der um Hilfe ersuchenden Gemeinde Kostenersatz verlangen. Die ersuchende Gemeinde kann daraufhin diese Kosten unter den Voraussetzungen des § 34 von dem betroffenen Betrieb, der betroffenen Einrichtung oder Verwaltung verlangen. Unter den Voraussetzungen des durch das ÄndG 2015 eingefügten § 26 Abs. 2 Satz 3 kann die Überlandhilfe leistende Gemeinde eine Kostenersatzforderung auch unmittelbar an den Betrieb, die Einrichtung oder die Verwaltung richten.

VII. Zu Absatz 7

1. Satz 1

Satz 1 regelt, was selbstverständlich ist: Außerhalb des Betriebes bzw. der 31
Einrichtung oder Verwaltung unterstehen die Angehörigen der Werkfeuerwehr dem Technischen Einsatzleiter der Gemeindefeuerwehr und

haben die Dienstpflichten nach § 14 Abs. 1 Nr. 3 bis 7 zu beachten. Satz 1 setzt voraus, dass die Werkfeuerwehr von der Gemeindefeuerwehr angefordert wurde und sie der Aufforderung auch gefolgt ist. Die Voraussetzungen, unter denen Werkfeuerwehren angefordert werden können, nennt § 28 Abs. 2. Verpflichtet zur Hilfeleistung außerhalb des Betriebes ist die Werkfeuerwehr (abgesehen von den Fällen des Absatzes 8) nicht.

2. Satz 2

32 **Satz 2** bestimmt folgerichtig, dass die Angehörigen der Werkfeuerwehr bei Einsätzen außerhalb des Betriebsgeländes gleichermaßen gegen Ansprüche Dritter, denen sie bei der Ausübung des Dienstes Schaden zugefügt haben, geschützt sind wie die Angehörigen der Gemeindefeuerwehr. Denn sie handeln in diesem Fall in Erfüllung hoheitlicher Aufgaben. **Die Gemeinde des Einsatzortes haftet für die von Werkfeuerwehrangehörigen verursachten Schäden nach Amtshaftungsgrundsätzen** (siehe hierzu Rn. 5 zu § 7). Erleidet ein Angehöriger der Werkfeuerwehr bei Einsätzen außerhalb des Betriebes an mitgeführten Sachen einen Schaden (Sachschaden), hat er aufgrund von Satz 2 einen Anspruch gegen die Gemeinde auf Schadensersatz in **entsprechender Anwendung des § 17**.

33 Die Angehörigen der Werkfeuerwehren sind gemäß § 2 Abs. 1 Nr. 1 SGB VII gegen Arbeitsunfälle bei der für den Betrieb, der Einrichtung oder Verwaltung sachlich zuständigen Berufsgenossenschaft versichert. Diese Berufsgenossenschaft gewährt die Leistungen, wenn der Werkfeuerwehrangehörige innerhalb des Betriebes einen Unfall erleidet. Etwas anderes gilt bei Einsätzen nach § 19 Abs. 7 und in einem der Werkfeuerwehr nach § 19 Abs. 8 zugewiesenen Gemeindegebiet. Hier sind die Angehörigen der Werkfeuerwehr bei Unfällen auch nach § 2 Abs. 1 Nr. 12 und Nr. 13 Buchst. a SGB VII versichert, da sie hierbei für das Unternehmen Gemeindefeuerwehr tätig sind. Sie erhalten in diesen Fällen auch **Mehrleistungen** nach der Satzung der UKBW und nach der Verwaltungsvorschrift des Innenministeriums über die zusätzlichen Leistungen bei der Unfallversicherung (vgl. Einf. Rn. 11 f.).

3. Satz 3

34 **Satz 3** trägt dem Umstand Rechnung, dass Werkfeuerwehren nur für den Schutz ihres Betriebes, ihrer Einrichtung oder Verwaltung zuständig sind. Werden die Werkfeuerwehren außerhalb dieses von ihnen zu schützenden Bereichs für die Gemeinde tätig, ist es gerechtfertigt, dass sie hierfür **Kostenersatz von den Gemeinden** verlangen können. Diese Situation ist der Überlandhilfe vergleichbar, denn auch dort wird eine Feuerwehr außerhalb ihres (nach § 3 festgelegten) örtlichen Zuständigkeitsbereiches für eine andere

Feuerwehr tätig. Der Verweis auf die Regelungen über den Kostenersatz bei der Überlandhilfe (§ 26 Abs. 2) bedeutet, dass der Träger der Werkfeuerwehr durch den in § 26 Abs. 2 Satz 2 enthaltenen weiteren Verweis auf § 34 Abs. 4 bis 8 auch die Auslagen und kalkulatorischen Kosten ersetzt verlangen kann.

VIII. Zu Absatz 8

1. Zu Satz 1

Satz 1 ermöglicht die Übertragung von Aufgaben der Gemeindefeuerwehr auf eine Werkfeuerwehr unter zwei Voraussetzungen: 35

1. Der Werkfeuerwehr können die Aufgaben der Gemeindefeuerwehr nur **in der Gemeinde** bzw. in dem Gemeindeteil übertragen werden, **in dem der Betrieb, die Einrichtung oder Verwaltung seinen/ihren Sitz hat**. Die Übertragung von öffentlichen Feuerwehraufgaben auf dem Gebiet einer anderen Gemeinde ist nach Satz 1 nicht zulässig.
2. Voraussetzung für eine Übertragung nach Satz 1 ist ferner, dass der öffentliche Brandschutz durch die Gemeindefeuerwehr oder durch die Verbandsfeuerwehr nicht gewährleistet ist.

Diese Möglichkeit dient nicht der Entlastung der Gemeindefeuerwehr. 36
Die Werkfeuerwehr soll die Gemeindefeuerwehr verstärken, damit beide zusammen einen ausreichenden Brandschutz gewährleisten können, auch wenn sie das Gemeindegebiet einsatzmäßig teilen. Aus Satz 1 folgt auch, dass vor einer Übertragung nach Absatz 8 die Bildung eines Feuerwehrzweckverbandes zu prüfen ist. Die zwangsweise Heranziehung einer Werkfeuerwehr ist lediglich die äußerste Maßnahme, wenn alle anderen Möglichkeiten, den Brandschutz sicherzustellen, scheitern. Sind einer Werkfeuerwehr Aufgaben im Gemeindegebiet generell übertragen, hat sie im zugewiesenen Gebiet die gleichen Aufgaben wie die Gemeindefeuerwehr wahrzunehmen. Hat der Werkfeuerwehrkommandant die technische Einsatzleitung, so gilt für ihn § 27. Des Weiteren stehen ihm die Befugnisse nach § 30 Abs. 2 und Abs. 3 Satz 1, § 31 Abs. 1 Satz 2, Abs. 2 zu.

Sachlich zuständig für die Entscheidungen nach Abs. 8 ist die Feuerwehr- 37
aufsichtsbehörde nach § 22 Abs. 1. Diese muss vor der Entscheidung gemäß Satz 1 die Zustimmung der belegenen Gemeinde einholen und die Firmen- bzw. Einrichtungsleitung bzw. den Behördenleiter der Verwaltung anhören (deren Einverständnis ist nicht notwendig). Eine Entscheidung nach Absatz 8 ist eine „allgemeine örtliche Regelung“ i.S. von § 10 Abs. 4 Satz 2, weshalb vor der Entscheidung der Feuerwehrausschuss anzuhören ist. Erfolgt die Aufgabenübertragung, kann der Träger der Werkfeuerwehr hier-

gegen Widerspruch einlegen, zuständige Widerspruchsbehörde ist das Regierungspräsidium (§ 22 Abs. 2). Statthaftes Rechtsmittel bei erfolglosem Widerspruch ist die Anfechtungsklage (§ 42 Abs. 1, Alt. 1 VwGO).

2. Satz 2

38 Satz 2 verpflichtet die Aufsichtsbehörde, bei einer Übertragung nach Satz 1 auch den Einsatzbereich, die Alarmierung und die Kostentragung genau festzulegen. Die Kostenregelung nach Satz 2 darf gegen den Willen des Trägers der Werkfeuerwehr die Entschädigungsregelung nach Absatz 7 Satz 3 nicht abändern. Auf Wunsch des Trägers der Werkfeuerwehr ist eine Kostenregelung zu treffen, die ihm sämtliche Unkosten, die durch die Übernahme fremder Aufgaben entstehen, ersetzt.

3. Abschnitt
Landesfeuerwehrschule

§ 20
Landesfeuerwehrschule

[1]Die Landesfeuerwehrschule ist eine Einrichtung des Landes zur Aus- und Fortbildung der Angehörigen der Feuerwehren. [2]Sie untersteht dem Innenministerium.

A. Erläuterung

1 **§ 20 ergänzt § 5 Nr. 1** (siehe daher auch Rn. 6 zu § 5). Nach § 5 Nr. 1 ist das Land verpflichtet, eine Feuerwehrschule zu errichten und zu unterhalten. Die Feuerwehrschule muss personell und sachlich in der Lage sein, die Angehörigen der Feuerwehren entsprechend den jeweils geltenden Anforderungen auszubilden. Aus Satz 1 folgt, dass die Feuerwehrschule eine nicht rechtsfähige **„Einrichtung des Landes“** ist, und das Land die Aufgabe, die Feuerwehraus- und -fortbildung schulisch zu betreiben, nicht auf Dritte übertragen bzw. durch Dritte erledigen lassen kann.

Das Land kommt seiner Verpflichtung mit der seit 1961 bestehenden **Landesfeuerwehrschule Baden-Württemberg in Bruchsal** nach. Die Landesfeuerwehrschule war bis zum April 2017 auf zwei voneinander räumlich getrennte Gelände verteilt. Der ursprüngliche, 1961 in Betrieb genommene und zwischenzeitlich aufgegebene Standort in der Steinackerstraße diente zuletzt hauptsächlich für die Unterkunft und den theoretischen Unterricht; die praktische Ausbildung fand in der Feuerwehr-Übungsanlage am Standort im Gewerbegebiet „Im Wendelrot" statt, welche 1996 in Betrieb genommen wurde. Diese Trennung führte zu erheblichen Fahrzeiten der Lehrgangsteilnehmer. Nachdem die Gebäude in der Steinackerstraße aufwendig hätten saniert werden müssen, entschloss sich das Land zur Errichtung von vier Unterkunftsgebäuden, eines Verwaltungs- und Schulungsgebäudes sowie einer Kantine am Standort der Übungsanlage. Die neue Landesfeuerwehrschule wurde am 25. Juli 2017 offiziell eingeweiht. Die Baukosten von rund 40 Millionen Euro wurden aus der Feuerschutzsteuer finanziert. Mittlerweile ist eine Erweiterung der Schule um ein fünftes Unterkunftsgebäude und der Ausbau der Übungsanlage geplant. Der Landesbetrieb Vermögen und Bau Baden-Württemberg hat dazu gemeinsam mit der Landesfeuerwehrschule eine Machbarkeitsstudie zur baulichen Erweiterung erstellt. Auf dieser Grundlage sollen durch das Finanzministerium die konkreten weiteren Planungen beauftragt werden. Nach derzeitigem Stand wird eine Etatisierung der Maßnahme im Haushalt 2027/2028 angestrebt. Der Baubeginn ist abhängig vom Verlauf der Planungen und dem tatsächlichen Zeitpunkt der Etatisierung (vgl. LT-Drs. 17/6896, S. 7).

Der Landesfeuerwehrschule angeschlossen ist die **Akademie für Gefahrenabwehr**. Diese erweitert das bestehende Ausbildungssystem der baden-württembergischen Feuerwehr um Veranstaltungen mit den Schwerpunkten: Fortbildungen zu aktuellen Fachthemen, einsatztaktische und interdisziplinäre Fortbildungen für Führungskräfte und Veranstaltungen zu Fachthemen aus der Brandschutz- und Sicherheitsforschung. Ziel der Akademie für Gefahrenabwehr ist es somit, zusätzliche Fortbildungsangebote für Führungs- und Fachkräfte der Feuerwehr und andere im Katastrophenschutz Beteiligte anzubieten sowie über aktuelle Forschungs- und Fachthemen zu informieren und in Austausch zu treten (Einzelheiten finden sich auf der Internetseite der LFS, Rubrik „Akademie").

Die Landesfeuerwehrschule hat die **Angehörigen der Feuerwehren** aus- 2
und fortzubilden. Dazu beschäftigt sie ca. 100 Mitarbeiter, wobei die fachliche Ausbildung von über 40 Ausbildern und externen Dozenten durchgeführt wird. Das Angebot der Schule umfasst derzeit rund 50 Lehrgänge (vgl. die Aufstellung unten Rn. 3). Jährlich werden mehr als 6.500 Feuerwehrangehörige ausgebildet. Vielfach dauern die Kurse mehrere Tage, in manchen Fällen auch mehrere Wochen. Er wird entweder in einem der 21 Lehrsäle mit 24 bis 170 Sitzplätzen oder direkt in den speziellen Übungsräumen (z. B. Strahlenschutz-Übungsanlage, Chemie-Labor, Interlab-Schu-

lungsraum bzw. Übungseinrichtungen in der Übungsanlage) abgehalten. Das Ausbildungsprogramm umfasst technikorientierte oder Laufbahn-Lehrgänge, Fortbildungsseminare sowie Sonderveranstaltungen (weiterführende Informationen hierzu auf der Internetseite der LFS).

Darüber hinaus bildet die Landesfeuerwehrschule ehrenamtlich tätige Feuerwehrangehörige auch in Lehrgängen außerhalb ihrer schulischen Einrichtungen aus. Hierbei wird sie durch Landratsämter oder auch einzelne Feuerwehren durch das Stellen von entsprechenden Räumlichkeiten und Gerätschaften sowie durch externe Dozenten unterstützt. Die Art der Lehrgänge, die Anzahl und der Durchführungsort (Stadt- oder Landkreis) variieren von Jahr zu Jahr erheblich. Aufgrund des hohen Aufwands wird dies durch die jeweiligen Stadt- und Landkreise lediglich zum Abbau von Spitzen und in den seltensten Fällen regelmäßig durchgeführt.

Feuerwehren i. S. von Satz 1 sind nur die Feuerwehren nach § 1, also Gemeindefeuerwehren und Werkfeuerwehren. Das Land hat nicht die Verpflichtung, die Angehörigen der Grubenwehren (vgl. Rn. 2 zu § 37), der Bundeswehrfeuerwehr und der ausländischen Streitkräfte auszubilden, denn es kann nicht Pflichtaufgabe des Landes sein, die Angehörigen einer Feuerwehr, die nicht den Regelungen des FwG unterworfen sind, auszubilden. Allerdings werden die Angehörigen von Feuerwehren der Bundeswehr und der NATO-Streitkräfte, die im Land tätig sind, auf **freiwilliger Basis** an der Landesfeuerwehrschule ausgebildet. Zur Teilnahme an Lehrgängen können von der Landesfeuerwehrschule darüber hinaus Feuerwehrangehörige von Stellen außerhalb des Landes Baden-Württemberg und Angehörige öffentlicher Verwaltungen zugelassen werden.

3 Zu den Aufgaben der Landesfeuerwehrschule gehört auch die „**Aufstellung des Aus- und Fortbildungsplans**". Die Landesfeuerwehrschule legt daher fest, welche Lehrgänge an der Schule angeboten werden und auch deren Zeitdauer.

Die Ausbildung der Feuerwehrangehörigen durch die Landesfeuerwehrschule ist vielgestaltig. Folgende Lehrgänge werden unter anderem durchgeführt (vgl. im Einzelnen **Anlage 1 zur VwV-Feuerwehrausbildung**):

- Führungsausbildung für Angehörige Freiwilliger Feuerwehren (Gruppenführer, Zugführer, Feuerwehrkommandant, Verbandsführer, Einführung in die Stabsarbeit);
- Gerätewartung (Gerätewarte, Atemschutzgerätewarte, Gerätewarte besonderer Schutzkleidung, Fachkunde Ausbildung Maschinisten);

- Ausbilderlehrgänge (Ausbilder für Truppmann/Truppführer, Maschinisten, Sprechfunker, Atemschutzgeräteträger, Kinder- und Jugendgruppenleiter, Führungskräfte, Fachkunde für Maschinisten);
- Technische Hilfeleistung (Bootsführer, A-Einsatz, ABC-Einsatz, Führen im ABC-Einsatz, Messen, THL-Straße, THL-Bau);
- Fahrzeug- und Gerätebedienung (Maschinist Drehleiter, Fernmeldesachbearbeiter, Atemschutzgeräteträger für Regenerationsgeräte, Leitstellendisponent, Feuerwehrtaucher);
- Ausbildung für hauptamtliche Kräfte (Laufbahnlehrgänge für die Beamten des mittleren (B2) und des gehobenen (B4) feuerwehrtechnischen Dienstes, Führungslehrgang I (B3) und II (B3-II) und Führungslehrgang II für den höheren feuerwehrtechnischen Dienst (B6), Leitstellendisponent);
- sonstige Lehrgänge (Schiedsrichter für Leistungsübungen, Vorbeugender Brandschutz, Kreisfeuerwehrpressesprecher, Ausbildung zum Fachberater Chemie bzw. Seelsorge).

Die Ausbildungslehrgänge und die Zulassung hat das Innenministerium in der VwV-Feuerwehrausbildung (ebenso wie die Anlagen und Erläuterungen hierzu, eingestellt auf der Internetseite der LFS) festgelegt. Die Lehrgangsteilnehmer werden von den Gemeinden bzw. von den Betrieben, Einrichtungen und Verwaltungen mit Werkfeuerwehren über den Kreisbrandmeister bzw. Feuerwehrkommandanten eines Stadtkreises der Landesfeuerwehrschule gemeldet und entsprechend einer zeitlichen Rangliste einberufen. Die Lehrgangsteilnehmer der Berufsfeuerwehr werden zu den Laufbahnlehrgängen abgeordnet.

Kann die Landesfeuerwehrschule weniger Lehrgangsplätze in einem Kalenderjahr anbieten, als es dem gemeldeten Bedarf entspricht, so werden die vorhandenen Lehrgangsplätze nach einem Kontingentschlüssel auf die einzelnen Stadt- und Landkreise verteilt. Der Kontingentschlüssel richtet sich nach der Anzahl der Feuerwehren sowie der Anzahl der Feuerwehrangehörigen im jeweiligen Stadt- oder Landkreis.

Die **Kosten der Ausbildung** an der Landesfeuerwehrschule hat grundsätz- 4
lich gemäß § 3 Abs. 1 Satz 1 bzw. § 19 Abs. 1 Satz 3 der Träger der Feuerwehr zu tragen. Die Kosten für die Durchführung der Lehrgänge trägt allerdings das Land. Das Land übernimmt auf freiwilliger Basis einen Großteil weiterer Kosten. Diese Kostenübernahme ist Nr. 3.2 der VwV-Feu-

erwehrausbildung geregelt. Danach übernimmt das Land für **ehrenamtliche** Angehörige von Gemeindefeuerwehren insbesondere:

- die Kosten der amtlichen Verpflegung und Unterkunft;
- die Fahrtkosten nach den vom Innenministerium festgelegten Sätzen;
- bei Lehrgängen von mehr als einer Woche Dauer im Bedarfsfall Fahrtkostenersatz für Wochenendheimfahrten nach den vom Innenministerium festgelegten Sätzen;
- die für die Aus- und Fortbildung notwendigen Lernunterlagen wie Lehrstoffblätter und Feuerwehr-Dienstvorschriften; diese werden kostenlos zur Verfügung gestellt.

Der durch den Lehrgang entstandene Verdienstausfall und die Auslagen (insbesondere Fahrtkosten) des Teilnehmers sind diesem von der Gemeinde gemäß § 16 Abs. 1 auf Antrag zu ersetzen.

Für **hauptamtliche** Angehörige von Gemeindefeuerwehren, Angehörige von Werkfeuerwehren, Angehörige der Landesverwaltung und feuerwehrtechnische Beamte nach § 23 FwG, trägt das Land für die Lehrgänge nach Anlage 1 der VwV-Feuerwehrausbildung die Lehrgangskosten. Als freiwillige Leistung übernimmt das Land zusätzlich die Kosten der amtlichen Verpflegung und Unterkunft sowie die Kosten der Lernunterlagen.

Als freiwillige Leistung gewährt das Land den Teilnehmern von Lehrgängen der Landesfeuerwehrschule, die **außerhalb ihres Standortes abgehalten** werden, ein Lehrgangstagegeld in Höhe von 20 Euro. Mit diesem Lehrgangstagegeld werden die durch die Lehrgangsteilnahme entstehenden Reise- und Verpflegungskosten sowie eventuelle Unterkunftskosten pauschal abgegolten.

5 Einzelheiten zur **Freistellung ehrenamtlich tätiger Feuerwehrangehöriger von der Arbeitsleistung während des Lehrgangbesuches** finden sich unter Rn. 8 ff. zu § 15, Einzelheiten zum Verdienstausfall während einer Lehrgangsteilnahme unter Rn. 24 und Rn. 31 zu § 16.

6 Die Landesfeuerwehrschule konnte während der Coronapandemie innerhalb kurzer Zeit einen großen Teil des Lehrgangsangebotes in Onlineformate übertragen und hierdurch umfangreiche Erfahrungen sammeln. Aufgrund dieser Erfahrungen und gestützt durch Evaluationsergebnisse hat die Landesfeuerwehrschule im Jahr 2023 zahlreiche Weiterentwicklungen bei den digitalen Angeboten und Anpassungen bei den bislang ausschließlich in Präsenz durchgeführten Lehrgangsformaten eingeführt. Einige dieser Lehrgänge werden nunmehr im sogenannten „Blended"-Format (Kombination von klassischer Präsenzlehre mit Phasen des Online-Lernens) angeboten (vgl. LT-Drs. 17/6896, S. 10).

Die Landesfeuerwehrschule **„untersteht"** dem Innenministerium. Somit übt das Innenministerium die Dienst- und Fachaufsicht aus, hat aber nicht die Leitung über die Schule, da diese eine organisatorisch selbstständige Einrichtung des Landes mit gesetzlich festgelegter Aufgabe ist. Die besondere Bedeutung des Amtes des Leiters der Landesfeuerwehrschule wird nach außen dokumentiert durch sein Funktionsabzeichen (2 goldene Funktionssterne mit Eichenlaub). 7

Die Landesfeuerwehrschule stellt im Wege der **Amtshilfe** nach § 5 LVwVfG Personal und Geräte für Feuerwehreinsätze zur Verfügung. Diese wird mittels Unterstützung durch Personal mit besonderen Fachkenntnissen sowie durch den Einsatz der dort vorhandenen Sonderfahrzeuge und Abrollcontainer geleistet. 8

4. Abschnitt
Feuerwehrverbände

§ 21
Feuerwehrverbände

(1) Die Feuerwehren können sich insbesondere zur Vertretung der Interessen der Feuerwehrangehörigen, zur Stärkung des Ehrenamtes bei der Feuerwehr und zur Förderung des Feuerwehrgedankens zu gemeinnützigen Feuerwehrverbänden des Privatrechts zusammenschließen.

(2) Die Behörden haben die für ihren Bereich gebildeten Landes-, Stadt- und Kreisfeuerwehrverbände vor allgemeinen Regelungen, welche die Feuerwehren berühren, rechtzeitig zu hören.

Übersicht **Rn.**

A. Allgemeines

Das Recht, einen „Feuerwehrverband" zu gründen, folgt bereits aus dem Grundrecht der Vereinigungsfreiheit nach Art. 9 GG. § 21 kommt inso- 1 weit nur klarstellende Bedeutung zu. Die Bedeutung des § 21 liegt insbesondere im Anhörungsrecht nach Absatz 2, welches den Feuerwehrverbänden allerdings nur dann zusteht, wenn sie nach ihrer Satzung und faktisch die in Absatz 1 aufgeführten Ziele verfolgen.

§ 21 war vom Gesetzgeber auch nicht als Aufruf zur Gründung von Feuerwehrverbänden gedacht (vgl. das Wort „können" in Abs. 1). Eines solchen Appells bedurfte es nämlich nicht, denn das Feuerwehrverbandswesen ist wesentlich älter als das Gesetz. Bereits am 7. September 1863 war die Gründung des Württembergischen Feuerwehrverbands als erster Feuerwehrverband in Deutschland erfolgt, der Badische Landesfeuerwehrverein folgte am 6. Dezember 1863. Allerdings erst 1972 gelang es, diese beiden ursprünglichen Verbände aufzulösen und einen gemeinsamen Landesfeuerwehrverband Baden-Württemberg zu gründen (zur Geschichte und Entwicklung der Feuerwehrverbände in Baden-Württemberg vgl. ausführlich die Publikation „miteinander – füreinander", das der Landesfeuerwehrverband BW zu seinem 150-jährigen Jubiläum 2013 herausgegeben hat).

In Baden-Württemberg besteht in jedem Landkreis ein **Kreisfeuerwehrverband** bzw. in jedem Stadtkreis ein **Stadtfeuerwehrverband**.

Auf Landesebene ist der **Landesfeuerwehrverband Baden-Württemberg** mit Sitz in Stuttgart und einer Geschäftsstelle in 70794 Filderstadt, Karl-Benz-Straße 19 vorhanden. Insgesamt vertritt der Landesfeuerwehrverband BW ca. 115.400 Angehörige der Freiwilligen Feuerwehren, ca. 6.670 Angehörige der Werkfeuerwehren, ca. 2.690 hauptamtliche Feuerwehrangehörige, ca. 37.700 Angehörige der Jugendfeuerwehren und ca. 31.015 Angehörige der Altersabteilungen. Der Landesfeuerwehrverband repräsentiert und vertritt die Interessen der Feuerwehren gegenüber Öffentlichkeit, Verwaltung, Regierung sowie gegenüber den Feuerwehrträgern. Der Landesfeuerwehrverband berät das Innenministerium zu fachspezifischen Feuerwehrthemen und arbeitet eng mit den Organisationen des Rettungsdienstes sowie des Katastrophenschutzes zusammen. Insgesamt fördert der Landesfeuerwehrverband das Feuerwehrwesen in Baden-Württemberg ebenso wie soziale Einrichtungen der Feuerwehren. Die Fachgebietsleiter vertreten die Interessen der Feuerwehren des Landes z.B. in den Gremien des Deutschen Feuerwehrverbandes auch auf Bundesebene. Die Arbeit im Landesfeuerwehrverband erfolgt zu großen Teilen ehrenamtlich. Der Landesfeuerwehrverband finanziert sich wie die Stadt- und Kreisfeuerwehrverbände aus Beiträgen der Mitglieder, Spenden und Zuwendungen. Die Organe des Landesfeuerwehrverbandes und ihre Aufgaben sind in dessen Satzung (eingestellt auf der Internetseite des LFV) geregelt.

Die Kreis- und Stadtfeuerwehrverbände sowie der Landesfeuerwehrverband sind in Absatz 2 ausdrücklich auch genannt.

Auf Bundesebene gibt es den **Deutschen Feuerwehrverband (DFV)** mit einer Geschäftsstelle in 10117 Berlin, Reinhardtstraße 25. Für den DFV gelten die Vorschriften des FwG selbstverständlich nicht. Mitglieder des DFV sind die 16 Landesfeuerwehrverbände der Bundesländer sowie die Bundesgruppen „Berufsfeuerwehr" und „Werkfeuerwehr". Mitglieder des Landesfeuerwehrverbands sind die 42 Kreis- bzw. Stadtfeuerwehrverbände; Mitglieder des Kreisfeuerwehrverbands sind die Feuerwehren in einem Kreis.

B. Erläuterung

I. Zu Absatz 1

„Feuerwehren" i.S. des § 21 sind die Gemeindefeuerwehren und Werkfeuerwehren. Gemeindefeuerwehren sind unselbstständige Einrichtungen der (juristischen Person) Gemeinde (vgl. § 1 Abs. 1 Satz 1). Die Gemeindefeuerwehren sind somit nicht rechtsfähig (vgl. Rn. 6 zu § 1) und können sich deshalb nicht zu einem Feuerwehrverband zusammenschließen, d.h. einen Verband gründen. Dies können nur natürliche oder juristische Personen. Satz 1 ist insoweit unscharf gefasst, Absatz 1 gibt den Feuerwehren keine Teilrechtsfähigkeit für die Verbandsarbeit (vgl. Hildinger/Rosenauser, FwG, 4. Aufl., § 21 Rn. 3). Über die Mitgliedschaft in den Feuerwehrverbänden entscheiden daher die Gemeinden, die auch die Mitgliedsbeiträge aus Mitteln ihres Haushalts aufbringen. Mit der Ermächtigung der Feuerwehren zur Bildung von Verbänden fordert Absatz 1 von den Gemeinden, die Feuerwehren dort ihre spezifischen Interessen weitgehend selbst vertreten zu lassen (vgl. dazu Hildinger/Rosenauer, a.a.O.). In der Praxis sind die Gemeinden regelmäßig damit einverstanden, dass die Feuerwehren selbst Vertreter in die Gremien des Verbandes entsenden, sie verzichten zudem auf Weisungen gegenüber ihren Vertretern. Sie könnten allerdings Weisungen erteilen, insbesondere das Abstimmungsverhalten bei der Gestaltung der Mitgliedsbeiträge betreffend. Infolge dieser Handhabung können die Feuerwehrverbände, wie im Gesetz vorgesehen, die Interessen der Feuerwehren und ihrer Angehörigen wirkungsvoll vertreten. Oftmals werden die Belange der Gemeinden durch einen Vertreter der Bürgermeister in den Gremien der Kreisfeuer- 2 wehrverbände wahrgenommen. Darüber hinaus vertreten die Gemeinden ihre Interessen als Träger der Feuerwehren über den Gemeindetag und den Städtetag Baden-Württemberg.

Die Aussagen zur Mitgliedschaft und Mitwirkung der Gemeindefeuerwehren in den Verbänden gelten entsprechend für die Werkfeuerwehren und die sie tragenden Betriebe, Einrichtungen und Verwaltungen. Die Werkfeuerwehren sind regelmäßig Mitglied der Kreis- bzw. Stadtfeuerwehrverbände und haben sich ihrerseits in der Arbeitsgemeinschaft der Werkfeuerwehren (AGWF) zusammengeschlossen, deren Vertreter wiederum im Vorstand der Landesfeuerwehrverbandes BW Sitz und Stimmrecht hat.

3 Absatz 1 nennt als Verbandszwecke beispielhaft die **„Vertretung der Interessen“** der Feuerwehrangehörigen, die **„Stärkung des Ehrenamts“** bei der Feuerwehr und die **„Förderung des Feuerwehrgedankens“**. Da die Stärkung des Ehrenamts und die Vertretung der Interessen wichtige Aufgaben sind, werden sie ausdrücklich in Absatz 1 genannt. Tatsächlich werden diese Aufgaben bereits seit Langem von den Feuerwehrverbänden wahrgenommen. Den Feuerwehrverbänden steht es frei, über § 21 hinaus weitere gemeinnützige Zwecke zu verfolgen („insbesondere“). Sie müssen dann allerdings im Vereinsregister eingetragen sein (siehe hierzu unten Rn. 5).

Der Feuerwehrverband ist die **Interessenvertretung der Feuerwehrangehörigen**. Er hat vor allem den Zusammenhalt der Feuerwehren untereinander durch Pflege der Kameradschaft und durch die Intensivierung des Erfahrungsaustausches zu fördern und sich für die sozialen Belange der Feuerwehrangehörigen einzusetzen. So ist auch folgerichtig der Landesfeuerwehrverband Träger des Feuerwehrhotels „Feuerwehrhotel St. Florian“, Bruderhalde 30, 79815 Titisee-Neustadt. Hier besteht für Feuerwehrangehörige durch Freiplätze oder vergünstigte Zimmerpreise die Möglichkeit, sich vom Feuerwehrdienst, von belastenden Ereignissen oder Unfällen zu erholen (Einzelheiten finden sich hierzu bei Rn. 11b der Einf. und auf der Internetseite des LFV BW).

4 Der Feuerwehrverband hat kraft Gesetzes **„gemeinnützige“** Zwecke zu verfolgen. Erläuterungen zum Begriff der Gemeinnützigkeit und zu seinen rechtlichen Folgen finden sich in Rn. 4 zu § 1.

5 Ein gemeinnütziger Feuerwehrverband **„des Privatrechts“** ist nur in Form eines Vereins i. S. des § 21 BGB möglich. Er erlangt Rechtsfähigkeit durch Eintragung ins Vereinsregister des Amtsgerichts. Der Feuerwehrverband erhält durch die Eintragung den Zusatz „eingetragener Verein“ (e. V.). Die vom Feuerwehrverband verfolgten Verbandsziele müssen in die Verbandssatzung aufgenommen sein (§ 57 Abs. 1 BGB).

II. Zu Absatz 2

Nach **Absatz 2** sind die Behörden verpflichtet, vor dem Erlass „allgemeiner Regelungen, welche die Feuerwehren berühren", rechtzeitig den für ihren Bereich gebildeten Feuerwehrverband **anzuhören**. Hierunter fallen Gesetze, Verordnungen und Verwaltungsvorschriften, die positive oder negative Auswirkungen auf die Feuerwehren bzw. deren Angehörige haben können. Vom Innenministerium ist der Landesfeuerwehrverband, von den Landratsämtern sind die Kreisfeuerwehrverbände und von den Bürgermeisterämtern in den Stadtkreisen sind die Stadtfeuerwehrverbände anzuhören. 6

Trifft eine landkreisangehörige Gemeinde eine „allgemeine Regelung" i.S. von Absatz 2, ist der Feuerwehrausschuss der Gemeindefeuerwehr gemäß § 10 Abs. 4 Satz 2 anzuhören, nicht jedoch zusätzlich auch der Kreisfeuerwehrverband. Der Feuerwehrverband ist nur zu hören, wenn gleichzeitig mehrere Feuerwehren des Verbandsbereichs berührt sind.

„**Rechtzeitig**" ist die Anhörung, wenn dem Verband genügend Zeit zur Stellungnahme eingeräumt wird, damit er eine Meinungsbildung in seinem zuständigen Verbandsorgan herbeiführen kann. Dem Feuerwehrverband muss vor der Beratung genügend Zeit zur Vorbereitung gestellt werden. Dies gilt nach der Rechtsprechung sogar für eilbedürftige Angelegenheiten (vgl. BGH, NJW 1987, 1811 und juris [Rn. 17]). Das Wort „rechtzeitig" schließt auch ein, dass die Anhörung vor dem Erlass der allgemeinen Regelung durchgeführt wird; dies bedeutet, dass die Behörde die Entscheidung erst nach und aufgrund der Anhörung treffen darf. 7

VIERTER TEIL
Aufsicht

§ 22
Aufsichtsbehörden

(1) Die Aufsicht über das Feuerwehrwesen obliegt

1. **den Landratsämtern für die kreisangehörigen Gemeinden und für die Betriebe, Einrichtungen und Verwaltungen mit Werkfeuerwehr in den kreisangehörigen Gemeinden,**
2. **den Regierungspräsidien für die Stadtkreise und die Landkreise,**
3. **in den Stadtkreisen dem Bürgermeister für die Betriebe, Einrichtungen und Verwaltungen mit Werkfeuerwehr.**

(2) Obere Aufsichtsbehörde ist das Regierungspräsidium, oberste Aufsichtsbehörde das Innenministerium.

(3) Liegt eine Einrichtung oder Anlage im Bezirk mehrerer Aufsichtsbehörden und können die Aufgaben der Aufsichtsbehörden zweckmäßig nur einheitlich wahrgenommen werden, so kann die nächsthöhere gemeinsame Aufsichtsbehörde durch Rechtsverordnung einer Aufsichtsbehörde Aufgaben auch im Bezirk der anderen Aufsichtsbehörde zuweisen.

(4) [1]Die Aufsichtsbehörden können jederzeit die Rechtmäßigkeit der Aufgabenwahrnehmung nach diesem Gesetz überprüfen. [2]Für die Rechtsaufsicht gelten die §§ 118 und 120 bis 127 der Gemeindeordnung.

(5) [1]Die Aufsichtsbehörden können sich
1. durch Anforderung von Berichten,
2. durch örtliche Prüfungen und
3. im Benehmen mit dem Bürgermeister oder bei Werkfeuerwehren mit dem Leiter des Betriebs, der Einrichtung oder der Verwaltung durch Anordnung von Alarm- und Einsatzübungen

jederzeit über den Leistungsstand und die Einsatzbereitschaft der Feuerwehren unterrichten. [2]Die Gemeinden oder die Betriebe, Einrichtungen oder Verwaltungen mit Werkfeuerwehr haben die Kosten für die Alarm- und Einsatzübungen zu tragen.

(6) [1]Die Aufsichtsbehörden können bei Einsätzen nach § 2 Absätze 1 und 2 Nummer 1 unmittelbar Weisungen erteilen und die organisatorische Oberleitung übernehmen. [2]Sie können ferner für die Überlandhilfe (§ 26) im Einvernehmen mit den Gemeinden Einsatzgebiete sowie Alarm- und Ausrückeordnungen festlegen.

Übersicht **Rn.**

A. Allgemeines

Die Paragrafenüberschrift gibt den Inhalt von § 22 nur unvollständig wieder. So bestimmen zwar die Absätze 1 bis 3, welche Behörden die Aufsicht **„über das Feuerwehrwesen“** führen. Die ihnen nach Absatz 6 – und ebenso nach § 19 Abs. 8, § 27 Abs. 4 und 5 – obliegenden Aufgaben gehören jedoch nicht zur „Aufsicht über das Feuerwehrwesen“; sie sind ihnen zusätzlich, d.h. unabhängig davon zugewiesen. 1

Absatz 4 befasst sich mit dem Gegenstand der Feuerwehraufsicht, und Absatz 5 nennt die Aufsichtsmittel, um den Leistungsstand und die Einsatzbereitschaft der Feuerwehren überwachen zu können. Bei der Überwachung der Aufstellung und der Ausrüstung der Feuerwehren können die Feuerwehraufsichtsbehörden gemäß Absatz 4 Satz 2 die Aufsichtsmittel der Gemeindeordnung einsetzen (vgl. unten Rn. 15). Absatz 6 Satz 1 erweitert die Befugnisse der Aufsichtsbehörden, insbesondere bei Großschadenslagen, Satz 2 ermächtigt die Aufsichtsbehörden, Einsatzgebiete für die Überlandhilfe sowie Alarm- und Ausrückeordnungen im Einvernehmen mit den Gemeinden festzulegen.

B. Erläuterung

I. Zu Absatz 1

1. Zur Feuerwehraufsicht

Die Worte **„Aufsicht über das Feuerwehrwesen“** sind auslegungsbedürftig. Sie werden eingegrenzt durch den Gegenstand der Feuerwehraufsicht, d.h. durch Absatz 4 Satz 1. Dessen Regelungsinhalt entspricht den Pflichten, die der Träger der Feuerwehr nach § 3 Abs. 1 bzw. § 19 Abs. 2 Satz 1 hat, nämlich die Feuerwehr sowohl personell als auch technisch in die Lage zu versetzen, die Pflichtaufgaben nach § 2 Abs. 1 erfüllen zu können. **Adressat der Feuerwehraufsicht ist deshalb der Träger der Feuerwehr.** 2

Der Auslegung der Worte „Aufsicht über das Feuerwehrwesen“ kommt deshalb Bedeutung zu, weil die Feuerwehraufsichtsbehörde nach Absatz 1 nicht identisch mit der allgemeinen Kommunalaufsichtsbehörde nach § 119 GemO zu sein braucht. So unterstehen die Großen Kreisstädte und die zu unteren Verwaltungsbehörden erklärten Verwaltungsgemeinschaften der Feuerwehraufsicht des Landratsamts und im Übrigen der Kommunalaufsicht des Regierungspräsidiums (vgl. § 119 Satz 1 GemO und die Beispiele hierzu unten Rn. 14).

3 Die den Gemeinden als Träger der Feuerwehr sowie die den Betrieben, Einrichtungen und Verwaltungen mit Werkfeuerwehr obliegenden gesetzlichen Pflichtaufgaben sind Selbstverwaltungsaufgaben (vgl. § 2 Abs. 1 und 2 GemO) und nicht durch Weisung übertragene Aufgaben des Landes. Gleiches gilt für die Landkreise, soweit sie Aufgaben nach § 4 wahrnehmen. Demzufolge beinhaltet die den Feuerwehraufsichtsbehörden nach Absatz 4 obliegende Überwachung kein Weisungsrecht. Ebenso wenig enthalten die übrigen Bestimmungen des Gesetzes ein solches, denn die Feuerwehraufsicht nach § 22 ist – wie der Gesetzeswortlaut des Abs. 4 Satz 1 klarstellt – auf die **Rechtsaufsicht** beschränkt (vgl. § 118 Abs. 1 GemO). Rechtsaufsicht bedeutet, dass die Aufsichtsbehörden nur die **Rechtmäßigkeit** des Handelns überprüfen (dürfen), nicht aber dessen Zweckmäßigkeit. Dies bedeutet, dass die Feuerwehraufsicht nicht eingreifen kann/darf, wenn sie das Handeln der Gemeinde zwar für unzweckmäßig hält – etwa, wenn sie das von der Gemeinde gebaute Feuerwehrhaus für überdimensioniert oder die Anschaffung eines kleineren Löschgruppenfahrzeugs für ausreichend erachtet, um die Aufgaben nach § 2 Abs. 1 erfüllen zu können –, das Handeln der Gemeinde jedoch rechtmäßig ist. Im Gegensatz dazu stellt sich als Verstoß gegen § 3 Abs. 1 Satz 1 und 2 Nr. 2 und daher als nicht rechtmäßig dar die von einer Gemeinde, welche für den Brandschutz in einem 482 m langen zweiröhrigen Autotunnel zuständig ist, beabsichtigte ersatzlose Veräußerung von 24 Langzeitatemschutzgeräten und sechs Wärmebildkameras. Diese wurde zu Recht durch die Feuerwehraufsicht beanstandet (VGH, NVwZ-RR 2016, 878 und juris [Rn. 41 f.]).

Das dem Innenministerium nach § 3 Abs. 1 Satz 3 eingeräumte Recht, Verwaltungsvorschriften zur Regelung der dort genannten Materien zu erlassen, wertet die auf Absatz 4 beschränkte Feuerwehraufsicht nicht zur Fachaufsicht auf. § 3 Abs. 1 Satz 3 ermächtigt das Innenministerium als oberste Aufsichtsbehörde nämlich nicht zu Einzelweisungen bei der Ausübung der Feuerwehraufsicht nach Absatz 4.

4 Gegen Verfügungen auf dem Gebiet der Feuerwehraufsicht als Rechtsaufsicht kann der Träger der Feuerwehr nach Maßgabe des 8. Abschnitts der VwGO **Anfechtungsklage** (§ 42 Abs. 1, Alt. 1 VwGO) und **Verpflichtungsklage** (§ 42 Abs. 1, Alt. 2 VwGO) erheben (§ 125 GemO; VGH, NVwZ-RR 2016, 878 und Juris [Rn. 37]). Der Klageerhebung ist als Vorverfahren der **Widerspruch** (§§ 68 ff. VwGO) vorgeschaltet.

2. Untere Feuerwehraufsichtsbehörden

Die unteren Feuerwehraufsichtbehörden sind nicht identisch mit den allgemeinen Rechtsaufsichtsbehörden (vgl. oben Rn. 2 a.E.). Untere Feuerwehraufsichtsbehörden sind: 5

- das Landratsamt,
- das Regierungspräsidium und
- der Bürgermeister eines Stadtkreises.

Das **Landratsamt** führt die Aufsicht über die kreisangehörigen Gemeinden (einschließlich der Großen Kreisstädte) in ihrer Eigenschaft als Träger der Gemeindefeuerwehr und über die Betriebe, Einrichtungen und Verwaltungen, die eine Werkfeuerwehr unterhalten (**Absatz 1 Nr. 1**). 6

Das **Regierungspräsidium** beaufsichtigt als untere Feuerwehraufsichtsbehörde die Stadtkreise als Feuerwehrträger sowie die Landkreise, soweit diese Aufgaben nach § 4 als kommunale Körperschaft wahrnehmen (**Absatz 1 Nr. 2**).

Der **Bürgermeister des Stadtkreises** hat schließlich die Aufsicht über die Werkfeuerwehren und ihre Träger im Stadtgebiet (**Absatz 1 Nr. 3**).

In Absatz 1 nicht geregelt ist die Aufsicht über Verbandsfeuerwehren (zum Begriff Rn. 2 zu § 1). In diesem Fall gilt § 28 GKZ, wonach das Landratsamt zuständig ist, wenn an der Verbandsfeuerwehr nur Gemeinden beteiligt sind, die seiner Aufsicht unterstehen. Das Regierungspräsidium oder die von ihm bestimmte Behörde ist zuständig, wenn der Verbandsfeuerwehr Gemeinden aus unterschiedlichen Landkreisen angehören.

II. Zu Absatz 2

Absatz 2 nennt die **obere** und die **oberste Feuerwehraufsichtsbehörde**. Diese üben **Fachaufsicht** über die ihnen untergeordneten Behörden aus und prüfen daher die rechtmäßige und zweckmäßige Wahrnehmung der fachlichen Verwaltungsangelegenheiten, vgl. § 3 Abs. 2 Landesverwaltungsgesetz (LVG). Das Regierungspräsidium beaufsichtigt als obere Aufsichtsbehörde gemäß § 20 Abs. 2 LVG das Landratsamt und den Bürgermeister des Stadtkreises, soweit dieser nach Absatz 1 Nr. 3 untere Aufsichtsbehörde ist. Für die Bürgermeisterämter der Stadtkreise ist das Regierungspräsidium gemäß Absatz 1 Nr. 2 untere Aufsichtsbehörde. Das Innenministerium ist oberste Feuerwehraufsichtsbehörde (vgl. § 14 Abs. 2 LVG). 7

Die obere und oberste Aufsichtsbehörde können die Mittel der Aufsicht nicht unmittelbar gegenüber den Trägern der Feuerwehr anwenden. Ihre 8

Einwirkungsmöglichkeit ist darauf beschränkt, das Handeln der ihnen unterstellten Feuerwehraufsichtsbehörden auf Rechtmäßigkeit und Zweckmäßigkeit zu überprüfen und im Rahmen ihrer Fachaufsicht diesen Weisungen zu erteilen.

III. Zu Absatz 3

9 Absatz 3 ermöglicht die **Änderung des örtlichen Zuständigkeitsbezirks der Aufsichtsbehörde**. Die verwaltungsaufwendige Regelung des Absatzes 3 ist eine Folge des Art. 70 Abs. 1 Satz 1 LV (Zuständigkeitsregelungen unterliegen dem Gesetzesvorbehalt). Absatz 3 ist neben § 3 Abs. 2 LVwVfG notwendig. Während § 3 Abs. 2 LVwVfG ermöglichen soll, die Zuständigkeit bei einer Behörde zu bündeln, wenn mehrere Behörden für ein und dieselbe Sache örtlich zuständig sind oder wenn die Zuständigkeit zweifelhaft ist, liegt dem Absatz 3 kein Kompetenzkonflikt zugrunde. Die Bezirke der Feuerwehraufsichtsbehörden sind gesetzlich festgelegt (vgl. Abs. 1). Die Bezirksgrenzen sollen nach Absatz 3 nur geändert werden können (und dann nur durch Erlass einer Rechtsverordnung), wenn es unzweckmäßig ist, dass die Feuerwehraufsicht z. B. über den Träger einer Werkfeuerwehr zwar bei einer Behörde liegt, die Aufsicht sich jedoch nicht auf das ganze Betriebsgelände erstreckt, weil es von einer Aufsichtsbezirksgrenze durchschnitten wird. Der durch das ÄndG 1978 eingefügte Absatz 3 wurde ausgelöst durch den Bau eines Kernkraftwerks, durch dessen Reaktorgebäude eine Landkreisgrenze verläuft. Praktische Bedeutung kommt einer Zuständigkeitsänderung nach Absatz 3 vor allem für die Aufgaben der Aufsichtsbehörde nach Absatz 5 Satz 1 und Absatz 6 zu.

10 Die **„nächsthöhere gemeinsame"** Feuerwehraufsichtsbehörde kann sowohl einzelne Aufgaben als auch alle Aufgaben der unterstellten Aufsichtsbehörde für einen Gebietsteil, dem Aufsichtsbezirk einer anderen, meist benachbarten Aufsichtsbehörde der gleichen Stufe (untere bzw. obere Aufsichtsbehörde) zuweisen. So hat beispielsweise das Innenministerium durch Verordnung vom 5. Dezember 2018 (GBl. 2018, 459) bestimmt, dass die Aufsicht über die Werkfeuerwehr der P-AG am Standort Weissach (Landkreis Böblingen, Regierungsbezirk Stuttgart) für das gesamte Werksgelände, einschließlich der auf dem Gebiet der Gemeinde Malmsheim (Enzkreis, Regierungsbezirk Karlsruhe) gelegenen Werksteile, auf das Landratsamt Böblingen übertragen wird.

11 **„Eine Einrichtung oder Anlage"** i. S. von Absatz 3 ist eine bauliche Anlage gemäß § 2 Abs. 1 LBO, und zwar unabhängig davon, ob sie den Vorschriften der LBO unterliegt oder nicht, sowie die dazugehörenden Ein-

richtungen und Grundstücke. Hauptanwendungsfall des Absatzes 3 sind Gewerbebetriebe mit Werkfeuerwehren.

IV. Zu Absatz 4

Absatz 4 regelt den Gegenstand der Feuerwehraufsicht, d.h. die Aufgaben der Aufsichtsbehörden sowie, mit welchen Mitteln die Aufsicht durchzuführen ist. Zur Klarstellung ist durch das ÄndG 2009 eingefügt worden, dass es sich bei der Feuerwehraufsicht um Rechtsaufsicht (siehe oben Rn. 3) handelt. Allerdings gehen die den Aufsichtsbehörden in Absatz 6 und in § 24 Satz 2 (Übernahmemöglichkeit der Technischen Einsatzleitung durch die feuerwehrtechnischen Beamten) übertragenen Zuständigkeiten über die Rechtsaufsicht hinaus und greifen unmittelbar in die Aufgabenerfüllung der Gemeinden und Landkreise ein. 12

1. Satz 1

Satz 1 umschreibt den **Gegenstand der Feuerwehraufsicht**, nämlich die Überprüfung der Aufgabenwahrnehmung nach dem Feuerwehrgesetz durch die Gemeinden, Landkreise und Träger der Werkfeuerwehren auf Rechtmäßigkeit. Feuerwehraufsicht bedeutet daher, dass die Gemeinden und Träger von Werkfeuerwehren zu überwachen sind, ob sie den ihnen nach § 3 Abs. 1 Satz 1 und 2 bzw. § 19 Abs. 2 Satz 1 obliegenden Aufgaben nachkommen. Bis zum ÄndG 2009 hatte Absatz 4 Satz 1 a.F. diese Aufsichtstätigkeit griffig umschrieben mit den Worten: „Die Aufsichtsbehörden überwachen die Aufstellung, die Ausrüstung, den Leistungsstand und die Einsatzbereitschaft der Feuerwehren"; daran hat sich inhaltlich nichts geändert. Der **„Leistungsstand"** wird dabei bestimmt durch die Ausbildung, die Ausrüstung, die Ausstattung und die Einsatzerfahrung. Der Begriff **„Einsatzbereitschaft"** drückt aus, dass eine Feuerwehr Ausrüstung und Mannschaft bei Einsätzen „in Bereitschaft" hat, d.h. in kurzer Zeitspanne nach der Alarmierung (siehe dazu auch die Hinweise zur Leistungsfähigkeit der Feuerwehr – abgedruckt im Anhang, und Rn. 11f. zu § 3) ausrücken kann. 13

Die Feuerwehraussicht überprüft damit insbesondere:

- die personelle Ausstattung der Feuerwehren hinsichtlich der Zahl der Einsatzkräfte und deren Verfügbarkeit im Einsatzfall,
- die Gliederung der Feuerwehren in Einsatzabteilungen nach einsatztaktischen Gesichtspunkten,
- die Aus- und Fortbildung der Feuerwehrangehörigen,
- die Ausstattung der Feuerwehren mit Fahrzeugen und Geräten für den Einsatzfall und

- das Vorhandensein und den Betrieb von Einrichtungen zur Alarmierung und Kommunikation (vgl. Hildinger/Rosenauer, FwG, 4. Aufl., § 24 Rn. 3).

Dabei müssen die Landratsämter auch die überörtliche Hilfeleistung durch die Feuerwehren überwachen. Wie der Leistungsstand und die Einsatzbereitschaft der Feuerwehr festgestellt werden können, zeigt Abs. 5 Satz 1.

14 Zur Überwachung der Feuerwehren nach Absatz 4 Satz 1 gehört auch die Prüfung, ob die Gemeinden bzw. ihre Organe (Gemeinderat, Bürgermeister) die ihnen obliegenden Verpflichtungen einhalten, ihre Befugnisse nicht überschreiten und die Verfahrensvorschriften beachten. Es handelt sich dabei um folgende **Bestimmungen:** § 3 Abs. 3; § 6 Abs. 1 Satz 3, Abs. 2, § 7 Abs. 1, § 8, § 9 Abs. 2, § 11 Abs. 3 Satz 3, § 12 Abs. 2, § 13, § 14 Abs. 5, § 19 Abs. 5 und 8, und § 22 Abs. 5 Satz 1. Satzungen der Gemeinden, die ihre Ermächtigungsgrundlage in den o. a. Bestimmungen finden, sind der unteren Feuerwehraufsichtsbehörde (§ 22 Abs. 1) anzuzeigen (gemäß § 4 Abs. 1 und 3 GemO). Den allgemeinen Rechtsaufsichtsbehörden (§ 119 GemO) sind dagegen die Satzungen über die Entschädigung nach § 16, das Sondervermögen für die Kameradschaftspflege nach § 18 und die Kostenerstattung nach § 34 anzuzeigen. Eine Aufspaltung der Aufsicht über die Tätigkeit der Gemeinde nach dem FwG tritt jedoch nur ein, wenn die Rechtsaufsichtsbehörde nicht gleichzeitig auch Feuerwehraufsichtsbehörde ist. Das ist nur bei den Großen Kreisstädten und den zu unteren Verwaltungsbehörden erklärten Verwaltungsgemeinschaften der Fall. Dementsprechend sind diese bei Widersprüchen gegen Kostenbescheide nach § 34 Abs. 9 Satz 1 selbst Widerspruchsbehörde, während dies bei den sonstigen kreisangehörigen Gemeinden das Landratsamt ist.

2. Satz 2

15 Nach dem durch das ÄndG 2015 eingefügten **Satz 2** finden für die Feuerwehraufsicht über die Gemeinden die §§ 118 und 120 bis 127 GemO Anwendung, die nach § 51 Abs. 2 Satz 1 LKrO auch für die Aufsicht über die Landkreise anzuwenden sind, soweit diese Aufgaben nach § 4 erfüllen. Dies war bisherige Praxis, ist nun aber ausdrücklich geregelt. Somit stehen den Aufsichtsbehörden folgende **förmlichen Aufsichtsmittel** zu Verfügung:

- das Informationsrecht nach § 120 GemO, welches in Absatz 5 Satz 1 näher geregelt ist;
- das Beanstandungsrecht nach § 121 GemO;
- das Anordnungsrecht nach § 122 GemO;
- die Ersatzvornahme nach § 123 GemO und
- die Bestellung eines Beauftragten nach § 124 GemO.

Dabei ist die Voraussetzung für das **Informationsbegehren** nach § 120 GemO nicht erst bei einem begründeten Verdacht einer Gesetzesverletzung gegeben. Denn die Aufsichtsbehörde kann ihrer Rechtspflicht, über die Gesetzmäßigkeit zu wachen, nur nachkommen, wenn sie sich stets den nötigen allgemeinen Einblick in die Verhältnisse der Träger der Feuerwehren verschaffen kann. Die Feuerwehraufsichtsbehörde kann gesetzwidrige Beschlüsse und Anordnungen **beanstanden** und verlangen, dass diese binnen einer angemessenen Frist aufgehoben und getroffene Maßnahmen rückgängig gemacht werden (§ 121 GemO). Kommt der Träger der Feuerwehr einer Anordnung auf Unterrichtung der Aufsichtsbehörde nicht nach, hebt er die beanstandeten Beschlüsse oder Anordnungen nicht auf oder erfüllt er trotz **Anordnung nach § 122 GemO** seine gesetzlichen Pflichten nicht, kann die Feuerwehraufsichtsbehörde die erforderlichen Maßnahmen anstelle und auf Kosten der Gemeinde, des Betriebs, der Einrichtung oder der Verwaltung selbst durchführen **(Ersatzvornahme nach § 123 GemO)**. Schließlich kann die Feuerwehraufsichtsbehörde zur Erfüllung einzelner oder aller Aufgaben eines Feuerwehrträgers einen **Beauftragten bestellen,** wenn den gesetzlichen Erfordernissen in erheblichem Umfang nicht entsprochen wird (§ 124 GemO).

Die weiter für anwendbar erklärten Vorschriften regeln den Rechtsschutz gegen Maßnahmen der Aufsichtsbehörde (Anfechtungs- oder Verpflichtungsklage, § 125 GemO), die Verfahren bei der Geltendmachung von Ansprüchen und beim Abschluss von Verträgen der Gemeinde mit Gemeinderäten oder dem Bürgermeister (§ 126) sowie bei der Zwangsvollstreckung gegen die Gemeinde (§ 127 GemO).

Das Ergreifen der Maßnahmen nach den §§ 121 bis 124 GemO steht im **Ermessen** der Rechtsaufsichtsbehörde. Zur Rechtmäßigkeit der Feuerwehraufsicht hat der VGH (NVwZ-RR 2016, 878 und juris [Rn. 54]) klargestellt, dass bei dieser Ermessensausübung zu beachten ist, dass ein Einschreiten nur im öffentlichen Interesse zulässig ist. Liegt ein öffentliches Interesse vor, hat die Rechtsaufsichtsbehörde eine Abwägung aller einschlägigen Gesichtspunkte vorzunehmen. Sie hat dabei einerseits die Gewichtigkeit des öffentlichen Interesses am Einschreiten im Einzelfall und den jeweils hohen Rang des Grundsatzes der Gesetzmäßigkeit der Verwaltung zu berücksichtigen und andererseits die gemeindliche Selbstverwaltungsgarantie. Mit Blick auf § 118 Abs. 1 GemO dürfen die von ihr ergriffenen Maßnahmen nur so weit gehen, als dies zur Erreichung der Gesetzmäßigkeit der Verwaltung erforderlich ist. Dies folgt aus dem Grundsatz der Verhältnismäßigkeit. 16

V. Zu Absatz 5

17 Satz 1 nennt neben der Anforderung von Berichten und örtliche Prüfungen die Anordnung von **Alarm- und Einsatzübungen** als besonderes Aufsichtsmittel, mit denen sich die Aufsichtsbehörde über den Leistungsstand und die Einsatzbereitschaft der Feuerwehren informieren kann.

18 Vor der Anordnung von Alarm- oder Einsatzübungen ist das **„Benehmen"** (also nicht das Einvernehmen = Einverständnis) des Bürgermeisters bzw. des Trägers der Werkfeuerwehr herzustellen; d. h., er ist vor der Übung zu informieren. Erhebt er Bedenken oder gibt er Änderungsanregungen (z. B. Termin, Übungsort), ist diesen, soweit möglich, Rechnung zu tragen. Bei diesem Aufsichtsmittel ist wegen der damit verbundenen Belastungen strikt der Verhältnismäßigkeitsgrundsatz zu beachten. Die Alarm- und die Einsatzübungen sind vor den Übungsteilnehmern geheim zu halten, wenn die Übung ihren Zweck erfüllen soll.

1. Satz 2

19 Satz 2 stellt klar, dass die Träger der Feuerwehren die Kosten für die durch die Feuerwehraufsicht angeordneten Alarm- und Einsatzübungen zu tragen haben.

VI. Zu Absatz 6

1. Satz 1

20 Satz 1 trägt dem Umstand Rechnung, dass es insbesondere bei Großschadenslagen, bei Schadensfällen mit hohem Gefährdungspotenzial und bei komplizierten und komplexen Umweltgefahren sinnvoll sein oder notwendig werden kann, dass die Aufsichtsbehörden unmittelbar **Weisungen** erteilen oder die organisatorische Oberleitung des Einsatzes übernehmen. Durch die Erteilung von Weisungen an den Technischen Einsatzleiter kann die Aufsichtsbehörde Einfluss auf das Einsatzgeschehen ausüben, ohne dass der feuerwehrtechnische Beamte nach § 24 Satz 2 die technische Einsatzleitung vollumfänglich übernehmen muss. Diese Kompetenz ist bei den Führungskräften der Feuerwehr nicht unumstritten, weil der Technische Einsatzleiter nach wie vor für den Einsatzerfolg verantwortlich ist.

Gegenüber § 22 Abs. 5 a. F. wurden die Weisungsbefugnisse der Aufsichtsbehörden durch die Gesetzesänderung vom 17. Dezember 2015 auf die technische Hilfeleistung nach § 2 Abs. 2 Nr. 1 erweitert und stehen ihnen damit nicht mehr nur bei der Erfüllung von Pflichtaufgaben nach § 2 Abs. 1 zu. Weitere Befugnisse der Aufsichtsbehörden enthält § 27 Abs. 5.

Die in Satz 1 genannten **Befugnisse** der Feuerwehraufsichtsbehörden sind: 21

- Erteilung von Weisungen an den Technischen Einsatzleiter bei Schadensfällen; sie können den gesamten Technischen Einsatzablauf betreffen und binden diesen bei der Technischen Leitung;
- Erteilung von Weisungen an die organisatorische Oberleitung (Bürgermeister);
- Übernahme der organisatorischen Oberleitung bei Feuerwehreinsätzen (vgl. hierzu § 27 Abs. 4).

Die Aufgaben der Technischen Einsatzleitung und der organisatorischen Oberleitung stehen trotz gegenseitiger Auswirkungen eigenständig nebeneinander. Bei der Technischen Einsatzleitung geht es um die einsatztaktischen und -technischen Entscheidungen; bei der organisatorischen Oberleitung vorrangig um Verwaltungsaufgaben. Die Übernahme der Technischen Einsatzleitung **durch die feuerwehrtechnischen Beamten** des § 23 erfordert daher keineswegs zwingend auch den Übergang der organisatorischen Oberleitung auf die entsprechende Aufsichtsbehörde (LT-Drs. 14/5103, S. 47).

2. Satz 2

Mit Satz 2 hat das ÄndG 2015 die durch die vorangegangene Gesetzesänderung aus § 22 Abs. 4 Satz 2 (a.F.) gestrichene **Ermächtigung für die Aufsichtsbehörden**, Einsatzgebiete für die Überlandhilfe sowie Alarm- und Ausrückeordnungen festzulegen, wieder eingeführt. Denn die Praxis hatte gezeigt, dass die allein den Landkreisen nach § 4 Abs. 3 Nr. 1 übertragene Aufgabe, die Gemeinden bei der Planung der Zusammenarbeit im Einsatz durch die Festlegung von Einsatzgebieten zu unterstützen, nicht in allen Fällen ausreichte, um zweckmäßige Ergebnisse zu erzielen, wenn kreisübergreifend Festlegungen insbesondere für Bundesautobahnen und Bundeswasserstraßen notwendig sind (vgl. LT-Drs. 15/7613, S. 15). Nunmehr können die Regierungspräsidien kreisübergreifend bzw. die Landratsämter im Landkreis als Aufsichtsbehörden im Einvernehmen mit den Gemeinden, also mit deren Zustimmung, großräumigere Festlegungen treffen. Grund für dieses Zustimmungserfordernis ist, dass mit der Bildung von Einsatzgebieten für die Überlandhilfe Aufgaben nach § 2 auf eine örtlich nicht zuständige Gemeinde und ihre Feuerwehr übertragen werden. Damit wird sowohl das kommunale Selbstverwaltungsrecht dieser Gemeinde als auch das derjenigen Gemeinde tangiert, die an sich für die Aufgabenerfüllung nach § 2 zuständig ist. 22

§ 23
Feuerwehrtechnische Beamte

(1) [1]Jeder Landkreis bestellt einen hauptamtlichen Kreisbrandmeister und einen oder mehrere Stellvertreter. [2]Die Stellvertreter sind für die Dauer von fünf Jahren als Ehrenbeamte zu berufen. [3]Vor der Bestellung des Kreisbrandmeisters und seiner Stellvertreter sind die Feuerwehrkommandanten der Gemeindefeuerwehren und die Werkfeuerwehrkommandanten im Landkreis anzuhören. [4]Der Beschluss über die Bestellung ist dem Regierungspräsidium anzuzeigen.

(2) [1]Das Land bestellt bei jedem Regierungspräsidium einen Bezirksbrandmeister und beim Innenministerium einen Landesbranddirektor. [2]Sie müssen Beamte sein und sollen die Befähigung für den höheren feuerwehrtechnischen Dienst besitzen. [3]Die Bestellung erfolgt durch den Ministerpräsidenten. [4]Vor der Bestellung der Bezirksbrandmeister sind die Kreisbrandmeister und die Feuerwehrkommandanten der Stadtkreise des Regierungsbezirks, vor der Bestellung des Landesbranddirektors ist der Landesfeuerwehrbeirat (§ 25) anzuhören.

(3) Den persönlichen und sachlichen Aufwand für die Kreisbrandmeister, die Bezirksbrandmeister und den Landesbranddirektor hat die Anstellungskörperschaft zu tragen, die auch das erforderliche Personal zur Verfügung stellt.

(4) Das Innenministerium kann durch Rechtsverordnung Vorschriften über die von den feuerwehrtechnischen Beamten zu erfüllenden persönlichen und fachlichen Voraussetzungen erlassen.

(5) Den feuerwehrtechnischen Beamten können neben den Aufgaben nach diesem Gesetz weitere Aufgaben übertragen werden.

Übersicht **Rn.**

A. Allgemeines

§ 23 regelt die Bestellung, Amtsdauer und Rechtstellung der feuerwehrtechnischen Beamten. Der Begriff **„feuerwehrtechnischer Beamter“** ist die Sammelbezeichnung des Gesetzes für den Kreisbrandmeister, Bezirksbrandmeister und Landesbranddirektor. Er ist zu unterscheiden vom laufbahnrechtlichen Begriff „Beamter des feuerwehrtechnischen Dienstes“. Jeder Feuerwehraufsichtsbehörde – mit Ausnahme der Bürgermeister der Stadtkreise (vgl. § 22 Abs. 1 Nr. 3) – ist ein feuerwehrtechnischer Beamter zugeordnet; der Kreisbrandmeister dem Landratsamt, der Bezirksbrandmeister dem Regierungspräsidium und der Landesbranddirektor dem Innenministerium. Durch die besonderen Fachkenntnisse ihrer feuerwehrtechnischen Beamten werden die Aufsichtsbehörden in die Lage versetzt, kompetent die Feuerwehraufsicht auszuüben. Den Begriff „feuerwehrtechnischer Beamter“ verwendet das FwG nur in der Überschrift der §§ 23, 24. In § 22 Abs. 6 Satz 1 verwendet es hingegen den Begriff „die Aufsichtsbehörden“. 1

Die „feuerwehrtechnischen Beamten“ haben Anspruch auf freie Dienstkleidung (§ 55 Abs. 2 Satz 1 Nr. 4 LBG).

Seit dem ÄndG Jahr 2009 ist in Absatz 1 festgeschrieben, dass der Kreisbrandmeister **hauptamtlich** vom Landkreis zu bestellen ist; für die bereits bestellten Kreisbrandmeister sieht § 39 Übergangsregelungen vor. Diese haben sich tatsächlich durch Zeitablauf mittlerweile erledigt, da nunmehr alle Kreisbrandmeister hauptamtlich bestellt sind. Mit der hauptamtlichen Bestellung trug der Gesetzgeber zum einen dem Umstand Rechnung, dass zum Zeitpunkt der Gesetzesänderung bereits in 34 der 35 Landkreise die Kreisbrandmeister neben ihrem Ehrenamt hauptamtlich bei den Landkreisen beschäftigt waren. Zum anderen werden die Kreisbrandmeister dadurch stärker an die Landratsämter als untere Verwaltungsbehörde und insbesondere untere Feuerwehraufsichtsbehörde gebunden (vgl. LT-Drs. 14/5103, S. 47). Die hauptamtliche Bestellung entsprach zudem den Wünschen der Kreisbrandmeister. Seit der Gesetzesänderung gibt es auch nur noch einen Kreisbrandmeister und nicht mehr die Möglichkeit zur Bestellung mehrerer Kreisbrandmeister. Dadurch werden die Befugnisse des Kreisbrandmeisters bei einem Mitarbeiter des Landratsamtes gebündelt (LT-Drs. 14/5103, S. 48). 2

Die Aufgaben des Kreisbrandmeisters sind mannigfaltig und bedingen eine häufige zeitliche Inanspruchnahme außerhalb der regulären Dienstzeiten. Zu den Möglichkeiten und Voraussetzungen, dies durch die Gewährung einer Aufwandsentschädigung nach § 19 LBesGBW oder der Feuerwehrzulage nach § 49 LBesGBW abzugelten, siehe Hildinger/Rosenauer, FwG, 4. Aufl., § 23 Rn. 6.

B. Erläuterung

I. Zu Absatz 1

1. Satz 1

3 Die Bestellung eines Kreisbrandmeisters und seines Stellvertreters oder mehrerer Stellvertreter ist eine Pflichtaufgabe des Landkreises. Hat ein Kreisbrandmeister **mehrere** Stellvertreter, ist die Reihenfolge der Vertretung aus Einsatzgründen (vgl. § 24 Satz 2 und 3) im Voraus festzulegen. Als Verhinderungsstellvertreter haben sie im Vertretungsfall alle Rechte und Pflichten des Kreisbrandmeisters.

§ 23 legt nicht fest, welches Organ des Landkreises für die Einstellung des hauptamtlichen Kreisbrandmeisters und die Bestellung seiner Stellvertreter zuständig ist. Beides gehört zweifelsfrei nicht zu den laufenden Verwaltungsgeschäften (vgl. § 42 Abs. 2 Satz 1 LKrO). Deshalb ist nicht der Landrat, sondern der **Kreistag zuständiges Entscheidungsorgan**. Da der Kreisbrandmeister hauptamtlicher Beamter und seine Vertreter Ehrenbeamte des Landkreises sind (vgl. Satz 2), sind sie auch Bedienstete des Landkreises i. S. von § 19 Abs. 2 Satz 1 LKrO. Daher entscheidet grds. der Kreistag im Einvernehmen mit dem Landrat über die Einstellung bzw. Bestellung. Der Kreistag kann die Entscheidung auf einen beschließenden Ausschuss übertragen, da der Kreisbrandmeister nicht als „leitender Beamter“ i. S. von § 34 Abs. 2 Nr. 1 LKrO anzusehen ist.

Im Gegensatz zu ihren Stellvertretern, die Ehrenbeamten sind, dürfen hauptamtlich im Beamtenverhältnis bestellte Kreisbrandmeister aus verfassungsrechtlichen Gründen nicht auf Zeit berufen werden. Denn das Lebenszeitprinzip in Form der lebenszeitigen Übertragung aller (Status-)Ämter gehört zu den hergebrachten Strukturprinzipien des Berufsbeamtentums. Eine Übertragung von Ämtern im Beamtenverhältnis auf Zeit ist daher mit Art. 33 Abs. 5 GG unvereinbar (vgl. BVerwGE 155, 300 und juris [Rn. 48 ff.]).

2. Satz 2

4 Der bzw. die Vertreter des Kreisbrandmeisters sind gemäß Satz 2 zu **Ehrenbeamten** förmlich zu ernennen. Gemäß § 5 Abs. 1 BeamtStG ist Ehrenbeamter eine Person, die ein hoheitliches Amt ohne Dienstbezüge und Versorgungsansprüche (neben einem ausgeübten Beruf) wahrnimmt. Für den Ehrenbeamten gelten mit den erforderlichen Abweichungen die Beamtengesetze. Er erhält daher zur Begründung des Ehrenbeamtenverhältnisses eine Ernennungsurkunde ausgehändigt, in welcher die Worte enthalten sein müssen „unter Berufung in das Beamtenverhältnis als Ehrenbeamter“ (vgl. § 8

Abs. 2 Nr. 1 BeamtStG). Die Stellvertreter des Kreisbrandmeisters sind auch dann zum Ehrenbeamten zu ernennen, wenn sie verbeamtet sind (etwa als hauptamtlicher Kommandant einer Gemeindefeuerwehr), denn auch ein Beamter kann im Nebenamt Ehrenbeamter sein.

Die Stellvertreter des Kreisbrandmeisters sind Ehrenbeamter auf Zeit. Die Amtszeit beträgt fünf Jahre.

Die Stellvertreter erhalten als Ehrenbeamte weder Dienstbezüge und Feuerwehrzulage nach § 49 LBesGBW noch beamtenrechtliche Versorgung (§ 91 Abs. 2 LBG). Als ehrenamtlich Tätige haben sie **Anspruch auf Erstattung des Verdienstausfalls und der Auslagen** (§ 15 Abs. 1 LKrO). Durch Satzung kann den Stellvertretern anstelle des Verdienst- und Auslagenersatzes auch eine Aufwandsentschädigung gewährt werden (vgl. § 15 Abs. 3 LKrO). Die Höhe der monatlichen **Aufwandsentschädigung** bemisst sich nach dem durchschnittlichen Zeitaufwand und dem hierdurch entstandenen Verdienstausfall und der durch Dienstreisen und Repräsentationspflichten entstehenden Auslagen (zur steuerlichen Behandlung siehe Rn. 33 zu § 16). 5

Erleidet ein Stellvertreter einen **Dienstunfall**, hat er als Ehrenbeamter gemäß § 75 LBeamtVGBW Anspruch auf ein Heilverfahren (§ 48 LBeamtVGBW). Zudem kann ihm Ersatz von Sachschäden (§ 47 LBeamtVGBW) und ein nach billigem Ermessen festzusetzender Unterhaltsbeitrag bewilligt werden. Dies gilt auch für seine Hinterbliebenen. Ein Dienstunfall ist ein auf äußerer Einwirkung beruhendes, plötzliches, örtlich und zeitlich bestimmbares, einen Körperschaden verursachendes Ereignis, das in Ausübung oder infolge des Dienstes eingetreten ist. Zu beachten ist, dass Ehrenbeamte Unfallfürsorgeleistungen sowohl nach dem LBeamtVGBW als auch nach dem SGB VII erhalten können. Dem Verletzten bleibt es freigestellt, zunächst Leistungen der gesetzlichen Unfallversicherung bei der Unfallkasse Baden-Württemberg in Anspruch zu nehmen. Sofern das Beamtenversorgungsgesetz weitergehende Leistungen als das SGB VII vorsieht, gewährt diese der Kommunale Versorgungsverband Baden-Württemberg (KVBW). Die Einzelheiten zur Unfallfürsorge sind detailliert dargestellt im Merkblatt Unfallfürsorge des KVBW (Stand Dezember 2018). Sachschäden werden vom Landkreis nach § 80 LBG ersetzt. 6

3. Satz 3

Vor der Bestellung des Kreisbrandmeisters und dessen Stellvertreter sind die **Kommandanten** der Gemeindefeuerwehren und der Werkfeuerwehren im Landkreis **zu hören**. 7

Die Abteilungskommandanten brauchen nicht angehört zu werden. Nicht angehört zu werden braucht auch der Kreisfeuerwehrverband, da die Bestellung eines Kreisbrandmeisters keine „allgemeine Regelung“ i.S. von § 21 Abs. 2 ist. Andererseits steht § 23 nicht entgegen, wenn der Landkreis auch die Genannten anhört. Ziel der Anhörung ist, dass der zu bestellende Kreisbrandmeister und seine Stellvertreter möglichst vom Vertrauen der Feuerwehren im Landkreis mitgetragen werden. Kreisbrandmeister und Feuerwehren haben vertrauensvoll zusammenzuarbeiten. Das heißt jedoch nicht, dass der Kreisbrandmeister der Interessenvertreter der Feuerwehren bei der Aufsichtsbehörde ist (dies ist der Kreis- bzw. Stadtfeuerwehrverband); vielmehr hat er die Belange der Aufsichtsbehörde zu vertreten.

8 Anzuhören sind die Feuerwehrkommandanten und Werkfeuerwehrkommandanten als Gremium; dies schließt eine schriftliche Befragung der einzelnen Mitglieder des Gremiums als Anhörungsform aus (a.A. Hildinger/Rosenauer, FwG, 4. Aufl., § 23 Rn. 13). **Anhörung** bedeutet, dass dem Gremium Gelegenheit zur Stellungnahme zum Vorschlag des Bestellungsorgans des Landkreises einzuräumen ist. Die Anzuhörenden sind möglichst umfassend über die Person des zu Bestellenden zu informieren. Die Anhörung ist rechtzeitig vor der Bestellung in einer gemeinsamen Sitzung der anzuhörenden Personen durchzuführen. Rechtzeitig ist die Anhörung, wenn die Meinung der Angehörten den Beschluss über die Bestellung, zeitlich betrachtet, noch beeinflussen kann.

§ 23 regelt nicht, welches Organ des Landkreises die Anhörung durchzuführen hat. Deshalb ist das Organ zuständig, das den Kreisbrandmeister bestellt, d.h. der Kreistag (siehe oben Rn. 3). Der Kreistag kann damit aber auch einen Ausschuss oder auch das Landratsamt beauftragen. In der Einladung zu der Sitzung ist auf den Beratungsgegenstand hinzuweisen.

4. Satz 4

9 Der Beschluss über die Bestellung des Kreisbrandmeisters und dessen Stellvertreter(s) ist dem Regierungspräsidium mitzuteilen („anzuzeigen“). Die Anzeige soll ermöglichen, die Bestellung nachzuprüfen und eine fehlerhafte Bestellung im Wege der Rechtsaufsicht zu beanstanden. Die Beanstandung hemmt allerdings die Wirksamkeit der Bestellung nicht.

II. Zu Absatz 2

10 Absatz 2 regelt die Bestellung und die Rechtsstellung der feuerwehrtechnischen Beamten bei der oberen und der obersten Feuerwehraufsichtsbehörde (§ 22 Abs. 2). Die Bestellung erfolgt durch den Ministerpräsidenten

(Satz 3). Auch der **Bezirksbrandmeister und der Landesbranddirektor** sind hauptberufliche Beamte, sie sollen die Befähigung zum höheren feuerwehrtechnischen Dienst besitzen.

Im Gegensatz zum Kreisbrandmeister (vgl. Absatz 1 Satz 1) haben die Be- 11
zirksbrandmeister und der Landesbranddirektor **keine Stellvertreter**. Ein solcher kann auch nicht bestellt werden. Hätte der Gesetzgeber eine Stellvertretung gewollt, hätte er eine solche, wie in Absatz 1 Satz 1, auch in Absatz 2 Satz 1 geregelt. Der Landesbranddirektor kann nicht einen Bezirksbrandmeister zu seinem Vertreter machen und der Bezirksbrandmeister keinen Kreisbrandmeister mit seiner Stellvertretung beauftragen. Solchen „Vertretern" stünden die Aufgaben nach § 24 (einschließlich Satz 3) im Verhinderungsfall nicht zu. Eine Stellvertretung ist hier auch nicht erforderlich, da die feuerwehrtechnischen Beamten aller drei Verwaltungsstufen die gleichen Befugnisse haben.

Das Innenministerium hatte im Entwurf zum ÄndG 2025 vorgesehen, die Funktionen eines Stellvertreters für den Bezirksbrandmeister als feuerwehrtechnischem Beamten beim Regierungspräsidium sowie des stellvertretenden Landesbranddirektors als feuerwehrtechnischem Beamten beim Innenministerium neu einzuführen. Hierbei sollte es sich nicht um ein Amt im beamten- bzw. besoldungsrechtlichen Sinn und eine Stellvertretung innerhalb der jeweiligen Referatsstrukturen des Innenministeriums und der Regierungspräsidien handeln, sondern um die Übertragung einer Funktion im Sinne von § 23 Abs. 2. Durch die Bestellung als Stellvertreter nach § 23 Abs. 2 sollte den bestellten Personen die Wahrnehmung der in § 24 geregelten gesetzlichen Aufgaben und Befugnisse der Bezirksbrandmeister und des Landesbranddirektors ermöglicht werden, wie z.B. die Übernahme der Technischen Einsatzleitung bei Übungen und Einsätzen. Dadurch sollte sichergestellt werden, dass wie bei den Kreisbrandmeistern die gesetzlichen Befugnisse der Bezirksbrandmeister und des Landesbranddirektors auch im Vertretungsfall ausgeübt werden können. Nach Kritik des Landesfeuerwehrverbandes, nicht an der inhaltlichen Regelung, sondern der unterbliebenen Anhörung vor Entwurfsfassung, unterblieb diese Gesetzesänderung.

Satz 4 bestimmt, dass vor der Bestellung des Bezirksbrandmeisters die 12
Kreisbrandmeister und die Feuerwehrkommandanten der Stadtkreise des Regierungsbezirks angehört werden müssen. Die durch das ÄndG 2009 erfolgte Erweiterung des Anhörungsrechts auf die Kommandanten der Stadtkreise berücksichtigt die vergleichbare Funktion des Bezirksbrandmeisters im Rahmen der Feuerwehraufsicht über die Landratsämter und

die Bürgermeisterämter der Stadtkreise (LT-Drs. 14/5103, S. 48). Das zur Anhörung unter Rn. 7 f. Ausgeführte gilt entsprechend auch für die Anhörung nach Satz 4.

Vor der Bestellung des Landesbranddirektors muss der Landesfeuerwehrbeirat (§ 25) angehört werden (vgl. Satz 4, 2. Halbsatz).

III. Zu Absatz 3

13 Die Landkreise haben den persönlichen und sachlichen Aufwand für die Kreisbrandmeister zu tragen und das erforderliche Personal zur Verfügung zu stellen. Die gleiche Verpflichtung trifft das Land bezüglich der vier Bezirksbrandmeister und des Landesbranddirektors.

IV. Zu Absatz 4

14 Das Innenministerium hatte von der Ermächtigung des Absatzes 4 im Jahr 1956 Gebrauch gemacht. Persönliche und fachliche Voraussetzungen der Kreisbrandmeister und Bezirksbrandmeister waren in § 2 der 1. DVO zum FwG vom 25. Mai 1956 (GBl. S. 100) genannt. Die 1. DVO wurde aufgehoben, eine neue Rechtsverordnung wurde nicht erlassen. Stattdessen hat der Gesetzgeber im Jahr 2009 in Absatz 2 Satz 2 festgelegt, dass Bezirksbrandmeister und Landesbranddirektor die Befähigung zum höheren feuerwehrtechnischen Dienst haben sollen. Zu den fachlichen Anforderungen an Kreisbrandmeister siehe Rn. 2 zu § 24.

V. Zu Absatz 5

15 Absatz 5 stellt klar, dass feuerwehrtechnische Beamte neben den Aufgaben des FwG weitere Aufgaben wahrnehmen können (siehe hierzu Rn. 2 zu § 24). Der Gesetzgeber hat hierbei insbesondere an Aufgaben im Katastrophenschutz und der Verwaltung als untere Baurechtsbehörde (z. B. im Vorbeugenden Brandschutz) oder auch an Aufgaben als Brandschutzsachverständige gedacht (LT-Drs. 14/5103, S. 48).

Aber nur soweit die feuerwehrtechnischen Beamten Aufgaben ihrer Behörden nach § 24 bei der Aufsicht im Feuerwehrwesen erfüllen, stehen ihnen die sich aus dem FwG ergebenden besonderen Befugnisse und Rechte zu. Dienstkleidung dürfen die feuerwehrtechnischen Beamten nur zur Erfüllung ihrer Aufgaben in diesem Bereich tragen (vgl. Hildinger/Rosenauer, FwG, 4. Aufl., § 23 Rn. 22).

§ 24
Aufgaben der feuerwehrtechnischen Beamten

[1]Die Kreisbrandmeister, die Bezirksbrandmeister und der Landesbranddirektor bearbeiten die feuerwehrtechnischen Angelegenheiten der jeweiligen Aufsichtsbehörde. [2]Sie können bei Übungen und Einsätzen im Rahmen der örtlichen Zuständigkeit der Aufsichtsbehörde die Technische Einsatzleitung übernehmen. [3]In diesem Fall haben sie gegenüber den Angehörigen der Feuerwehr die gleichen Befugnisse wie der Feuerwehrkommandant.

Übersicht **Rn.**

A. Allgemeines

1 § 24 nennt, anders als es der Wortlaut der Überschrift vermuten lässt, nicht alle Aufgaben, die die feuerwehrtechnischen Beamten wahrzunehmen haben. Weitere Aufgaben der einzelnen feuerwehrtechnischen Beamten sind enthalten in:

- § 25 Abs. 3 (Vorsitz des Landesbranddirektors im Feuerwehrbeirat);
- § 26 Abs. 1 Satz 3 (Anforderung von Überlandhilfe);
- § 27 Abs. 2 (Bestimmung des Technischen Einsatzleiters bei raumübergreifenden Einsätzen bzw. Übungen) und
- § 27 Abs. 4 i. V. m. § 22 Abs. 6 Satz 1 (Übernahme der organisatorischen Oberleitung).

B. Erläuterung

I. Satz 1

2 Nach Satz 1 haben die feuerwehrtechnischen Beamten die **„feuerwehrtechnischen“** Angelegenheiten der Aufsichtsbehörde zu bearbeiten, nicht also deren Verwaltungsangelegenheiten. Feuerwehrtechnische Angelegenheiten bilden den Schwerpunkt der **Aufsichtsaufgaben nach § 22 Abs. 4**;

ohne feuerwehrtechnischen Sachverstand können auch Entscheidungen nach § 22 Abs. 3 und Abs. 6 nicht getroffen werden. Die Kreisbrandmeister sollten daher mindestens die Befähigung zum gehobenen feuerwehrtechnischen Dienst oder eine gleichwertige Befähigung besitzen. Für Bezirksbrandmeister und Landesbranddirektor fordert § 23 Abs. 2 Satz 2 grundsätzlich die Befähigung für den höheren feuerwehrtechnischen Dienst.

Mit Satz 1 ist sichergestellt, dass die Aufsichtsbehörde keine feuerwehrtechnischen Angelegenheiten hinter dem Rücken ihres feuerwehrtechnischen Beamten entscheidet und ihm auch keine unter Satz 1 fallende Angelegenheit (etwa durch Änderung des Geschäftsverteilungsplans) entziehen kann. Satz 1 legt den Dienstposten des feuerwehrtechnischen Beamten im hierarchischen Aufbau der Aufsichtsbehörde jedoch nicht fest.

Neben diesen gesetzlichen Aufgaben im Rahmen der Feuerwehraufsicht wirken die Kreisbrandmeister bei der Erfüllung der den Landkreisen als öffentlichen Körperschaften obliegenden Aufgaben nach § 4 mit. Diese Aufgaben erfüllen die Kreisbrandmeister allerdings nicht in ihrer Funktion als feuerwehrtechnische Beamte; vielmehr sind ihnen diese Aufgaben nach § 23 Abs. 5 übertragen. Gleiches gilt für ihre Tätigkeit im Rahmen der Zuständigkeit des Landratsamts als Bewilligungsbehörde bei der Förderung gemeindlicher Investitionen nach der ZFeuVwV. Denn das Landratsamt handelt hierbei nicht als Aufsichtsbehörde im Feuerwehrwesen.

II. Satz 2

3 Satz 2 löst den feuerwehrtechnischen Beamten von der Aufsichtsbehörde ab. Das Recht, **bei Übungen und Einsätzen** „im Rahmen der örtlichen Zuständigkeit“ – diese braucht, wie sich aus § 22 Abs. 3 ergibt, nicht mit der Landkreis- bzw. Regierungsbezirksgrenze identisch zu sein – die **„Technische Einsatzleitung“** (vgl. § 27) übernehmen zu können, folgt nicht etwa aus der behördlichen Aufsichtstätigkeit, sondern es steht ihnen kraft Funktion und insoweit unabhängig von der Behörde zu (zu den Konsequenzen hieraus vgl. Rn. 5).

4 Satz 2 legt nicht fest, in welchem Fall der feuerwehrtechnische Beamte davon Gebrauch zu machen hat. Da Satz 2 eine Ausnahme von der Regel des § 27 und einen erheblichen Eingriff in die Zuständigkeit der Gemeinde darstellt, sollte der feuerwehrtechnische Beamte nur **ausnahmsweise die Technische Einsatzleitung übernehmen** (so auch Hildinger/Rosenauer, FwG, 4. Aufl., § 24 Rn. 8). Eine solche Übernahme ist beispielsweise angezeigt, wenn der Technische Einsatzleiter nach § 27 Abs. 1 Satz 1 sei-

ne Kräfte, das Gerät oder die Löschmittel taktisch falsch einsetzt oder der Schadensfall Gemeindegrenzen überschreitet. Im Zweifelsfall sollte der feuerwehrtechnische Beamte den Technischen Einsatzleiter beratend unterstützen und ihm nicht die Leitung abnehmen. Gegebenenfalls kann der feuerwehrtechnische Beamte gemäß § 22 Abs. 6 Satz 1 dem Technischen Einsatzleiter auch einzelne Weisungen erteilen, allerdings nicht schlechthin, sondern nur bei Einsätzen nach § 2 Abs. 1 und Abs. 2 Nr. 1, nicht also bei sonstigen Feuerwehreinsätzen oder bei Übungen.

Der feuerwehrtechnische Beamte ist bei seinen Entscheidungen nach den 5 Sätzen 2 und 3 nicht der Aufsichtsbehörde unterstellt und deshalb nicht allgemein weisungsgebunden. Aus diesem Grund kann ihm seine Dienststelle nicht vorgeben, wie er die Einsatzleitung auszuüben hat. Hat er allerdings die Technische Einsatzleitung übernommen, kann ihm die Aufsichtsbehörde, wie jedem Einsatzleiter, gemäß § 22 Abs. 6 Satz 1 im Einzelfall Weisungen erteilen.

III. Satz 3

Satz 3 kommt im Hinblick auf die Befugnisse des Technischen Einsatz- 6 leiters nach § 27 und auf dessen Weisungsrecht als Vorgesetzter (vgl. § 14 Abs. 1 Nr. 3) lediglich klarstellende Bedeutung zu. Rechtsbegründend wirkt Satz 3 vielmehr nur im Hinblick auf die Disziplinargewalt nach § 14 Abs. 5 Satz 1. Der feuerwehrtechnische Beamte kann daher, wenn er die Technische Einsatzleitung übernommen hat, den Einsatzkräften der Gemeindefeuerwehr bzw. den Übenden bei schuldhaft begangenen Dienstpflichtverletzungen einen Verweis erteilen.

§ 25
Landesfeuerwehrbeirat

(1) Zur Beratung des Innenministeriums in allen Angelegenheiten von allgemeiner Bedeutung, welche die Feuerwehren berühren, wird ein Landesfeuerwehrbeirat gebildet, dessen Kosten das Land zu tragen hat.

(2) [1]Die Mitglieder des Landesfeuerwehrbeirates sollen besondere Erfahrungen im Feuerwehrwesen oder Sachversicherungswesen haben. [2]Sie werden vom Innenministerium aus den Kreisen der beteiligten Verbände, Behörden und Anstalten auf fünf Jahre berufen. [3]Ihre Tätigkeit ist ehrenamtlich. [4]Sie haben Anspruch auf Ersatz ihrer Auslagen und des Verdienstausfalles.

(3) Vorsitzender des Landesfeuerwehrbeirates ist der Landesbranddirektor.

(4) Das Nähere bestimmt eine Geschäftsordnung, die das Innenministerium erlässt.

Übersicht **Rn.**

A. Allgemeines

1 Der Landesfeuerwehrbeirat ist ein **Beratungsorgan** des Innenministeriums. Seine Beschlüsse sind Empfehlungen, die das Innenministerium in seiner Entscheidung nicht binden. Aufsichtsbefugnisse stehen ihm nicht zu. Mit seiner Einrichtung ist, wie die Gesetzesmaterialien (vgl. LT-Drs. 1/1055 und 1/1320) zeigen, „die Gewähr gegeben, die im Innenministerium zu erlassenden allgemeinen Regelungen auf die Erfordernisse der Feuerwehren, wie sie sich aus ihrer praktischen Tätigkeit ergeben, abzustimmen“.

B. Erläuterung

I. Zu Absatz 1

2 Absatz 1 verpflichtet das Land zur Einrichtung des Feuerwehrbeirats und beschreibt dessen **Aufgaben**. Diese sind jedoch nicht abschließend genannt, denn eine weitere Mitwirkungsmöglichkeit ist dem Landesfeuerwehrbeirat nach § 23 Abs. 2 Satz 4, 2. Halbsatz eingeräumt, nämlich das Anhörungsrecht vor der Bestellung des Landesbranddirektors.

„**Angelegenheiten von allgemeiner Bedeutung**, welche die Feuerwehren berühren“, i. S. von Absatz 1, sind Gesetze, Verordnungen, Verwaltungsvorschriften, die Auswirkungen auf die Feuerwehren haben. Des Weiteren zählen dazu bedeutsame Maßnahmen im Bereich der Aufgaben des Landes nach § 5 und bei freiwillig vom Land übernommenen Aufgaben im Feuerwehrwesen. Zudem kann sich das Innenministerium vom Landesfeuerwehrbeirat bei weiteren Maßnahmen beraten lassen, falls es dies für zweckmäßig hält.

Dem Landesfeuerwehrbeirat ist vom Innenministerium Gelegenheit zu geben, als Gremium seine Auffassung zu der ihm unterbreiteten Angelegenheit darlegen zu können. Das Innenministerium muss sämtliche Angelegenheiten, die unter Absatz 1 fallen, dem Beirat unterbreiten – und zwar so rechtzeitig, dass er noch Einfluss auf die zu treffende Entscheidung des Innenministeriums nehmen kann. Die Nichtbeteiligung des Beirats macht eine entsprechende Verordnung des Innenministeriums wegen Verstoßes gegen eine zwingende Verfahrensvorschrift nichtig (feststellbar in einem Normenkontrollverfahren nach § 47 VwGO i.V.m. § 5 AGVwGO). Eine Verwaltungsvorschrift, die unter Verstoß gegen Absatz 1 zustande gekommen ist, ist rechtswidrig, jedoch nicht nichtig (vgl. §§ 45, 46 LVwVfG). Allgemeine Entscheidungen der Landesregierung oder des Landtags, welche die Feuerwehren berühren, werden in ihrer Gültigkeit durch Nichtbeachtung des Absatzes 1 durch das Innenministerium nicht berührt.

Der Beirat kann auch von sich aus Anregungen zu allgemeinen Feuerwehrangelegenheiten geben.

Die Auffassung des Landesfeuerwehrbeirats ist im Wege der Abstimmung zu ermitteln. Schriftliche Meinungsäußerungen der einzelnen Beiratsmitglieder ersetzen die Stellungnahme des Beirats als Gremium nicht.

II. Zu Absatz 2

Satz 1 hat nur die Bedeutung, den Kreis der nach Satz 2 zu berufenden Personen im Hinblick auf die Sachkenntnis festzulegen. Das Mitglied des Landesfeuerwehrbeirats soll nämlich **„besondere Erfahrungen im Feuerwehrwesen“** oder (nicht und) **„im Sachversicherungswesen“** aufweisen. Erfahrungen im Feuerwehrwesen sind nicht gleichbedeutend mit Erfahrungen auf dem Gebiet der Feuerwehrtechnik. 3

Satz 2 schreibt vor, dass die zu berufenden Mitglieder Verbänden, Behörden und Anstalten auf dem Gebiet des Feuerwehrwesens oder des Sachversicherungswesens angehören müssen. Satz 2 legt nur fest, dass das Innenministerium die Mitglieder des Beirats aus diesen Kreisen auf fünf Jahre berufen muss. Nicht gesetzlich vorgeschrieben ist die Anzahl der Mitglieder und auch nicht, welcher am Feuerwehrwesen oder Sachversicherungswesen beteiligte Verband und welche Behörde oder Anstalt im Beirat vertreten sein sollen. Dies wird in der Geschäftsordnung (vgl. Absatz 4 und unten Rn. 7) geregelt. 4

Satz 3 und 4 gehören zusammen. Da die Mitglieder des Beirats als solche ehrenamtlich tätig sind **(Satz 3)** und durch ihre Tätigkeit keine finanziel- 5 len Nachteile erleiden sollen, haben sie Anspruch auf Ersatz ihrer Auslagen (Fahrtkosten und Reisekosten) und des Verdienstausfalls **(Satz 4)**. In § 7 der Geschäftsordnung des Landesfeuerwehrbeirates (siehe dazu Rn. 7) ist allerdings bestimmt, dass die Mitglieder eine Sitzungsvergütung nach der Verwaltungsvorschrift des Finanzministeriums über die Abfindung der Mitglieder von Beiräten, Ausschüssen und Kommissionen in der Landesverwaltung und darüber hinaus keine weitere Vergütung erhalten. Diese Regelung weicht mithin von Satz 4 ab und ist damit wegen Verstoßes gegen höherrangiges Recht rechtswidrig, soweit der Verdienstausfall des Mitgliedes die gewährte Vergütung übersteigt.

III. Zu Absatz 3

6 Der **Landesbranddirektor** ist als **Vorsitzender des Landesfeuerwehrbeirats** nicht an Weisungen des Innenministeriums gebunden. Er leitet die Sitzungen des Beirats. Er kann den Vorsitz weder an ein Mitglied des Beirats noch an den Vertreter des Innenministeriums abgeben.

VI. Zu Absatz 4

7 Die Anzahl der Mitglieder und die Zusammensetzung des Landesfeuerwehrbeirats sind nicht im FwG festgelegt. Vielmehr ist vorgesehen, dass die Anzahl der Beiratsmitglieder und die Verbände, Behörden und Anstalten, denen sie angehören müssen, in der Geschäftsordnung zu bestimmen sind. Die Regelung in einer Geschäftsordnung erleichtert Änderungen, da hierfür nicht eine Änderung im formellen Gesetzgebungsverfahren (d. h. durch den Landtag) erforderlich ist. Die **Geschäftsordnung des Innenministeriums** zum 1. Januar 2023 regelt das Nähere.

Der **Landesfeuerwehrbeirat besteht aus** 18 zu berufenden Mitgliedern, § 2 Abs. 1 der Geschäftsordnung. Mit dem Vorsitzenden (gem. Abs. 3 der Landesbranddirektor) sind es **19 Mitglieder**. Sieben Mitglieder schlägt der Landesfeuerwehrverband vor (fünf hiervon vertreten die Einsatzabteilungen, eines die Jugendfeuerwehren, eines die Werkfeuerwehren). Dazu kommt der Vorsitzende dieses Verbandes als weiteres Mitglied. Zwei Mitglieder gehören den Gewerkschaften an, die die hauptberuflichen Angehörigen der Gemeindefeuerwehr vertreten. Vier Mitglieder sind Bürgermeister, davon zwei Vertreter der Städte und zwei Vertreter der Gemeinden, die die Träger der Gemeindefeuerwehren repräsentieren. Ein Mitglied ist Vertreter der Landkreise (als Aufgabenträger nach § 4). Diese kommunalen Mitglieder werden nach den Vorschlägen des Städte- und Gemeindetags sowie des Landkreistags (kommunale Landesverbände) berufen. Ein Mitglied gehört einem Unternehmen mit Werkfeuerwehr an. Zwei Mitglieder stellen die baden-württembergischen Sachversicherungsunternehmen, die den weitaus größten Teil des Feuerschutzsteueraufkommens im Land erbringen (siehe hierzu § 33).

Das Innenministerium beruft die 18 Mitglieder des Beirats und für die 18 einen Stellvertreter auf Vorschlag der entsprechenden Verbände, Organisationen und der Gebäudeversicherung auf die Dauer von fünf Jahren, § 3 Abs. 1 und 2 der Geschäftsordnung.

Nach der Geschäftsordnung führt das Innenministerium die Geschäftsstel- **8**
le des Beirats. Diese hat die laufenden Geschäfte des Beirats zu erledigen und beruft bei Bedarf die Sitzungen ein, möglichst zwei Wochen vor der Sitzung (§ 5 Abs. 1 der Geschäftsordnung) Ist ein Mitglied verhindert, hat es für die Teilnahme des Stellvertreters zu sorgen oder das Innenministerium rechtzeitig zu benachrichtigen, damit dieses den Stellvertreter einladen kann (§ 5 Abs. 2 der Geschäftsordnung). Zu den Sitzungen kann das Innenministerium die zuständigen Berichterstatter des Innenministeriums und der Regierungspräsidien sowie besonders fachkundige und im Feuerwehrwesen oder Sachversicherungswesen erfahrene Personen beiziehen.

FÜNFTER TEIL
Einsatz der Feuerwehren

§ 26
Überlandhilfe der Feuerwehren

(1) [1]Die Gemeindefeuerwehren haben sich gegenseitig auf Anforderung Hilfe zu leisten, sofern die Sicherheit in der eigenen Gemeinde dadurch nicht wesentlich gefährdet wird. [2]Der Bürgermeister der Hilfe bedürftigen Gemeinde oder bei Gefahr im Verzug der Technische Einsatzleiter fordert diese bei der um Hilfe zu ersuchenden Gemeinde an. [3]Die Anforderung können auch der zuständige feuerwehrtechnische Beamte (§ 23) und bei Gefahr im Verzug die Leitstelle veranlassen.

(2) [1]Die Kosten der Überlandhilfe hat der Träger der Gemeindefeuerwehr zu tragen, dem Hilfe geleistet worden ist. [2]§ 34 Absätze 4 bis 8 gelten entsprechend. [3]Abweichend von Satz 1 kann die Hilfe leistende Gemeinde die Kosten des Einsatzes nach § 34 unmittelbar beim Kostenersatzpflichtigen erheben, wenn die Überlandhilfe aufgrund einer Vereinbarung mit der Hilfe empfangenden Gemeinde oder der Festlegung eines Einsatzgebiets für die Überlandhilfe nach § 22 Absatz 6 Satz 2 geleistet wurde. [4]Die Gemeinden können Vereinbarungen über die Kosten der Überlandhilfe abschließen.

Übersicht **Rn.**

A. Allgemeines

1 **Die Überlandhilfe der Feuerwehren nach § 26 ist eine besondere Form der interkommunalen Hilfe.** § 26 regelt in Absatz 1 die Voraussetzungen und Grenzen sowie in Absatz 2 die Rechtsfolgen (Kosten) der Überlandhilfe abschließend. Somit sind die Vorschriften des Landesverwaltungsverfahrensgesetzes (LVwVfG), insbesondere §§ 4 bis 8 LVwVfG, nicht mehr ergänzend heranzuziehen. Zudem entspricht Überlandhilfe durch die Feuerwehr in zahlreichen Fällen nicht dem Amtshilfebegriff des LVwVfG, weil dieser auf Aushilfe im Einzelfall beschränkt ist (vgl. unten Rn. 2 f. und zum Begriff der Amtshilfe BVerfG, Beschluss vom 13. Juli 2011, 2 BvR 742/10, juris [Rn. 23]). Die Feuerwehr des Einsatzortes wird durch die Überlandhilfe leistende Feuerwehr nicht ersetzt oder verdrängt, sondern lediglich unterstützt; zur Ausnahme siehe unten Rn. 3, 4. Spiegelstrich. **Überlandhilfe ist ergänzende Hilfe** für Schadensfälle, bei denen die örtliche Feuerwehr nicht in der Lage ist, den gegenwärtigen Einsatz mit ihren Einsatzkräften und Einsatzmitteln erfolgreich allein zu bewältigen.

2 Überlandhilfe ist demnach die ergänzende Hilfeleistung **durch die Gemeindefeuerwehr einer anderen Gemeinde auf dem Aufgabengebiet des § 2**. Unterstützungshandlungen innerhalb einer Gemeindefeuerwehr (Beispiel: die Einsatzabteilung des Ortsteils A kommt der Abteilung des Ortsteils B zu Hilfe) sind weder Überlandhilfe noch Amtshilfe (vgl. § 4 Abs. 2 LVwVfG).

Unterstützt die Gemeindefeuerwehr **innerhalb ihres Gemeindegebiets auf Aufforderung eine Werkfeuerwehr**, handelt es sich um keine Überlandhilfe, da die Gemeinde eine eigene Aufgabe nach § 2 erfüllt (vgl. Rn. 3 zu § 19 und Hildinger/Rosenauer, FwG, 4. Aufl., § 26 Rn. 3). Die Hilfe hingegen, die die Feuerwehr einer anderen Behörde zu deren Aufgabenerfüllung innerhalb oder außerhalb der Gemeinde leistet, ist Amtshilfe i. S. von Art. 35 Abs. 1 GG und § 4 Abs. 1 LVwVfG.

Der Begriff der Überlandhilfe ist **weit auszulegen**. Der Gemeindetag hatte in der Anhörung zum Gesetzesentwurf im Jahr 2009 zutreffend darauf hingewiesen, dass die überörtliche Einsatztätigkeit rechtliche Unschärfen des Amtshilfebegriffs zeige. So ist der Amtshilfebegriff situativ und nicht planbar. Andererseits gibt es jedoch Alarm- und Ausrückepläne für die Tätigkeit auf Autobahnen und öffentlich-rechtliche Vereinbarungen zur Sicherstellung der Tageseinsatzbereitschaft zweier Gemeindefeuerwehren durch jeweils gleichzeitige Alarmierung beider Gemeindefeuerwehren oder zur Sicherstellung des Brandschutzes für Einzelgehöfte durch die Gemeindefeuerwehr der Nachbargemeinde (vgl. Ruf, BWGZ 2010, 688). In der Gesetzesbegründung wurde dazu ausgeführt, das Gesetz verzichte bewusst auf eine exakte Abgrenzung zwischen Überlandhilfe und den sonstigen Formen der Zusammenarbeit im Einsatz wie z.B. der öffentlich-rechtlichen Vereinbarung. Die Gemeinden sollten im Rahmen der kommunalen Selbstverwaltung und des Rechts selbst entscheiden, welche Form der Zusammenarbeit sie wählen. Der Begriff Überlandhilfe solle daher „großzügig" ausgelegt werden, auch wenn die gegenseitige Hilfe über eine ergänzende spontane Hilfe im Einzelfall hinausgehe (LT-Drs. 14/5103, S. 48 f.). 3

Überlandhilfe in diesem Sinne ist daher in folgenden Konstellationen möglich (vgl. Hildinger/Rosenauer, FwG, 4. Aufl., § 26 Rn. 10):

- Die situative (ungeplante) Überlandhilfe in den **Fällen von Großschadensereignissen**, bei denen Feuerwehren aus einem größeren Umkreis oder spezielle Fahrzeuge und Sonderlöschmittel zur Unterstützung der zuständigen Feuerwehr eingesetzt werden müssen.
- Die vorgeplante, auf den einzelnen Bedarfsfall **abgestellte Hilfe der Feuerwehren benachbarter Gemeinden**. Sie dient zumeist der Sicherstellung der Einsatzbereitschaft (Tagesverfügbarkeit) und wird mit Standardlöschfahrzeugen geleistet. Um die Alarmierung über die Integrierte Leitstelle sicherzustellen, sind die Einsatzgebiete in Alarm- und Ausrückeordnungen festgelegt.
- Der in Alarm- und Ausrückeordnungen **festgelegte überörtliche Einsatz von Feuerwehrsonderfahrzeugen und -geräten** (z.B. Drehleitern, Rüst- und Gerätewagen sowie Abrollbehälter) zur Unterstützung der zuständigen Gemeindefeuerwehr, die über solche Fahrzeuge bzw. Geräte nicht

verfügen muss. Er dient vor allem der Wirtschaftlichkeit, da solche Fahrzeuge seltener zum Einsatz kommen als Standardlöschfahrzeuge.

- Der im Vorfeld in Alarm- und Ausrückeordnungen nach Einsatzgebieten festgelegte **Einsatz der örtlich nicht zuständigen Feuerwehr**. Hier kommt die örtlich zuständige Feuerwehr nicht zum Einsatz. Solche Fälle finden sich insbesondere an Autobahnen und mehrspurigen Bundesstraßen. Der Übergang der Zuständigkeit dient hier entweder der Freistellung kleiner Feuerwehren von ihren Aufgaben durch Übertragung auf größere Wehren oder der Sicherstellung einer raschen Schadensbekämpfung durch Nutzung der nächstgelegenen Zufahrten.

Wird die Überlandhilfe in Alarm- und Ausrückeordnungen festgelegt, müssen sowohl die Hilfe leistende als auch die Hilfe empfangenden Gemeinden zustimmen. Grund für dieses Zustimmungserfordernis ist, dass mit der Bildung von Einsatzgebieten für die Überlandhilfe Aufgaben nach § 2 auf eine örtlich nicht zuständige Gemeinde und ihre Feuerwehr übertragen werden. Damit wird sowohl das kommunale Selbstverwaltungsrecht dieser Gemeinde als auch das derjenigen Gemeinde tangiert, die an sich für die Aufgabenerfüllung nach § 2 zuständig ist. Eine Gemeinde verhält sich jedoch widersprüchlich, wenn sie nahezu zwei Jahrzehnte lang die Einsätze der aufgrund einer Alarm- und Ausrückeordnung alarmierten Feuerwehr auf ihrem Gemeindegebiet hingenommen und damit die Kosten für die bei Autobahneinsätzen notwendige teure Ausrüstung gespart hat, ohne sich um die Grundlage dieser Einsätze zu kümmern, und sich sodann im Rahmen des Kostenersatzes auf das angeblich fehlende Einvernehmen zu der Überlandhilfe beruft (vgl. VG Stuttgart, BWGZ 2000, 405 ff. und juris [Leitsatz Nr. 4]).

B. Erläuterung

I. Zu Absatz 1

1. Satz 1

4 Die Gemeinden haben sich **„gegenseitig“** mit ihrer Feuerwehr Hilfe zu leisten. Absatz 1 gewährt daher ein Recht auf Überlandhilfe und begründet gleichzeitig die Pflicht, Überlandhilfe zu leisten. Aus Satz 1 folgt weiter, dass Überlandhilfe nur zu leisten ist, wenn sie angefordert wird, und zwar nach Maßgabe von Absatz 1 Satz 2 und 3.

Aus der Regelung, dass sich die Gemeinden gegenseitig mit ihren Feuerwehren Hilfe leisten folgt auch, dass die Überlandhilfe endet, wenn während der Überlandhilfeleistung der **Katastrophenfall** ausgerufen wird (VGH, VBlBW 2010, 237 und juris [Rn. 22]). Denn mit Feststellung der Katastrophe ist es nach § 35 LKatSG Aufgabe der zuständigen Katastrophenschutzbehörde, die zur Schadensbekämpfung notwendigen Maßnahmen zu treffen oder die Maßnahmen anzuordnen, die zur Abwendung der Katastrophe erforderlich sind. Die Hilfe wird ab dem Zeitpunkt der Feststellung des Katastrophenfalls (§ 44 Abs. 1 LKatSG) bis zur Aufhebung des Katastrophenfalls (§ 48 Abs. 2 LKatSG) der für die Gefahrenabwehr zuständigen Katastrophenschutzbehörde und somit nicht mehr gegenüber dem Träger einer anderen Feuerwehr, zur Erfüllung deren Aufgaben nach § 2 FwG erbracht. Dementsprechend richtet sich ab diesem Zeitpunkt die Kostenfolge nach § 56 LKatSG (VGH, a. a. O.). Bei Vorliegen einer **Außergewöhnlichen Einsatzlage** i. S. des § 2 Abs. 1 LKatSG verbleibt es hingegen bei den Regelungen des § 26, dies folgt aus § 45 Abs. 1 LKatSG.

Die Überlandhilfe kann abgelehnt werden, wenn die Sicherheit der eige- 5
nen Gemeinde wesentlich gefährdet ist. Die Überlandhilfe darf nicht dazu führen, dass z. B. ein Klein- oder ein Mittelbrand (nicht mehr als drei C-Rohre eingesetzt) mit eigenen Einsatzkräften und Gerät nicht mehr gelöscht werden könnte. Aus diesem Grund sind vornehmlich größere benachbarte Feuerwehren zur Überlandhilfe anzufordern.

Überlandhilfe darf angefordert werden, wenn die ersuchende Gemeinde 6
der Hilfe der anderen Gemeindefeuerwehr aus tatsächlichen Gründen bedarf. Überlandhilfe kann auch aus Gründen der Einfachheit und Billigkeit beansprucht werden. Da aber jede Gemeinde grundsätzlich die ihr nach § 3 übertragenen Aufgaben in vollem Umfang selbst durchzuführen hat, darf sie eine andere Gemeindefeuerwehr nur dann in Anspruch nehmen, wenn die dadurch erzielte Vereinfachung oder Verbilligung wesentlich ist.

Die **Pflicht**, Überlandhilfe zu leisten, ist **nicht auf benachbarte Gemeinden** 7
beschränkt. Überlandhilfe ist zwar in erster Linie, aber nicht nur Nachbarschaftshilfe. Leistet eine Gemeindefeuerwehr jenseits der Grenzen des Geltungsbereiches dieses Gesetzes Hilfe, wird sie nicht aufgrund von § 26 (mit der Kostenfolge nach Absatz 2) tätig. Sie leistet vielmehr Amtshilfe i. S. von Art. 35 GG, und zwar in diesem Fall unmittelbar aufgrund von § 4 Abs. 1 LVwVfG mit der Möglichkeit, Auslagenersatz im Rahmen des § 8 Abs. 1 Satz 2 LVwVfG zu verlangen. Die Auslagen hat auch in diesem Fall die ersuchende Behörde zu erstatten (Gemeinde oder auch betreffende Landesbehörde). Die Zulässigkeit des Amtshilfeersuchens einer Gemeinde außerhalb Baden-Württembergs richtet sich nach dem dortigen Landesrecht, die Durchführung der Amtshilfe dagegen nach dem LVwVfG.

8 Das Innenministerium hat bereits in den Jahren 1955/56 mit Bayern, Hessen und Rheinland-Pfalz vereinbart, dass sich die Gemeindefeuerwehren über die Landesgrenzen hinweg gegenseitig kostenlos Hilfe leisten. Alle Länder erstatten ihren Hilfe leistenden Gemeinden die entsprechenden Einsatzkosten.

2. Satz 2

9 Die vom Schadensereignis betroffene Gemeinde entscheidet, ob und in welchem Umfang sie Überlandhilfe anfordert, denn sie ist für die Aufgabenerfüllung nach § 2 zuständig. Nach Satz 2 ist die Überlandhilfe grundsätzlich vom **Bürgermeister** (als Verwaltungsorgan der Gemeinde, vgl. § 23 GemO) anzufordern, denn er ist Leiter der Gemeindeverwaltung und ihm steht gemäß § 27 Abs. 4 FwG die organisatorische Oberleitung zu, die auch das Recht zur Anforderung von Überlandhilfe umfasst (vgl. Rn. 12 zu § 27 und VG Freiburg, Urteil vom 19. Juni 2012, 3 K 1339/10, juris [Rn. 18]). Dem Bürgermeister werden aber regelmäßig Erfahrungen im feuerwehrtaktischen Bereich zur Entscheidung, ob und in welchem Umfang Überlandhilfe zur Aufgabenerfüllung nach § 2 anzufordern ist, fehlen. Monetäre Gründe im Hinblick auf die Kostentragungspflicht gemäß Abs. 2 Satz 1 dürfen grundsätzlich nicht ausschlaggebend sein für die Frage, ob Überlandhilfe anzufordern ist, die Entscheidung hat sich vielmehr nach dem Wert des vom Schadensereignis bedrohten Rechtsgutes und der Intensität der Gefährdung bzw. des Schadens zu richten. Der Bürgermeister kann daher die Befugnis, Überlandhilfe anzufordern, **delegieren,** und zwar im Einzelfall und allgemein. Nach allgemeiner Praxis hat er deshalb diese Befugnis regelmäßig auf den Feuerwehrkommandanten als Technischen Einsatzleiter i. S. des § 27 Abs. 1 Satz 1 übertragen. Jedoch hatte das Innenministerium nach jahrzehntelanger Praxis festgestellt, dass die dem Bürgermeister im Rahmen seiner Zuständigkeit für die organisatorische Oberleitung (§ 27 Abs. 4) obliegenden Befugnisse, Überlandhilfe anzufordern und über Ersuchen um Überlandhilfe zu entscheiden, nach § 53 Abs. 1 GemO nur auf Gemeindebedienstete übertragen werden können. Ehrenamtlich tätige Feuerwehrangehörige sind aber keine Gemeindebediensteten. Wenn es die Schadensbekämpfung erfordert und die Entscheidung des Bürgermeisters oder eines von ihm beauftragten Gemeindebediensteten nicht rechtzeitig eingeholt werden kann, muss aber auch der ehrenamtlich tätige Technische Einsatzleiter unverzüglich selbst Überlandhilfe anfordern können. Aus diesem Grund hat das ÄndG 2015 Satz 2 dahingehend geändert, dass die Anforderungsbefugnis bei Gefahr im Verzug auf den Technischen Einsatzleiter erweitert

wurde (vgl. LT-Drs. 15/7613, S. 16). Letztlich trägt dieser auch die Verantwortung für den Einsatzerfolg in feuerwehrtaktischer Hinsicht.

Die Anforderung der Überlandhilfe ist seit dem ÄndG 2015 auch nicht 10 mehr an den Bürgermeister der um Hilfe anzugehenden Gemeinde, sondern an die „um Hilfe anzugehende Gemeinde" zu richten. Diese Gesetzesänderung wird damit begründet, dass es der Praxis entspricht, dass die Entscheidung über die Leistung von Überlandhilfe vom Bürgermeister regelmäßig auf den Feuerwehrkommandanten delegiert ist (vgl. LT-Drs. 15/7613, S. 16). Dies ist zwar richtig, aber aus dem unter Rn. 9 genannten Grund kann er diese Entscheidungsbefugnis nicht auf ehrenamtlich tätige Kommandanten delegieren (inkonsequent insoweit Hildinger/Rosenauer, FwG, 4. Aufl., § 26 Rn. 14).

Haben Gemeinden im Rahmen von **Alarm- und Ausrückeordnungen** die 11 Vereinbarung getroffen, dass bei bestimmten Schadensfällen durch die Integrierte Leitstelle Fahrzeuge der Gemeinde B (DLK, Gefahrgutzug) zur Überlandhilfe in die Gemeinde A entsandt werden, dann ist das Anforderungsrecht des Bürgermeisters der Gemeinde A als Folge der Vereinbarung auf die Integrierte Leitstelle übertragen worden. Es liegt hier kein Fall der Anforderung von Überlandhilfe bei Gefahr im Verzug im Sinne von § 26 Abs. 1 Satz 2, 2. Halbsatz vor, da bereits vor dem konkreten Einsatz eine generelle Regelung über die Hilfeleistung getroffen worden ist (vgl. VG Stuttgart, BWGZ 2000, 405).

3. Satz 3

Nach **Satz 3** können auch die örtlich zuständigen **feuerwehrtechnischen** 12 **Beamten** (Kreisbrandmeister, Bezirksbrandmeister und Landesbranddirektor) und bei Gefahr im Verzug – Gefahr im Verzug besteht, wenn der Erfolg einer notwendigen Maßnahme ohne sofortiges Eingreifen nicht erreichbar erscheint – die Integrierte Leitstelle Überlandhilfe anfordern. Auch wenn es dem Wortlaut nicht zu entnehmen ist, so ist doch das Anforderungsrecht nach Satz 3 gegenüber dem nach Satz 2 **nur subsidiär**. Dies folgt aus der Übertragung der organisatorischen Oberleitung auf den Bürgermeister sowie der Tatsache, dass die Feuerwehr Teil der kommunalen Selbstverwaltung ist und die Gemeinde bzw. der Bürgermeister grundsätzlich nur einer Rechts- und nicht der Fachaufsicht unterliegt (vgl. VG Freiburg, Urteil vom 19. Juni 2012, 3 K 1339/10, juris [Rn. 18]). Nur wenn der Bürgermeister oder sein Beauftragter nicht erreichbar ist, darf daher von Satz 3 Gebrauch gemacht werden. Von Satz 3 wird ohnehin nur Gebrauch gemacht werden können, solange der Bürgermeister nicht schon Hilfe angefordert hat.

Das Anforderungsrecht der Integrierten Leitstelle nach Satz 3 ist zu unterscheiden von der ihr durch Alarm- und Ausrückeordnungen übertragenen Befugnis (vgl. oben Rn. 3).

II. Zu Absatz 2

13 Absatz 2 regelt die Kosten der Überlandhilfe. Anspruchsgrundlage bei einer Hilfeleistung der Feuerwehr, die nicht dem Träger einer anderen Gemeindefeuerwehr auf dem Gebiet des § 2 erbracht wird, also keine „Überlandhilfe" i. S. von Absatz 1 ist, ist nicht Absatz 2, sondern § 8 LVwVfG. Da die Erstattungsbeträge nach Absatz 2 durch den Verweis auf § 34 Abs. 4 bis 8 in Satz 2 ungleich höher sind als die nach § 8 LVwVfG (vgl. dazu Rn. 18), kommt der Subsumierung der einzelnen Hilfeleistung entweder als Überlandhilfe oder als sonstige Amtshilfe erhebliche praktische Bedeutung zu.

Unterstützt die Bundeswehrfeuerwehr auf Anforderung die Gemeindefeuerwehr, kann der Bund im Rahmen von § 8 VwVfG von der Gemeinde Kostenersatz verlangen (vgl. Bay. VGH, Urteil vom 25. April 2017, 4 BV 16.346, juris. [Rn. 38]). Der Bund sieht indes ganz oder teilweise vom Kostenersatz ab, wenn und soweit der Amtshilfeeinsatz Ausbildungs- und Übungszwecken der Bundeswehrfeuerwehr diente. Die ausländischen Streitkräfte verzichten großzügiger Weise, wenn sie mit ihren Feuerwehren Amtshilfe leisten, meist auf jedweden Kostenersatz.

1. Satz 1

14 Satz 1 verleiht der ersuchten Gemeinde einen **Rechtsanspruch auf Erstattung** der bei der Überlandhilfe entstandenen Kosten gegen die Gemeinde, der Hilfe geleistet worden ist. Wird die Hilfe im Gebiet eines Zweckverbandes mit eigener Feuerwehr geleistet, ist der Zweckverband ersatzpflichtig i. S. von Absatz 1. Aus diesem Grund verwendet Absatz 1 statt des Worts „Gemeinde" den Begriff „Träger der Gemeindefeuerwehr". Die Kosten werden **nur auf Anforderung** ersetzt.

15 Kostenerstattungspflichtig **bei sonstiger Amtshilfe** der Gemeindefeuerwehr ist die ersuchende Behörde, der Hilfe geleistet worden ist. **Unterstützt die Gemeindefeuerwehr eine Werkfeuerwehr**, können die Hilfeleistungskosten nicht nach § 8 LVwVfG abgewälzt werden, da ein Gewerbebetrieb keine Behörde ist und ihm daher keine Amtshilfe geleistet werden kann. Eine Kostenerstattung kann nur unter den Voraussetzungen des § 34 verlangt werden.

16 Im FwG nicht geregelt ist die Frage, welche Gemeinde die Kosten trägt, wenn eine Feuerwehr **ohne Aufforderung oder Billigung der zuständigen**

Gemeinde auf deren Gemeindegebiet Aufgaben nach § 2 erfüllt. Diese Frage stellt sich etwa, wenn die Mannschaft eines Löschgruppenfahrzeugs der Feuerwehr A bei Rückfahrt von einem Feuerwehrwettbewerb auf dem Gebiet der Gemeinde B einen Gartenhausbrand bemerkt und diesen löscht, oder wenn versehentlich die örtlich unzuständige Feuerwehr A von der Integrierten Leitstelle alarmiert wird und auf Gemarkung der Gemeinde B den Brand löscht. Eine Kostenerstattung der Gemeinde A gegenüber der Gemeinde B nach § 26 Abs. 2 Satz 1 scheidet aus, wenn die Feuerwehr A spontan und nicht auf Anforderung der Gemeinde B tätig geworden ist (sog. **Spontanhilfe**). Andere Anspruchsgrundlagen nach dem FwG gibt es nicht. Strittig ist, ob in solchen Fällen die Gemeinde A nach dem Institut der öffentlich-rechtlichen **Geschäftsführung ohne Auftrag** (GoA) gemäß §§ 677 ff. BGB analog Kostenersatz von der Gemeinde B verlangen kann, da die Feuerwehr A ein Geschäft (eine Aufgabe) der Feuerwehr B erledigt hat. In diesen Fällen wird oft argumentiert, ein Kostenersatzanspruch der unzuständigen Gemeinde müsse bei einem Tätigwerden auch ohne zuvor eingeholtes Einverständnis der zuständigen Gemeinde auf jeden Fall bestehen; denn es sei der Öffentlichkeit nicht vermittelbar, dass bei einem Brand oder Verkehrsunfall die örtlich unzuständige Feuerwehr erst unter Zeitverlust die Genehmigung der örtlich zuständigen Gemeinde für ihr Handeln einholen müsse. Diese Argumentation klingt zwar einleuchtend, ist aber für die Streitfrage wenig hilfreich. Selbstverständlich ist auch die örtlich unzuständige Feuerwehr in solchen Notfällen zur sofortigen Hilfeleistung verpflichtet. Eine solche Pflicht folgt für die am Einsatzort befindlichen Feuerwehrangehörigen aus § 323c StGB (unterlassene Hilfeleistung, vgl. SSW-StGB, 6. Aufl., § 323c Rn. 13 f.) und für die Einrichtung Feuerwehr aus der Amtspflicht, in solchen Notfällen dem Betroffenen unverzüglich die notwendige Hilfe zukommen zu lassen. Davon zu trennen ist jedoch die Frage, welche Gemeinde letztlich die Kosten bzw. das Kostenrisiko solcher Einsätze tragen soll.

Die Rechtsprechung lehnt zwar im Verhältnis zwischen zwei Hoheitsträgern grundsätzlich einen Rückgriff auf die öffentlich-rechtliche GoA ab, da in diesen Fällen ein unzuständiger Hoheitsträger in den Zuständigkeitsbereich eines anderen Verwaltungsträgers übergreift und die gesetzliche Zuständigkeitszuordnung durchbricht, was verhindert werden soll. Ein Rückgriff ist allerdings ausnahmsweise erlaubt, wenn ein **Notfall** vorliegt und ein unverzügliches Tätigwerden des unzuständigen Hoheitsträgers unabdingbar ist (BVerwG, NJW 1986, 2524 und juris [Rn. 18], jurisPK-BGB, 10. Aufl., § 677 Rn. 59). Der Ersatz der Kosten richtet sich dann nach § 683 Satz 1 BGB analog und nicht nach § 26 Abs. 2 bzw. § 34 Abs. 4 bis 8.

Ein Kostenersatzanspruch aus öffentlich-rechtlicher GoA der örtlich unzuständigen Feuerwehr ist somit unter folgenden **Voraussetzungen** (so auch Hildinger/Rosenauer, FwG, 4. Aufl., § 26 Rn. 7) gegeben:

- die unzuständige Feuerwehr muss eine fremde Aufgabe, nämlich eine solche der zuständigen Feuerwehr erfüllen;
- sie muss dabei ohne Auftrag, d.h. ohne Anforderung nach § 26 Abs. 1, handeln;
- sie muss diese fremde Aufgabe erfüllen wollen (Fremdgeschäftsführungswille);
- die Erfüllung der Aufgabe muss dem Interesse und dem (wirklichen oder mutmaßlichen) Willen der örtlich zuständigen Gemeinde entsprechen.

In den allermeisten Fällen der Spontanhilfe (wie in den beiden o.g. Beispielsfällen) besteht daher ein Kostenersatzanspruch der Gemeinde A gegen die Gemeinde B über die GoA – was auch sachgerecht ist, da die Gemeinde B die Kosten ihrer eigenen Einsatzkräfte „gespart" hat.

Dagegen ist eine sachgerechte Lösung über die GoA in den folgenden Fällen nicht möglich: Die aufgrund einer falschen Mitteilung im Notruf von der Leitstelle alarmierte unzuständige Feuerwehr A glaubt, auf der eigenen Gemarkung den Brand zu löschen, in Wirklichkeit befindet sich der Brandort aber auf der Gemarkung der Gemeinde B. Ein Kostenersatzanspruch der Gemeinde A über die GoA scheidet hier aus, da die Feuerwehr A ohne Fremdgeschäftsführungswillen handelte. In solchen Fällen besteht ein Kostenersatzanspruch der Gemeinde A jedoch über den gewohnheitsrechtlich anerkannten öffentlich-rechtlichen Erstattungsanspruch. Denn die Gemeinde B wurde ohne Grund auf Kosten der Gemeinde A von einer Pflichtaufgabe freigestellt (a.A. Hildinger/Rosenauer, FwG, 4. Aufl., § 26 Rn. 7, die einen Erstattungsanspruch verneinen).

Ein **Kostenersatzanspruch** der Gemeinde A **scheidet** allerdings in Fällen der Spontanhilfe **aus**, in denen ihre Einsatzkräfte die Integrierte Leitstelle von ihrem Tätigwerden nicht unterrichteten, sodass diese die Feuerwehr B alarmiert, die in der Folge nicht tätig zu werden braucht. Hier wäre es unbillig, die Gemeinde B mit den doppelten Einsatzkosten zu belasten.

Ein Kostenersatzanspruch der Gemeinde A nach GoA gegen die Gemeinde B scheidet auch dann aus, wenn die Leitstelle schuldhaft zuerst die örtlich unzuständige Feuerwehr A und nach Bemerken des Fehlers die zuständige Feuerwehr B alarmiert (Falschalarmierung). Denn das Tätigwerden der Feuerwehr A lag nicht im Interesse der Gemeinde B und die Gemeinde B müsste dann sowohl die Einsatzkosten ihrer Kräfte als die der Feuerwehr A tragen. In diesem Fall hat die Gemeinde A jedoch einen Schadensersatzanspruch gegen den Träger der Integrierten Leitstelle (§ 4 Abs. 2), da die Integrierte Leistelle die Verpflichtung hat, die örtlich zuständige Feuerwehr zu alarmieren (vgl. Hildinger/Rosenauer, FwG, 4. Aufl., § 4 Rn. 5).

Ansprüche auf Kostenersatz wegen der Überlandhilfe und wegen anderer 17
geleisteter Amtshilfe können **nicht durch Leistungsbescheid** gegenüber der ersuchenden Gemeinde oder Behörde geltend gemacht werden. Die Geltendmachung einer Forderung durch Verwaltungsakt bedarf mit Blick auf diese Handlungsform, die durch behördliche Titelverschaffung, Vollstreckungsbefugnis und die mögliche Bestandskraft gekennzeichnet ist, einer Rechtsgrundlage. Jedoch enthalten weder das Feuerwehrgesetz noch das Landesverwaltungsverfahrensgesetz (LVwVfG) eine ausdrückliche Regelung über die Form der Geltendmachung des Erstattungsanspruchs, die es der Gemeinde gestatten würde, ihren Aufwendungsersatz gegenüber einem Träger hoheitlicher Gewalt durch Leistungsbescheid geltend zu machen (VGH, BWGZ 2009, 218 und juris [Rn. 22 f.]). Kommt die in Anspruch genommene Gemeinde daher ihrer nach Absatz 2 bestehenden Zahlungsverpflichtung nicht nach, muss die Zahlung begehrende Gemeinde beim zuständigen Verwaltungsgericht **Leistungsklage** erheben.

2. Satz 2

Satz 2 erlaubt eine von § 8 LVwVfG abweichende Kostenerstattung. Bei 18
der sonstigen Amtshilfe können nur die durch die konkrete Hilfeleistung verursachten Aufwendungen **(Auslagenersatz)** in Rechnung gestellt werden. Das heißt, die tatsächlich gezahlten Entschädigungsleistungen nach §§ 16, 17, Reparaturkosten, Verbrauchsmaterialien und die Betriebskosten der benutzten Fahrzeuge und Geräte.

Durch den Verweis auf § 34 Abs. 4 bis 8 ist es den Gemeinden jedoch erlaubt, neben den durch den Einsatz unmittelbar entstandenen Kosten auch eine angemessene Verzinsung des Anlagekapitals und angemessene Abschreibungen in Rechnung zu stellen. Bei der Berechnung dieser kalkulatorischen Kosten muss die Gemeinde die Beiträge, Zuweisungen und Zuschüsse Dritter berücksichtigen; insbesondere gilt das für die Zuwendung des Landes nach der ZFeuVwVZ.

3. Satz 3

Satz 3 ist durch das ÄndG 2015 eingefügt worden. Da Vereinbarungen 19
zwischen Gemeinden (vgl. dazu Rn. 3) und die Festlegung von Einsatzgebieten für die Überlandhilfe durch die Aufsichtsbehörde nach § 22 Abs. 6

Satz 2 dazu führen, dass Gemeindefeuerwehren regelmäßig im Wege der Überlandhilfe tätig werden, kann in derartigen Fällen nunmehr die Hilfe leistende Gemeinde den Kostenersatz nach § 34 direkt beim Kostenersatzpflichtigen geltend machen und bei Bedarf ihren Anspruch selbst durchsetzen. Dadurch wird die örtlich zuständige Gemeinde entlastet, deren Feuerwehr oft am Einsatz nicht beteiligt war, für die Abrechnung bedeutsame Details zum Einsatzgeschehen daher nicht kennt und die nach der alten Rechtslage in diesem Fall allein bei der Abwicklung des Kostenersatzes tätig werden musste (vgl. LT-Drs. 15/7613, S. 16).

Das Ausfallrisiko verbleibt bei der die Hilfe empfangenden Gemeinde, da die Regelung zur Kostentragung in Satz 1 unberührt bleibt. Können also die Einsatzkosten beim Kostenpflichtigen nicht vollstreckt werden, kann die Kostenforderung an die örtlich zuständige Gemeinde gerichtet werden, sofern eine Vereinbarung nach Satz 4 nichts anderes bestimmt.

4. Satz 4

20 Satz 4 gibt den Gemeinden die Möglichkeit, von den gesetzlichen Vorgaben **abweichende Vereinbarungen** über die Kosten der Überlandhilfe zu treffen. Ziel solcher Vereinbarungen ist es, die kommunale Zusammenarbeit und die gegenseitige Solidarität zu stärken und einen gerechten Ausgleich der finanziellen Belastungen zu erreichen (LT-Drs. 14/5103, S. 49). Andernfalls könnten Gemeinden bei Großschadenslagen, bei denen sie auf die Hilfe der benachbarten Gemeinden angewiesen sind, durch die Kosten der Überlandhilfe finanziell überfordert sein. Außerdem kann die Befürchtung, hohe Überlandhilfekosten bezahlen zu müssen, in der Praxis dazu führen, dass zu zögernd Überlandhilfe angefordert wird – mit negativen Folgen für den Einsatzerfolg. Um diese unerwünschten Folgen zu vermeiden, ist es empfehlenswert, eine Vereinbarung über die Kosten der Überlandhilfe zumindest mit den Nachbargemeinden, besser im gesamten Landkreis, zu treffen (vgl. Hildinger/Rosenauer, FwG, 4. Aufl., § 26 Rn. 20). Leisten sich Gemeinden regelmäßig tagsüber gegenseitig Überlandhilfe, um sicherzustellen, dass ausreichend Personal zur Bewältigung des Einsatzes vorhanden ist, ist es angezeigt, auf die Geltendmachung der Kosten zu verzichten.

Rechtswidrig dürfte die in der Praxis vorkommende Vereinbarung verschiedener Überlandhilfekosten sein, allein abhängig davon, ob ein Kostenersatzpflichtiger nach § 34 besteht (dann Geltendmachung der Überlandhilfekosten nach § 26 Abs. 2 Satz 2) oder ob die anfordernde Gemeinde die Einsatzkosten zu tragen hat (dann Kostenfreiheit oder geringere, z. B. nur die tatsächlich der hilfeleistenden Gemeinde entstandenen Kosten), denn eine solche Differenzierung ist sachlich zunächst nicht gerechtfertigt. Es muss in der Vereinbarung nachvollziehbar dargelegt werden, weshalb die Hilfe leistende Gemeinde auf die ihr grundsätzlich zustehenden Kosten verzichtet, dies kann etwa durch gegenseitige Hilfeleistung gerechtfertigt sein. Die Begründung dadurch zu verhindern, dass die hilfesuchende Gemeinde durch Kosten der Überlandhilfe finanziell überfordert wird oder aus Furcht vor hohen Kosten die Überlandhilfe zu zögernd angefordert wird, dürfte, insbesondere auch aus Sicht des Kostenersatzpflichtigen keine ausreichende Begründung sein.

§27
Leitung des Einsatzes

(1) [1]Technischer Einsatzleiter ist der Feuerwehrkommandant des Einsatzortes. [2]Der Technische Einsatzleiter hat bei der Bekämpfung von Schadensfällen, die eine besondere berufliche Vorbildung und technisches Können erfordern, geeignete Personen zur Beratung heranzuziehen. [3]Werden im Rahmen der Aufgabenerfüllung nach § 2 Personen eingesetzt, die nicht auf Grund einer gesetzlichen Verpflichtung tätig werden, unterstehen diese dem Technischen Einsatzleiter.

(2) [1]Erstreckt sich das Einsatz- oder Übungsgebiet über einen Landkreis hinaus, kann das Regierungspräsidium einen Technischen Einsatzleiter bestimmen. [2]Sind mehrere Regierungsbezirke betroffen, hat das Innenministerium diese Befugnis.

(3) Werden neben der Feuerwehr noch andere Organisationen eingesetzt, hat der Technische Einsatzleiter eine Führungseinheit zu bilden, der Vertreter der eingesetzten Organisationen als Berater angehören.

(4) Die organisatorische Oberleitung liegt beim Bürgermeister, soweit sie nicht nach § 22 Absatz 6 Satz 1 von einer Aufsichtsbehörde übernommen wird.

(5) [1]Liegt eine Einrichtung oder Anlage im Gebiet mehrerer Gemeinden, und können die Aufgaben des Technischen Einsatzleiters sowie der organisatorischen Oberleitung zweckmäßig nur einheitlich wahrgenommen werden, so gehen diese Aufgaben auf die in der Bekanntmachung nach Satz 2 genannte leistungsfähigere Gemeinde über, wenn die nächsthöhere gemeinsame Aufsichtsbehörde feststellt, dass die Voraussetzungen erfüllt sind. [2]Die Aufsichtsbehörde macht den Übergang der Aufgaben öffentlich bekannt. [3]Die Aufgaben gehen mit Beginn des übernächsten Monats nach der Bekanntmachung über.

Übersicht **Rn.**

A. Allgemeines

1 § 27 bestimmt, wer bei einem Feuerwehreinsatz (siehe dazu Rn. 2) die „technische Einsatzleitung“ und wer die „organisatorische Oberleitung“ innehat. Er definiert nicht, was unter technischer (siehe dazu Rn. 3) und was unter organisatorischer Leitung (siehe dazu Rn. 12) zu verstehen ist und wie sie gegeneinander abzugrenzen sind. § 27 setzt beide Begriffe als bekannt voraus. Die Frage, wer eine Übung leitet, wird von § 27 ebenfalls nicht beantwortet. § 27 bestimmt den Einsatzleiter (vgl. Inhaltsüberschrift „Leitung des Einsatzes“). Wer die Feuerwehrübung leitet, bestimmt daher der Feuerwehrkommandant.

Absatz 1 bestimmt den Kommandanten des Einsatzortes zum Einsatzleiter der Feuerwehrkräfte. **Absatz 2** regelt deren Führung bei raumübergreifenden Einsätzen. **Absatz 3** regelt die Zusammenarbeit zwischen dem Einsatzleiter der Feuerwehr und den Führungskräften anderer am Einsatz beteiligter Organisationen.

Absatz 4 bestimmt die organisatorische Oberleitung. Die in Absatz 4 enthaltene Verweisung wurde durch das ÄndG vom 25. Februar 2025 lediglich an die bei der Änderung des Feuerwehrgesetzes 2015 vorgenommene Ergänzung des § 22 angepasst. Die Änderung der Verweisung war damals versehentlich unterblieben.

Absatz 5 hat zum Zweck, dass bei einem Schadensfall in einer Einrichtung oder Anlage, deren räumliche Ausdehnung die Gemeindegrenzen überschreitet, nur einer die technische und nur einer die organisatorische Leitung innehat.

2 § 27 regelt die Einsatzleitung nur **bei Einsätzen zur Erfüllung von Aufgaben nach § 2 FwG**. Ist die Gemeinde dagegen als Ortspolizeibehörde nach §§ 1 und 3 PolG für die Gefahrenabwehr zuständig und bedient sie sich dabei der

Hilfe ihrer Feuerwehr, so handelt diese dabei nicht im Rahmen ihrer Aufgaben nach § 2 FwG, sondern für die **Ortspolizeibehörde.** Dies ist etwa der Fall bei der Vermisstensuche (vgl. dazu Bay. VGH, DÖV, 2007, 345 und juris [Rn. 25]) oder bei der Bekämpfung von Hochwassergefahren. Dieser Fall von Aufgabenerfüllung entspricht derjenigen der Amtshilfe, da auch hier die Feuerwehr keine Aufgaben nach § 2 erfüllt. Ein Fall der Amtshilfe liegt jedoch nicht vor, weil sich hier nicht zwei verschiedene Behörden Hilfe leisten. Wird die Einsatzleitung in solchen Fällen nicht vom Bürgermeister wahrgenommen, sondern kraft interner Organisationshoheit der Gemeinde dem hauptamtlichen Feuerwehrkommandanten übertragen, nimmt er sie nicht nach § 27 wahr; vielmehr richtet sich die Leitung des Einsatzes nach dem Polizeigesetz. Dem vom Bürgermeister mit der Leitung beauftragten Feuerwehrkommandanten unterstehen dann – anders als bei § 27 – auch alle anderen für die Ortspolizeibehörde tätigen Einsatzkräfte, einschließlich solche des Polizeivollzugsdienstes (vgl. Hildinger/Rosenauer, FwG, 4. Aufl., § 27 Rn. 2). Die Einsatzleitung bei der Aufgabenerfüllung durch die Ortspolizeibehörde kann vom Bürgermeister gemäß § 53 Abs. 1 GemO allerdings nur auf Gemeindebedienstete übertragen werden. Handelt daher die Gemeindefeuerwehr für die Ortspolizeibehörde, kann die Einsatzleitung nur einem Feuerwehrkommandanten oder einem anderen Angehörigen der Feuerwehr übertragen werden, der hauptamtlich oder als Ehrenbeamter tätig ist. Eine Übertragung der Einsatzleitung auf ehrenamtlich tätige Feuerwehrangehörige ist dagegen nicht möglich (siehe dazu auch Rn. 9 zu § 26).

B. Erläuterung

I. Zu Absatz 1

1. Satz 1

Technischer Einsatzleiter ist der **Feuerwehrkommandant des Einsatzortes**. Die **„technische Einsatzleitung“** umfasst die Befugnis, den taktischen Einsatz der Feuerwehrkräfte zu bestimmen. Der Technische Einsatzleiter leitet verantwortlich die ihm unterstellten Einsatzkräfte an der Einsatzstelle. Entsprechendes gilt für Übungen, denn auch diese müssen technisch geleitet werden. Die Einsatzleitung hat die Aufgabe, alle Maßnahmen zur Abwehr der Gefahren (auch für die eingesetzten Kräfte) und zur Begrenzung der Schäden zu veranlassen. Insbesondere gilt es, die Einsatzkräfte möglichst wirkungsvoll an meist unbekannten Orten und bei nicht vollständig bekanntem oder erkundetem Schadensumfang einzu- 3 setzen. Die Einsatzleitung muss daher die Lage schnell erfassen und beurteilen. Der Einsatzerfolg hängt wesentlich vom reibungslosen Funktionieren der Einsatzleitung ab. Als Grundlage dient hierzu ein Führungssystem. Die technische Einsatzleitung und das Führungsverhalten sind in der Feuerwehrdienstvorschrift (FwDV) 100 (aktuelle Fassung eingestellt auf der Internetseite der LFS) geregelt. Der Technische Einsatzleiter entscheidet schließlich die Beendigung des Feuerwehreinsatzes.

Zur Erfüllung der Aufgaben des Technischen Einsatzleiters gewährt das FwG diesem neben dem Weisungsrecht gegenüber den eingesetzten Feuerwehrkräften folgende Befugnisse bzw. Rechte, die in Grundrechtspositionen Dritter eingreifen:

- die Möglichkeit, Personen mit besonderer beruflicher Vorbildung und technischem Können zu seiner Beratung heranzuziehen (Satz 2);
- das Recht, Personen zur Hilfeleistung bei Einsätzen nach § 2 Abs. 1 und Abs. 2 Nr. 1 heranzuziehen (§ 30 Abs. 2 Satz 1);
- die Befugnis, notwendige Anordnungen an der Einsatzstelle zu treffen (§ 30 Abs. 3 Satz 1), und
- unter den Voraussetzungen des § 31 das Recht, Grundstücke, bauliche Anlagen und Schiffe zu betreten und zu räumen, auf dort vorhandenes Wasser und die vorhandenen Lösch- und Rettungsgeräte zuzugreifen sowie den Einsatzerfolg gefährdende Gegenstände zu beseitigen.

4 Der Feuerwehrkommandant behält die technische Einsatzleitung auch, wenn andere Hilfeleistungsorganisationen beim Einsatz mitwirken. Solange der Katastrophenfall nicht festgestellt ist, bleibt die technische Einsatzleitung beim technischen Leiter der Feuerwehrkräfte, den der Feuerwehrkommandant dafür bestimmt hat. **Bei Katastrophen** i.S. von § 2 Abs. 2 LKatSG liegt gemäß § 36 Abs. 2 LKatSG die technische Leitung des Einsatzes bei dem(n) von der Katastrophenschutzbehörde (§ 4 LKatSG) bestellten Führer(n) einer Einheit oder Einrichtung des Katastrophenschutzdienstes (vgl. § 6 LKatSG) oder bei dem von ihr bestellten feuerwehrtechnischen Beamten i.S. von § 23. Die Katastrophenschutzbehörde bedient sich dazu des nach § 28 Abs. 2 LKatSG gebildeten Führungsstabes. Dieser hat nicht nur beratende Tätigkeiten. Die Katastrophenschutzbehörde bestimmt, welche ihrer Aufgaben sie dem Stab überträgt. Somit leitet der Stab seine Entscheidungsbefugnis von der Behörde ab, bei der er eingerichtet ist. Er trifft auch die grundsätzlichen und organisatorischen Entscheidungen für den Einsatz der Hilfsdienste und damit auch der Feuerwehr (zu deren Aufgaben im Katastrophenschutzdienst siehe Rn. 6 zu § 2). § 36 LKatSG verdrängt als

Spezialregelung bei friedensmäßigen Katastrophen die allgemeinen Bestimmungen über die technische Einsatzleitung in § 27.

Bei Vorliegen einer **Außergewöhnlichen Einsatzlage** i. S. des § 2 Abs. 1 LKatSG ist zu differenzieren: Ab dem Zeitpunkt, ab dem die untere Katastrophenschutzbehörde den Außergewöhnlichen Einsatzalarm ausgelöst hat, kann sie die Einsatzleitung übernehmen. Die Entscheidung über die Übernahme oder Nichtübernahme der Einsatzleitung ist unverzüglich nach Feststellung der Außergewöhnlichen Einsatzlage zu treffen (§ 36 Abs. 3 LKatSG). Hat die Katastrophenschutzbehörde die Einsatzleitung nicht oder nicht mehr übernommen, gelten die Regelungen der Einsatzleitung nach § 27 (§ 36 Abs. 3 LKatSG). Wurde die Einsatzleitung durch die zuständige Katastrophenschutzbehörde übernommen, ist sie weisungsbefugt gegenüber allen an der Bewältigung der Außergewöhnlichen Einsatzlage beteiligten Kräften der Feuerwehr, des Rettungsdienstes und denjenigen Kräften, die nach Maßgabe des § 38 Abs. 1 LKatSG hierbei eingesetzt werden (§ 36 Abs. 4 LKatSG).

„Feuerwehrkommandant des Einsatzortes“ ist der Leiter der Gemeinde- 5
feuerwehr in der Gemeinde, in welcher der Schaden oder die Gefahr eintritt bzw. besteht. „Einsatzort“ ist die Gemeinde, nicht ein Ortsteil. Die technische Einsatzleitung obliegt dem Feuerwehrkommandanten kraft Funktion. Die Bedeutung des Satzes 1 liegt deshalb darin, dass die Einsatzleitung dem **örtlich zuständigen** Kommandanten zugewiesen wird und nicht etwa dem Kommandanten der größten am Einsatz beteiligten Feuerwehr. So hatte von 1956 bis 1978 das FwG noch bestimmt, dass der Feuerwehrkommandant des Einsatzorts die technische Einsatzleitung an den Einheitsführer einer hinzukommenden Berufsfeuerwehr verlor.

Ist die Gemeindefeuerwehr in mehrere Abteilungen gegliedert, und sind diese auf die einzelnen Ortsteile aufgeteilt, hat die technische Einsatzleitung bei Einsätzen in diesem Ortsteil der Leiter dieser Abteilung, sofern der Feuerwehrkommandant bzw. im Verhinderungsfall sein(e) Vertreter nicht anwesend ist (sind) und der Kommandant vorher nichts anderes bestimmt hat.

Bei Abwesenheit des Feuerwehrkommandanten liegt die technische Lei- 6
tung bei seinem **Stellvertreter**; bei mehreren Stellvertretern sollte die Reihenfolge der Vertretung in Bezug auf § 27 vorher festgelegt werden. Schweigt die Feuerwehrsatzung, wird die Stellvertretung vom Feuerwehrkommandanten bestimmt. Sind sowohl der Feuerwehrkommandant als auch sein(e) Stellvertreter abwesend, liegt die technische Leitung bei dem Feuerwehrangehörigen, den der Feuerwehrkommandant dafür vorher bestimmt hat. Es war nämlich nicht der Wille des Gesetzgebers, dass der Feuerwehrkomman-

dant bzw. im Verhinderungsfall sein(e) Stellvertreter bei jedwedem Einsatz die technische Leitung übernehmen muss. Er kann diese Befugnis auch **delegieren** (vgl. Hildinger/Rosenauer, FwG, 4. Aufl., § 27 Rn. 5). Nach den Feuerwehrdienstvorschriften werden die taktischen Feuerwehreinheiten (Gruppe, Zug) geführt und im Einsatz von ihrem Führer (sie sind Unterführer i. S. von § 8 Abs. 4) technisch geleitet. Ist zur Schadensbekämpfung lediglich eine feuerwehrtaktische Einheit notwendig, ist nicht einzusehen, dass die Leitung eines solchen Einsatzes nicht vom Einheitsführer ausgeübt werden könnte. Die alltägliche Feuerwehrpraxis bestätigt dies. Die Befugnis des Feuerwehrkommandanten, die Technische Einsatzleitung für bestimmte Schadensfälle zu übertragen, folgt aus seiner Leitungsfunktion im Rahmen seiner Gesamtverantwortung nach § 9, und zwar unabhängig von der Gliederung der Gemeindefeuerwehr. So könnte in einer Gemeinde, in der die Gemeindefeuerwehr aus Abteilungen der Berufsfeuerwehr und der Freiwilligen Feuerwehr besteht, der Feuerwehrkommandant auch einen ehrenamtlich tätigen Angehörigen der Gemeindefeuerwehr zum Technischen Einsatzleiter bestellen. Das Recht, den Technischen Einsatzleiter zu bestellen, kann dem Feuerwehrkommandanten, weil es Ausfluss seiner Leitungsfunktion ist, nicht durch Feuerwehrsatzung beschränkt werden.

Der Feuerwehrkommandant kann die technische Leitung jederzeit wieder an sich ziehen und muss dies tun, wenn er ohne seine Leitung den Einsatzerfolg gefährdet sieht. Hat er die technische Leitung abgegeben, kann er dem Beauftragten im Rahmen seiner Gesamtverantwortung Weisungen erteilen.

7 Der Feuerwehrkommandant kann die technische Leitung im Rahmen seiner Verantwortung nach Satz 1 an den **Einheitsführer** einer **anderen Gemeindefeuerwehr** abgeben (vgl. zur Delegationsmöglichkeit oben Rn. 6). Der Einheitsführer einer anderen Feuerwehr ist indes nicht verpflichtet, die technische Einsatzleitung zu übernehmen. Übernimmt der Einheitsführer einer anderen Gemeindefeuerwehr die technische Einsatzleitung und verursacht er dabei einem Dritten schuldhaft einen Schaden, haftet für diesen die Hilfe leistende Gemeinde (sog. Anstellungstheorie, vgl. dazu Erman-Mayen, BGB, 17. Aufl. § 839 Rn. 102). Im Innenverhältnis muss allerdings die Gemeinde des Einsatzortes der Hilfe leistenden Gemeinde die entstandenen Kosten erstatten, § 26 Abs. 2 Satz 1, da der Dritten zu gewährende Schadenersatz zu den „bei der Überlandhilfe entstandenen Kosten" i. S. von § 26 Abs. 2 zählt.

2. Satz 2

8 Nach Satz 2 hat der Technische Einsatzleiter „geeignete Personen **zur Beratung** heranzuziehen". Um die Verantwortlichkeit an der Einsatzstelle

zu verdeutlichen, hat der Gesetzgeber im ÄndG 2009 die Worte „zur Leitung heranziehen“ in § 28 Abs. 1 Satz 2 a.F. durch die Worte „zur Beratung heranziehen“ ersetzt. Damit ist klargestellt, dass die herangezogenen Fachleute nicht etwa zusammen mit dem Feuerwehrführer die technische Einsatzleitung wahrnehmen. Personen können wegen ihrer besonderen beruflichen Vorbildung oder wegen ihres technischen Könnens (z.B. Betriebschemiker bei Einsätzen in einem chemischen Betrieb, Ärzte bei Einsätzen in Krankenhäusern, Fachberater der Feuerwehren) gemäß § 30 Abs. 2 Satz 1 zur Unterstützung der Einsatzleitung herangezogen werden. Sie haben in diesem Fall den Technischen Einsatzleiter fachtechnisch zu beraten. Die Entscheidung selbst trifft jedoch – sachverständig beraten – der Technische Einsatzleiter.

3. Satz 3

Die im Rahmen der Aufgabenerfüllung nach § 2 eingesetzten Personen unter- 9
stehen grds. dem Technischen Einsatzleiter. Dies gilt jedoch **nicht für Personen, die aufgrund einer gesetzlichen Verpflichtung** – wie z.B. des Rettungsdienstgesetzes oder des Polizeigesetzes – tätig werden (vgl. LT-Drs. 14/5103, S. 49). Dementsprechend sieht § 30 Abs. 3 Satz 2 auch keine Anordnungsbefugnis des Technischen Einsatzleiters gegenüber Personen vor, die im Rahmen der Gefahrenabwehr gesetzliche Aufgaben außerhalb des Feuerwehrgesetzes erfüllen. Um gegenseitige Behinderungen auszuschließen, haben die zur Gefahrenabwehr eingesetzten Kräfte ihre Maßnahmen abzustimmen.

II. Zu Absatz 2

Absatz 2 ermächtigt das Regierungspräsidium, den Technischen Einsatz- 10
leiter bei die **Grenzen eines Landkreises überschreitenden Schadensfällen und Übungen** zu bestimmen. Gleiches gilt für das Innenministerium, wenn die Grenzen des Regierungsbezirks überschritten sind. Absatz 2 ergänzt § 22 Abs. 3 (vgl. Rn. 9 zu § 22) und schränkt Absatz 1 Satz 1 ein, denn nach Absatz 1 Satz 1 hat in solch einem Fall jeder Feuerwehrkommandant für sein Gemeindegebiet die technische Einsatzleitung. Dies ist für die Schadensbekämpfung und für den Übungsverlauf unzweckmäßig, wenn sich die einzelnen Feuerwehrkommandanten nicht auf einen Leiter für den Einsatz einigen. In einem solchen, sicherlich sehr seltenen Fall könnten der Bezirksbrandmeister und auch der Landesbranddirektor die technische Einsatzleitung übernehmen (vgl. § 24 Satz 2). Diese haben aber keinen Vertreter und können das Selbsteintrittsrecht des § 24 Satz 2 auch nicht delegieren. Aus diesem Grund hat der Gesetzgeber den Absatz 2 eingefügt.

Bei Schadensfällen und Übungen, die nur die Gemeindegrenzen überschreiten, ist das Landratsamt nicht zu dem Absatz 2 entsprechenden Einschreiten ermächtigt. Dafür besteht auch kein Bedürfnis, da die Landkreise einen Kreisbrandmeister mit zumindest einem Stellvertreter, in vielen Fällen mehreren Stellvertretern bestellt haben (vgl. § 23 Abs. 1 Satz 1). Diese haben zu grenzüberschreitenden Schadensfällen im Landkreis kurze Wege und werden dann von § 24 Satz 2 Gebrauch machen.

III. Zu Absatz 3

11 Dem Technischen Einsatzleiter ist die **Bildung einer Führungseinheit** (Führungstrupp, Führungsstaffel, Führungsgruppe, Führungsstab, vgl. FwDV 100 – dort Gliederung und Umfang der Einsatzleitung) verbindlich vorgeschrieben, sobald neben Einsatzkräften der Feuerwehr(en) eine andere Hilfsorganisation, die zur Hilfeleistung angefordert worden ist, an der Einsatzstelle eintrifft (vgl. LT-Drs. 14/5103, S. 49 f.). Dieser Führungseinheit gehören Vertreter der eingesetzten Organisationen und Behörden als Berater – i. S. von Fachberatern gemäß FwDV 100 – an. Damit sollen Unstimmigkeiten in der Zusammenarbeit und gegenläufige oder sich gegenseitig ausschließende Einsatzmaßnahmen im Einsatz verhindert werden (LT-Drs. 14/5103, S. 50).

„Andere Hilfsorganisationen“ i. S. von Absatz 3 sind Organisationen, die bei Unglücksfällen oder öffentlichen Notständen Hilfe leisten (kraft Gesetzes oder Satzung); z. B. das Technische Hilfswerk (THW) , das Deutsche Rote Kreuz (DRK) und andere Sanitätsorganisationen wie Arbeiter-Samariter-Bund, Johanniter-Unfall-Hilfe, Malteser-Hilfsdienst, die Deutsche Lebensrettungsgesellschaft (DLRG), die Deutsche Bergwacht Schwarzwald oder die DRF Luftrettung (vormals Deutsche Rettungsflugwacht). Die Bundeswehrfeuerwehren und die der NATO-Streitkräfte sind ebenfalls „andere Hilfsorganisationen“ i. S. von Absatz 3; d. h., auch bei ihrem Eintreffen ist eine Führungseinheit zu bilden.

Darüber hinaus ist, auch wenn gesetzlich nicht vorgeschrieben, bei **Einsätzen größeren Umfangs**, insbesondere wenn mehrere Gemeindefeuerwehren eingesetzt sind, die Unterstützung des Technischen Einsatzleiters durch eine Führungseinheit notwendig.

IV. Zu Absatz 4

12 Die **„organisatorische Oberleitung“** eines Feuerwehreinsatzes steht nach Absatz 4 ausschließlich einem Verwaltungsorgan, nicht einem Feuerwehr-

führer zu. „Oberleitung“ heißt, dass die organisatorische Leitung über der technischen Leitung steht. Der Technische Einsatzleiter hat daher die Entscheidungen des organisatorischen Leiters hinzunehmen. Der organisatorische Leiter ist zuständig für die Schaffung der personellen und sachlichen Voraussetzungen, unter denen ein Einsatz (in der Regel größeren Umfangs) überhaupt ablaufen kann. Entsprechende Maßnahmen sind die Anforderung von Überlandhilfe oder von anderen Hilfeleistungsorganisationen, die Heranziehung weiterer Personen (§ 30), die Versorgung der Einsatzkräfte, sowohl hinsichtlich der Verpflegung wie auch im Hinblick auf Löschmittel und Betriebsstoffe, und die Unterbringung von Obdachlosen, Verletzten, Tieren und Sachen.

Der organisatorische Leiter kann dem Technischen Einsatzleiter **im feuerwehrtaktischen Bereich keine Weisungen** erteilen, seine Kompetenz (fachliche Zuständigkeit) ist auf den organisatorischen (logistischen) Teil des Einsatzes beschränkt.

Will der organisatorische Leiter gemäß Art. 35 GG die **Hilfe der Bundeswehr** oder der stationierten NATO-Streitkräfte anfordern, muss er dies auf dem Dienstweg über das Innenministerium tun; bei unmittelbarer Gefahr für Menschenleben oder große Sachwerte kann er die Hilfe allerdings unmittelbar bei der nächstgelegenen Dienststelle der Bundeswehr oder der Stationierungskräfte beantragen. Gleiches gilt für den Einsatz von Hubschraubern der Bundeswehr (vgl. Bay. VGH, Urteil vom 4. Juni 2013, 5 B 11.2412, juris [Rn. 37]). 13

Vor Einsätzen auf Grundstücken und in Räumlichkeiten diplomatischer Missionen und der konsularischen Vertretungen muss der organisatorische Einsatzleiter grundsätzlich die Genehmigung zum Betreten einholen. Das einzuhaltende Verfahren vor der Durchführung von Lösch- oder anderen Hilfsmaßnahmen ergibt sich aus der Anordnung der Landesregierung über das Verhalten gegenüber Diplomaten und anderen bevorrechtigten Personen vom 8. September 1995 (GABl. S. 516); die die Feuerwehr berührenden Bestimmungen enthält Abschnitt V Nr. 5 dieser Anordnung. 14

Die **„organisatorische Oberleitung“ steht dem Bürgermeister zu.** Der Bürgermeister hat die organisatorische Oberleitung als „Verwaltungsorgan“ der Gemeinde (vgl. § 23 GemO) und nicht als Ortspolizeibehörde. Sie ist Ausfluss der Trägerschaft einer Feuerwehr; sie ist keine ortspolizeiliche Aufgabe und kann weder von der Fachaufsichtsbehörde des Bürgermeisters als Ortspolizeibehörde (vgl. § 106 Abs. 1 Nr. 4 PolG) noch vom Polizeivollzugsdienst wahrgenommen werden. Ist der Bürgermeister verhindert, kann sein Vertreter die organisatorische Oberleitung übernehmen. Der Bürgermeister 15 kann sie auch dem Technischen Einsatzleiter gemäß § 53 Abs. 1 GemO übertragen, sofern dieser Gemeindebediensteter ist (vgl. oben Rn. 2 a.E.).

16 Die organisatorische Oberleitung steht nach Absatz 4 dem Bürgermeister des Einsatzortes nur zu, soweit sie nicht nach § 22 Abs. 6 Satz 1 von einer Aufsichtsbehörde (§ 22 Abs. 1 bzw. 2) übernommen wird. Die Aufsichtsbehörde sollte sie indes nur übernehmen, wenn es sich um einen größeren Einsatz handelt und der Bürgermeister entweder verhindert ist oder ihm bei der organisatorischen Leitung offensichtliche Fehlhandlungen unterlaufen. Hat die Aufsichtsbehörde Anlass, dem Technischen Einsatzleiter unmittelbar Weisungen zu erteilen (vgl. § 22 Abs. 5), weist sie den Technischen Einsatzleiter an, das Richtige zu tun. Daneben kann sie auch die organisatorische Oberleitung übernehmen.

17 Absatz 4 gilt nur bei Feuerwehreinsätzen, wenn und solange der Schadensfall nicht die Dimension einer Katastrophe i. S. von § 2 Abs. 2 LKatSG erreicht. Bei Katastrophen leitet das Landratsamt und in den Stadtkreisen das Bürgermeisteramt als Katastrophenschutzbehörde (vgl. § 4 Abs. 1 LKatSG) organisatorisch die Einsatzmaßnahmen. (Zur Leitung bei Vorliegen einer Außergewöhnlichen Einsatzlage i. S. des § 2 Abs. 1 LKatSG siehe Rn. 4 a. E.)

V. Zu Absatz 5

18 **Absatz 5** wurde, wie § 22 Abs. 3, 1978 in das Gesetz aufgenommen. Gesetzgeberischer Anlass für beide Bestimmungen war ein Kernkraftwerk, durch dessen Reaktorgebäude eine Landkreisgrenze verläuft. Mit Absatz 5 kann erreicht werden, dass bei einem Schadensfall in einer Einrichtung oder Anlage, deren räumliche Ausdehnung die Gemeindegrenzen überschreitet, nur einer die technische und nur einer die organisatorische Leitung innehat. Demgegenüber kann mit § 22 Abs. 3 sichergestellt werden, dass nur ein Kreisbrandmeister die Technische Einsatzleitung und nur eine Feuerwehraufsichtsbehörde die organisatorische Oberleitung übernehmen kann.

1. Satz 1

19 Unter den Begriff „Einrichtung oder Anlage“ fallen jedes Grundstück und sämtliche baulichen Anlagen i. S. von § 1 Abs. 1 mit § 2 Abs. 1 LBO einschließlich der Anlagen nach § 1 Abs. 2 LBO. Entscheidend ist, dass die Einrichtung oder Anlage „im Gebiet mehrerer Gemeinden“, also mindestens zweier Gemeinden liegt.

Absatz 5 ist nicht bei jedwedem grenzüberschreitenden Schadensfall anwendbar. Absatz 5 ermächtigt die zuständige Feuerwehraufsichtsbehörde, die örtliche Zuständigkeit des Technischen Einsatzleiters und der organisatorischen Leitung nur dann zu ändern, wenn **eine Einrichtung oder eine Anlage, von der eine Gefahr oder ein Schaden ausgeht, eine Gemeindegrenze überschreitet**.

Voraussetzung ist ferner, dass die Aufgaben der Technischen Einsatzleitung 20 sowie der organisatorischen Oberleitung aus Gründen der Zweckmäßigkeit **„nur einheitlich wahrgenommen werden"** können (besser: sollten). Das Wort „sowie" stellt klar, dass die technische Einsatzleitung bzw. die organisatorische Leitung nicht allein übergehen kann, sondern nur gemeinsam. Zweckmäßig erscheint es, wenn bei einem grenzüberschreitenden Schadensfall die Leitung der Schadensbekämpfungsmaßnahmen sowohl technisch als auch organisatorisch in einer Hand liegt und der Schaden oder die Gefahr nicht von jeder Gemeinde aus getrennt bekämpft wird.

Die Aufgaben der technischen Einsatzleitung sowie der organisatorischen 21 Oberleitung gehen nach Satz 1 auf die „leistungsfähigere Gemeinde" über. Die Leistungsfähigkeit kann sich von der Sache her nicht auf die finanzielle Leistungsfähigkeit beziehen. Die Leistungsfähigkeit ist in erster Linie in Bezug auf die übergehenden Aufgaben zu sehen; sie hängt z.B. von der Entfernung, von der betreffenden grenzüberschreitenden Anlage, von der Verkehrserschließung, dem Leistungsstand, von der Einsatzbereitschaft und Ausrüstung der Feuerwehr, dem Ausbildungsstand, den sonstigen persönlichen Fähigkeiten des Feuerwehrkommandanten und des Bürgermeisters und von den Unterbringungsmöglichkeiten der Gemeinden ab.

Der Übergang der Aufgaben ist an die Feststellung der nächsthöheren ge- 22 meinsamen Aufsichtsbehörde geknüpft, dass die Voraussetzungen des Satzes 1 erfüllt sind. Der Feststellung kommt daher rechtsbegründende Wirkung zu.

„Nächsthöhere gemeinsame Aufsichtsbehörde" ist das Landratsamt als Feuerwehraufsichtsbehörde, wenn die Einrichtung oder Anlage die Grenze kreisangehöriger Gemeinden durchschneidet; das Regierungspräsidium, wenn eine der beteiligten Gemeinden einen Stadtkreis bildet oder zu einem anderen Landkreis gehört; und das Innenministerium, wenn eine der Gemeinden in einem anderen Regierungsbezirk liegt.

2. Satz 2

Die Feststellung, dass die Aufgaben nach Satz 1 übergehen, ist öffentlich 23 **bekannt zu machen**. Die Aufsichtsbehörde bestimmt die Form der Bekanntmachung und damit auch das Veröffentlichungsorgan. Das Regierungspräsidium und das Innenministerium veröffentlichen ihre Bekanntmachungen im Staatsanzeiger.

3. Satz 3

24 Satz 3 bestimmt als Zeitpunkt des Aufgabenübergangs den Beginn des übernächsten Monats nach der Bekanntmachung. Wird z.B. der Aufgabenübergang am 27. Mai im Verkündungsblatt öffentlich bekannt gemacht, gehen die Aufgaben am 1. Juli über.

§ 28
Einsatz der Werkfeuerwehren

(1) [1]Wird eine Gemeindefeuerwehr in einem Betrieb, einer Einrichtung oder einer Verwaltung mit Werkfeuerwehr eingesetzt, ist der Leiter der Werkfeuerwehr Technischer Einsatzleiter, soweit bei der Verpflichtung oder Anerkennung der Werkfeuerwehr nichts anderes bestimmt ist. [2]§ 27 Abs. 1 Satz 2 und 3 und Abs. 3 gilt entsprechend.

(2) [1]Die Werkfeuerwehren können vom Bürgermeister des Betriebssitzes zum Einsatz bei Bränden und öffentlichen Notständen herangezogen werden, soweit der Schutz des eigenen Betriebes dadurch nicht wesentlich gefährdet wird. [2]Die Teilnahme an einer Überlandhilfe nach § 26 bleibt der Entscheidung des Leiters des Betriebs, der Einrichtung oder der Verwaltung überlassen.

(3) Die Verpflichtungen und Befugnisse des Leiters des Betriebs, der Einrichtung oder der Verwaltung, die zu einer wirksamen Notstandsbekämpfung erforderlichen betriebstechnischen Maßnahmen anzuordnen und durchzuführen, bleiben unberührt.

Übersicht **Rn.**

A. Allgemeines

§ 28 regelt den „Einsatz der Werkfeuerwehren“ (vgl. Inhaltsüberschrift) nicht abschließend. Er enthält vielmehr Bestimmungen über das **Zusammenwirken von Werkfeuerwehr und Gemeindefeuerwehr**. Im Fall des Absatzes 1 unterstützt die Gemeindefeuerwehr die Werkfeuerwehr; im Fall des Absatzes 2 ist es umgekehrt. Absatz 3 betont die Verantwortung der Leitung des Betriebs, der Einrichtung oder Verwaltung im Fall des Absatzes 1. Regelungen über den Einsatz der Werkfeuerwehr enthält daneben auch § 19 Abs. 7 und 8. Ist die Werkfeuerwehr im eigenen Betrieb allein im Einsatz, ist dies kein Einsatz i. S. von § 28, sondern im Rahmen des § 19 Abs. 6 eine innerbetriebliche Angelegenheit. 1

B. Erläuterung

I. Zu Absatz 1

1. Satz 1

Satz 1 bestimmt, dass bei einem Einsatz der Gemeindefeuerwehr in einem Betrieb, einer Einrichtung oder Verwaltung mit Werkfeuerwehr die **technische Einsatzleitung** (siehe zu diesem Begriff Rn. 3 zu § 27) grundsätzlich (vgl. den 2. Halbsatz) dem **Leiter der Werkfeuerwehr („Werkfeuerwehrkommandant“)** zusteht. § 28 Abs. 1 verdrängt insoweit § 27 Abs. 1, weil dadurch die technische Einsatzleitung durch den Kommandanten der Werkverkehr auch in den Fällen ausgeübt wird, in denen die Gemeindefeuerwehr zur Unterstützung der Werkfeuerwehr im Betrieb, in der Einrichtung oder Verwaltung eingesetzt ist. Früher hatte der Werkfeuerwehrkommandant nur den Einheitsführer der Freiwilligen Feuerwehr verdrängt, bei einem Einsatz der Berufsfeuerwehr hatte die technische Einsatzleitung daher bei deren Einheitsführer gelegen. Das ÄndG 1986 hat die Worte „freiwillige Feuerwehr“ durch das Wort „Gemeindefeuerwehr“ ersetzt, und zwar laut Gesetzesbegründung (vgl. LT-Drs. 9/2543, S. 38) weil „nicht mehr gerechtfertigt sei, hier zwischen Abteilungen der Berufsfeuerwehr und der freiwilligen Feuerwehr zu unterscheiden“. Entscheidend dafür, dass die technische Einsatzleitung dem Werkfeuerwehrkommandanten obliegt, ist nämlich seine besondere Kenntnis von den örtlichen Gegebenheiten und dem besonderen, sich möglicherweise täglich ändernden Gefahrenpotenzial seines Betriebes/seiner Einrichtung. 2

3 Die örtlich zuständige Feuerwehraufsichtsbehörde (§ 22 Abs. 1) kann in ihre Entscheidung nach § 19 Abs. 3 oder 4 die Bestimmung aufnehmen (als Bedingung), dass bei einem Einsatz der Gemeindefeuerwehr in dem betreffenden Betrieb/in der Einrichtung oder Verwaltung nicht § 28 Abs. 1, sondern § 27 gilt. Satz 1, 2. Halbsatz enthält keine Regelung, in welchem Fall die zuständige Behörde hiervon Gebrauch machen soll bzw. darf. Dessen ungeachtet kann die Behörde von der Ermächtigung des 2. Halbsatzes nur dann sachgerecht Gebrauch machen, wenn der Feuerwehrkommandant persönlich und/oder fachlich besser qualifiziert ist als der Werkfeuerwehrkommandant.

2. Satz 2

4 Satz 2 stellt klar, dass die sich aus § 27 Abs. 1 Satz 2 und 3 und Abs. 3 ergebenden Rechte und Pflichten des Technischen Einsatzleiters, nämlich:

- die Pflicht zur Heranziehung von Personen mit besonderer beruflicher Vorbildung und technischem Können (§ 27 Abs. 1 Satz 2),
- die Befugnisse gegenüber den nicht aufgrund gesetzlicher Verpflichtung handelnden Personen (§ 27 Abs. 1 Satz 3) und
- die Pflicht zur Bildung einer Führungseinheit beim Einsatz weiterer Hilfsorganisationen (§ 27 Abs. 3)

auch bei der Wahrnehmung der technischen Einsatzleitung durch den Werkfeuerwehrkommandanten gelten.

II. Zu Absatz 2

1. Satz 1

5 Satz 1 ergänzt § 19 Abs. 8. Während nach § 19 Abs. 8 die örtlich zuständige Feuerwehraufsichtsbehörde (§ 22 Abs. 1) einer Werkfeuerwehr einen außerbetrieblichen Einsatzbereich generell zuzuweisen vermag (vgl. Rn. 35 zu § 19), kann der Bürgermeister des Betriebssitzes nach Absatz 2 Satz 1 die Werkfeuerwehr nur zu **einzelnen** Schadensfällen verbindlich heranziehen (Einzelfallentscheidung nach Eintritt der Gefahr bzw. des Schadens). Nach Satz 1 können die Werkfeuerwehren gegen den Willen der Betriebs-, Einrichtungs- oder Verwaltungsleitung nur herangezogen werden, „bei Bränden und öffentlichen Notständen" i. S. von § 2 Abs. 1, nicht also bei Einsätzen nach § 2 Abs. 1 Satz 1 Nr. 2 und § 2 Abs. 2, also insbesondere nicht zur technischen Hilfeleistung. Die Werkfeuerwehr darf ferner nur herangezogen werden, **„soweit der Schutz des eigenen Betriebes dadurch nicht wesentlich gefährdet wird"** (vgl. Satz 1, 2. Halb-

satz). Dass der außerbetriebliche Einsatz der Werkfeuerwehr den Schutz des Betriebes generell beeinträchtigt, steht außer Frage. Dies reicht jedoch nicht aus. Der Schutz muss wesentlich gefährdet sein. Das ist der Fall, wenn die Schadensausdehnung im Betrieb/der Einrichtung nicht mehr verhindert und eine Gefahr nicht mehr wirksam abgewendet werden könnten. **Die Anforderung von „Überlandhilfe" (§ 26) hat Vorrang** vor der Inanspruchnahme einer Werkfeuerwehr.

Unterstützt die Werkfeuerwehr die Gemeindefeuerwehr, sind dem Träger der Werkfeuerwehr die dadurch entstandenen **Kosten** zu ersetzen (§ 19 Abs. 7 Satz 3). Fügen die Angehörigen der Werkfeuerwehr bei einem außerbetrieblichen Einsatz bei der Ausübung des Feuerwehrdienstes einem Dritten einen **Schaden** zu, haftet hierfür die Gemeinde des Einsatzortes nach Amtshaftungsgrundsätzen (Art. 34 GG i. V. m. § 839 BGB) ebenso, wie wenn ein Angehöriger der Gemeindefeuerwehr den Schaden verursacht hätte. Erleidet der Angehörige der Werkfeuerwehr selbst einen Schaden, haftet hierfür ebenfalls die Gemeinde (vgl. § 19 Abs. 7 Satz 1).

2. Satz 2

Aus **Satz 2** folgt zunächst, dass die Werkfeuerwehr keine Überlandhilfe 6
leisten muss, jedoch Überlandhilfe leisten kann. Satz 2 lässt für diesen Fall offen, welcher Bürgermeister die Werkfeuerwehrhilfe anzufordern hat, der des Betriebssitzes (Satz 1) oder der des Einsatzortes (§ 26 Abs. 1 Satz 2). Da Überlandhilfe nach § 26 sich Gemeindefeuerwehren gegenseitig leisten und in Satz 2 von der „Teilnahme an einer Überlandhilfe" die Rede ist, spricht der Gesetzeswortlaut für die erste Alternative. Nach VG Freiburg (Urteil vom 19. Juni 2012, 3 K 1339/10, juris [Rn. 18]; ebenso Hildinger/Rosenauer, FwG, 4. Aufl., § 28 Rn. 7) erfolgt jedoch die Anforderung durch den Bürgermeister des Einsatzortes. Für diese Ansicht spricht, dass in der Praxis ganz überwiegend überörtliche Hilfe durch Werkfeuerwehren mittels Einsatz von Sonderfahrzeugen geleistet wird, ohne dass die Gemeindefeuerwehr des Betriebssitzes an diesem Einsatz beteiligt ist. Seit dem ÄndG 2015 kann die Anforderung bei Gefahr im Verzug somit auch durch den Technischen Einsatzleiter erfolgen.

Gemäß Satz 2 entscheidet jedoch allein die Leitung des Trägers der Werkfeuerwehr, ob die Werkfeuerwehr Überlandhilfe i. S. von § 26 leistet. Die „Anforderung" der Werkfeuerwehr zur Überlandhilfe ist daher nicht mehr als eine Bitte. Die Regelung des Satzes 2 ist sachlich auch berechtigt, da die Werkfeuerwehr regelmäßig von dem Prinzip der gegenseitigen Hilfe, welche § 26 Abs. 1 zugrunde liegt, nicht profitiert. Leistet die Werkfeuerwehr freiwillig Überlandhilfe, sind dem Träger der Werkfeuerwehr die dadurch entstandenen Kosten ebenso zu erstatten wie bei einer Heranziehung nach Satz 1 (vgl. § 19 Abs. 7 Satz 3), und zwar von der Gemeinde des Einsatzortes, und in dem gleichen Umfang, wie wenn eine Gemeindefeuerwehr Hilfe geleistet hätte, nämlich gemäß § 26 Abs. 2 (vgl. VG Freiburg, Urteil vom 19. Juni 2012, 3 K 1339/10, juris [Rn. 25]).

III. Zu Absatz 3

7 **Absatz 3** schränkt die Befugnisse und Verpflichtungen des Technischen Einsatzleiters und der organisatorischen Oberleitung ein. Letztere liegt auch bei Einsätzen in Betrieben, Verwaltungen und Einrichtungen, die eine Werkfeuerwehr besitzen, gemäß § 27 Abs. 4 beim Bürgermeister des Betriebssitzes. Die Verpflichtungen und Befugnisse der organisatorischen Oberleitung beziehen sich also nicht auf betriebstechnische Maßnahmen, die zur wirksamen Schadensbekämpfung erforderlich sind (z. B. Betriebsstilllegung, Räumung der Arbeitsplätze). Betriebstechnische Maßnahmen zu ergreifen, liegt allein im Entscheidungs- und Verantwortungsbereich des Betriebsleiters. Sind solche Maßnahmen aus Sicht des Technischen Einsatzleiters jedoch zur Gefahrenabwehr oder Schadensbekämpfung notwendig, kann er sie unter den Voraussetzungen des § 30 Abs. 3 treffen.

SECHSTER TEIL
Pflichten Dritter

§ 29
Gefahrmeldung

(1) Wer einen Brand, Unfall oder ein anderes Ereignis, durch das Menschen oder erhebliche Sachwerte gefährdet sind, bemerkt, ist verpflichtet, unverzüglich die Feuerwehr oder eine Polizeidienststelle zu benachrichtigen, sofern er die Gefahr nicht selbst beseitigt oder beseitigen kann; bei einem Waldbrand genügt auch eine Benachrichtigung der nächsten Forstdienststelle.

(2) Bei einer Gefahrenlage nach Absatz 1 in einem Betrieb, einer Einrichtung oder einer Verwaltung mit Werkfeuerwehr sind der Leiter des Betriebs, der Einrichtung oder der Verwaltung, ihre Beauftragten oder der Werkfeuerwehrkommandant verpflichtet, unverzüglich die Gemeindefeuerwehr zu alarmieren, sofern die Gefahr nicht mit eigenen Kräften oder Mitteln beseitigt werden kann.

Übersicht **Rn.**

A. Allgemeines

§ 29 normiert die Verpflichtung, Ereignisse, durch die Menschen oder erhebliche Sachwerte gefährdet sind, grundsätzlich der Feuerwehr oder Polizei mitzuteilen, damit die Alarmierung der Feuerwehr zügig erfolgen kann. Absatz 1 auferlegt diese Pflicht jedermann, Absatz 2 enthält eine Sonderregelung für Betriebe, Einrichtungen und Verwaltungen mit Werkfeuerwehr. 1

Die Aufzählung der meldepflichtigen Schadensereignisse trägt der Situation der meldenden Person Rechnung. Von dieser wird nicht verlangt, dass sie sämtliche den Feuerwehren nach § 2 obliegenden Aufgaben kennt, jedoch weiß, dass es sich in den aufgezählten Fällen um „klassische Aufgaben" der Feuerwehr handelt (VG Karlsruhe, Urteil vom 8. Dezember 2011, 6 K 873/11, juris [Rn. 23]). Mangels Aufzählung besteht daher keine Meldepflicht bei Schäden oder Gefahren für die Umwelt (z.B. Gewässer- oder Bodenverunreinigung). Die Erweiterung der Benachrichtigungsstellen bei Waldbränden ist unzweckmäßig, denn sie verzögert die Alarmierung der Feuerwehr und ist zudem überflüssig, da ihr kaum praktische Bedeutung zukommt. Welcher Bürger kennt schon die Forstbehörden, geschweige denn deren Telefonnummern.

Wer die ihm nach § 29 obliegende Meldepflicht schuldhaft nicht erfüllt, handelt ordnungswidrig (§ 38 Abs. 1 Nr. 1).

B. Erläuterung

I. Zu Absatz 1

Die **Meldepflicht** erstreckt sich auf Schadensereignisse oder Gefährdungen, die zu bekämpfen Aufgabe der Feuerwehr nach § 2 ist. 2

Ein „Brand" ist ein Schadenfeuer i.S. von § 2 Abs. 1. Ein „Unfall" bzw. Unglücksfall ist jedes Ereignis, das mit einer gewissen Plötzlichkeit eintritt und das Menschen oder Sachwerte erheblich schädigt, gefährdet oder zu gefährden droht (vgl. SSW-StGB, 6. Aufl., § 323c, Rn. 7). Die Worte „ein anderes Ereignis, durch das Menschen oder erhebliche Sachwerte gefährdet sind“, sind deshalb im Sinne von § 2 auszulegen. Denn Absatz 1 will die Meldepflicht nicht weiter spannen, als die Aufgaben der Feuerwehren reichen. Zum Beispiel können erhebliche Sachwerte oder Menschen auch durch Arbeitsstreiks oder Demonstrationen wirtschaftlicher oder politischer Art gefährdet sein. Da es nicht Aufgabe der Feuerwehr ist, Sachwerte und auch Menschen vor gewalttätigen Demonstranten zu schützen (vgl. Rn. 24 zu § 2), besteht auch keine Meldepflicht nach Absatz 1.

Die Meldepflicht besteht sowohl bei Gefahren, deren Bekämpfung zum Aufgabenbereich der Feuerwehr nach § 2 Abs. 1 als auch nach § 2 Abs. 2 gehört, da § 29 Abs. 1 nicht etwa auf lebensbedrohliche Lagen abstellt. Die Meldepflicht besteht selbst dann, wenn die Gefahrenmeldung dazu führt, dass sich die meldende Person nach § 34 kostenersatzpflichtig macht (VG Karlsruhe, Urteil vom 8. Dezember 2011, 6 K 873/11, juris [Rn. 23]).

3 In Absatz 1 ist die Form der Benachrichtigung nicht vorgeschrieben, sie hat jedoch **„unverzüglich“**, d.h. ohne schuldhaftes Zögern zu erfolgen. Die Mitteilung eines Ereignisses i.S. von § 2 muss, wenn die „Feuerwehr“ oder eine Polizeidienststelle in unmittelbarer Nähe ist, mündlich, ansonsten telefonisch oder wie nachfolgend beschrieben erfolgen. Nur so kann der Meldende sicherstellen, dass seine Gefahrennachricht als solche erkannt und bearbeitet wird und für Nachfragen nach Schadensort und Schadensumfang zur Verfügung stehen. Menschen mit einer Sprach- oder Hörbehinderung haben jedoch auch die Möglichkeit, ein Hilfeersuchen per **SMS** unter der Rufnummer **01522/1807110** an eine Leitstelle der Polizei zu senden. Da es bei der Übermittlung der SMS zu technisch bedingten Verzögerungen kommen kann, sollte das kostenfreie Notruf-Fax an die 110 genutzt werden (vgl. die Hinweise zum Notruf 110 auf der Internetseite der Polizei BW). Noch einfacher für Menschen mit Behinderungen oder mangelnden Sprachkenntnissen ist die Nutzung der Notruf-App **„nora“**. „nora“ ist die offizielle Notruf-App der Bundesländer. Mit „nora“ erreicht der Nutzer direkt die zuständigen Einsatzleitstellen von Polizei, Feuerwehr und Rettungsdienst, genauso, als würde er die Notrufnummern 110 oder 112 anrufen. „nora“ ist dabei so aufgebaut, dass man auch mit geringen Sprachkenntnissen und ganz ohne zu sprechen einen Notruf mit den wichtigsten Informationen absetzen kann. Dabei helfen Symbole, klare Texte und eine intuitive Nutzerführung.

Wer zuverlässig weiß, dass ein anderer die Gefahrenmeldung schon abgegeben hat bzw. abgeben wird, ist selbst nicht meldepflichtig, denn dann ist seine Meldung zur Schadensverhütung nicht erforderlich.

Feuerwehr i. S. von Absatz 1 ist nicht nur die örtlich zuständige Gemeindefeuerwehr. Es genügt, die Notrufnummer 112 zu wählen. Der Feuerwehrnotruf läuft bei einer Integrierten Leitstelle auf, welche die örtlich zuständige Feuerwehr alarmiert (vgl. § 4 Abs. 2). 4

Polizeidienststelle ist jede Dienststelle des Polizeivollzugsdienstes (Schutzpolizei, Bereitschaftspolizei, Wasserschutzpolizei, Kriminalpolizei). Da der allgemeine Notruf 110 rund um die Uhr von Polizeidienststellen entgegengenommen wird, wird der Meldepflicht auch durch Wahl der Kurzrufnummer 110 genügt. 5

Die **Benachrichtigungspflicht entfällt**, wenn die Gefahr eines Schadens oder der Schadenserweiterung bereits beseitigt ist oder noch vor einem Eintreffen der Feuerwehr beseitigt sein wird. Entgegen dem Wortlaut des „Sofern"-Satzteils entfällt diese Pflicht nicht nur für den, der die Gefahr selbst beseitigt oder beseitigen kann. Der Benachrichtigungspflicht entbunden ist auch derjenige, dem bekannt ist, dass die Feuerwehr zur Gefahrenabwehr nicht erforderlich ist. Wer davon ausgeht, dass die Gefahr ohne Feuerwehr beseitigt werden kann und sich hierbei täuscht, verletzt seine Mitteilungspflicht fahrlässig (vgl. § 38 Abs. 1 Nr. 1), wenn ihm die objektiv falsche Annahme vorwerfbar ist. 6

Da Absatz 1 eine zügige Alarmierung der Feuerwehr gewährleisten will und es im Einzelfall schwer einschätzbar ist, ob das Schadensereignis auch ohne Hilfe der Feuerwehr beseitigt werden kann, ist es dem Meldenden grundsätzlich nicht vorzuwerfen, wenn er in der Annahme, es handle sich um ein meldepflichtiges Ereignis, die Feuerwehr alarmiert. Sollte es sich ex-post (= später) herausstellen, dass ein Einsatz der Feuerwehr nicht notwendig war, können dem Meldenden daher die Einsatzkosten nicht in Rechnung gestellt werden (vgl. Hildinger/Rosenauer, FwG, 4. Aufl., § 29 Rn. 3).

Der **2. Halbsatz** von Absatz 1 erweitert den Kreis der Benachrichtigungsstellen **bei Waldbränden** um die „nächste Forstdienststelle". Forstdienststellen sind die in § 62 LWaldG genannten Forstbehörden. Forstdienststelle ist auch jeder Forstbedienstete, dem ein Betriebsdienstbezirk übertragen ist (das Gebiet einer unteren Forstbehörde besteht aus mehreren Betriebsdienstbezirken). Nächste Forstdienststelle ist die örtlich nächstgelegene untere Forstbehörde oder der Leiter eines Forstdienstbezirks. Untere Forstbehörde ist die untere Verwaltungsbehörde und das körperschaftliche Forstamt (vgl. § 62 Nr. 3 LWaldG). Die Forstdienststelle benachrichtigt dann unverzüglich die Feuerwehr oder die Polizeidienststelle. 7

II. Zu Absatz 2

8 Absatz 2 enthält eine **Sonderregelung** für die Meldung von Schadensereignissen **bei Betrieben, Einrichtungen und Verwaltungen mit einer Werkfeuerwehr**. So nennt er als Alarmierungspflichtige nur den Leiter des Betriebs, der Einrichtung oder der Verwaltung, den von diesen mit der Anzeige Beauftragten und den Werkfeuerwehrkommandanten. Alarmierungspflichtig ist außer dem Leiter und dem Werkfeuerwehrkommandanten ein Werksangehöriger somit nur, wenn ihm betriebsintern die Aufgabe übertragen ist, die Feuerwehr bei Schadensfällen zu benachrichtigen.

Zudem ist die Mitteilungsverpflichtung der Betrieb, Einrichtungen und Verwaltungen mit Werkfeuerwehr gelockert. Entsprechend Absatz 1 muss der in Absatz 2 genannte verantwortliche Betriebsangehörige die Feuerwehr nur alarmieren, „sofern oder sobald die Gefahr nicht mit eigenen Kräften oder Mitteln beseitigt werden kann". Die Gemeindefeuerwehr wird nämlich in Betrieben, Einrichtungen und Verwaltungen mit Werkfeuerwehr regelmäßig nur tätig, wenn eine Alarmierung nach § 29 Abs. 2 erfolgt (siehe dazu Rn. 29 zu § 19). Die Gemeindefeuerwehr ist im Fall einer Alarmierung gemäß § 19 Abs. 1 Satz 2 zur Hilfeleistung verpflichtet.

§ 30
Heranziehung zur Hilfeleistung

(1) Wer einen Brand bemerkt, hat unbeschadet der Anzeigepflicht nach § 29 bis zum Eintreffen der Feuerwehr alle in seiner Kraft stehenden Maßnahmen zur Rettung von Menschen und zur Brandbekämpfung zu ergreifen.

(2) [1]Jede über 18 Jahre alte Person ist bei einem Schadensereignis nach § 2 Absätze 1 und 2 Nummer 1 verpflichtet, Hilfe zu leisten, wenn sie körperlich dazu in der Lage ist und von dem Bürgermeister, einem Beauftragten des Bürgermeisters, dem Technischen Einsatzleiter oder einem beauftragten Angehörigen der Feuerwehr dazu aufgefordert wird. [2]Die Dienstleistung kann nur bei erheblicher eigener Gefahr oder wenn hierdurch andere wichtige Pflichten verletzt würden abgelehnt werden. [3]Ehrenamtlich tätige Angehörige der Träger der Katastrophenhilfe können auf Anforderung des Bürgermeisters oder des Technischen Einsatzleiters bei ihrer Organisation an einem Einsatz mitwirken.

(3) [1]Anordnungen, die der Technische Einsatzleiter oder die von ihm beauftragten Personen treffen, hat jeder an der Einsatzstelle Anwesende zu befolgen. [2]Dies gilt nicht für dienstlich anwesende Angehörige der Aufsichtsbehörden und für Personen, die im Rahmen der Gefahrenabwehr gesetzliche Aufgaben außerhalb des Feuerwehrgesetzes wahrnehmen.

(4) [1]Personen, die nach Absatz 2 zur Hilfeleistung herangezogen werden oder unaufgefordert Hilfe leisten, werden hierbei im Auftrag der Gemeinde tätig, in deren Bereich sie Hilfe leisten. [2]Die durch die Hilfeleistung entstandenen Sachschäden sowie die vermögenswerten Versicherungsnachteile, die diese Personen als Eigentümer oder Halter eingesetzter Kraftfahrzeuge erlitten haben, werden ihnen auf Antrag von der Gemeinde ersetzt; das Gleiche gilt für den hierdurch entstandenen Verdienstausfall, wenn die unentgeltliche Hilfeleistung nicht zugemutet werden kann. [3]§ 17 Abs. 1 Satz 3 gilt entsprechend.

Übersicht **Rn.**

A. Allgemeines

§ 30 Abs. 1 und 2 normiert eine **persönliche Hilfspflicht** bei Schadensereignissen, deren Bekämpfung Aufgabe der Feuerwehr nach § 2 ist. Diese Hilfepflichten bestehen neben der allgemeinen Pflicht, bei Unglücksfällen oder gemeiner Gefahr, soweit zumutbar, Hilfe zu leisten, deren Unterlassen nach § 323c StGB (unterlassene Hilfeleistung) strafbewehrt ist. Die Hilfspflicht besteht in einem **aktiven Handeln**, während in § 31 Duldungspflichten geregelt sind. Der Hilfspflicht nach Absatz 2 Satz 1 zur Unterstützung der Feuerwehr kommt heute (noch) wenig praktische Bedeutung zu. Sie wird allerdings infolge des Fortschreitens des Klimawandels bei Notständen durch Hochwasserlagen, Orkane oder bei großen Waldbränden relevant werden können. Die 1

Hilfspflichten der Besitzer von Zugtieren, Land- und Wasserfahrzeugen, d.h. deren Inanspruchnahme für die Zwecke der Feuerwehr, hat das ÄndG 1986 als nicht mehr zeitgemäß aufgehoben. Sollte im Einzelfall z.B. ein spezielles Tankfahrzeug, ein Bagger, ein Kranfahrzeug oder ein Boot zur Schadensbekämpfung (§ 2) erforderlich sein, kann der Bürgermeister als Ortspolizeibehörde aufgrund von § 9 PolG das Fahrzeug für einen Einzelfall in Anspruch nehmen. Absatz 2 Satz 3, der durch das ÄndG 2015 eingefügt wurde, ermöglicht die Mitwirkung von Angehörigen eines Trägers der Katastrophenhilfe an einem Feuerwehreinsatz infolge Anforderung **über die Organisation**.

Die in **Absatz 3** normierte Pflicht zur Befolgung der Anordnungen des Technischen Einsatzleiters oder der von ihm beauftragten Personen verfolgt das Ziel, den Einsatz effektiv abzuwickeln und dabei die Gefährdung von Menschen, Tieren, Sachwerten und der Umwelt möglichst zu minimieren sowie Störungen des Einsatzablaufes zu vermeiden.

In **Absatz 4** sind die Ansprüche der nach Absatz 2 bei Feuerwehreinsätzen Hilfeleistenden auf Sachschadensersatz sowie Ersatz des Verdienstausfalls geregelt.

2 Bei jedem Einsatz der Feuerwehr wird in die Grundrechte der Bürger eingegriffen. Beispielsweise betreten die Feuerwehrangehörigen befriedetes Besitztum, Häuser, Wohnungen, Betriebsgebäude (Eingriff in Art. 13 GG, Unverletzlichkeit der Wohnung). Sie geben während des Einsatzgeschehens Anweisungen an Personen, die nicht zur Gefahrenabwehr an der Einsatzstelle anwesend sind (Art. 2 Abs. 2 GG, Freiheit der Person; ggf. auch Art. 12 Abs. 1 GG, Berufsfreiheit). Sie beschädigen im Einsatzgeschehen (z.B. Aufbrechen von Türen, Ziehen eines Türschlosses) zur Erreichung des Einsatzzieles absichtlich fremde Sachen (Art. 14 GG, Schutz des Eigentums). Solche Grundrechtseingriffe sind nur aufgrund einer gesetzlichen Ermächtigungsgrundlage rechtmäßig **(sog. Vorbehalt des Gesetzes)**. Diese **Ermächtigungsgrundlage für einsatzbedingte Grundrechtseingriffe** der Feuerwehr gewähren § 30 Abs. 2 und 3 sowie 31 Abs. 1 und 2 (siehe hierzu auch Rn. 1f. zu § 36).

Unten finden sich bei Rn. 27 Einzelheiten zu dem bei sämtlichen Grundrechtseingriffen von der Feuerwehr zu beachtenden Verhältnismäßigkeitsgrundsatz und unter Rn. 22ff. Einzelheiten zu den Rechtschutzmöglichkeiten der von Maßnahmen der Feuerwehr während eines Einsatzes Betroffenen.

B. Erläuterung

I. Zu Absatz 1

Bei Bränden (Schadenfeuer) ist jede Person, unabhängig von Alter und Geschlecht, **ohne besondere Aufforderung** zur Rettung von Menschen und zum Löschen verpflichtet („persönliche Hilfeleistungspflicht"). Verpflichtet zur Brandbekämpfung ist, **„wer einen Brand bemerkt"**, d.h., wer ihn sieht oder auf andere Weise wahrnimmt. Die Hilfeleistungspflicht ist **„bis zum Eintreffen der Feuerwehr"** zeitlich befristet. Sie entfällt daher, wenn das Brandobjekt so weit entfernt ist, dass der den Brand Bemerkende nicht erheblich schneller als die Feuerwehr am Brandort eintreffen könnte. Hilfeleistungspflichtig ist daher nur, wer sich in der unmittelbaren Nähe des Brandobjektes aufhält: Hausbewohner, Nachbarn, etwaig vorbeikommende Passanten. Ist es nach Eintreffen der Feuerwehr weiterhin erforderlich, dass Privatpersonen bei der Schadensbekämpfung mitwirken, können sie nach Absatz 2 herangezogen werden. 3

Jede hilfeleistungspflichtige Person ist zu dem verpflichtet, was sie physisch, psychisch und gerätemäßig zu leisten vermag. Die **Hilfeleistung findet auch dort ihre Grenze**, wo die eigene Gesundheit, Leib und Leben gefährdet sind. Absatz 1 lässt § 323c StGB (unterlassene Hilfeleistung mit dem Strafmaß Freiheitsstrafe bis zu einem Jahr oder Geldstrafe) unberührt und ist selbst bußgeldbewehrt (§ 38 Abs. 1 Nr. 2 mit § 17 Abs. 1 und 2 OWiG).

Die Anzeigepflicht nach § 29 geht der Hilfeleistungspflicht zeitlich vor (vgl. das Wort „unbeschadet ..."). Kann der Brand von den nach Absatz 1 Hilfeleistenden gelöscht werden, entfällt allerdings die Anzeigepflicht (vgl. Rn. 6 zu § 29).

II. Zu Absatz 2

1. Satz 1

Satz 1 regelt die persönliche Hilfeleistungspflicht **auf besondere Aufforderung** hin. Aufforderungsberechtigt sind sowohl der Bürgermeister oder dessen Beauftragter im Rahmen der organisatorischen Oberleitung (§ 27 Abs. 4) als auch der Technische Einsatzleiter (§ 27 Abs. 1 Satz 1) oder dessen Beauftragter. 4

Letzterer muss Angehöriger „der Feuerwehr" sein und somit nicht unbedingt Angehöriger der Gemeindefeuerwehr des Einsatzortes, ein Umstand, der bei der Überlandhilfe i.S. des § 26 Abs. 1 von Bedeutung sein kann.

5 Die Hilfeleistung nach Absatz 2 ist im Gegensatz zu der nach Absatz 1 **nicht zeitlich befristet**. Im Gegensatz zu Absatz 1 besteht die Hilfeleistungspflicht zudem nicht nur zur Rettung von Menschen und zum Löschen bei einem Brand, sondern sie **besteht bei jedem Schadensereignis nach § 2 Abs. 1** (Pflichtaufgaben) **und Abs. 2 Nr. 1** (technische Hilfeleistung). Das ÄndG 2015 hat die bis dahin nur bei Bränden und öffentlichen Notständen bestehende Möglichkeit zur Heranziehung von Privatpersonen insoweit erweitert, weil es auch bei Einsätzen zur Abwehr von Gefahren bei anderen Notlagen für Menschen, Tiere und Schiffe für den Einsatzerfolg notwendig sein kann, auf die Hilfeleistung von Dritten zurückzugreifen (vgl. LT-Drs. 15/7613, S. 17).

Die Heranziehung zur Hilfeleistung setzt voraus, dass die Feuerwehr bereits eingetroffen ist. Herangezogen werden darf nur, wenn die Einsatzkräfte der Feuerwehr zur Schadensbekämpfung selbst nicht ausreichen. Die Herangezogenen sollen die Feuerwehr nämlich nicht entlasten, sondern ergänzen.

Eine Hilfeleistungspflicht **„bei Katastrophen"** war in § 25 LKatSG a. F. geregelt, eine solche besteht nach der Novellierung des Gesetzes nicht mehr.

6 Hilfeleistungspflichtig sind Personen, unabhängig vom Geschlecht, die das **18. Lebensjahr vollendet** haben und **„körperlich"**, d. h. physisch und psychisch, **„dazu in der Lage sind"**. Die Heraufsetzung des Mindestalters für die Hilfeleistungspflicht von 16 auf 18 Jahre im ÄndG 2009 glich die Altersgrenze an die des § 11 Abs. 1 Nr. 1 an, die einem ehrenamtlich tätigen Feuerwehrangehörigen die Teilnahme an Einsätzen erlaubt.

2. Satz 2

7 **Die Hilfeleistung muss zumutbar sein**. Satz 2 legt die Grenzen der Zumutbarkeit fest. Liegt ein Ablehnungsgrund i. S. von Satz 2 vor, entfällt die Dienstleistung, wenn sich der Herangezogene darauf beruft.

8 Unter **„eigener Gefahr"** ist die Bedrohung eines Rechtsgutes des Hilfeleistungspflichtigen oder naher Angehöriger zu verstehen (BGHSt 13, 113), z. B. eine Gefahr für Gesundheit, Leben, Freiheit oder Vermögen. Eigene Gefahr kann z. B. auch darin bestehen, dass sich der Hilfeleistungspflichtige durch die Hilfe der Strafverfolgung (z. B. der Brandleger wegen Brandstiftung) oder der Gefahr der konkreten Erkrankung aussetzen würde (z. B. der Bluter).

9 **„Andere Pflichten"** können sich aus dem Beruf (z. B. Arzt muss zu einem Schwerkranken), aus einem Vertrag (z. B. ein zeitlich befristeter Werkvertrag muss erfüllt werden) oder unmittelbar aus dem Gesetz (z. B. Kleinkind muss versorgt werden) ergeben.

Zwischen der Hilfeleistungspflicht und der eigenen Gefahr bzw. der anderen Pflicht hat ein angemessenes Verhältnis zu bestehen. Satz 2 drückt dies dadurch aus, dass die eigene Gefahr **„erheblich“** und die andere Pflicht **„wichtig“** sein müssen, um die Hilfe ablehnen zu können. Je größer die Gefahr ist, die es nach § 30 zu bekämpfen gilt, desto mehr kann dem Hilfeleistungspflichtigen an Einsatz und Opfer zugemutet werden. 10

3. Satz 3

Satz 3 wurde durch das ÄndG 2015 eingefügt. Damit können ehrenamtlich tätige Angehörige eines Trägers der Katastrophenhilfe (siehe dazu Rn. 13) nicht nur durch den Bürgermeister, einen von diesem Beauftragten, den Technischen Einsatzleiter oder einen beauftragten Angehörigen der Feuerwehr nach § 30 Abs. 2 Satz 1 persönlich zur Hilfeleistung im Rahmen der Aufgaben nach § 2 Abs. 1 und Abs. 2 Nr. 1 herangezogen werden, sondern grundsätzlich auch mitwirken, wenn die **Anforderung über die Organisation** erfolgt. Die Mitwirkung bei einer Anforderung über die Organisation in Satz 3 ist ein **eigenständiger Tatbestand**. Die Anforderung durch den Bürgermeister oder den Technischen Einsatzleiter richtet sich somit an die Organisation, der es überlassen bleibt, ob sie unterstützen kann und welche ihrer Mitglieder sie entsendet. Auch der ehrenamtliche Helfer der Organisation kann seine Mitwirkung ablehnen, ohne sich dabei auf die Gründe nach Satz 2 berufen zu müssen (vgl. LT-Drs. 15/7613, S. 17, wobei allerdings der dort genannte Personenkreis der Anforderungsberechtigten dem Gesetzeswortlaut widerspricht). 11

Satz 3 bestimmt zudem, dass den ehrenamtlich tätigen Personen die **Ansprüche nach Absatz 4** auch bei einer Anforderung zu einem Einsatz über die Organisation zustehen (vgl. LT-Drs. 15/7613, S. 17).

Satz 3 setzt eine **Anforderung** durch den Bürgermeister (organisatorischer Oberleiter, § 27 Abs. 4) oder den Technischen Einsatzleiter (§ 27 Abs. 1) **voraus**. Daher werden von diesem Tatbestand nicht die Fälle erfasst, in denen Kräfte des Rettungsdienstes zur Wahrnehmung eigenständiger Aufgaben nach dem Rettungsdienstgesetz oder Einheiten von im Katastrophenschutz mitwirkenden Organisationen ohne eine solche Anforderung zu einem Feuerwehreinsatz ausrücken. Diese Einschränkung ist im Hinblick auf die regelmäßige Anforderung gleich mehrerer Personen und auf die damit für die Gemeinde verbundene Kostenfolge gerechtfertigt. Die Anforderung kann auch in einer Alarm- und Ausrückeordnung geregelt sein, wenn diese im Hinblick auf die rechtlichen Folgen mit ausdrücklichem Einverständnis des Bürgermeisters erlassen wurde (vgl. LT-Drs. 15/7613, S. 17). 12

13 Träger der Katastrophenhilfe sind nach § 5 LKatSG juristische Personen des öffentlichen Rechts und vom Innenministerium anerkannte private Organisationen, die mit ihren Kräften, die zur Katastrophenbekämpfung allgemein geeignet sind, im Katastrophenschutz nach Maßgabe ihrer Bereitschaftserklärung mitwirken. Diese sind: Arbeiter-Samariter-Bund Landesverband Baden-Württemberg, Bergwacht Schwarzwald und Württemberg, BRH Bundesverband Rettungshunde, Deutsche Lebens-Rettungs-Gesellschaft Landesverbände Baden und Württemberg, Deutsches Rotes Kreuz Landesverband Baden-Württemberg, DRF Luftrettung (vormals Deutsche Rettungsflugwacht), Johanniter-Unfall-Hilfe Baden-Württemberg und Malteser Hilfsdienst (vgl. Nummern 3 ff. der VwV KatSD).

III. Zu Absatz 3

1. Satz 1

14 Die **Anordnungsbefugnis** des Technischen Einsatzleiters oder dessen beauftragten Feuerwehrangehörigen ist einsatzbezogen und besteht sowohl bei der Erfüllung von Pflichtaufgaben nach § 2 Abs. 1 als auch bei der Erfüllung von Kann-Aufgaben nach § 2 Abs. 2. Sie darf nicht mit dem Weisungsrecht des Technischen Einsatzleiters gegenüber den Einsatzkräften der Feuerwehr nach § 27 verwechselt werden. Adressat der Anordnungen nach Satz 1 sind die nach Absatz 1 unaufgefordert und die nach Absatz 2 auf Anordnung hin Hilfe leistenden Personen sowie andere unbeteiligte Personen, die sich an der Einsatzstelle aufhalten (Zuschauer). Die Anordnungen an den letzteren Personenkreis haben sich darauf zu beschränken, dass er den Einsatzablauf nicht stört. Die Anordnungsbefugnis nach Satz 1 reicht auch nicht über die Einsatzstelle hinaus. Es kann mit ihr daher z.B. nicht das Fotografieren von Unfallopfern verhindert werden, wenn sich der Fotografierende außerhalb des Gefahrenbereichs und des Arbeitsbereichs der Feuerwehr befindet. Da dies jedoch nach § 201a StGB strafbar sein kann, sollte der Polizeivollzugsdienst darüber informiert werden.

Die Anordnungsbefugnis ermöglicht dem technischen Einsatzleiter insbesondere:

- das Treffen von **verkehrssichernden Maßnahmen**, insbesondere die Sperrung von Einsatzstellen (um weitere Gefahren zu verhindern und insbesondere um den Feuerwehrangehörigen ein gefahrloses Arbeiten zu ermöglichen);
- Personen **Einzelanweisungen** zu geben (z.B. den Gefahrenbereich zu verlassen, ein den Einsatzablauf behinderndes Fahrzeug wegzufahren);
- und Personen der Einsatzstelle zu verweisen (**Platzverweis**).

Streitig ist, ob bei Abwesenheit der Polizei der Technische Einsatzleiter bzw. sein Beauftragter im Rahmen der Anweisungsbefugnis auch verkehrslenkende Anordnungen treffen kann (z.B. Zeichen i.S. von § 36 StVO geben mit und ohne Verkehrskelle). Eine solche **Befugnis** ist **abzulehnen**, denn soweit der fließende Verkehr auf der Straße durch Zeichen und Weisungen geregelt werden muss, ist dazu gemäß § 44 Abs. 2 StVO ausschließlich der Polizeivollzugsdienst befugt. Dementsprechend bestimmt § 36 Abs. 1 StVO auch, dass jeder Verkehrsteilnehmer die Zeichen und Weisungen der Polizeibeamten befolgen muss. Da die Feuerwehr in § 36 StVO nicht erwähnt ist, müssen ihre Zeichen und Weisungen daher von den Verkehrsteilnehmern nicht befolgt werden. Aufgrund dieser eindeutigen Zuständigkeitsregelung in §§ 44 Abs. 2, 36 StVO ist die Feuerwehr nicht befugt, den fließenden Verkehr durch Zeichen und Weisungen zu lenken (so auch Hildinger/Rosenauer, FwG, 4. Aufl., § 2 Rn. 65). Den Belangen der Feuerwehr kann jedoch durch verkehrssichernde Maßnahmen wie die Straßensperrung ausreichend Rechnung getragen werden.

Bei den Anordnungen des Absatzes 3 handelt es sich um (belastende, da 15
mit Eingriff in Art. 2 Abs. 2 GG einhergehende) **Verwaltungsakte**, deren sofortige Vollziehbarkeit sich aus § 80 Abs. 2 Nr. 4 VwGO ergibt, da diese Anordnungen der Abwehr unmittelbarer Gefahren dienen.

Zum Vollzug (Durchsetzung) dieser Anordnungen kann der Technische Einsatzleiter bzw. sein beauftragter Feuerwehrangehöriger bei Weigerung des Anordnungsadressaten nach Androhung des Zwangsmittels (vgl. § 20 Abs. 2 LVwVG) **notfalls auch Gewalt gegen Personen und Sachen anwenden**. Zu den Einzelheiten siehe Rn. 22ff. Dies ist sehr praxisrelevant. So ergibt sich in vielen Fällen eine Behinderung des Einsatzes der Feuerwehr, indem z.B. Zufahrtswege durch Gaffer oder Fahrzeuge verstellt sind oder die Löschwasserversorgung beeinträchtigt ist (Pkw steht auf dem Unterflurhydranten). In diesen Fällen ist die Feuerwehr angehalten, zur Durchsetzung ihrer Anordnungen den Polizeivollzugsdienst sofort zu Hilfe zu rufen, damit dieser die Anordnungen vollstreckt. Bei unmittelbarer Gefahr für Leben und Gesundheit von Menschen sowie für bedeutende Sachgüter ist die Feuerwehr jedoch auch befugt, die erforderlichen Maßnahmen selbst zu treffen, sofern sie unter Anwendung der ihr zur Verfügung stehenden Mittel dazu in der Lage ist. Denn in diesem Fall überwiegt, wie die obigen Beispiele zeigen, das öffentliche Interesse an der sofortigen zwangsweisen Durchsetzung der Anordnung das Individualinteresse des von der zwangsweisen Durchsetzung Betroffenen.

Die **Befugnis** zur Anwendung von Gewalt gegen Personen (sog. unmittel- 16
barer Zwang, z.B. Wohnungsbesitzer wird durch Festhalten gehindert, sei-

ne brennende Wohnung zu betreten) ergibt sich aus § 19 Abs. 1 Nr. 3 i. V. m. § 26 Landesverwaltungsvollstreckungsgesetz (LVwVG). Erlaubt ist hierbei nur die einfache Gewalt, d. h. körperlicher Zwang ohne den Einsatz von Hilfsmitteln oder Waffen. Da die Feuerwehr zur Anwendung von unmittelbarem Zwang nicht ausgebildet ist, sollte sie sich grundsätzlich der Hilfe des Polizeivollzugsdiensts bedienen; nur wenn diese nicht erreichbar ist, ist **als letztes Mittel** selbst Gewalt gegen Personen auszuüben (so auch Hildinger/Rosenauer, FwG, 4. Aufl., § 30 Rn. 10 a. E.). Über einfache körperliche Gewalt hinausgehende Gewalt durch den Einsatz von Hilfsmitteln oder Werkzeugen kann allenfalls über § 34 StGB gerechtfertigt sein, wenn das von der Feuerwehr mit der eingesetzten Gewalt zu schützende Rechtsgut das Rechtsgut des von der Gewalt Betroffenen wesentlich überwiegt.

Die Befugnis zur Anwendung von Gewalt gegen Sachen (Fahrzeug wird vom Unterflurhydranten weggeschoben) ergibt sich aus § 19 Abs. 1 Nr. 2 (Ersatzvornahme) oder Nr. 3 (unmittelbarer Zwang) LVwVG (siehe zu Einzelheiten unten Rn. 23) – bzw. einer entsprechenden Anwendung des § 8 Abs. 1 PolG (falls der Besitzer der störenden Sache nicht am Einsatzort anwesend ist und daher nicht angewiesen werden kann, das Fahrzeug zu entfernen, siehe Einzelheiten unten Rn. 25).

Bei allen Maßnahmen ist der **Verhältnismäßigkeitsgrundsatz zu beachten** (siehe dazu unten Rn. 27).

2. Satz 2

17 Durch Satz 2 wird klargestellt, dass der Technische Einsatzleiter nicht befugt ist, Anordnungen zu treffen gegenüber dienstlich anwesenden Personen der Aufsichtsbehörden (§ 22 Abs. 1 und 2) und Personen, die beim Einsatz gesetzliche Aufgaben der Gefahrenabwehr außerhalb des FwG wahrnehmen. Letzteres sind insbesondere die aufgrund des Polizeigesetzes und des Rettungsdienstgesetzes tätigen Einsatzkräfte (vgl. dazu auch Rn. 9 zu § 27). Der Technische Einsatzleiter hat bei diesen Personen sich an deren Einsatzleiter zu wenden, damit dieser ggf. erforderliche Anordnungen treffen kann.

IV. Zu Absatz 4

1. Vorbemerkung

18 Absatz 4 regelt im Wesentlichen die **Entschädigungsansprüche der Hilfe leistenden Personen**. Er beschränkt die Ansprüche auf die nach Absatz 2 Hilfeleistenden, zu denen nach Einfügung des Absatzes 2 Satz 3 durch das ÄndG 2015 auch die ehrenamtlich tätigen Personen, die **auf Anforde-**

rung über eine im Katastrophenschutz mitwirkende Organisation tätig werden (vgl. dazu oben Rn. 11 f.).

Die nach Absatz 1 bis zum Eintreffen der Feuerwehr uneigennützig Hilfeleistenden sind nach dem klaren Wortlaut des Satzes 1 von den Entschädigungsleistungen des Absatzes 4 ausgeschlossen. Ihnen bleibt, sich ihre Aufwendungen (Verdienstausfall, Auslagen, Sachschaden) nach den bürgerlich-rechtlichen Bestimmungen von der Gemeinde gemäß § 670 BGB ersetzen zu lassen (vgl. Erman, BGB, 17. Aufl., § 670 BGB Rn. 7 f., 18 f.).

Nach Absatz 2 Hilfeleistende sind bei **Unfällen** gemäß § 2 Abs. 1 Nr. 12 SGB VII gesetzlich versichert. Sie erhalten die Leistungen der gesetzlichen Unfallversicherung (vgl. hierzu § 26 SGB VII). Unfallversichert sind auch die nach Absatz 1 Hilfeleistenden (§ 2 Abs. 1 Nr. 13 Buchst. a SGB VII). Außerdem erhalten alle aufgrund von § 30 Hilfeleistenden bei Unfällen die Mehrleistungen nach der Satzung der Unfallkasse Baden-Württemberg und die diese ergänzenden Leistungen des Landes nach der VwV Ergänzung Unfallversicherung Feuerwehr (vom 12. Juli 2016, GABl. 2016, 558, in der Fassung vom 28.01.2020 GABl. 2021, 42, eingestellt auf der Internetseite der LFS) sowie den zusätzlichen Versicherungsschutz durch die von den Gemeinden bei der Württembergischen bzw. Badischen Gemeindeversicherung a.G. abgeschlossene Unfallversicherung für die Freiwilligen Feuerwehren (vgl. hierzu WGV-Info Nr. 1, „Versicherungsschutz für die Freiwillige Feuerwehr", 6. Aufl. 2012, S. 5), siehe hierzu auch Einf. Rn. 12.

2. Satz 1

Die Hilfeleistenden werden nach Satz 1 „im Auftrag der Gemeinde tätig, in deren Bereich sie Hilfe leisten". Somit haftet die Gemeinde für den Schaden, den die Hilfeleistenden bei der Hilfeleistung Dritten zufügen nach **Amtshaftungsgrundsätzen** (Art. 34 GG i. V. m. § 839 BGB, siehe hierzu Rn. 5 zu § 7). 19

3. Satz 2

Die Hilfeleistenden nach Absatz 2 erhalten von der Gemeinde des Einsatzortes auf Antrag den erlittenen **Sachschaden** und auch den **Verdienstausfall** sowie die vermögenswirksamen Nachteile durch Rückstufung im Schadensfreiheitsrabatt ihrer Kfz-Haftpflichtversicherungen ersetzt (vgl. zum Begriff Verdienstausfall Rn. 12 f. zu § 16 und bezüglich der zu ersetzenden Versicherungsanteile Rn. 11 f. zu § 17). Die Beantwortung der Frage, ob eine **„unentgeltliche Hilfeleistung"** (Hilfeleistung ohne Ersatz des Verdienstausfalls) zumutbar ist, hängt von der zeitlichen Inanspruchnahme ab. Weniger als eine Stunde unentgeltlich zu helfen, ist als durchaus 20 zumutbar zu erachten. Im Übrigen ist die Gemeinde gehalten, dafür zu sorgen, dass nur Personen herangezogen werden, denen kein Verdienstausfall entsteht.

4. Satz 3

21 Satz 3 ist eine Folge des § 17 Abs. 1 Satz 3. Auch die in Absatz 4 genannten Hilfe leistenden Personen erhalten – wie gemäß § 17 Abs. 1 Satz 3 die ehrenamtlich tätigen Angehörigen der Gemeindefeuerwehr – die unfallbedingten Rückstufungen im Schadensfreiheitsrabatt ihrer Kfz-Haftpflichtversicherungen auf Antrag von der Gemeinde ersetzt, wenn sich der Unfall im Rahmen der Hilfeleistung nach Absatz 2 ereignet hat.

C. Ergänzungen, Weiterführendes

22 Beim Einsatz der Feuerwehr können sich die nach §§ 30, 31 möglichen Grundrechtseingriffe auf zwei Arten vollziehen (vgl. hierzu auch Fischer, Rechtsfragen beim Feuerwehreinsatz, 4. Aufl., S. 31 ff.).

a. Die Feuerwehr fordert eine Person zu einem Handeln oder Dulden auf, wodurch in deren grundrechtlich geschützte Positionen eingegriffen wird. Beispiele: Die Feuerwehr fordert den Grundstückseigentümer auf, das Zufahrtstor zum vom Schadensereignis betroffenen Grundstück zu öffnen; die Feuerwehr verbietet dem Wohnungseigentümer das Betreten der brennenden Wohnung; die Feuerwehr fordert den Fahrer auf, das den Rettungsweg versperrende Fahrzeug wegzufahren.

b. Die Feuerwehr greift ohne Kommunikation mit dem Betroffenen durch ihr Handeln in dessen Grundrechtspositionen ein. Beispiele: Die Feuerwehr bricht das Tor zum vom Schadensereignis betroffenen Grundstück auf, weil dessen Eigentümer nicht zugegen ist; die Feuerwehr schiebt das die Feuerwehrzufahrt versperrende Fahrzeug zur Seite, weil sie den Fahrer nicht ausfindig machen kann.

23 **Zu a.:** In den Fällen, in denen die Feuerwehr den Betroffenen auffordert, etwas zu tun, zu unterlassen oder zu dulden, erlässt sie einen (belastenden) **Verwaltungsakt** (§ 35 LVwVfG) gegen den Betroffenen. Hierfür erforderliche gesetzliche Ermächtigungsgrundlagen sind § 30 Abs. 2 (Aufforderung zur Hilfeleistung), Abs. 3 (Anordnungsbefugnis des Technischen Einsatzleiters) sowie § 31 Abs. 1 und 2 (Duldungspflichten bzgl. vom Schadensereignis betroffener Grundstücke bzw. von Grundstücken in dessen Umfeld). Diese Verwaltungsakte brauchen wegen der Eile, die

beim Handeln der Feuerwehr geboten ist, nicht schriftlich zu ergehen und auch nicht begründet zu werden (dies folgt aus § 39 Abs. 1 Satz 1 LVwVfG). Die Aufforderung kann auch durch Handzeichen (z. B. Anhaltegebot mittels Winkerkelle) oder schlüssiges Handeln (Absperren der Einsatzstelle mittels Absperrbandes) erfolgen.

Weigert sich der Betroffene, der Anordnung der Feuerwehr nachzukommen, kann die Anordnung **zwangsweise im Wege der Verwaltungsvollstreckung** nach dem Landesverwaltungsvollstreckungsgesetz (LVwVG) durchgesetzt werden. Wegen der Eilbedürftigkeit des Handelns der Feuerwehr braucht ausnahmsweise auch keine Unanfechtbarkeit des zu vollstreckenden Verwaltungsakts eingetreten sein. Die Feuerwehr hat bei ihrer Aufforderung zugleich deren sofortige Vollziehung (§ 80 Abs. 2 Nr. 4 VwGO) angeordnet. Kommt der Betroffene der Anordnung nicht nach, kann die Feuerwehr diese zwangsweise

- entweder einfacher (d.h. ohne Hilfsmittel und Waffen) Gewalt gegen Personen (absoluter Ausnahmefall, siehe oben Rn. 16) oder Gewalt (auch mittels Werkzeugen) gegen Sachen durchsetzen (§§ 19 Abs. 1 Nr. 3, 26 LVwVG, **unmittelbarer Zwang**)
- oder sie beauftragt (in der Regel) einen Dritten (z. B. Polizeivollzugsdienst) mit der Durchsetzung (§§ 19 Abs. 1 Nr. 2, 25 LVwVG, **Ersatzvornahme**).

Beispiele: Die Feuerwehr bricht das Zufahrtstor auf, nachdem der Betroffene sich weigert, dieses zu öffnen; sie hält den Betroffenen, der trotz Verbotes in die Brandwohnung zurückkehren will, fest; der Polizeivollzugsdienst fährt anstelle des sich weigernden Fahrers dessen störendes Fahrzeug zur Seite.

Zur **Abgrenzung** von unmittelbaren Zwang gegen Sachen und Ersatzvornahme bei Maßnahmen durch die Feuerwehr gilt: Nach § 26 LVwVG ist der unmittelbare Zwang dadurch gekennzeichnet, dass auf Personen oder Sachen durch körperliche Gewalt eingewirkt wird. Demgegenüber erfüllt die Feuerwehr bei der Ersatzvornahme gemäß § 25 LVwVG lediglich stellvertretend für den Störer eine diesem obliegende Handlungspflicht. Demzufolge orientiert sich die Abgrenzung zwischen Ersatzvornahme und unmittelbarem Zwang daran, **ob die Feuerwehr in gleicher Weise wie der Pflichtige vorgeht oder ob sie** in einer Art und Weise **gewaltsam auf die Sache einwirkt**, wie dies der Betroffene nicht tun müsste. Wird z. B. eine Tür gewaltsam geöffnet, die der Betroffene ohne Gewalt öffnen könnte, liegt unmittelbarer Zwang vor (vgl. Bay. VGH, Urteil vom 17. April 2008, 10 B 07.219, juris [Rn. 14]).

24 Hält der Betroffene das Handeln der Feuerwehr für rechtswidrig, kann er dieses vor dem Verwaltungsgericht mit der **Fortsetzungsfeststellungsklage** (§ 113 Abs. 1 Satz 4 VwGO) überprüfen lassen, wenn hierfür ein besonderes Interesse besteht. Gegen belastende Verwaltungsakte ist zwar grundsätzlich die Anfechtungsklage nach durchgeführtem Widerspruchsverfahren statthaft, da sich die Anordnung aber durch ihren Vollzug erledigt hat, ist die Fortsetzungsfeststellungsklage zu erheben.

25 **Zu b:** Da in diesen Fällen kein Betroffener (Pflichtiger) vorhanden ist, der zu einem Handeln, Dulden oder Unterlassen aufgefordert werden könnte, handelt die Feuerwehr hier im Wege der **unmittelbaren Ausführung** der Maßnahme. Rechtsgrundlage hierfür ist eine entsprechende Anwendung des § 8 Abs. 1 PolG. Die unmittelbare Ausführung ist daher ein bloßes tatsächliches Handeln (da ohne vorangegangene Anordnung), ein sog. **Realakt** (zur Abgrenzung zwischen Ersatzvornahme und unmittelbarer Ausführung vgl. VG Karlsruhe, Urteil vom 20. Oktober 2011, 9 K 2215/10, juris [Rn. 17]; VGH, Urteil vom 24. Februar 2022, 1 S 2283/20, juris [Rn. 32]).

Die unmittelbare Ausführung durch die Feuerwehr ist zulässig, wenn:

- der Pflichtige nicht bekannt ist,
- der Pflichtige nicht oder nicht rechtzeitig erreichbar ist,
- der Pflichtige aus tatsächlichen oder rechtlichen Gründen nicht in der Lage ist, seiner Pflicht zu genügen.

Ermächtigungsgrundlage für das Handeln der Feuerwehr sind hier wiederum §§ 30 Abs. 3, 31 Abs. 1 und 2.

26 Hält der Betroffene das Handeln der Feuerwehr (Realakt) für rechtswidrig, kann er dieses vor dem Verwaltungsgericht mit der **Feststellungsklage** (§ 43 VwGO) überprüfen lassen. Eine Anfechtungs- oder Fortsetzungsfeststellungsklage ist hier nicht statthaft, da dem Handeln der Feuerwehr gerade kein Verwaltungsakt zugrunde liegt, sondern ein bloßes tatsächliches Handeln vorliegt.

27 Unabhängig ob das Handeln der Feuerwehr mittels Verwaltungsakt (Anordnung) oder durch bloßes tatsächliches Handeln erfolgt, müssen die Maßnahmen der Feuerwehr – wie jedes staatliche Handeln – **verhältnismäßig** sein. Ob das Handeln der Feuerwehr verhältnismäßig ist, ist in drei Schritten zu prüfen:

1. **Geeignetheit**, das heißt aufgrund des Handelns muss der gewünschte Einsatzerfolg zumindest gefördert werden. Nachdem der Einsatzleiter die Lage so weit erkundet hat, dass er die größte Gefahr und den Gefahrenschwerpunkt erkannt hat, muss er feststellen, welche Möglichkeiten zur Gefahrenabwehr bestehen.

2. **Erforderlichkeit**, das heißt zur Erreichung des Einsatzerfolgs steht kein anderes, gleich wirksames, aber weniger einschneidendes Mittel zur Verfügung. Der Einsatzleiter muss die Maßnahme wählen, welche die Gefahr am besten bekämpft und dabei die Rechte anderer am wenigsten beeinträchtigt. Wenn gleich effektive Möglichkeiten zur Gefahrenabwehr bestehen, ist immer die zu wählen, die am wenigsten in die Rechte anderer eingreift.
3. **Angemessenheit**, das heißt, die Maßnahme darf nicht zu einem Nachteil führen, der zu dem erstrebten Erfolg erkennbar außer Verhältnis steht. Der Einsatzleiter hat die zu bekämpfende Gefahr gegenüber den nachteiligen Beeinträchtigungen durch die zu treffenden Maßnahmen **abzuwägen**. Dabei kommt dem Schutz von Leben und körperlicher Unversehrtheit ein überragender Stellenwert zu, der auch weitreichende Eingriffe in Grundrechte Dritter rechtfertigt. Je höherwertiger das vor der Gefahr zu schützende Rechtsgut ist, desto weitergehende Eingriffe in geschützte Rechte anderer sind zulässig.

Zur Verdeutlichung folgendes **Praxisbeispiel** zur Türöffnung durch die Feuerwehr bei unklarer Schadenslage (Rauchmelder hat ausgelöst, keine Anzeichen eines Brandes von außen erkennbar, vgl. LG Heidelberg, Urteil vom 7. März 2014, 1 O 98/13, juris [Rn. 19 ff.]): Der Einsatzleiter beabsichtigt, das Türschloss zu ziehen, um so in die Wohnung zu gelangen und zu prüfen, ob ein Brandereignis vorliegt; folgende Überlegungen hat er zu treffen:

Die gewaltsame Türöffnung ist **geeignet**, um zu überprüfen, ob ein Brand vorliegt. **Erforderlich** ist ein solches Handeln, wenn kein gleich geeignetes, weniger beeinträchtigendes Mittel vorhanden ist. Zu denken ist etwa an folgende, weniger beeinträchtigende Möglichkeiten: Der Blick durch ein Fenster zur Beurteilung der Gefahrenlage in der Wohnung; prüfen, ob bei einem anwesenden Wohnungsnachbarn ein Zweitschlüssel vorhanden ist, denn damit ließe sich die Wohnung ohne Schaden öffnen; Einschlagen einer Fensterscheibe als schnelleres und weniger beeinträchtigendes Mittel. Möglicherweise sind diese in der konkreten Situation aber nicht in gleicher Weise erfolgversprechend, z. B. weil ein Blick durch ein Fenster nur einen eingeschränkten Einblick gewährt und somit keine sichere Beurteilung der Lage zulässt oder die Abfrage des Zweitschlüssels zu viel Zeit in Anspruch nehmen würde.

Bei der gegenüberstellenden Abwägung der bedrohten Rechtsgüter erscheint daher regelmäßig der durch die Beschädigung des Türschlosses entstehende Schaden deutlich weniger schwerwiegend als ein durch einen möglicherweise vorhandenen (Schwel-)Brand entstehender Schaden und damit die Maßnahme als **angemessen**.

§ 31
Duldungspflichten der Grundstückseigentümer und -besitzer

(1) [1]Die Eigentümer und Besitzer der von einem Schadensereignis nach § 2 Absätze 1 und 2 Nummer 1 betroffenen Grundstücke, baulichen Anlagen und Schiffe sind verpflichtet, den Angehörigen der Feuerwehr und den auf Weisung des Technischen Einsatzleiters beim Einsatz tätigen Angehörigen anderer Einrichtungen und Organisationen sowie sonstigen beim Einsatz dienstlich tätigen Personen den Zutritt zu ihren Grundstücken, baulichen Anlagen und Schiffen und deren Benutzung für Lösch- und Rettungsarbeiten zu gestatten sowie Wasservorräte, die sich in ihrem Besitz befinden oder auf ihren Grundstücken oder in ihren baulichen Anlagen gewonnen werden können, auf Anforderung für die Lösch- und Rettungsarbeiten zur Verfügung zu stellen und ihre hierfür verwendbaren Geräte zur Benutzung zu überlassen. [2]Sie haben ferner die vom Technischen Einsatzleiter im Interesse geeigneter Entfaltung der Lösch- und Rettungsarbeiten und zur Verhütung weiteren Umsichgreifens eines Brandes angeordneten Maßnahmen wie Räumung von Grundstücken und baulichen Anlagen, Beseitigung von Pflanzen, Fahrzeugen, Maschinen, Einfriedungen, Gebäudeteilen und Gebäuden zu dulden.

(2) [1]Die gleiche Verpflichtung haben auch die Eigentümer und Besitzer der Grundstücke, baulichen Anlagen und Schiffe im Umfeld der Einsatzstelle, soweit das zur Schadensabwehr notwendig ist. [2]Für den ihnen hierdurch verursachten Schaden an beweglichen und unbeweglichen Sachen hat die Gemeinde eine angemessene Entschädigung zu leisten, soweit sie nicht auf andere Weise Ersatz zu erlangen vermögen. [3]Die Gemeinde haftet nicht, soweit der Schaden durch Maßnahmen verursacht worden ist, die zum Schutz der Person, der Hausgenossen oder des Vermögens der Geschädigten getroffen worden sind. [4]Ein entgangener Gewinn wird nicht ersetzt.

(3) Die Eigentümer und Besitzer von Grundstücken und baulichen Anlagen haben die Anbringung der zur Aufgabenerfüllung der Feuerwehr notwendigen Einrichtungen zur Kommunikation, insbesondere zur Alarmierung, ohne Entschädigung zu dulden, wenn dies zu keiner unverhältnismäßigen Belastung des Eigentümers oder Besitzers führt.

Übersicht **Rn.**

A. Allgemeines

§ 31 Abs. 1 regelt mit schwer verständlicher Formulierung **die Duldungspflichten der von einem Schadensereignis Betroffenen, Abs. 2 die Duldungspflichten der Eigentümer und Besitzer im Umfeld der Einsatzstelle** (früher räumlich enger als „benachbart" bezeichnet). Diese räumliche Erweiterung erfolgte durch das ÄndG 2009, da unter Umständen auch Eigentümer und Besitzer von Grundstücken, baulichen Anlagen und Schiffen, die nicht an das Grundstück des vom Schadensereignis Betroffenen angrenzen, in Anspruch genommen werden müssen, um den Lösch- oder Rettungserfolg sicherzustellen (z.B. wenn Schläuche zur Wasserversorgung über mehrere Grundstücke verlegt werden müssen). Durch das ÄndG 2015 wurden die Duldungspflichten nach Absatz 1 Satz 1 ausgedehnt. Während diese bislang nur bei Feuerwehreinsätzen zur Erfüllung von Pflichtaufgaben nach § 2 Abs. 1 bestanden hatten, wurden sie nunmehr auch auf Einsätze zur Erfüllung von Aufgaben nach § 2 Abs. 2 Nr. 1 ausgedehnt, weil auch bei Einsätzen zur Abwehr von Gefahren bei anderen Notlagen für Menschen, Tiere und Schiffe das Betreten oder die Benutzung von Grundstücken, Anlagen oder Geräten für eine wirksame Hilfeleistung erforderlich sein kann (vgl. LT-Drs. 15/7613, S. 18). Diese Erweiterung gilt allerdings im Hinblick auf den insoweit unveränderten Gesetzestext nicht für die Duldungspflichten nach Abs. 1 Satz 2, deren Intensität gravierender ist (vgl. Rn. 7) als die der Duldungspflichten nach Satz 1. 1

Die Duldungspflichten des Absatzes 1 und 2 entsprechen sich inhaltlich. Jedoch ist nur bei Absatz 2 für die im Rahmen der Duldungspflichten durch die Einsatzkräfte verursachten Schäden grundsätzlich eine Entschädigung durch die Gemeinde vorgesehen. Die Duldungspflichten des § 31 Abs. 1 und 2 bestehen nicht nur bei einem tatsächlichen Schadenseintritt, sondern auch **wenn die Gefahr oder Anscheinsgefahr** (siehe hierzu Rn. 13 zu § 2) für ein Schadensereignis nach § 2 Abs. 1 und 2 Nr. 1 **besteht.**

Die Duldungspflichten des § 31 schränken die **Unverletzlichkeit der Wohnung (Art. 13 GG)** und des **Eigentums (Art. 14 GG)** in verfassungsrechtlich unbedenklicher Weise ein. Ermächtigungsgrundlage für die Grundrechtsein- 2 griffe des § 31 sind Art. 13 Abs. 7 GG und Art. 14 Abs. 1 Satz 2 GG (vgl. § 36). Somit begehen die Angehörigen der Feuerwehr und die sonstigen „beim Einsatz dienstlich tätigen Personen“ (Abs. 1 Satz 1) keinen Hausfriedensbruch (§ 123 StGB), wenn sie eine Wohnung oder das befriedete (= eingegrenzte) Besitztum (Grundstück) eines anderen betreten. § 31 ist zudem Ermächtigungsgrundlage für die Feuerwehr, gegenüber den Eigentümern und Besitzern von Grundstücken, baulichen Anlagen und Schiffen, die in § 31 genannten Maßnahmen anzuordnen. Solche Anordnungen sind ebenso wie Anordnungen nach § 30 Abs. 3 (belastende) Verwaltungsakte nach § 35 LVwVfG. Einzelheiten zum Erlass und zur Vollstreckung solcher Verwaltungsakte sowie Rechtsschutzmöglichkeiten der Betroffenen hiergegen werden bei Rn. 22 ff. zu § 30 erläutert. Verfassungsrechtlich gedeckt ist die Inanspruchnahme fremden Eigentums und Besitzes aufgrund von § 31 allerdings nur, wenn die Inanspruchnahme unumgänglich und auf das geringstmögliche Ausmaß beschränkt ist (**Gebot der Verhältnismäßigkeit**, vgl. hierzu BVerfGE 58, 137 und juris [Rn. 42] m. w. N.; siehe hierzu auch Rn. 27 zu § 30).

3 Müssen Räume beschlagnahmt werden, um Menschen, Tiere und Sachen unterbringen zu können, die durch einen Schadensfall obdachlos geworden sind, kann die entsprechende Verfügung des Bürgermeisters als Ortspolizeibehörde nicht auf das FwG gestützt werden, sondern nur auf das Polizeigesetz.

Im Übrigen verdrängt § 31 als Spezialregelung die entsprechenden allgemeinen Bestimmungen des Polizeigesetzes (§§ 7 bis 9 PolG).

B. Erläuterung

I. Zu Absatz 1

1. Satz 1

4 **Adressat** der Duldungspflicht des Satzes 1 sind die Eigentümer und Besitzer der von einem Schadensereignis **nach § 2 Abs. 1 und 2 Nr. 1** betroffenen Grundstücke, baulichen Anlagen und Schiffen. Der Begriff der baulichen Anlage umfasst mehr als nur Gebäude, eine Definition erfolgt in § 2 Abs. 1 LBO. Eine **bauliche Anlage** ist demnach eine aus Bauprodukten hergestellte und mit dem Erdboden verbundene Anlage. Eine Verbindung mit dem Boden besteht auch dann, wenn die Anlage durch ihre eigene Schwere auf dem Boden ruht oder auf ortsfesten Bahnen begrenzt beweglich ist oder wenn die Anlage dazu bestimmt ist, überwiegend ortsfest benutzt zu werden. Als bauliche Anlage gelten auch: Aufschüttungen und

Abgrabungen, Lagerplätze, Abstellplätze und Ausstellungsplätze, Campingplätze und Wochenendplätze, Stellplätze für Kraftfahrzeuge.

Der **Inhalt** der Duldungspflicht umfasst die Gewährung: 5

a. eines **Betretungsrechts** für die Angehörigen der Feuerwehr und die auf Weisung des Technischen Einsatzleiters beim Einsatz tätigen Angehörigen anderer Einrichtungen und Organisationen sowie für die sonstigen beim Einsatz dienstlich tätigen Personen und
b. eines **Rechts** der o. g. Personen **zur Nutzung**:
   - der Grundstücke, baulichen Anlagen und Schiffen selbst und
   - der Wasservorräte, die sich dort befinden oder dort gewonnen werden können, sowie
   - der dort befindlichen, für Lösch- und Rettungszwecke verwendbaren Geräte.

Die Verpflichtung zur Duldung des Zutritts umfasst sowohl das Betreten durch Einsatzkräfte als auch das Befahren mit Einsatzfahrzeugen. Da das Recht zum Betreten bzw. Befahren nur ausgeübt werden kann, wenn ein Zugang bzw. eine Zufahrtsmöglichkeit besteht, umfasst dieses Recht als Annexbefugnis (vgl. dazu OLG Nürnberg, Beschluss vom 7. Dezember 2009, 1 St OLG Ss 232/2009, juris [Rn. 14] m. w. N.; Bertkau, ZfSch 2018, 610) auch **das Recht, sich Zutritt durch gegebenenfalls gewaltsames Öffnen** von Türen, Fenstern oder anderen Zugangsmöglichkeiten **zu verschaffen**. Die Figur der Annexkompetenz ist im Hinblick auf den Gesetzesvorbehalt nicht unumstritten. Lehnt man eine solche Annexbefugnis ab, ist das Handeln der Feuerwehr jedenfalls unter den Gesichtspunkten der (mutmaßlichen) Einwilligung des Betroffenen oder des rechtfertigenden Notstandes (§ 34 StGB), nämlich wenn das zu schützende Rechtsgut das beeinträchtigte Rechtsgut wesentlich überwiegt, gedeckt.

Auf Weisung des Technischen Einsatzleiters beim Einsatz tätige **Angehörige anderer Einrichtungen und Organisationen** sind insbesondere die Angehörigen des THW und der im Katastrophenschutz mitwirkenden Hilfsorganisationen (vgl. LT-Drs. 14/5103, S. 51 und Rn. 11 zu § 30). Zu den **„sonstigen beim Einsatz dienstlich tätigen Personen"** gehören: die feuerwehrtechnischen Beamten (§ 23), die Person(en) der organisatorischen Oberleitung (§ 27 Abs. 4), die zur Technischen Einsatzleitung herangezogenen Personen (§ 27 Abs. 1 Satz 3), die Personen, die die technische Leitung aufgrund von § 27 Abs. 2 übernehmen, die Mitglieder des Führungsstabes (§ 27 Abs. 3), der Brandsachverständige, Beamte des Polizeivollzugsdienstes, soweit sie mit der Ermittlung der Schadensursache bzw. des Verursachers beauftragt sind, und die ermittelnde Staatsanwaltschaft. 6

2. Satz 2

7 Satz 2 erweitert die Duldungspflichten. Die in Satz 2 zur Schadensabwehr genannten Maßnahmen, nämlich die:

- **Räumung** von Grundstücken und baulichen Anlagen (geräumt von Personen und Sachen),
- **Beseitigung** von Pflanzen (z.B. durch Ausreißen oder Beschädigen, Zerstören durch Niederwalzen), von Fahrzeugen und Maschinen, von Einfriedungen (nicht nur Zäune aus Holz und Draht oder Hecken, sondern auch teure Mauern), von Gebäudeteilen (z.B. Abdecken des Daches, Abreißen des Dachstocks, Einreißen eines Fensterstocks, einer Mauer), eines Gebäudes (z.B. Stürzen des Hausgiebels, Gewächshaus),

sind nicht abschließend aufgezählt. Dies folgt aus dem Wort „wie“. Es gibt weitere Maßnahmen zur „Entfaltung der Lösch- und Rettungsmaßnahmen“ und „zur Verhütung weiteren Umsichgreifens eines Brandes“. Entscheidend ist nur, dass die Maßnahme diesen Zielen unmittelbar dient und verhältnismäßig ist. Die weitgehenden Rechte nach Satz 2 dürfen nach dem Wortlaut der Vorschrift nur in Anspruch genommen werden, soweit sie zur Entfaltung von Lösch- und Rettungsarbeiten und zur Verhütung der Brandausdehnung auf ein benachbartes Grundstück notwendig sind. Sie kommen damit wie bisher **nur bei der Brandbekämpfung und der Rettung** von Menschen und Tieren, auch im Zuge von öffentlichen Notständen, und somit bei der Erfüllung der Pflichtaufgaben gemäß § 2 Abs. 1 in Betracht (so auch Hildinger/Rosenauer, FwG, 4. Aufl., § 31 Rn. 8).

3. Folgen der Maßnahmen

8 Hier ist zwischen rechtmäßigen (Beispiel 1: Die Feuerwehr muss die Wohnungstür gewaltsam öffnen, um dem Rettungsdienst die notärztliche Versorgung des verunfallten Mieters der Wohnung zu ermöglichen) und rechtswidrigen Maßnahmen der Feuerwehr (Beispiel 2: Die Feuerwehr öffnet gewaltsam die Haustür, nachdem ein Rauchwarnmelder in der Wohnung Alarmtöne auslöste. Der Zugang hätte über die geöffnete Terrassentür problemlos erfolgen können.) zu unterscheiden:

a. Soweit die **Maßnahmen** der Feuerwehr nach Satz 1 und 2 **rechtmäßig erfolgten**, hat der Eigentümer bzw. Besitzer die **entschädigungslos zu dulden** (vgl. demgegenüber Absatz 2 Satz 2). Die Rechtmäßigkeit dieser Maßnahmen ist gegeben, wenn die in § 31 Abs. 1 genannten Tatbestandsvoraussetzungen hierfür vorlagen und die Maßnahmen verhältnismäßig waren. Der Grund für das entschädigungslose Hinnehmen ist, dass die Maßnahmen der Feuerwehr durch die von seinem Eigentum und/oder Besitz ausgehenden Gefahren verursacht sind und zusätzlich noch der Schadensminderung dienen, und somit regelmäßig in seinem Interesse liegen. Letzteres ist allerdings im Beispiel 1 nicht der Fall, da dem Mieter durch den Feuerwehreinsatz geholfen wurde und dem Vermieter der Schaden entstanden ist; weshalb in solchen Fällen eine entsprechende Anwendung des Absatz 2 Satz 2 vertreten wird (vgl. Bertkau, ZfSch 2018, 610). Andererseits hat der durch die Maßnahme Betroffene in vielen Fällen nicht den Einsatz der Feuerwehr zu bezahlen, denn die Erfüllung von Pflichtaufgaben nach § 2 Abs. 1 ist für den Begünstigten grundsätzlich, d.h. von den Ausnahmen nach § 34 Abs. 1 Satz 2 abgesehen, unentgeltlich (§ 34 Abs. 1 Satz 1). Nur die Erfüllung von Aufgaben nach § 2 Abs. 2 (Nr. 1) ist kostenpflichtig. Die von Absatz 1 betroffenen Personen sind demnach finanziell zumeist bessergestellt, als wenn sie als Zustandsstörer i.S. von § 7 PolG zu den Einsatzkosten herangezogen werden (vgl. § 8 Abs. 2 Satz 1 PolG).

Die durch die Maßnahmen des Technischen Einsatzleiters nach Satz 2 verursachten Gebäudeschäden sowie die übrigen durch den Feuerwehreinsatz entstandenen Schäden an Gebäuden und Einfriedungen werden dem gebäudebrandversicherten Grundstückseigentümer von der Gebäudeversicherung ersetzt.

Nur ausnahmsweise, wenn durch das rechtmäßige Handeln der Feuerwehr ein nicht zumutbarer Schaden entstanden ist, der auch nicht durch eine andere Rückgriffsmöglichkeit gedeckt ist, kann ein Anspruch gegen die Gemeinde aus einem enteignenden Eingriff in Betracht kommen (siehe dazu Bertkau, ZfSch 2018, 611; Jarass/Pieroth, Grundgesetz, 18. Aufl., Art. 14 Rn. 57). Bei einem hohen Schaden könnte damit im Beispiel 1 der Vermieter Ersatz von der Gemeinde als Träger der Feuerwehr verlangen.

b. War die **Maßnahme** der Feuerwehr dagegen **rechtswidrig**, weil die Voraussetzungen des Absatz 1 nicht vorlagen, die Maßnahme nicht verhältnismäßig war oder Eigentum schuldhaft beeinträchtigt wurde, besteht ein Ersatzanspruch des durch die Maßnahme Geschädigten gegen die Gemeinde als Träger der Feuerwehr nach **Amtshaftungsgrundsätzen** (siehe dazu Rn. 5 und Rn. 13 zu § 7 und Bertkau, ZfSch 2018, 611). Im Beispiel 2 besteht daher ein Schadensersatzanspruch des Wohnungseigentümers gegen die Gemeinde.

II. Zu Absatz 2

1. Satz 1

Die Worte **„die gleiche Verpflichtung“** beziehen sich auf sämtliche Duldungspflichten des Absatzes 1. Gestattet ist der Feuerwehr nach Satz 1, **im** 9

Umfeld der Einsatzstelle liegende Grundstücke, baulichen Anlagen und Schiffe zu betreten und zu befahren, deren Wasservorräte zu benutzen und den Löschangriff etwa vom benachbarten Grundstück oder Gebäude aus vorzunehmen, wenn dies feuerwehrtaktisch geboten ist. Der Eigentümer oder Besitzer des im Umfeld der Einsatzstelle liegenden Grundstücks oder Schiffes oder der baulichen Anlage hat seine Geräte i. S. von Absatz 1 zur Verfügung zu stellen und die nach Absatz 1 Satz 2 erforderlichen Maßnahmen zu dulden.

Die Feuerwehr hat jedoch kein freies Auswahlrecht zwischen der Inanspruchnahme nach § 31 Abs. 1 oder Abs. 2. Sie darf im Umfeld der Einsatzstelle liegende Objekte nur in Anspruch nehmen, wenn die Schadensbekämpfung nicht oder nicht effektiv vom Schadensgrundstück aus durchgeführt werden kann. Das gilt insbesondere für die nach Absatz 1 Satz 2 erforderlichen weitgehenden Maßnahmen.

2. Satz 2

10 **Satz 2** verpflichtet die Gemeinde, die Eigentümer oder Besitzer der im Umfeld der Einsatzstelle liegenden Objekte für den Schaden zu entschädigen, den diese durch den Einsatz der Feuerwehr erlitten haben, soweit diese nicht auf andere Weise Ersatz zu erlangen vermögen. Die Entschädigung ist nur dann angemessen, wenn sie schadensdeckend ist.

Der Eigentümer/Besitzer kann **„auf andere Weise"** Ersatz erlangen von demjenigen, der vorsätzlich oder fahrlässig den Brand, die Notlage oder den öffentlichen Notstand verursacht hat. Der von der Feuerwehr verursachte Schaden des Eigentümers oder Besitzers der im Umfeld der Einsatzstelle gelegenen Objekte ist eine adäquate Folge der unerlaubten Handlung, für die der Verursacher nach § 823 BGB haftet. Es ist unerheblich, ob die anderweitige Ersatzmöglichkeit auf Gesetz oder auf Vertrag beruht. Auch Ansprüche aus einer Haftpflichtversicherung des vom Schadensereignis Betroffenen oder auch der Anspruch auf Leistungen der Gebäudeversicherung stellen anderweitige Ersatzmöglichkeiten dar. Entscheidend ist nicht, ob ein Anspruch des Eigentümers bzw. Besitzers besteht, sondern ob er durchsetzbar ist. Bevor der Ausfall einer anderweitigen Ersatzmöglichkeit allerdings nicht feststeht, braucht die Gemeinde nicht zu entschädigen.

3. Satz 3

11 Die Gemeinde ist von der Entschädigungspflicht befreit, wenn die Maßnahmen der Feuerwehr den Geschädigten, seine Hausgenossen oder sein Vermögen geschützt haben oder zumindest zu seinem Schutz getroffen worden

sind, auch wenn dieser Schutz nicht erreicht wurde. Ob diese Voraussetzungen des Entschädigungsausschlusses erfüllt sind, ist nach objektiven Gesichtspunkten zu beurteilen, nicht allein nach dem subjektiven Empfinden des Technischen Einsatzleiters; die Beweislast trägt die Gemeinde. Eine Entschädigung ist danach immer ausgeschlossen, wenn z. B. der Brand ohne das Eingreifen der Feuerwehr auf das Eigentum des durch die Maßnahmen der Feuerwehr geschädigten Nachbarn übergegriffen hätte.

4. Satz 4

Satz 2 verpflichtet die Gemeinde zur Zahlung einer Entschädigung, nicht 12 aber zur Zahlung von Schadensersatz. Der entgangene Gewinn (z.B. dadurch, dass ein gefällter Obstbaum keine Frucht bringt) ist daher zwar ein durch den Feuerwehreinsatz entstandener Schaden des gemäß § 31 Abs. 2 in Anspruch Genommenen. Diesen hat die Gemeinde jedoch nicht zu ersetzen, was Satz 4 nochmals klarstellt.

Zur **Leistung von Schadensersatz**. ist die Gemeinde allerdings in den Fäl- 13 len verpflichtet, in denen das **Handeln der Feuerwehr rechtswidrig**, d.h. nicht durch § 31 Abs. 1 oder 2 gedeckt **war**. Beispiel: Die Feuerwehr fällt den Obstbaum auf dem Nachbargrundstück, um die Drehleiter in Stellung zu bringen; sie hätte diese jedoch mit dem gleichen Löscherfolg auch unproblematisch auf dem Grundstück positionieren können, auf dem der Brand ausgebrochen war. Anspruchsgrundlage für den Schadensersatz ist dann nicht § 31 Abs. 2 Satz 2, sondern § 839 BGB i.V.m. Art 34. GG, denn die Feuerwehr hat in diesem Fall eine Amtspflichtverletzung begangen (siehe hierzu Rn. 5 und Rn. 13 zu § 7 und Bertkau, ZfSch 2018, 611).

III. Zu Absatz 3

Die Gemeinde darf **zur Aufgabenerfüllung der Feuerwehr notwendige 14 Kommunikationseinrichtungen**, insbesondere solche zur Alarmierung auf Grundstücken und baulichen Anlagen Dritter entschädigungslos anbringen. Wie der 2. Halbsatz ausdrücklich klarstellt, ist die entschädigungslose Duldungspflicht nur zulässig, wenn der Eingriff in das Eigentum nicht unverhältnismäßig ist. Vom Recht auf entschädigungslose Duldung wird daher nur Gebrauch gemacht werden können, wenn andere Lösungen tatsächlich nicht realisierbar sind (etwa die Anbringung der Kommunikationseinrichtungen auf bzw. an öffentlicher Gebäuden ausscheidet) und wirtschaftlich nicht gefunden werden können. Zudem gehen vertragliche Vereinbarungen einer zwangsweisen, entschädigungslosen Inanspruchnahme vor.

15 Absatz 3 kommt im Hinblick auf die digitale Alarmierung und der damit verbundenen Positionierung digitaler Alarmumsetzer erhebliche Bedeutung zu. Die **Inanspruchnahme von Eigentümern und Besitzern von Funktürmen und gewerblich errichteter und betriebener Antennenträger** hat in der Praxis bundesweit zu zahlreichen Rechtsstreitigkeiten geführt. Der VGH (VBlBW 2008, 373 und juris [Rn. 21]) hatte zunächst entschieden, dass die Anbringung von Kommunikationseinrichtungen sich grundsätzlich im Rahmen der Sozialbindung des Eigentums halte und keinen enteignungsgleichen Eingriff in das Eigentum darstelle, weshalb § 31 Abs. 3 – der keine Entschädigung vorsieht – nicht gegen Art. 14 Abs. 3 Satz 1 GG verstoße. Zur Begründung hat der VGH ausgeführt, dass die Regelung des § 31 Abs. 3 mit der Sicherung der Einsatzfähigkeit der Feuerwehr durch einen vernünftigen Grund des Gemeinwohls gerechtfertigt sei. Die dort normierte Duldungspflicht sei zur Erreichung des Zwecks geeignet und – bei entgegenstehendem Willen des Pflichtigen – auch erforderlich. Schließlich sei die Duldungspflicht auch zumutbar. Bei Duldungspflichten sei entscheidend darauf abzustellen, ob die damit verbundene Belastung als geringfügig und deswegen angesichts des Gewichts des verfolgten Interesses als zumutbar eingestuft werden könne. Das sei zu bejahen. In einem weiteren Urteil hat der VGH (VBlBW 2012, 265 und juris [Rn. 36]) entschieden, § 31 Abs. 3 lasse bei verfassungskonformer Auslegung zumindest Raum für eine entschädigungspflichtige Inanspruchnahme gewerblicher Betreiber von Funktürmen.

16 Das BVerwG (NVwZ 2014, 243 und juris [Rn. 22ff. und 27]) hat nunmehr hierzu zweierlei klargestellt:

1. Eine **entschädigungslose Inanspruchnahme** von Eigentümer und Besitzer gewerblich errichteter und betriebener Antennenträger greift unverhältnismäßig und **unzulässig** in deren verfassungsrechtlich geschütztes Eigentum ein. Bei ihnen werde nämlich gerade auf die Nutzung zugegriffen, die der Betreiber bei der Errichtung seiner Anlage im Auge gehabt und in die er zielgerichtet investiert habe und die er als Basis seiner geschäftlichen Aktivität verwende. Mit ihrer Verpflichtung nehme die Behörde ein kommerzialisiertes, marktgängiges Gut in Anspruch, das anderen nur gegen Entrichtung eines frei ausgehandelten Entgelts zur Verfügung stehe. Zudem werde ein kommerzieller Anbieter auch in seiner Berufsfreiheit nach Art. 12 GG verletzt, da er durch eine Verpflichtung zur entschädigungslosen Anbringung von Fernmeldeanlagen daran gehindert ist, eine entsprechende Nutzung vertraglich und entgeltlich zu vereinbaren. Der Staat dürfe wegen des Grundsatzes der Verhältnismäßigkeit Bürger für Aufgaben, die im öffentlichen Interesse liegen,

im Bereich ihrer beruflichen Tätigkeit nur dann in Anspruch nehmen, wenn er im Gegenzug eine angemessene Vergütung leistet.

2. Nach Ansicht des BVerwG wäre der Eingriff in das Eigentum von Betreibern gewerblich genutzter Antennenträger zwar zumutbar, wenn sie – wie im Urteil des VGH (VBlBW 2012, 265 und juris) geschehen – einen (finanziellen) Ausgleich erhielten. Anders als der VGH (in VBlBW 2012, 265 und juris [Rn. 36]) sieht sich das BVerwG jedoch in Fällen unzumutbarer Inanspruchnahmen zu einer verfassungskonformen Ergänzung einer gesetzlichen Regelung, die eine Entschädigungsregelung – wie § 31 Abs. 3 – gerade nicht vorsieht, als nicht berechtigt an. Das BVerwG begründet dies damit, dass es zu den Anforderungen an **derartige Ausgleichsregelungen** gehöre, dass sie **einer gesetzlichen Grundlage bedürften**; denn Inhalt und Schranken des Eigentums zu bestimmen, sei grundsätzlich Sache des Gesetzgebers. Dieser sei gehalten, die verfassungsrechtlichen Grenzen inhaltsbestimmender Gesetze zu wahren. Soweit kompensatorische Entschädigungsansprüche begründet werden sollten, könne dies ohnehin, auch im Hinblick auf das Budgetrecht des Parlaments, nur durch ein Gesetz geschehen.

Da in § 31 Abs. 3 (wie in § 28 Abs. 1 FSHG NRW, welcher der Entscheidung des BVerwG zugrunde lag) jedoch weder ein finanzieller Ausgleich angesprochen ist noch der Gesetzgeber die Voraussetzungen und die Höhe einer eventuellen Entschädigung geregelt hat, ist davon auszugehen, dass das BVerwG auch eine Inanspruchnahme nach dieser Norm für unzulässig hält (vgl. Neumann, jurisPR-BVerwG 2/2014 Anm. 5).

§ 32
Rechtsweg

Über die Ansprüche nach § 17 Abs. 1, § 30 Abs. 4 Satz 2 und § 31 Abs. 2 Satz 2 entscheiden die ordentlichen Gerichte.

A. Erläuterung

Da das Feuerwehrrecht als Recht der Gefahrenabwehr zum öffentlichen Recht zählt, sind für Rechtsstreitigkeiten im Zusammenhang mit dem FwG **grundsätzlich die Verwaltungsgerichte zuständig**, § 40 Abs. 1 VwGO. In Baden-Württemberg gibt es in jedem Regierungsbezirk ein Verwaltungsgericht. Diese befinden sich in Karlsruhe, Stuttgart, Freiburg 1 und Sigmaringen. Der Verwaltungsgerichtshof (VGH) in Mannheim ist als Rechtsmittelinstanz für Berufungen und Beschwerden gegen die Entscheidungen der Verwaltungsgerichte zuständig (vgl. § 46 VwGO).

§ 32 weist jedoch die dort genannten Entschädigungsansprüche im Streitfall den **ordentlichen Gerichten** zu. Ordentliche Gerichte sind bei vermögensrechtlichen Streitigkeiten die Zivilgerichte (vgl. § 13 GVG).

2 § 32 weist jedoch nicht sämtliche Entschädigungsansprüche nach dem Feuerwehrgesetz dem ordentlichen Rechtsweg zu. **Dem Zivilgericht ausdrücklich zugewiesen sind:**

- Ansprüche auf Ersatz von Sachschaden, den der Angehörige der Gemeindefeuerwehr in Ausübung oder infolge des Feuerwehrdienstes erlitten hat (§ 17 Abs. 1 **und 2**, da § 17 Abs. 2 den Absatz 1 für entsprechend anwendbar erklärt);
- Ansprüche auf Ersatz des Sachschadens und des Verdienstausfalls von Zivilpersonen oder ehrenamtlich tätigen Angehörigen der Träger der Katastrophenhilfe, die nach § 30 Abs. 2 Satz 1 und 3 der Feuerwehr Hilfe geleistet und dabei einen Sachschaden oder einen unzumutbaren Verdienstausfall erlitten haben (§ 30 Abs. 4 Satz 2);
- Ansprüche auf Ersatz des Sachschadens, der bei Lösch- und Rettungsarbeiten der Feuerwehr bei den Eigentümern oder Besitzern von Grundstücken, baulichen Anlagen oder Schiffen, die sich im Umfeld der Einsatzstelle befinden, entstanden ist (§ 31 Abs. 2 Satz 2).

Diese Ansprüche sind im Streitfall dem Grunde und der Höhe nach von den Zivilgerichten zu entscheiden.

3 Im Streitfall von den **Zivilgerichten** zu entscheiden sind gemäß Art. 34 Satz 3 GG auch die Ansprüche gegen die Gemeinde wegen Amtspflichtverletzung durch Angehörige der Gemeindefeuerwehr (siehe dazu Rn. 15 zu § 7) und etwaige hieraus entstehende Regressansprüche der Gemeinde gegen die Angehörigen der Gemeindefeuerwehr (vgl. LG Heidelberg, Urteil vom 7. März 2014, 1 O 98/13, juris [Rn. 15]). Die erstinstanzliche Zuständigkeit liegt dabei streitwertunabhängig beim Landgericht (§ 71 Abs. 2 Nr. 2 GVG); dies hat im Wesentlichen historische Gründe.

Zuständig sind die Zivilgerichte auch bei Streitigkeiten über die Kosten und das Vorliegen von Pflichtverletzungen bei den freiwilligen Leistungen der Feuerwehr außerhalb von § 2 (siehe dazu Rn. 42 zu § 34). Die Zuständigkeit richtet sich nach dem Streitwert: bis 10.000 Euro (bis 31.12.2025: 5.000 Euro) sind die Amtsgerichte, darüber die Landgerichte zuständig (§§ 23, 71 Abs. 1 GVG).

Über die öffentlich-rechtlichen Ansprüche der Feuerwehrangehörigen nach § 16 auf Ersatz des Verdienstausfalls und der Auslagen entscheidet, da in § 32 nicht ausgeführt, im Streitfall das **Verwaltungsgericht**. Gleiches gilt für Rechtsstreitigkeiten bei Wahlen von Feuerwehrorganen und Streitigkeiten betreffend das Rechtsverhältnis ehrenamtlich tätiger Feuerwehrangehöriger (z.B. Aufnahme in die Einsatzabteilung, Verstöße gegen Dienstpflichten, Beendigung des Feuerwehrdienstes). In die Zuständigkeit der Verwaltungsgerichte fallen auch Rechtsstreitigkeiten über die Kostenerstattung nach § 26 Abs. 2 und § 34. 4

Für Streitigkeiten über die Frage, ob ein Feuerwehrunfall vorliegt, und über die Höhe der Leistungen der gesetzlichen Unfallversicherung einschließlich der Mehrleistungen steht der Rechtsweg vor den **Sozialgerichten** offen. Dies gilt unabhängig davon, ob den Unfall ein Feuerwehrangehöriger oder eine Hilfe leistende Zivilperson oder ein ehrenamtlich tätiger Angehöriger der Träger der Katastrophenhilfe, der nach § 30 Abs. 2 Satz 3 Hilfe geleistet hat, erlitten hat. 5

SIEBTER TEIL
Aufbringung der Mittel

§ 33
Feuerschutzsteuer

Das Aufkommen aus der Feuerschutzsteuer ist für Zwecke der Feuerwehr und des vorbeugenden Brandschutzes zu verwenden.

A. Allgemeines

Die **Feuerschutzsteuer** wird aufgrund des Feuerschutzsteuergesetzes (FeuerschStG) in der Fassung vom 10. August 2009 erhoben. Das FeuerschStG von 1979 hatte das Feuerschutzsteuergesetz vom 1. Februar 1939 (RGBl. I S. 113) abgelöst. Dieses hatte in allen Bundesländern als übereinstimmendes Landesrecht fortgegolten und in seiner Präambel dieselbe Zweckbindung enthalten wie die in § 33. Der Landtag hat gleichwohl die Zweckbindung 1978 ins FwG aufgenommen, weil dem Bund seit der Änderung von Art. 105 Abs. 2 GG durch das FinanzreformG vom 19. Mai 1969 (BGBl. I S. 359) die konkurrierende Gesetzgebungszuständigkeit für die Feuerschutzsteuer zusteht und dieser bei einem Steuergesetz, dessen Aufkommen den Ländern 1 zusteht (vgl. Art. 106 Abs. 2 GG), aus verfassungsrechtlichen Gründen nicht bestimmen kann, wofür die Länder das Steueraufkommen verwenden. Das FeuerschStG enthält daher auch keine Zweckbindungsklausel mehr.

Durch die **Festschreibung der Zweckbindung in § 33** hat der Landtag es sich selbst verwehrt, bei den alljährlichen Haushaltsberatungen über dieses Steueraufkommen anders als seinem gesetzlichen Zweck entsprechend zu verfügen. Er darf es z. B. nicht für Zwecke des Katastrophenschutzes, soweit dieser nicht schon nach § 2 Aufgabe der Feuerwehr ist, verwenden und auch nicht zur Lückenschließung im Landeshaushalt. Der Landtag hat sich in der Vergangenheit gleichwohl über die Zweckbindung des § 33 hinweggesetzt: So setzte er in den Doppelhaushalt 1995/1996 das über 80 Mio. DM übersteigende Feuerschutzsteueraufkommen der Jahre 1995 und 1996 für andere Haushaltszwecke ein. Wegen Wegfalls der Feuerwehrabgabe (Streichung von § 37 durch das ÄndG 1996) hat der Landtag den zweckwidrigen Zugriff auf die Feuerschutzsteuer beendet, und zwar auf Druck der Gemeinden und des Landesfeuerwehrverbands (vgl. hierzu Staatsanzeiger Nr. 9 vom 26. Februar 1996). Bereits zum 1. Januar 1997 erfolgte jedoch der nächste Zugriff auf das Feuerschutzsteueraufkommen. Art. 1 Nr. 2 des Haushaltsstrukturgesetzes 1997 vom 16. Dezember 1996 (GBl. S. 776) bestimmte: „§ 35 [a. F.] des Feuerwehrgesetzes ist für das Haushaltsjahr 1997 mit folgender Maßgabe anzuwenden: Von dem Aufkommen der Feuerschutzsteuer werden 40 Mio. DM zur allgemeinen Deckung des Haushalts verwandt." Laut Gesetzesbegründung hatte sich die Haushaltssituation des Landes weiter dramatisch verschlechtert. Dem Landtag erschien es deshalb, unter Zugrundelegung des für 1997 zu erwartenden Feuerschutzsteueraufkommens von 110 Mio. DM in dieser Zeit knappster Finanzen trotz des damit verbundenen erheblichen Eingriffs in die Finanzierungsstrukturen der Feuerwehren unumgänglich, von dem Feuerschutzsteueraufkommen im Haushaltsjahr 1997 einen Betrag von 40 Mio. DM zur allgemeinen Deckung des Haushalts zu verwenden.

Mittlerweile hat sich die Finanzlage des Landes gebessert. Trotz der Deckelung in den Jahren 1995 bis 1997 scheint eine dauerhafte Durchbrechung der Zweckbindung der Feuerschutzsteuer daher fernliegend. Wohl auch aus diesem Grund hat der Gesetzgeber im Jahr 2009 von einer Streichung des § 35 a. F. abgesehen und den Wortlaut des § 33 seither unverändert gelassen.

2 **Die Feuerschutzsteuer wird von den Feuerversicherern entrichtet**. Der Feuerschutzsteuer unterliegen gemäß § 1 FeuerschStG alle gezahlten Entgelte (ohne Versicherungssteuer) für Feuerversicherungen einschließlich Feuer-Betriebsunterbrechungs-Versicherungen, Wohngebäudeversicherungen oder Hausratversicherungen, bei denen die Versicherung teil-

weise auf Gefahren entfällt, die Gegenstand einer Feuerversicherung sein können, für versicherte Gegenstände, die sich bei Zahlung des Entgelts in dem Gebiet der Bundesrepublik Deutschland befinden. Die Feuerschutzsteuer ist in den Nettoprämien (vor Versicherungssteuer) enthalten und wird nicht separat ausgewiesen. Die Steuer wird analog der Versicherungssteuer vom Versicherungsunternehmen abgeführt. Seit 1. Juli 2010 gelten die nachfolgenden Steuersätze und Bemessungsgrundlagen (§§ 5, 6 Versicherungssteuergesetz und §§ 3, 4 FeuerschStG):

Feuerversicherungen und Feuer-Betriebsunterbrechungs-Versicherungen:

Steuersatz gesamt: 22 %

davon 60 % Versicherungssteuer = 13,2 %

davon 40 % Feuerschutzsteuer = 8,8 %

Wohngebäudeversicherungen:

Steuersatz gesamt: 19 %

davon 86 % Versicherungssteuer = 16,34 %

davon 14 % Feuerschutzsteuer = 2,66 %

Hausrat-Versicherungen:

Steuersatz gesamt: 19 %

davon 85 % Versicherungssteuer = 16,15 %

davon 15 % Feuerschutzsteuer = 2,85 %

Weitere Einzelheiten zur Feuerschutzsteuer finden sich im Merkblatt für EU/EWR-Versicherer – Versicherungsteuer und Feuerschutzsteuer des Bundesfinanzministeriums vom 20. Juli 2021.

Das Feuerschutzsteueraufkommen in der Bundesrepublik wird unter den Bundesländern aufgeteilt nach Maßgabe des § 11 FeuerschStG. 3

„Das Aufkommen aus der Feuerschutzsteuer“, das dem Land Baden-Württemberg bisher zufloss, betrug 4

Jahr	Aufkommen
1970	17,7 Mio. DM
1975	43,6 Mio. DM
1980	51,5 Mio. DM
1985	66,8 Mio. DM

Jahr	Aufkommen
1990	68,4 Mio. DM
1995	103,4 Mio. DM
2007	38,3 Mio. Euro
2010	48,1 Mio. Euro
2016	60,2 Mio. Euro
2020	71,2 Mio Euro
2024	98,2 Mio Euro

5 **Der gesetzlich festgelegte Verwendungszweck bindet den Gesetzgeber, die Verwaltung des Landes und die Empfänger von Zuwendungen** aus diesem Steueraufkommen. Die Zweckbindung schließt Aufwendungen für andere Zwecke – und seien sie noch so geringfügig – aus. Die Verwaltung des Landes kann auch nicht durch den Landeshaushalt ermächtigt werden, aus dem Feuerschutzsteueraufkommen Leistungen zu tätigen, die über die Zweckbindung des § 33 hinausgehen. Er bindet den Landtag bei der Feststellung des Landeshaushalts durch das Haushaltsgesetz (vgl. oben Rn. 1 a.E.). Das Aufkommen aus der Feuerschutzsteuer darf im Haushaltsplan grundsätzlich ausschließlich zur Deckung von Ausgaben für die im Gesetz genannten Zwecke und nur ausnahmsweise und aufgrund einer speziellen gesetzlichen Regelung anderweitig verplant werden. Sollen die Einnahmen aus der Feuerschutzsteuer auf Dauer ganz oder teilweise für andere Zwecke eingesetzt werden, muss § 33 vorher entsprechend geändert oder aufgehoben werden.

6 Die Worte **„Zwecke der Feuerwehr"** sind weit auszulegen. Das Steueraufkommen muss nicht unmittelbar den Feuerwehren zufließen. Unter den Begriff „Zwecke der Feuerwehr" fallen sämtliche **Aufgaben des Landes nach § 5** und ferner alle sonstigen Ausgaben des Landes, die den Feuerwehren mittelbar zugutekommen wie z.B. die finanzielle Förderung des Landesfeuerwehrverbands, von Feuerwehrzeitschriften, der Feuerwehrerholungseinrichtungen (Feuerwehrhotel „Sankt Florian" am Titisee, dessen Träger der Verein „Baden-Württembergisches Feuerwehrheim e. V." ist), von Feuerwehrveranstaltungen (Landesfeuerwehrtag, auch Geschicklichkeitswettbewerben). Die Leistungen für die genannten Einrichtungen erbringt das Land freiwillig. Bestreitet das Land **freiwillige Leistungen** aus dem Feuerschutzsteueraufkommen, gilt die Zweckbindung selbstverständlich auch.

Von dem Feuerschutzsteueraufkommen eines Jahres fließen ca. 4/5 den Gemeinden in Form von Zuwendungen über die ZFeuVwV für Bau- und Beschaffungsmaßnahmen zu. 1/5 wird für die Unterhaltung der Landesfeuerwehrschule und der Akademie für Gefahrenabwehr, für die Unfallfürsorge der Freiwilligen Feuerwehren und für die Verbesserung des Nachrichtenwesens – Alarmierung und Sprechfunk – verwendet.

Der **„vorbeugende Brandschutz“** hat zum Ziel, Brände zu verhüten. Mit dem 7
Feuerschutzsteueraufkommen können daher Maßnahmen gefördert werden, die der Brandentstehung und der Brandausdehnung entgegenwirken.

Die Ausgaben des Landes für den vorbeugenden Brandschutz aus dem Feuerschutzsteueraufkommen sind bescheiden. Das Land beteiligt sich an den Kosten für die Prüfung elektrischer Anlagen auf dem Land und an den Kosten der Brandschutzforschung, soweit diese vom Institut für Brandschutztechnik am Karlsruher Institut für Technologie (KIT, siehe hierzu auch Rn. 11 zu § 5) betrieben wird.

§ 34
Kostenersatz

(1) [1]Einsätze der Gemeindefeuerwehr nach § 2 Absatz 1 sind unentgeltlich, soweit nicht in Satz 2 etwas anderes bestimmt ist. [2]Die Träger der Gemeindefeuerwehr verlangen Kostenersatz

1. **vom Verursacher, wenn er die Gefahr oder den Schaden vorsätzlich oder grob fahrlässig herbeigeführt hat,**
2. **vom Fahrzeughalter, wenn der Einsatz durch den Betrieb von Kraftfahrzeugen, Anhängefahrzeugen, Schienen-, Luft- oder Wasserkraftfahrzeugen verursacht wurde,**
3. **vom Betriebsinhaber für Kosten der Sonderlösch- und -einsatzmittel, die bei einem Brand in einem Gewerbe- oder Industriebetrieb anfallen,**
4. **vom Betreiber, wenn die Gefahr oder der Schaden beim Umgang mit Gefahrstoffen oder wassergefährdenden Stoffen für gewerbliche oder militärische Zwecke entstand,**
5. **von der Person, die ohne Vorliegen eines Schadensereignisses die Feuerwehr vorsätzlich oder infolge grob fahrlässiger Unkenntnis der Tatsachen alarmiert hat,**
6. **vom Betreiber, wenn der Einsatz durch einen Alarm einer Brandmeldeanlage oder einer anderen technischen Anlage zur Erkennung von Bränden oder zur Warnung bei Bränden mit automatischer Übertragung des Alarms an eine ständig besetzte Stelle ausgelöst wurde, ohne dass ein Schadenfeuer vorlag,**
7. **vom Fahrzeughalter, wenn der Einsatz durch einen Notruf ausgelöst wurde, der über ein in einem Kraftfahrzeug installiertes System zum Absetzen eines automatischen Notrufs oder zur automatischen Übertragung einer Notfallmeldung an eine ständig besetzte Stelle eingegangen ist, ohne dass ein Schadensereignis im Sinne von § 2 Absatz 1 vorlag.**

[3]In den Fällen der Nummern 1 und 5 gelten § 6 Absätze 2 und 3 des Polizeigesetzes entsprechend.

(2) [1]Für Einsätze der Gemeindefeuerwehr nach § 2 Absatz 2 sollen die Träger der Gemeindefeuerwehr Kostenersatz verlangen. [2]Kostenersatzpflichtig ist

1. derjenige, dessen Verhalten die Leistung erforderlich gemacht hat; § 6 Absätze 2 und 3 des Polizeigesetzes gelten entsprechend,
2. der Eigentümer der Sache, deren Zustand die Leistung erforderlich gemacht hat, oder derjenige, der die tatsächliche Gewalt über eine solche Sache ausübt,
3. derjenige, in dessen Interesse die Leistung erbracht wurde,
4. abweichend von den Nummern 1 bis 3 der Fahrzeughalter, wenn der Einsatz durch den Betrieb von Kraftfahrzeugen, Anhängefahrzeugen, Schienen-, Luft- oder Wasserkraftfahrzeugen verursacht wurde.

(3) Ersatz der Kosten soll nicht verlangt werden, soweit dies eine unbillige Härte wäre oder im öffentlichen Interesse liegt.

(4) [1]Der Kostenersatz wird in Stundensätzen für Einsatzkräfte und Feuerwehrfahrzeuge nach Maßgabe der Absätze 5 bis 8 erhoben; er kann durch Satzung geregelt werden. [2]Die Stundensätze werden halbstundenweise abgerechnet. [3]Daneben kann Ersatz verlangt werden für

1. von der Gemeinde für den Einsatz von Hilfe leistenden Gemeinde- und Werkfeuerwehren oder anderen Hilfe leistenden Einrichtungen und Organisationen erstattete Kosten,
2. die Kosten der Sonderlösch- und -einsatzmittel nach Absatz 1 Satz 2 Nummer 3,
3. sonstige durch den Einsatz verursachte notwendige Kosten und Auslagen. Hierzu gehören insbesondere die durch die Hilfeleistung herangezogener und nicht durch Nummer 1 erfasster Dritter, die Verwendung besonderer Lösch- und -einsatzmittel und die Reparatur oder den Ersatz besonderer Ausrüstungen entstandenen Kosten und Auslagen.

(5) [1]Die Stundensätze für ehrenamtlich tätige Einsatzkräfte setzen sich zusammen aus den beim Einsatz gewährten Entschädigungen für Verdienstausfall und Auslagen sowie sonstigen für die ehrenamtlich tätigen Feuerwehrangehörigen der Einsatzabteilungen entstehenden jährlichen Kosten, die auf der Grundlage von 80 Stunden je Feuerwehrangehörigem berechnet werden. [2]Durch Satzung können Durchschnittssätze festgesetzt werden.

(6) [1]Die Stundensätze für hauptamtliche Einsatzkräfte sind so zu bemessen, dass die nach betriebswirtschaftlichen Grundsätzen insgesamt ansatzfähigen Kosten einschließlich Verwaltungs- und Gemeinkosten gedeckt werden. [2]Sie sind aufgrund der sich aus der regelmäßigen wöchentlichen Arbeitszeit der Beamtinnen und Beamten nach § 4 der Arbeitszeit- und Urlaubsverordnung ergebenden Jahresarbeitsstunden festzusetzen.

(7) [1]Für die Berechnung der Stundensätze für Feuerwehrfahrzeuge können als jährliche Kosten zehn Prozent der Anschaffungskosten der Fahrzeuge angesetzt werden; die Anschaffungskosten sind um Zuschüsse des Landes aus Mitteln der Feuerschutzsteuer

zu kürzen. ²Die ansetzbaren Kosten nach Satz 1 sind um den Anteil des öffentlichen Interesses in Höhe von 50 Prozent zu vermindern. ³Für die Berechnung der Stundensätze sind 80 Stunden je Fahrzeug zugrunde zu legen. ⁴Bei der Berechnung der Stundensätze können für vergleichbare Fahrzeuge Durchschnittssätze festgesetzt werden.

(8) Das Innenministerium kann nach Maßgabe des Absatzes 7 Stundensätze für Feuerwehrfahrzeuge durch Rechtsverordnung festsetzen.

(9) ¹Die Kosten werden durch Verwaltungsakt festgesetzt. ²Für das Erhebungsverfahren findet § 3 Absatz 1 Nummer 5 des Kommunalabgabengesetzes (KAG) entsprechende Anwendung. ³Für die Festsetzungsverjährung sind die §§ 169 bis 171 der Abgabenordnung mit den für Kommunalabgaben nach § 3 Absatz 1 Nummer 4 Buchstabe c KAG geltenden Maßgaben entsprechend anwendbar.

(10) Leistet eine Gemeindefeuerwehr dem Bund Amtshilfe, gelten für den Kostenersatz die Absätze 4 bis 8 entsprechend.

Übersicht **Rn.**

A. Allgemeines

I. Normzweck und Gesetzeshistorie

1 § 34 ist eine der wichtigsten Normen des FwG, denn er regelt,

- in welchen Fällen (Absätze 1 bis 3 und 10),
- in welcher Höhe (Absätze 3 bis 8) und

- in welcher Form (Absatz 9)

die **Kosten eines Feuerwehreinsatzes** zur Erfüllung von Aufgaben nach § 2 von der Gemeinde Dritten auferlegt werden können.

Der Kostenersatz wird im Gesetz immer detaillierter geregelt, gleichwohl oder gerade auch deshalb ist die korrekte Anwendung dieser Norm Inhalt zahlreicher verwaltungsgerichtlicher Entscheidungen. Im Feuerwehrgesetz vom 6. Februar 1956 reichten zur Regelung des Kostenersatzes zwei Absätze aus; 1970 wurden daraus fünf Absätze in einer eigenen Bestimmung (§ 37a); 1978 wurde diese Bestimmung zu vier Absätzen umgebaut. Das ÄndG von 1986 sah für den Kostenersatz sieben Absätze vor. Durch das ÄndG 2009 wurde den Gemeinden in Absatz 5 (a.F.) die Möglichkeit eröffnet, die Kostensätze auf der Basis betriebswirtschaftlicher Grundsätze zu berechnen, wie dies in § 14 KAG für Benutzungsgebühren geregelt ist. Diese Regelung erwies sich in der Praxis indes als viel zu kompliziert und damit wenig praktikabel und hatte zur Folge, dass die Kostenbescheide in vielen Fällen Prüfungen der Widerspruchsbehörden oder der Verwaltungsgerichte nicht standhielten. Des Weiteren führte insbesondere bei kleineren Gemeinden der mit der Kostenermittlung und der Berechnung der Kostensätze verbundene Verwaltungsaufwand wegen der geringen Zahl der kostenpflichtigen Einsätze zu einem Missverhältnis zu den mit dem Kostenersatz erzielten Einnahmen. Die Ermittlung der Kosten neu zu regeln war daher wichtigstes Anliegen des Änderungsgesetzes 2015 (vgl. LT-Drs. 15/7613; S. 21). Die daraufhin eingefügten **Absätze 5 bis 8** sehen daher eine stark vereinfachte und pauschalierte Ermittlung der Kosten und Berechnung der Stundensätze vor. Die Stundensätze für ehren- und hauptamtliche Einsatzkräfte orientieren sich an den tatsächlich dafür entstehenden Kosten **(Absätze 5 und 6)**, die für Feuerwehrfahrzeuge knüpfen an den Anschaffungskosten an **(Absatz 7)**. Darüber hinaus hat das Innenministerium auf Wunsch der Gemeinden von der in Absatz 8 vorgesehenen Ermächtigung Gebrauch gemacht, für Feuerwehrfahrzeuge die Stundensätze durch Rechtsverordnung (VOKeFw) festzulegen.

Somit regeln nunmehr zehn Absätze den Kostenersatz. Entgegen anderslautender Bekundungen (vgl. Hildinger/Rosenauer, FwG, 4. Aufl., § 34 Rn. 7) ist es gesetzgeberisches Ziel sämtlicher zuletzt erfolgten Änderungen beim Kostenersatz, einen möglichst großen Anteil der Gesamtkosten der „Einrichtung Feuerwehr" zu decken. Diese Kosten entstehen den Gemeinden jedoch unabhängig von konkreten Einsätzen der Feuerwehr dadurch, dass sie nach § 3 ihre Feuerwehren rund um die Uhr an 365 Tagen im Jahr einsatzbereit halten müssen. Die immer weitergehende Aufweichung des Grundsatzes der Unentgeltlichkeit der Pflichtaufgaben durch Schaffung weiterer Ausnahmetatbestände in Absatz 1 Satz 2 weckt die Begehrlichkeit der Gemeinden, diese Kosten auf die Verursacher kostenpflichtiger Feuerwehreinsätze abzuwälzen. So mag es durchaus zutreffen, dass die in § 34 Abs. 5 Satz 4 (a.F.) enthaltene sogenannte „Handwerkerregelung" (siehe dazu Rn. 54f. zu § 34 in der Voraufl. dieses Kommentars), die bestimmt hatte, die Vorhaltekosten für Fahrzeuge und Geräte auf der Grundlage der im gewerblichen Bereich üblichen jährlichen Nutzungszeiten zu berechnen und damit die jährlichen Kosten auf 1.600 bis 1.700 Stunden zu verteilen, zu für die Gemeinden unbefriedigenden Stundensätzen hinsichtlich ihrer Feuerwehrfahrzeuge geführt hatte (vgl. LT-Drs. 15/7613; S. 21). Nicht ohne Grund hatten jedoch mehrere obergerichtliche Urteile eine Verteilung der Kosten auf die gesamten 8.760 Stunden eines Jahres mit der Begründung gefordert, die Feuerwehr und ihre Einrichtungen stünden das ganze Jahr über rund um die Uhr für Einsätze zur Verfügung (vgl. nur VGH, BWGZ 2010, 985 und juris [Rn. 16] m.w.N.). Die in Absatz 7 vorgesehene Berechnung, die zu hohen Stundensätzen führt, läuft dieser Forderung eindeutig zuwider. Da das Innenministerium jedoch für die Standardfeuerwehrfahrzeuge moderate Stundensätze durch Rechtsverordnung festgelegt hat, kommt Absatz 7 nur geringe Bedeutung zu.

2 Die Absätze 1 und 2 gewähren der Gemeinde einen **materiell-rechtlichen Ersatzanspruch**. Um die Einsatzkosten der Feuerwehr geltend machen zu können, bedarf es zwar keiner ortsrechtlichen Regelung, sei es durch Satzung oder Gemeinderatsbeschluss. Der Kostenersatz nach § 34 ist keine Kommunalabgabe i.S. von § 1 KAG. Das KAG findet nur Anwendung, soweit dies in Absatz 9 Sätze 2 und 3 für das Erhebungsverfahren und die Festsetzungsverjährung ausdrücklich bestimmt ist. § 2 Abs. 1 Satz 1 KAG ist daher nicht anwendbar. Andererseits steht es dem Gemeinderat frei, den Kostenersatz generell festzulegen. In größeren Gemeinden, in denen die Feuerwehr oftmals Leistungen nach § 2 zu erbringen hat, ist es zur Gewährleistung der Gleichbehandlung und der Transparenz zweckmäßig, den Kostenersatz durch Gemeinderatsbeschluss oder Satzung näher zu regeln.

Bei der Geltendmachung von Kostenersatz steht der Gemeinde nach der Rechtsprechung des VGH (vgl. Urteil vom 13. April 2011, 1 S 2535/10, juris [Rn. 18]) in zweierlei Hinsicht **Ermessen** zu, nämlich:

- von wem sie Kostenersatz fordert (Auswahlermessen, siehe hierzu unten Rn. 4) und
- in welcher Höhe – hier ist **Absatz 3 als Ausprägung des Verhältnismäßigkeitsgrundsatzes** zu beachten – ein Kostenpflichtiger zum Kostenersatz herangezogen wird (siehe unten Rn. 56).

Dabei muss das Auswahlermessen in jedem Einzelfall ausgeübt werden, die Kosten können jeweils in tatsächlicher Höhe berechnet werden. Es kann aber auch zur Gewährleistung des Gleichbehandlungsgrundsatzes und der Transparenz des Verwaltungshandelns durch Satzung oder durch Richtlinien, die vom Gemeinderat beschlossen wurden, eine bestimmte Ermessensausübung festgeschrieben werden. Auch können Kostenpositionen durch Satzung festgelegt werden, § 34 Abs. 5 Satz 2. In diesem Umfang kann der dem Träger der Feuerwehr eingeräumte Ermessensspielraum durch für ihn verbindliche Vorgaben durch Satzung konkretisiert werden. Der Gemeindetag BW hat in Zusammenarbeit mit dem Innenministerium und dem Landesfeuerwehrverband BW ein **Satzungsmuster** für den Kostenersatz (Feuerwehr-Kostenersatz-Satzung [FwKS]) ausgearbeitet (abgedruckt im Anhang).

Ein Kostenersatzanspruch der Gemeinde **scheidet nicht dadurch aus**, dass der Kostenschuldner **vor dem Einsatz nicht über die Kostenpflichtigkeit belehrt** wurde. Denn die Kostenpflichtigkeit ergibt sich aus § 34 Abs. 1 Satz 2 bzw. Abs. 2 sowie regelmäßig aus den Satzungen der Gemeinden über die Erhebung des Kostenersatzes für Leistungen der Feuerwehr. Beide Rechtsgrundlagen werden verkündet bzw. öffentlich bekannt gemacht. Damit ist für jeden Bürger erkennbar, ob und in welchem Umfang Leistungen der Feuerwehr kostenpflichtig sind (VG Karlsruhe, BWGZ 2000, 411 und juris [Rn. 16]).

Der Kostenersatz nach § 34 ist im Verwaltungszwangsverfahren beizutreiben. Über Absatz 6 sind das Landesverwaltungsverfahrensgesetz (LVwVfG) und auch das Landesverwaltungsvollstreckungsgesetz (LVwVG) anzuwenden. Über die Verweisungskette in Absatz 6 Satz 2 auf § 3 Abs. 1 Nr. 5 KAG und von dort auf die Vorschriften der Abgabenordnung gelten deren Regelungen zur Fälligkeit, Stundung und Zahlungsverjährung (siehe dazu unten Rn. 90).

Neben der Kostenersatzregelung des § 34 kann nicht ergänzend § 8 Abs. 2 PolG herangezogen werden. § 34 verdrängt als Spezialregelung die allg. polizeirechtliche Kostenerstattungsregelung.

II. Beweislast

Die **Beweislast** für das Vorliegen der Voraussetzungen für die Ausnahme- 3
tatbestände des Absatz 1 Satz 2 und die Tatbestandsvoraussetzungen des Absatz 2 liegt grundsätzlich beim Träger der Feuerwehr (VG Würzburg, Urteil vom 13. Oktober 2016, W 5 K 15.966, juris [Rn. 38]; VG Münster, Urteil vom 12. August 2008, 1 K 926/07, juris [Rn. 17]). Dies bedeutet, dass die Gemeinde im Rechtsstreit um den Kostenbescheid beispielsweise

nachweisen muss, dass im Fall des Absatz 1 Satz 2 Nr. 1 der Schaden vorsätzlich oder grob fahrlässig verursacht wurde (vgl. VGH, VBlBW 2004, 218 und juris [Rn. 28.]); bzw. im Falle der Nr. 5 die Alarmierung vorsätzlich oder grob fahrlässig herbeigeführt wurde oder dass im Fall der Nr. 2 der Schaden durch den Betrieb eines dort gennannten Fahrzeuges verursacht wurde. Im Rahmen des Absatz 2 Nr. 1 und 2 gilt dies dafür, dass die Voraussetzungen der Störereigenschaft des Kostenpflichtigen vorlagen (vgl. VGH, VBlBW 2011, 350 und juris [Rn. 25]), der Nr. 3, dass die Leistung der Feuerwehr für den Kostenpflichtigen nützlich war (vgl. VGH, VBlBW 2010, 474 und juris [Rn. 16]), und im Rahmen der Nr. 4 der Einsatz durch den Betrieb eines dort genannten Fahrzeuges verursacht wurde. Misslingt der Beweis, ist der Kostenbescheid rechtswidrig und wird durch das Verwaltungsgericht aufgehoben.

Allerdings wird in den Fällen der Auslösung eines Fehlalarms durch eine Brandmeldeanlage oder andere technische Alarmierungseinrichtungen (Nr. 6 und 7) die Last der Unaufklärbarkeit des Grundes für den Fehlalarm den Anlagenbetreibern bzw. Fahrzeughaltern zugewiesen (vgl. Bay. VGH, NJW 2005, 1065 und juris [Rn. 23]; Hildinger/Rosenauer, FwG, 4. Aufl., § 34 Rn. 32). Dies gilt allerdings erst nach Ausschöpfung der im konkreten Fall zur Verfügung stehenden Ermittlungsmöglichkeiten, weshalb die Gemeinde im Anschluss an eine Fehlalarmierung zur Vorbereitung der Kostenersatzentscheidung gemäß § 24 LVwVfG den Sachverhalt von Amts wegen aufzuklären hat (siehe hierzu auch unten Rn. 33a).

III. Mehrere Kostenersatzpflichtige

4 Bei Feuerwehreinsätzen ist es möglich, dass sowohl bei der Erfüllung von Pflichtaufgaben als auch von Kann-Aufgaben mehrere natürliche oder juristische Personen als Kostenschuldner in Betracht kommen, etwa wenn mehrere verunfallte Fahrzeuge den Feuerwehreinsatz erforderlich machen. Sind mehrere Kostenersatzpflichtige vorhanden, dürfen diese grundsätzlich **nicht als Gesamtschuldner** (d.h. als Schuldner, die für eine Schuld in der Weise haften, dass jeder von ihnen die ganze Leistung zu bewirken verpflichtet ist, vgl, § 421 BGB) in Anspruch genommen werden, da es in § 34, anders als z.B. in Art. 28 Abs. 3 BayFwG, an einer gesetzlichen Grundlage hierfür fehlt. Eine gesamtschuldnerische Inanspruchnahme bedeutet im Vergleich zu einer am jeweiligen Verursachungsbeitrag ausgerichteten und die individuellen Verhältnisse berücksichtigenden anteiligen Inanspruchnahme eine weitergehende Beeinträchtigung, weil das Insolvenz- und Prozessrisiko hinsichtlich eines möglichen Regresses bei den anderen Gesamt-

schuldnern denjenigen trifft, der tatsächlich auf den Bescheid leistet. Vielmehr steht es im pflichtgemäßen Ermessen der Gemeinde, wen sie in welcher Höhe heranzieht, wobei die Ausübung des Ermessens streng an das **Gebot gerechter Lastenverteilung** oder andere vergleichbare Sachgründe (siehe dazu folgende Rn. 5) gebunden ist (vgl. VG Freiburg, Urteil vom 16. März 2016, 7 K 843/14, juris [Rn. 36 und 40 f.]; VGH, Urteil vom 24. Januar 2012, 10 S 1476/11, juris [Rn. 25 ff.]).

Streitig ist, ob sich die Gemeinde bei mehreren Kostenersatzpflichtigen **4a**
hinsichtlich des Umfangs der entstandenen Kosten an eine **Rangfolge** halten muss (etwa Verhaltensstörer nach Abs. 2 Nr. 1 vor Zustandsstörer nach Nr. 2, so VG Regensburg, Urteil vom 19. Oktober 2016, RN 12 K 16.345, juris [Rn. 46]; Hess. VGH, Urteil vom 8. September 1999, 5 UE 4085/98, juris [Rn. 35 a. E.]), oder ob sie in der Auswahl des Kostenersatzpflichtigen – Grenze: Willkür, offensichtliche Unbilligkeit – frei ist (so Bay. VGH, Urteil vom 3. September 2009, 4 BV 08.696, juris [Rn. 30]). Grundsätzlichkeiten zur Ermessensausübung sowie der Streitstand sind ausführlich dargestellt bei Bertkau, ZfSch 2018, 670 ff.

Der VGH (NJW 1993, 1543 und juris [Rn. 26]; Urteil vom 20. März 2003, 1 S 397/01, juris [Rn. 32]) vertritt die Ansicht, dass die Gemeinde nach ihrem **Ermessen** unter Beachtung des Gebots gerechter Lastenverteilung über die Heranziehung eines von mehreren Kostenpflichtigen entscheiden kann (Auswahlermessen), ihm dürfen aber grundsätzlich nicht die kompletten Einsatzkosten auferlegt werden, da eine Gesamtschuldnerschaft in § 34 nicht vorgesehen ist (vgl. oben Rn. 4). Die Berücksichtigung wirtschaftlicher Leistungsfähigkeit ist hierbei ein zulässiger Gesichtspunkt bei der Ausübung des Auswahlermessens (Urteil vom 20. März 2003, 1 S 397/01, juris [Rn. 34]). In dem Kostenbescheid müssen Ermessensabwägungen dazu enthalten sein, weshalb die Gemeinde diesen Kostenpflichtigen und nicht den/die anderen Kostenpflichtigen herangezogen hat. Eine Ermessensübung ist nach VGH (BWGZ 2008, 750 und juris [Rn. 20]) dann allerdings nicht notwendig, wenn der Schaden oder die Gefahr durch mehrere Mit- oder Nebentäter (also durch mehrere Verhaltensstörer) herbeigeführt wurde. Aus Billigkeitserwägungen kann zudem der Doppelstörer, der also zugleich Verhaltens- und Zustandsstörer ist, vor dem Einfachstörer heranzuziehen sein (vgl. Belz/Mußmann/Kahlert/Sander, PolG BW, 9. Aufl., § 7 Rn. 15). Gerechtigkeitsdefizite („Sondersituationen") sind demnach allein über den Ausnahmetatbestand des § 34 Abs. 3 („unbillige Härte") zu bewältigen.

Der Rechtsprechung des VGH überzeugt. Die vom Bay. VGH vertretene Ansicht ist abzulehnen, weil bei der Ausübung des Auswahlermessens nicht die möglichst einfache und wirksame Befriedigung des geltend gemachten Kostenanspruchs der Hauptgesichtspunkt ist; entscheidend ist vielmehr, wer für die Verursachung der Gefahr bzw. des Schadens die Ursache gesetzt hat.

Dementsprechend ergibt sich für die **Auswahl der Kostenschuldner grundsätzlich folgende Reihenfolge:**

1. Wird der Feuerwehreinsatz durch das Verhalten einer Person verursacht (z. B. Absatz 1 Satz 2 Nr. 1 bzw. 5 oder Absatz 2 Nr. 1), ist grundsätzlich diese in Anspruch zu nehmen. Wird die Gefahr oder der Schaden, der zum Einsatz der Feuerwehr geführt hat, durch den Zustand einer Sache verursacht (z. B. Absatz 2 Nr. 2), ist der Inhaber der tatsächlichen Gewalt über die Sache (Eigentümer, Pächter, Mieter) kostenersatzpflichtig.
2. Ist der Gemeinde der „Verhaltensstörer" (Nr. 1) nicht bekannt oder aber die Durchsetzung des gegen ihn bestehenden Zahlungsanspruchs erschwert oder nicht möglich, kann die Gemeinde, wenn auch ein „Zustandsstörer" (Nr. 2) vorhanden ist, diesen auf Kostenersatz in Anspruch nehmen – Auswahlermessen (VGH, Urteil vom 20. März 2003, 1 S 397/01, Juris [Rn. 34]). Gleiches gilt für den Betreiber einer Brandmeldeanlage (Absatz 1 Satz 2 Nr. 6), wenn der Verursacher des Fehlalarms (Absatz 1 Satz 2 Nr. 5) nicht in Anspruch genommen werden kann, Denn die Gemeinde soll sich um eine möglichst schnelle Erstattung der Kosten bemühen. Unbillige wirtschaftliche Belastungen des Kostenpflichtigen können über § 34 Abs. 3 (siehe unten Rn. 54) vermieden werden.
3. Neben den Personen nach Absatz 2 Nr. 1 oder/und Nr. 2 kann bei der Erfüllung von Aufgaben nach § 2 Abs. 2 auch der Begünstigte i. S. von Nr. 3 zahlungspflichtig sein. Dieser kann allerdings nur zum Kostenersatz herangezogen werden, wenn im Zeitpunkt des Leistungsbescheides die Durchsetzung des Zahlungsanspruchs sowohl gegen den Verhaltensstörer als auch gegen den Zustandsstörer keinen Erfolg verheißt oder der Begünstigte im Innenverhältnis zum Störer die Kosten tragen muss. Aus diesem Grund kann die Krankenkasse sogleich in Anspruch genommen werden, wenn die Feuerwehr deren versicherten Person in einer nicht lebensbedrohlichen Situation technische Hilfe leistet (vgl. VGH, VBlBW 2010, 474 und juris [Rn. 16]).

Die Erwägungen, die für die Auswahl eines der infrage kommenden Kostenersatzpflichtigen maßgebend waren, sind im Kostenbescheid darzulegen. Sie müssen spätestens im Zuge des Widerspruchsverfahrens offengelegt werden. Ein „Nachschieben" von Ermessenserwägungen im verwaltungsgerichtlichen Verfahren erachtet der VGH (NJW 1993, 1543 und juris [Rn. 27]) für unzulässig.

IV. Kostenrechtliche Aufteilung des Einsatzes

Ein Feuerwehreinsatz kann sowohl zur Erfüllung von kostenfreien Pflicht- als auch kostenpflichtigen Kann-Aufgaben dienen, mit der Folge, dass **ein solcher Feuerwehreinsatz kostenrechtlich unterschiedlich behandelt werden muss**. Im Sachverhalt, der dem Urteil des VGH vom 21. November 2008 (BWGZ 2009, 219 und juris) zugrunde lag, wurde die Gemeindefeuerwehr von der Leitstelle unter dem Alarmstichwort „Brand Ökonomiegebäude“ alarmiert. Vor Ort stellte sich heraus, dass ein Brand nicht ausgebrochen war, der Heustock lediglich durch Fermentation überhitzt war. Zur Beseitigung der Brandgefahr räumte die Feuerwehr daraufhin den Heustock aus. Der VGH entschied, dass die Feuerwehr bis zur Feststellung der Lage durch den Einsatzleiter wegen des begründeten Verdachts eines Brandes einer (unentgeltlichen) Pflichtaufgabe gemäß § 2 Abs. 1 Satz 1 Nr. 1 nachgekommen war (die tatbestandlichen Voraussetzungen für eine Inanspruchnahme nach § 34 Abs. 1 Satz 2 Nr. 1 hatte der VGH verneint). Nachdem sich durch Erkundung herausgestellt hatte, dass ein Feuer nicht ausgebrochen war, wurde die Feuerwehr durch das Ausräumen des Heustocks (entgeltlich) zur Brandverhütung gemäß § 34 Abs. 2 i. V. m. § 2 Abs. 2 Nr. 2 tätig. Somit durfte nur für diesen Teil des Einsatzes Kostenersatz verlangt werden. Diese Rechtsprechung setzt konsequent die bei der Gefahrenabwehr geltende Ex-ante-Betrachtung um, wonach es auf den Sach- und Kenntnisstand der Feuerwehr zum Zeitpunkt ihres Handelns ankommt (siehe dazu auch Rn. 12 zu § 2). Eine solche kostenrechtliche Aufteilung ist auch erforderlich, wenn die Feuerwehr bei einem Einsatz Aufgaben nach § 2 erfüllt (z. B. Befreiung einer eingeklemmten Person aus einem verunfallten Fahrzeug nach § 2 Abs. 1 Satz 1 Nr. 2) und Amtshilfe leistet (z. B. dem Polizeivollzugsdienst durch das anschließende Ausleuchten der Unfallstelle zur Unfallursachenermittlung). In vorgenannten Beispiel ist der erste Teil des Einsatzes (Personenbefreiung) kostenersatzpflichtig für den Halter des verunfallten Fahrzeugs gemäß § 34 Abs. 1 Satz 2 Nr. 2, die Kosten für das Ausleuchten der Unfallstelle sind dem Land gemäß § 8 Abs. 1 LVwVfG in Rechnung zu stellen. 5

B. Erläuterung

I. Zu Absatz 1

Absatz 1 regelt, dass die Einsätze der Feuerwehr im Rahmen der Pflichtaufgaben nach § 2 Abs. 1 **grundsätzlich unentgeltlich** erfolgen und welche Ausnahmen es von diesem Grundsatz gibt. Durch das ÄndG 2015 ist wieder un- 6 mittelbar bei den kostenersatzpflichtigen Tatbeständen in Satz 2 bestimmt, wer kostenersatzpflichtig ist. Die durch das ÄndG 2009 in Absatz 3 (a. F.) aufgenommene Bestimmung der Kostenersatzpflichtigen auch für die Fälle des Absatzes 1 Satz 2 war eine gesetzgeberische Fehlleistung und hatte zu Unklarheiten sowie Regelungslücken geführt (vgl. Ernst, VBlBW 2014, 98).

1. Satz 1

7 Satz 1 stellt verbindlich fest: Die Gemeinde darf die ihr durch den Einsatz der Feuerwehr entstandenen Kosten grundsätzlich nicht abwälzen, wenn die Feuerwehr die Leistungen nach § 2 Abs. 1 (**Pflichtaufgaben**) erbringen musste, d. h. bei Bränden und öffentlichen Notständen tätig wurde bzw. bei technischer Hilfeleistung zur Rettung von Menschen und Tieren aus lebensbedrohlichen Lagen. **Unentgeltlich** sind diese Leistungen der Feuerwehr für den Störer, den Eigentümer und sonstige durch die Leistung der Feuerwehr Begünstigte. Satz 1 wiederholt damit die bereits in § 3 Abs. 1 Satz 2 Nr. 5 getroffene Kostenregelung.

2. Satz 2

8 Satz 2 zählt **die Ausnahmen von Satz 1 abschließend** auf. Die Leistungen der Gemeindefeuerwehr im Rahmen der ihr nach § 2 Abs. 1 obliegenden Pflichtaufgaben dürfen nur berechnet werden, wenn die in § 34 Abs. 1 Satz 2 aufgestellten Voraussetzungen erfüllt sind. Eine **entsprechende Anwendung der Ausnahmetatbestände ist nicht möglich** (vgl. VGH, Urteil vom 16. November 2017, 1 S 2136/17, juris [Rn. 47)]; so ist es nicht erlaubt, Kostenersatz zu verlangen für Fehlalarme, die durch private Rauchmelder ausgelöst werden, mit der Argumentation, Rauchmelder seien entsprechend wie Brandmeldeanlagen zu behandeln, für die bei Fehlalarmen gemäß Satz 2 Nr. 6 Kostenersatz verlangt wird. Selbstverständlich beziehen sich die Worte **„Gefahr“** und **„Schaden“** in Nr. 1, 4, 5 und 7 nur auf solche i. S. von § 2 Abs. 1. Soweit die Feuerwehr keine Pflichtaufgaben erfüllt, sondern andere Leistungen nach § 2 Abs. 2 erbringt, gilt nicht Satz 2, sondern Absatz 2.

Im Unterschied zu § 36 Abs. 1 Satz 2 a. F. (dort „sollen“) **müssen** seit dem ÄndG von 2009 die Gemeinden bei Vorliegen einer Ausnahme i. S. von Satz 2 Kostenersatz erheben. Dadurch wurde der vom Rechnungshof geforderten konsequenten Erhebung von Kostenersatz Folge geleistet (LT-Drs. 14/5103, S. 52). Die Gemeinde hat daher kein Ermessen bei der Frage, ob sie in den Fällen des Absatzes 1 Satz 2 Kostenersatz erhebt oder nicht. Sie kann nur bei unbilliger Härte oder im öffentlichen Interesse ganz oder teilweise von Kostenersatz absehen (Absatz 3).

2.1 Nr. 1

Es entspricht einem allgemeinen Billigkeitsgedanken, dass nicht die Allgemeinheit, sondern derjenige die Einsatzkosten zu tragen hat, welcher den zum Einsatz der Feuerwehr führenden Schaden oder die zum Einsatz führende Gefahr vorsätzlich oder grob fahrlässig herbeigeführt hat. 9

Zu beachten ist hierbei, dass zwischen dem Handeln und dem Taterfolg (Gefahr oder Schadenseintritt) ein ursächlicher (kausaler) Zusammenhang bestehen muss.

Nach Nr. 1 besteht ein Kostenersatzanspruch nicht nur, wenn ex-post (im Nachhinein) betrachtet objektiv eine Gefahr oder ein Schaden herbeigeführt wurde, sondern auch in den Fällen, in denen der Kostenverursacher lediglich den **Anschein einer Gefahr oder eines Schadens** vorsätzlich oder grob fahrlässig herbeigeführt hat. Denn nur dann ist die rechtlich gebotene Deckung der Anwendungsbereiche der Pflichtaufgaben nach § 2 Abs. 1 (siehe hierzu Rn. 12 ff. zu § 2) und des Kostenersatzanspruches des § 34 Abs. 1 Satz 2 Nr. 1 gegeben (VGH, VBlBW 2004, 218 und juris [Rn. 25], Urteil vom 16. November 2017, 1 S 2136/17, juris [Rn. 33]; sowie Urteil vom 30. Juni 2020, 1 S 2712/19. juris [Rn. 40 ff.]; Sächs. OVG, Beschluss vom 17. März 2009, 5 A 758/08 m. w. N.; a. A. Hess. VGH, NVwZ-RR 2001, 514, beide in juris). Bestätigt wird die Richtigkeit einer solchen erweiterten Anwendung der Nr. 1 durch die in dieser Norm verwandten Begriffe „Verursacher", „Gefahr" und „Schaden". Diese stammen aus dem allgemeinen Polizeirecht, dem im Bereich des baden-württembergischen Feuerwehrrechts Geltung zukommt. Das Polizeirecht kennt die Verantwortlichkeit des Anscheinsstörers und stellt denjenigen nicht von den Polizeikosten frei, der den Anschein einer Gefahr zurechenbar veranlasst hat. Von einer zurechenbaren Veranlassung ist daher in den Fällen auszugehen, in denen der Anschein eines Schadens oder einer Gefahr nach § 2 Abs. 1 auf vorsätzlichem oder grob fahrlässigem Verhalten des Verursachers beruht (VGH, jeweils a. a. O.). Konsequenterweise scheidet eine solche erweiterte Haftung damit in den Fällen der Halterhaftung gemäß Abs. 1 Satz 2 Nr. 2 (so auch VGH, Urteil vom 16. November 2017, 1 S 2136/17, juris [Rn. 33] sowie Urteil vom 30. Juni 2020, juris [Rn. 40 ff.]) und der Betreiberhaftung nach § 34 Abs. 1 Satz 2 Nr. 4 aus.

Zum **Vorsatz** gehören Wissen um den Taterfolg (Herbeiführung einer Gefahr oder eines Schadens) und dessen Wollen. Vorsätzlich handelt, wer: 10

- absichtlich die Gefahr oder den Schaden herbeiführt (Bsp.: Der Eigentümer zündet seine Scheune an, um durch einen Betrug die Leistung der Feuerversicherung zu erlangen);

- weiß oder als sicher voraussieht, dass sein Handeln die Gefahr oder den Schaden verursachen wird, mag ihm dies auch unerwünscht sein (Bsp.: Ein Landwirt verbrennt eine große Menge Altreifen, um sich die Entsorgungskosten zu ersparen, die hierbei entstehende Umweltgefährdung ist ihm unerwünscht);
- es für möglich hält, dass sein Handeln die Gefahr oder den Schaden verursachen wird, sich jedoch um des erstrebten Zieles willen damit abfindet (sog. bedingter Vorsatz, Bsp.: Der Täter hält es für möglich, dass das Aufschweißen des Tresors im vollgestellten Keller einen Brand verursachen kann, gleichwohl schweißt er ohne Vorkehrungen den Tresor auf, um an den Inhalt zu gelangen).

Im Gegensatz dazu liegt bewusste (und zumeist auch grobe) Fahrlässigkeit vor, wenn der Handelnde mit der Tatbestandsverwirklichung nicht einverstanden ist, jedoch ernsthaft – und eben nicht nur vage – darauf vertraut, der tatbestandliche Erfolg werde nicht eintreten. Mit dem Wissen oder „Wissen müssen" von der generellen Gefährlichkeit des Verhaltens ist grundsätzlich noch nicht gesagt, dass der Handelnde den konkreten Erfolgseintritt auch annimmt, dass er sich innerlich mit ihm abgefunden hat (vgl. zur Abgrenzung von [bedingt] vorsätzlicher zu [bewusst] fahrlässiger Brandverursachung ausführlich OVG Nordrhein-Westfalen, Urteil vom 24. Juni 2008, 9 A 3961/06, Juris [Rn. 40]).

11 Weil der Kostenersatz bei vorsätzlicher Gefahr- oder Schadensverursachung oftmals an Beweisschwierigkeiten gescheitert und zudem zu Abgrenzungsproblemen geführt hatte (vgl. oben Rn. 10), hat das ÄndG von 1986 die grobe Fahrlässigkeit dem Vorsatz gleichgestellt.

Die Rechtsprechung stellt hohe Anforderungen an das Vorliegen von grober Fahrlässigkeit. Hintergrund war, dass deren Bejahung zum Ausschluss von Versicherungsleistungen (Feuerversicherung, Hausratsversicherung) führte (sog. Alles-oder-nichts-Prinzip). Dieses gilt jedoch seit der Novellierung des § 81 VVG im November 2007 nicht mehr. Vielmehr wird nach dessen Absatz 2 die Versicherungsleistung in Abhängigkeit von der Schwere des Verschuldens gekürzt. Dies ist bei den unten genannten Entscheidungen der Zivilgerichte im Blick zu behalten. Allerdings gilt bzgl. des Kostenersatzes im Rahmen der Nr. 1 weiterhin das Alles-oder-nichts-Prinzip, da die Gemeinde Kostenersatz nur bei grober Fahrlässigkeit des Verursachers, dann aber in vollem Umfang erhält. Es ist daher zu erwarten, dass die für den Kostenersatz zuständigen Verwaltungsgerichte weiterhin hohe Anforderungen an die grobe Fahrlässigkeit stellen werden. **Grob fahrlässig** handelt, wer objektiv die im Verkehr erforderliche Sorgfalt gröblich, d.h. in hohem Grad außer

Acht lässt und nicht beachtet, was unter den gegebenen Umständen jedem hätte einleuchten müssen. In subjektiver Hinsicht muss es sich um ein schlechthin unentschuldbares Fehlverhalten gehandelt haben, welches das gewöhnliche Maß erheblich übersteigt (vgl. VGH, VBlBW 2015, 207 und juris [Rn. 55] sowie Urteil vom 16. November 2017, 1 S 2136/17, juris [Rn. 36]). Bei einem sog. **„Augenblicksversagen“** verneint die Rechtsprechung das Vorliegen von grober Fahrlässigkeit (vgl. BGH, VersR 2011, 916 und juris [Rn. 12]; OLG Naumburg, NJW-RR 2014, 925 und juris [Rn 22]; OLG Frankfurt, Urteil vom 18. Mai 2006, 3 U 104/05, juris [Rn. 19]). Ausgangspunkt für die Bestimmung der groben Fahrlässigkeit ist ein „durch Gefahr, Ausbildung, Beruf und Alter geprägter Maßstab, der zunächst konkret festgestellt werden muss“.

Grobe Fahrlässigkeit wurde von der Rechtsprechung **bejaht**: Brennenlassen einer Kerze vor dem Zubettgehen (OLG Nürnberg, Urteil vom 25. Oktober 2001, 8 U 1429/01, juris [Rn. 23]); Unbeaufsichtigtes Brennenlassen eines Adventskranzes (OLG Düsseldorf, Urteil vom 31. Mai 1985, 4 U 259/84, juris); Entleeren eines Aschenbechers (OLG München, Urteil vom 23. Januar 1986, 1 U 5075/85, juris) bzw. von Kaminasche (OLG Hamm, Urteil vom 10. Dezember 2010, 20 U 73/10, juris [Rn. 10]) in Plastikabfalleimer; Vornahme von Schneidarbeiten (Durchtrennen eines Eisenträgers) in einer Scheune, in der erhebliche Mengen von Heu und Stroh lagerten (OLG Köln, Urteil vom 21. September 1989, 5 U 2/89); Fortsetzen der Schweißarbeiten, obwohl Brandwache nicht mehr zugegen war (VG Stuttgart, BWGZ 2000, 405); Trennschleifen zum Ausbau eines Auspuffrohrs in einer Kfz-Werkstatt in unmittelbarer Nähe zum gefüllten Benzintank und relativer Nähe zur Kraftstoffleitung, ohne den Benzintank zuvor entleert oder die Kraftstoffleitung abgeklemmt zu haben (OLG Zweibrücken, VersR 2010, 664 und juris [Rn. 9]); Erhitzen von Fett in einem Topf auf dem Herd und Verlassen der Wohnung (VG Würzburg, Urteil vom 13. Oktober 2016, W 5 K 15.966, juris m. w. N. [Rn. 29]); Einschalten der Herdplatte auf höchster Stufe und Verlassen des Hauses für 20 Minuten (OLG Bremen, Urteil vom 12. Mai 2022, 3 U 37/21, juris [Rn. 21 f.]). Bei der letztgenannten Entscheidung ist zu berücksichtigen, dass hier der Versicherungsnehmer versäumte, Umstände vorzutragen, die sein Verschulden in einem milderen Licht hätten erscheinen lassen können (vgl. Schimikowski, jurisPR-VersR 6/2022 Anm. 3: Einzelfallentscheidung); es ist daher weiterhin Zurückhaltung mit der Annahme von grober Fahrlässigkeit bei eingeschalteten Herdplatten geboten (so auch VG Würzburg, Urteil vom 13. Oktober 2016, W 5 K 15.966, juris [Rn. 32]: Verlassen der Wohnung für ein Gespräch mit der Nachbarin bei eingeschaltetem Herd mit Topf Wasser).

Grobe Fahrlässigkeit wurde von der Rechtsprechung **verneint**: Nichtausschalten einer fabrikneuen Heizdecke bei einstündigem Verlassen der Wohnung (OLG Düsseldorf, VersR 2005, 71 und juris [Rn. 10]); Entzünden von Wunderkerzen an einem Weihnachtsbaum am 2. Weihnachtsfeiertag (OLG Frankfurt, Urteil vom 18. Mai 2006, 3 U 104/05, juris [Rn. 22 f.]); Verlassen der Küche für eine kurze Handreichung bei erhitztem Öl auf dem Herd (OLG Karlsruhe, VersR 2008, 639 und juris [Rn. 23]); keine grob fahrlässige Verursachung einer Anscheinsgefahr durch Verbrennen kleinerer Mengen von Grünschnittgut nach Sonnenuntergang (VGH, VBlBW 2004, 218 und juris [Rn. 29 ff.]).

12 Bei der Geltendmachung von Kosten für Feuerwehreinsätze, die **durch Minderjährige verursacht** wurden, kommt eine Haftung der Minderjährigen (dazu a.) oder der Aufsichtspflichtigen in Betracht (dazu b.)

a. Bei der Frage, ob **Kindern** der Vorwurf grober Fahrlässigkeit zu machen ist, ist auf die Verstandesreife abzustellen, die allgemein in der entsprechenden Altersgruppe zu erwarten ist (BGH, NJW 1984, 1958; OVG Rheinland-Pfalz, NJW-RR 2005, 1185; VG Sigmaringen, Urteil vom 5. Februar 2003, 5 K 310/02, juris [Rn. 25]). Bei dieser sogenannten (Alters-)Gruppenfahrlässigkeit kommt es deshalb darauf an, ob ein normal entwickeltes Kind im Alter des Brandverursachers hätte voraussehen müssen und können, dass seine Verhaltensweise zu dem Brandereignis führen konnte und es dieser Einsicht gemäß hätte handeln können und müssen. Dementsprechend entschied das VG Sigmaringen (a. a. O.), dass ein neunjähriges Kind die Kosten eines Feuerwehreinsatzes infolge eines von ihm verursachten Scheunenbrandes nach § 34 Abs. 1 Satz 2 Nr. 1 zu tragen habe. Das VG begründete dies damit, dass bei einem altersgerecht entwickelten neunjährigen Kind davon auszugehen sei, dass es die von Feuer und leicht entflammbaren Gegenständen ausgehenden Gefahren kenne. Die alterstypische Verstandesreife hindere das Kind auch nicht an der Fähigkeit, die Beleuchtung eines Versteckes in einem Strohlager mit offenem Feuer zu unterlassen. Das Entzünden eines Feuerzeuges durch das Kind stelle in besonders schwerem, ungewöhnlich hohem Maß einen Sorgfaltspflichtverstoß dar. Das OVG Rheinland-Pfalz (a. a. O.) hat bei einem etwas anders gelagerten Sachverhalt grobe Fahrlässigkeit eines neunjährigen Kindes im Hinblick auf die Verkettung mehrerer schadensstiftender Umstände verneint. In diesem Fall hatte das Kind, das sich etwa 5 m vor den Toren einer mit Stroh gefüllten Scheune entfernt befunden hatte, ausprobieren wollen, ob sein Feuerzeug nach einer „Wasserschlacht" noch funktionierte. Von dem auf dem Boden befindlichen Stroh hatte es deshalb einen etwa 10 cm langen Strohhalm aufgehoben und mit dem Feuerzeug angezündet. Weil der Strohhalm so schnell abbrannte, verbrannte sich das Kind die Finger und ließ den Halm vor Schreck los. Der Strohhalm fiel zu Boden, wodurch das vor der Scheune liegende Stroh Feuer fing und die Scheune in Brand setzte.

b. Der durch das ÄndG 2015 eingefügte **Absatz 1 Satz 3** ermöglicht es durch die Verweisung auf § 6 Abs. 2 PolG, dass bei vorsätzlicher oder grob fahrlässiger Verursachung des Einsatzes der Sorgeberechtigte oder der Betreuer i. S. des § 1814 BGB in Anspruch genommen werden kann, wenn eine Person gehandelt hat, die das 16. Lebensjahr noch nicht vollendet hat oder die unter Betreuung gestellt ist, d. h. die Eltern beispielsweise haften für die durch ihre Kinder verursachten Einsatzkosten. Die Haftung ist hier **unabhängig vom Verschulden** der Eltern oder des Betreuers (siehe hierzu unten Rn. 38).

Grob fahrlässig kann auch gegen die Pflicht zur **Aufsicht über Kinder** i. S. von § 832 Abs. 1 BGB verstoßen werden. Die Rechtsprechung stellt, sowohl was ihre Belehrung über die Gefahren des Feuers als auch, was die Überwachung eines möglichen Umgangs der Kinder mit Zündmitteln angeht, strenge Anforderungen. Durch spielende Kinder werden in keineswegs seltenen Fällen Brände mit hohen Schäden verursacht. Dieses Risiko, das von Kindern für Dritte ausgeht, soll nach dem Grundgedanken des § 832 BGB in erster Linie von den Eltern getragen werden. Der BGH hat bereits mehrfach betont, dass Eltern ihre jüngeren Kinder, in den entschiedenen Fällen etwa sieben oder acht Jahre alt, über die Gefährlichkeit des Spiels mit dem Feuer belehren und auch darauf streng achten müssen, dass die Kinder nicht unerlaubt in den Besitz von Zündmitteln gelangen (vgl. BGH, NJW 1983, 2831 und NJW 1993, 1003 m. w. N.). Noch strenger ist die Rechtsprechung einzelner Oberlandesgerichte. So bejahten das OLG Koblenz (Urteil vom 2. August 2004, 12 U 587/00, juris [Rn. 38]) und das OLG München (VersR 2009, 1112 und juris [Rn. 33]) grobe Fahrlässigkeit der Eltern, die ein Feuerzeug auf dem Wohnzimmertisch liegen ließen, sodass ein dreijähriges bzw. vierjähriges Kind die Wohnungseinrichtung in Brand setzen konnte. Der Umfang der gebotenen Aufsicht über Minderjährige bestimmt sich nach Alter, Eigenart und Charakter, wobei sich die Grenze der erforderlichen und zumutbaren Maßnahmen der Aufsicht danach richtet, was verständige Eltern nach vernünftigen Anforderungen in der konkreten Situation tun müssen, um Schädigungen Dritter durch ihr Kind zu verhindern (BGH NJW 1990, 2553 und juris [Rn. 9]).

2.2 Nr. 2

13 Die **Halter** der Fahrzeuge i. S. der Nr. 2 unterliegen – mit Ausnahme der Wasserkraftfahrzeuge – kraft Bundesrecht der verschuldensunabhängigen **Gefährdungshaftung** (vgl. § 1 HaftPflG, §§ 33, 53, 54 LuftVG, § 7 StVG). Gefährdungshaftung bedeutet, dass der Halter für die Schadensfolgen aufzukommen hat, die durch eine vom Betrieb des Fahrzeugs ausgehende Gefahr entstehen. Im Hinblick auf die erweiterte Haftpflicht, die auf der erhöhten Betriebsgefahr beruht, ist für die Halter von Kraft- und Luftfahrzeugen eine **Haftpflichtversicherung** gesetzlich vorgeschrieben. Allein die erhöhten Betriebsgefahren, die von diesen Fahrzeugen ausgehen, haben den Gesetzgeber bewogen, die Halter mit den Kosten des Feuerwehreinsatzes zu belasten. Der Halterbegriff entstammt § 833 BGB. **Halter** eines Fahrzeugs ist, wer es für eigene Rechnung gebraucht, nämlich die Kosten bestreitet und die Verwendungsnutzungen zieht. Eigentum am Fahrzeug ist zwar nicht entscheidend, aber wesentlicher Anhaltspunkt. § 34 bezieht andere Fälle, in denen ebenfalls Gefährdungshaftung nach Bundesrecht besteht, nicht in die Kostenerstattung ein (z. B. die Tierhalterhaftung nach § 833 Satz 1 BGB).

14 Zu beachten ist, dass bei der durch das ÄndG 2015 neu formulierten Nr. 2 im Gegensatz zu § 34 Abs. 1 Satz 2 Nr. 2 (a. F.) die Kostenersatzpflicht folgerichtig **nur auf die Halter** der in Nr. 2 aufgeführten Fahrzeuge beschränkt ist. Dies wollte der Gesetzgeber schon im ÄndG 2009 so regeln (vgl. LT-Drs. 14/5103, S. 52); er beabsichtigte damals gerade nicht, die Haftung von dem Kreis der Halter der in Nr. 2 genannten Fahrzeuge auf alle deren Nutzer zu erweitern. Jedoch wurde versäumt, dies im Gesetz ausdrücklich zu normieren (vgl. Ernst, VBlBW 2014, 98). Dieses Redaktionsversehen wurde bereinigt.

15 Nr. 2 stellt **nicht auf ein Verschulden** ab, sondern lässt es genügen, dass zwischen dem Betrieb von Kraftfahrzeugen, Anhängerfahrzeugen, Schienen-, Luft- oder Wasserkraftfahrzeugen und der Gefahr oder dem Schaden ein adäquater, d. h. zurechenbarer Ursachenzusammenhang besteht (vgl. die Worte **„durch den Betrieb“**). Der Schaden hat auf der Gefahr zu beruhen, die vom Betrieb des Fahrzeugs typischerweise ausgeht. Der Betrieb (auch die Fahrweise) muss zum Unfall (Schaden) beigetragen haben. Bloße Anwesenheit des Fahrzeugs an der Unfallstelle genügt nicht. Eine mittelbare Verursachung genügt; jedoch muss sie adäquat und nicht bloß zufällig durch ein vom Fahrzeugbetrieb unabhängiges Ereignis ausgelöst sein. **Adäquat** ist ein Umstand der im Allgemeinen, nicht nur unter besonders eigenartigen, unwahrscheinlichen Umständen Schaden stiftet

oder zu einer Gefahr führt, d.h. nicht ein solcher Umstand, der vorher vernünftigerweise nicht in Betracht gezogen werden konnte (vgl. Ermann, BGB, 17. Aufl., vor § 249 Rn. 31 ff.; VGH, Urteil vom 16. November 2017, 1 S 2136/17, juris [Rn. 43]).

2009 ist der Gesetzgeber einer Vielzahl anderer Bundesländer gefolgt und hat in die Nr. 2 eingefügt, dass auch bei Schadensereignissen beim Betrieb von **Kraftfahrzeugen** und **Anhängerfahrzeugen** eine Kostenersatzpflicht des Halters besteht. Ausschlaggebend war der Gedanke, dass es sachgerecht ist, die Kosten für solche Einsätze nicht den Gemeinden und somit der Allgemeinheit, sondern den Kfz-Haltern aufzuerlegen. Gemeinden, auf deren Gemarkung sich unfallträchtige Straßen befinden, entstehen durch die Ausrüstung zur Unfallrettung (z.B. Vorausrüstwagen, Anhänger-Verkehrsabsicherung, Kehrmaschine) und die Einsatzkosten infolge zahlreicher Alarmierungen erhebliche Mehrkosten, auf denen sie sonst sitzen blieben. Die Fahrzeughalter können sich hingegen bei Haftpflichtfällen durch die Inanspruchnahme ihrer Kfz-Versicherung schadlos halten. Im Übrigen kann in Härtefällen auf die Kosten ganz oder teilweise verzichtet werden (vgl. § 34 Abs. 3). 16

Kraftfahrzeuge sind nach der Legaldefinition des § 1 Abs. 2 StVG Landfahrzeuge, die durch Maschinenkraft fortbewegt werden, ohne an Bahngleise gebunden zu sein. Nach einhelliger Auffassung ist der Begriff Maschinenkraft als Gegenstück zur Naturkraft und zur menschlichen oder tierischen Kraft zu verstehen. Die Art des maschinellen Antriebs (Elektromotor, Verbrennungsmotor etc.) ist unerheblich. Ebenfalls ohne Belang ist, ob die Kraft mittels Ketten, Wellen etc. auf die Räder übertragen oder ob das Fahrzeug durch einen Propeller oder den Rückstoß eines Raketenantriebs vorwärtsgetrieben wird (OLG Oldenburg, Urteil vom 3. Mai 1999, 1 Ss 105/99, juris [Rn. 9 f.]). Zu den Kraftfahrzeugen zählen daher u.a. Motorräder, Kleinkrafträder, Mofas (auch Fahrräder mit Hilfsmotor), Personenkraftwagen, Quads, Lastkraftwagen, Omnibusse, Zugmaschinen, Einachsschlepper, Fahrzeugkrane, Hubwagen, Gabelstapler, Kettenfahrzeuge, selbstfahrende Arbeitsmaschinen, Wohnmobile, E-Scooter (vgl. OLG Hamm, Urteil vom 8. Januar 2025, III-1 ORs 70/24, juris [Rn. 25]). Keine Kraftfahrzeuge sind jedoch Landfahrzeuge, die durch Muskelkraft fortbewegt werden und mit einem elektromotorischen Hilfsantrieb mit einer Nenndauerleistung von höchstens 0,25 kW ausgestattet sind, dessen Unterstützung sich mit zunehmender Fahrzeuggeschwindigkeit progressiv verringert und beim Erreichen einer Geschwindigkeit von 25 km/h oder früher, oder wenn der Fahrer im Treten einhält, unterbrochen wird

(§ 1 Abs. 3 Satz 1 StVG). Da die die Kostenpflicht der Nr. 2 an die Halterhaftung nach § 7 StVG anknüpft, ist die Definition des Kraftfahrzeugbegriffs in § 1 StVG auch für § 34 Abs. 1 und 2 FwG maßgebend.

17 Durch die Aufnahme der Kraftfahrzeuge in die Nr. 2 kommt dem Tatbestandsmerkmal **„durch den Betrieb“** erhebliche Bedeutung zu.

Der Gesetzgeber hat in Satz 2 Nr. 2 nicht näher erläutert, unter welchen Voraussetzungen er den Einsatz einer Feuerwehr als „durch den Betrieb eines Kraftfahrzeugs verursacht“ erachtet. Nach VGH (Urteil vom 16. November 2017, 1 S 2136/17, juris [Rn. 39 ff.]) ist die Vorschrift daher nach dem Wortlaut, der Gesetzessystematik sowie nach dem Zweck und der Entstehungsgeschichte der Norm auszulegen. Aus dem Wortlaut der Satzes 2 Nr. 2 schließt der VGH, dass der Gesetzgeber **auf die Gefährdungshaftung des § 7 Abs. 1 StVG abstellen** wollte. Nach der Rechtsprechung des BGH zur Gefährdungshaftung im Straßenverkehr ist das Haftungsmerkmal „bei dem Betrieb“ i. S. des § 7 Abs. 1 StVG entsprechend dem umfassenden Schutzzweck der Norm weit auszulegen. Erfasst werden daher alle durch den Kraftfahrzeugverkehr beeinflussten Schadensabläufe. Ein Schaden ist dementsprechend bereits dann bei dem Betrieb entstanden, wenn sich in ihm die von dem Kraftfahrzeug ausgehenden Gefahren ausgewirkt haben, also bei wertender Betrachtung dadurch mitgeprägt worden sind. Erforderlich ist aber stets, dass die Schadensfolge in den Bereich der Gefahren fällt, um derentwillen die Rechtsnorm erlassen worden ist (BGH, NJW 2015, 1681 und juris [Rn 5]). Für die Zurechnung der Betriebsgefahr ist somit maßgeblich, dass der Unfall in einem nahen örtlichen und zeitlichen Zusammenhang mit einem bestimmten Betriebsvorgang oder einer bestimmten Betriebseinrichtung des Kraftfahrzeuges steht. Dabei macht es nach neuerer Rechtsprechung des BGH keinen Unterschied, ob der Brand unabhängig vom Fahrbetrieb selbst vor, während oder nach einer Fahrt eintritt. Wollte man nämlich die Haftung auf Schadensfolgen begrenzen, die durch den Fahrbetrieb selbst und dessen Nachwirkungen verursacht worden sind, liefe die Haftung in allen Fällen leer, in denen unabhängig von einem Betriebsvorgang allein ein technischer Defekt einer Betriebseinrichtung für den Fremdschaden ursächlich geworden ist. Anders als bei einem vorsätzlichen Inbrandsetzen sei das Schadensgeschehen bei wertender Betrachtung aber auch in diesen Fällen durch das Kraftfahrzeug selbst und die von ihm ausgehenden Gefahren entscheidend geprägt worden. Dabei reicht es aus, dass der Brand oder dessen Übergreifen in einem ursächlichen Zusammenhang mit einer Betriebseinrichtung des Fahrzeuges steht (BGHZ 199, 377 „Tiefgaragenfall“

und juris [Rn. 5 f.]). Mit dieser Begründung hat der BGH eine Haftung aus § 7 Abs. 1 in dem Fall bejaht, in dem ein Fahrzeug durch Selbstentzündung seiner Batterie 30 Stunden nach seinem Abstellen in einer Tiefgarage in Brand geriet. Eine Haftung nach § 7 Abs. 1 StVG entfällt allerdings, wo die Fortbewegungs- und Transportfunktion des Kraftfahrzeugs keine Rolle mehr spielt und das Fahrzeug nur noch als Arbeitsmaschine eingesetzt wird oder bei Schäden, in denen sich eine Gefahr aus einem gegenüber der Betriebsgefahr eigenständigen Gefahrenkreis verwirklicht hat (vgl. auch OLG Brandenburg, Urteil vom 18. Februar 2010, 12 U 142/09, juris [Rn. 20f.]). Andererseits hat der BGH (VersR 1995, 90 und juris [Rn. 19]) das Merkmal „bei Betrieb eines Fahrzeugs“ auch bei einem parkenden Kfz bejaht, wenn dadurch eine besondere Gefahrenlage geschaffen wird. Dies kann bspw. dadurch der Fall sein, dass unerlaubt in der zweiten Reihe oder auf der falschen Seite geparkt wird oder das Kraftfahrzeug in eine Fahrbahn hineinragt.

Nach der Rechtsprechung des BGH (Urteil vom 24. Januar 2023, VI ZR 1234/20, juris [Rn. 9]) wird auch der **Ladevorgang eines Elektrofahrzeugs** grundsätzlich von der Haftung des § 7 Abs. 1 StVG erfasst. Danach gehört es zu den spezifischen Auswirkungen derjenigen Gefahren, für die die Haftungsvorschrift des § 7 StVG den Verkehr schadlos halten will, dass Dritte durch den Defekt einer Betriebseinrichtung eines Kraftfahrzeuges an ihren Rechtsgütern einen Schaden erleiden. Hierzu reicht es aus, dass ein Brand oder dessen Übergreifen in einem ursächlichen Zusammenhang mit einer Betriebseinrichtung des Kraftfahrzeuges steht. Etwas anderes gilt dann aber, wenn die Batterie aus dem Elektrofahrzeug ausgebaut war und zu diesem keine Verbindung mehr hatte. In diesem Fall ist die Batterie nicht mehr Teil der Betriebseinrichtung mit der Folge, dass der Halter nicht für die durch die Explosion entstandenen Schäden haftet.

Für den feuerwehrrechtlichen Kostenerstattungsanspruch gilt grundsätzlich nichts anderes (vgl. VGH, Urteil vom 16. November 2017, 1 S 2136/17, juris [Rn. 41]). Ansprüche nach § 34 Abs. 1 Satz 2 Nr. 2 sind daher nur dann gegeben, wenn: 18

1. **tatsächlich ein Schadensereignis vorlag oder eine objektive Gefahrenlage** zum Zeitpunkt der Alarmierung bzw. des Tätigwerdens der Feuerwehr bestanden hat, und dadurch ein objektiv erforderlicher Feuerwehreinsatz verursacht wurde, eine Anscheinsgefahr ist hier anders als bei den verschuldensabhängigen Kostenerstattungsansprüchen nach Nr. 1 nicht ausreichend (vgl. VGH a. a. O. [Rn. 60] und Urteil vom 30. Juni 2020, 1 S 2712/19, juris [Rn. 39], siehe dazu auch oben Rn. 9 und untern Rn. 18a);

2. sich für das Schadensereignis die **spezifischen Gefahren des Kraftfahrzeugverkehrs ausgewirkt** haben (VG Karlsruhe, Urteil vom 16. Dezember 2015, 4 K 511/13, juris [Rn. 24 f.]).

18a Hiervon ausgehend hat die Rechtsprechung in nachfolgenden Konstellationen einen Kostenersatzanspruch verneint:

Der Bay. VGH (Urteil vom 7. Mai 2009, 4 BV 08.166, juris [Rn. 19]) zu Art. 28 Abs. 2 Nr. 1 Bay. FwG (dieser ist nahezu wortgleich mit § 34 Abs. 1 Satz 2 Nr. 2) und auch das OVG Rheinland-Pfalz (Beschluss vom 17. November 2011, 7 A 11124/11, juris [Rn. 16]) urteilten anlässlich des Brandes eines Mähdreschers, dass ein Kostenersatzanspruch der Gemeinde ausscheidet, wenn die Fahrzeugeigenschaft als Verkehrsmittel gegenüber der **Verwendung als Arbeitsmaschine** deutlich zurücktritt. In den genannten Fällen war Brandursache entweder ein Fremdkörper, der beim Erntevorgang in den Mähdrescher gezogen wurde und dort beim Auftreffen auf Metall angesammelte Strohreste durch Funkenschlag entzündete oder eine im Innern des Mähdreschers schleifende Welle, die Reibungshitze bewirkte, wodurch Stroh- und Erntereste in Brand gerieten. Somit hatte sich nicht die Betriebsgefahr des Kraftfahrzeugs, sondern diejenige der Arbeitsmaschine verwirklicht, denn die Schadensursache geht auf die Verwendung des Mähdreschers als Arbeitsmaschine zurück. Da eine Gefährdungshaftung für den Betrieb von Arbeitsmaschinen gesetzlich nicht normiert ist, scheidet eine (auch entsprechende) Anwendung des § 34 Abs. 1 Satz 2 Nr. 2 auf Fälle aus, in denen die Maschinenkraft des Motors und die von ihm angetriebene Betriebseinrichtung des Fahrzeugs ihren Zusammenhang mit der Beförderungsfunktion und dem Straßenverkehr verloren haben.

Ein Kostenersatzanspruch des Trägers der Feuerwehr scheidet aus, wenn feststeht, dass der Brand eines Kraftfahrzeugs nicht durch dessen Betrieb, sondern **durch das Inbrandsetzen seitens eines Dritten** (Beispiel: Täter zündet das Auto seines Nachbarn an, um sich zu rächen, BGH, VersR 2008, 656 und juris [Rn. 12]) oder das eigenständige Brennen seiner Ladung verursacht wurde (Beispiel: Kinder entzünden Strohballen auf dem Anhänger eines Traktors, offengelassen von OLG Köln, VersR 1991, 1387 und juris [Rn. 9]).

Der VGH hat (im Urteil vom 30. Juni 2020, 1 S 2712/19, juris [Rn. 39]) seine Rechtsprechung (Urteil vom 16. November 2017, 1 S 2136/17, juris [Rn. 41]) bestätigt, dass bei objektiv nicht erforderlichen Feuerwehreinsätzen wegen des **Vorliegens einer Anscheinsgefahr** die Gemeinde keinen Kostenersatz vom Halter des verunfallten Fahrzeugs verlangen kann. Zur Begründung stellt der VGH darauf ab, dass nach § 34 Abs. 1 Satz 2 Nr. 2 die Gemeinde Kostenersatz verlangen kann, wenn der Einsatz „durch den Betrieb von

Kraftfahrzeugen" verursacht wurde. Eine solche Verursachung liegt nach Ansicht des VGH aber nur vor, wenn durch den Betrieb eines Kraftfahrzeugs im ersten Glied der Kausalkette objektiv eine Gefahr bzw. Störung i. S. des § 2 Abs. 1 vorlag **und** deshalb im zweiten Schritt ein objektiv erforderlicher Feuerwehreinsatz verursacht wurde. Bei objektiv nicht erforderlichen Feuerwehreinsätzen, insb. zur Bekämpfung von Anscheinsgefahren, sei dieser verschuldensunabhängige Gefährdungshaftungstatbestand hingegen nicht erfüllt. Es sei systemwidrig, die auf tatsächliche Gefahren oder Störungen aufbauende und auf Verschuldenserwägungen gerade verzichtende Gefährdungshaftung in Nr. 2 mit Verschuldensüberlegungen auf Fälle ohne tatsächliche Gefahren und objektive Schäden zu erstrecken. Für eine solche systemwidrige Konstruktion bestehe im Rahmen des § 34 Abs. 1 auch kein Bedürfnis. Hat ein Fahrzeughalter vorwerfbar den Anschein einer Gefahr hervorgerufen, der einen objektiv nicht erforderlichen Feuerwehreinsatz nach § 2 Abs. 1 FwG verursacht, biete Nr. 1 des § 34 Abs. 1 Satz 2 einen Haftungstatbestand, der nach dem Willen des Gesetzgebers unter den dort genannten Voraussetzungen, d.h. bei Vorsatz oder grober Fahrlässigkeit, greift.

Das VG Karlsruhe (Urteil vom 16. Dezember 2015, 4 K 511/13, juris [Rn. 24 ff.]) hat einen Kostenersatzanspruch zu Recht **verneint**, als die Feuerwehr wegen eines Gasaustritts zu einem mehrere Stunden zuvor in einer Tiefgarage abgestellten Gasfahrzeug gerufen wurde. Es hat sich keine Gefahr verwirklicht, die dem Schutzzweck des § 34 Abs. 1 Satz 2 Nr. 2 unterfällt. Denn das Entweichen des Gases beruhte weder auf der Gefahr, die von dem Kraftfahrzeug als einer sich aus eigener Kraft fortbewegenden Maschine ausgeht, noch auf seiner Lage im Verkehrsraum. Insofern unterscheidet sich ein leckendes gasbetriebenes Kraftfahrzeug, das außerhalb des öffentlichen Verkehrsraums ordnungsgemäß abgestellt wurde, letztlich nicht von einer undichten Gasflasche, bei der gemäß § 34 Abs. 1 Satz 2 Nr. 1 zur Geltendmachung von Kostenersatz ein vorsätzliches oder grob fahrlässiges Verschulden hinsichtlich der entstandenen Gefahr erforderlich ist.

Die weitgehende jüngere Rechtsprechung des BGH zur Gefährdungshaftung des § 7 StVG (BGHZ 199, 377 „Tiefgaragenfall" und juris [Rn. 6]), siehe oben Rn. 17, die zu Recht auf Kritik gestoßen ist (vgl. Lemcke RuS 2016, 48; OLG Dresden, Urteil vom 3. September 2019, 6 U 609/19, juris [Rn. 55 ff.]; LG Heidelberg, Urteil vom 15. Juli 2016, 5 O 75/16, juris [Rn. 37 f.]) ist insoweit auf den Ausnahmetatbestand des § 34 Abs. 1 S. 2 Nr. 2 zur Vermeidung von Wertungswidersprüchen nicht anzuwenden. Zudem ist eine solche extensive Auslegung der Worte „beim Betrieb" auch nicht mehr vom Wortlaut des Ausnahmetatbestands des Absatz 1 Satz 2 Nr. 2 gedeckt (vgl. Herbers,

NZV 2014, 207 und oben Rn. 7; offengelassen vom VGH im Urteil vom 16. November 2017, 1 S 2136/17, juris [Rn. 41]).

19 Unter **Anhängerfahrzeugen** sind Fahrzeuge zu verstehen, die in der Regel über keinen eigenen Antrieb verfügen und hinter Zugfahrzeugen (z. B. Pkw, Lkw, Traktoren, Omnibussen, Krafträdern) mitgeführt werden. Nicht unter die Nr. 2 fallen dagegen Fahrradanhänger.

20 **Schienenfahrzeuge** sind Eisenbahnen und Straßenbahnen (unter- und oberirdisch), d. h. Fahrzeuge mit eigenem Antrieb, die sich auf Schienen (Gleisen) fortbewegen bzw. fortbewegt werden. Für Schwebebahnen besteht zwar auch die Gefährdungshaftung (§ 1 HaftPflG), sie sind jedoch weder Schienen- noch Luftfahrzeuge und fallen damit nicht unter die Nr. 2.

Der **„Betrieb eines Schienenfahrzeugs“** umfasst alle technischen Betriebsvorgänge, die unmittelbar zur Beförderung von Personen oder Sachen dienen, einschließlich der sie unmittelbar vorbereitenden oder abschließenden Handlungen. Entscheidend ist der Zusammenhang mit dem Fahrbetrieb, denn aus ihm erwachsen die typischen Gefahren, die mit der Gefährdungshaftung abgedeckt werden sollen. Deshalb werden Unfälle nicht erfasst, die nur durch das Vorhandensein oder den Zustand einer Bahnanlage verursacht wurden (vgl. Greger/Zwickel, Haftungsrecht des Straßenverkehrs, 6. Aufl., Rn. 5.11). Verursachung **„bei dem Betrieb“** bedeutet die prägende Kausalität eines Betriebsvorgangs für den Unfall (Greger/Zwickel, a. a. O., Rn. 5.13).

Eine Haftung des Halters des Schienenfahrzeugs **scheidet aus**, wenn der Feuerwehreinsatz durch **höhere Gewalt** i. S. des § 1 Abs. 2 Satz 1 HPflG verursacht worden ist. Höhere Gewalt in diesem Sinn ist ein betriebsfremdes, von außen durch elementare Naturkräfte oder durch Handlungen dritter Personen herbeigeführtes Ereignis, das nach menschlicher Einsicht und Erfahrung außergewöhnlich und unvorhersehbar ist, mit wirtschaftlich erträglichen Mitteln auch durch äußerste nach der Sachlage vernünftigerweise zu erwartende Sorgfalt nicht verhütet oder unschädlich gemacht werden kann und auch nicht wegen seiner Häufigkeit vom Betriebsunternehmer in Kauf zu nehmen ist (vgl. OLG Hamm, Urteil vom 6. Oktober 2003, 6 U 102/03, juris [Rn. 5 ff.] m. w. N.; Greger/Zwickel, a. a. O., Rn. 5.24). In diesen Fällen dürfte zudem eine Notstandslage i. S. des § 2 Abs. 1 Satz 1 Nr. 1 vorliegen. Auch menschliche Handlungen (z. B. Sabotageakte oder Selbsttötungen) können daher eine Inanspruchnahme des Halters des Schienenfahrzeugs ausschließen, wenn sie durch äußerste, vernünftigerweise zu erwartende Sorgfalt nicht verhindert werden können (vgl. Greger/Zwickel, a. a. O., Rn. 5.24; OLG Hamm, a. a. O. [Rn. 7];

jurisPK-Straßenverkehrsrecht-Weinland, 2. Aufl., § 1 HaftPflG, Rn. 81). In diesen Fällen kann allerdings eine Inanspruchnahme des den Unfall verursachenden Dritten durch die Gemeinde gemäß § 34 Abs. 1 Satz 2 Nr. 1 in Betracht kommen.

Luftfahrzeuge sind gemäß § 1 Abs. 2 Luftverkehrsgesetz (LuftVG) insbesondere Flugzeuge, Hubschrauber, Luftschiffe, Motorsegler, Frei- und Fesselballone, Raumfahrzeuge, Raketen und ähnliche Flugkörper. Luftfahrzeuge sind nicht erst mit dem Abheben vom Boden in Betrieb; auch endet der Betrieb nicht schon mit dem Aufsetzen auf die Erdoberfläche. Auch hier bedeutet „Verursachung bei dem Betrieb" die prägende Kausalität eines Betriebsvorgangs für den Unfall und damit den Feuerwehreinsatz. 21

Wasserkraftfahrzeuge sind Fahrzeuge, die mit Motorkraft zur Fortbewegung auf dem oder im Wasser bestimmt sind. In § 36 Abs. 1 Satz 2 Nr. 2 (a.F.) war ausdrücklich die Kostenersatzpflicht von Haltern von Wasser**kraft**fahrzeugen geregelt, während § 34 Abs. 1 Satz 2 Nr. 2 in der Fassung bis zum 15. Dezember 2015 eine Kostenersatzpflicht anlässlich Einsätzen der Feuerwehren, verursacht durch den Betrieb von Wasserfahrzeugen, vorsah. Seit der Neufassung des § 34 durch das ÄndG 2015 besteht wieder eine Kostenersatzpflicht nur für Halter von Wasserkraftfahrzeugen. Eine überzeugende Begründung, weshalb er nun wieder Unfälle z.B. mit großen Segeljachten von der Kostenersatzpflicht ausnehmen will, blieb der Gesetzgeber schuldig. Die Eigentümer oder Besitzer von Wasserfahrzeugen können private Haftpflichtversicherungen für deren Besitz und Gebrauch abschließen. In einigen Ländern Europas wie z.B. Niederlande, Belgien oder Italien ist diese Versicherung sogar zwingend vorgeschrieben. Aus diesem Grund erscheint es sachgerecht, die Einsatzkosten nicht bei der Allgemeinheit zu belassen, sondern den Haltern des Schiffes oder Bootes (und die ggf. dahinterstehende Versicherung) aufzuerlegen. 22

Allerdings ist eine **gewisse Größe des Wasserfahrzeugs** zu fordern, denn von kleinen Wasserkraftfahrzeugen gehen keine besonders erhöhten Gefahren für Rechtsgüter Dritter aus. Die Schaffung einer erhöhten Gefahrenlage ist aber der Haftungsgrund für die Halter der in Satz 2 Nr. 2 genannten Sachen (vgl. oben Rn. 15). Eine ähnliche Einschränkung nimmt auch der VGH (VBlBW 2011, 391 und juris [Rn. 30]) vor, indem er feststellt, dass nicht bereits „alles, was schwimmt" den Schiffsbegriff erfülle. Aus der Gleichstellung des Schutzgutes „Schiff" mit den weiteren dort genannten Schutzgütern „Mensch" und „Tier" in § 2 Abs. 2 Nr. 1 leitet der VGH her, dass das Wasserfahrzeug, dem die Feuerwehr technische Hilfe leistet, einen nicht ganz unbedeutenden wirtschaftlichen oder ideellen

Wert haben und eine gewisse Größe aufweisen müsse; dies hat der VGH bei einer acht Meter langen und 40.000 Euro teuren Motoryacht bejaht.

„Beim Betrieb“ eines Wasserkraftfahrzeugs i.S. des Satz 2 Nr. 2 ist eine Gefahr dann entstanden, wenn sie noch oder bereits einen Zusammenhang mit dem Einsatz des Wasserkraftfahrzeuges als Fortbewegungs- und Transportmittel aufweist und wenn darüber hinaus die „Betriebsgefahr“ Ausdruck des mit der Konstruktion und Verwendung des Wasserkraftfahrzeuges regelmäßig verbundenen Gefahrenkreises ist, mit dessen Verwirklichung vernünftigerweise auch von dem Fahrzeughalter gerechnet werden muss (vgl. VG Koblenz, NVwZ-RR 2000, 355 und juris [Rn. 21], siehe zu „beim Betrieb“ auch oben Rn. 17 f.).

2.3 Nr. 3

23 Die Nr. 3 gewährt den Gemeinden einen **Kostenersatzanspruch für Sonderlösch- und -einsatzmittel** ausschließlich

- bei Bränden
- in Gewerbe- oder Industriebetrieben.

Großbrände in Gewerbe- und Industriebetrieben erfordern regelmäßig einen hohen Aufwand an Sonderlösch- und Einsatzmitteln, die teuer sind und oft von der Gemeinde in diesen Mengen nicht vorgehalten werden und daher bei Einsätzen von anderen Gemeinde- oder Werkfeuerwehren kostenpflichtig angefordert werden müssen. Die anfordernden Gemeinden und damit die Allgemeinheit mit diesen Kosten zu belasten erscheint unbillig, zumal gemäß § 3 Abs. 3 Satz 1 Nr. 1 in vielen Fällen dem Betrieb auferlegt werden kann, diese Sonderlösch- und -einsatzmittel auf eigene Kosten bereitzuhalten. Im Übrigen werden diese Einsatzkosten auch von der Feuerversicherung des betroffenen Betriebes getragen (vgl. auch LT-Drs. 14/5103, S. 52).

24 Gewerbe ist jede erlaubte, auf Gewinnerzielung gerichtete, nicht nur gelegentlich ausgeübte selbstständige Tätigkeit in der Wirtschaft, ausgenommen die land- und forstwirtschaftliche Urproduktion und die sogenannten freien Berufe (vgl. § 6 GewO). Betriebe, die ein derartiges Gewerbe ausüben, bezeichnet man als **Gewerbebetriebe**. In **Industriebetrieben** erfolgen die Produktion und Weiterverarbeitung von materiellen Gütern oder Waren durch einen hohen Grad an Mechanisierung und Automatisierung. Hierdurch unterscheidet sich die industrielle von der handwerklichen Produktionsform.

25 **Sonderlöschmittel** sind alle Löschmittel außer Wasser, z.B. Löschpulver (ABC/BC-Pulver, Metallbrandpulver), CO_2-Löschanlagen, Schaum. **Son-**

dereinsatzmittel sind alle Einsatzmittel, über die die Feuerwehr als Organisation üblicherweise nicht verfügt und die sie selbst daher von einem Dritten anmieten muss, z. B. Drohnen zur Lageerkundung, Bagger, Kranfahrzeug, Tankfahrzeuge. Werden solche Sonderlöschmittel oder Sondereinsatzmittel zur Erfüllung anderer Pflichtaufgaben als die Brandbekämpfung in Gewerbebetrieben eingesetzt, z. B. die Feuerwehr mietet einen Bagger, um einen verschütteten Hund aus einer lebensbedrohlichen Lage zu befreien, oder die Feuerwehr setzt Sonderlöschmittel zur Bekämpfung eines Großbrandes in einem landwirtschaftlichen Anwesen ein, kann hierfür mangels gesetzlicher Grundlage kein Kostenersatz verlangt werden (vgl. auch oben Rn. 7).

2.4 Nr. 4

Der Begriff **„Umgang“** umfasst das Fördern, Befördern und Lagern sowie 26
das Be- und Verarbeiten von gefährlichen Stoffen. Jeder, der diese gefährlichen Stoffe **fördert** (aus der Erde), **befördert** (auf Straßen, Wasser, Schienen, in der Luft), **lagert** (in Behältern auf oder unter der Erde) **oder be- bzw. verarbeitet**, ist „Betreiber“ und damit kostenersatzpflichtig, wenn der Einsatz der Feuerwehr zur Gefahrenabwehr erforderlich war. Eigentümer der gefährlichen Stoffe oder Halter des Beförderungsmittels braucht er nicht zu sein. Im Einzelfall können mehrere kostenersatzpflichtige Betreiber in Betracht kommen, die aber nicht als Gesamtschuldner in Anspruch genommen werden dürfen (vgl. VG Freiburg, Urteil vom 16. März 2016, 7 K 843/14, juris [Rn. 32, 46] und siehe oben Rn. 4).

Zwischen der Förderung, Beförderung, Lagerung, Be- bzw. Verarbeitung und der eingetretenen Gefahr (das Vorliegen einer Anscheinsgefahr reicht nicht aus, vgl. oben Rn. 9) oder dem Schaden muss ein adäquater Ursachenzusammenhang (siehe dazu oben Rn. 14) bestehen (vgl. Wortlaut: „beim Umgang“). Verschulden setzt auch die Nr. 4 nicht voraus. Die Kostenersatzpflicht besteht unabhängig von der Menge der Gefahrstoffe (LT-Drs. 14/5103, S. 52).

Bei der Auslegung, was **Gefahrstoffe** und **wassergefährdende Stoffe** sind, 27
kann auf die einschlägigen Verordnungen wie z. B. die Betriebssicherheitsverordnung (BetrSichV) vom 3. Februar 2015 (BGBl. I S. 49), die Gefahrstoffverordnung (GefStoffV) vom 26. November 2010 (BGBl. I S. 1643 f.) und die Gefahrgutverordnung Straße, Eisenbahn und Binnenschifffahrt (GGVSEB) vom 30. März 2015 (BGBl. I S. 366) zurückgegriffen werden.

Ein Anspruch auf Erstattung der Einsatzkosten der Feuerwehr besteht nur, 28
wenn der Umgang mit dem Gefahrstoff oder dem wassergefährdenden Stoff

gewerblichen oder **militärischen** Zwecken diente. Bis zum ÄndG von 1986 mussten nur Gewerbetreibende, d.h. mit Gewinnerzielungsabsicht Handelnde, Kostenersatz leisten. Die Einbeziehung des Militärs in den Kostenersatz trifft den Bund (NATO-Pipelines, Mineralöl- und Waffentransport auf der Straße, Treibstoff- und Kampfstofflagerung). Somit bleibt allein der Betreiber eines privaten Heizöltanks vom Kostenersatz nach Nr. 4 frei.

2.5 Nr. 5

29 **Nr. 5** regelt den Kostenersatz bei einer Fehlalarmierung der Feuerwehr durch menschliches Fehlverhalten. Kostenersatz ist zu leisten bei einer vorsätzlichen (siehe dazu oben Rn. 10) Falschalarmierung oder einer Alarmierung infolge grob fahrlässiger Annahme von Tatsachen, die einen Einsatz der Feuerwehr erfordert hätten. Wer unbeabsichtigt die Feuerwehr falsch informierte (irrtümliche Annahme, es brenne), muss die Einsatzkosten nur dann erstatten, wenn er sich grob fahrlässig irrte (zum Begriff der groben Fahrlässigkeit siehe oben Rn. 11). Alarmiert ein Nachbar beispielsweise aufgrund akustischer Signale eines Rauchwarnmelders die Feuerwehr, weil er den Signalton, der auf eine nachlassende Batterieleistung hinweist, als Rauchalarm falsch gedeutet hat, ist er nur dann kostenersatzpflichtig, wenn ihm vorgeworfen werden kann, die Fehlalarmierung vorsätzlich oder in grob fahrlässiger Unkenntnis der Tatsachen verursacht zu haben. Dabei müssen die Anforderungen an die Annahme grober Fahrlässigkeit streng sein, um zu verhindern, dass die Bevölkerung aus Scheu vor Regressansprüchen möglicherweise nicht mehr bereit wäre, die Feuerwehr schnellstens zu Hilfe zu rufen (vgl. Bay. VGH, Urteil vom 14. Dezember 2011, 4 BV 11.895, juris [Rn. 37]). Das Sächs. OVG (Beschluss vom 17. März 2009, 5 A 758/08, juris [Rn. 12 f.]) bejahte allerdings grobe Fahrlässigkeit bei der Alarmierung der Feuerwehr durch die Verwendung eines mehrdeutigen Begriffs („Senföl“) und der Beschreibung der Eigenschaften eines gefährlichen chemischen Stoffes, wodurch der Anschein einer Gefahrensituation hervorgerufen wurde.

30 Das Problem, diese Kosten erstattet zu bekommen, liegt indes regelmäßig nicht darin, dem Meldenden nachzuweisen, dass er grundlos alarmiert hat, sondern darin, diesen zu ermitteln. Wer absichtlich oder wissentlich den Notruf 112 missbraucht, erfüllt den Tatbestand des § 145 Abs. 1 Nr. 1 StGB, begeht also eine mit Freiheitsstrafe bis zu einem Jahr oder mit Geldstrafe zu ahndende Straftat (BGH, NJW 1986, 1698 und juris [Rn. 14]). Wird die Feuerwehr von einem Minderjährigen fehlalarmiert, können die Eltern verschuldensunabhängig über Absatz 1 Satz 3 (wenn der Minderjährige unter 16 Jahren alt ist, siehe dazu Rn. 38) oder im Rahmen von § 832 BGB zum Kostenersatz herangezogen werden.

2.6 Nr. 6

Eine sehr große Anzahl der Einsätze von Gemeindefeuerwehren wird mittlerweile durch Brandmeldeanlagen herbeigeführt, die auslösen, ohne dass ein Schadenfeuer tatsächlich vorliegt. Sowohl technische Defekte und Schwächen der Anlagen bei der Diagnose (bspw. Abgase werden vom Brandmelder für Brandrauch gehalten) als auch menschliches Fehlverhalten (Nichtabschalten von Melderlinien bei staubintensiven Arbeiten, unkontrollierter Austritt von Wasserdampf) sind hierfür verantwortlich. Daher ist es notwendig, nicht die Allgemeinheit, sondern den Betreiber der Brandmeldeanlage bzw. den vorsätzlich oder grob fahrlässig handelnden Verursacher des Falschalarms (gemäß Absatz 1 Satz 2 Nr. 5) mit diesen Kosten zu belasten. Durch diese Risikozuordnung hat der Betreiber auch einen besonderen Anreiz, einen Fehlalarm zu vermeiden, indem er Lage und Sensibilität der Brandmelder richtig auswählt und ggf. ändert und auch technische Neuerungen nutzt, um Fehlalarme zu vermeiden (vgl. Bertkau, ZfSch 2018, 667). 31

„**Brandmeldeanlagen**" i. S. der Nr. 6 sind nur solche nach DIN EN 54 bzw. DIN 14675 (vgl. Tönnemann, „Brandschutz" 2008, 800, Hildinger/Rosenauer, FwG, 4. Aufl., § 34 Rn. 31). Dies sind technische Einrichtungen in privaten oder öffentlichen baulichen Anlagen (gemäß § 2 LBO), die bei Brandausbruch oder akuter Brandgefahr die Feuerwehr alarmieren. Sie werden zumeist in besonders gefährdeten Gebäuden wie Flughäfen, Bahnhöfen, Universitäten, Schulen, Firmengebäuden, Fabrikhallen, Altenwohnheimen oder Krankenhäusern installiert. Die Pflicht zu einem Einbau einer auf die Feuerwehr aufgeschalteten Brandmeldeanlage ergibt sich entweder aufgrund einer Auflage der Bauaufsicht in der Baugenehmigung (vgl. bspw. § 12 Abs. 4 GaVO, §§ 20, 24 Abs. 4 VStättVO) oder infolge versicherungsvertraglicher Vorgaben durch den Feuerversicherer. 32

Kostenersatzpflichtig bei Nr. 6 ist der **Betreiber** der Anlage. Betreiber der Brandmeldeanlage ist regelmäßig der Eigentümer bzw. Besitzer der betreffenden Anlage bzw. Einrichtung (z. B. Gewerbebetrieb, Klinik, Altenheim), aber auch die Firma, die die technische Einrichtung im Auftrag des Eigentümers bzw. Besitzers betreibt und unterhält (Ruf, BWGZ 2010, 691). 33

Diese Kostenersatzpflicht **setzt ein Verschulden nicht voraus**. Eine Zuweisung sämtlicher Fehlalarmierungsrisiken an den Betreiber ist nach der Rechtsprechung jedoch nicht möglich. Vielmehr ist für die Kostenersatzpflicht des Betreibers maßgeblich, ob sich im konkreten Fall die mit der Alarmauslösung auf technischem Wege zwangsläufig verbundenen **anlagenspezifischen Risiken** für einen Falschalarm verwirklicht haben. Der Anlagenbetreiber hat nur diese, durch die Anlage adäquat verursachten Risiken zu tragen. Nach der Rechtsprechung (vgl. Bay. VGH, NJW 2005, 1065 und juris [Rn. 22]; VG Freiburg, Urteil vom 20. Oktober 2009, 3 K 2369/08, juris [Rn. 19]; Hess. VGH, DÖV 2007, 1061 und juris [Rn. 24]) hat er demnach einzustehen für:

- die diagnostischen Schwächen der Anlage, die aus der starren und unreflektierten Fixierung auf einzelne typische Brandfolgeeffekte (z.B. Rauch, Hitze) resultieren,
- die Alarmauslösung infolge von außen kommender brandfremder Ereignisse (z.B. Blitzschlag, Erschütterungen) und
- das Auftreten technisch bedingter Fehlfunktionen (wie etwa die unzutreffende Auslösung eines Alarms im Zusammenhang mit Wartungsarbeiten an der Brandmeldeanlage).

Die **Inanspruchnahme des Betreibers scheidet** hingegen **aus** bei über diese Risikozuweisung hinausgehenden Alarmauslösungen wie z.B. durch versehentliches Drücken eines mit einer Glasscheibe gesicherten Alarmknopfes beim Stolpern (Bay. VGH, a.a.O.) oder absichtliches Auslösen der Brandmeldeanlage durch Manipulationen (Sprühen von Haarspray in einen Brandmelder). In diesen Fällen kann die Gemeinde allerdings von den Verursachern unter den Voraussetzungen des Absatz 1 Satz 2 Nr. 5 Kostenersatz verlangen.

Einen Grenzfall hingegen bildet das Auslösen der Brandmeldeanlage durch **angebrannte Speisen** eines Bewohners. Hätte im konkreten Fall eine die Rauchentwicklung wahrnehmende Person ebenfalls die Feuerwehr alarmiert, ist der Fehlalarm gerade nicht auf eine diagnostische Schwäche der Brandmeldeanlage zurückzuführen (vgl. dazu Bay. VGH, NJW 2005, 1065 und juris [Rn. 21]). Deshalb besteht dann kein Kostenersatzanspruch gegen den Betreiber, sondern allenfalls gegen den Verursacher unter den Voraussetzungen der Nr. 1. Diese Ansicht vertritt auch das VG Koblenz (Urteil vom 9. Januar 2018, 3 K 376/17.KO, juris [Rn. 30ff.]): Ein Kostenersatzanspruch gegen den Betreiber scheide aus, da in solchen Fällen bereits ein Schadenfeuer und damit keine Fehlalarmierung vorliege, denn angebranntes, unbeaufsichtigtes Kochgut auf einem eingeschalteten Herd könne ohne Eingriff in den Geschehensablauf bei ungehindertem Fortgang zu einer erheblichen Rauchentwicklung führen, die beispielsweise ältere und mobilitätseingeschränkte Menschen erheblich beeinträchtigen könne, so dass allein deswegen für diese Menschen Gesundheitsgefahren heraufbeschworen werden können. Diese Ansicht wird auch überwiegend in der Literatur vertreten (vgl. Bertkau, ZfSch 2018, 669). In Baden-Württemberg gibt es noch keine Rechtsprechung hierzu.

Wird der Fehlalarm nicht durch den Brandmelder, sondern durch die Fernmeldeleitung zwischen dem privaten Brandmelder und der öffentlichen Alarmierungseinrichtung ausgelöst, kann der Betreiber der Brandmeldeanlage nur zum Kostenersatz nach Nr. 6 herangezogen werden, wenn er die Leitung gelegt hat und sie unterhalten muss. Handelt es sich um eine Leitung der Deutschen Telekom AG, kann sie nicht als Teil der privaten Brandmeldeanlage i. S. von Nr. 6 angesehen werden. Die Telekom haftet jedoch nicht für die Kosten eines Fehlalarms, der durch ihre Einrichtungen ausgelöst wird.

Können die zu der Alarmierung führenden Umstände im Nachhinein nicht aufgeklärt werden, wird eine **Vermutungsregelung** im Falle der Auslösung eines Falschalarms durch eine Brandmeldeanlage zugrunde gelegt. Die gesetzliche Zuweisung der Last der Unaufklärbarkeit an den Anlagenbetreiber greift jedoch erst nach Ausschöpfung der im konkreten Fall zur Verfügung stehenden Ermittlungsmöglichkeiten. Die Feuerwehr bzw. die Gemeindeverwaltung hat im Anschluss an eine Falschalarmierung zur Vorbereitung der Kostenersatzentscheidung den Sachverhalt gemäß § 24 LVwVfG von Amts wegen aufzuklären (vgl. Bay. VGH, NJW 2005, 1065 und juris [Rn. 23]). 33a

Bei den in Privathaushalten durch § 15 Abs. 7 LBO gesetzlich vorgeschriebenen (siehe zu den Einzelheiten dieser Pflicht Bertkau, ZfSch, 2018, 664) **Rauchwarnmeldern** handelt es sich **nicht um eine Brandmeldeanlage** i. S. von Nr. 6. Denn Rauchwarnmelder dienen dazu, Brandrauch zu detektieren und mit einem lauten akustischen Alarmsignal insbesondere schlafende Personen zu wecken, damit sich diese in Sicherheit bringen können. Eine Weiterleitung des Alarmsignals an die Feuerwehr ist anders als bei der Brandmeldeanlage (vgl. oben Rn. 32). nicht vorgesehen. Wird die Feuerwehr beispielsweise von einem Nachbarn wegen eines ausgelösten Rauchmelders alarmiert, und stellt sich nach Betreten der Wohnung heraus, dass ein Schadenfeuer nicht vorgelegen hat, scheidet daher ein Kostenersatzanspruch der Gemeinde grundsätzlich aus. 34

Zunehmend werden **auch andere technische Anlagen** als baurechtlich angeordnete Brandmeldeanlagen nach DIN 14 675 zur Meldung von Bränden an die Feuerwehr genutzt. So bieten beispielsweise Betreiber von Hausnotrufsystemen oder Einrichtungen wie Alten- und Pflegeheime gegen Entgelt Systeme an, die Rauchwarnmeldungen aus Wohnungen an zentrale Stellen übertragen, von denen aus – ohne genaue Kenntnis über den Sachverhalt vor Ort – regelmäßig telefonisch die Feuerwehr alarmiert wird. Die Alarmrufe an die Feuerwehr stützen sich dabei auf technische Einrichtungen, die ihrer Bauart nach lediglich der Warnung der Personen 35 vor Ort dienen, und deren systemimmanente Risiken für Fehlauslösungen zumindest gleich hoch sind wie bei den speziell für die Branderkennung und Alarmierung der Feuerwehr eingerichteten Brandmeldeanlagen. Aus diesem Grund stellt das ÄndG 2015 derartige oder vergleichbare technische Systeme, die mit Risiken für Fehlalarmierungen behaftet sind, beim Kostenersatz Brandmeldeanlagen gleich und macht von ihnen ausgelöste Fehlalarme durch die Erweiterung der Nummer 6 kostenersatzpflichtig (vgl. LT-Drs. 15/7613, S. 18). Die Kostenersatzpflicht trifft den Betreiber der Anlage, der aus den Entgelten der Nutzer regelmäßig wirtschaftliche Vorteile zieht. Anlagebedingte Fehlalarmierungen sind für den Nutzer des Notrufsystems hingegen grundsätzlich nicht kostenersatzpflichtig; es sei denn, er hat die Fehlalarmierung vorsätzlich oder grob fahrlässig verursacht, dann besteht Kostenersatzpflicht gemäß Nr. 5.

36 Gebührensatzungen, die bei einer Fehlalarmierung unabhängig davon, ob und in welcher Höhe Kosten entstanden sind, Pauschalen erheben, sind durch Satz 2 Nr. 5 und 6 nicht gedeckt und insoweit rechtsunwirksam (VG Freiburg, BWGZ 1997, 822). Entstehen keine Kosten, weil z.B. der Fehlalarm als solcher rechtzeitig erkannt worden war und eine Alarmierung unterblieben ist, kann die Gemeinde dem Verursacher des Alarms auch keine „Gebühr" nach Satz 2 Nr. 5 oder 6 auferlegen.

2.7 Nr. 7

37 Seit dem 31. März 2018 sind alle neuen Modelle von Pkw und leichten Nutzfahrzeugen mit sogenannten **eCall-Systemen** auszurüsten, die bei einem Unfall automatisch einen Notruf (eCall) an die Notrufnummer 112 senden oder alternativ eine automatische Notfallmeldung an eine ständig besetzte Stelle (Call-Center) übertragen. Sie können infolge technischer Fehlfunktionen Fehlalarme auslösen oder wegen vorwerfbar unterlassener Rückmeldung über die automatisch hergestellte Sprechverbindung Fehleinsätze verursachen. Dem trägt der durch das ÄndG 2015 neu eingeführte Ausnahmetatbestand der Nr. 7 Rechnung. In diesen Fällen ist der Fahrzeughalter entsprechend der Kostenregelung bei Einsätzen, die durch den Betrieb von Kraftfahrzeugen verursacht werden (Nr. 2), kostenersatzpflichtig. Wird der eCall manuell ausgelöst, greift bei Vorsatz oder grober Fahrlässigkeit die Kostenregelung der Nr. 5 (vgl. LT-Drs. 15/7613, S. 18).

Die Nr. 7 greift auch bei dem **Unfallmeldedienst der deutschen Versicherer** (UMD), der im April 2016 in Betrieb genommen wurde (vgl. Hildinger/Rosenauer, FwG, 4. Aufl., § 34 Rn. 35). Dieses System kann in nahezu jedem Pkw eingebaut werden. Es handelt sich um ein automatisches Notrufsystem, das bei einem von einem Sensor im sog. Unfallmeldestecker in der

12-V-Steckdose (Zigarettenanzünder) wahrgenommenen Unfall über eine Smartphone-App eine Sprachverbindung zur Notrufzentrale der Autoversicherer bei gleichzeitiger Übertragung der Positionsdaten und Fahrtrichtung des Fahrzeugs herstellt. Wird ein Notfall bestätigt, oder erfolgt keine Rückmeldung des Fahrers, setzt die Notrufzentrale einen Notruf an die zuständige Integrierte Leitstelle ab. Technisch betrieben wird der Unfallmeldedienst von der GDV Dienstleistungs-GmbH & Co. KG. Auch über diesen Unfallmeldedienst ausgelöste Fehlalarme sind nach Nr. 7 für den Fahrzeughalter kostenersatzpflichtig.

Können die zu der Alarmierung führenden Umstände im Nachhinein nicht aufgeklärt werden, besteht wie bei den Brandmeldeanlagen (siehe dazu oben Rn. 33a) auch hier eine **Vermutungsregelung** im Falle der Auslösung eines Falschalarms durch eCall. Die gesetzliche Zuweisung der Last der Unaufklärbarkeit an den Fahrzeughalter greift jedoch auch hier erst nach Ausschöpfung der im konkreten Fall zur Verfügung stehenden Ermittlungsmöglichkeiten.

Kein Kostenersatzanspruch besteht **bei automatisierten Notrufen** mittels **37a** mobiler elektronischer Geräte (siehe dazu ausführlich Ernst, Brandhilfe 3/2025, S. 25 ff.). In jüngerer Zeit mehren sich die Einsätze für die Feuerwehren wegen Notrufen, die automatisiert über Mobiltelefone, Tablets etc. abgesetzt werden. Auf die genaue Ursache der Fehlalarmierung soll hier nicht eingegangen werden, weil es für den Kostenersatzanspruch der Gemeinde letztlich nicht entscheidend ist, weshalb die Fehlalarmierung erfolgte. Absatz 1 Satz 2 Nr. 7 scheidet als Anspruchsgrundlage infolge des dort klaren Wortlauts („über ein in einem Kraftfahrzeug installierten System“) aus. Eine analoge (entsprechende) Anwendung dieses Ausnahmetatbestandes ist unzulässig, da Ausnahmetatbestände von der Kostenfreiheit in § 34 Abs. 1 Satz 2 enumerativ aufgezählt sind (vgl. oben Rn. 7). Im Übrigen handelt es sich bei Nr. 7 um einen **Fall der Halterhaftung**, bei der letztendlich die Haftpflichtversicherung die Kosten trägt.

In Betracht kommt lediglich eine Anwendung des Absatz 1 Satz 2 Nr. 5 (grob fahrlässige Alarmierung). Hier stellen sich aber zwei Probleme: Regelmäßig ist keine grobe Fahrlässigkeit des Nutzers des elektronischen Geräts nachweisbar, weil unklar ist, weshalb es überhaupt zur (Fehl-)Alarmierung gekommen ist. Denkbar sind technische Ursachen, eine Fehlbedienung durch den Nutzer oder eine Alarmauslösung infolge von Erschütterungen, etc. (das Mobiltelefon fällt z. B. unbemerkt aus der Jackentasche und durch die Erschütterung wird der Notruf abgesetzt). Die Beweislast für das Vorliegen grober Fahrlässigkeit liegt aber bei der Gemeinde (vgl. oben Rn. 3). Vor allem aber liegt schon **keine Aufgabe der Feuerwehr nach § 2** vor, was wiederum Voraussetzung für einen Kostenersatz über § 34 ist. So bestehen keine Anhaltspunkte für eine Lage, in der sich eine Person in einer Situation befindet, in der technische Hilfe durch die Feuerwehr geleistet werden muss (§ 2 Abs. 1 Satz 1 Nr. 2 oder § 2 Abs. 2 Nr. 1). Denn selbst wenn man davon ausgeht, dass eine Alarmierung der Leitstelle infolge einer starken Erschütterung vorliegt, kann zwar von einem Unglücksfall durch Sturz, Bewusstlosigkeit oder Ähnliches ausgegangen werden. Damit liegt aber noch kein Anhalt vor, dass die verunfallte Person über medizinische Hilfe hinaus eine Hilfe in Form einer technischen Rettung mittels Feuerwehrgeräts benötigt. Es liegt hier nämlich keine Vergleichbarkeit zur Alarmierung über eCall vor, denn dort wird davon ausgegangen, dass es zu einem Verkehrsunfall gekommen ist, weshalb die Möglichkeit des Einsatzes von Rettungsgeräten durch die Feuerwehr nicht fernliegend ist.

Aus diesem Grund würde auch die bloße Erweiterung der Ausnahmetatbestände des § 34 Abs. 1 Satz 2 zu keinem Kostenersatz führen, da dann noch immer keine Aufgabe der Feuerwehr i. S. des § 2 vorliegt, was Voraussetzung eines Kostenersatzanspruches gemäß § 34 ist.

In Betracht kommt in diesen Fällen für die Gemeinde allerdings ein **Schadensersatzanspruch gegen den Betreiber der Leitstelle** wegen einer Amtspflichtverletzung in Form einer Fehlalarmierung. Da keine Aufgabe der Feuerwehr vorliegt, darf die Feuerwehr auch nicht alarmiert werden. Aus diesem Grund ist die Rechtslage den Betreibern der Leitstelle bekannt zu machen und sie sind darauf hinzuweisen, dass keine Alarmierung der Feuerwehr, sondern des Rettungsdienstes zu erfolgen hat. Wenn dann dennoch weiter die Feuerwehr alarmiert wird, liegt jedenfalls fahrlässiges Handeln vor, welches einen Schadensersatzanspruch gegen den Betreiber der Leitstelle rechtfertigen kann.

3. Satz 3

38 Der durch das ÄndG 2015 eingefügte (unscheinbare) **Satz 3** ermöglicht es durch die Verweisung auf § 6 Abs. 2 PolG, dass bei vorsätzlicher oder grob fahrlässiger Verursachung des Einsatzes (Nr. 1) oder der Fehlalarmierung der Feuerwehr (Nr. 5) der Sorgeberechtigte oder der Betreuer als Zusatzverantwortlicher in Anspruch genommen werden kann, wenn eine Person gehandelt hat, die das 16. Lebensjahr noch nicht vollendet hat oder die unter Betreuung gestellt ist (vgl. LT-Drs. 15/7613, S. 18). Die Verantwortlichkeit nach § 6 PolG ist **von subjektiven Momenten** des Störers oder des Zusatzverantwortlichen **unabhängig**, d. h., es genügt allein die objektive Herbeiführung des Feuerwehr-

einsatzes. Es kommt also weder auf die Geschäftsfähigkeit (§§ 104 ff BGB), die Deliktsfähigkeit (§§ 827, 828 BGB), die Strafmündigkeit (§ 19 StGB) noch auf sonstige persönliche Eignungen oder auf die finanzielle Leistungsfähigkeit an. Ebenso ist die Verantwortlichkeit verschuldensunabhängig (vgl. Belz/Mußmann/Kahlert/Sander, Polizeigesetz für BW, 9. Aufl., § 6 Rn. 4 und 14).

Aus der Verweisung auf § 6 Abs. 3 PolG ergibt sich, dass die Gemeinde in den Fällen der Nr. 1 und 5 auch denjenigen zum Kostenersatz heranziehen kann, der einen anderen zu einer Verrichtung bestellt (Verrichtungsgehilfe, siehe dazu unten Rn. 47 und Belz/Mußmann/Kahlert/Sander, a. a. O., § 6 Rn. 17), wenn durch das Verhalten des Verrichtungsgehilfen der Einsatz der Feuerwehr erforderlich wurde.

II. Zu Absatz 2

1. Satz 1

Für Einsätze der Feuerwehren zur Erfüllung von **in § 2 Abs. 2 genannten** 39
Kann-Aufgaben „soll" die Gemeinde als Träger der Feuerwehr Kostenersatz verlangen. Daher steht die Entscheidung, ob Kosten verlangt werden, nicht (mehr) im Ermessen der Gemeinde. **„Sollen"** bedeutet „müssen", sofern nicht ein Ausnahmetatbestand gegeben ist; dies gilt insbesondere vor dem Hintergrund der gemeindehaushaltsrechtlichen Bestimmung des § 78 Abs. 2 Nr. 1 GemO, wonach die Gemeinden die zur Erfüllung ihrer Aufgaben notwendigen Einnahmen vorrangig aus Entgelten für die Leistungen zu beschaffen haben (VGH, BWGZ 2008, 750 und juris [Rn. 19]). Eine Ausnahme ist nur bei Vorliegen einer unbilligen Härte i. S. von Abs. 3 möglich. Eines besonderen Entschließungsermessens, den Kostenersatz überhaupt anzufordern, bedarf es folglich nicht mehr (VGH, VBlBW 2011, 391 und juris [Rn. 18]). Jedoch steht der Gemeinde Ermessen zu, von wem sie Kostenersatz fordert (Auswahlermessen, siehe dazu oben Rn. 4) und in welcher Höhe ein Kostenpflichtiger zum Kostenersatz herangezogen wird.

Zu den Kann-Aufgaben siehe im Einzelnen die ausführliche Kommentie- 40
rung in Rn. 30 ff. zu § 2. Zusammengefasst lässt sich sagen, dass zu den nach § 34 Abs. 2 kostenpflichtigen **Kann-Aufgaben** zählen:

- die technische Hilfeleistung bei „anderen Notlagen" i. S. von § 2 Abs. 2 Nr. 1 und
- „Maßnahmen der Brandverhütung" i. S. von Absatz 2 Nr. 2.

41 **Technische Hilfeleistung bei „anderen Notlagen"** i. S. von § 2 Abs. 2 Nr. 1 ist unter drei Voraussetzungen gegeben. **Diese sind**:

1. Vorliegen eines Unglücksfalls, bei dem Menschen, Tiere oder Schiffe geschädigt oder gefährdet sind und
2. die Feuerwehr nicht schon nach Absatz 1 zur Hilfeleistung verpflichtet ist und
3. für die Abwehr der jeweiligen Gefahr die speziellen Geräte und Fähigkeiten erforderlich sind, über die die Feuerwehr für den Einsatz in öffentlichen Notständen verfügt.

Solche Hilfeleistungen sind vor allem: Beseitigung von Ölspuren auf Straßen bei Gefährdung anderer Verkehrsteilnehmer (VGH, VBlBW 2002, 73 und juris [Rn. 18]), Retten einer nicht lebensbedrohlich erkrankten Person aus einer Notlage (durch Drehleiter oder durch Ziehen des Türschlosses; VGH, BWGZ 2010, 732 und juris [Rn. 16]), Ölunfall ohne Gefährdung der Trinkwasserversorgung (VG Freiburg, BWGZ 2010, 730 und juris [Rn. 18]).

An einer **Hilfeleistung für Menschen und Tiere fehlt es** jedoch, wenn keine Anhaltspunkte dafür ersichtlich sind, dass einzelne Menschen oder Tiere in irgendeiner Weise gefährdet werden (siehe dazu auch Rn. 33 zu § 2). Für die Beurteilung der Not- bzw. Gefahrenlage kommt es dabei auf die ex-ante-Sicht an (VGH, VBlBW 2002, 73 und juris [Rn. 18]; Urteil vom 30. November 2010, 1 S 1120/10, juris [Rn. 36]). Zu beachten ist ferner, dass eine „andere Notlage" nicht vorliegt, wenn die Hilfeleistung allein zum Schutz privater Sachgüter oder der Umwelt erfolgt. Denn nach dem klaren Wortlaut erfordert § 2 Abs. 2 Nr. 1 eine Hilfeleistung für Menschen, Tiere oder Schiffe, mithin muss eines dieser Schutzgüter in irgendeiner Weise gefährdet sein (vgl. VGH, Urteil vom 20. März 2003, 1 S 397/01, juris [Rn. 18]). Angesichts dessen dürfen Gemeinden für das **Auspumpen einzelner Kellerräume** keinen Kostenersatz gemäß § 34 Abs. 2 mittels Kostenbescheides verlangen; dies wurde vom VG Karlsruhe (BWGZ 2000, 411 und juris [Rn. 14]) übersehen. In Kenntnis dieser Rechtsprechung hat der Gesetzgeber den Wortlaut in § 2 Abs. 2 Nr. 1 bislang nicht geändert und etwa um die Schutzgüter „bedeutende Sachwerte" und „Umwelt" erweitert. In § 34 Abs. 2 als Voraussetzung für den Kostenersatz mittels Verwaltungsakts verweist er jedoch ausdrücklich auf § 2 Abs. 2. Eine ähnliche Problematik stellt sich, wenn die Feuerwehr zur Beseitigung eines **umgestürzten Baumes** gerufen wird. Wenn dieser bereits auf dem Boden zum Liegen gekommen ist, ist eine Gefahr für Menschen i. S. des § 2 Abs. 2 Nr. 1 nur dann zu bejahen, wenn dadurch etwa die Sicherheit des Straßenverkehrs oder die Erreichbarkeit von Anwohnern mit Rettungsfahrzeugen gefährdet ist.

Dem Träger der Feuerwehr ist deshalb anzuraten, in vorgenannten Fällen – insbesondere wenn der Zustandsstörer gemäß § 34 Abs. 2 Satz 1 Nr. 2 in Anspruch genommen werden soll – sorgfältig zu prüfen, ob im Hinblick auf die Rechtsprechung des VGH die Voraussetzungen einer „andere Notlage" i. S. von § 2 Abs. 2 Nr. 1 angenommen werden können (vgl. dazu auch Ernst, VBlBW 2014, 99).

Wird das Vorliegen einer Aufgabe nach § 2 Abs. 2 Nr. 1 und damit eines Kostenersatzanspruches nach § 34 Abs. 2 verneint, ist in diesen Fällen zu prüfen, ob die Feuerwehr im Rahmen der **Amtshilfe** i. S. von Art. 35 GG handelt (siehe dazu ausführlich Rn. 43 ff. zu § 2), z. B. dem Polizeivollzugsdienst oder dem Straßenbaulastträger als Verkehrssicherungspflichtigen. Die Kostenerstattung richtet sich dann mangels Erfüllung einer eigenen Aufgabe nicht nach § 34 Abs. 2, sondern nach § 8 LVwVfG. Gegenüber anderen Verwaltungsträgern können die Kosten der Amtshilfe auch nicht mittels Leistungsbescheids (Verwaltungsakt) geltend gemacht werden (vgl. VGH, BWGZ 2009, 218 und juris [Rn. 22] sowie Rn. 17 zu § 26). Kommt der in Anspruch genommene Verwaltungsträger seiner Zahlungsverpflichtung nicht nach, muss die Zahlung begehrende Gemeinde daher beim Verwaltungsgericht **Leistungsklage** erheben.

Leistet die Feuerwehr in den vorgenannten Fällen auch keine Amtshilfe, 42
sondern erbringt sie über § 2 hinaus **(freiwillige) Hilfeleistungen** (Freiwilligkeitsleistungen), ist umstritten, ob und wie die Gemeinde hierfür Kostenersatz verlangen kann. Bei diesen Tätigkeiten werden die eingesetzten Feuerwehrangehörigen auch nicht hoheitlich, sondern fiskalisch tätig, da sie keine Aufgaben i. S. des § 2 erfüllen. Dies ist entscheidend bei der Frage der Haftung der Gemeinde bzw. der Feuerwehrangehörigen für durch den Feuerwehreinsatz verursachte Schäden (siehe hierzu Rn. 15 zu § 7).

Ein **vertraglicher Kostenersatzanspruch** (Werkvertrag, Dienstvertrag) der Gemeinde ist gegenüber demjenigen zu bejahen, der die Feuerwehr ausdrücklich nach Hinweis auf die Entgeltlichkeit ihrer Tätigkeit mit der Durchführung der Maßnahme (Auspumpen des Kellers, Beseitigen des Baumes, Beräumung eines Daches von Schneelast usw.) „beauftragte" (dazu ausführlich OLG Rostock, Urteil vom 28 Juli 2017, 6 U 131/15, juris [Rn. 68]). Die Gemeinde wird bei dem Vertragsschluss vertreten durch den Einsatzleiter der Feuerwehr (Technischer Einsatzleiter i. S. des § 27 Abs. 1). Der hauptamtlich tätige Einsatzleiter ist gemäß § 53 Abs. 1 Satz 1 GemO befugt, für die Gemeinde den Vertrag abzuschließen. Der ehrenamtlich tätige Einsatzleiter handelt bei Vertragsschluss ohne Vertretungsmacht, da auf ihn § 53 Abs. 1 GemO keine Anwendung findet. In diesem

Fall kann aber die Gemeinde den Vertragsschluss nachträglich genehmigen, womit der Vertrag geschlossen ist (siehe dazu Aker/Hafner/Notheis, Gemeindeordnung BW, 2. Aufl. § 53 Rn. 6).

Ein Anspruch gegenüber demjenigen, in dessen Interesse die Feuerwehr (auch) tätig wurde, der aber von dem Tätigwerden der Feuerwehr keine Kenntnis hatte und sie deshalb auch nicht „beauftragen" konnte, kommt nur über das zivilrechtliche Institut der **„Geschäftsführung ohne Auftrag"** (GoA), §§ 677 ff. BGB in Betracht. Ob in solchen Fällen eine Inanspruchnahme über die GoA möglich ist, ist höchst **umstritten**. Das VG Freiburg (BWGZ 1997, 821) lehnt einen Rückgriff auf die GoA ab, wenn die Rechtsbeziehungen zwischen dem Bürger und der Verwaltung aufgrund von öffentlich-rechtlichen Vorschriften geregelt sind und ein Rückgriff wegen Fehlens der Voraussetzungen dieser Vorschrift ausscheidet. Die überwiegende Rechtsprechung lässt dagegen einen Rückgriff zu (vgl. BGH NJW 2004, 513 und juris [Rn. 8]; OLG Hamburg, Beschluss vom 4. Juli 2014, 6 W 22/14, juris [Rn. 6 f.]; OLG Rostock, Urteil vom 28. Juli 2017, 6 U 131/15, juris [Rn. 95]).

Ist ein Kostenersatzanspruch der Gemeinde nach den Regeln des BGB (z. B. Werkvertrag, GoA) gegeben, können diese Ansprüche nicht mittels Leistungsbescheid (Verwaltungsakt) geltend gemacht werden, weil hierfür keine gesetzliche Ermächtigungsgrundlage besteht (siehe zum Erfordernis der gesetzlichen Ermächtigungsgrundlage VG Neustadt (Weinstraße), Urteil vom 26. Oktober 2021, 5 K 582/21.NW, juris [Rn. 17]).

43 **„Maßnahmen der Brandverhütung"** i. S. von § 2 Abs. 2 Nr. 2. sind insbesondere:

- die Brandsicherheitswache,
- Tätigkeiten zur Beseitigung einer (auch unmittelbaren) Brandgefahr (z. B. das Ausräumen eines durch Fermentation erhitzten Heustocks, vgl. VGH, BWGZ 2009, 219 und juris [Rn. 22 f.] und siehe oben Rn. 3 sowie Rn. 10 zu § 2),
- die Brandschutzaufklärung und -erziehung,
- die Durchführung oder die Teilnahme an der Brandverhütungsschau und die Überprüfung (Begutachtung) der Baugesuche auf Einhaltung der Bestimmungen auf dem Gebiet des vorbeugenden Brandschutzes.

2. Satz 2

44 Satz 2 regelt **abschließend** (vgl. VGH, Urteil vom 9. September 2013, 1 S 1077/13, juris [Rn. 19]) die Kostenersatzpflichtigen bei den sog. Kann-Auf-

gaben nach Absatz 2 Satz 1. Wer bei den Pflichtaufgaben gemäß Absatz 1 Satz 2 ausnahmsweise kostenersatzpflichtig ist, ist unmittelbar in den Ausnahmetatbeständen des Abs. 1 Satz 2 Nr. 1 bis 7 bestimmt. Da Satz 2 der Inanspruchnahme von Störern nach §§ 6, 7 PolG nachgebildet ist (VGH, NJW 1993, 1543, juris [Rn. 22]), kommt es auch hier **auf ein Verschulden** des Störers für die Kostentragung **nicht an** (vgl. dazu VG Sigmaringen, Urteil vom 27. Juli 2011, 5 K 2547/09, juris [Rn. 29]; VG Freiburg, VBlBW 1994, 211). Die Gemeinde kann natürliche und juristische Personen zu den Kosten heranziehen.

Unterstützt die Feuerwehr den Rettungsdienst durch eine Leistung nach § 2 Abs. 2 Nr. 1 (vgl. Rn. 44 zu § 2), ist der Gebührenbescheid nicht an den Träger des Rettungsdienstes zu richten, da dieser weder Störer i. S. des Satzes 2 Nr. 1 ist, noch die Leistung der Feuerwehr im Interesse des Rettungsdienstes erbracht wurde (Satz 2 Nr. 3), sondern im Interesse des Verletzten bzw. dessen Krankenversicherung (LT-Drs. 14/5103, S. 52).

2.1 Nr. 1

Nach Nr. 1 ist derjenige kostenpflichtig, der die Leistung der Feuerwehr durch sein Tun oder Unterlassen (wenn eine Rechtsnorm ein Handeln verlangt, ist das Unterlassen ein „Verhalten" i. S. der Nr. 1, z. B. die unterlassene Temperaturmessung in einem Heustock) erforderlich gemacht hat. Nr. 1 stellt auf den Verursacher **(Verhaltensstörer)** i. S. von § 6 Abs. 1 PolG ab (siehe dazu VGH, Urteil vom 30. Juli 2002, 10 S 2153/01, juris [Rn. 108]). Deshalb erklärt Nr. 1 auch § 6 Abs. 2 und 3 PolG für entsprechend anwendbar. 45

Aus der entsprechenden Anwendung von § 6 Abs. 2 PolG folgt, dass für das Verhalten von Personen, die das 16. Lebensjahr noch nicht vollendet haben, derjenige i. S. von Absatz 2 verschuldensunabhängig (siehe dazu oben Rn. 38) haftet, dem die Sorge für die kostenverursachende Person obliegt. Gleiches gilt, wenn für die Person ein Betreuer bestellt ist (die Voraussetzungen für die Bestellung eines Betreuers sind in § 1814 BGB genannt). Dann haftet der Betreuer im Rahmen seines Aufgabenbereichs. 46

Durch die Verweisung auf § 6 Abs. 3 PolG ergibt sich, dass die Gemeinde denjenigen zum Kostenersatz heranziehen kann, der einen anderen zu einer Verrichtung bestellt (Verrichtungsgehilfe), wenn durch das Verhalten des Verrichtungsgehilfen die Leistung der Feuerwehr erforderlich wurde. Für die Frage, unter welchen Voraussetzungen eine Bestellung zum **Verrichtungsgehilfen** vorliegt, kann die zu § 831 BGB ergangene Rechtsprechung der Zivilgerichte herangezogen werden. Verrichtungsgehilfe ist danach jeder, der von einem anderen und **von dessen Weisungen abhängig ist**. Für das Weisungs- 47 recht ist es ausreichend, dass der Geschäftsherr die Tätigkeit des Handelnden jederzeit beschränken, untersagen oder nach Zeit und Umfang bestimmen kann. Dabei ist die Art des Rechtsverhältnisses zwischen dem Verrichtungsgehilfen und dem Geschäftsherrn ohne Bedeutung. Ausschlaggebend ist allein, dass der Bestellte bei Ausführung der Verrichtung vom Willen des Bestellers abhängig ist, mag er im Übrigen auch selbstständig arbeiten (vgl. hierzu Erman, BGB, 17. Aufl., § 831 Rn. 6; VGH, NJW 1993, 1543 und juris [Rn. 23]). Denn nach dem Grundgedanken des § 831 BGB – wonach der Geschäftsherr durch seine herausgehobene Stellung gegenüber dem Gehilfen besondere Möglichkeiten der Gefahrbeherrschung und -vermeidung hat – ist eine Haftung des Geschäftsherrn nur möglich, wenn der Gehilfe in die Herrschafts- und Organisationssphäre des Geschäftsherrn eingegliedert und seinen Weisungen unterworfen ist. Diese Abhängigkeit bedeutet nicht, dass der Gehilfe stets fachlich dem Geschäftsherrn unterlegen oder gar in einem Arbeitsverhältnis sozial abhängig sein muss. Deshalb können etwa auch Bauhandwerker und Subunternehmer ausnahmsweise Verrichtungsgehilfen des Bestellers sein, wenn sie auf dessen Geheiß handeln. Auch ein selbstständiges Unternehmen kann demnach Verrichtungsgehilfe sein, wenn es in einer gewissen Abhängigkeit zu einem „Geschäftsherrn“ steht, sodass dieser alle Tätigkeiten des Unternehmens beschränken, unterbinden oder nach Zeit, Art und Umfang näher bestimmen kann (Erman, a. a. O., § 831 Rn. 7).

2.2 Nr. 2

48 Die Nr. 2 knüpft an § 7 PolG an. § 7 PolG ermächtigt zu polizeilichen Maßnahmen gegenüber dem sog. Zustandsstörer. Die Nr. 2 begründet die **Zustandshaftung** (= Gefährdungshaftung). Die Regelung des § 7 PolG trägt damit dem Umstand Rechnung, dass die Zustandsverantwortlichkeit ihren legitimierenden Grund in der durch die Sachherrschaft vermittelten Einwirkungsmöglichkeit auf die gefahren- oder störungsverursachende Sache findet. Der Eigentümer/Besitzer kann überdies aus der Sache Nutzen ziehen. Auch dies rechtfertigt es, ihn zur Beseitigung von Gefahren heranzuziehen, die von der Sache für die Allgemeinheit ausgehen. Die Möglichkeit zur wirtschaftlichen Nutzung und Verwertung des Sacheigentums korrespondiert mit der öffentlich-rechtlichen Pflicht, die sich aus der Sache ergebenden Lasten und die mit der Nutzungsmöglichkeit verbundenen Risiken zu tragen (BVerfG, NJW 2000, 2573 und juris [Rn. 51]; VGH, Urteil vom 30. Juli 2002, 10 S 2153/01, juris [Rn. 135]).

49 **„Zustand“** ist eine dauernde oder vorübergehende Lage. Unerheblich ist, ob der Eigentümer oder der Inhaber der tatsächlichen Gewalt den Zustand selbst herbeigeführt hat oder ob der Zustand von einem Dritten durch Zu-

fall oder höhere Gewalt herbeigeführt wurde. Auch auf ein Verschulden kommt es nicht an (vgl. oben Rn. 44). Ob eine Person die tatsächliche Gewalt über eine Sache ausübt, ist nach der Verkehrsanschauung zu beurteilen. Entscheidend ist, ob die zwischen der Person und der Sache bestehende Beziehung die erforderliche Sachherrschaft gewährleistet.

Die **„tatsächliche Gewalt“** i. S. der Nr. 2 setzt voraus, dass der Inhaber der tatsächlichen Gewalt ungehindert Zugang zu der Sache hat und auf sie einwirken kann (vgl. Belz/Mußmann/Kahlert/Sander, PolG BW, 9. Aufl., § 7 Rn. 11a). Nicht entscheidend ist, ob der Inhaber der tatsächlichen Gewalt zivilrechtlich zur Ausübung der Gewalt berechtigt ist. Fehlt dem Eigentümer die tatsächliche Einwirkungsmöglichkeit auf die Sache (z. B. wegen Diebstahls oder Unterschlagung), kann er nicht zu den Kosten der Feuerwehr herangezogen werden. Gleiches gilt, wenn dem Eigentümer kraft Gesetzes die Einwirkungsmöglichkeit fehlt (z. B. öffentliche Straßen und Gewässer, deren Grund bzw. Bett im Privateigentum steht).

2.3 Nr. 3

Unter die Nr. 3 fallen natürliche und juristische Personen, **in deren Interesse die Feuerwehr tätig geworden ist**. Nr. 3 entspricht § 683 BGB, der dem Geschäftsführer einen Anspruch auf Ersatz seiner Aufwendungen gibt, wenn er im Interesse und mit (wenn auch nur mutmaßlichem) Willen des Geschäftsherrn gehandelt hat. Das Interesse braucht nicht notwendig ein vermögensrechtliches zu sein. 50

Im Gegensatz zu den Nr. 1 und 2 fehlt der Nr. 3 eine Entsprechung im PolG BW, der durch einen Polizeieinsatz Begünstigte kann nicht zu den Polizeikosten herangezogen werden. Das Interesse eines Dritten i. S. der Nr. 3 ist gegeben, wenn die Leistung der Feuerwehr für den Dritten **objektiv nützlich** war. Die Nützlichkeit ist anhand der konkreten Sachlage festzustellen. Es genügt nicht, dass die Feuerwehr durch ihre Leistung einem Dritten nützen wollte, der Erfolg muss hinzukommen. Zudem muss der Einsatz unmittelbar zugunsten des Kostenersatzpflichtigen erbracht worden sein. Ein irgendwie gearteter Vorteil als bloßer Reflex einer Feuerwehrleistung ist nicht ausreichend (VGH, Urteil vom 9. September 2013, 1 S 1077/13, juris [Rn. 22]; VG Freiburg, Urteil vom 16. März 2016, 7 K 843/14, juris [Rn. 27]).

Beispiele für § 34 Abs. 2 Satz 2 Nr. 3: 51

- Das Verbringen einer schwer übergewichtigen Person mittels einer Drehleiter von ihrer Wohnung auf die Straße zum Krankenwagen ist eine nützliche Leistung für die Krankenkasse (VGH, VBlBW 2010, 474 und juris [Rn. 16]).

- Das VG Karlsruhe (Urteil vom 8. Dezember 2011, 6 K 873/11, juris [Rn. 38]) hat die Kosten eines Einsatzes, bei dem die Feuerwehr einem Kind technische Hilfe nach § 2 Abs. 2 Nr. 1 leistete, dessen Eltern auferlegt, da die Feuerwehr insoweit die Personensorge und damit eine den Eltern zugeordnete Aufgabe (§ 1626 Abs. 1 Satz 2 BGB) wahrgenommen und somit die Leistung im Interesse der Eltern erbracht habe.
- Die Beseitigung einer Ölspur erachtete der VGH (Urteil vom 9.September 2013, 1 S 1077/13, juris [Rn 22]) als im Interesse des Straßenverkehrssicherungspflichtigen erbracht. Letztgenanntes Urteil ist allerdings durch die mit ÄndG 2015 eingefügte Nr. 4 (siehe sogleich Rn. 52) überholt, sofern die Ölspur – wie regelmäßig – durch den Betrieb eines Kraftfahrzeugs verursacht wurde.
- Das Öffnen einer Wohnungstür seitens der Feuerwehr auf Alarmierung durch den Betreiber eines Hausnotrufes erfolgt in dessen Interesse. Wenn dieser mit seinem Kunden einen Vertrag dahingehend abschließt, dass ein Mitarbeiter des Betreibers nach Auslösen des Hausnotrufes zu ihm kommt, um die gesundheitliche Lage abzuklären, dann ist der Betreiber auch verpflichtet sicherzustellen, dass er Zugang zur Wohnung erhält. Er lässt sich daher regelmäßig einen Wohnungsschlüssel aushändigen. Wenn der Betreiber aus Personalmangel nicht in der Lage ist, dieser Verpflichtung nachzukommen oder er hat den Zugang zur Wohnung nicht sichergestellt, und alarmiert in diesen Fällen die Feuerwehr, dann hilft die Feuerwehr dem Betreiber, seine vertragliche Verpflichtung zu erfüllen, und handelt mithin in dessen Interesse.
- Die Feuerwehr wird auch im Interesse einer Wartungsfirma eines Personenaufzuges tätig, wenn diese die Feuerwehr alarmiert, um im Aufzug eingeschlossene Personen zu befreien, weil ihr Mitarbeiter der vertraglichen Verpflichtung nicht (rechtzeitig) nachkommen kann. Die Feuerwehr erfüllt dann die vertragliche Verpflichtung der Wartungsfirma. Dies gilt nicht, wenn die Feuerwehr beispielsweise durch eine eingeschlossene Person zusätzlich zu einem Mitarbeiter der Firma alarmiert wird, weil dem Anrufer die Befreiung durch den Mitarbeiter zu lange dauert. Dann entstehen nämlich der Wartungsfirma Kosten für ihren Mitarbeiter und die Feuerwehr, das Tätigwerden der Feuerwehr ist ihr dann nicht nützlich. In diesen Fällen ist der Kostenbescheid an den Anrufer als Zustandsstörer zu richten.

2.4 Nr. 4

Die durch das ÄndG 2015 eingefügte Nr. 4 normiert die **ausschließliche Kostenersatzpflicht des Fahrzeughalters** auch bei Einsätzen nach § 2 Abs. 2, sofern der Feuerwehreinsatz durch den Betrieb von Kraftfahrzeugen, Anhängefahrzeugen, Schienen-, Luft- oder Wasserkraftfahrzeugen verursacht wurde. Sachgerechter Beweggrund für diese Regelung war, den Halter (siehe dazu oben Rn. 14 ff.), der regelmäßig den Nutzen aus dem Betrieb der Fahrzeuge zieht, bzw. die hinter dem Halter stehende Versicherung mit den Einsatzkosten zu belasten und nicht etwa andere Personen, wie den abhängig beschäftigten Führer solcher Fahrzeuge. 52

Da die Nr. 4 dem Kostentatbestand des Absatzes 1 Satz 2 Nr. 2 nachgebildet ist, wird auf die obigen Ausführungen unter Rn. 15 bis Rn. 22 verwiesen.

2.5 Mehrere Kostenschuldner

Zur Frage, welchen Verursacher bzw. durch den Einsatz Begünstigten in welcher Höhe die Gemeinde für die Einsatzkosten in Anspruch nehmen kann, wenn mehrere Kostenpflichtige nach Absatz 2 Satz 2 vorhanden sind, siehe oben Rn. 4. 53

III. Zu Absatz 3

Absatz 3 ist eine Ausprägung des Verhältnismäßigkeitsgrundsatzes und anzuwenden bei den Inanspruchnahmen nach Absatz 1 Satz 2 und Absatz 2. Nach Absatz 3 darf die Gemeinde grundsätzlich nicht („soll nicht") oder nicht in voller Höhe („soweit") Kostenersatz verlangen, wenn: 54

a. die Inanspruchnahme des Kostenpflichtigen eine „unbillige Härte" darstellen würde oder

b. die Nichterhebung im öffentlichen Interesse liegt.

Zu a.: Der Begriff **„unbillige Härte"** ist ein vom Verwaltungsgericht nachprüfbarer unbestimmter Rechtsbegriff. Eine unbillige Härte ist das Ergebnis eines aus der Regel fallenden, atypischen Einzelfalls; sie kann sich vornehmlich aus den persönlichen, insbesondere wirtschaftlichen Verhältnissen des Kostenpflichtigen ergeben (VGH, BWGZ 2008, 750 und juris [Rn. 22]). Ob unter die unbillige Härte auch sachliche Billigkeitsgründe fallen, die aus der Natur der Sache und überragenden Gerechtigkeitsvorstellungen folgen, ist zu bejahen, hat der VGH (a. a. O.) jedoch offengelassen. Dies bedeutet jedoch nicht, dass die wirtschaftlichen Interessen des Betroffenen schlechthin Vorrang vor den Interessen der Gemeinde (und damit der Allgemeinheit/Steuerzahler) an einem Kostenersatz haben, vielmehr sind beiderlei 55

Interessen gegeneinander gerecht abzuwägen. Nur wenn der Betroffene durch die (volle) Kostenerstattung im Vergleich zum Durchschnitt aller Kostenpflichtigen unzumutbar belastet würde, liegt eine „unbillige Härte" i. S. von Absatz 3 vor. Entscheidungen nach Absatz 3 sind daher **Einzelfallentscheidungen**; sie entziehen sich ihrer Natur nach einer generellen Regelung (Satzung), jedoch lässt sich sagen:

- eine Heranziehung hat jedenfalls zu unterbleiben, wenn sie den Betroffenen wirtschaftlich unzumutbar belastet;
- bei beengten finanziellen Verhältnissen des Pflichtigen kann sich eine persönliche Unbilligkeit unter Umständen aber auch daraus ergeben, dass er auf den (nahezu) vollen Betrag in Anspruch genommen wird, obwohl noch weitere materiell kostenpflichtige Personen vorhanden sind;
- eine Kostenbelastung wird auch dann unbillig sein, wenn der Verursachungsbeitrag eines anderen Verantwortlichen gewichtiger ist, eine Durchsetzung des Erstattungsanspruchs gegen diesen allerdings nicht möglich ist;
- eine Kostenbelastung kann gegenüber den Erben unbillig sein, wenn der Kostenersatzpflichtige trotz der Hilfeleistung der Feuerwehr verstorben ist;
- eine Unbilligkeit kann auch dann in Betracht kommen, wenn bei gleichgewichtigen Verursachungsbeiträgen ein Kostenausgleich unter den materiell Kostenpflichtigen, der im Interesse der materiellen Lastengleichheit geboten ist, erschwert ist (VGH, a. a. O.).

Eine gegebenenfalls vorzunehmende Reduzierung der Kosten bei sog. überdimensionierten Feuerwehreinsätzen leitet der VGH aus dem Verhältnismäßigkeitsgrundsatz her (siehe hierzu unten Rn. 56).

Das **Vorliegen einer unbilligen Härte** ist schon im Heranziehungsverfahren, nicht erst im Widerspruchsverfahren oder gar im verwaltungsgerichtlichen Verfahren von Bedeutung und vom Kostenpflichtigen grundsätzlich **geltend zu machen**. Der Gesetzgeber hat nämlich das Merkmal einer unbilligen Härte so ausgestaltet, dass es sich bereits **tatbestandsmäßig** auf die Kostenersatzpflicht auswirkt. Erst aus dem Zusammenspiel mit § 34 Abs. 3 ergibt sich der volle Haftungstatbestand, sodass die Kostenersatzforderung materiell nur in geringerer Höhe oder gar nicht besteht, wenn die Voraussetzungen einer unbilligen Härte erfüllt sind. Bei § 34 Abs. 3 handelt es sich also um ein positives Tatbestandsmerkmal für eine Ausnahme von der Kostenersatzpflicht, für das der Pflichtige materiell beweisbelastet ist (VGH, BWGZ 2008, 750 und juris [Rn. 23 f.]). Aus diesem Regel-Ausnahme-Verhältnis folgen deshalb besondere verfahrensrechtliche Obliegenheiten für den Kostenpflichtigen. Ihn trifft eine gesteigerte Mitwirkungspflicht (vgl. § 26 Abs. 2 Satz 2 LVwVfG) für die in Rede stehende persönliche Unbilligkeit, denn dabei handelt es sich um Umstände, die in seiner Sphäre liegen und den Behörden in der Regel nicht bekannt sind. Er muss sich deswegen mit hinreichender Deutlichkeit auf diese Ausnahme berufen und zu deren Vorliegen substantiiert vortragen. Nur unter diesen Voraussetzungen ist im Verwaltungsverfahren – seitens der Gemeinde bzw. der Widerspruchsbehörde – eine Prüfung veranlasst. Diese ist allerdings auch dann geboten, wenn die Voraussetzungen einer Unbilligkeit für die Behörden offensichtlich zutage treten (VGH, a. a. O.).

Besondere Umstände, die es angezeigt erscheinen lassen, den **Kostenersatz angemessen zu reduzieren**, können etwa dann gegeben sein, wenn der Umfang des Feuerwehreinsatzes nach einer Ausrückordnung bestimmt wurde, und der Einsatz sich nach den konkreten Gegebenheiten am Einsatzort als offensichtlich überdimensioniert erweist. Hier gebietet der **Grundsatz der Verhältnismäßigkeit**, die Interessen des Kostenpflichtigen, zu den Kosten lediglich in einem Umfang herangezogen zu werden, der dem objektiv erforderlichen Aufwand entspricht, und das Interesse der Gemeinde an einem möglichst umfassenden kostendeckenden Ersatz gegeneinander abzuwägen und dies nachvollziehbar darzulegen. 56

Dabei ist es grundsätzlich nicht von vornherein ermessensfehlerhaft, wenn den Interessen der Gemeinde (und damit der Allgemeinheit) der Vorrang vor den wirtschaftlichen Interessen des Kostenpflichtigen eingeräumt wird. So beurteilt sich die Rechtmäßigkeit des Feuerwehreinsatzes grundsätzlich aus einer „ex-ante-Sicht“; ist daher aus der Sicht zum Zeitpunkt der Einsatzentscheidung die Lage in vertretbarer Weise eingeschätzt und danach der Einsatzumfang beim Ausrücken der Feuerwehr ermessensfehlerfrei bestimmt worden, wird diese Entscheidung nicht dadurch wieder rechtswidrig, dass nach der vorgefundenen Situation vor Ort ein im Umfang geringerer Einsatz ausreicht. Denn es ist sachgerecht, wenn die Feuerwehr aufgrund von Erfahrungswerten Alarmierungskonzepte und Ausrückanordnungen für bestimmte Fallgruppen erlässt, um sicherzustellen, dass bei einem Schadensereignis mit in der Regel unbekanntem Ausmaß dies bereits im ersten Zugriff wirkungsvoll bekämpft werden kann und das erforderliche Personal und die technische Ausstattung bereitstehen. Nur durch solch eine Alarmierung ist somit gewährleistet, dass insbesondere bei Hilfeleistungen für Menschen keine unvertretbaren zeitlichen Verzögerungen auftreten.

Jedoch hat der Träger der Feuerwehr andererseits auch die Regelung in § 34 Abs. 3 und den Verhältnismäßigkeitsgrundsatz zu berücksichtigen (vgl. VGH, VBlBW 1998, 431 und juris [Rn. 26]; VGH, Urteil vom 20. März 2003, 1 S 397/01, juris [Rn. 30] sowie Hess. VGH, NVwZ 2006, 108 und juris [Rn. 31]). Im Einsatz nicht (mehr) benötigte Fahrzeuge und Mannschaft sind möglichst schnell aus dem Einsatz herauszulösen.

57 **Zu b.**: Durch diese Alternative wird den Gemeinden die Möglichkeit eröffnet, nicht nur aus Gründen, die in der Sphäre des Kostenschuldners liegen, sondern auch aus Gründen, die im Bereich der Gemeinden, d. h. **im öffentlichen Interesse** liegen, auf Kostenersatz zu verzichten. So kann es im Interesse der Gemeinde liegen, von einem Feuerwehrangehörigen oder von einem Arbeitgeber, der mehrere Mitarbeiter regelmäßig für den Feuerwehrdienst „freistellt", keinen Kostenersatz zu verlangen. Ein Verzicht auf Kostenersatz kann auch im öffentlichen Interesse liegen, wenn ein gemeinnütziger Verein im Interesse der Gemeinde Jugendarbeit betreibt und z. B. während eines Ferienlagers oder bei einer Veranstaltung ein Feuerwehreinsatz notwendig wird (vgl. LT-Drs. 14/5103, S. 53).

IV. Zu Absatz 4

1. Vorbemerkung

58 Die Sätze 1 und 3 bestimmen den **Umfang** der **ersatzpflichtigen Kosten**, für die die Tatbestände des Abs. 1 Satz 2 und des Abs. 2 die Anspruchsvoraussetzung sind. Ersatzpflichtige Kosten sind die der Gemeinde für die Feuerwehr entstehenden laufenden Kosten, die in Stundensätzen für die Einsatzkräfte sowie die Feuerwehrfahrzeuge erhoben werden (Satz 1), sowie die Kosten und Auslagen, die bei einem einzelnen Einsatz entstehen und diesem direkt zugeordnet werden können (Satz 3).

Gemäß Satz 1, 1. Halbsatz ist die Erhebung des Kostenersatzes in Form von getrennten Stundensätzen für Einsatzkräfte sowie Feuerwehrfahrzeuge vorgegeben. Damit werden in pauschaler Form alle laufenden Kosten der Feuerwehr abgegolten, die nicht nach Satz 3 gesondert berechnet werden können. Aus Gründen der Verwaltungsvereinfachung ist damit die in § 34 Abs. 5 a. F. vorgegebene aufwendige und mit Problemen behaftete Berechnung der Kosten nach betriebswirtschaftlichen Grundsätzen für die Stundensätze der ehrenamtlich tätigen Einsatzkräfte und die Feuerwehrfahrzeuge durch die neuen vereinfachten Berechnungen in den Absätzen 5 und 7 ersetzt (LT-Drs. 15/7613, S. 19).

58a Streitig ist, ob auch die Kosten von Feuerwehrangehörigen, die alarmiert worden und zum Feuerwehrhaus angerückt sind, tatsächlich aber **nicht**

ausgerückt sind, zu den Kosten eines Feuerwehreinsatzes zählen, die dem Kostenpflichtigen in Rechnung gestellt werden dürfen.

In den Erläuterungen zu § 5 der Mustersatzung für den Kostenersatz (Feuerwehr-Kostenersatz-Satzung [FwKS], abgedruckt im Anhang) wird dies ohne nähere Begründung verneint.

Die Gemeindeprüfanstalt BW ist der Ansicht, dass die Entschädigungen, die angerückten, aber nicht ausgerückten Feuerwehrangehörigen durch die Gemeinde ausgezahlt werden, in die Kalkulation der Personalkosten nach Absatz 5 Satz 1 einzubeziehen seien mit folgender Begründung: In die Kalkulation finden sämtliche Entschädigungszahlungen Eingang in den Kostenersatz. Dazu gehörten dementsprechend auch die Entschädigungen, die an die angerückten aber nicht ausgerückten Feuerwehrkameraden gezahlt wurden. Eine Zuweisung zu den Kosten des konkreten Einsatzes könne zu Ungerechtigkeiten führen. So würden bei gleicher Alarmierung werktags bzw. an einem Wochenende unterschiedlich viele Feuerwehrangehörige zum Feuerwehrhaus anrücken (in der Regel sei die Zahl der angerückten Personen an einem Wochenende durchaus höher). Damit würden die Personalkosten je nach Tages-, Nacht- oder Wochenzeit unterschiedlich hoch ausfallen. Die Abwälzung dieser Kosten auf den Kostenersatzpflichtigen sei so nicht sach- und zweckgerecht und verfehle die allgemeine Zielsetzung der Regelungen zum Kostenersatz.

Diese Ansicht findet im Gesetzeswortlaut keine Stütze. Um sicherzustellen, dass ein Schadensereignis mit in der Regel unbekanntem Ausmaß bereits im ersten Zugriff wirkungsvoll bekämpft werden kann und das erforderliche Personal und die technische Ausstattung bereitstehen, ist es notwendig, dass bei Freiwilligen Feuerwehren stets mehr Angehörige alarmiert werden, als dann zum Einsatz mit den Fahrzeugen tatsächlich ausrücken. Denn aufgrund berufsbedingter Verhinderung, Krankheit, Freizeitgestaltung usw. wird in nahezu keinem Fall die **Anzahl der alarmierten Feuerwehrangehörigen** derjenigen entsprechen, die auch tatsächlich zum Feuerwehrhaus anrücken. Nur durch solch eine Alarmierung ist gewährleistet, dass insbesondere zur Rettung von Menschenleben keine unvertretbaren zeitlichen Verzögerungen auftreten. Die dadurch entstehenden Kosten sind somit Kosten des Feuerwehreinsatzes, die alarmierten und anrückenden Feuerwehrangehörigen sind Einsatzkräfte i. S. des Absatzes 4 Satz 1. **Mit Alarmierung** eines ehrenamtlich tätigen Feuerwehrangehörigen **beginnt also dessen Einsatzdienst** (siehe auch die Regelung in § 37 Abs. 2 LKatSG a. F.: Ein Einsatz im Sinne des Absatz 1 Satz 1 beginnt mit der Alarmierung durch die Integrierte Leitstelle).

Der Kostenschuldner wird in diesen Fällen auch nicht unangemessen benachteiligt, denn die Stundensätze für ehrenamtlich tätige Einsatzkräfte sind wesentlich geringer als diejenigen von hauptamtlichen Kräften, bei denen sich diese Problematik durch ihre Verfügbarkeit im Feuerwehrhaus nicht stellt. Im Übrigen kann den Belangen des Kostenschuldners durch eine Reduzierung der Kosten für angerücktes, aber nicht ausgerücktes Personal über Absatz 3 hinreichend Rechnung getragen werden. Die Ansicht der Gemeindeprüfanstalt würde wieder zu aufwendigen Kalkulationen führen, was durch Absatz 5 gerade vermeiden werden sollte (vgl. oben Rn. 58a). Im Übrigen sind auch bei der Berechnung hauptamtlichen Personals Ungerechtigkeiten gegeben, da die Personalkosten vom Besoldungsamt der eingesetzten Feuerwehrangehörigen abhängt (siehe dazu unten Rn. 75): Rückt an einem Tag mehr Personal des gehobenen Dienstes aus und an einem anderen Tag mehr Personal des mittleren Dienstes sind die Personalkosten ebenfalls unterschiedlich. Gleiches gilt, wenn die Gemeinde ihren Feuerwehrangehörigen den Verdienstausfall gemäß § 16 Abs. 1 Satz 1 in tatsächlicher Höhe bezahlt und von der Möglichkeit des Absatz 5 Satz 2 (siehe dazu unten Rn. 71) keinen Gebrauch macht.

58b Des Weiteren kann die Anordnung einer **Wachbereitschaft** im Feuerwehrhaus während des laufenden Einsatzes erforderlich sein, um die schnelle Verfügbarkeit von Einsatzkräften im Falle eines weiteren Einsatzes sicherzustellen. Denn die Feuerwehrangehörigen, die sonst schnell im Alarmfall anrücken können, sind infolge des laufenden Einsatzes gebunden, weshalb auch die dadurch entstehenden Aufwendungen gemäß Absatz 4 Satz 3 Nr. 3 Kosten des Feuerwehreinsatzes sind. Dies ist insbesondere dann erforderlich, wenn die Feuerwehr im Rahmen der Überlandhilfe (§ 26) tätig wird, da die dort eingesetzten Kräfte für den Schutz in der eigenen Gemeinde nicht zur Verfügung stehen und die Leistungsbereitschaft der Überlandhilfe leistenden Feuerwehr für Aufgaben nach § 2, die während der Überlandhilfe auf ihrem Gemeindegebiet zu erfüllen sind, sichergestellt werden muss.

2. Satz 1

59 Die Einsatzkosten werden nach Satz 1, 1. Halbsatz in Form von **Stundensätzen** festgesetzt und erhoben. Im Interesse der Verwaltungsvereinfachung werden nur noch Stundensätze für Einsatzkräfte sowie für Feuerwehrfahrzeuge festgesetzt. Für die haupt- und ehrenamtlichen Einsatzkräfte richtet sich die Festsetzung nach Absatz 5 und 6, die Stundensätze für Feuerwehrfahrzeuge werden nach Absatz 7 berechnet.

Die Stundensätze für Einsatzkräfte und Feuerwehrfahrzeuge gelten die Kosten der Feuerwehr vollständig ab, die durch die Einrichtung, Ausrüstung und Unterhaltung der Feuerwehr entstehen und die nicht nach Satz 3 gesondert berechnet werden können. Die bislang teilweise praktizierte Erhebung von Stundensätzen für einzelne Feuerwehrgeräte (z.B. Tragkraftspritzen) oder von besonderen Aufwendungen (z.B. für verschmutzte Einsatzkleidung) ist nicht mehr zulässig (vgl. Hildinger/Rosenauer, FwG, 4. Aufl., § 34 Rn. 49).

Satz 1, 2. Halbsatz stellt klar, dass die Gemeinden den Kostenersatz durch **Satzung** regeln können, wie dies ganz überwiegend praktiziert wurde. Der Gemeindetag BW hat in Zusammenarbeit mit dem Innenministerium und dem Landesfeuerwehrverband BW ein **Satzungsmuster** für den Kostenersatz (Feuerwehr-Kostenersatz-Satzung [FwKS]) ausgearbeitet (abgedruckt im Anhang). 60

3. Satz 2

Satz 2 regelt die Höhe des Kostenersatzes für die Fälle, in denen sich der Einsatz nicht über eine oder mehrere volle Stunden erstreckt. Die Regelung übernimmt die obergerichtliche Rechtsprechung (vgl. Bay. VGH, BayVBl. 2009, 149 und juris [Rn. 35]; OVG Nordrhein-Westfalen, Beschluss vom 15. September 2010, 9 A 1582/08, juris [Rn. 13]). Durch diese Berechnung werden weder der Grundsatz der Leistungsproportionalität noch das Übermaßverbot verletzt (vgl. VG Karlsruhe, Urteil vom 28. November 2024, 10 K 88/23, juris [Rn. 46]). Bei einem Einsatz, der nach einer Stunde und 15 Minuten beendet ist, können ein voller und ein halber Stundensatz berechnet werden; dauerte der Einsatz eine Stunde und 45 Minuten, sind zwei volle Stundensätze ansetzbar. Selbstverständlich zählen zur der Einsatzzeit die Aus- und Einrückezeit einschließlich einer angemessenen Zeit zur Wiederherstellung der Einsatzbereitschaft der Feuerwehrausrüstung (vgl. Hildinger/Rosenauer, FwG, 4. Aufl., § 34 Rn. 6). Auch die vom Technischen Einsatzleiter angeordnete Ruhezeit für Einsatzkräfte nach § 15 Abs. 1 Satz 2 (siehe dazu Rn. 10 zu § 15) fällt hierunter. 61

4. Satz 3

Satz 3 ermöglicht, neben den Stundensätzen für Personal sowie Feuerwehrfahrzeuge die Kosten und Auslagen abzurechnen, die bei einem einzelnen Einsatz entstanden sind und wegen ihrer Besonderheit oder weil nur vereinzelt angefallen nicht durch die Stundensätze für Einsatzkräfte sowie für Feuerwehrfahrzeuge abgedeckt sind, deren Ersatz durch den Kostenpflichtigen aber sachgerecht erscheint. Sie sind mit den Stundensätzen nach Satz 1 nicht abgegolten (LT-Drs. 15/7613, S. 19 f.). 62

4.1 Nr. 1

63 Gesondert geltend machen kann die Gemeinde durch Nummer 1 **die durch den Einsatz von Hilfe leistenden Gemeinde- und Werkfeuerwehren oder anderen Hilfe leistenden Einrichtungen und Organisationen** entstandenen Kosten. Rechtsgrundlage für den Ersatz von Kosten der Überlandhilfe seitens der Gemeindefeuerwehren ist § 26 Abs. 2 Satz 1, gegebenenfalls in Verbindung mit einer Vereinbarung nach § 26 Abs. 2 Satz 4. Der Kostenersatz beim Einsatz von Werkfeuerwehren ergibt sich aus § 19 Abs. 7 Satz 3. Zu den Kosten von Hilfe leistenden Einrichtungen und Organisationen gehören die Leistungen der Gemeinde nach § 30 Abs. 4 an die ehrenamtlich tätigen Angehörigen eines Trägers des Katastrophenschutzdienstes, die gemäß § 30 Abs. 2 Satz 3 über die Organisation angefordert wurden. Ebenso gehören zu den Kosten Zahlungen aufgrund der mit der Hilfe leistenden Organisation getroffenen Vereinbarung, beispielsweise über den Einsatz von Fahrzeugen und Geräten.

Nach dem Gesetzeswortlaut („erstattete") können die Kosten erst dann dem Pflichtigen in Rechnung gestellt werden, wenn die Gemeinde sie dem Träger der die Hilfe leistenden Feuerwehr oder der Hilfsorganisation bereits erstattet hat. Es ist daher nicht zulässig, unbeglichene Kostenrechnungen direkt an den Kostenersatzpflichtigen weiterzureichen (vgl. Hildinger/Rosenauer, FwG, 4. Aufl., § 34 Rn. 53).

4.2 Nr. 2

64 Nummer 2 hat nur eine klarstellende Bedeutung, denn die Rechtsgrundlage für die Erhebung von Kostenersatz für die bei einem Brand in einem Gewerbe- oder Industriegebiet **verwendeten Sonderlösch- und -einsatzmittel** ergibt sich bereits aus Absatz 1 Satz 2 Nr. 3 (siehe dazu oben Rn. 23 ff.).

4.3 Nr. 3

65 Nummer 3 erfasst sonstige Kosten und Auslagen, die **durch den jeweiligen Einsatz konkret verursacht** wurden, die Aufzählung in Satz 2 ist nicht abschließend (vgl. „insbesondere"). Diese Kosten und Auslagen sollen nicht von der Allgemeinheit getragen werden. Hierzu gehören insbesondere Kosten von zur Hilfeleistung herangezogenen Dritten, die nicht bereits durch Nummer 1 erfasst sind: Dies sind beispielsweise die Kosten die der Gemeinde durch die Benutzung von Kranwagen, Transportfahrzeugen für abzupumpende oder aufzufangende Flüssigkeiten oder Bagger von Firmen entstanden sind, falls für deren Einsatz über § 34 Abs. 1 Satz 2 oder § 34 Abs. 2 Kostenersatz verlangt werden kann (vgl. oben Rn. 25). Des Weiteren zählen hierzu die Kosten einer Wachbereitschaft (vgl. oben Rn. 58b). Ferner werden die für die Reparatur oder den Ersatz von Ausrüstungsgegenständen not-

wendigen Kosten umfasst, wenn diese wegen der Besonderheit des Einsatzes notwendig geworden sind (vgl. LT-Drs. 15/7613, S. 20). Hierzu gehören etwa die Kosten durch Aussonderung von Schutzausrüstung infolge Kontamination. Die lediglich infolge Verschleißes verursachten Reparatur- und Wartungskosten zählen allerdings nicht dazu (vgl. dazu oben Rn. 59 und Hildinger/Rosenauer, FwG, 4. Aufl., § 34 Rn. 55).

V. Zu Absatz 5

1. Vorbemerkung

Die Regelung in Absatz 5 geht auf einen Vorschlag von Gemeindetag und Städtetag BW zurück. Die **Stundensätze für die ehrenamtlich tätigen Feuerwehrangehörigen** werden demnach gebildet aus: 66

- der Entschädigung für den Verdienstausfall,
- der Entschädigung der Auslagen, die bei Einsätzen konkret gewährt werden (siehe Rn. 67), sowie
- sonstigen jährlichen Kosten der Gemeinde für die in den Einsatzabteilungen ehrenamtlich tätigen Feuerwehrangehörigen (siehe Rn. 68).

Die konkrete Berechnung dieser sonstigen jährlichen Kosten ist aufwendig und komplex (siehe unten Rn. 68) und birgt rechtliche Unsicherheiten (siehe unten Rn. 69 f.). Die Berechnung ist für den Kostenersatzpflichtigen auch nur sehr schwer nachvollzieh- und überprüfbar. Eine Abgeltung dieser Kosten durch einen pauschalen prozentualen Aufschlag der Gemeinde auf die gewährte pauschalierte Einsatzentschädigung nach § 16 Abs. 1 Satz 2 wäre eine wesentlich einfachere Berechnungsmöglichkeit gewesen. Allerdings ist dies nicht möglich, wenn die Gemeinde den Verdienstausfall nach § 16 Abs. 1 Satz 1 in tatsächlich entstandener Höhe entschädigt. Es scheint aber erwägenswert, bei einer Änderung des § 34 die Ermächtigung des Innenministeriums in Absatz 8 auch darauf zu erstrecken, durch Rechtsverordnung die sonstigen jährlichen Kosten einheitlich festzulegen.

2. Satz 1

Ehrenamtlich tätige Feuerwehrangehörige haben bei Feuerwehreinsätzen gemäß § 16 Abs. 1 Satz 1 bzw. 2 auf Antrag Anspruch auf **Ersatz der** entstandenen notwendigen **Auslagen und des** ihnen dabei entstehenden **Verdienstausfalls**. Danach können Verdienstausfall und Auslagen in tatsächlicher Höhe (§ 16 Abs. 1 Satz 1, vgl. Rn. 10 zu § 16) oder durch Satzung jeweils in Form von getrennten oder einheitlichen Durchschnittssätzen entschädigt werden (§ 16 Abs. 1 Satz 2, vgl. Rn. 14 zu § 16). Die danach 67 tatsächlich geleisteten Entschädigungen können in voller Höhe als Kosten des jeweiligen Einsatzes in Rechnung gestellt werden. Werden bei der Entschädigung gemäß § 16 Abs. 1 Satz 2 nach Art des Feuerwehrdienstes unterschiedlich hohe Durchschnittssätze festgesetzt, sind beim Kostenersatz selbstverständlich die für den Einsatzdienst festgesetzten maßgebend. Gemäß § 16 Abs. 1 Satz 3 gilt für Personen, die keinen Verdienst haben und den Haushalt führen, das entstandene Zeitversäumnis als Verdienstausfall (siehe dazu Rn. 17 zu § 16). Der durch Satzung hierfür bestimmte Stundensatz kann als Kostenersatz geltend gemacht werden.

68 Den Gemeinden entstehen für ehrenamtlich tätige Feuerwehrangehörige außer dem geleisteten Verdienstausfall und Aufwandsersatz auch **sonstige Kosten**. Dabei handelt es sich insbesondere um die Kosten der Aus- und Fortbildung, Aufwandsentschädigungen für Funktionsträger nach § 16 Abs. 2, der Beschaffung und Unterhaltung der Dienst- und Schutzkleidung sowie der persönlichen Ausrüstung. Darüber hinaus entstehen Kosten für die arbeitsmedizinischen Untersuchungen der Atemschutzgeräteträger. Des Weiteren sind jährlich Beiträge an die Feuerwehrverbände und Versicherungen zu leisten. Sind den ehrenamtlich tätigen Feuerwehrangehörigen daneben weitere Kosten unmittelbar zuordenbar (z. B. Kosten für den Erwerb der erforderlichen Fahrerlaubnisse der Maschinisten) können auch diese eingerechnet werden. Folgt man der Ansicht der Gemeindeprüfanstalt (siehe oben Rn. 58a), sind hier auch die Kosten für angerückte, aber nicht ausgerückte Einsatzkräfte einzuberechnen. Nach der hier vertretenen Ansicht wurden sie schon bei der Abrechnung der Personalkosten des konkreten Feuerwehreinsatzes berücksichtigt.

Diese sonstigen Kosten für die ehrenamtlich tätigen Feuerwehrangehörigen sind von der Gemeinde selbst zu ermitteln. Absatz 5 enthält hierfür keine Vorgaben. Sie können vereinfacht anhand der jeweiligen Ausgabepositionen der Jahresabschlüsse ermittelt werden. Wegen der jährlichen Kostenschwankungen sollte den Berechnungen ein mehrjähriger Durchschnitt zugrunde gelegt werden.

Das Gesetz hindert aber nicht, auch die den ehrenamtlich tätigen Feuerwehrangehörigen nach betriebswirtschaftlichen Grundsätzen zurechenbaren anteiligen Verwaltungs- und Gemeinkosten mit einzubeziehen (Hildinger/Rosenauer, FwG, 4. Aufl., § 34 Rn. 60).

69 Streitig ist, ob die jährlichen pauschalen Zuwendungen des Landes nach **Nr. 5.2.2. ZFeuVwV** (abgedruckt im Anhang) für die ehrenamtlich tätigen Angehörigen einer Einsatzabteilung bei der Berechnung der sonstigen Kosten außer Betracht bleiben können (dafür Hildinger/Rosenauer, FwG,

4. Aufl., § 34 Rn. 60). Dies ist **abzulehnen**. Zwar schreibt Absatz 5 – anders als Absatz 7 für die Ermittlung der Anschaffungskosten zur Berechnung der Stundensätze für Feuerwehrfahrzeuge – nicht vor, dass bei der Berechnung der sonstigen jährlichen Kosten die aus Mitteln der Feuerschutzsteuer gewährten Zuwendungen abzusetzen sind. Es ist jedoch nicht davon auszugehen, dass der Gesetzgeber hier keine Anrechnung wollte, sondern dies bei der Gesetzesfassung 2015 schlichtweg versäumt hat, zumal die Fassung des Absatzes 5 nicht aus dem Innenministerium stammt, sondern im Rahmen der Anhörung vom Gemeindetag und Städtetag vorgeschlagen wurde (vgl. oben Rn. 60). Es ist auch keine sachliche Rechtfertigung dafür vorhanden, diese Zuwendungen bei der Kostenberechnung auszunehmen, da die Gemeinden sie tatsächlich für die ehrenamtlich Tätigen erhalten und sich insofern ihre sonstigen Kosten reduzieren.

Wie bei der Berechnung der Stundensätze für Feuerwehrfahrzeuge nach Absatz 7 gibt Satz 1, 2. Halbsatz vor, die Berechnung der sonstigen Kosten auf der Grundlage von 80 Stunden für jeden Feuerwehrangehörigen der Einsatzabteilungen vorzunehmen. 70

Für die Zahl 80 gibt es keine sachliche Rechtfertigung. Sie wurde vielmehr gewählt, um im Gegensatz zur früher praktizierten Handwerkerregelung, deren Anwendung der VGH aus Gründen der Kostengerechtigkeit eingefordert hatte (vgl. VGH BWGZ 2010, 985 und juris [Rn. 16]), den Gemeinden deutlich höhere Abrechnungsbeträge zu ermöglichen (vgl. LT-Drs. 15/7613, S. 20).

3. Satz 2

Satz 2 ermöglicht es der Gemeinde, aus Vereinfachungsgründen durch Satzung einheitlich einen **Durchschnittssatz** für den Kostenersatz ihrer ehrenamtlich tätigen Einsatzkräfte (bestehend aus Verdienstausfall, Auslagen und sonstigen Kosten) festzusetzen. Damit können beim Kostenersatz stets einheitliche Stundensätze abgerechnet werden, und zwar auch dann, wenn Verdienstausfall und Auslagen nach § 16 Abs. 1 Satz 1 in tatsächlicher Höhe (und damit in unterschiedlicher Höhe) entschädigt werden (vgl. LT-Drs. 15/7613, S. 20). Neben der Abrechnungsvereinfachung dient diese Möglichkeit auch einer höheren Akzeptanz beim Kostenersatzpflichtigen, da damit Ungleichheiten, die der Spitzabrechnung nach § 16 Abs. 1 Satz 1 immanent sind, vermieden werden. Diese nach Satz 2 möglichen Durchschnittssätze sind somit streng zu unterscheiden von denen, die aufgrund von § 16 Abs. 1 Satz 2 in der Entschädigungssatzung zur Entschädigung des Verdienstausfalls der Feuerwehrangehörigen festgesetzt werden können. 71

VI. Zu Absatz 6

1. Satz 1

72 Absatz 6 greift einen Vorschlag des Landesfeuerwehrverbandes BW auf. Die **Kosten der eingesetzten hauptamtlichen Kräfte** werden nach betriebswirtschaftlichen Grundsätzen ermittelt. Bei den im hauptamtlichen Feuerwehrdienst tätigen Beamten sind ersatzfähige Kosten hauptsächlich:

- die Besoldung einschließlich der Feuerwehrzulage,
- Anteile für die Versorgung,
- Kosten der Beihilfe,
- Kosten für ärztliche Untersuchungen und
- Kosten für Vorsorgekuren.

Für die Beschäftigten im feuerwehrtechnischen Dienst, die Einsatzdienst leisten, sind die ersatzfähigen Kosten in entsprechender Weise zu ermitteln. Sie umfassen hauptsächlich:

- die Entgelte einschließlich der Feuerwehrzulage,
- die Jahres- und Sonderzuwendungen,
- die Arbeitgeberanteile zur Sozialversicherung,
- die Beiträge zur Unfallversicherung und
- die Umlagen und Beiträgen an Zusatzversorgungskassen.

Zur Verwaltungsvereinfachung können bei den wenigen, hauptamtlich Feuerwehrdienst leistenden Beschäftigten die für Beamte in vergleichbaren Besoldungsgruppen geltenden Stundensätze berechnet werden (vgl. Hildinger/Rosenauer, FwG, 4. Aufl., § 34 Rn. 65).

73 Satz 1 ermöglicht den Städten mit hauptamtlichen Einsatzkräften die Berechnung der Stundensätze, wie sie in allgemein anerkannter Form beispielsweise auch durch die Kommunale Gemeinschaftsstelle für Verwaltungsmanagement (KGSt) jährlich berechnet werden (vgl. LT-Drs. 15/7613, S. 20). Die Gemeinden können sich aber auch an den Berechnungen der jährlichen Personalkosten für Beamte orientieren, die das Finanz- und Wirtschaftsministerium in der Regel alle zwei Jahre errechnen und daraus durchschnittliche Stundensätze für die Laufbahngruppen ermitteln. Die Ergebnisse sind in der Verwaltungsvorschrift über die Berücksichtigung der Verwaltungskosten insbesondere bei der Festsetzung von Gebühren und sonstigen Entgelten für die Inanspruchnahme der Landesverwaltung **(VwV-Kostenfestlegung)** bekannt gemacht. Zutreffend weisen Hildinger/Rosenauer (FwG, 4. Aufl., § 34 Rn. 64) darauf hin, dass die Berechnungen der VwV-

Kostenfestlegung die Strukturen und Verhältnisse der Landesverwaltung abbilden und es daher notwendig ist, sie auf den Feuerwehrbereich anzupassen. So müssen bei der Feuerwehr nicht oder nur teilweise anfallende Kostenfaktoren herausgerechnet oder angepasst werden; andererseits müssen feuerwehrspezifische Mehraufwendungen wie beispielsweise die Feuerwehrzulage und Vorsorgekuren ergänzend einbezogen werden.

Die Stundensätze sind betragsmäßig festzulegen. Falls die Gemeinde auf allgemein anerkannte Kostenberechnungen wie die VwV-Kostenfestlegung zurückgreift, genügt es nicht – wie auch sonst im Recht der Kommunalabgaben (vgl. VG Osnabrück, Urteil vom 27. Januar 2010, 4 A 185/08, juris [Rn. 41]) –, auf die Stundensätze an die Festsetzungen in der jeweils geltenden Fassung zu verweisen und damit eine dynamische Anpassung herbeizuführen. Falls sich die Berechnungsgrundlagen der Kosten hauptamtlichen Personals infolge einer Erhöhung der Besoldung ändern, bedarf es daher jeweils einer eigenständigen Entscheidung der Gemeinde, ob und wenn ja zu welchem Zeitpunkt und in welcher Höhe sie ihre Stundensätze anpasst (vgl. Hildinger/Rosenauer, FwG, 4. Aufl., § 34 Rn. 66). 74

Hildinger/Rosenauer (FwG, 4. Aufl., § 34 Rn. 67) schlagen vor, die Stundensätze nicht für jede Besoldungs- oder Vergütungsgruppe, sondern als Durchschnittsbeträge für die Laufbahngruppen festzusetzen. Denn dies erleichtere die Berechnung des Kostenersatzes und mache die Höhe der Kostenforderung im Einzelfall nicht davon abhängig, welche Kräfte der einzelnen Laufbahngruppen konkret am Einsatz beteiligt waren. So berechtigt diese Argumente auch sind, so ist eine solche **Pauschalierung** dennoch **nicht zulässig**, weil Absatz 6 im Gegensatz zu Absatz 5 Satz 2 hierfür keine Ermächtigung vorsieht. 75

2. Satz 2

Basis für die Ermittlung der Jahresarbeitsstunden ist nach Satz 2 für Beamte und Bedienstete einheitlich die regelmäßige wöchentliche Arbeitszeit nach § 4 der Arbeitszeit- und Urlaubsverordnung in der jeweils geltenden Fassung. Bei derzeit 41 Wochenarbeitsstunden ergeben sich nach der aktuellen Berechnung der VwV-Kostenfestlegung (dort Anlage 1) 1.656 Jahresarbeitsstunden. 76

VII. Zu Absatz 7

1. Vorbemerkung

Absatz 7 ist Folge der Kritik von Gemeindetag und Städtetag BW an einer verwaltungsaufwendigen Kostenberechnung nach betriebswirtschaftlichen 77

Grundsätzen. In Absatz 7 wurde eine Verfahrensweise normiert, die es ermöglicht, die **Berechnung der Stundensätze für Feuerwehrfahrzeuge** in einem **stark vereinfachten Verfahren** vorzunehmen. Die sich dabei ergebenden Stundensätze bewegen sich in einer Größenordnung, die nach Auffassung von Gemeindetag und Städtetag sowie des Landesfeuerwehrverbandes BW und des Innenministeriums sowohl für die Gemeinden als Kostenträger der Feuerwehren wie auch für die Kostenersatzpflichtigen angemessen und vertretbar sind.

Dies ist sicherlich richtig. Allerdings ist zu sehen, dass durch die in Absatz 7 normierte Berechnungsmethode die Stundensätze, die sich nach der bisherigen „Handwerkerregelung" ergaben, nahezu verzehnfacht wurden. Zudem ist die Berechnungsmethode unter sachlichen Gesichtspunkten, insbesondere bei großen Feuerwehren, schwerlich nachvollziehbar, so ist die Zugrundelegung von 80 Einsatzstunden für Fahrzeuge einer Berufsfeuerwehr mit der tatsächlichen Praxis nicht in Einklang zu bringen (siehe dazu auch unten Rn. 85).

78 Mit den Stundensätzen für Feuerwehrfahrzeuge nach Satz 1 werden alle Kosten der Feuerwehr abgerechnet, die nicht nach Absatz 4 Satz 3 gesondert berechnet werden können oder von den Stundensätzen für Einsatzkräfte nach den Absätzen 5 und 6 erfasst sind. Zu den Feuerwehrfahrzeugen gehören auch Anhänger und Feuerwehrboote. Die Stundensätze gelten in pauschalierter Form damit neben den Kosten der Unterhaltung und des Betriebs der Fahrzeuge, einschließlich der darauf verladenen Geräte, auch die Kosten der sonstigen Ausrüstungen und Einrichtungen der Feuerwehr, insbesondere des Feuerwehrhauses, ab. Dies gilt auch für die kalkulatorischen Kosten (Abschreibungen, Verzinsung des Anlagekapitals) sowie die nicht personalbezogenen Verwaltungs- und Gemeinkosten (vgl. LT-Drs. 15/7613, S. 20). Gesonderte Stundensätze für Geräte wie Pumpen, Aggregate und Schneidgeräte, wie sie bisher teilweise berechnet wurden, sind nicht mehr zulässig (vgl. Hildinger/Rosenauer, FwG, 4. Aufl., § 34 Rn. 69).

2. Satz 1

79 Satz 1 macht die **jährlichen Kosten der einzelnen Feuerwehrfahrzeuge zur Grundlage** für die Berechnung des Kostenersatzes. Anknüpfungspunkt dafür sind die Anschaffungskosten der Feuerwehrfahrzeuge. Dies sind die Kosten von Fahrgestell, Aufbau, eingebauten Aggregaten und Beladung einschließlich Umsatzsteuer. In der Praxis unterscheiden sich die Anschaffungskosten für Feuerwehrfahrzeuge gleichen Typs ganz erheblich. Das liegt zum einen an den unterschiedlichen Ausstattungen mit Zusatzbeladungen, kann aber auch durch unterschiedliche Anforderungen der Feuerwehren an die Fahrzeuge und ihre Beladung bedingt sein. Um zu verhindern, dass von

Gemeinde zu Gemeinde unterschiedlich hohe Stundensätze berechnet werden, hat das Innenministerium durch Rechtsverordnung nach Absatz 8 landeseinheitliche Sätze vorgegeben.

Als **jährliche Kosten sind pauschal zehn Prozent der Anschaffungskosten** anzusetzen. Die so errechneten jährlichen Kosten können über die gesamte Nutzungszeit der Fahrzeuge dem Kostenersatz zugrunde gelegt werden. Dies gewährleistet zwar für die Gemeinden erfreuliche Stundensätze, ist aber sachlich nur in wenigen Fällen gerechtfertigt, da die Nutzungsdauer von Feuerwehrfahrzeugen, insbesondere bei kleinen und mittleren Feuerwehren, weit über zehn Jahre hinausgeht.

Die Anschaffungskosten sind nach Satz 1, 2. Halbsatz **um die Landeszuschüsse aus Mitteln der Feuerschutzsteuer**, also insbesondere um die nach der ZFeuVwV gewährten Zuwendungen, **zu kürzen**. Sollten Feuerwehrfahrzeuge außerhalb der ZFeuVwV, beispielsweise im Rahmen eines Sonderförderprogramms, aus Mitteln der Feuerschutzsteuer bezuschusst werden, sind auch diese Zuschüsse von den Anschaffungskosten abzusetzen. Wird ein Feuerwehrfahrzeug ohne Landeszuwendung aus Mitteln der Feuerschutzsteuer erworben, entfällt der entsprechende Abzug. 80

Sonstige Zuwendungen sind indes nicht zu berücksichtigen, obwohl auch sie tatsächlich die Kosten der Abschreibungen und der Eigenkapitalverzinsung vermindern. Da sie aber nicht einheitlich gewährt werden, würden sich bei deren Berücksichtigung die schon durch die unterschiedlichen Anschaffungskosten ergebenden Unterschiede bei den Stundensätzen von Gemeinde zu Gemeinde weiter vergrößern. Dies stünde im Widerspruch zu der von den Kommunen angestrebten landesweiten Angleichung der Stundensätze (vgl. Hildinger/Rosenauer, FwG, 4. Aufl., § 34 Rn. 72). 81

Für ein Feuerwehrfahrzeug, welches vom Landkreis beschafft und von der Gemeinde zur Verfügung gestellt wurde, kann die Gemeinde **keinen Kostenersatz verlangen**. Dasselbe gilt auch für die vom Bund für Zwecke des Katastrophenschutzes beschafften Fahrzeuge. Da den Gemeinden keine Anschaffungskosten entstanden sind, fehlt es am gesetzlich vorgegebenen Anknüpfungspunkt für die Ermittlung der jährlichen Kosten. Um auch für diese Fahrzeuge Kostenersatz verlangen zu können, wäre insoweit eine spezielle gesetzliche Regelung erforderlich gewesen. Wegen des Ausnahmecharakters der Beschaffung von Feuerwehrfahrzeugen durch die Landkreise wurde jedoch von einer solchen gesetzlichen Regelung abgesehen (vgl. Hildinger/Rosenauer, FwG, 4. Aufl., § 34 Rn. 73). 82

Städte mit einer Einsatzabteilung der Berufsfeuerwehr können nach **Nr. 5.2.3 ZFeuVwV** (abgedruckt im Anhang) anstelle von Zuwendungen 83 zur Beschaffung einzelner Feuerwehrfahrzeuge einen jährlichen Pauschalbetrag für jeden Angehörigen der Einsatzabteilung Berufsfeuerwehr erhalten. Die Pauschalbeträge lassen sich einzelnen Beschaffungsmaßnahmen jedoch nicht direkt als Zuwendungen zuordnen. Hildinger/Rosenauer (FwG, 4. Aufl., § 34 Rn. 74) schlagen daher vor, aus den Fahrzeugbeschaffungen und den jährlichen Pauschalbeträgen durchschnittliche Zuwendungen für die einzelnen Fahrzeuge zu errechnen. Bei Zugrundelegung einer mehrjährigen Basis werde eine ungleichmäßige Verteilung der Beschaffungskosten ausgeglichen und es ließen sich angemessene Durchschnittswerte für die Zuwendungen ermitteln.

3. Satz 2

84 **Für das öffentliche Interesse an der Aufstellung, Ausrüstung und Unterhaltung der Gemeindefeuerwehr** sind nach Satz 2 von den errechneten pauschalen jährlichen Kosten der Feuerwehrfahrzeuge **50 Prozent abzusetzen.** Der Abzug berücksichtigt das öffentliche Interesse an der Aufstellung, Ausrüstung und Unterhaltung der Gemeindefeuerwehr, welches nicht zulasten einzelner Kostenersatzpflichtiger in die Stundensätze einfließen darf (vgl. hierzu VGH, BWGZ 2010, 985 und juris [Rn. 16 f.]).

4. Satz 3

85 Die nach Satz 1 und 2 errechneten Kosten werden gemäß Satz 3 **auf 80 Einsatzstunden verteilt**. Erhebungen der von Gemeindetag und Städtetag eingesetzten Arbeitsgruppe zur Ausarbeitung des Änderungsvorschlages zu § 34 im Jahr 2015 sollen gezeigt haben, dass die durchschnittliche Zahl der jährlichen Einsatzstunden je Feuerwehrfahrzeug sogar unter den im Gesetz vorgegebenen 80 Stunden liege. Diese Regelung privilegiert die Gemeinden mit mittleren und großen Feuerwehren. Die Einsatzzahlen der dort eingesetzten Löschfahrzeuge übersteigen bei Weitem 80 Einsatzstunden. Insoweit liegt eine deutliche und sachlich nicht gerechtfertigte Benachteiligung der Kostenersatzpflichtigen gegenüber der bisherigen Handwerkerregelung vor.

5. Satz 4

86 Satz 4 gibt die Möglichkeit, für vergleichbare Feuerwehrfahrzeuge in Form von Durchschnittssätzen einheitliche Stundensätze festzulegen. Ein solcher Mittelwert stellt sicher, dass unabhängig davon, welches Fahrzeug gleichen Typs konkret im Einsatz war, jeweils der gleiche Stundensatz berechnet werden kann. Dies macht im Einzelfall die Begründung von z. B. wegen unterschiedlicher Anschaffungskosten differieren-

der Stundensätze für Einsatzfahrzeuge gleichen Typs überflüssig und erhöht so die Akzeptanz beim Kostenersatzpflichtigen.

VIII. Zu Absatz 8

Absatz 8 ermächtigt das Innenministerium, durch **Rechtsverordnung landeseinheitliche Stundensätze für Feuerwehrfahrzeuge** festzusetzen. Das Innenministerium hat davon mit der Verordnung über den Kostenersatz für Einsätze der Feuerwehr **(VOKeFw)** Gebrauch gemacht. Gesetzgeber und Innenministerium haben damit einer Forderung von Gemeindetag und Städtetag BW entsprochen, die zur Vermeidung des Verwaltungsaufwands einen Eingriff in ihr Recht auf kommunale Selbstverwaltung in Kauf nahmen. Das Innenministerium hat im März 2024 die Stundensätze in der Verordnung angehoben. Es obliegt den Gemeinden, ihre Kostenersatzsatzungen an die neuen Sätze anzupassen, sonst darf gegenüber dem Kostenpflichtigen nur nach dem unveränderten Satz abgerechnet werden. 87

Absatz 8 gibt dem Innenministerium als Verordnungsgeber vor, die landeseinheitlichen Stundensätze nach den Grundsätzen des Absatzes 7 zu berechnen. Um zu Stundensätzen zu kommen, die landeseinheitliche Geltung beanspruchen, bedarf es für die Ermittlung der Anschaffungskosten von Feuerwehrfahrzeugen gleichen Typs weitgehend einheitlicher Grundlagen. Diese bieten hinsichtlich des feuerwehrtaktischen Einsatzwerts, der Gewichtsklasse, Ausstattung und Beladung die für Feuerwehrfahrzeuge geltenden bundeseinheitlichen Normen. Das Innenministerium kann nur für diese Fahrzeuge landesweit geltende Stundensätze festlegen. Erfasst ist damit allerdings die Mehrzahl der derzeit von den Gemeinden beschafften Feuerwehrfahrzeuge.

Für nicht genormte Feuerwehrfahrzeuge müssen die Gemeinden die Stundensätze nach Absatz 7 selbst berechnen und festsetzen. Zumeist werden größere Feuerwehren über solche Fahrzeuge (wie Kranfahrzeuge, Gerätewagen) verfügen. 88

Bei den Feuerwehren ist noch eine große Zahl von Feuerwehrfahrzeugen im Dienst, die nach den früher geltenden Normen beschafft wurden, wie z. B. LF 8/6, LF 16/12, LF 16 TS, TLF 16/24. Gemäß § 1 Abs. 2 VOKeFw gelten die dort festgesetzten Stundensätze **auch für solche Feuerwehrfahrzeuge**, die in ihrem taktischen Einsatzwert, ihrer zulässigen Gesamtmasse und ihrer technischen Beladung vergleichbar sind. Diese müssen zur Abrechnung in die Kostenersatzsatzung aufgenommen werden; wobei der VGH (Urteil vom 30. Juni 2020, 1 S 2712/19, juris [Rn. 67 ff.]) klargestellt hat, dass eine satzungsrechtliche Bestimmung betreffend die Heranziehung zum Ersatz von Feuerwehreinsatzkosten, wonach die „Kosten für den Einsatz oder die Bereitstellung von Fahrzeugen (…), die im Kostenverzeichnis nicht enthalten sind, (…) durch Vergleich mit ähnlichen Fahrzeugen (…) ermittelt (werden)", dem rechtsstaatlichen Bestimmtheitsgebot nicht genügt, wenn sich der Satzung keine konkreten Maßstäbe für den „Ähnlichkeitsvergleich" entnehmen lassen. Alternativ muss aus dem Kostenbescheid zu entnehmen sein, aus welchen Gründen die Gemeinde das in der Satzung nicht aufgeführte Fahrzeug einem dort aufgeführten Fahrzeug im taktischen Einsatzwert gleichstellt (vgl. VG Karlsruhe, Urteil vom 28. November 2024 – 10 K 88/23, juris [Rn. 48 ff.]).

IX. Zu Absatz 9

1. Satz 1

89 Satz 1 ermächtigt die Gemeinde, den Kostenersatz durch **Verwaltungsakt** zu erheben; einer gerichtlichen Geltendmachung bedarf es nicht, da der Verwaltungsakt Vollstreckungstitel ist. Der Kostenersatz kann daher im Verwaltungszwangsverfahren beigetrieben werden. Es spielt dabei keine Rolle, ob der Kostenersatz satzungsmäßig festgelegt ist, ob ein Gemeinderatsbeschluss hierüber vorliegt oder ob das Bürgermeisteramt den Kostenersatz im Einzelfall selbst berechnet hat, und zwar als Geschäft der laufenden Verwaltung i. S. von § 44 Abs. 2 GemO.

Beim Erlass eines Kostenersatzbescheides sind daher die Vorschriften des LVwVfG zu beachten. Dies ist insbesondere:

- der Untersuchungsgrundsatz (§ 24 LVwVfG);
- die Anhörung des Kostenpflichtigen vor Erlass des Kostenbescheids (§ 28 LVwVfG);
- die Begründungspflicht (§ 39 Abs. 1 LVwVfG);
- die Ausübung von Ermessen (§ 40 LVwVfG).

Vor der zwangsweisen Beitreibung der Kosten ist Teil II des Landesverwaltungsvollstreckungsgesetzes (LVwVG) zu beachten, insbesondere dessen §§ 13 ff.

Adressat des Leistungsbescheides ist der Kostenpflichtige, nicht die dahinterstehende Versicherung (VG Sigmaringen, Urteil vom 5. Februar 2003, 5 K 310/02, juris [Rn. 35]). Andererseits ist eine Kraftfahrzeug-Haftpflichtversicherung durch Ziffer A.1.1.4 der zum Inhalt des konkreten Versicherungsvertrages gemachten Allgemeinen Bedingungen für die Kraftfahrzeug-Versicherung 2015 (AKB 2015) bevollmächtigt, für den Versicherungsnehmer

Widerspruch gegen einen Kostenbescheid einzulegen, mit dem die Kosten für einen Feuerwehreinsatz geltend gemacht werden, der durch ein bei dem Betrieb des Kraftfahrzeuges verursachtes Schadensereignis ausgelöst wurde, welches geeignet ist, (auch) – nicht notwendigerweise geltend gemachte – Ansprüche gegenüber dem Fahrzeughalter aufgrund gesetzlicher Haftungsbestimmungen des Privatrechts zu begründen (vgl. VGH, Urteil vom 17. Dezember 2021, 1 S 2416/20, juris [Rn. 40]).

Gegen den Leistungsbescheid kann der Betroffene binnen eines Monats nach Bekanntgabe Widerspruch (§ 68 Abs. 1 VwGO) erheben, nach dessen erfolgloser Durchführung Anfechtungsklage (§ 42 Abs. 1, Alt. 1 VwGO). Widerspruch und Anfechtungsklage haben nach herrschender Meinung **aufschiebende Wirkung** (VGH, Beschluss vom 25. November 2016, 1 S 1750/16, juris [Rn. 3]). Denn bei der Anforderung von Kosten eines Feuerwehreinsatzes handelt es sich nicht um öffentliche Abgaben oder Kosten nach § 80 Abs. 2 Satz 1 Nr. 1 VwGO, bei denen die aufschiebende Wirkung einer Klage kraft Gesetzes entfällt (OVG Rheinland-Pfalz, Beschluss vom 12. Februar 2014, 7 B 11346/13, juris [Rn. 8]; OVG Thüringen, Beschluss vom 14. Februar 2008, 3 EO 838/07, juris [Rn. 2]; a. A.: Hessischer VGH, Beschluss vom 3. Mai 2016, 5 B 603/16, juris [Rn. 2]).

2. Satz 2

Satz 2 verweist für das Erhebungsverfahren auf § 3 Abs. 1 Nr. 5 KAG, der seinerseits auf die Regelungen der Abgabenordnung (AO) verweist. Getroffen werden dort Regelungen zur: 90

- Fälligkeit (§ 220 AO),
- Stundung (§ 222 AO),
- Zahlungsverjährung (§ 228 AO: 5 Jahre und §§ 229 ff. AO),
- zum Erlass (§ 227 AO)
- und zu Säumniszuschlägen (§ 233 AO).

Die Verweisung führt zur Rechtsvereinheitlichung und Rechtsvereinfachung. Der Verweis auf das KAG ändert jedoch nichts an der Rechtsnatur des Kostenersatzes. Es handelt sich beim Kostenersatz nicht um eine Kommunalabgabe i. S. des KAG (LT-Drs. 14/5103, S. 54). Daher sind beispielsweise die Gebührenbefreiungsvorschriften des KAG nicht anzuwenden (Ruf, BWGZ 2010, 693).

3. Satz 3

Satz 3 wurde durch das ÄndG 2015 eingefügt. Er erweitert die nach der AO auf den Kostenersatz entsprechend anzuwendenden Vorschriften um 91 die Bestimmungen über die Festsetzungsverjährung nach den §§ 169 bis 171 AO und schließt damit aus Gründen der Rechtsklarheit eine Regelungslücke (vgl. LT-Drs. 15/7613, S. 22). Die Regelungen der AO gelten jedoch nur mit der Maßgabe, mit der sie nach § 3 Abs. 1 Nr. 4 Buchstabe c KAG auch auf Kommunalabgaben anwendbar sind.

X. Zu Absatz 10

92 Die Amtshilfe der Gemeindefeuerwehren ist im FwG nicht geregelt. Leistet eine Gemeindefeuerwehr **dem Land oder einem Landkreis Amtshilfe**, so **gilt für den Kostenersatz § 8 LVwVfG**. Danach kann die Gemeinde lediglich den Ersatz der bei der Amtshilfe konkret entstandenen Auslagen verlangen. Kalkulatorische und andere, nach betriebswirtschaftlichen Grundsätzen ansatzfähige Kosten dürfen nicht verlangt werden. Daraus folgt, dass die nach den Absätzen 4 bis 8 festgesetzten Stundensätze nicht als Kosten der Amtshilfe in Rechnung gestellt werden dürfen, soweit sie über die den Gemeinden beim jeweiligen Einsatz tatsächlich entstandenen Auslagen hinausgehen. Somit dürfen für den Einsatz der Feuerwehrfahrzeuge lediglich die beim Einsatz unmittelbar anfallenden Betriebskosten berechnet werden. Gleiches gilt für die Personalkosten der hauptamtlichen Einsatzkräfte. Hingegen dürfen die Entschädigungen nach § 16 für ehrenamtlich tätige Einsatzkräfte als Auslagen in Rechnung gestellt werden, weil diese tatsächlich an die Feuerwehrangehörigen ausbezahlt wurden. Kosten für Amtshilfe nach § 8 LVwVfG dürfen dem Land oder Landkreis gegenüber nicht mit Kostenbescheid geltend gemacht werden, da es für den Erlass eines Verwaltungsaktes einer gesetzlichen Ermächtigungsgrundlage bedarf, die im LVwVfG jedoch nicht vorhanden ist (vgl. VG Neustadt (Weinstraße) Urteil vom 26. Oktober 2021, 5 K 582/21.NW, juris [Rn. 19 ff.] m. w. N.).

Leistet die Gemeindefeuerwehr dagegen **dem Bund** Amtshilfe, **greift Absatz 10** ein. Er erlaubt den Gemeinden ausdrücklich, dem Kostenersatz die Regelungen der Absätze 4 bis 8 zugrunde zu legen, sodass der Kostenersatz regelmäßig den Auslagenersatz nach § 8 LVwVfG übersteigt. Auch hier kann die Gemeinde die Kosten aber nicht mittels Kostenbescheid geltend machen, da Absatz 10 den Absatz 9 gerade nicht für anwendbar erklärt. Leistet der Bund der Gemeinde hingegen Amtshilfe, kann er ihr die kalkulatorischen Kosten nicht auferlegen. Absatz 10 ist damit ein unfreundlicher Akt des Landesgesetzgebers dem Bund gegenüber.

C. Ergänzungen, Weiterführendes

I. Steuerliche Behandlung des Kostenersatzes

Im Hinblick auf § 2b UStG stellt sich die Frage der steuerlichen Behandlung der Kostenersatzansprüche. Hierzu haben der Gemeindetag, Städtetag und Landkreistag BW ein ausführliches Papier „Steuerbarkeit von Leistungen der Feuerwehr (§ 2b UStG)" herausgegeben, in dem zu jeder denkbaren Leistung der Feuerwehr die Rechtsform (öffentliches Recht oder Privatrecht) und die steuerliche Bewertung (nicht steuerbar oder steuerbar und bei letzterem ggf. steuerfrei) angegeben sind. Im Steuerrecht wird zwischen den Begriffen „steuerbar" und „steuerpflichtig" unterschieden. Steuerbar bedeutet, dass die Leistung (der Gemeinde) besteuert wird, steuerpflichtig betrifft den Teil der Steuer, der nach dem Abzug von Steuerfreigrenzen verbleibt. 93

Allgemein lässt sich sagen (vgl. Moritz/Schöneborn/Sellmann, GSZ 2022, 65 ff.):

Eine Umsatzsteuerbarkeit setzt nach § 2 Abs. 1 UStG eine nachhaltige Tätigkeit zur Erzielung von Einnahmen voraus. Daraus folgt, dass Leistungen der Gemeindefeuerwehren, welche ohne Kostenersatz erbracht werden, keine Umsatzsteuer auslösen, Dies gilt für die Erfüllung von Pflichtaufgaben nach § 2 Abs. 1, wenn kein Ausnahmetatbestand des § 34 Abs. 1 Satz 2 erfüllt ist (siehe oben Rn. 7, z.B. die Brandbekämpfung, sofern der Brand nicht vorsätzlich bzw. grob fahrlässig verursacht worden ist oder beim Betrieb eines Fahrzeugs entstanden ist).

Bei Leistungen der Gemeindefeuerwehren mit Kostenersatz muss unterschieden werden zwischen solchen, deren Erbringung ausschließlich der öffentlichen Hand vorbehalten ist, und solchen, die auch von Dritten erbracht werden dürfen. Ist die Leistung allein der Gemeindefeuerwehr vorbehalten, kommt eine Wettbewerbsverzerrung i. S. von § 2b Abs. 1 UStG gemäß § 2b Abs. 3 Nr. 1 UStG nicht in Betracht. Solche Leistungen sind daher nicht steuerbar. Dies betrifft einerseits Feuerwehreinsätze zur Erfüllung von Pflichtaufgaben (§ 2 Abs. 1), soweit ein Ausnahmetatbestand des § 34 Abs. 1 Satz 2 Nr. 1 bis 7 erfüllt ist (siehe oben Rn. 8 ff.), z.B. Befreiung eingeklemmter Personen bei Verkehrsunfällen (Nr. 2) oder Fehlalarme durch Brandmeldeanlagen (Nr. 6). Bei der Erfüllung von Kann-Aufgaben nach § 2 (siehe oben Rn. 39 ff.) ist zu differenzieren: Die Erfüllung von Kann-Aufgaben nach § 2 Abs. 2 Nr. 1 ist ebenfalls nicht steuerbar. Bei den Kann-Aufgaben nach § 2 Abs. 2 Nr. 2 (Maßnahmen der

Brandverhütung) entscheidet, ob die Tätigkeit der Feuerwehr vorbehalten ist: nicht steuerbar sind daher Maßnahmen zur Beseitigung unmittelbarer Brandgefahr und die Brandschutzerziehung für gemeindliche Einrichtungen und andere Einrichtungen (Kindergarten, Schulen, Vereine), da die Gemeinde im gesetzlichen Auftrag handelt; steuerbar sind jedoch insbesondere die kommerzielle Brandschutzaufklärung und Brandsicherheitswachen.

Das Erbringen von freiwilligen Leistungen außerhalb des § 2 (siehe oben Rn. 41, z. B. das Auspumpen von Kellerräumen außerhalb eines Notstands i. S. des § 2 Abs. 1 Satz 1 Nr. 2) erfolgt auf vertraglicher und daher privatrechtlicher Grundlage und ist stets steuerbar.

II. Zusammenfassung zum Kostenersatz

94 1. Erfolgt der Einsatz der Feuerwehr im Rahmen einer **Pflichtaufgabe** gemäß § 2 Abs. 1 FwG, also bei Bränden, öffentlichen Notständen oder als technische Hilfeleistung zur Rettung von Menschen und Tieren aus einer lebensbedrohlichen Lage, so ist dieser gemäß Absatz 1 Satz 1 grundsätzlich kostenfrei.

   Damit ist die Leistung auch nicht steuerbar nach § 2b UStG.

   Ist bei der Erfüllung einer Pflichtaufgabe einer der Ausnahmetatbestände des Absatzes 1 Satz 2 erfüllt, muss die Gemeinde Kostenersatz verlangen, es sei denn, es liegt eine unbillige Härte i. S. des Absatzes 3 vor.

   Dieser Kostenersatz ist nicht steuerbar.

2. Leistet die Feuerwehr technische Hilfe bei einer anderen Notlage, bei der Gefahren für Menschen, Tiere und Schiffe bestehen (§ 2 Abs. 2 Nr. 1 FwG) oder wird die Feuerwehr zur Brandverhütung tätig (§ 2 Abs. 2 Nr. 1 FwG), wird die Feuerwehr im Rahmen sog. **Kann-Aufgaben** tätig. Hierfür soll die Gemeinde nach Absatz 2 Kostenersatz verlangen.

   Diese Leistungen nach Absatz 2 Nr. 1 sind nicht steuerbar, bei den Maßnahmen nach Absatz 2 Nr. 2 ist zu differenzieren.

3. Leistet die Gemeindefeuerwehr einer anderen Feuerwehr **Überlandhilfe**, richtet sich der Kostenersatz nach § 26 Abs. 2. Für die Berechnung dieser Kosten gelten die Absätze 4 bis 8. Bei der unterstützenden Hilfeleistung für Betriebe, Einrichtungen und Verwaltungen mit Werkfeuerwehr auf dem eigenen Gemeindegebiet richtet sich der Kostenersatz gemäß § 19 Abs. 6 Satz 3 ebenfalls nach § 34.

   Diese Leistungen sind nicht steuerbar.

4. Leistet die Feuerwehr einer anderen Behörde zur Erfüllung derer Aufgaben Hilfe (**Amtshilfe**), kann die Gemeinde Ersatz ihrer Auslagen nach § 8 LVwVfG von der anfordernden Behörde verlangen. Bei Amtshilfe für den Bund richtet sich die Höhe des Kostenersatzes nicht nach § 8 LVwVfG. Gemäß Absatz 10 kann die Gemeinde Kostenersatz nach Absatz 4 bis 8 verlangen.

   Diese Leistungen sind nicht steuerbar.

5. Leistet die Feuerwehr einem Dritten Hilfe und **liegen dabei die Voraussetzungen des § 2** oder der Amtshilfe **nicht vor**, so kann die Gemeinde Kostenersatz nur aufgrund einer privatrechtlichen Vereinbarung oder nach den Regeln der Geschäftsführung ohne Auftrag (GoA) verlangen. § 34 FwG ist nicht einschlägig, insbesondere darf die Gemeinde nicht mittels Kostenbescheid Kostenersatz verlangen. Die Feuerwehr ist allerdings in diesen Fällen nicht zur Hilfeleistung verpflichtet (sog. Freiwilligkeitsleistungen).

   Diese Leistungen sind steuerbar nach § 2b UStG.

6. Wird die Feuerwehr ausnahmsweise von der Gemeinde **als Ortspolizeibehörde** eingesetzt, nimmt sie keine eigenen Aufgaben nach den FwG wahr. Der Kostenersatz richtet sich dann nach dem Polizeigesetz.

   Diese Leistungen sind nicht steuerbar.

ACHTER TEIL
Schlussbestimmungen

§ 35
Verarbeitung personenbezogener Daten

(1) Für die Verarbeitung personenbezogener Daten gelten die Vorschriften des Landesdatenschutzgesetzes, sofern nachfolgend nichts anderes bestimmt ist.

(2) Die Gemeinden, Gemeindeverbände, Verwaltungsgemeinschaften und Zweckverbände dürfen bei den Baurechtsbehörden, den Forstbehörden, den Wasserbehörden sowie den für die Ausführung des Atomgesetzes, des Bundesimmissionsschutzgesetzes und des Katastrophenschutzgesetzes zuständigen Behörden die zur Erfüllung ihrer Aufgaben erforderlichen Daten erheben, insbesondere

1. **für bauliche Anlagen und andere Anlagen zur Gewinnung, Lagerung und Verarbeitung von Stoffen, von deren Beschaffenheit oder Handhabung Brand-, Explosionsgefahren oder andere Gefahren ausgehen können,**
   a) **den Ort und die Lage,**

   b) die Namen und Anschriften der Eigentümer, Besitzer und Betreiber,
   c) die Lagerung, Art, Beschaffenheit und Menge vorhandener oder möglicherweise entstehender Stoffe, von denen Gefahren ausgehen können,
   d) das Ausbreitungs- und Wirkungsverhalten der vorhandenen oder möglicherweise entstehenden Stoffe,
   e) die Bewertung der Gefahren für die Anlagen und ihre Umgebung und
   f) die vorhandenen und möglichen Vorkehrungen zum Schutz gegen Gefahren sowie die möglichen Maßnahmen zur Bekämpfung von Schäden,
2. für nicht unter Nummer 1 fallende Grundstücke und bauliche Anlagen, von denen im Falle eines gefahrbringenden Ereignisses Gefahren für das Leben oder die Gesundheit einer größeren Anzahl von Menschen, Gefahren für erhebliche Sachwerte oder akute Umweltgefahren ausgehen können oder bei denen eine Schadensabwehr nur unter besonders erschwerten Umständen möglich ist, sowie für abgelegene Gebäude
   a) den Ort und die Lage,
   b) die Namen und Anschriften der Eigentümer und Besitzer,
   c) die Bewertung der Gefahren für die Liegenschaften und ihre Umgebung und
   d) die vorhandenen und möglichen Vorkehrungen zum Schutz gegen Gefahren sowie die möglichen Maßnahmen zur Bekämpfung von Schäden.

(3) [1]Die in Absatz 2 genannten Behörden übermitteln den Gemeinden, Verwaltungsgemeinschaften und Zweckverbänden auf Anforderung die dort genannten Daten, soweit ihnen diese im Rahmen ihrer Aufgabenerfüllung bekannt geworden sind. [2]Sie dürfen die Daten im Einzelfall auch ohne Anforderung übermitteln, wenn dies zur Erfüllung der Aufgaben der Feuerwehr erforderlich ist.

(4) Die Absätze 2 und 3 gelten entsprechend für die Beschaffung und Weitergabe von Daten innerhalb einer öffentlichen Stelle.

(5) [1]In Leitstellen dürfen Inhalts- und Verbindungsdaten von über die Rufnummer 112 eingehenden Anrufen oder Meldungen ohne Kenntnis des Betroffenen aufgezeichnet werden. [2]Über andere Rufnummern eingehende Anrufe dürfen nur aufgezeichnet werden, soweit dies im Einzelfall zur Aufgabenerfüllung erforderlich ist und der Anrufer vor der Aufzeichnung hierauf hingewiesen wurde.

(6) [1]Die nach Absatz 5 aufgezeichneten Daten dürfen
1. zur Durchführung und Abwicklung sowie zum Nachweis der ordnungsgemäßen Ausführung von Einsatzaufträgen,
2. zur Geltendmachung, Ausübung oder Verteidigung rechtlicher Ansprüche, insbesondere zur Anforderung von Kostenersatz, sowie zur Verfolgung von Straftaten oder zur Verteidigung im Falle der Verfolgung von Mitarbeitern der Leitstelle oder von Angehörigen der Feuerwehr wegen Straftaten oder Ordnungswidrigkeiten oder
3. zu statistischen Zwecken

genutzt werden, soweit es zur Aufgabenerfüllung erforderlich ist. [2]Sie dürfen in den Fällen von Satz 1 Nr. 1 und 2 auch an Polizeidienststellen, an die Staatsanwalt-

schaft und an Gerichte, an Gemeinden und Landkreise, an Betriebe, Einrichtungen und Verwaltungen mit Werkfeuerwehr und an die Leistungsträger des Rettungsdienstes übermittelt werden, soweit es zur Erfüllung eigener Aufgaben oder von Aufgaben der Stelle, an die die Daten übermittelt werden, erforderlich ist. [3]Die aufgezeichneten Daten dürfen ferner

1. zur Evaluation oder zur Verfahrensverbesserung oder

2. zur Aus- und Fortbildung

genutzt werden, soweit diese Zwecke nicht mit anonymisierten Daten erreicht werden können und nicht überwiegende schutzwürdige Interessen des Betroffenen beeinträchtigt werden. [4]Die aufgezeichneten Daten dürfen nach vorheriger Anonymisierung auch für wissenschaftliche Zwecke genutzt und an Forschungseinrichtungen übermittelt werden.

(7) Die nach Absatz 5 aufgezeichneten Daten sind spätestens nach sechs Monaten zu löschen, es sei denn, dass die weitere Speicherung für die in Absatz 6 genannten Zwecke erforderlich ist.

Übersicht **Rn.**

A. Allgemeines

§ 35 stellt die **rechtliche Grundlage** dafür dar, dass: 1

- die nach dem FwG zuständigen Behörden von anderen Behörden und untereinander bereits vorhandene Angaben und personenbezogene Daten anfordern können, um die Feuerwehren in die Lage zu versetzen, vorbereitende Maßnahmen zur Erfüllung ihrer Aufgaben zu treffen, sowie
- Telefonanrufe und Meldungen in Leitstellen im Hinblick auf Art. 2 Abs. 1 GG aufgezeichnet werden dürfen.

§ 5a a.F. (jetzt § 35) war durch § 39 des Gesetzes zum Schutz personenbezogener Daten (Landesdatenschutzgesetz – LDSG) in der damaligen Fassung vom 27. Mai 1991 (GBl. 1991, S. 277) als Konsequenz der Rechtsprechung des Bundesverfassungsgerichts eingefügt worden. Dieses hatte bereits in seinem Urteil zum Volkszählungsgesetz vom 15. Dezember 1983 (BVerfGE 65, 1 und juris) unter Berufung auf das Grundrecht der „informellen Selbstbestimmung" (Art. 2 GG) dem Gesetzgeber aufgegeben, auch in fachspezifischen Vorschriften – hier im FwG – die erforderlichen Sicherungen zum Schutz personenbezogener Daten zu treffen, um die Gefahr von Grundrechtsverletzungen einzudämmen. Es war daher erforderlich geworden, § 5a a.F. einzufügen, weil Gemeinden, Gemeindeverbände, Verwaltungsgemeinschaften und Zweckverbände häufig keine eigene Kenntnis über besonders gefährliche oder gefährdende Anlagen und Liegenschaften besitzen, entsprechende Angaben bei den betroffenen Unternehmen kaum erhielten und diese selten fachliche Angaben machen konnten.

2 **§ 35 Abs. 2 ermächtigt** die Träger einer öffentlichen Feuerwehr, zur Erledigung der der Feuerwehr obliegenden Aufgaben, von den genannten Genehmigungsbehörden einschließlich den diese beratenden Fachbehörden, **Daten zu erheben**. Diese Daten sollen ihnen die Feststellung, Einordnung und Bewertung von Gefahren und die Vorbereitung von Maßnahmen der Schadensbekämpfung und der Hilfeleistung ermöglichen.

Die Vorschrift des **Absatzes 3** korrespondiert mit derjenigen in Absatz 2; Absatz 3 **lässt zu**, dass die in Absatz 2 genannten Behörden die von ihnen erhobenen Daten den Gemeinden, Gemeindeverbänden, Verwaltungsgemeinschaften und Zweckverbänden zur Erfüllung ihrer Aufgaben übermitteln. Nach Satz 1 sind die Behörden auf Anforderung verpflichtet, die Daten zu übermitteln; nach Satz 2 können die Behörden auch ohne Aufforderung im Einzelfall Daten **übermitteln**, wenn diese nach eigener Einschätzung für die Aufgabenerfüllung der gemeindlichen Feuerwehren erforderlich sind.

Absatz 4 regelt die Datenerhebung und -übermittlung bei demselben Aufgabenträger. **Die Absätze 5 bis 7** stellen die **Aufzeichnung von Telefonanrufen und Meldungen in Leitstellen** im Hinblick auf Art. 2 Abs. 1 GG (Recht am eigenen Wort), § 201 StGB (Verletzung der Vertraulichkeit des Wortes) und § 4 LDSG (Zulässigkeit der Datenverarbeitung) auf eine eindeutige, bereichsspezifische Grundlage (LT-Drs. 14/5103, S. 54).

B. Erläuterung

I. Zu Absatz 1

3 Der allgemeine Verweis auf das Landesdatenschutzgesetz in Absatz 1 erfolgt nur zur **Klarstellung** (LT-Drs. 14/5103, S. 54). § 35 geht als sog. lex

specialis in seinem Regelungsbereich den Vorschriften des LDSG vor. Soweit § 35 allerdings keine Bestimmungen für die Verarbeitung personenbezogener Daten durch öffentliche Stellen im Rahmen der Aufgabenerfüllung nach dem Feuerwehrgesetz trifft, gelten die Regelungen des LDSG. Diese gelten daher insbesondere für den Umgang mit **personenbezogenen Daten** der Feuerwehrangehörigen wie beispielsweise Alter, Beruf, familiäre Verhältnisse, Führerscheindaten, polizeiliche Führungszeugnisse, Erkrankungen, Aus- und Fortbildungen sowie verhängte Disziplinarmaßnahmen. In allen Mitgliedstaaten der Europäischen Union gilt seit dem 25. Mai 2018 die Verordnung (EU) 2016/679 (**Datenschutz-Grundverordnung** – DSGVO) unmittelbar. Die Landesregierung passte das Landesdatenschutzgesetz an die Verordnung (EU) 2016/679 an (Einzelheiten hierzu auf der Internetseite des IM unter der Rubrik „Datenschutzrecht"). In den Feuerwehren muss ein den Vorschriften des LDSG entsprechender Umgang mit diesen Personaldaten sichergestellt sein. Die Gemeinden haben hierfür Sorge zu tragen und insbesondere auf eine sichere Aufbewahrung der personenbezogenen Daten zu achten.

II. Zu Absatz 2

Die zur Datenerhebung ermächtigten Gemeinden, Gemeindeverbände, Verwaltungsgemeinschaften und Zweckverbände sind Träger öffentlicher Feuerwehren i. S. von § 1. Die Datenerhebung muss zum wirksamen Schutz der in § 2 Abs. 1 genannten Rechtsgüter erforderlich sein. 4

Die Behörden, von denen Daten erhoben werden dürfen, sind in Absatz 2 abschließend genannt. Diesen Behörden ist gemeinsam, dass sie für vorsorgende oder vorbeugende Maßnahmen zuständig sind, die den Eintritt von Schäden verhindern sollen. 5

Baurechtsbehörden sind das Ministerium für Landesentwicklung und Wohnen als oberste Baurechtsbehörde des Landes, die Regierungspräsidien als höhere Baurechtsbehörde und die Landratsämter, Bürgermeisterämter der Stadtkreise und Großen Kreisstädte sowie die zu unteren Baurechtsbehörden erklärten Gemeinden und Verwaltungsgemeinschaften (vgl. § 46 Abs. 1 und 2 LBO).

Forstbehörden sind das Ministerium für Ländlichen Raum und Verbraucherschutz als oberste Forstbehörde des Landes, das Regierungspräsidium Freiburg, zuständig auch für die Regierungsbezirke Karlsruhe, Tübingen und Stuttgart, die Körperschaftsforstdirektionen als höhere Forstbehörden und die unteren Veraltungsbehörden und körperschaftlichen

Forstämter als untere Forstbehörden (vgl. § 62 LWaldG). Abweichend von dieser Regelung ist auf dem Gebiet des Nationalparks Schwarzwald die Nationalparkverwaltung höhere und untere Forstbehörde.

Wasserbehörden sind das Ministerium für Umwelt, Klima und Energiewirtschaft (Umweltministerium) als oberste Wasserbehörde, die Regierungspräsidien als höhere Wasserbehörden, die unteren Verwaltungsbehörden (§ 15 LVG) als untere Wasserbehörden, § 80 Abs. 2 WG.

Zuständig für **Angelegenheiten des Strahlenschutzes** ist das Ministerium für Umwelt, Klima und Energiewirtschaft (vgl. § 2 der Strahlenschutz-Zuständigkeitsverordnung vom 30. Juni 2020).

Für die Ausführung des Bundesimmissionsschutzgesetzes (BImSchG) sind nach § 1 Abs. 2 der Bundesimmissionsschutzgesetz-Zuständigkeitsverordnung vom 11. Mai 2010 (GBl. 2010, 406, BImSchZuVO) die unteren Verwaltungsbehörden als untere **Immissionsschutzbehörden**, die Regierungspräsidien als höhere Immissionsschutzbehörden sowie das Ministerium für Umwelt, Klima und Energiewirtschaft und das Verkehrsministerium als oberste Immissionsschutzbehörde zuständig.

Katastrophenschutzbehörden sind die Landratsämter und Bürgermeisterämter in den Stadtkreisen als untere Katastrophenschutzbehörden, die Regierungspräsidien als höhere Katastrophenschutzbehörden und das Innenministerium als oberste Katastrophenschutzbehörde (§ 4 LKatSG).

6 Die Kenntnis der in Absatz 2 aufgeführten Daten ist vor allem für die spezielle Alarmierungs- und Einsatzplanung für gefährliche Anlagen i. S. von § 3 Abs. 3 erforderlich. Das von ihnen ausgehende Risiko kann so besser abgeschätzt werden. Außerdem ermöglichen diese Daten die Feststellung, ob und welche Maßnahmen zum Schutz der Einsatzkräfte und auch der Umgebung notwendig sind.

Der Datenkatalog (Nummer 1 und 2) ist nicht abschließend (vgl. das Wort **„insbesondere“**). Bei bestimmter Einsatz- oder Übungsplanung kann es sich als erforderlich erweisen, weitere Daten zu erheben (so auch die Gesetzesbegründung in LT-Drs. 10/4429, S. 101 a. E.).

7 **Zu Nr. 1:** Eine **Brandgefahr** besteht bei leicht entzündlichen Gegenständen beziehungsweise Stoffen oder wenn sich betriebsbedingt Staub oder Fasern bilden können, die entzündlich sind. Anlagen mit **Explosionsgefahr** sind insbesondere Betriebsstätten und Lagerräume, in denen durch die betrieblichen Verhältnisse Gase, Dämpfe oder Staub entstehen, die untereinander oder mit Luft explosionsgefährdete Gemische bilden und sich in Gefahr drohender Menge ansammeln können oder in denen Ex-

plosionsstoffe hergestellt, verarbeitet oder gelagert werden. **„Andere besondere Gefahren“** gehen von Anlagen aus, in denen bei einem Schadensfall besondere Gefahren für Menschen, Tiere, für die Umwelt oder für erhebliche Sachwerte entstehen können. Besondere Gefahren i. S. dieser Bestimmung sind vor allem atomare, biologische oder chemische Gefahren. Zu den Anlagen mit „anderen besonderen Gefahren“ zählen vor allem Kernkraftanlagen, Giftgasfabriken und andere chemische Betriebe, in denen in hohem Maße schädliche Stoffe (schädlich für die Gesundheit, die Umwelt oder Sachwerte) hergestellt, verarbeitet oder gelagert werden.

Zu Nr. 2: Die in Nr. 2 genannten Grundstücke, baulichen Anlagen und abgelegen Gebäude entsprechen denen, die in § 3 Abs. 3 und § 19 Abs. 4 aufgeführt sind. Auf die Kommentierung hierzu – Rn. 42 und Rn. 44 zu § 3 – wird verwiesen. **8**

III. Zu Absatz 3

Absatz 3 **gestattet** den in Absatz 2 genannten Behörden, die von ihnen erbetenen Daten den Gemeinden, Gemeindeverbänden, Verwaltungsgemeinschaften und Zweckverbänden zur Erfüllung deren Aufgaben **zu übermitteln**. Nach **Satz 1** sind die Behörden auf Anforderung verpflichtet, die Daten zu übermitteln. Nach **Satz 2** können im Einzelfall die Behörden auch ohne Anforderung Daten übermitteln, wenn diese nach eigener Einschätzung für die gemeindlichen Feuerwehren erforderlich sind. Die Genehmigungsbehörde wird das tun, wenn die Datenübermittlung ohne Anforderung auch im eigenen Interesse liegt. **9**

IV. Zu Absatz 4

Ist eine Gemeinde nicht nur Träger einer Feuerwehr, sondern auch untere Baurechtsbehörde, untere Katastrophenschutzbehörde, untere Wasserbehörde oder untere Immissionsschutzbehörde, besteht also **Identität von Datenerhebenden und Datenempfänger**, sind die Regelungen der Absätze 2 und 3 entsprechend anzuwenden. **10**

V. Zu Absatz 5

Satz 1 erlaubt den Integrierten Leitstellen, Inhalts- und Verbindungsdaten von Anrufen und Meldungen, die über die Notrufnummer 112 eingehen, aufzuzeichnen, **ohne den Betroffenen hiervon in Kenntnis setzen zu müssen**. Satz 1 ist die gesetzliche Ermächtigungsgrundlage für den Eingriff in das **11**

grundgesetzliche geschützte Recht am gesprochenen Wort. Durch die Erhebung dieser Daten ist etwa eine Lokalisierung des die Gefahr Meldenden möglich, der Mitschnitt ermöglicht ein mehrmaliges Abhören, wenn Unklarheiten über den Einsatzort oder den Inhalt der Schadensmeldung bestehen.

12 Die Worte **„und Meldungen"** sind durch das ÄndG 2015 eingefügt worden. Diese Erweiterung erfolgte im Hinblick auf den möglichen Notrufeingang per Telefax und zukünftige Entwicklungen der Informationstechnologie und der Notrufübermittlung sowie die seit dem 31. März 2018 in alle neuen Modellen von Pkw und leichten Nutzfahrzeugen einzubauenden sogenannten **eCall-Systeme**. Es ist daher nicht ausgeschlossen, dass Meldungen in Form von Anrufen, Faxen oder anderen Formen von Sprach-, Text- oder Datenübermittlungen künftig auch auf anderen Wegen oder über andere Medien als das Telefon bei der Integrierten Leitstelle eingehen. Hierfür gelten nunmehr beim Schutz persönlicher Daten die gleichen hohen Anforderungen wie bislang bei Anrufen über das Telefon. Mit der Ergänzung des Absatzes 5 Satz 1 ist somit sichergestellt, dass auch für über die Rufnummer 112 eingehende, nicht fernmündliche Meldungen die Verwendungs- und Speicherregelungen in den Absätzen 6 und 7 gelten.

13 Die Gemeindefeuerwehren werden in der großen Mehrzahl der Fälle über die Notrufnummer 112 alarmiert. Da bei den Integrierten Leitstellen daneben aber auch über andere Rufnummern der Feuerwehr Alarmierungen oder Meldungen eingehen, die zu einem Einsatz der Feuerwehr führen, kann auch bei diesen Anrufen eine Aufzeichnung erforderlich sein. Dies erlaubt **Satz 2**. In diesen Fällen ist der Anrufer vor der Aufzeichnung jedoch **darauf hinzuweisen**.

14 Absatz 5 gilt nur für Anrufe und Meldungen über die Rufnummer 112 und für sonstige Anrufe, die über Rufnummern der Feuerwehr eingehen. Absatz 5 erfasst daher nicht Anrufe auf nicht für die Feuerwehr vorgesehenen Rufnummern wie z.B. Rufnummern des ärztlichen Notdienstes und des Krankentransports (LT-Drs. 14/5103, S. 54).

VI. Zu Absatz 6

15 Absatz 6 bestimmt, **für welche Zwecke** die aufgezeichneten Daten genutzt und übermittelt werden dürfen, dabei ist der Erforderlichkeitsgrundsatz zu beachten.

Satz 1 regelt die Nutzung der Daten. Die Aufzeichnungen von Anrufen sind insbesondere bei kritischen Einsätzen für die Dokumentation der Alarmierung und des Einsatzablaufes (Nr. 1) relevant. So lässt sich bspw. nachprüfen, ob unverzüglich und entsprechend der Alarm- und Ausrückeordnung alarmiert wurde. Des Weiteren können die Aufzeichnungen als Grundlage für den Kostenersatz und zur Beweissicherung (Nr. 2) herangezogen werden. So lässt sich etwa überprüfen, ob der Einsatz der Feuerwehr aufgrund des konkreten Notrufes „überdimensioniert" war. Die für diese Zwecke aufgezeichneten Daten dürfen unter den Voraussetzungen des **Satzes 2** an die dort genannten Stellen übermittelt werden. Eine Nutzung (Verwendung) der nach Satz 1 Nr. 3 für statistische Zwecke aufgezeichneten Daten ist nur innerhalb der datenverarbeitenden Stelle zugelassen, eine Übermittlung an andere Stellen ist – wie sich aus Satz 2 ergibt – unzulässig.

Satz 3 erweitert die Tatbestände für die Nutzung der nach Absatz 5 aufgezeichneten Daten. Gemäß Nr. 1 ist deren Nutzung zur Beurteilung (Evaluation) und Verbesserung von Verfahren und Technik zulässig. Denn zur Beseitigung von Schwachstellen bei der Notrufentgegennahme, Alarmierung und beim Einsatz müssen die Integrierten Leitstellen und Gemeindefeuerwehren bei Bedarf auf einzelne aufgezeichnete Daten zurückgreifen. Nr. 2 ermöglicht die Nutzung der aufgezeichneten Daten zur Aus- und Fortbildung der Leitstellendisponenten und der Feuerwehrangehörigen. Vor der Nutzung ist im Hinblick auf Art. 2 Abs. 1 GG zu prüfen, ob die vorgenannten Zwecke der Nutzung nicht auch durch anonymisierte Daten erreicht werden können und ob nicht überwiegende schutzwürdige Interessen des Betroffenen einer Nutzung entgegenstehen.

Satz 4 erlaubt die Nutzung und Übermittlung der aufgezeichneten Daten für wissenschaftliche Zwecke nach Anonymisierung. So ist etwa eine Übermittlung an Forschungseinrichtungen für die Brandschutzforschung möglich.

VII. Zu Absatz 7

Die **Speicherung** der nach Absatz 5 gewonnenen Daten wird grundsätzlich 16
auf sechs Monate begrenzt. Diese Frist entspricht der Speicherfrist in polizeilichen Leitstellen. Die Dauer dieser Frist dient somit der Harmonisierung und ist sinnvoll, da durch die Einführung der europäischen Notrufnummer 112, die für alle Notrufe, also auch für polizeiliche Notrufe, gilt, sowie durch die Priorisierung des Notrufs 112 in den Mobilfunknetzen immer häufiger Notrufe für die Polizei bei den Integrierten Leitstellen ankommen (vgl. LT-Drs. 14/5103, S. 55). Für Daten, die über sechs Monate hinaus gespeichert werden müssen, weil sie weiterhin für die in Absatz 6 genannten Zwecke benötigt werden, gilt § 17 Abs. 1 lit. a DSGVO, wonach diese Daten zu löschen sind, sobald sie zur Aufgabenerfüllung nicht mehr erforderlich sind.

§ 36
Einschränkung von Grundrechten

Zur Erfüllung der Aufgaben der Feuerwehr können auf Grund dieses Gesetzes die Freiheit der Person (Artikel 2 Abs. 2 Satz 2 des Grundgesetzes), die Berufsfreiheit (Artikel 12 Abs. 1 des Grundgesetzes), die Unverletzlichkeit der Wohnung (Artikel 13 des Grundgesetzes) und das Eigentum (Artikel 14 des Grundgesetzes) eingeschränkt werden.

A. Erläuterung

1 § 36 ist die Folge des **Zitiergebots** des Art. 19 Abs. 1 Satz 2 GG. Das Zitiergebot erfüllt eine Warn- und Besinnungsfunktion (vgl. Leibholz/Rinck, Grundgesetz, 91. Lieferung 10/2023, Art. 19 GG Rn. 44). Danach müssen Gesetze, die Grundrechte i. S. der Art. 1 bis 17 GG einschränken, diese Grundrechte unter Angabe des Artikels nennen. Durch diese Regelung sollen dem bisherigen Recht fremde, auch versteckte Grundrechtsbeschränkungen unmöglich gemacht werden. Ein Verstoß gegen das Zitiergebot führt zur Nichtigkeit der Vorschrift (vgl. Leibholz/Rinck, a.a.O. Rn. 61; BVerfGE 135, 48 und juris [Rn. 81]). Das Zitiergebot gilt nicht für Einschränkungen des Art. 2 Abs. 1 GG (vgl. BVerfGE 10, 99 und juris [Rn. 41]); nach der Rechtsprechung des BVerfG ist hier die Warn- und Besinnungsfunktion des Zitiergebots von geringem Gewicht, weil dem Gesetzgeber in der Regel ohnehin bewusst sei, dass er sich im grundrechtsrelevanten Bereich bewege.

2 Eingeschränkt werden durch das FwG:

- Art. 2 Abs. 2 GG (Freiheit der Person) durch § 12 (Heranziehung zum Feuerwehrdienst), § 29 (Pflicht der Gefahrmeldung), § 30 (persönliche Hilfeleistungspflicht und Pflicht zur Befolgung von Anordnungen des Technischen Einsatzleiters) und § 35 (Verarbeitung personenbezogener Daten);
- Art. 12 Abs. 1 GG (Berufsfreiheit) durch § 19 Abs. 2 und 4 (Werkszugehörigkeit der Werkfeuerwehrangehörigen, Pflicht zur Unterhaltung einer Werkfeuerwehr) und § 31 (Duldungspflichten);
- Art. 13 GG (Unverletzlichkeit der Wohnung) durch § 31 (Duldungspflichten) sowie
- Art. 14 GG (Schutz des Eigentums) durch § 31 (Duldungspflichten).

Ermächtigungsgrundlage für Grundrechtseingriffe sind die vorgenannten Paragrafen des FwG, **§ 36 selbst ist keine gesetzliche Ermächtigungsgrundlage**.

§ 37
Zuständigkeit anderer Behörden

Die Zuständigkeit anderer Behörden hinsichtlich des Brandschutzes sowie der Hilfeleistung bei Unglücksfällen und öffentlichen Notständen bleibt unberührt.

A. Erläuterung

Neben der Feuerwehr können auch **andere Behörden** hinsichtlich des Brandschutzes, der Hilfeleistung bei Unglücksfällen und öffentlichen Notständen zuständig sein. So ist bei einer Gewässerverunreinigung durch auslaufendes Öl die Wasserbehörde nach § 82 Abs. 1 WG zur Gefahrenabwehr zuständig, und auch die Feuerwehr ist zuständig, sofern ein öffentlicher Notstand (§ 2 Abs. 1 Satz 1 Nr. 1) oder eine andere Notlage für Menschen und Tiere gegeben ist (§ 2 Abs. 2 Nr. 1). § 37 stellt klar, dass das FwG die Gefahrenabwehr-Regelungen der anderen Gesetze nicht verdrängt (sondern unberührt lässt), die Feuerwehren und die nach den ihren Gesetzen zuständigen Fachbehörden also nebeneinander für die Gefahrenabwehr zuständig sind – sog. **Fälle der Doppelkompetenz**. Demnach leistet die Feuerwehr auch keine Amtshilfe, sondern nimmt eine eigene Aufgabe wahr (vgl. VGH, Urteil vom 13. April 2011, 1 S 2535/10, juris [Rn. 38]; VG Freiburg, BWGZ 2010, 730 und juris [Rn. 25]). Ein Fall der Eilkompetenz liegt hingegen vor, wenn der Polizeivollzugsdienst bei Gefahr im Verzug bis zum Eintreffen der Feuerwehr gemäß § 2 Abs. 1 PolG Brandbekämpfungsmaßnahmen durchführt. Ab dem Eintreffen der Feuerwehr ist nur noch diese zuständig. 1

§ 39 a.F. hatte als andere Behörden nur die Bergbehörden (hinsichtlich des Brandschutzes der Bergwerke) und die Gewerbeaufsichtsämter (hinsichtlich des Brandschutzes der sonstigen gewerblichen Betriebe) genannt. § 37 erweitert die frühere Regelung, denn neben Feuerwehr, Bergämtern und Gewerbeaufsichtsämtern können weitere Behörden wie etwa Wasserbehörden, Straßenverkehrsbehörden, Polizeibehörden, Forstbehörden und Umweltbehörden hinsichtlich des Brandschutzes oder der Hilfeleistung bei Unglücksfällen und öffentlichen Notständen zuständig sein (LT-Drs. 14/5103, S. 55).

Zur Zuständigkeit der Bergbehörden: Die **Allgemeine Bergpolizeiverordnung** (ABPVO) vom 14. Juli 1978 (GBl. S. 417), zuletzt geändert durch Art. 44 des Gesetzes vom 11. Februar 2020 (GBl. S. 37, 43), enthält Vor- 2 schriften über die Eigensicherung der Bergwerksbetriebe gegen die Brand- und Explosionsgefahren (§§ 60 ff.) und die Verpflichtung der Unternehmer, die erforderlichen Vorkehrungen zur Rettung von Personen und zur Versorgung Verletzter zu treffen (§§ 107 ff.). So verpflichtet § 110 ABPVO die Unternehmer, eine Grubenwehr bzw. eine Gasschutzwehr aufzustellen, zu betreiben und zu unterhalten.

Bergbehörde in Baden-Württemberg ist das **Regierungspräsidium Freiburg** für alle Bergbaubetriebe im Land. Zu den Aufgaben der Bergbehörde, soweit sie nach § 37 FwG von Bedeutung sind, zählen: Treten auf einem Bergwerk Gefahren für die ober- und/oder unterirdischen baulichen Anlagen, für Leben und Gesundheit der im Bergwerk beschäftigten Arbeitnehmer und an „der Oberfläche" für „die persönliche Sicherheit" (der Nachbarschaft) und den „öffentlichen Verkehr" ein, hat die Bergbehörde die erforderlichen Maßnahmen zu treffen. Die von der Bergbehörde anzuordnenden Maßnahmen haben die „Rettung von Personen" und „die Abwehr von Gefahren für Personen" zum Ziel und beschränken sich auch hierauf. Bis zum Eintreffen der Bergbehörde muss der Bergwerksbesitzer oder eine von ihm hierfür bestellte Person das Erforderliche veranlassen. Die zur Ausführung dieser Maßnahmen notwendigen Arbeitskräfte und Hilfsmittel hat der Bergwerksbesitzer zu stellen, wobei andere Bergwerksbesitzer auf Anforderung der Bergbehörde zur Hilfeleistung verpflichtet sind. Den Bergwerksbesitzer trifft die Pflicht, Gefahren der Bergbehörde unverzüglich anzuzeigen. Die nach § 110 ABPVO zu bildenden **Grubenwehren** sind in ihren Aufgaben ebenso wie die **Gasschutzwehren** auf die Rettung von Personen beschränkt. § 110 ABPVO verpflichtet daher auch nur dazu, die Grubenwehr und die Gasschutzwehr „mit den für die Rettung und für Arbeiten in gesundheitsschädlichen Gasen erforderlichen Geräten und Einrichtungen" auszustatten.

3 Die Bestimmung in § 37, wonach das FwG die Zuständigkeit der Bergbehörde **„hinsichtlich des Brandschutzes"** unberührt lässt, bedeutet demnach:

- Wird eine Gemeindefeuerwehr auf dem Betriebsgelände eines Bergwerks eingesetzt, liegt die Leitung des Einsatzes beim Leiter der Gruben- bzw. Gasschutzwehr bzw. später bei der Bergbehörde.
- Da die Bergbehörde die Grubenwehr überwacht, unterliegt diese nicht der Feuerwehraufsicht durch die Verwaltungsbehörden nach § 22.
- Die untere Verwaltungsbehörde kann eine Grubenwehr gemäß § 19 Abs. 3 als Werkfeuerwehr anerkennen, wenn diese in Aufbau, Ausstattung und Ausbildung den an Gemeindefeuerwehren gestellten Anforderungen entspricht; d.h., wenn diese in der Lage ist, die Aufgaben nach

§ 2 auf dem Betriebsgelände des Bergwerks personell und gerätemäßig wahrzunehmen, also nicht nur Menschen retten kann (nach der ABPVO die Aufgabe der Grubenwehr). Steht für übertägige Bergwerksbetriebe gemäß § 110 Abs. 1 ABPVO eine Grubenwehr zur Verfügung, wird es sich im Zweifelsfall um einen brand- und explosionsgefährdeten Betrieb i.S. von § 19 Abs. 4 handeln. Die untere Verwaltungsbehörde ist dann aufgerufen, den Bergwerksbetrieb zu verpflichten, die Grubenfeuerwehr zur Werkfeuerwehr „auszubauen", d.h. so auszubilden und auszustatten, dass sie nicht nur Personen retten, sondern auch Brände und andere Unglücksfälle auf dem Betriebsgelände bekämpfen kann.

- Die Gemeindefeuerwehr hat bei Schadensfällen nach § 2 Abs. 1 auch auf dem Betriebsgelände des Bergwerks Hilfe zu leisten, wobei sie hierbei eigene Aufgaben wahrnimmt und keine Amtshilfe leistet. Die Gemeinde erhält demnach Kostenersatz im Rahmen des § 34.
- Maßnahmen auf dem Gebiet der Brandverhütung i.S. von § 2 Abs. 2 ordnet die Bergbehörde an.

§ 38
Ordnungswidrigkeiten

(1) Ordnungswidrig handelt, wer vorsätzlich oder fahrlässig die Pflicht

1. zur Gefahrmeldung nach § 29 oder

2. zur Hilfeleistung nach § 30 Abs. 1 und 2

nicht erfüllt.

(2) Ordnungswidrig handelt auch, wer vorsätzlich oder fahrlässig als Eigentümer oder Besitzer von Grundstücken, baulichen Anlagen oder Schiffen einer ihm nach § 31 Abs. 1 oder Abs. 2 Satz 1 obliegenden Pflicht zuwiderhandelt.

(3) Die Ordnungswidrigkeit kann mit einer Geldbuße geahndet werden.

(4) Verwaltungsbehörden im Sinne von § 36 Abs. 1 Nr. 1 des Gesetzes über Ordnungswidrigkeiten sind die Gemeinden.

Übersicht **Rn.**

A. Allgemeines

1 § 38 dient der **Durchsetzung der Handlungs-, Unterlassungs- und Duldungspflichten**, die der Bevölkerung bei Bränden und Unglücksfällen nach den §§ 29 bis 31 obliegen, indem die schuldhafte Nichtbeachtung dieser „Pflichten Dritter“ (vgl. Inhaltsüberschrift des sechsten Teils) zu Ordnungswidrigkeiten (Verwaltungsunrecht, keine Straftat) erklärt wird und damit bußgeldbewehrt ist. Die praktische Bedeutung der Vorschrift ist allerdings gering, so wurde in den letzten Jahren keine Rechtsprechung hierzu veröffentlicht.

§ 38 wird ergänzt durch § 306d StGB (fahrlässige Brandstiftung, kann auch durch Unterlassen begangen werden) und § 323c StGB (Unterlassene Hilfeleistung). Ist eine Handlung gleichzeitig Straftat und Ordnungswidrigkeit, so wird nur das Strafgesetz angewandt (vgl. § 21 OWiG).

2 Zielrichtung des § 38 ist es, der Feuerwehr die Schadensbekämpfung zu erleichtern und damit den eingetretenen Schaden möglichst gering zu halten. Die §§ 29 bis 31 mit § 38 sind jeweils Schutzgesetze i. S. von § 823 Abs. 2 BGB.

Demgegenüber will § 10 LOWiG Brände verhüten (diese Ordnungswidrigkeitenbestimmung ersetzt die früheren § 368 Nr. 2 bis 8 StGB). **§ 10 LOWiG** lautet:

§ 10 Verhütung von Bränden

(1) Ordnungswidrig handelt, wer vorsätzlich oder fahrlässig

1. bewegliche Sachen, die sich leicht von selbst oder gegenseitig entzünden oder die leicht Feuer fangen, an Orten aufbewahrt, an denen ihre Entzündung gefährlich werden kann,
2. Scheunen oder andere Räume, die zur Aufbewahrung leicht entflammbarer Sachen dienen, mit unverwahrtem Feuer oder Licht betritt,
3. in der Nähe von leicht entflammbaren Sachen Feuer anzündet oder Feuerwerk abbrennt,
4. die vorgeschriebenen Feuerwehrgeräte, Feuerlöschanlagen oder Feuerlöschmittel überhaupt nicht oder nicht in gebrauchsfähigem Zustand bereithält.

(2) Die Ordnungswidrigkeit kann mit einer Geldbuße geahndet werden, wenn die Handlung nicht nach anderen Vorschriften geahndet werden kann.

B. Erläuterung

I. Zu Absatz 1 und 2

Vorsätzlich handelt, wer die ihm nach den §§ 29 bis 31 obliegenden Pflichten kennt und ihnen bewusst nicht nachkommt (vgl. auch § 11 OWiG). Zum Vorsatz gehört Wissen und Wollen (ausführlich dazu Rn. 10 zu § 34). **Fahrlässig** handelt demnach, wer die im Verkehr erforderliche Sorgfalt vorwerfbar außer Acht lässt, ohne diesen Sorgfaltsverstoß zu wollen. 3

Die Verantwortlichkeit, für eine Ordnungswidrigkeit einstehen zu müssen, beginnt mit Vollendung des 14. Lebensjahres. Jugendliche handeln nur unter den Voraussetzungen des § 3 Satz 1 des Jugendgerichtsgesetzes (JGG) vorwerfbar, d. h. wenn sie zur Zeit der Tat nach ihrer sittlichen und geistigen Entwicklung reif genug sind, das Unrecht der Tat einzusehen und nach dieser Einsicht zu handeln (§ 12 OWiG).

§ 29 Abs. 2 nennt als Alarmierungspflichtige den Leiter des Betriebs, der Einrichtung oder der Verwaltung, den von diesen mit der Anzeige Beauftragten und den Werkfeuerwehrkommandanten. Ordnungswidrig handeln kann außer dem Leiter und dem Werkfeuerwehrkommandanten ein Werkangehöriger nur, wenn ihm betriebsintern die Aufgabe übertragen ist, die Feuerwehr bei Schadensfällen zu alarmieren. Hat der Anzeigepflichtige (das gilt für Absatz 1 und 2) irrtümlich angenommen, die Gefahr mit eigenen Kräften beseitigen zu können, kann ihm allenfalls Fahrlässigkeit zur Last gelegt werden. 4

II. Zu Absatz 3

Nach § 47 Abs. 1 OWiG liegt die Verfolgung von Ordnungswidrigkeiten im pflichtgemäßen Ermessen der nach § 35 OWiG zuständigen Verwaltungsbehörde. Die Geldbuße beträgt mindestens fünf Euro und höchstens 1.000 Euro, bei fahrlässig begangener Ordnungswidrigkeit höchstens 500 Euro (vgl. § 17 Abs. 1 und 2 OWiG). Sieht die Verwaltungsbehörde einen Verstoß gegen eine Pflicht nach den §§ 29 bis 31 als geringfügig an, kann sie den Verstoß auch mit einer schriftlichen oder mündlichen Verwarnung ahnden und zusätzlich ein Verwarnungsgeld zwischen fünf und 55 Euro erheben, Gebühren und Auslagen jedoch nicht (vgl. § 56 OWiG). 6

Die Verfolgung und damit auch die Ahndung von Ordnungswidrigkeiten **verjährt**, wenn seit der Pflichtverletzung **sechs Monate** verstrichen sind (vgl. hierzu § 31 Abs. 1 Nr. 4 OWiG). Ist eine rechtskräftig festgesetzte Geldbuße nicht innerhalb von drei Jahren beigetrieben worden, ist eine Vollstreckung nicht mehr möglich (§ 34 OWiG).

Die Geldbuße und auch das Verwarnungsgeld fließen in die Kasse der den Bußgeldbescheid erlassenden, sachlich zuständigen Verwaltungsbehörde (§ 2 LOWiG).

III. Zu Absatz 4

7 Die **Zuständigkeit** für die Verfolgung und Ahndung von Ordnungswidrigkeiten liegt seit dem ÄndG 1986 bei jeder Gemeinde. Davor waren nur die Gemeinden sachlich zuständig, die mehr als 5.000 Einwohner hatten, im Übrigen die Kreispolizeibehörden.

§ 39
Übergangsbestimmung

[1]§ 23 Abs. 1 Satz 1 gilt für Kreisbrandmeister, die nach dem Inkrafttreten dieses Gesetzes erstmals bestellt werden. [2]Landkreise, die in diesem Zeitpunkt mehr als einen Kreisbrandmeister bestellt haben, können diese, wenn sie gleichzeitig hauptamtlich beim Landkreis beschäftigt sind, abweichend von § 23 Abs. 1 Satz 1 bis zu ihrem Ausscheiden aus dem Hauptamt erneut zum Kreisbrandmeister bestellen.

A. Erläuterung

1 § 39 wurde als Folge der damals neuen Regelung für die Bestellung der Kreisbrandmeister in § 23 Abs. 1 Satz 1 durch das ÄndG 2009 eingefügt. Nach **Satz 1** besteht eine Übergangsregelung für diejenigen Kreisbrandmeister, die zum Zeitpunkt des 19. November 2009 bereits bestellt waren. Sie können nach Ablauf ihrer fünfjährigen Amtszeit zum hauptamtlichen Kreisbrandmeister bestellt werden oder bis zu ihrem endgültigen Ausscheiden aus dem Amt (auch wiederholt, jeweils nach Anhörung der Kommandanten der Gemeinde- und Werkfeuerwehren) als Ehrenbeamte auf Zeit bestellt werden. Laufende Amtszeiten wurden auch dann nicht berührt, wenn mehr als ein Kreisbrandmeister bestellt war. Die Übergangsregelung des § 39 ist mit dem Ausscheiden des letzten Kreisbrandmeisters aus dem Ehrenbeamtenverhältnis gegenstandslos geworden.

2 **Satz 2** enthält eine Übergangsregelung für die Landkreise, die zum Zeitpunkt des 19. November 2009 (Inkrafttreten des ÄndG vom 10. November 2009) mehr als einen Kreisbrandmeister bestellt hatten. Hauptamtlich beim Landkreis beschäftigte Kreisbrandmeister können damit bis zu ihrem Aus-

scheiden aus dem Hauptamt auch dann erneut bestellt werden, wenn daneben noch weitere Kreisbrandmeister bestellt sind. Die Übergangsregelung ermöglicht im Interesse der Landkreise und der betroffenen, hauptamtlich beim Landkreis beschäftigten Personen eine Weiterbeschäftigung auch in der Funktion des Kreisbrandmeisters (LT-Drs. 14/5103, S. 55). Auch diese Regelung ist mittlerweile gegenstandslos.

§ 40
Inkrafttreten[1]

Dieses Gesetz tritt am 1. April 1956 in Kraft.

A. Erläuterung

1 Diese Vorschrift betrifft das Inkrafttreten des Gesetzes in der ursprünglichen Fassung vom 6. Februar 1956 (GBl. S. 19).

2 **Das Feuerwehrgesetz in seiner ursprünglichen Fassung vom 6. Februar 1956 (GBl. S. 19) ist bisher durch folgende Gesetze geändert worden:**

1. das ÄndG vom 9. Februar 1960 (GBl. S. 12) änderte die §§ 10, 11, 12 Abs. 1 und § 37;
2. § 238 Abs. 1 Nr. 23 des Landesbeamtengesetzes vom 1. August 1962 (GBl. S. 89) änderte § 7 Abs. 3;
3. Art. 14 des Gesetzes zur Anpassung des Landesrechts an das Erste Gesetz zur Reform des Strafrechts vom 7. April 1970 (GBl. S. 124) änderte § 10 Abs. 2 Nr. 1;
4. das ÄndG vom 16. Juni 1970 (GBl. S. 201) änderte § 6 Abs. 2, § 19 Abs. 7 Satz 1 1. Halbsatz und fügte § 13 Abs. 1 Nr. 1, § 27 Abs. 3 und § 36 ein;
5. § 47 des Kreisreformgesetzes vom 26. Juli 1971 (GBl. S. 314) änderte § 23 Abs. 1;
6. das ÄndG vom 22. Mai 1973 (GBl. S. 136) fügte § 37 Abs. 3 Nr. 2 neu ein;
7. Art. 8 des Gesetzes zur Ablösung des Polizeistrafrechts vom 2. Juli 1974 (GBl. S. 210) änderte § 16 Abs. 2 und fügte § 40 neu ein;

---

1 Amtliche Fußnote: Diese Vorschrift betrifft das Inkrafttreten des Gesetzes in der ursprünglichen Fassung vom 6. Februar 1956 (GBl. S. 19).

8. Art. 17 des Gesetzes zur Anpassung des Landesrechts an das Zweite Gesetz zur Reform des Strafrechts und das Einführungsgesetz zum Strafgesetzbuch vom 26. November 1974 (GBl. S. 508) änderte § 10 Abs. 2 Nr. 2;
9. § 16 des Gesetzes über den Rettungsdienst vom 10. Juni 1975 (GBl. S. 379) ergänzte § 2 Abs. 1;
10. § 89 Abs. 3 des Landeswaldgesetzes vom 10. Februar 1976 (GBl. S. 99) änderte § 31 Abs. 1;
11. das ÄndG vom 17. Oktober 1978 (GBl. S. 561) änderte § 1 Abs. 2, § 3 Abs. 2 und 3, §§ 4, 5, § 6 Abs. 4, § 8 Abs. 2, § 9 Abs. 2, § 10 Abs. 1 Satz 1, § 11 Abs. 1 Satz 1, § 12 Abs. 1, § 13 Abs. 1, §§ 14, 15, 18 Abs. 1 Satz 1, §§ 19–22 Abs. 1, 3 und 4, § 23 Abs. 2 und 4, § 25 Abs. 1 und Abs. 2 Satz 4, § 27 Abs. 1 und 2 Satz 2, § 28 Abs. 1, §§ 31, 32 Abs. 4 Satz 1, § 34, fügte § 38 Abs. 2, Abs. 3 Nr. 1 und 6, Abs. 4 Satz 1 und Abs. 5, § 40 Abs. 1 neu ein und §§ 16, 17, 22 Abs. 3, § 37 Abs. 3 Nr. 3 an und strich die früheren § 20 Abs. 2, § 27 Abs. 3, § 36 Abs. 2 Satz 2 und Abs. 3 Satz 2, §§ 39, 43;
12. § 32 Abs. 2 des Landeskatastrophenschutzgesetzes vom 4. Mai 1979 (GBl. S. 189) strich § 32 Abs. 3 Satz 5;
13. das ÄndG vom 15. Dezember 1986 (GBl. S. 468) kürzte das FwG um sechs Paragrafen – die bisherigen §§ 3, 5, 10, 21, 34, 37, 42 gibt es seither nicht mehr – und änderte von den verbliebenen änderbaren Paragrafen 34; davon wurden die §§ 3, 10, 15, 17, 27, 36, 37 zusätzlich ergänzt sowie die §§ 6–8, 12, 13, 18 und 24 völlig neu gefasst. Unverändert ließ dieses Änderungsgesetz nur die §§ 1, 21, 25, 26, 30, 31, 35, 38 und 39;
14. das ÄndG vom 8. Mai 1989 (GBl. S. 142) strich § 6 Abs. 4 Satz 2 und § 15 Abs. 1 Satz 1, fasste § 15 Abs. 1 Satz 2 und § 38 Satz 1 neu, änderte § 17 Abs. 2 Satz 1 inhaltlich und fügte § 18a ein;
15. § 39 des Datenschutzgesetzes vom 27. Mai 1991 (GBl. S. 277) fügte § 5a ein;
16. Art. 13 des Artikelgesetzes vom 19. November 1991 (GBl. S. 681) änderte § 10;
17. das ÄndG vom 12. Februar 1996 (GBl. S. 171) fasste die §§ 11 und 16 neu, passte die §§ 12, 13 und 32 den Neufassungen an und hob § 37 auf;
18. Art. 1 Nr. 1 des Haushaltsstrukturgesetzes 1997 vom 16. Dezember 1996 (GBl. S. 776) strich § 5 Nr. 2 und damit die Aufgabe des Landes, die Leistungen der gesetzlichen Unfallversicherung und von freiwilligen zusätzlichen Leistungen bei Unfällen und Krankheit, die sich die Angehörigen der Feuerwehren im Dienst einschließlich der Aus- und Fortbildung zugezogen haben, zu gewähren;

19. Art. 29 des Verwaltungsstruktur-Reformgesetzes vom 1. Juli 2004 (GBl. S. 469) strich § 7 Abs. 3;
20. das ÄndG vom 10. November 2009 (GBl. S. 633) fügte § 1 Abs. 3, § 7 Abs. 3, § 14 Abs. 3–5 an, fasste §§ 2–4, § 6, § 10, § 11 Abs. 2, § 12, § 19, § 27, § 31 Abs. 2, § 36, §§ 38–41 neu, änderte § 1 Abs. 2, §§ 8, 9, § 14, § 15 Abs. 6, § 18a Abs. 1, § 20 Satz 2, §§ 21–23, § 24 Satz 2, §§ 28, 29, §§ 32–34, strich die §§ 13, 26, 30, fasste § 18 und § 17 sowie § 5a neu und bezeichnete sie als § 9a bzw. § 14a sowie § 37. Unverändert gelassen wurden nur die §§ 5, 16, 25, 35, 42. Das Gesetz wurde schließlich in der Paragrafenfolge geändert und neu bekannt gemacht am 2. März 2010 (GBl. S. 333);
21. das ÄndG vom 17. Dezember 2015 (GBl. S. 1184) änderte § 2 Abs. 2 Nr. 2, § 14 Abs. 3 und 5, § 26 Abs. 1 Satz 2 und Abs. 2, § 30 Abs. 2, § 31 Abs. 1 Satz 1 und § 35 Abs. 5 Satz 1, änderte die Paragrafenüberschriften der §§ 11 und 30, fasste § 22 Abs. 4 und 5 neu und fügte Abs. 6 an, änderte die Überschrift des Sechsten Teils und fasste § 34 neu;
22. das ÄndG vom 25. Februar 2025 (GBl. 2025 Nr. 14) änderte § 4 Abs. 2 und strich den 2. Halbsatz in dessen Abs. 3; zudem wurde die Verweisung in § 27 Abs. 4 korrigiert.

Im **Vergleich zur Regelungsfolge vor dem Änderungsgesetz** vom 10. November 2009 (relevant bei der Recherche nach Rechtsprechung oder Aufsätzen, die vor dem Änderungsgesetz erlassen/verfasst wurden) ist daher Folgendes zu beachten: **3**

Unverändert in der Regelungsfolge (nicht im Inhalt!) sind die §§ 1 bis 9. § 10 entspricht § 18 a. F., §§ 11 und 12 entsprechen §§ 10, 11 a. F., § 13 beinhaltet §§ 12 und 13 a. F., § 14 ist identisch mit § 14 a. F., § 15 entspricht § 17 a. F., § 16 entspricht § 15 a. F., § 17 entspricht § 16 a. F., § 18 entspricht § 18a a. F. In der Reihenfolge der §§ 19 bis 25 ist keine Veränderung eingetreten. Die §§ 26 bis 28 entsprechen den §§ 27 bis 29 a. F., die §§ 29 bis 34 entsprechen den §§ 31 bis 36 a. F. § 35 ist § 5a a. F., § 36 ist § 2 Abs. 4 a. F., §§ 37, 38 und 40 entsprechen §§ 39, 40 und 42 a. F., § 39 hat keine Entsprechung im FwG a. F.

Anhang 1

Muster für eine Feuerwehrsatzung/ Feuerwehrabteilungssatzung

Das Muster für eine Feuerwehrsatzung bzw. Feuerwehrorganisationssatzung wurde zuletzt 2017 aufgrund des Gesetzes zur Änderung der Feuerwehrgesetzes vom 17.12.2015 (GBl. S. 1184) novelliert. Seinerzeit geregelt wurde insbesondere der § 5 Absatz 7 Satz 2 der Satzung, wonach der Gemeindefeuerwehr auch Personen angehören können, die nur einzelne Tätigkeiten des Feuerwehrdienstes wahrnehmen. Diese Änderung wurde in den Erläuterungen berücksichtigt.

Die vorliegende Musterfassung ergänzt nun insbesondere Regelungen zur Durchführung von (Haupt-)Versammlungen (§ 16) und Wahlen (§ 17) im Falle nicht möglicher Präsenzveranstaltungen.

Der Gemeindetag dankt an dieser Stelle den Vertretern des Innenministeriums Baden-Württemberg (Frau Windmüller und Herrn Oesterle), der Gemeindeprüfungsanstalt Baden-Württemberg (Frau Schmidt) und dem Landesfeuerwehrverband Baden-Württemberg (Herrn Ernst) für die konstruktive und engagierte Zusammenarbeit. Das Muster ersetzt das bisherige Muster aus dem Jahr 2017 (Gt-Info 0128/2017 vom 10.02.2017), das ebenfalls in Zusammenarbeit mit dem Innenministerium, der Gemeindeprüfungsanstalt und dem Landesfeuerwehrverband erstellt wurde.

Satzung für eine Freiwillige Feuerwehr mit Abteilungen (Feuerwehrsatzung – FwSAbt)

Aufgrund von § 4 der Gemeindeordnung in Verbindung mit § 6 Abs. 1 Satz 3 und Abs. 3, § 7 Abs. 1 Satz 1, § 8 Absatz 2 Satz 2 HS. 2, § 10 Abs. 2 Satz 1 und Abs. 3 Satz 1, § 18 Abs. 1 Satz 1 und Abs. 4 des Feuerwehrgesetzes hat der Gemeinderat am … folgende Satzung beschlossen

§ 1 Name und Gliederung der Freiwilligen Feuerwehr

(1) Die Freiwillige Feuerwehr … in dieser Satzung Feuerwehr genannt, ist eine gemeinnützige, der Nächstenhilfe dienende Einrichtung der Gemeinde … ohne eigene Rechtspersönlichkeit.

(2) Die Feuerwehr besteht als Gemeindefeuerwehr aus
I. den Einsatzabteilungen der Freiwilligen Feuerwehr

in ...

in ...

I. den Altersabteilungen

in ...

I. der Jugendfeuerwehr
II. den Musikabteilungen

in ...

in ...

§ 2 Aufgaben

(1) Die Feuerwehr hat
I. bei Schadenfeuer (Bränden) und öffentlichen Notständen Hilfe zu leisten und den Einzelnen und das Gemeinwesen vor hierbei drohenden Gefahren zu schützen und
II. zur Rettung von Menschen und Tieren aus lebensbedrohlichen Lagen technische Hilfe zu leisten.

Ein öffentlicher Notstand ist ein durch ein Naturereignis, einen Unglücksfall oder dergleichen verursachtes Ereignis, das zu einer gegenwärtigen oder unmittelbar bevorstehenden Gefahr für das Leben und die Gesundheit von Menschen und Tieren oder für andere wesentliche Rechtsgüter führt, von dem die Allgemeinheit, also eine unbestimmte und nicht bestimmbare Anzahl von Personen, unmittelbar betroffen ist und bei dem der Eintritt der Gefahr oder des Schadens nur durch außergewöhnliche Sofortmaßnahmen beseitigt oder verhindert werden kann.

(2) Der Bürgermeister kann die Feuerwehr beauftragen (vgl. § 11 Abs. 2 des Musters des Gemeindetags zu einer Hauptsatzung)[1]
I. mit der Abwehr von Gefahren bei anderen Notlagen für Menschen, Tiere und Schiffe und
II. mit Maßnahmen der Brandverhütung, insbesondere der Brandschutzaufklärung und -erziehung sowie der Brandsicherheitswache.

---

1 Örtlich anzupassen.

§ 3 Aufnahme in die Feuerwehr

(1) In die Einsatzabteilungen der Gemeindefeuerwehr können auf Grund freiwilliger Meldung Personen als ehrenamtlich Tätige aufgenommen werden, die

I. das 17. Lebensjahr vollendet haben; sie dürfen erst nach Vollendung des 18. Lebensjahres an Einsätzen teilnehmen,
II. den gesundheitlichen Anforderungen des Feuerwehrdienstes gewachsen sind,
III. geistig und charakterlich für den Feuerwehrdienst geeignet sind,
IV. sich zu einer längeren Dienstzeit bereit erklären,
V. nicht infolge Richterspruchs nach § 45 des Strafgesetzbuchs (StGB) die Fähigkeit zur Bekleidung öffentlicher Ämter verloren haben,
VI. keinen Maßregeln der Besserung und Sicherung nach § 61 StGB mit Ausnahme der Nummer 5 (Entziehung der Fahrerlaubnis) unterworfen sind und
VII. nicht wegen Brandstiftung nach §§ 306 bis 306c StGB verurteilt wurden. Die Dienstzeit nach Nummer 4 soll mindestens 10 Jahre betragen.

(2) Die Aufnahme in die Einsatzabteilungen der Freiwilligen Feuerwehr erfolgt für die ersten zwölf Monate auf Probe. Innerhalb der Probezeit soll der Feuerwehrangehörige erfolgreich an einem Grundausbildungslehrgang teilnehmen. Aus begründetem Anlass kann die Probezeit verlängert werden. Auf eine Probezeit kann verzichtet oder sie kann abgekürzt werden, wenn Angehörige einer Jugendfeuerwehr oder einer Musikabteilung in eine Einsatzabteilung übertreten oder eine Person eintritt, die bereits einer anderen Gemeindefeuerwehr oder einer Werkfeuerwehr angehört oder angehört hat.

(3) Bei Personen mit besonderen Fähigkeiten und Kenntnissen (§ 11 Abs. 4 FwG) kann der Feuerwehrausschuss im Einzelfall die Aufnahme abweichend von den Absätzen 1 und 2 regeln sowie Ausnahmen von der Beendigung des ehrenamtlichen Feuerwehrdienstes nach § 4 Abs. 1 Nr. 5 und den Dienstpflichten nach § 5 Abs. 5 und 6 zulassen.

(4) Aufnahmegesuche sind schriftlich an den Abteilungskommandanten zu richten. Vor Vollendung des 18. Lebensjahrs ist die schriftliche Zustimmung der Erziehungsberechtigten erforderlich. Über die Aufnahme auf Probe, die Verkürzung oder Verlängerung der Probezeit und die endgültige Aufnahme entscheidet der Feuerwehrausschuss. Der Abteilungsausschuss der Einsatzabteilung, der der Bewerber angehören soll, ist zu hören. Neu aufgenommene Angehörige der Gemeindefeuerwehr werden vom Feuerwehrkommandanten durch Handschlag verpflichtet.

(5) Ein Rechtsanspruch auf Aufnahme besteht nicht. Eine Ablehnung ist dem Gesuchsteller vom Bürgermeister schriftlich mitzuteilen.

(6) Jeder Angehörige der Gemeindefeuerwehr erhält einen vom Bürgermeister ausgestellten Dienstausweis.

§ 4 Beendigung des ehrenamtlichen Feuerwehrdienstes

(1) Der ehrenamtliche Feuerwehrdienst in einer Einsatzabteilung der Freiwilligen Feuerwehr endet, wenn der ehrenamtlich tätige Angehörige der Gemeindefeuerwehr

I. die Probezeit nicht besteht,
II. während oder mit Ablauf der Probezeit seinen Austritt erklärt,
III. seine Dienstverpflichtung nach § 12 Abs. 2 FwG erfüllt hat,
IV. den gesundheitlichen Anforderungen des Feuerwehrdienstes nicht mehr gewachsen ist,
V. das 65. Lebensjahr vollendet hat,
VI. infolge Richterspruchs nach § 45 StGB die Fähigkeit zur Bekleidung öffentlicher Ämter verloren hat,
VII. Maßregeln der Besserung und Sicherung nach § 61 StGB mit Ausnahme der Nummer 5 (Entziehung der Fahrerlaubnis) unterworfen wird oder
VIII. wegen Brandstiftung nach §§ 306 bis 306c StGB verurteilt wurde.

(2) Der ehrenamtlich tätige Feuerwehrangehörige ist auf seinen Antrag vom Bürgermeister aus dem Feuerwehrdienst in einer Einsatzabteilung zu entlassen, wenn

I. er nach § 6 Abs. 2 Satz 1 in die Altersabteilung überwechseln möchte,
II. der Dienst in der Einsatzabteilung aus persönlichen oder beruflichen Gründen nicht mehr möglich ist,
III. er seine Wohnung in eine andere Gemeinde verlegt oder
IV. er nicht in der Gemeinde wohnt und er seine Arbeitsstätte in eine andere Gemeinde verlegt.

In den Fällen der Nummern 3 und 4 kann der Feuerwehrangehörige nach Anhörung des Feuerwehrausschusses auch ohne seinen Antrag entlassen werden. Der Betroffene ist vorher anzuhören.

(3) Der Antrag auf Entlassung ist unter Angabe der Gründe schriftlich über den Abteilungskommandanten beim Feuerwehrkommandanten einzureichen.

(4) Ein ehrenamtlich tätiger Feuerwehrangehöriger, der seine Wohnung in eine andere Gemeinde verlegt, hat dies binnen einer Woche dem Feuerwehrkommandanten anzuzeigen. Das Gleiche gilt, wenn er nicht in der Gemeinde wohnt und er seine Arbeitsstätte in eine andere Gemeinde verlegt.

(5) Der Gemeinderat kann nach Anhörung des Feuerwehrausschusses den ehrenamtlichen Feuerwehrdienst eines Feuerwehrangehörigen aus wichtigem Grund beenden. Dies gilt insbesondere

I. bei fortgesetzter Nachlässigkeit im Dienst,
II. bei schweren Verstößen gegen die Dienstpflichten,
III. bei erheblicher schuldhafter Schädigung des Ansehens der Feuerwehr oder
IV. wenn sein Verhalten eine erhebliche und andauernde Störung des Zusammenlebens in der Gemeindefeuerwehr verursacht hat oder befürchten lässt.

Der Betroffene ist vorher anzuhören. Der Bürgermeister hat die Beendigung des ehrenamtlichen Feuerwehrdienstes durch schriftlichen Bescheid festzustellen.

(6) Angehörige der Gemeindefeuerwehr, die ausgeschieden sind, erhalten auf Antrag eine Bescheinigung über die Zugehörigkeit zur Feuerwehr.

§ 5 Rechte und Pflichten der Angehörigen der Gemeindefeuerwehr

(1) Die Angehörigen der Einsatzabteilungen der Freiwilligen Feuerwehr der Gemeindefeuerwehr haben das Recht, den ehrenamtlich tätigen Feuerwehrkommandanten, seinen Stellvertreter und die Mitglieder des Feuerwehrausschusses zu wählen. Sie haben außerdem das Recht, ihren Abteilungskommandanten, seinen Stellvertreter und die Mitglieder ihres Abteilungsausschusses zu wählen.

(2) Die ehrenamtlich tätigen Angehörigen der Gemeindefeuerwehr erhalten nach Maßgabe des § 16 FwG und der örtlichen Satzung über die Entschädigung der ehrenamtlich tätigen Angehörigen der Gemeindefeuerwehr eine Entschädigung.

(3) Die ehrenamtlich tätigen Angehörigen der Gemeindefeuerwehr erhalten bei Sachschäden, die sie in Ausübung oder infolge des Feuerwehrdienstes erleiden einen Ersatz nach Maßgabe des § 17 FwG.

(4) Die ehrenamtlich tätigen Angehörigen der Gemeindefeuerwehr sind für die Dauer der Teilnahme an Einsätzen oder an der Aus- und Fortbildung nach Maßgabe des § 15 FwG von der Arbeits- oder Dienstleistung freigestellt.

(5) Die ehrenamtlich tätigen Angehörigen der Gemeindefeuerwehr sind verpflichtet (§ 14 Abs. 1 FwG)

I. am Dienst- und an Aus- und Fortbildungslehrgängen regelmäßig und pünktlich teilzunehmen,
II. bei Alarm sich unverzüglich zum Dienst einzufinden,
III. den dienstlichen Weisungen der Vorgesetzten nachzukommen,
IV. im Dienst ein vorbildliches Verhalten zu zeigen und sich den anderen Angehörigen der Feuerwehr gegenüber kameradschaftlich zu verhalten,
V. die Ausbildungs- und Unfallverhütungsvorschriften für den Feuerwehrdienst zu beachten,
VI. die ihnen anvertrauten Ausrüstungsstücke, Geräte und Einrichtungen gewissenhaft zu pflegen und sie nur zu dienstlichen Zwecken zu benutzen, und
VII. über alle Angelegenheiten Verschwiegenheit zu wahren, von denen sie im Rahmen ihrer Dienstausübung Kenntnis erlangen und deren Geheimhaltung gesetzlich vorgeschrieben, besonders angeordnet oder ihrer Natur nach erforderlich ist.

(6) Die Angehörigen der Einsatzabteilungen der Freiwilligen Feuerwehr der Gemeindefeuerwehr haben eine Abwesenheit von länger als zwei Wochen dem Feuerwehrkommandanten oder dem von ihm Beauftragten rechtzeitig vorher anzuzeigen und eine Dienstverhinderung bei ihrem Vorgesetzten vor dem Dienstbeginn zu melden, spätestens jedoch am folgenden Tage die Gründe hierfür zu nennen.

(7) Aus beruflichen, gesundheitlichen, familiären oder persönlichen Gründen kann ein ehrenamtlich tätiger Angehöriger der Gemeindefeuerwehr auf Antrag vom Feuerwehrkommandanten vorübergehend von seinen Dienstpflichten nach Absatz 5 Nr. 1 und 2 befreit werden. Unter den gleichen Voraussetzungen kann der Feuerwehrkommandant nach Anhörung des Feuerwehr- und des Abteilungsausschusses auf Antrag Dienstpflichten nach Absatz 5 Nr. 1 und 2 dauerhaft beschränken.

(8) Ist ein ehrenamtlich tätiger Angehöriger der Gemeindefeuerwehr gleichzeitig Mitglied einer Berufsfeuerwehr, einer Werkfeuerwehr oder hauptamtlicher Feuerwehrangehöriger, haben die sich hieraus ergebenden Pflichten Vorrang vor den Dienstpflichten nach Absatz 5 Nr. 1 und 2.

(9) Verletzt ein ehrenamtlich tätiger Angehöriger der Gemeindefeuerwehr schuldhaft die ihm obliegenden Dienstpflichten, kann ihm der Feuerwehrkommandant einen Verweis erteilen. Grobe Verstöße kann der Bür-

germeister auf Antrag des Feuerwehrkommandanten mit einer Geldbuße bis zu 1000 Euro ahnden. Der Bürgermeister kann zur Vorbereitung eines Beschlusses des Gemeinderats auf Beendigung des Feuerwehrdienstes nach § 4 Abs. 5 den ehrenamtlich tätigen Feuerwehrangehörigen auch vorläufig des Dienstes entheben, wenn andernfalls der Dienstbetrieb oder die Ermittlungen beeinträchtigt würden. Der Betroffene ist vor einer Entscheidung nach den Sätzen 1 bis 3 anzuhören.

§ 6 Altersabteilung

(1) In die Altersabteilung wird unter Überlassung der Dienstkleidung übernommen, wer nach § 4 Abs. 1 Nr. 3 bis 5 und Abs. 2 Nr. 2 bis 4 aus dem ehrenamtlichen Feuerwehrdienst in einer Einsatzabteilung ausscheidet und keine gegenteilige Erklärung abgibt.

(2) Der Feuerwehrausschuss kann auf ihren Antrag Angehörige der Feuerwehr, die das 55. Lebensjahr vollendet haben, unter Belassung der Dienstkleidung aus der Einsatzabteilung in die Altersabteilung übernehmen (§ 4 Abs. 2 Satz 1 Nr. 1). Unter denselben Voraussetzungen können Angehörige der Musikabteilungen übernommen werden; sie können gleichzeitig Angehörige der Musikabteilung bleiben.

(3) Der Leiter der Altersabteilung und sein Stellvertreter werden von den Angehörigen ihrer Abteilung auf die Dauer von fünf Jahren in geheimer Wahl gewählt und nach Zustimmung des Feuerwehrausschusses zu der Wahl durch den Feuerwehrkommandanten bestellt. Sie haben ihr Amt nach Ablauf ihrer Amtszeit oder im Falle ihres vorzeitigen Ausscheidens bis zum Dienstantritt eines Nachfolgers weiterzuführen. Sie können vom Gemeinderat nach Anhörung des Feuerwehrausschusses abberufen werden.

(4) Der Leiter der Altersabteilung ist für die ordnungsgemäße Erfüllung der Aufgaben seiner Abteilung verantwortlich; er unterstützt den Feuerwehrkommandanten. Er wird vom stellvertretenden Leiter der Altersabteilung unterstützt und von ihm in seiner Abwesenheit mit allen Rechten und Pflichten vertreten.

(5) Die Angehörigen der Altersabteilung, die hierfür die erforderlichen gesundheitlichen und fachlichen Anforderungen erfüllen, können vom Feuerwehrkommandanten im Einvernehmen mit dem Leiter der Altersabteilung zu Übungen und Einsätzen herangezogen werden.

§ 7 Jugendfeuerwehr

(1) Die Jugendfeuerwehr besteht aus den Jugendgruppen, die auf Beschluss des Feuerwehrausschusses bei den Einsatzabteilungen gebildet werden.

(2) In die Jugendfeuerwehr können Personen bis zum vollendeten 17. Lebensjahr aufgenommen werden, wenn sie

I. den gesundheitlichen Anforderungen des Feuerwehrdienstes gewachsen sind,
II. geistig und charakterlich für den Feuerwehrdienst geeignet sind,
III. sich zu einer längeren Dienstzeit bereit erklären,
IV. nicht infolge Richterspruchs nach § 45 des Strafgesetzbuchs (StGB) die Fähigkeit zur Bekleidung öffentlicher Ämter verloren haben,
V. keinen Maßregeln der Besserung und Sicherung nach § 7 des Jugendgerichtsgesetzes (JGG) mit Ausnahme der Entziehung der Fahrerlaubnis unterworfen sind und
VI. nicht wegen Brandstiftung nach §§ 306 bis 306c StGB verurteilt wurden.

Die Aufnahme muss mit schriftlicher Zustimmung der Erziehungsberechtigten beantragt werden. Über die Aufnahme und das dafür maßgebende Mindestalter entscheidet der Feuerwehrausschuss.

(3) Die Zugehörigkeit des Angehörigen der Jugendfeuerwehr zur Jugendfeuerwehr endet, wenn

I. er in eine Einsatzabteilung der Feuerwehr aufgenommen wird,
II. er aus der Jugendfeuerwehr austritt,
III. die Erziehungsberechtigten ihre Zustimmung schriftlich zurücknehmen,
IV. er den gesundheitlichen Anforderungen nicht mehr gewachsen ist,
V. er das 18. Lebensjahr vollendet oder
VI. der Feuerwehrausschuss den Dienst in der Jugendfeuerwehr aus wichtigem Grund beendet. § 4 Abs. 5 gilt entsprechend.

(4) Der Leiter der Jugendabteilung (Jugendfeuerwehrwart) und sein Stellvertreter werden von den Angehörigen ihrer Abteilung auf die Dauer von fünf Jahren in geheimer Wahl gewählt und nach Zustimmung des Feuerwehrausschusses zu der Wahl durch den Feuerwehrkommandanten bestellt. Sie haben ihr Amt nach Ablauf ihrer Amtszeit oder im Falle ihres vorzeitigen Ausscheidens bis zum Dienstantritt eines Nachfolgers weiterzuführen. Der Feuerwehrkommandant kann geeignet erscheinende Angehörige der Gemeindefeuerwehr mit der vorläufigen Leitung der Jugendfeuerwehr beauftragen. Der Jugendfeuerwehrwart muss einer Einsatzabteilung der Gemeindefeuerwehr angehören und soll den Lehrgang Jugendfeuerwehrwart besucht haben. Der Jugendfeuerwehrwart und sein

Stellvertreter können vom Gemeinderat nach Anhörung des Feuerwehrausschusses abberufen werden.

(5) Der Jugendfeuerwehrwart ist für die ordnungsgemäße Erfüllung der Aufgaben seiner Abteilung verantwortlich; er unterstützt den Feuerwehrkommandanten. Er wird vom stellvertretenden Leiter der Jugendfeuerwehr unterstützt und von ihm in seiner Abwesenheit mit allen Rechten und Pflichten vertreten.

(6) Für die Leiter der Jugendgruppen (Absatz 1) gilt Absatz 4 entsprechend.

§ 8 Musikabteilung

(1) In die Musikabteilung der Gemeindefeuerwehr können auf Grund freiwilliger Meldung Personen als ehrenamtlich Tätige aufgenommen werden, die

I. das 17. Lebensjahr vollendet haben,
II. den gesundheitlichen Anforderungen des Feuerwehrdienstes gewachsen sind,
III. geistig und charakterlich für den Feuerwehrdienst geeignet sind,
IV. sich zu einer längeren Dienstzeit bereit erklären,
V. nicht infolge Richterspruchs nach § 45 des Strafgesetzbuchs (StGB) die Fähigkeit zur Bekleidung öffentlicher Ämter verloren haben,
VI. keinen Maßregeln der Besserung und Sicherung nach § 61 StGB mit Ausnahme der Nummer 5 (Entziehung der Fahrerlaubnis) unterworfen sind und
VII. nicht wegen Brandstiftung nach §§ 306 bis 306c StGB verurteilt wurden.

Die Dienstzeit nach Nummer 4 soll mindestens 10 Jahre betragen. § 3 Abs. 2 Satz 1 und Abs. 4 gilt entsprechend.

(2) Der ehrenamtliche Feuerwehrdienst in der Musikabteilung endet, wenn der ehrenamtlich Tätige

I. aus der Musikabteilung ausscheidet,
II. den gesundheitlichen Anforderungen nicht mehr gewachsen ist,
III. infolge Richterspruchs nach § 45 StGB die Fähigkeit zur Bekleidung öffentlicher Ämter verloren hat,
IV. Maßregeln der Besserung und Sicherung nach § 61 StGB mit Ausnahme der Nummer 5 (Entziehung der Fahrerlaubnis) unterworfen wird oder
V. wegen Brandstiftung nach § 306 bis 306c StGB verurteilt wurde.

(3) Der Leiter der Musikabteilung und sein Stellvertreter werden von den Angehörigen ihrer Abteilung auf die Dauer von fünf Jahren in geheimer Wahl gewählt und nach Zustimmung des Feuerwehrausschusses zu der Wahl

durch den Feuerwehrkommandanten bestellt. Sie haben ihr Amt nach Ablauf ihrer Amtszeit oder im Falle ihres vorzeitigen Ausscheidens bis zum Dienstantritt eines Nachfolgers weiterzuführen. Sie können vom Gemeinderat nach Anhörung des Feuerwehrausschusses abberufen werden.

(4) Der Leiter der Musikabteilung ist für die ordnungsgemäße Erfüllung der Aufgaben seiner Abteilung verantwortlich; er unterstützt den Feuerwehrkommandanten. Er wird vom stellvertretenden Leiter der Musikabteilung unterstützt und von ihm in seiner Abwesenheit mit allen Rechten und Pflichten vertreten.

(5) Angehörige der Musikabteilung, die das 17. Lebensjahr vollendet haben, sind beim aktiven Wahlrecht nach § 10 Feuerwehrgesetz und bei staatlichen Ehrungen den Angehörigen der Einsatzabteilung gleichgestellt, wenn sie

I. an einer feuerwehrspezifischen Grundausbildung erfolgreich teilgenommen haben,
II. an dem nach dem Dienstplan vorgeschriebenen Übungsdienst regelmäßig teilnehmen,
III. an der Aus- und Fortbildung teilnehmen und
IV. ab Vollendung des 18. Lebensjahres für Einsätze zur Verfügung stehen.

(6) Angehörige der Musikabteilung, die das 17. Lebensjahr noch nicht vollendet haben, sollen auch der Jugendfeuerwehr angehören.

§ 9 Ehrenmitglieder

Der Gemeinderat kann auf Vorschlag des Feuerwehrausschusses

I. Personen, die sich um das örtliche Feuerwehrwesen besondere Verdienste erworben oder zur Förderung des Brandschutzes wesentlich beigetragen haben, die Eigenschaft als Ehrenmitglied und
II. bewährten Feuerwehr- und Abteilungskommandanten nach Beendigung ihrer aktiven Dienstzeit die Eigenschaft als Ehrenkommandant verleihen.

§ 10 Organe der Feuerwehr

Organe der Feuerwehr sind

I. Feuerwehrkommandant,
II. Abteilungskommandant,
III. Leiter der Altersabteilung, der Jugendfeuerwehr und der Musikabteilung,

IV. Feuerwehrausschuss,
V. Abteilungsausschüsse,
VI. Hauptversammlung,
VII. Abteilungsversammlungen.

§ 11 Feuerwehrkommandant, Abteilungskommandant und Stellvertreter

(1) Der Leiter der Feuerwehr ist der Feuerwehrkommandant.

(2) Der ehrenamtlich tätige Feuerwehrkommandant und sein Stellvertreter werden von den Angehörigen der Einsatzabteilungen der Gemeindefeuerwehr aus deren Mitte in geheimer Wahl gewählt. Die Amtszeit beträgt fünf Jahre.

(3) Die Wahlen des ehrenamtlich tätigen Feuerwehrkommandanten und seines Stellvertreters werden in der Hauptversammlung durchgeführt.

(4) Zum ehrenamtlich tätigen Feuerwehrkommandanten und seinem Stellvertreter kann nur gewählt werden, wer
I. einer Einsatzabteilung der Gemeindefeuerwehr angehört,
II. über die für dieses Amt erforderlichen Kenntnisse und Erfahrungen verfügt und
III. die nach den Verwaltungsvorschriften des Innenministeriums erforderlichen persönlichen und fachlichen Voraussetzungen erfüllt.

(5) Der ehrenamtlich tätige Feuerwehrkommandant und sein Stellvertreter werden nach der Wahl und nach Zustimmung durch den Gemeinderat vom Bürgermeister bestellt.

(6) Der ehrenamtlich tätige Feuerwehrkommandant und sein Stellvertreter haben ihr Amt nach Ablauf ihrer Amtszeit oder im Falle ihres vorzeitigen Ausscheidens bis zum Dienstantritt eines Nachfolgers weiterzuführen. Kommt binnen drei Monaten nach Freiwerden der Stelle oder nach Versagung der Zustimmung keine Neuwahl zustande, bestellt der Bürgermeister den vom Gemeinderat gewählten Feuerwehrangehörigen zum Feuerwehrkommandanten oder seinem Stellvertreter (§ 8 Abs. 2 Satz 3 FwG). Diese Bestellung endet mit der Bestellung eines Nachfolgers nach Absatz 5.

(7) Gegen eine Wahl des ehrenamtlich tätigen Feuerwehrkommandanten, des Abteilungskommandanten und ihrer Stellvertreter kann binnen einer Woche nach der Wahl von jedem Wahlberechtigten Einspruch bei der Gemeinde erhoben werden. Nach Ablauf der Einspruchsfrist können weitere Einspruchsgründe nicht mehr geltend gemacht werden. Gegen die Entscheidung über den Einspruch können der Wahlberechtigte, der Ein-

spruch erhoben hat, und der durch die Entscheidung betroffene Bewerber unmittelbar Anfechtungs- oder Verpflichtungsklage erheben.

(8) Vor der Bestellung eines hauptberuflich tätigen Feuerwehrkommandanten oder eines hauptberuflich tätigen Stellvertreters des Feuerwehrkommandanten ist der Feuerwehrausschuss zu hören.

(9) Der Feuerwehrkommandant ist für die Leistungsfähigkeit der Feuerwehr verantwortlich (§ 9 Abs. 1 Satz 1 FwG) und führt die ihm durch Gesetz und diese Satzung übertragenen Aufgaben durch. Er hat insbesondere

I. eine Alarm- und Ausrückeordnung für die Aufgaben nach § 2 aufzustellen und fortzuschreiben und sie dem Bürgermeister mitzuteilen,
II. auf die ordnungsgemäße feuerwehrtechnische Ausstattung hinzuwirken,
III. für die Aus- und Fortbildung der Angehörigen der Gemeindefeuerwehr und
IV. für die Instandhaltung der Feuerwehrausrüstungen und -einrichtungen zu sorgen (§ 9 Abs. 1 Satz 2 FwG),
V. die Zusammenarbeit der Einsatzabteilungen bei Übungen und Einsätzen zu regeln,
VI. die Tätigkeit der Abteilungskommandanten, der Leiter der Altersabteilung, der Jugendfeuerwehr und der Musikabteilungen sowie des Kassenverwalters und des Gerätewarts zu überwachen,
VII. dem Bürgermeister über Dienstbesprechungen zu berichten,
VIII. Beanstandungen in der Löschwasserversorgung dem Bürgermeister mitzuteilen.

Die Gemeinde hat ihn bei der Durchführung seiner Aufgaben angemessen zu unterstützen.

(10) Der Feuerwehrkommandant hat den Bürgermeister und den Gemeinderat in allen feuerwehrtechnischen Angelegenheiten von sich aus zu beraten. Er soll zu den Beratungen der Gemeindeorgane über Angelegenheiten der Feuerwehr mit beratender Stimme zugezogen werden.

(11) Der stellvertretende Feuerwehrkommandant hat den Feuerwehrkommandanten zu unterstützen und ihn in seiner Abwesenheit mit allen Rechten und Pflichten zu vertreten.

(12) Der ehrenamtlich tätige Feuerwehrkommandant und sein Stellvertreter können vom Gemeinderat nach Anhörung des Feuerwehrausschusses abberufen werden (§ 8 Abs. 2 Satz 5 FwG).

(13) Die ehrenamtlich tätigen Abteilungskommandanten (§ 9 Nr. 2) und ihre Stellvertreter werden von den Angehörigen der jeweiligen Einsatzab-

teilungen der Gemeindefeuerwehr aus deren Mitte in geheimer Wahl auf die Dauer von fünf Jahren gewählt; die Wahlen finden in der Abteilungsversammlung statt. Für die ehrenamtlich tätigen Abteilungskommandanten gelten im Übrigen die Absätze 4 bis 6 entsprechend. Die Abteilungskommandanten sind für die Einsatzbereitschaft ihrer Einsatzabteilung verantwortlich und unterstützen den Feuerwehrkommandanten bei seinen Aufgaben nach Absatz 9. Für den stellvertretenden Abteilungskommandanten gelten die Absätze 4 bis 6 sowie 11 und 12 entsprechend.

§ 12 Unterführer

(1) Die Unterführer (Zug- und Gruppenführer) dürfen nur bestellt werden, wenn sie
I. einer Einsatzabteilung der Feuerwehr angehören,
II. über die für ihr Amt erforderlichen, Kenntnisse und Erfahrungen verfügen und
III. die nach den Verwaltungsvorschriften des Innenministeriums erforderlichen persönlichen und fachlichen Voraussetzungen erfüllen.

(2) Die Unterführer werden vom Abteilungskommandanten im Einvernehmen mit dem Feuerwehrkommandanten auf Vorschlag des Abteilungsausschusses auf die Dauer von fünf Jahren bestellt. Der Feuerwehrkommandant kann die Bestellung nach Anhörung des Feuerwehrausschusses widerrufen. Die Unterführer haben ihre Dienststellung nach Ablauf ihrer Amtszeit oder im Falle eines vorzeitigen Ausscheidens bis zur Bestellung des Nachfolgers wahrzunehmen.

(3) Die Unterführer führen ihre Aufgaben nach den Weisungen der Vorgesetzten aus.

§ 13 Schriftführer, Kassenverwalter, Pressesprecher, Gerätewart

(1) Der Schriftführer, der Kassenverwalter und der Pressesprecher werden vom Feuerwehrausschuss auf fünf Jahre gewählt. Der Gerätewart wird vom Feuerwehrkommandanten nach Anhörung des Feuerwehrausschusses im Einvernehmen mit dem Bürgermeister eingesetzt und abberufen. Vor der Bestellung eines hauptberuflich tätigen Feuerwehrgerätewarts oder der Übertragung der Aufgaben des Feuerwehrgerätewarts auf einen Gemeindebediensteten ist der Feuerwehrausschuss zu hören.

(2) Der Schriftführer hat über die Sitzungen des Feuerwehrausschusses und über die Hauptversammlung jeweils eine Niederschrift zu fertigen und in der Regel die schriftlichen Arbeiten der Feuerwehr zu erledigen.

(3) Der Kassenverwalter hat die Kameradschaftskasse (§ 17) zu verwalten und sämtliche Einnahmen und Ausgaben nach der Ordnung des Wirtschaftsplans zu verbuchen. Zahlungen darf er nur aufgrund von Belegen und schriftlichen Anweisungen des Feuerwehrkommandanten annehmen und leisten.

Die Gegenstände des Sondervermögens sind ab einem Wert von 500 € in einem Bestandsverzeichnis nachzuweisen.

(4) Der Gerätewart hat die Feuerwehreinrichtungen und die Ausrüstung zu verwahren und zu pflegen. Mängel sind unverzüglich dem Feuerwehrkommandanten zu melden.

(5) Der Pressesprecher hat in Abstimmung mit dem Kommandanten die Öffentlichkeit über die Belange der Feuerwehr zu informieren.

(6) Für Schriftführer, Kassenverwalter und Gerätewart in den Einsatzabteilungen gelten die Absätze 1 bis 4 sinngemäß.

§ 14 Feuerwehrausschuss, Abteilungsausschüsse

(1) Der Feuerwehrausschuss besteht aus dem Feuerwehrkommandanten als dem Vorsitzenden und aus ... auf fünf Jahre in der Hauptversammlung gewählten Mitgliedern der Einsatzabteilungen der Freiwilligen Feuerwehr.

(2) Dem Feuerwehrausschuss gehören als Mitglied außerdem an

- der Stellvertreter des Feuerwehrkommandanten,
- die Kommandanten der Einsatzabteilungen (Abteilungskommandanten),
- der Leiter der Altersabteilung,
- der Jugendfeuerwehrwart,
- der Leiter der Musikabteilung,
- der Schriftführer,
- der Kassenverwalter und
- der Pressesprecher.

(3) Werden der Stellvertreter des Feuerwehrkommandanten oder die Abteilungskommandanten nach Absatz 1 in den Feuerwehrausschuss gewählt, erhöht dich die Zahl der zu wählenden Mitglieder entsprechend.

(4) Der Vorsitzende beruft die Sitzungen des Feuerwehrausschusses ein. Er ist hierzu verpflichtet, wenn dies mindestens ein Drittel der Mitglieder verlangt. Die Einladung mit der Tagesordnung soll den Mitgliedern spätestens drei Tage vor der Sitzung zugehen. Der Feuerwehrausschuss ist beschlussfähig, wenn mindestens die Hälfte der stimmberechtigten Mitglieder anwesend ist.

(5) Der Bürgermeister ist von den Sitzungen des Feuerwehrausschusses durch Übersenden einer Einladung mit Tagesordnung rechtzeitig zu benachrichtigen. Er kann an den Sitzungen jederzeit teilnehmen oder sich durch Beauftragte vertreten lassen.

(6) Beschlüsse des Feuerwehrausschusses werden mit einfacher Stimmenmehrheit gefasst. Bei Stimmengleichheit ist der Antrag abgelehnt.

(7) Die Sitzungen des Feuerwehrausschusses sind nicht öffentlich. Über jede Sitzung wird eine Niederschrift gefertigt; sie ist dem Bürgermeister sowie den Ausschussmitgliedern zuzustellen. Die Niederschriften sind den Angehörigen der Einsatzabteilungen auf Verlangen zur Einsicht vorzulegen.

(8) Der Feuerwehrkommandant kann zu den Sitzungen auch andere Angehörige der Gemeindefeuerwehr beratend zuziehen.

(9) Bei den Einsatzabteilungen der Freiwilligen Feuerwehr werden Abteilungsausschüsse gebildet. Sie bestehen aus dem Abteilungskommandanten als den Vorsitzenden und bei der

- Einsatzabteilung in ... aus ... gewählten Mitgliedern,
- Einsatzabteilung in ... aus ... gewählten Mitgliedern,
- Einsatzabteilung in ... aus ... gewählten Mitgliedern.

Die Mitglieder werden in der Abteilungsversammlung für die Dauer von fünf Jahren gewählt.

Den Abteilungsausschüssen gehören als Mitglied außerdem der Stellvertreter des Abteilungskommandanten, der Schriftführer, und der Kassenverwalter an.

Die Absätze 4 bis 8 gelten für die Abteilungsausschüsse entsprechend. Der Feuerwehrkommandant ist zu den Sitzungen einzuladen; er kann sich an den Beratungen jederzeit beteiligen. Die Niederschrift über die Sitzungen des Abteilungsausschusses sind auch dem Feuerwehrkommandanten zuzustellen.

§ 15 Ausschüsse bei den Altersabteilungen, der Jugendfeuerwehr und den Musikabteilungen

(1) Bei den Altersabteilungen, der Jugendfeuerwehr und den Musikabteilungen werden Ausschüsse gebildet. Sie bestehen aus den Leitern der Abteilungen als den Vorsitzenden und

- bei der Altersabteilung in ... aus ... gewählten Mitgliedern,
- bei der Altersabteilung in ... aus ... gewählten Mitgliedern,
- bei der Altersabteilung in ... aus ... gewählten Mitgliedern,
- bei der Jugendfeuerwehr ... aus ... gewählten Mitgliedern.
- bei der Musikabteilung in ... aus ... gewählten Mitgliedern.
- bei der Musikabteilung in ... aus ... gewählten Mitgliedern.

Die Mitglieder werden in der Abteilungsversammlung für die Dauer von fünf Jahren gewählt.

(2) Den Ausschüssen gehören als Mitglied außerdem der Stellvertreter des Leiters der Abteilung, der Schriftführer, und der Kassenverwalter an.

(3) Für die Ausschüsse nach Absatz 1 gelten § 14 Absätze 4 bis 8 sowie Absatz 10 entsprechend. Der Feuerwehrkommandant ist zu den Sitzungen einzuladen; er kann sich an den Beratungen jederzeit beteiligen.

§ 16 Hauptversammlung und Abteilungsversammlungen

(1) Unter dem Vorsitz des Feuerwehrkommandanten findet jährlich mindestens eine ordentliche Hauptversammlung der Angehörigen der Gemeindefeuerwehr statt. Der Hauptversammlung sind alle wichtigen Angelegenheiten der Feuerwehr, soweit für deren Behandlung nicht andere Organe zuständig sind, zur Beratung und Beschlussfassung vorzulegen.

(2) In der Hauptversammlung hat der Feuerwehrkommandant einen Bericht über das vergangene Jahr und der Kassenverwalter einen Bericht über den Rechnungsabschluss des Sondervermögens für die Kameradschaftspflege (§ 18) zu erstatten. Die Hauptversammlung beschließt über den Rechnungsabschluss.

(3) Die Hauptversammlung wird vom Feuerwehrkommandanten einberufen. Sie ist binnen eines Monats einzuberufen, wenn mindestens ein Drittel der Angehörigen der Einsatzabteilungen der Gemeindefeuerwehr dies schriftlich unter Angaben von Gründen verlangt. Zeitpunkt und Tagesordnung der Hauptversammlung sind den Mitgliedern so wie dem Bürgermeister vierzehn Tage vor der Versammlung bekannt zu geben.

(4) Die Hauptversammlung ist beschlussfähig, wenn mindestens die Hälfte der Angehörigen der Einsatzabteilungen der Gemeindefeuerwehr anwesend ist oder an der Hauptversammlung nach Absatz 6 Buchstabe c) in digitaler Form teilnimmt. Bei Beschlussunfähigkeit kann eine zweite Hauptversammlung einberufen werden, die ohne Rücksicht auf die Zahl der anwesenden bzw. in digitaler Form teilnehmenden Angehörigen der Einsatzabteilungen der Gemeindefeuerwehr beschlussfähig ist. Beschlüsse der Hauptversammlung werden mit einfacher Stimmenmehrheit gefasst. Auf Antrag ist geheim abzustimmen.

(5) Über die Hauptversammlung wird eine Niederschrift gefertigt. Dem Bürgermeister ist die Niederschrift auf Verlangen vorzulegen.

(6) Sofern die Hauptversammlung in Form einer Präsenzveranstaltung aus schwerwiegenden Gründen nicht ordnungsgemäß durchgeführt werden kann, entscheidet der Bürgermeister nach Anhörung des Feuerwehrausschusses, ob

(a) die Hauptversammlung auf einen zeitnahen Termin, jedoch maximal bis zu einem Jahr, verschoben wird oder
(b) die Hauptversammlung in digitaler Form abgehalten wird.

Schwerwiegende Gründe liegen insbesondere vor bei Naturkatastrophen, aus Gründen des Infektionsschutzes, bei sonstigen außergewöhnlichen Notsituationen oder wenn aus anderen Gründen eine ordnungsgemäße Durchführung unzumutbar wäre.

Die Hauptversammlung ohne persönliche Anwesenheit der Angehörigen der Gemeindefeuerwehr im Sitzungsraum kann nach Absatz 6 Buchstabe b) durchgeführt werden, sofern eine Beratung und Beschlussfassung durch zeitgleiche Übertragung von Bild und Ton mittels geeigneter technischer Hilfsmittel, insbesondere in Form einer Videokonferenz, möglich ist. Die nach dem Feuerwehrgesetz und dieser Satzung durchzuführenden Wahlen und die Fassung von Beschlüssen in geheimer Abstimmung sind im Rahmen einer Hauptversammlung nach Absatz 6 Buchstabe b) nicht möglich. Für sie gilt § 17 Absatz 7.

(7) Für die Abteilungsversammlung der Einsatzabteilungen der Freiwilligen Feuerwehr sowie die Abteilungsversammlungen bei den Altersabteilungen, der Jugendfeuerwehr und den Musikabteilungen gelten die Absätze 1 bis 6 entsprechend.

§ 17 Wahlen

(1) Die nach dem Feuerwehrgesetz und dieser Satzung durchzuführenden Wahlen werden vom Feuerwehrkommandanten geleitet. Steht er selbst zur Wahl, bestellen die Wahlberechtigten einen Wahlleiter.

Bei der Durchführung von Wahlen nach Absatz 7 leitet und organisiert der Bürgermeister oder eine von ihm beauftragte Person, unter Mitwirkung der Angehörigen der Gemeindefeuerwehr, die Wahl. Die beauftragte Person nach Satz 3 kann ein Angehöriger der Gemeindefeuerwehr sein.

(2) Wahlen werden geheim mit Stimmzetteln durchgeführt. Wahlen in digitaler Form nach Absatz 7 Buchstabe c) werden ohne Stimmzettel durchgeführt.

(3) Bei der Wahl des Feuerwehrkommandanten und seines Stellvertreters ist gewählt, wer mehr als die Hälfte der Stimmen der anwesenden Wahlberechtigten erhalten hat. Wird diese Stimmenzahl nicht erreicht, findet eine Stichwahl zwischen den beiden Bewerbern mit den meisten Stimmen statt, bei der die einfache Mehrheit entscheidet. Bei Stimmengleichheit entscheidet das Los. Steht nur ein Bewerber zur Wahl und erreicht dieser im ersten Wahlgang die erforderliche Mehrheit nicht, findet ein zweiter Wahlgang statt, in dem der Bewerber mehr als die Hälfte der Stimmen der anwesenden Wahlberechtigten erhalten muss.

(4) Die Wahl der Mitglieder des Feuerwehrausschusses wird als Mehrheitswahl ohne das Recht der Stimmenhäufung durchgeführt. Jeder Wahlberechtigte hat so viele Stimmen, wie Ausschussmitglieder zu wählen sind. In den Feuerwehrausschuss sind diejenigen Angehörigen der Gemeindefeuerwehr gewählt, die die meisten Stimmen erhalten haben. Bei Stimmengleichheit entscheidet das Los. Die nicht gewählten Mitglieder sind in der Reihenfolge ihrer Stimmenzahlen Ersatzmitglieder. Scheidet ein gewähltes Ausschussmitglied aus, so rückt für den Rest der Amtszeit das Ersatzmitglied nach, das bei der Wahl die höchste Stimmenanzahl erzielt hat.

(5) Die Niederschrift über die Wahl des Feuerwehrkommandanten und seines Stellvertreters ist innerhalb einer Woche nach der Wahl dem Bürgermeister zur Vorlage an den Gemeinderat zu übergeben. Stimmt der Gemeinderat der Wahl nicht zu, findet innerhalb von drei Monaten eine Neuwahl statt.

(6) Kommt binnen eines Monats die Wahl des Feuerwehrkommandanten oder seines Stellvertreters nicht zustande oder stimmt der Gemeinderat der Wahl nicht zu, so hat der Feuerwehrausschuss dem Bürgermeister ein Verzeichnis aller Angehörigen der Feuerwehr vorzulegen, die sich auf-

grund ihrer Ausbildung und Bewährung im Feuerwehrdienst zur kommissarischen Bestellung (§ 8 Abs. 2 Satz 3 FwG) eignen.

(7) Sofern die Hauptversammlung nach § 16 Absatz 6 nicht in Form einer Präsenzveranstaltung durchgeführt wird, entscheidet der Bürgermeister nach Anhörung des Feuerwehrausschusses, ob

(a) die nach dem Feuerwehrgesetz und dieser Satzung durchzuführenden Wahlen und Beschlussfassungen in geheimer Abstimmung in einer Präsenzversammlung (Wahlversammlung) durchgeführt werden oder
(b) zu treffende Beschlüsse in der bzw. die Wahlen durch die Versammlung in Form einer Briefwahl herbei- bzw. durchgeführt werden oder
(c) zu treffende Beschlüsse in der bzw. die Wahlen durch die Versammlung in Form einer Online-Abstimmung bzw. -Wahl herbei- bzw. durchgeführt werden.

(8) Für die Wahlen in den Einsatzabteilungen der Freiwilligen Feuerwehr und den Abteilungen bei den Altersabteilungen, der Jugendfeuerwehr und den Musikabteilungen gelten die Absätze 2 bis 7 sinngemäß.

§ 18 Sondervermögen für die Kameradschaftspflege (Kameradschaftskasse)

(1) Für die Feuerwehr wird ein Sondervermögen für die Kameradschaftspflege und die Durchführung von Veranstaltungen gebildet.

(2) Das Sondervermögen besteht aus

I. Zuwendungen der Gemeinde und Dritter,
II. Erträgen aus Veranstaltungen,
III. sonstigen Einnahmen,
IV. mit Mitteln des Sondervermögens erworbenen Gegenständen.

(3) Der Feuerwehrausschuss stellt mit Zustimmung des Bürgermeisters einen Wirtschaftsplan auf, der alle im Haushaltsjahr zur Erfüllung der Aufgaben der Kameradschaftskasse voraussichtlich eingehenden Einnahmen und zu leistenden Ausgaben enthält. Ausgaben können für gegenseitig oder einseitig deckungsfähig erklärt werden. Über- und außerplanmäßige Ausgaben können zugelassen werden, wenn ihre Deckung gewährleistet ist. Außerplanmäßige Ausgaben bedürfen der Zustimmung des Bürgermeisters. Verpflichtungen zur Leistung von Ausgaben in künftigen Haushaltsjahren dürfen nur eingegangen werden, wenn der Wirtschaftsplan dazu ermächtigt.

(4) Über die Verwendung der Mittel beschließt der Feuerwehrausschuss. Der Feuerwehrausschuss kann den Feuerwehrkommandanten ermächti-

gen, über die Verwendung der Mittel bis zu einer bestimmten Höhe oder für einen festgelegten Zweck zu entscheiden. Der Feuerwehrkommandant vertritt bei Ausführung des Wirtschaftsplans den Bürgermeister.

(5) Die für das Sondervermögen eingerichtete Sonderkasse (Kameradschaftskasse) ist jährlich mindestens einmal von zwei Rechnungsprüfern, die von der Hauptversammlung auf fünf Jahre bestellt werden, zu prüfen. Der Rechnungsabschluss ist dem Bürgermeister vorzulegen.

(6) Für die Einsatzabteilungen der Freiwilligen Feuerwehr und die Jugendfeuerwehr werden ebenfalls Sondervermögen im Sinne des Absatzes 1 gebildet. Die Absätze 1 bis 5 gelten entsprechend; an die Stelle des Feuerwehrkommandanten, des Feuerwehrausschusses und der Hauptversammlung treten der Abteilungskommandant, der Abteilungsausschuss und die Abteilungsversammlung.

§ 19 Inkrafttreten

(1) Diese Satzung tritt am Tage nach ihrer Bekanntmachung in Kraft.

(2) Gleichzeitig tritt die Feuerwehrsatzung vom ... außer Kraft.

Anhang 2

Erläuterungen zum Muster für eine Feuerwehrsatzung

Das Gesetz zur Änderung des Feuerwehrgesetzes, des Gesetzes über die Ladenöffnung in Baden-Württemberg und des Landeskatastrophenschutzgesetzes vom 17. Dezember 2015 wurde im Gesetzesblatt Nr. 25 auf Seite 1184 veröffentlicht und ist am 30. Dezember 2015 in Kraft getreten.

Wesentliches Ziel der Gesetzesänderung war es, den Personalbestand der Feuerwehren zu sichern, die Wirtschaftlichkeit der Feuerwehren zu verbessern und das Feuerwehrgesetz an die tatsächlichen und rechtlichen Veränderungen sowie an die Erfahrungen der Praxis aus den letzten Jahren anzupassen.

Im Einzelnen wurden folgende Änderungen vorgenommen:

- Der Gemeindefeuerwehr können künftig Personen angehören, die nur einzelne Tätigkeiten des Feuerwehrdienstes wahrnehmen, § 14 Absatz 3 Satz 2 FwG.
- Die Regelungen über die Anforderungen und den Ersatz der Kosten der Überlandhilfe werden den Bedürfnissen der Praxis angepasst, § 26 Absatz 1 Satz 2 und Absatz 2 Satz 2 FwG.
- Die Regelungen über die Mitwirkung ehrenamtlich tätiger Angehöriger von im Katastrophenschutz mitwirkenden Organisationen stellt klar, dass sie in diesen Fällen hinsichtlich der Ansprüche auf Schadensersatz sowie Ersatz des Verdienstausfalls den ehrenamtlich tätigen Feuerwehrangehörigen gleichgestellt sind und die Ansprüche gegenüber der Gemeinde den Hilfe leistenden Personen unmittelbar zustehen, § 30 Absatz 2 Satz 1 und 3, Absatz 4 FwG.
- Die Vorschriften zur Berechnung und Erhebung des Kostenersatzes für Einsätze der Gemeindefeuerwehr wurden zur Klarstellung und Vereinfachung neu gefasst. Dies soll den Gemeinden ermöglichen, für die Gemeinden und die Zahlungspflichtigen angemessene Kostenersätze für die Leistungen der Feuerwehr zu erheben, § 34 FwG.

Novelle 2009

Durch die Novelle 2009 (Gesetz zur Änderung des Feuerwehrgesetzes vom 10.11.2009, GBl. S. 633, in Kraft seit 19.11.2009[1]) i. V. mit der Neufassung des Feuerwehrgesetzes vom 02.03.2010 (GBl. Nr. 6 vom 09.04.2010, S. 333)[2] ergaben sich bei den Ermächtigungen für Regelungen in der Satzung der Gemeinde für eine Freiwillige Feuerwehr Änderungen. Diese werden an dieser Stelle aufgeführt und um die Änderungen aus dem Gesetz zur Änderung des Feuerwehrgesetzes, des Gesetzes über die Ladenöffnung in Baden-Württemberg und des Landeskatastrophenschutzgesetzes vom 17. Dezember 2015 ergänzt.

Die bisherigen und die geänderten Vorschriften des Feuerwehrgesetzes werden in der Präambel genannt:

§ 6 Abs. 1 Satz 3 Organisation der Gemeindefeuerwehr – Gliederung und Verwaltung

„Gliederung und Verwaltung der Gemeindefeuerwehr sind durch Satzung zu regeln."

§ 6 Abs. 3 Organisation der Gemeindefeuerwehr – Übungsdienst in für Angehörige der Musikabteilung

„Angehörige der Musikabteilung sind beim aktiven Wahlrecht nach § 10 und bei staatlichen Ehrungen Angehörigen einer Einsatzabteilung der Freiwilligen Feuerwehr gleichgestellt, wenn sie an einer feuerwehrspezifischen Grundausbildung erfolgreich teilgenommen haben, nach Maßgabe der Satzung regelmäßigen Übungsdienst leisten und für Einsätze zur Verfügung stehen."

§ 7 Abs. 1 Satz 1 Angehörige der Gemeindefeuerwehr – Rechte und Pflichten der Angehörigen

„Die Rechte und Pflichten der Angehörigen der Gemeindefeuerwehr sind durch Satzung zu regeln, soweit sie sich nicht aus dem Gesetz ergeben."

§ 8 Abs. 2 Satz 2 Leitung der Gemeindefeuerwehr – verkürzte Amtszeit

„Bei vorzeitigem Ausscheiden eines Feuerwehr- oder Abteilungskommandanten oder eines Stellvertreters kann die Amtszeit für den Nachfolger verkürzt werden; das Nähere ist durch Satzung zu regeln."

---

1 Veröffentlicht im Gesetzblatt Nr. 20 vom 18.11.2009, zum Inkrafttreten am Tag nach der Bekanntmachung siehe Art. 3 des Änderungsgesetzes.

2 Ermächtigung zur Neubekanntmachung siehe Art. 2 des Änderungsgesetzes.

§ 10 Abs. 2 Satz 1 Feuerwehrausschuss, Abteilungsausschüsse – Wahl von Abteilungsausschüssen

„Durch Satzung kann bestimmt werden, dass die Einsatzabteilungen der Freiwilligen Feuerwehr aus ihrer Mitte Abteilungsausschüsse für die Dauer von fünf Jahren wählen."

§ 10 Abs. 3 Feuerwehrausschuss, Abteilungsausschüsse – Wahlverfahren, Zusammensetzung, weitere angehörige

„Wahlverfahren, Zusammensetzung und Geschäftsordnung sind durch Satzung zu regeln. Dabei können weitere Angehörige der Gemeindefeuerwehr zu Mitgliedern des Feuerwehrausschusses und der Abteilungsausschüsse bestimmt werden."

§ 18 Absatz 1 Satz 1 Sondervermögen für die Kameradschaftspflege – Bildung von Sondervermögen

„Die Gemeinden können durch Satzung für die Gemeindefeuerwehr, für deren Einsatzabteilungen und für die Jugendfeuerwehr Sondervermögen für die Kameradschaftspflege und die Durchführung von Veranstaltungen bilden."

§ 18 Abs. 4 Sondervermögen für die Kameradschaftspflege – Wirtschaftsplan, Sonderkasse und Sonderrechnung

»Das Nähere über

1. den Inhalt und die Ausführung des Wirtschaftsplans,
2. die Führung und Beaufsichtigung der Sonderkasse und
3. die Führung der Sonderrechnung

wird durch Satzung geregelt.«

Fachberater (Personen mit besonderen Fähigkeiten und Kenntnissen) können in die Gemeindefeuerwehr aufgenommen werden. Deren Dienstpflichten, Aufnahme und der Beendigung des Feuerwehrdienstes können im Einzelfall abweichend von § 11 Abs. 1 und 2, § 13 Abs. 1 Nr. 5 und § 14 FwG geregelt werden. § 3 Abs. 4 des Musters wiederholt diese Ermächtigung für Abweichungen im Einzelfall ohne nähere Ausgestaltung der Abweichungen.

Das Feuerwehrgesetz enthält außerdem weitere Satzungsermächtigungen

§ 12 Heranziehung zum Dienst in der Gemeindefeuerwehr.

§ 16 Entschädigung (der Feuerwehrangehörigen für Auslagen und Verdienstausfall).

§ 34 Abs. 4 und 5 S. 2 Kostenersatz (für Feuerwehreinsätze).

Übernahme des Wortlauts des Feuerwehrgesetzes

Die Satzung schöpft die Ermächtigung des Feuerwehrgesetzes aus und wiederholt teilweise wörtlich oder auch inhaltlich Vorschriften des Feuerwehrgesetzes.

Die Satzung kann eigenständige Regelungen nur enthalten, soweit sie sich nicht aus dem Feuerwehrgesetz ergeben (§ 7 Abs. 1 Satz 1 FwG: „% soweit sie sich nicht aus dem Gesetz ergeben"), d.h. wenn das Feuerwehrgesetz keine Regelung enthält oder soweit es abweichende Regelungen zulässt. Die Satzung wiederholt – entsprechend der bisherigen Systematik des Musters aus dem Jahre 1988 – die Regelungen des Feuerwehrgesetzes entweder im Wortlaut oder in geringer Abweichung. Dies sind dann keine eigenständigen Regelungen; der Wortlaut des Feuerwehrgesetzes ist für die Rechtslage maßgebend.

In den Besprechungen mit dem Innenministeriums und dem Landesfeuerwehrverband wurde überlegt, auf die Wiedergabe des Wortlauts des Feuerwehrgesetzes zu verzichten bzw. die maßgebenden Vorschriften in eine Anlage zur Satzung aufzunehmen. Im Hinblick auf die bessere Lesbarkeit und die Zusammenfassung in einer Satzung wurde die Praxis des Musters 1988 beibehalten. Das schließt selbstverständlich eine Zweiteilung in eigenständige Satzungsregelung und Text des Feuerwehrgesetzes nicht aus.

Nach der Ermächtigungsnorm der Gemeindeordnung (§ 4) und denen des Feuerwehrgesetzes (s. o.) ist es nicht zwingend erforderlich, in der Einleitungsformel einer Satzung ihre Ermächtigungsgrundlagen zu zitieren[3]. Nach ständiger Rechtsprechung macht das Fehlen der Angabe einer Ermächtigungsgrundlage die Satzung nicht ungültig, da das strenge Zitiergebot des Grundgesetzes und der Landesverfassung für kommunale Satzungen nicht gilt; entscheidend ist vielmehr allein, dass tatsächlich eine Rechtsgrundlage für die jeweilige Satzung gegeben ist[4].

Zu § 1: Name und Gliederung der Freiwilligen Feuerwehr

Absatz 1 entspricht der Formulierung des § 1 Absatz Satz 1 FwG.

Die Gemeindefeuerwehr besteht aus mindestens einer Einsatzabteilung der Freiwilligen Feuerwehr (§ 6 Abs. 1 Satz 2 FwG).

Die Gemeindefeuerwehr kann daneben auch eine Einsatzabteilung mit

- Angehörigen der Berufsfeuerwehr oder

---

3 Dagegen Zitiergebot für Rechtsverordnungen: Art. 80 Abs. 1 Satz 3 GG und Art. 61 Abs. 1 Satz 3 LV BW.

4 Siehe BVerwGE 18, 324; VGH Baden-Württemberg, BWVPr. 1975, 228; BVerfGE 32, 349; BVerfGE 49, 342.

- hauptamtlichen Kräften

aufstellen (§ 6 Abs. 1 Satz 2 FwG).

Besteht die Gemeindefeuerwehr nur aus einer oder mehreren Einsatzabteilungen der Freiwilligen Feuerwehr, führt sie Bezeichnung „Freiwillige Feuerwehr" (§ 6 Abs. 1 Satz 4 FwG).

Die Gemeindefeuerwehr führt die Bezeichnung „Feuerwehr", wenn eine Einsatzabteilung der Berufsfeuerwehr oder eine Einsatzabteilung mit hauptamtlichen Kräften eingerichtet ist (§ 6 Abs. 1 Satz 5 FwG).

Das vorliegende Satzungsmuster ist für „Freiwillige Feuerwehr" bestimmt.

Wie bisher wird in der gesamten Satzung die Formulierung „Feuerwehr" verwendet. Die Mitglieder der Feuerwehr werden als „Angehörige der Gemeindefeuerwehr" bezeichnet (siehe § 7 FwG – Angehörige der Gemeindefeuerwehr).

Musikabteilung[5]

Das Feuerwehrgesetz stellt die Mitglieder der Musikabteilung den Angehörigen einer Einsatzabteilung gleich, wenn sie eine feuerwehrspezifische Grundausbildung nachweisen und bestimmten Feuerwehrdienst leisten (Näheres siehe § 6 Abs. 3 FwG). Ein Musikzug ist nur dann Teil der Feuerwehr der Gemeinde, wenn er in der örtlichen Satzung geregelt ist und die Mitglieder im Musikzug Angehörige der Musikabteilung im Rahmen der örtlichen Feuerwehrsatzung sind. Besteht der Musikzug[6] aus Personen, die nicht Mitglied der Feuerwehr sind, kann diese Einrichtung nicht der Gemeindefeuerwehr zugerechnet werden. Die Gemeinde wird die Ausrüstungsgegenstände für einen Spielmanns- und Fanfarenzug nur dann beschaffen, wenn dieser ein Teil der Gemeindefeuerwehr ist. Im Übrigen können Spielmanns- und Fanfarenzüge wie musiktreibende Vereine in der Gemeinde behandelt werden.

Weitere Informationen zur Feuerwehrmusik im Internet bei „Landesfeuerwehrverband Baden-Württemberg Arbeitskreis Musik"[7], mit umfangreichen Informationen zur Feuerwehrmusik.

Jugendfeuerwehr/Musikabteilungen

Das Feuerwehrgesetz bezeichnet die „Abteilung" für die jugendlichen Feuerwehrangehörigen als „Jugendfeuerwehr" und die Abteilung für die

---

5 Im bisherigen Muster als Spielmannszug bezeichnet.

6 Oder ein Spielmanns- und Fanfarenzug bzw. eine vergleichbare Einrichtung.

7 http://www.feuerwehrmusik-bw.de/

Feuerwehrmusik als „Musikabteilung“ (§ 6 Abs. 1 Satz 2 FwG). Auf Grund der Entwicklung der vergangenen Jahre und der Bedeutung dieser Abteilung sind dafür regelmäßige Vorschriften in die Feuerwehrsatzung vorgesehen.

Löschzüge

Löschzüge sind im Muster für eine Feuerwehrsatzung nicht geregelt[8].

Einrichtung der Gemeinde

Die Feuerwehr ist nach dem Feuerwehrgesetz (s. § 1 Abs. 1 Satz 1) eine

- Einrichtung der Gemeinde
- ohne eigene Rechtspersönlichkeit.

Im Außenverhältnis handeln die Verantwortlichen der Feuerwehr für die Gemeinde. Für Verpflichtungserklärungen gelten die Vorschriften der Gemeindeordnung (insbes. § 54 GemO). Treten die Feuerwehrangehörigen als solche nach außen auf, ist diese Tätigkeit (regelmäßig) auch der Gemeinde zuzurechnen. Es ist daher wohl kaum möglich, das Handeln der Angehörigen der Feuerwehr aufzuspalten in Tätigkeiten als Feuerwehr i. S. des Feuerwehrgesetzes und als Tätigkeiten einer Einrichtung der Gemeinde einerseits und „privates“ Tun andererseits. So ist beispielsweise die Mitwirkung an kommunalen Straßenfesten zwar keine Aufgabe nach dem Feuerwehrgesetz, jedoch Feuerwehrdienst im weiteren Sinne[9]. Dies hat weitreichende Konsequenzen, und zwar nicht nur für die Verantwortung, sondern auch für das Weisungsrecht des Bürgermeisters und die Behandlung als Feuerwehrdienst (Rechte und Pflichten der Angehörigen der Feuerwehr). Berücksichtigt werden muss aber bei diesen rechtlichen Fragen auf jeden Fall die bisher bestehende örtliche Praxis und ihre (tatsächliche oder formelle) Sanktionierung durch die Gemeindeverwaltung.

---

8 Während das Muster 1980 noch Regelungen vorsah, enthielt das Muster 1988 keine Regelungen mehr. Der Löschzug ist nach Feuerwehr-Dienstvorschrift FwDV 3 Einheiten im Lösch- und Hilfeleistungseinsatz (Februar 2008) ein Zug der Feuerwehr. Er ist eine taktische Einheit und besteht aus dem Zugführer, dem Zugtrupp als Führungseinheit und aus Gruppen, Staffeln und/oder selbstständigen Trupps. Der Zug hat in der Regel eine Mannschaftsstärke von 22.

9 Die Angehörigen der Gemeindefeuerwehren werden aufgrund überkommener Praxis und tatsächlicher Übung bei der Regelung des Straßenverkehrs, zum Beispiel bei örtlichen Festen, bei Umzügen oder Prozessionen, eingesetzt. Dabei stellt sich die Frage nach der Haftung der Mitglieder der freiwilligen Feuerwehr, wenn durch Fehlanweisungen, Irrtum oder Missverständnisse Personen- oder Sachschäden entstehen. Mit dieser Rechtsfrage befasste sich ein Antrag im Landtag (Landtags-Drucksache 10/3975 – siehe Wortlaut auch in BWGZ 1991, 144).

Jede Gemeinde muss gemäß § 6 Absatz 1 Satz 3 FwG eine Feuerwehrsatzung/Feuerwehrabteilungssatzung erlassen.[10] Es handelt sich somit um eine Pflichtsatzung.

Zu § 2: Aufgaben

Zu Absatz 1

Absatz 1 ist wortgleich mit § 2 Abs. 1 FwG (Definition der Pflichtaufgaben der Feuerwehr).

Zu Absatz 2

Absatz 2 ist identisch mit § 2 Abs. 2 FwG (Definition der Kann-Aufgaben der Feuerwehr), jedoch zusätzlich mit der Zuständigkeit des Bürgermeisters für die Beauftragung.

Nach der gesetzlichen Beschreibung der Kann-Aufgaben im Feuerwehrgesetz mit der Zuständigkeit der „Gemeinde" enthält das Muster für eine Feuerwehrsatzung in Verbindung mit der örtlichen Hauptsatzung die Ermächtigung des Bürgermeisters, die Aufgaben der Feuerwehr um Hilfeleistungen bei anderen Notlagen und Aufgaben der Brandverhütung zu erweitern.

Dabei ist jedoch die kommunalverfassungsrechtliche Zuständigkeitsverteilung zwischen Gemeinderat und Bürgermeister zu beachten. Bei den beschriebenen Aufgaben handelt es sich regelmäßig nicht mehr um Geschäfte der laufenden Verwaltung. Das Eilentscheidungsrecht des Bürgermeisters bleibt unberührt. Die Übertragung der genannten Aufgaben auf Dauer auf den Bürgermeister bedarf der Entscheidung des Gemeinderats als dem Hauptorgan der Gemeinde. Die Feuerwehrsatzung kann daher diese Zuständigkeitsübertragung nicht regeln, dies bleibt der Hauptsatzung überlassen. Daher ist nur eine nachrichtliche Übernahme der in der Hauptsatzung getroffenen Zuständigkeit vorgesehen.

In der örtlichen Hauptsatzung ist regelmäßig entsprechend dem Muster des Gemeindetags für eine Hauptsatzung in § 11 Abs. 2 die Regelung enthalten, wonach dem Bürgermeister/Oberbürgermeister die Aufgaben nach § 2 Abs. 2 FwG zur Erledigung dauernd übertragen werden. Die Formulierung war bereits im Muster 1988 enthalten und in das Muster für eine Hauptsatzung übernommen worden[11]:

„2.13 die Beauftragung der Feuerwehr zur Hilfeleistung in Notlagen und mit Maßnahmen der Brandverhütung im Sinne des § 2 Abs. 2 Feuerwehrgesetz."

---

10 Hildinger/Rosenauer, Feuerwehrgesetz Baden-Württemberg, 4. Auflage 2017, § 6, Rn. 36.

11 § 11 Abs. 2 Nr. 2.12. Siehe Muster in BWGZ 2000, 503.

Die in § 2 Abs. 3 des bisherigen Musters geregelten weiteren Aufgaben der Feuerwehr (Ausbildung, Fortbildung, Übungen, Förderung der Ausbildung in Erster Hilfe, Mitwirkung im Katastrophenschutz) ergeben sich bereits aus den bestehenden (Rechts-)Vorschriften, auch Feuerwehr-Dienstvorschriften. Dies bedarf keiner Regelung im Muster mehr.

Zu § 3: Aufnahme in die Feuerwehr
Zu Absatz 1:

Diese Regelung hat praktische Bedeutung nur für die Aufnahme in die Einsatzabteilung. Der Eintritt in die Jugendfeuerwehr ist in § 7 Abs. 2 des Musters geregelt.

Beim „Eintritt" in die Altersabteilung handelt es sich begrifflich um einen Übertritt in eine andere Abteilung.

In die Feuerwehr können nicht nur Gemeindeeinwohner, sondern auch Personen aufgenommen werden, die in der Gemeinde lediglich ihren Arbeitsplatz haben, um beispielsweise Feuerwehrdienst am Arbeitsort leisten zu können[12].

Die Voraussetzungen für die Aufnahme in die Gemeindefeuerwehr sind mit wörtlicher Übernahme der Voraussetzungen des § 11 FwG bestimmt.

§ 11 FwG wurde durch die Novelle 2009 neu gefasst. Zur Rechtsänderung siehe Begründung zur Novelle 2009[13] und Darstellung der Rechtsänderung in dieser BWGZ.

Eintrittsalter 17. Lebensjahr (§ 3 Abs. 1 Nr. 1)[14]

Die Novelle 2009 hat das Eintrittsalter in die Einsatzabteilung auf das 17. Lebensjahr herabgesetzt. Damit sollen Jugendliche frühzeitig für die Feuerwehr gewonnen werden und der Übertritt von der Jugendfeuerwehr in die Einsatzabteilung erleichtert werden. Sie dürfen bis zur Vollendung des 18. Lebensjahres nur am Übungsdienst der Einsatzabteilung, nicht aber an Einsätzen teilnehmen. Jugendliche sind nach dem Jugendarbeitsschutzgesetz Beschränkungen, beispielsweise hinsichtlich der Arbeitszeit und der Pausenregelungen, unterworfen; daneben bestehen bei gefährlichen Arbeiten Beschäftigungsverbote. Die Grundausbildung kann früher begonnen werden. Die Angehörigen der Gemeindefeuerwehr stehen damit bereits ab dem 18. Lebensjahr für Einsätze voll ausgebildet zur Verfügung. Die Jugendfeuerwehr bleibt damit attraktiv.

---

12 Siehe bereits die Rechtsänderung mit der Novelle 1968, Darstellung in BWGZ 1969, 9.

13 Landtags-Drucksache 14/5103 vom 15.09.2009, S 39 (zum damaligen § 10, jetzt seit der Neufassung des Feuerwehrgesetzes § 11).

14 § 11 Abs. 1 Nr. 1 FwG.

Gesundheitliche Anforderungen (§ 3 Abs. 1 Nr. 2)[15]

Die Angehörigen der Gemeindefeuerwehr müssen den gesundheitlichen Anforderungen des Feuerwehrdienstes gewachsen sein.

Nach der Unfallverhütungsvorschrift Feuerwehren dürfen für den Feuerwehrdienst nur körperlich und fachlich geeignete Feuerwehrangehörige eingesetzt werden[16]. In der Durchführungsanweisung heißt es dazu:

»Maßgebend für die Forderung sind die landesrechtlichen Bestimmungen. Entscheidend für die körperliche und fachliche Eignung sind Gesundheitszustand, Alter und Leistungsfähigkeit. Bei Zweifeln am Gesundheitszustand soll ein mit den Aufgaben der Feuerwehr vertrauter Arzt den Feuerwehrangehörigen untersuchen.

Die fachlichen Voraussetzungen erfüllt, wer für die jeweiligen Aufgaben ausgebildet ist und seine Kenntnisse durch regelmäßige Übungen und erforderlichenfalls durch zusätzliche Aus- und Fortbildung erweitert. Dies gilt insbesondere für Atemschutzgeräteträger, Taucher, Maschinisten, Drehleitermaschinen, Motorkettensägenführer. Zur fachlichen Voraussetzung gehört auch die Kenntnis der Unfallverhütungsvorschriften und der Gefahren des Feuerwehrdienstes.

Besondere Anforderungen an die körperliche Eignung werden insbesondere an Feuerwehrangehörige gestellt, die als Atemschutzgeräteträger, als Taucher oder als Ausbilder in Übungsanlagen zur Brandbekämpfung Dienst tun. Die körperliche Eignung dieser Personen ist nach den berufsgenossenschaftlichen Grundsätzen für arbeitsmedizinische Vorsorgeuntersuchungen festzustellen und zu überwachen:

Für Atemschutzgeräteträger nach G 26 „Atemschutzgeräte", für Taucher nach G 31 „Überdruck" und für Ausbilder in Übungsanlagen zur Brandbekämpfung nach G 26 „Atemschutzgeräte" und G 30 „Hitzearbeiten". Siehe auch UVV „Arbeitsmedizinische Vorsorge" (GUV-V A 4, bisher GUV 0.6)."

Längere Dienstzeit (§ 3 Abs. 1 Nr. 4)[17]

Es genügt, sich vor der Aufnahme in die Feuerwehr zur Ableistung einer längeren Dienstzeit bereit zu erklären. Eine Verpflichtung ist nicht mehr erforderlich. Begründet ist mit den sehr hohen Erwartungen an die räumliche Mobilität und zeitliche Flexibilität der Beschäftigten, sodass kaum

---

15 § 11 Abs. 1 Nr. 2 FwG.

16 § 14 Persönliche Anforderungen. Unfallverhütungsvorschrift Feuerwehren vom Mai 1989, in der Fassung vom Januar 1997 mit Durchführungsanweisungen vom Juli 2003. GUV-V C 53 (bisher GUV 7.13).

17 § 11 Abs. 1 Nr. 4 FwG.

jemand in der Lage ist, sich zu einer längeren Dienstzeit bindend zu verpflichten.

Die Ergänzung des Feuerwehrgesetzes wird im Muster geregelt, dass diese längere Dienstzeit mindestens 10 Jahre betragen soll (§ 3 Abs. 1 Satz 2).

Brandstiftung (§ 3 Abs. 1 Nr. 7)[18]

Eine Verurteilung wegen Brandstiftung – ausgenommen sind Fälle der fahrlässigen Brandstiftung – führ zur Ungeeignetheit. Mit dem öffentlichen Ansehen der Feuerwehr ist es unvereinbar, wenn Feuerwehrangehörige Brandstifter sind, und zwar auch dann, wenn sie ihre Strafe verbüßt haben.

Auf die negativen Voraussetzungen des § 10 Abs. 1 Nr. 5 i. V. mit Abs. 2 FwG wird in Satz 2 ausdrücklich verwiesen. Der Begriff der Hilfsorganisation wird auch in § 28 Abs. 3 FwG im Zusammenhang mit der Bildung eines Einsatzstabes verwendet.

Zu Absatz 2 (Probezeit)

Durch die Novelle 2009 wurde die einjährige Probezeit vor der Aufnahme in die Einsatzabteilung eingeführt. Damit können die Beteiligten prüfen, ob sie „zueinander passen". Innerhalb der der Probezeit kann der Feuerwehrangehörige – ohne Grund – wieder austreten (§ 13 Abs. 1 Nr. 2 FwG). Die Nachwuchsgewinnung wird damit erleichtert.

Wie im Feuerwehrgesetz vorgesehen, soll der Feuerwehrangehörige innerhalb der Probezeit an einem Grundausbildungslehrgang teilnehmen[19]. Dies erleichtert die Nachwuchsgewinnung.

Die Probezeit kann verlängert werden, wenn die Entscheidung über die Eignung für den Feuerwehrdienst innerhalb eines Jahres nicht zu treffen ist[20].

Auf die Probezeit kann verzichtet oder sie kann verkürzt werden, wenn bereits anderweitig ausreichende Kenntnisse und Erfahrungen im Feuerwehrdienst, zum Beispiel in der Jugendfeuerwehr, erworben und die Eignung nachgewiesen wurde.

---

18 § 11 Abs. 1 Nr. 7 FwG.

19 § 11 Abs. 2 Satz 2 FwG.

20 § 11 Abs. 2 Satz 3 FwG „aus begründetem Anlass".

Zu Absatz 3 (Fachberater)

Für Fachberater in der Gemeindefeuerwehr enthält das Feuerwehrgesetz folgende Regelungen[21]

- Personen mit besonderen Fähigkeiten und Kenntnisse können als Fachberater in die Gemeindefeuerwehr aufgenommen werden. Ihre Funktion besteht vor allem in der Beratung der Gemeindefeuerwehren in fachlicher Sicht.
- Die Aufnahme kann im Einzelfall abweichend von den sonst für ehrenamtlich Tätige in der Gemeindefeuerwehr geltenden Vorschriften (also abweichend von § 11 Abs. 1 und 2 FwG) geregelt werden.
- Die Dienstpflichten können im Einzelfall abweichend von den sonst für ehrenamtlich Tätige in der Gemeindefeuerwehr geltenden Vorschriften (also abweichend von § 14 FwG) geregelt werden.
- Die Beendigung des Feuerwehrdienstes kann im Einzelfall abweichend von den sonst für ehrenamtlich Tätige in der Gemeindefeuerwehr geltenden Vorschriften (also abweichend von § 13 Abs. 1 Nr. 5 FwG) geregelt werden.

Das Feuerwehrgesetz bezieht die Ermächtigung auf den Einzelfall. Dies ist so zu verstehen, dass die Satzung keine Detailregelungen enthalten muss, sondern dies der Einzelfallentscheidung überlässt.

Über die Aufnahme entscheidet – wie auch sonst – der Feuerwehrausschuss (§ 11 Abs. 3 Satz 1 FwG), der dann bei jedem einzelnen Antrag auf einzelne Aufnahmevoraussetzungen verzichten kann (z. B. gesundheitliche Anforderungen, Verpflichtung zu längerer Dienstzeit, Teilnahme an einer reduzierten Zahl von Ausbildungsstunden). Über die Abweichung entscheidet der Feuerwehrausschuss zweckmäßigerweise zusammen mit der Aufnahme.

Mit der Novelle 2009 wurde die Möglichkeit geschaffen, für Fachberater auch Ausnahmen von den Regelungen über die Beendigung des ehrenamtlichen Feuerwehrdienstes zuzulassen. Begründet ist dies mit dem in der Praxis bestehenden Bedarf, Menschen mit besonderen Fachkenntnissen auch über das 65. Lebensjahr hinaus bei der Feuerwehr als Fachberater einzusetzen.

Zu Absatz 4 (Aufnahmegesuch, Entscheidung über die Aufnahme)

Das schriftliche Aufnahmegesuch wird regelmäßig auch zugleich die Erklärung zur Bereitschaft für eine längere Dienstzeit von mindestens 10

21 § 11 Abs. 4 FwG.

Jahren enthalten. Dies ist jedoch – anders gegenüber der bisherigen Rechtslage – keine Verpflichtung auf diese Dienstzeit.

Da Jugendliche mit dem 17. Lebensjahr aufgenommen werden können, wird die schriftliche Zustimmung der Erziehungsberechtigten gefordert.

Die Zustimmungserklärung solle auch die Zustimmung zur Teilnahme an Ausbildungslehrgängen und zur Abgabe der damit zusammenhängenden Willenserklärungen (z. B. Verpflichtungserklärungen nach dem Verpflichtungsgesetz bei der Sprechfunkerausbildung) umfassen.

Fragen und Antworten im Zusammenhang mit der Aufnahme in die Einsatzabteilung einer Freiwilligen Feuerwehr nach dem geänderten Feuerwehrgesetz (Ausgabe: Juni 2010) stehen auf der Homepage der Landesfeuerwehrschule (Fachthemen – Recht und Organisation – Richtlinien & Hinweise)[22].

Der Feuerwehrausschuss ist zuständig für folgende Entscheidungen im Zusammenhang mit der Aufnahme

- Aufnahme auf Probe,
- Verkürzung der Probezeit,
- Verlängerung der Probezeit,
- endgültige Aufnahme.

Über die Aufnahme in die Feuerwehr entscheidet nach der zwingenden gesetzlichen Vorschrift des § 11 Abs. 3 FwG der Feuerwehrausschuss. Eine Übertragung dieser Entscheidungsbefugnis auf den Abteilungsausschuss ist, trotz der verwaltungsmäßigen Zuständigkeit für die Abteilungen, nicht möglich.

Die Verpflichtung ist durch den Feuerwehrkommandanten vorgesehen, der seine Zuständigkeit (z. B. im Einzelfall) auf den Abteilungskommandanten delegieren kann. In der Praxis werden die Angehörigen der Gemeindefeuerwehr in der Haupt- oder Abteilungsversammlung aufgenommen. Nachdem daran – auch bei Abteilungsversammlungen – der Feuerwehrkommandant teilnimmt, wird dieser auch die Verpflichtung vornehmen.

---

22 http://www.lfs-bw.de/Fachthemen/RechtOrganisation/Seiten/richtlinienhinweise.aspx bzw. direkt: http://www.lfs-bw.de/Fachthemen/RechtOrganisation/Documents/Frage_Antwort_Aufnahme.pdf

Zu Absatz 5

Die Regelung entspricht wörtlich dem Feuerwehrgesetz[23] mit dem Zusatz „vom Bürgermeister“, um die Zuständigkeit klar zu bestimmen. Der Bürgermeister kann dies auf Gemeindebedienstete delegieren; dies geschieht nach den Regeln der Gemeindeordnung. Die schriftliche Mitteilung, dass die Aufnahme abgelehnt wurde, ist als Verwaltungsakt anfechtbar.

Ein Rechtsanspruch auf Aufnahme in die Gemeindefeuerwehr besteht jedoch nicht.

Zu Absatz 6

Mit der Aushändigung des Dienstausweises kann auch der Wortlaut der Feuerwehrsatzung der Gemeinde überreicht werden. Diese Aushändigung der örtlichen Feuerwehrsatzung muss weder im Muster noch in der örtlichen Feuerwehrsatzung geregelt werden.

Auf dem Markt werden Muster bzw. Vordrucke für Feuerwehr-Dienstausweise angeboten.

Zu § 4 Beendigung des ehrenamtlichen Feuerwehrdienstes

Die Beendigung des Feuerwehrdienstes regelt § 4 des Musters durch eine möglichst weitgehende Übernahme der gesetzlichen Regelung aus § 13 FwG n. F., der die bisherigen Vorschriften des § 12 und 13 FwG a. F. zusammenfasst.

Bei der Vorschrift über die Beendigung des ehrenamtlichen Feuerwehrdienstes ist zu beachten, dass Absatz 1 nur für die Angehörigen der Einsatzabteilung gilt, alle weiteren Absätze für alle Angehörigen gelten (also für Mitglieder der Altersabteilung, Jugendfeuerwehr, Musikabteilung).

Die Satzungsvorschrift des § 4 ist wie folgt aufgebaut:

Absatz 1: Beendigung für Angehörige einer Einsatzabteilung

Absatz 2: Voraussetzungen für die Entlassung auf Antrag und ohne Antrag (gilt – wie auch die weiteren Absätze – für alle Feuerwehrangehörige).

Absatz 3: Einreichen des Antrags auf Entlassung.

Absatz 4: Anzeigepflicht bei Wegzug aus der Gemeinde.

Absatz 5: Zuständigkeit und Voraussetzungen für die Beendigung aus wichtigem Grund.

Absatz 6: Bescheinigung über Beendigung.

---

23 § 11 Abs. 3 Satz 2 und 3 FwG.

Zu Absatz 1:

Die Satzungsvorschrift übernimmt die gesetzliche Regelung des Feuerwehrgesetzes mit der Beendigung des ehrenamtlichen Feuerwehrdienstes in einer Einsatzabteilung, gilt also nur für diese Feuerwehrangehörigen.

Der Feuerwehrdienst endet in den in der Satzung genannten Fällen kraft Satzung bzw. kraft Gesetz automatisch[24].

Es gibt keine Unterscheidung zwischen Entlassung (= ehrenhaftes Ausscheiden), Ausschluss (= unehrenhaftes Ausscheiden) und Beendigung kraft Gesetzes. Nach dem Feuerwehrgesetz und damit nach der Satzung gibt es nur noch die Beendigung des ehrenamtlichen Feuerwehrdienstes.

Bei der Beendigung des ehrenamtlichen Feuerwehrdienstes nach Absatz 1 gibt es keine Entscheidung, sondern nur die Feststellung, dass der Feuerwehrdienst beendet ist.

Ziel für einen Ausschluss durch den Gemeinderat ist die Sicherstellung der Einsatzfähigkeit und der Schutz des Ansehens der Feuerwehr.

Der Feuerwehrdienst endet, wenn die Probezeit nicht bestanden wird oder der Feuerwehrangehörige bis zum Ablauf der Probezeit seinen Austritt erklärt. Dies ist die Konsequenz aus der Einführung einer Probezeit in § 3 Abs. 2 des Musters[25].

Ein Hindernis für die Aufnahme in die Einsatzabteilung ist Verlust der Fähigkeit zur Bekleidung öffentlicher Ämter und die Verurteilung wegen Brandstiftung[26]. Treten diese Voraussetzungen während der Mitgliedschaft in der Einsatzabteilung ein, endet der Feuerwehrdienst automatisch[27]. Wer nicht in die Feuerwehr aufgenommen werden kann, weil er die Fähigkeit zur Bekleidung öffentlicher Ämter nicht besitzt oder weil er wegen Brandstiftung zu einer Freiheitsstrafe verurteilt wurde, soll auch nicht weiter Mitglied der Gemeindefeuerwehr bleiben können, wenn diese Umstände nach dem Eintritt in die Feuerwehr eintreten.

Zu Absatz 2

Die Satzungsvorschrift regelt die Entlassung aus dem ehrenamtlichen Feuerwehrdienst auf Antrag, die der Bürgermeister ausspricht.

Im Falle des Wohnsitzwechsels und der Verlegung der Arbeitsstätte in eine andere Gemeinde kann der Feuerwehrangehörige die Beendigung

---

24 § 13 Abs. 1 FwG.

25 Und § 11 Abs. 2 und 3 FwG.

26 § 3 Abs. 1 Nr. 5 und 7 des Musters bzw. § 11 Abs. 1 Nr. 5 und 7 FwG.

27 § 4 Abs. 1 Nr. 6 und 8 des Musters bzw. § 13 Abs. 1 Nr. 6 und 8 FwG.

des Feuerwehrdienstes beantragen wie auch der Bürgermeister nach Anhörung des Feuerwehrausschusses die Beendigung ohne Antrag aussprechen kann. In beiden Fällen kann dies dazu führen, dass der Dienst der Gemeindefeuerwehr nicht mehr möglich und daher eine Entlassung auch ohne Antrag angezeigt ist. Das Feuerwehrgesetz knüpft die Beendigung auf Antrag daran, dass der Angehörige der Gemeindefeuerwehr seine Wohnung in eine andere Gemeinde „verlegt". Das Verlegen der Wohnung in eine andere Gemeinde bedingt, dass mit der Aufgabe der Wohnung gleichzeitig eine neue Wohnung bezogen wird. Die gesetzliche Regelung soll aber erkennbar auch gelten, wenn der Angehörige der Gemeindefeuerwehr bereits in einer anderen Gemeinde eine Wohnung bewohnt, aber in der Gemeinde, in der er der Feuerwehr angehört, seine Wohnung aufgibt.

Die Anzeigepflicht soll sicherstellen, dass der Feuerwehrkommandant bzw. der Abteilungskommandant einen Überblick über die Funktionsfähigkeit der Gemeindefeuerwehr behält und die Einsatzfähigkeit sicherstellen kann.

Bei Abteilungen ist die Anzeige gegenüber dem Abteilungskommandanten zu erstatten.

Im Falle der Beendigung des Feuerwehrdienstes ohne Antrag ist der Betroffene vor einer Entscheidung anzuhören.

Der Bürgermeister bleibt darüber hinaus unbenommen, auch einen Beschluss des Gemeinderates herbeizuführen (Anhörung zur Meinungsbildung).

Die Entlassung bei Wohnungswechsel ohne Antrag des Feuerwehrangehörigen wird der Bürgermeister regelmäßig nur unter Mitwirkung des Kommandanten anordnen (z. B. wenn sich zeigt, dass ein effektiver Feuerwehrdienst durch den Feuerwehrangehörigen nicht mehr zu leisten ist).

Da der Abteilungsausschuss und der Abteilungskommandant bei der Aufnahme in die Feuerwehr mitwirken (s. § 3 Abs. 3), sind Anträge auf Entlassung über den Abteilungskommandanten beim Feuerwehrkommandanten einzureichen.

Zu Absatz 4

Wie bisher hat der Feuerwehrangehörige seines Wohnsitzes bzw. – wenn er nicht in der Gemeinde wohnt – die Verlegung seiner Arbeitsstätte in eine andere Gemeinde dem Feuerwehrkommandanten anzuzeigen.

Denkbar ist auch die Zuständigkeit des Abteilungskommandanten.

Die Meldepflicht für den Wohnsitzwechsel gilt nur, wenn der Angehörige der Gemeindefeuerwehr aus der Gemeinde selbst wegzieht. Für Flächengemeinden mit vielen Ortsteilen kann es sich anbieten, eine Meldepflicht für den Wechsel der Wohnung von einem Ortsteil in einen anderen Ortsteil einzuführen. Diese Meldepflicht kann durch eine interne Regelung eingeführt werden.

Zu Absatz 5 Beendigung aus wichtigem Grund

Die Satzungsregelung übernimmt die durch die Novelle 2009 in das Feuerwehrgesetz wesentlich erweiterte Vorschrift und ermächtigt den Gemeinderat, nach Anhörung des Feuerwehrausschusses den ehrenamtlichen Feuerwehrdienst eines Feuerwehrangehörigen aus wichtigem Grund zu beenden[28]. Aufgeführt werden beispielhafte und damit nicht abschließende Gründe.

Neu sind die Gründe wegen Schädigung des Ansehens der Feuerwehr und Störung des Zusammenlebens in der Gemeindefeuerwehr. In der Vergangenheit ist es immer wieder zu Problemen bis hin zu Gerichtsverfahren mit Feuerwehrangehörigen gekommen, deren Feuerwehrdienst mangels einer rechtlichen Grundlage nicht beendet werden konnte, obwohl sie das Ansehen der Feuerwehr erheblich geschädigt hatten oder eine Zusammenarbeit mit ihnen auf Grund ihres störenden Verhaltens in der Gemeindefeuerwehr unmöglich geworden war. Für die Tätigkeit der Feuerwehr, insbesondere im Einsatz, ist es aber absolut notwendig, dass die Zusammenarbeit unter den Feuerwehrangehörigen reibungslos funktioniert.

Die Beendigung des Feuerwehrdienstes aus wichtigem Grund ist ein belastender Verwaltungsakt; vor einer den Betroffenen belastenden Maßnahme besteht die Verpflichtung zur Anhörung nach § 28 LVwVfG. Diese Verpflichtung wurde in das Feuerwehrgesetz[29] und damit auch als Satzungsregelung übernommen. Der Betroffene kann daher vor der abschließenden Maßnahme seine Sicht der Dinge darstellen. Der Grundsatz der Verhältnismäßigkeit muss bei der Entscheidung beachtet werden.

Zuständig ist danach der Gemeinderat, der Feuerwehrausschuss ist zuvor zu hören. In der Satzung kann von der Zuständigkeit dieser beiden Gremien nicht abgewichen werden.

Zu Absatz 6 Bescheinigung

Die Bescheinigung über die Zugehörigkeit zur Feuerwehr ist in jedem Fall der Beendigung des Feuerwehrdienstes nach kraft Gesetzes/kraft Satzung und bei Beendigung auf Antrag und Beendigung ohne Antrag auszustel-

---

28 § 13 Abs. 3 FwG.

29 § 13 Abs. 3 Satz 3 FwG.

len, wenn dies beantragt wird (also nicht allein im Zusammenhang mit dem Wohnsitzwechsel).

Die Bescheinigung enthält zweckmäßigerweise Angaben über die Dienstzeit und Funktionen bei der Gemeindefeuerwehr.

Der Dienstausweis und die dem Angehörigen der Gemeindefeuerwehr überlassenen Ausrüstungsstücke sind einzuziehen; einer Regelung in der Satzung bedarf dies jedoch nicht.

Anmerkung:
Bei weiblichen Angehörigen der Gemeindefeuerwehr sind die Mutterschutzvorschriften zu beachten. Die dort vorgeschriebenen Schutzfristen können im Hinblick auf die Tätigkeit in der Gemeindefeuerwehr für die Zeit vor und nach der Geburt verlängert werden. Es ist davon auszugehen, dass durch Schwangerschaft der Feuerwehrdienst nicht endet, da die Feuerwehrtauglichkeit nur vorübergehend nicht mehr gegeben ist. Das Feuerwehrgesetz und die Satzung nennen als gesetzliche Gründe für die Beendigung des ehrenamtlichen Feuerwehrdienstes, dass er den gesundheitlichen Anforderungen des Feuerwehrdienstes nicht mehr gewachsen ist[30]. Entsprechend der bisherigen Rechtslage ist aber davon auszugehen, dass eine „dauernde Dienstunfähigkeit“ erforderlich ist. Unterbrechungen des Feuerwehrdienstes infolge Schwangerschaft gelten daher als Dienstzeit.

Zu § 5: Rechte und Pflichten der Angehörigen der Gemeindefeuerwehr

Die Satzungsregelung regelt entsprechend § 14 FwG die „Dienstpflichten“ der ehrenamtlich tätigen Angehörigen der Gemeindefeuerwehr.

Die Satzungsregelung gilt

- für die Angehörigen der Einsatzabteilungen (Absätze 1 und 6),
- für alle Angehörigen der Gemeindefeuerwehr (Absätze 2 bis 5, 7 bis 9).

Zu Absatz 1:
Die Angehörigen der Einsatzabteilung haben das Wahlrecht für

- den Feuerwehrkommandanten/Abteilungskommandanten,[31]
- seine Stellvertreter,[32]
- den Feuerwehrausschuss/Abteilungsausschuss[33].

---

30 § 13 Abs. 1 Nr. 4 FwG sowie § 4 Abs. 1 Nr. 4 des Musters.
31 § 8 Abs. 2 Satz 1 FwG.
32 § 8 Abs. 2 Satz 1 FwG.
33 § 10 Abs. 1 und 2 FwG.

Wahlrecht aufgrund § 8 Abs. 2 und 4 sowie § 18 Abs. 1 FwG.

Die aktiven Angehörigen der Gemeindefeuerwehr können lediglich den ehrenamtlich tätigen Feuerwehrkommandanten wählen (siehe § 8 Abs. 2 FwG). Der hauptberuflich tätige Feuerwehrkommandant (gilt auch für Abteilungskommandanten und die entsprechenden Stellvertreter – falls hauptberuflich tätig –) wird vom Gemeinderat – im Einvernehmen mit dem Bürgermeister – bestellt, da es sich um einen Gemeindebediensteten handelt (siehe § 24 Abs. 2 GemO); vor der Bestellung ist jedoch der Feuerwehrausschuss bzw. der Abteilungsausschuss zu hören (siehe § 8 Abs. 3 FwG).

Das Feuerwehrgesetz nennt nun bei den Kommandanten „sein Stellvertreter oder seine Stellvertreter“. In den Erläuterungen zum bisherigen Muster war schon darauf hingewiesen worden, dass in der Satzung mehrere Stellvertreter vorgesehen werden können.

Das Muster sieht nur einen Stellvertreter vor. Bei mehreren Stellvertretern wäre die örtliche Satzung entsprechend anzupassen.

Zu Absätze 2 bis 5:

Die hier aufgeführten Rechte gelten für alle ehrenamtlich tätigen Angehörigen der Gemeindefeuerwehr, also auch für die Angehörigen der Altersabteilung, der Jugendfeuerwehr und der Musikabteilung.

Der in § 5 Absatz 2 genannte Verweis auf die örtliche Satzung entfällt, wenn keine vorhanden ist.

Hauptamtliche Kräfte einer Freiwilligen Feuerwehr

Das Feuerwehrgesetz stellt es den Gemeinden frei, hauptamtliche Kräfte im Feuerwehrdienst zu beschäftigen. Dies ergibt sich sowohl aus der Ermächtigung, die Rechte und Pflichten der Angehörigen der Gemeindefeuerwehr zu regeln[34], als auch aus dem Grundsatz der Ehrenamtlichkeit, „soweit sie nicht nach den allgemeinen für Gemeindebedienstete geltenden Vorschriften angestellt sind“[35].

Diese hauptamtlichen Kräfte sind Angehörige der Gemeindefeuerwehr im Sinne des § 7 Absatz 1 FwG.

– Beamte

Die Feuerwehr hat unstreitig hoheitliche Aufgaben zu erfüllen. Daher sind die hauptamtlichen Kräfte grundsätzlich als Beamte des feuerwehrtechnischen Dienstes einzustellen (vgl. Art. 33 Abs. 4 GG und § 3 Abs. 2 BeamtStG).

---

34 § 7 Abs. 1 Satz 1 FwG.

35 § 7 Abs. 2 Satz 1 FwG.

Die zunehmende Technisierung der Feuerwehreinsätze erfordert für die beamteten hauptamtlichen Kräfte der freiwilligen Feuerwehren regelmäßig die Ausbildung zum Beamten des mittleren feuerwehrtechnischen Dienstes.

– Beschäftigte (im Einsatzdienst)
Werden die hauptamtlichen Kräfte im Feuerwehrdienst nicht ins Beamtenverhältnis übernommen (weil sie die beamtenrechtlichen Voraussetzungen nicht erfüllen), sind sie – zumindest in größeren Städten – als sog. Beschäftigte im kommunalen feuerwehrtechnischen Dienst zu beschäftigen. Im Einzelfall ist zu prüfen und nach den TVöD-Regeln zu entscheiden, ob diese Beschäftigte ausschließlich im Verwaltungsdienst tätig bzw. mit der Wartung von Fahrzeugen und Geräten betraut sind (Gerätewart). Davon zu trennen sind die kommunalen Beschäftigen, zu deren Tätigkeitsfeld die Betreuung der Fahrzeuge und Geräte der Gemeindefeuerwehr gehört, die aber im Einsatzfall als ehrenamtlich tätige Angehörige der Gemeindefeuerwehr handeln.

Absatz 5 Dienstpflichten
Wortlaut wie § 14 Abs. 1 FwG.

Absatz 6:
Die Satzungsregelung enthält eine Anzeigepflicht für die Angehörigen der Einsatzabteilung. Eine Ortsabwesenheit von länger als zwei Wochen ist anzuzeigen. Zur Gewährleistung der Einsatzbereitschaft der Gemeindefeuerwehr an Wochenenden und Feiertagen ist eine Änderung dieser Frist nicht erforderlich. Der zunehmende Wochenendurlaub (auch Kurzurlaube) bei Angehörigen der Gemeindefeuerwehr kann die Einsatzfähigkeit der Gemeindefeuerwehr herabsetzen, da dem Feuerwehrkommandanten dann u. U. nicht bekannt ist, welche Angehörigen der Gemeindefeuerwehr noch einsatzbereit sind. In der Praxis auftretende oder denkbare Schwierigkeiten können durch organisatorische Überlegungen gelöst werden (z. B. Samstagsbereitschaft).

Die Anzeigepflicht ist nur Angehörigen der Einsatzabteilungen notwendig. Bei den Mitgliedern der anderen Abteilungen dürfte für eine vergleichbare Anzeigepflicht keine Notwendigkeit bestehen.

Absatz 7 Vorübergehende und dauerhafte Beschränkung der Dienstbefreiung:
Wortlaut wie § 14 Abs. 3 FwG.

Mit der Gesetzesnovelle 2015 (GBl. 1184) wurde der § 14 Absatz 3 FwG neu gefasst. Damit wurde zusätzlich zu der seit 2009 bestehenden Möglichkeit der vorübergehenden Befreiung von Dienstpflichten die dauerhafte Beschränkung der Dienstpflichten ermöglicht. Insofern wurde der

§ 5 Absatz 7 der Satzung um einen Satz 2 erweitert. Ebenso wurde die Tatbestandsvoraussetzung der vorübergehenden Dienstbefreiung um die „persönlichen Gründe" erweitert.

Die Pflicht der ehrenamtlich tätigen Angehörigen der Gemeindefeuerwehr, am Dienst einschließlich Aus- und Fortbildung regelmäßig pünktlich teilnehmen (§ 14 Absatz 1 Nr. 1 FwG) und sich bei Alarm unverzüglich zum Dienst einfinden zu müssen (§ 14 Absatz 1 Nr. 2 FwG), kann danach auch auf Dauer beschränkt werden, wenn dafür berufliche, gesundheitliche, familiäre oder persönliche Gründe geltend gemacht werden können. Damit kann in vielen Fällen vermieden werden, dass ehrenamtlich tätige Feuerwehrangehörige frühzeitig in die Altersabteilung wechseln oder gar aus der Feuerwehr ausscheiden, weil die genannten Gründe sie hindern, weiterhin uneingeschränkt Dienst zu tun. Die demografische Entwicklung zwingt dazu, erfahrene Feuerwehrangehörige möglichst lange im aktiven Dienst in den Einsatzabteilungen zu halten.

Der Feuerwehrkommandant muss vor einer Bewilligung dauerhafter Einschränkungen von Dienstpflichten den Feuerwehrausschuss und den Abteilungsausschuss anhören.

Absatz 9 Regelverstöße

Bei Verstößen gegen die Dienstpflichten bestehen folgende Ahndungsmöglichkeiten[36] (Abs. 5):

- Verweis durch den Feuerwehrkommandanten.
- Geldbuße bis 1.000 Euro bei groben Verstößen. Den Antrag dazu hat der Feuerwehrkommandant zu stellen; die Ahndung erfolgt durch den Bürgermeister.
- Vorläufige Dienstenthebung. Zuständig ist der Feuerwehrkommandant.

Die vorläufige Dienstenthebung ist keine Disziplinarmaßnahme; sie kann nur für die Zeit bis zur Entscheidung des Gemeinderates über die Beendigung des Feuerwehrdienstes oder den weiteren Verbleib des Feuerwehrangehörigen in der Feuerwehr verhängt werden kann[37].

Im Falle des Verweises und der Geldbuße verlangt das Feuerwehrgesetz nun ausdrücklich die vorherige Anhörung des Betroffenen.

36 Siehe § 14 Abs. 5 FwG.

37 Dies war bisher in der Kommentarliteratur strittig.

Zu § 6: Altersabteilung

Die Altersabteilung kann in der Satzung auch als „Ehrenabteilung" bezeichnet werden.

Die Gemeinde kann Altersabteilungen aufstellen[38]. Die Angehörigen der Altersabteilung können zu Übungen und Einsätzen herangezogen werden, soweit sie die hierfür erforderlichen gesundheitlichen und fachlichen Anforderungen erfüllen[39].

Absatz 1:

Diese Bestimmung regelt die Voraussetzungen, unter denen Angehörige der Gemeindefeuerwehr in die Altersabteilung übernommen werden. Damit endet zugleich der ehrenamtliche Feuerwehrdienst in einer Einsatzabteilung.

Die Beendigung des Feuerwehrdienstes ist im Feuerwehrgesetz so geregelt, dass der Feuerwehrdienst u. a. mit Vollendung des 65. Lebensjahres endet oder der Feuerwehrangehörige den gesundheitlichen Anforderungen des Feuerwehrdienstes nicht mehr gewachsen ist[40].

Der Angehörige der Gemeindefeuerwehr tritt somit mit Vollendung des 65. Lebensjahres bzw. mit dem Eintritt der dauernden Dienstunfähigkeit automatisch in die Altersabteilung ein, sofern er keine gegenteilige Erklärung abgibt. Es empfiehlt sich, die Angehörigen der Gemeindefeuerwehr, bei denen die Voraussetzungen bald eintreten, auf die Rechtsfolgen der Satzungsregelung hinzuweisen. Eine Rechtsbeeinträchtigung durch diese Rechtsfolge ist nicht anzunehmen, da die genannte gegenteilige Erklärung möglich ist, an die nicht zu hohe Anforderungen zu stellen wären.

Absatz 2:

Die Vorschrift regelt ebenfalls den Übertritt von der aktiven Abteilung in die Altersabteilung.

Angehörige der Gemeindefeuerwehr können danach beantragen, dass sie nach Vollendung des 55. Lebensjahres[41] in die Altersabteilung übernommen werden. Dieser Übertritt in die Altersabteilung setzt somit einen (mündlichen oder schriftlichen) Antrag des Angehörigen der Gemeindefeuerwehr voraus.

---

38 § 6 Abs. 1 Satz 2 FwG.

39 § 14 Abs. 2 FwG.

40 § 13 Abs. 1 Nrn. 4 und 5 FwG.

41 Im Muster 1988 war dies das 50. Lebensjahr.Im Muster 1988 war dies das 50. Lebensjahr.

Der Feuerwehrausschuss entscheidet dann über diesen Antrag auf Aufnahme in die Altersabteilung. Die Entscheidung des Feuerwehrausschusses ist eine Ermessensentscheidung, in die auch der Gesichtspunkt der Funktionsfähigkeit der Feuerwehr einfließen soll. Es ist daher nicht zwingend, dass jeder Angehörige der Gemeindefeuerwehr bereits mit der Vollendung des in der Feuerwehrsatzung genannten 55. Lebensjahres in die Altersabteilung übernommen wird. Dieser Altersschicht gehören oftmals noch Führungskräfte und damit die für das Wohl der Feuerwehr wichtigen Feuerwehrleute an.

Absatz 3:
Für die Durchführung der Wahl gilt § 17 Abs. 7 des Musters in Verbindung mit § 17 Abs. 2 bis 6 des Musters.

Der Leiter der Altersabteilung leitet die Wahl (siehe § 17 Abs. 1 des Musters).

Für die Wahl des Leiters der Altersabteilung (und sein Stellvertreter) sieht die Satzung eine geheime Wahl vor.

Absatz 5:
Regelung in Anlehnung an § 14 Abs. 2 FwG.

Zusätzlich ist bestimmt, dass über die Heranziehung der Feuerwehrkommandant im Einvernehmen mit dem Leiter der Altersabteilung entscheidet. Dies ergibt sich aus der Verantwortung des Feuerwehrkommandanten für Übungen und Einsätze. Das Einvernehmen kann durchaus praxisgerecht hergestellt werden. Denkbar ist, dass dies bei einem Gespräch geschieht, bei dem festgelegt wird, wer zum Einsatzdienst usw. herangezogen werden kann.

Zu § 7: Jugendabteilung
Jugendabteilungen sind in allen Gemeindefeuerwehren unverzichtbar. Die starke Jugendarbeit der örtlichen Vereine in den Gemeinden (im Sport- und Musikbereich) zeigt die Bedeutung der Jugendarbeit in den Jugendabteilungen der Feuerwehren immer stärker. Jugendabteilungen sind im Hinblick auf die Heranführung des Nachwuchses an die Gemeindefeuerwehr zu gründen. Das Feuerwehrgesetz verwendet den bundesweit bereits gebräuchlichen Begriff der „Jugendfeuerwehr" für die Jugendabteilung.

Weitere für die Jugendabteilung bzw. die Anwärter geltende Bestimmungen enthält § 4 Abs. 2 bis 6 des Musters (Beendigung des Feuerwehrdienstes).

Ferner wird auf das Schreiben des Innenministeriums vom 16.06.2016 (Az.: 6–1501.0/2) hingewiesen. Dieses enthält Empfehlungen zur Umsetzung des Bundeskinderschutzgesetzes bei den Gemeindefeuerwehren hinsichtlich der Vorlage eines erweiterten Führungszeugnisses bei Personen, die in der Jugendarbeit tätig sind. Der Gemeindetag hat die Empfehlungen mittels gt-info Nr. 0585/2016 in der Druckausgabe vom 05.07.2016 veröffentlicht. Es wird um Beachtung der Empfehlungen gebeten!

Zu Absatz 1:
Die Ermächtigung für die Aufstellung einer Jugendfeuerwehr enthält § 6 Abs. 1 Satz 2 FwG.

Eine Altersgrenze für die Aufnahme in die Jugendfeuerwehr enthält das Feuerwehrgesetz nicht mehr. Wegen der Altersgrenze für die Aufnahme in die Einsatzabteilung, ist eine Aufnahme in die Jugendfeuerwehr bis zum 17. Lebensjahr möglich.

Das Muster geht davon aus, dass in einer Gemeinde eine Jugendabteilung als Jugendfeuerwehr besteht. Soweit in Ortsteilen Jugendgruppen aus Anwärtern (Angehörigen der Jugendabteilung) bestehen, sind sie Teil der gesamten Jugendabteilung.

Die Mitglieder der Jugendfeuerwehr sind Angehörige Jugendfeuerwehr[42].

Der Feuerwehrausschuss beschließt über die Jugendgruppen, die dann bei den Einsatzabteilungen gebildet werden. Die Jugendgruppen sind somit organisatorisch den Einsatzabteilungen zugeordnet.

Zu Absatz 2:
Aufnahmevoraussetzung ist eine Obergrenze von 17 Lebensjahren.

Der Beitritt zur Jugendabteilung erfolgt, da Grundlage das Feuerwehrgesetz und die Satzung ist, nach öffentlichem Recht; auch in diesem Fall ist die Zustimmung des/der Erziehungsberechtigten vorgesehen.

Zuständig für die Aufnahme in die Jugendabteilung ist der Feuerwehrausschuss.

Zu Absatz 3:
Der Austritt kann vom Angehörigen der Jugendfeuerwehr jederzeit erklärt werden; es bedarf hierzu nicht der Zustimmung der/des Erziehungsberechtigten. Die Einwilligung der Erziehungsberechtigten zum Beitritt ist regelmäßig so auszulegen, dass sie auch die Entscheidung über den Austritt umfasst.

Ansonsten regelt Absatz 3 die Voraussetzungen für die Beendigung der Zugehörigkeit zur Jugendfeuerwehr, d. h. mit Vorliegen der in der Satzung geregelten Voraussetzungen endet er automatisch.

---

42 Frühere Fassungen verwendeten noch den „Anwärter“.

Zu Absatz 4:
Die Wahl erfolgt durch die Angehörigen der Abteilung und zwar in geheimer Abstimmung.

Die Wahl bedarf der Zustimmung des Feuerwehrausschusses.

Der Jugendfeuerwehrwart muss die für sein Amt erforderlichen persönlichen und fachlichen Voraussetzungen erfüllen.

Der Jugendfeuerwehrwart wird auf fünf Jahre gewählt.

In Städten wird der Leiter der Jugendabteilung auch als „Stadt Jugendfeuerwehrwart" bezeichnet.

Der Jugendfeuerwehrwart leitet die Wahlen.

Zu Absatz 5:
Die Satzungsvorschrift regelt die Zusammenarbeit sowohl innerhalb der Jugendfeuerwehr als auch mit dem Feuerwehrkommandanten.

Zu § 8 Musikabteilung
Die Rechte und Pflichten der Angehörigen der Musikabteilungen wurden nun erstmals im Gesetz geregelt[43]. Damit sollen sie bei staatlichen Ehrungen und beim aktiven Wahlrecht[44] den Angehörigen einer Einsatzabteilung gleichgestellt werden, wenn eine „Mindestvergleichbarkeit" mit diesen Feuerwehrangehörigen gegeben ist. Die Angehörigen der Musikabteilung haben eine feuerwehrspezifische Grundausbildung zu absolvieren und regelmäßige Übungsdienste zu leisten; Näheres regelt die örtliche Feuerwehrsatzung. Damit sollen sie qualifiziert feuerwehrtypische Sofortmaßnahmen durchführen können und insbesondere bei Großschadenslagen in Zusammenarbeit mit einem erfahrenen Angehörigen der Einsatzabteilung diese unterstützen können.

Bei den Wahlen zum Feuerwehr- und Abteilungskommandanten[45] bleibt es beim alleinigen Wahlrecht der Angehörigen der Einsatzabteilungen der Freiwilligen Feuerwehr. Nur die Feuerwehrangehörigen wählen den Feuerwehr- und Abteilungskommandanten und ihre Stellvertreter. Dies hängt mit dem gegenseitigen Vertrauensverhältnis als Voraussetzung für den Einsatzerfolg und für die Sicherheit im Einsatz zusammen.

Das Muster regelt

- Aufnahme(-Voraussetzungen) in Absatz 1. Die Aufnahmevoraussetzungen sind in Anlehnung an die sonst in der Satzung geregelten Aufnahmevoraussetzungen geregelt.

---

43 Auf Wunsch des Landesfeuerwehrverbands.

44 Nach § 9a Wahlen für den Feuerwehrausschuss und die Abteilungsausschüsse.

45 § 8.

- Beendigung des Feuerwehrdienstes in der Musikabteilung in Absatz 2. Die Voraussetzungen für die Beendigung des Feuerwehrdienstes sind in Anlehnung an die sonst in der Satzung geregelten Kriterien für die Beendigung geregelt.
- Wahl des Leiters der Musikabteilung und seines Stellvertreters in Absatz 3. Es erfolgt eine geheime Wahl auf eine Amtszeit von fünf Jahren.
- Aufgaben des Leiters der Musikabteilung (mit Zusammenarbeit mit dem Feuerwehrkommandanten) in Absatz 4.
- Voraussetzungen für das aktive Wahlrecht der Angehörigen der Musikabteilung nach § 10 FwG (also – nur – für den Feuerwehrausschuss) und die Gleichstellung bei staatlichen Ehrungen in Absatz 5. Die Satzung nennt dazu vier Voraussetzungen: Teilnahme an einer feuerwehrspezifischen Grundausbildung, Teilnahme an einen Übungsdienst, Teilnahme an Aus- und Fortbildung; außerdem müssen die Angehörigen der Musikabteilung für Einsätze zur Verfügung stehen. Das genannte Wahlrecht besteht nicht für den Feuerwehrkommandanten und sein(e) Stellvertreter[46].
- Die anzustrebende Mitgliedschaft der Angehörigen der Musikabteilung in der Jugendfeuerwehr in Abs. 6.

Zu § 9 Ehrenmitglieder

Unter der „aktiven Dienstzeit" nach Nr. 2 ist die Amtszeit des Feuerwehrkommandanten der Gesamtfeuerwehr zu verstehen. „Kommandant" ist nicht nur der Feuerwehrkommandant der Gesamtfeuerwehr, auch den Abteilungskommandanten kann nach Beendigung ihrer aktiven Dienstzeit die Eigenschaft als Ehrenkommandant verliehen werden.

Zu § 11 Feuerwehrkommandant, Feuerwehrkommandant und Stellvertreter

Die Vorschrift gilt für

- den Feuerwehrkommandanten,
- seinen/seine Stellvertreter,
- die Abteilungskommandanten (als Leiter der Einsatzabteilung).

Der Geltungsbereich für die Abteilungskommandanten bzw. Leiter der Abteilungen ergibt sich aus Absatz 13.

46 § 6 Abs. 3 FwG. § 10 FwG regelt die Wahl zum Feuerwehrausschuss und Abteilungsausschuss.

Zu Absatz 1:

Inhaltlich wie § 8 Abs. 1 FwG.

Nach der gesetzlichen Regelung (§ 8 Abs. 1 FwG) kann es innerhalb einer Gemeinde nur einen Feuerwehrkommandanten geben. Die selbstständigen Einsatzabteilungen haben einen Abteilungskommandanten.

Für Absatz 1 kann folgende Ergänzung überlegt werden: „Er kann Leiter einer Einsatzabteilung (Abteilungskommandant) sein."

Nach diesem Ergänzungsvorschlag wäre der Feuerwehrkommandant auch Leiter einer aktiven Abteilung und damit zugleich Abteilungskommandant. Dies ist erwägenswert, sofern nicht die Feuerwehr selbst einen Kommandanten wünscht, der nicht befangen ist.

Zu Absatz 2:

Stellvertreter

Das Feuerwehrgesetz lässt mehrere Stellvertreter des Feuerwehrkommandanten vor.

Sollen mehrere Stellvertreter bestellt werden (können), wären entsprechende Ergänzungen beim „Stellvertreter" vorzunehmen.

Die Reihenfolge der Stellvertretung durch folgenden Zusatz zu bestimmen: „Bei der Wahl der Stellvertreter wird auch die Reihenfolge der Stellvertretung bestimmt."

Amtszeit

Die Amtszeit des Feuerwehrkommandanten, seines Stellvertreters, der Abteilungskommandanten und ihrer Stellvertreter rechnet ab der Bestellung (nach vorangegangener Zustimmung des Gemeinderats). Diese Bestellung setzt die Wahl durch die Angehörigen der Gemeindefeuerwehr voraus. Die Bestellung ist die rechtsförmliche Einsetzung in die betreffende Funktion (z. B. als Feuerwehrkommandant).

Auch bei vorzeitigem Ausscheiden beträgt die Amtszeit für den Nachfolger fünf Jahre. Bei vorzeitigem Ausscheiden eines Feuerwehr- oder Abteilungskommandanten oder eines Stellvertreters kann die Amtszeit für den Nachfolger verkürzt werden; das Nähere ist durch Satzung zu regeln[47]. Denkbar ist die Bestellung des Rechtsnachfolgers für die verbleibende Dauer der Amtszeit.

Geheime Wahl

Das Feuerwehrgesetz schreibt die „geheime Wahl" ausdrücklich vor.

---

47 § 8 Abs. 2 Satz 2 FwG.

Zu den strengen Anforderungen an die geheime Wahl des Feuerwehrkommandanten und seiner Stellvertreter siehe Petition im Landtag (BWGZ 2009, 207). Eine offene Abstimmung (Akklamation) ist nicht möglich. Wahlkabinen sind für die geheime Wahl aufzustellen.

Das Feuerwehrgesetz schreibt die geheime Wahl nur für die Wahl des Feuerwehrkommandanten und sein(e) Stellvertreter vor. Soweit die Satzung sonst die geheime Wahl fordert, sind die gleichen Voraussetzungen einzuhalten.

Wahlrecht

Das Wahlrecht steht nach § 8 Abs. 2 Satz 1 FwG nur den Angehörigen der Einsatzabteilung zu („durch die Angehörigen der Einsatzabteilungen"). Mitglieder anderer Abteilungen, also die Feuerwehrangehörigen, die nicht der (den) Einsatzabteilung(en) angehören, sind bei der Wahl des Feuerwehrkommandanten nicht wahlberechtigt. Die Mitwirkung solcher nicht wahlberechtigter Angehöriger der Gemeindefeuerwehr (z.B. Angehöriger der Jugendfeuerwehr oder Mitglieder der Altersabteilung) macht den Wahlvorgang rechtswidrig. Insbesondere bei den Wahlen in der Hauptversammlung der Feuerwehr bzw. in den Abteilungsversammlungen sollte hierauf geachtet werden.

Wegen Rechtsmittel siehe Feuerwehrgesetz[48] bzw. § 11 abs. 7 des Musters.

Zu Absatz 2 bis 5:

Die Satzung regelt

- Wahl des Feuerwehrkommandanten (Absatz 2),
- Durchführung der Wahl in der Hauptversammlung (Absatz 3),
- Passives Wahlrecht zum Feuerwehrkommandanten (Absatz 4),
- Zustimmung des Gemeinderats (Absatz 5),
- Bestellung durch den Bürgermeister (Absatz 5).

Zu Absatz 4

In Ergänzung des Feuerwehrgesetzes[49] werden auch die erforderlichen Kenntnisse und Erfahrungen sowie bezüglich der persönlichen und fachlichen Voraussetzungen präzisiert, dass diese sich aus den Verwaltungsvorschriften des Innenministeriums ergeben.

Bei Feuerwehren mit Abteilungen wäre als weitere Voraussetzung für die Wahl zum Feuerwehrkommandanten die Forderung nach dem Wohnsitz im Hauptort denkbar.

---

48 § 8 Abs. 6 FwG.

49 § 8 Abs. 5 FwG.

Zu Absatz 6

Die Pflicht zur Weiterführung des Amtes nach Ablauf der Amtszeit oder nach vorzeitigem Ausscheiden sichert die Funktionsfähigkeit der Gemeindefeuerwehr.

Die Bestellung zum Feuerwehrkommandanten ohne Neuwahl durch die Feuerwehrangehörigen nach § 8 Abs. 2 Satz 3 FwG erfolgt nach Wahl durch den Gemeinderat.

Zu Absatz 7:

Bei Wahlen der Führungskräfte besteht nun eine ausdrückliche Rechtsmittelmöglichkeit[50]. Die Wahlberechtigten können gegen eine Wahl zum Feuerwehrkommandanten, zum Abteilungskommandanten oder der jeweiligen Stellvertreter Rechtsbehelfe einlegen. Die Rechtsmittelfrist beträgt eine Woche nach der Wahl; eine Bekanntgabe der Wahlergebnisse ist somit keine Voraussetzung. Der Einspruch ist bei der Gemeinde (nicht bei der Gemeindefeuerwehr) einzulegen. Nach Ablauf der Einspruchsfrist können weitere Einspruchsgründe nicht mehr geltend gemacht werden. Mit der kurzen Einspruchsfrist soll für Rechtssicherheit gesorgt werden. Gegen die Entscheidung über den Einspruch können der Wahlberechtigte, der Einspruch erhoben hat, und der durch die Entscheidung betroffene Bewerber unmittelbar Anfechtungs- oder Verpflichtungsklage erheben. Es gibt somit kein Widerspruchsverfahren, sondern die unmittelbare Eröffnung des Rechtswegs (Verwaltungsgericht).

Zu Absatz 9

Der Feuerwehrkommandant hat den Bürgermeister über Dienstbesprechungen zu informieren (Absatz 9 Satz 2 Nr. 6 des Musters).

Zu Absatz 11

Die Stellvertretung ist nur für den Fall der tatsächlichen Verhinderung vorgesehen. Eine Bevollmächtigung wird der Stellvertretungsfunktion nicht gerecht.

Zu Absatz 12

Die Abberufung des Feuerwehrkommandanten und seines Stellvertreters ist nach dem Feuerwehrgesetz durch den Gemeinderat nach Anhörung des Feuerwehrausschusses möglich; das Feuerwehrgesetz nennt die näheren Voraussetzungen nicht[51]. Die Satzung regelt dies ebenfalls nicht; denkbar sind grobe Verstöße gegen die Dienstpflichten oder fehlende Eignung.

---

50 Rechtsfragen aus dem Wahlverfahren sind öffentlich-rechtlicher Natur. Sie wären nach bisherigem Recht direkt durch das Verwaltungsgericht zu überprüfen gewesen.

51 § 8 Abs. 2 S. 5 FwG.

Zu Absatz 13
Nachdem zunehmend hauptberuflich tätige Feuerwehrkommandanten bestellt werden, enthält das Feuerwehrgesetz eine Regelung für die Stellvertreter dieser hauptamtlich tätigen Kommandanten[52]. Stellvertreter im Sinne des § 8 Abs. 3 FwG ist dann nicht der ehrenamtlich tätige Stellvertreter eines hauptberuflich tätigen Feuerwehrkommandanten. Gemeint ist der hauptberuflich tätige Stellvertreter des Feuerwehrkommandanten, unabhängig ob Letzterer hauptberuflich oder ehrenamtlich tätig ist.

Zu Absatz 13
Für die ehrenamtlich tätigen Abteilungskommandanten gelten die Absätze 4 bis 6 entsprechend.

Für Abteilungskommandanten der aktiven Abteilungen und ihre Stellvertreter bestimmt das Feuerwehrgesetz[53], dass sie von den Angehörigen der Einsatzabteilung in geheimer Wahl auf die Dauer von fünf Jahren gewählt werden und die Wahlen der Zustimmung des Gemeinderats bedürfen.

Ihre Abberufung ist (nur) durch den Gemeinderat und zwar nach Anhörung des Feuerwehrausschusses möglich[54].

Zu § 12 Unterführer
Zu Absatz 1:
Unterführer sind nach dem Feuerwehrgesetz[55] die Zug- und Gruppenführer.

Im Feuerwehrgesetz sind Regelungen für Unterführer enthalten in

- § 8 Abs. 4: Zuständigkeit für die Bestellung,
- § 8 Abs. 5: Voraussetzungen für die Bestellung.

Unterführer dürfen nur bestellt werden, wenn sie die für ihr Amt erforderlichen persönlichen und fachlichen Voraussetzungen erfüllen.

Zu Absatz 2:
Die Zuständigkeit für die Bestellung der Unterführer bei Feuerwehren mit aktiven Abteilungen liegt nach § 8 Abs. 4 FwG beim Abteilungskommandanten, der hierfür das Einvernehmen des Feuerwehrkommandanten einholen muss. Über die gesetzlichen Anforderungen hinaus ist im Muster auch die Mitwirkung des Abteilungsausschusses vorgesehen (Vorschlag für die Bestellung).

---

52 § 8 Abs. 3 FwG.
53 § 8 Abs. 2 Satz 1 FwG.
54 § 8 Abs. 2 Satz 5 FwG.
55 § 8 Abs. 4 FwG.

Zu § 13 Schriftführer, Kassenverwalter, Pressesprecher, Gerätewart

Zu Absatz 1:

Ein Schriftführer dürfte regelmäßig erforderlich sein.

Ob ein Gerätewart für sämtliche Abteilungen (z. B. ein hauptamtlicher Bediensteter der Gemeinde) eingesetzt wird oder ob in jeder Abteilung ein Gerätewart bestellt wird, ist nach den örtlichen Verhältnissen zu entscheiden. Einer Satzungsbestimmung bedarf es dafür nicht. Die Vorschriften für den Gerätewart gelten auch dann, wenn mehrere Personen bestellt worden sind. Die Regelung in Satz 2 (Einsetzung und Abberufung) gilt nur für ehrenamtlich tätige Gerätewarte.

Die Bestellung eines hauptberuflich tätigen Gerätewarts (Gemeindebediensteter) nach Satz 3 ist Sache des zuständigen Organs der Gemeinde (Gemeinderat oder Bürgermeister, Zuständigkeit ist nach der örtlichen Hauptsatzung i. V. mit der vorgesehenen Vergütung zu prüfen).

Vor der Einstellung eines Gemeindebediensteten, zu dessen Aufgabenkreis die Betreuung der Feuerwehrgeräte gehört, ist der Feuerwehrausschuss zu hören (siehe Satz 3).

Zu Absatz 2:

Mit der Formulierung „in der Regel“ soll im Einzelfall die Übernahme von schriftlichen Arbeiten auch durch andere Angehörige der Gemeindefeuerwehr möglich sein.

Zu Absatz 3:

Diese Anforderungen entsprechen den sonst üblichen Regeln für Kassenverwalter (z. B. bei Vereinen).

Zur Kameradschaftskasse siehe auch § 18.

Zu Absatz 6

Soweit neben den Einsatzabteilungen weitere Abteilungen bestehen (z. B. Altersabteilung, Jugendfeuerwehr, Musikabteilung mit Musikzug), in denen diese oder ähnliche Funktionen zu besetzen sind, empfiehlt es sich, diese weiteren Abteilungen in Absatz 5 nach den Worten „Einsatzabteilungen“ aufzuführen oder für jede dieser Abteilungen einen eigenen Absatz anzufügen. Dabei dürfte für den Schriftführer auf jeden Fall und für einen Kassenverwalter nur bei Bedarf eine Regelung zu treffen sein.

Bei einem Musikzug wäre – falls Regelungsbedarf besteht – an die Funktion des Stabführers und des Instrumenten- und Notenwarts zu denken.

Die sinngemäße Anwendung der Absätze 1 bis 4 bedeutet:

- Schriftführer und Kassenverwalter werden vom Abteilungsausschuss gewählt.
- Der Gerätewart wird vom Abteilungskommandanten bestellt.

Zu § 14 Feuerwehrausschuss, Abteilungsausschüsse

Das Anhörungsrecht des Feuerwehrausschusses besteht nach § 10 Absatz 4 Satz 2 FwG bereits dann, wenn Regelungen getroffen werden sollen, die die Feuerwehr lediglich berühren unabhängig davon, ob sie vom Gemeinderat oder Bürgermeister erlassen werden.[56]

Zu Absatz 1:

Der Feuerwehrkommandant wird als Leiter der Gemeindefeuerwehr gewählt und ist aufgrund seiner Funktion Mitglied und Vorsitzender des Feuerwehrausschusses[57].

Als Richtzahlen für die zu wählenden Mitglieder des Feuerwehrausschusses wird die bisherige Empfehlung hingewiesen:

- Mannschaftsstärke bis 40 Feuerwehrangehörige: 4 bis 6 Mitglieder,
- Mannschaftsstärke über 40 Feuerwehrangehörige, für je angefangene weitere 20 Feuerwehrangehörige: 1 Mitglied.

Die Höchstzahl der zuzuwählenden Mitglieder sollte 20 nicht übersteigen.

Das sind keine unbedingte Empfehlungen, sondern Hinweise für eine Diskussionsgrundlage.

Das Feuerwehrgesetz sieht folgende Mitglieder des Feuerwehrausschusses vor:

- Feuerwehrkommandant als Vorsitzender des Feuerwehrausschusse.[58]
- Gewählte Mitglieder des Feuerwehrausschusses (Wahl durch die Angehörigen der Einsatzabteilung).[59]
- Bestimmung von weiteren Mitgliedern durch die Satzung[60].

Neben den zu wählenden Mitgliedern des Feuerwehrausschusses können auch andere Angehörige der Gemeindefeuerwehr zu Mitgliedern des Feuerwehrausschusses bestimmt werden.

---

56 Hildinger/Rosenauer, Feuerwehrgesetz Baden-Württemberg, 4. Auflage 2017, § 10, Rn. 23.
57 § 10 Abs. 1 Satz 2 FwG.
58 § 10 Abs. 1 Satz 2 FwG.
59 § 10 Abs. 1 Satz 1 FwG.
60 § 10 Abs. 3 Satz 2 FwG.

Das Muster sieht folgende geborene Mitglieder (neben dem Feuerwehrkommandant und den gewählten Mitgliedern) vor:

- Stellvertreter des Feuerwehrkommandanten,
- Kommandanten der Einsatzabteilungen,
- Leiter der Altersabteilung,
- Jugendfeuerwehrwart,
- Leiter der Musikabteilung,
- Schriftführer,
- Kassenverwalter,
- Pressesprecher.

Die Gemeinden sollten prüfen, welche Personen mit ihren Funktionen zu den geborenen Mitgliedern des Feuerwehrausschusses gehören sollten.

Dabei ist auch zu klären, für welche Personen ein Stimmrecht besteht.

Die Gesamtzahl der Mitglieder im Feuerwehrausschuss sollte im Hinblick auf die Funktionsfähigkeit des Gremiums überschaubar bleiben.

Die Abteilungskommandanten sind nach dem Muster geborenes Mitglied des Feuerwehrausschusses. Es wäre denkbar, dass zusätzlich zu wählende Mitglieder des Feuerwehrausschusses auf die aktiven Abteilungen verteilt werden bzw. für jede aktive Abteilung eine bestimmte Zahl von zu wählenden Mitgliedern festgelegt wird.

In Absatz 1 wäre in einem neuen Satz 2 zu bestimmen, mit wie vielen Mitgliedern die einzelnen Einsatzabteilungen im Feuerwehrausschuss vertreten sind:

»Davon entfallen auf die Abteilungen

in ... Mitglieder

in ... Mitglieder

in ... Mitglieder

in ... Mitglieder.«

Dabei ist aus örtlicher Sicht zu prüfen, ob und wie viel weitere zu wählende Mitglieder der einzelnen Abteilung zuzuordnen sind. Es wäre deshalb z. B. unter Berücksichtigung der Mannschaftsstärke denkbar, für einzelne Abteilungen mehrere Mitglieder oder nur ein Mitglied vorzusehen.

In den Erläuterungen zum Muster 1998 war noch folgender Hinweis enthalten: Die Wahlen für den Feuerwehrausschuss in der Hauptversammlung der Einsatzabteilung; dies ist auch künftig so. Soll im Fall der Verteilung der zu wählenden Mitglieder auf die Abteilungen die Wahl in den

Abteilungsversammlungen durchgeführt werden, wäre § 14 wie folgt zu ergänzen: „Die Abteilungsversammlung wählt die auf die Abteilung entfallenden Mitglieder i. S. des § 14 Abs. 1."

Schriftführer und Kassenverwalter waren nach dem Muster 1998 stimmberechtigtes Mitglied im Feuerwehrausschuss nur, wenn sie über die allgemeine Wahl in der Hauptversammlung aller aktiven Angehörigen der Gemeindefeuerwehr in den Feuerwehrausschuss – also als gewählte Mitglieder im Sinne des Satzes 1 – gelangen.

Das Muster 2010 sieht für diese Funktionsträger die geborene Mitgliedschaft vor. Dies sollte aus örtlicher Sicht geprüft werden.

Die Amtszeit der Mitglieder des Feuerwehrausschusses und der Abteilungsausschüsse beträgt fünf Jahre (§ 14 Abs. 1 und Abs. 9). Von dieser gesetzlichen Vorgabe kann in der Feuerwehrsatzung nicht abgewichen werden.

Zu Absatz 7

Für die Beratungen des Feuerwehrausschusses ist Nichtöffentlichkeit vorgesehen, um insbesondere die Vertraulichkeit der Beschlüsse über die Beschaffung von Feuerwehrgeräten und Feuerwehreinrichtungen zu gewährleisten.

Sollten wichtige Angelegenheiten im Feuerwehrausschuss beraten werden, verbleibt es dabei; bei wichtigen Themen bietet sich die Behandlung in einer (außerordentlichen) Hauptversammlung an.

Es ist – auch wenn in der Satzung nicht ausdrücklich hier genannt – Aufgabe des Schriftführers, über Sitzungen des Feuerwehrausschusses eine Niederschrift zu fertigen.

Zu Absatz 8

Über die Zuziehung entscheidet der Kommandant bei der Einladung. Die Funktion ist auf die Beratung beschränkt (also kein Stimmrecht).

Zu Absatz 9

Die Regelung für die Abteilungsausschüsse stützt sich auf das Feuerwehrgesetz[61], wonach für die Einsatzabteilungen der freiwilligen Feuerwehr von den Angehörigen der Einsatzabteilung Abteilungsausschüsse auf die Dauer von fünf Jahren gewählt werden können. Dies ist gleichzeitig die Ermächtigung, Abteilungsausschüsse zu bilden.

Abteilungsausschüsse sind für die Aufgaben ihrer Abteilung in all den Fällen zuständig, in denen das Feuerwehrgesetz dem Feuerwehrausschuss

61 § 10 Abs. 2 Satz 1 FwG.

Aufgaben übertragen hat und in der Satzung diese Zuständigkeit nicht dem Feuerwehrausschuss der Gesamtfeuerwehr vorbehalten worden ist.

Bei der Diskussion in den Gemeinden über die Bildung von Abteilungsausschüssen sind sowohl die Gesichtspunkte um die Bewahrung der Identität der Ortsteile ebenso zu berücksichtigen wie das kommunalpolitische Ziel, die Ortsteile einer einheitlichen Gemeinde mehr und mehr zusammenwachsen zu lassen.

Zu § 15 Ausschüsse bei den Altersabteilungen, der Jugendfeuerwehr und den Musikabteilungen

Für die Altersabteilungen, die Jugendfeuerwehr und die Musikabteilung sind die gemeinsamen Vorschriften über Ausschüsse in diesem Paragrafen zusammengefasst.

Geregelt werden

- die Bildung der Ausschüsse,
- die Zusammensetzung der Ausschüsse aus gewählten Mitgliedern,
- die Bestimmung zusätzlicher („geborener") Mitglieder,
- die Wahl auf eine Amtszeit von fünf Jahren,
- die entsprechende Geltung von Vorschriften aus dem § 14.

Zu § 16 Hauptversammlung und Abteilungsversammlung

Zu Absatz 1:

Das Feuerwehrgesetz schreibt die Abhaltung von Hauptversammlungen nicht vor, ja nennt sie selbst nicht einmal dann, wenn sie die Grundlage für bestimmte Entscheidungen bzw. Wahlen ist.

Im Feuerwehrgesetz ist nur ausgesagt, in welchen Fällen sämtliche Feuerwehrangehörige an den zu treffenden Entscheidungen mitzuwirken haben (z.B. bei der Wahl des Feuerwehrkommandanten und des Feuerwehrausschusses). Dafür enthält das Muster die Institution der Hauptversammlung, der dann auch die in § 16 des Musters vorgesehenen weiteren Aufgaben, die bei einer Gemeinschaft dieser Art im Rahmen der von ihr von der Gemeinde überlassenen Selbstverwaltung zu lösen sind, übertragen wurden.

Bei der Durchführung von Wahlen ist besonders darauf zu achten, dass nur die jeweiligen Wahlberechtigten von ihrem Wahlrecht Gebrauch machen.

Zu Absatz 1

Jährlich ist mindestens eine ordentliche Hauptversammlung für alle Angehörigen der Gemeindefeuerwehr durchzuführen. Die Hauptversammlung findet für alle Angehörigen der Gemeindefeuerwehr statt, nicht nur für die Angehörigen der Einsatzabteilungen.

Zu Absatz 2
Dem Kommandant obliegt die Pflicht für einen Bericht über das vergangene Jahr, dem Kassenverwalter über den Rechnungsabschluss der Kameradschaftskasse.

Zu Absatz 3
Die Einberufung erfolgt durch den Feuerwehrkommandanten.

Die Form der Bekanntgabe der Einladung richtet sich nach der örtlichen Übung (schriftliche Einladung an jedes Mitglied oder Bekanntmachung am „schwarzen Brett“ im Feuerwehrgerätehaus oder im gemeindlichen Amtsblatt). Eine zusätzliche Einladung über das Internet, per E-Mail ist möglich.

Zu Absatz 4:
Beschlussfähigkeit liegt vor, wenn mindestens die Hälfte der Angehörigen der Einsatzabteilungen anwesend ist, ansonsten gilt für Beschlüsse die einfache Mehrheit.

Geheim ist auf Antrag abzustimmen, ansonsten finden geheime Wahlen statt.

Zu Absatz 5
Der Bürgermeister kann aufgrund der allgemeinen Unterrichtungspflicht des Feuerwehrkommandanten die Niederschrift anfordern.

Zu § 17 Wahlen
Zu Absatz 1
Geheime Wahl schreibt das Feuerwehrgesetz[62] vor bei

- Wahl des ehrenamtlich tätigen Feuerwehrkommandanten,
- Wahl des/der ehrenamtlich tätigen Stellvertreters des Feuerwehrkommandanten,
- Wahl des ehrenamtlich tätigen Abteilungskommandanten,
- Wahl des Stellvertreters des Abteilungskommandanten.

Zu Absatz 3:
Wahlvorschläge sind nicht vorgesehen. Daher sind alle Angehörigen der Gemeindefeuerwehr wählbar, die die Voraussetzungen erfüllen. Sie müssen daher weder bis zur Hauptversammlung noch in der Hauptversammlung

62 In § 8 Abs. 2 Satz 1 FwG für die nachfolgend genannten vier Funktionsträger.

vorgeschlagen werden. Die Wahlberechtigten sind dann auch nicht an beispielsweise vom Feuerwehrausschuss vorgeschlagene Bewerber gebunden.

Bei den Wahlen ist zu beachten, dass nur die nach dem Feuerwehrgesetz und dieser Satzung wahlberechtigten Angehörigen der Gemeindefeuerwehr teilnehmen. Andernfalls wäre der Wahlvorgang rechtswidrig. Vorschriften über Rechtsmittel enthält das Feuerwehrgesetz seit der Novelle 2009[63]. Eine Heilung Rechtswidrigkeit wird nur durch eine erneute Wahl möglich sein.

In der Satzung wird für die Wahl des Feuerwehrkommandanten und seines Stellvertreters mindestens die Hälfte der anwesenden Wahlberechtigten gefordert. Diese Stimmenzahl ist auch bei nur einem Bewerber erforderlich, und zwar auch im zweiten Wahlgang. Dies ist wegen der notwendigen Vertrauensbasis so vorgesehen und vom Landesfeuerwehrverband ausdrücklich – und auch jetzt für das Muster 2017 – bestätigt worden. Aus örtlicher Sicht kann selbstverständlich auch eine andere Stimmenzahl für den zweiten Wahlgang geprüft werden.

Zu § 18 Sondervermögen für die Kameradschaftspflege (Kameradschaftskasse)
Wie bisher ist das Sondervermögen möglich für

- die (Gesamt-)Gemeindefeuerwehr und
- die Einsatzabteilungen,

jedoch nicht für die Altersabteilung und die Musikabteilung.

Das Sondervermögen für die Kameradschaftspflege kann nun auch für die Jugendfeuerwehr gebildet werden (siehe § 18 Abs. 6 des Musters).

Das Sondervermögen kann nur für die Kameradschaftspflege und die Durchführung von Veranstaltungen genutzt werden.

Es wird auf die Erläuterungen zum bisherigen Muster 1988 bzw. zu der Änderung des Musters im Jahre 1989 im Zusammenhang mit der Einführung des damaligen § 18a FwG (a.F.) verwiesen (BWGZ 1989, 753 bzw. über die Kommunalinformationen Baden-Württemberg (KIBW online) bei den Mustern des Gemeindetags).

Zu § 19
Für das Inkrafttreten kann auch ein anderer Zeitpunkt gewählt werden (siehe § 4 Abs. 3 Satz 2 GemO).

In Absatz 2 wäre die bisherige Feuerwehrsatzung zu nennen.

Az. 131.00

---

63 § 8 Abs. 6 FwG.

Anhang 3

Feuerwehr-Kostenersatz-Satzung (FwKS)

Das Gesetz zur Änderung des Feuerwehrgesetzes vom 17.12.2015 (GBl. 1184) wurde von Seiten des Gemeindetages zum Anlass genommen, das Satzungsmuster Feuerwehr-Kostenersatz-Satzung (FwKS) auszuarbeiten. Das Muster wurde in mehreren Besprechungen mit Vertretern des Ministeriums für Inneres, Digitalisierung und Migration Baden-Württemberg, der Gemeindeprüfanstalt Baden-Württemberg (GPA) und dem Landesfeuerwehrverband Baden-Württemberg erarbeitet. Der Gemeindetag dankt an dieser Stelle den Vertretern des Ministeriums für Inneres, Digitalisierung und Migration Baden-Württemberg (Frau Windmüller und Herrn Österle), der Gemeindeprüfanstalt Baden-Württemberg (Frau Welle) und dem Landesfeuerwehrverband Baden-Württemberg für die konstruktive und engagierte Zusammenarbeit.

Satzung zur Regelung des Kostenersatzes für Leistungen der Freiwilligen Feuerwehr der Stadt/Gemeinde … (Feuerwehr-Kostenersatz-Satzung – FwKS)

vom …

Aufgrund von § 4 Gemeindeordnung für Baden-Württemberg (GemO) in der Fassung vom … zuletzt geändert durch … in Verbindung mit § 34 Absatz 4 des Feuerwehrgesetzes (FwG) in der Fassung vom … zuletzt geändert durch … hat der Gemeinderat der Stadt/Gemeinde … am folgende Satzung über den Kostenersatz für die Leistungen der Freiwilligen Feuerwehr beschlossen:

§ 1 Geltungsbereich

(1) Diese Satzung regelt die Kostenersatzpflicht für die Leistungen der Freiwilligen Feuerwehr … (im Folgenden Feuerwehr genannt).

(2) Ersatzansprüche nach anderen Vorschriften bleiben unberührt.

§ 2 Aufgaben der Feuerwehr

(1) Die Feuerwehr hat

I. bei Schadenfeuer (Bränden) und öffentlichen Notständen Hilfe zu leisten und den Einzelnen und das Gemeinwesen vor hierbei drohenden Gefahren zu schützen und
II. zur Rettung von Menschen und Tieren aus lebensbedrohlichen Lagen technische Hilfe zu leisten.

Ein öffentlicher Notstand ist ein durch ein Naturereignis, einen Unglücksfall oder dergleichen verursachtes Ereignis, das zu einer gegenwärtigen oder unmittelbar bevorstehenden Gefahr für das Leben und die Gesundheit von Menschen und Tieren oder für andere wesentliche Rechtsgüter führt, von dem die Allgemeinheit, also eine unbestimmte und nicht bestimmbare Anzahl von Personen, unmittelbar betroffen ist und bei dem der Eintritt der Gefahr oder des Schadens nur durch außergewöhnliche Sofortmaßnahmen beseitigt oder verhindert werden kann.

(2) Die Feuerwehr kann ferner durch die Gemeinde beauftragt werden

I. mit der Abwehr von Gefahren bei anderen Notlagen für Menschen, Tiere und Schiffe und
II. mit Maßnahmen der Brandverhütung, insbesondere der Brandschutzaufklärung und -erziehung sowie der Brandsicherheitswache.

§ 3 Kostenersatzpflicht

(1) Einsätze der Feuerwehr nach § 2 Absatz 1 sind unentgeltlich, soweit nicht in Satz 2 etwas anderes bestimmt ist. Kostenersatz wird verlangt:

I. vom Verursacher, wenn er die Gefahr oder den Schaden vorsätzlich oder grob fahrlässig herbeigeführt hat,
II. vom Fahrzeughalter, wenn der Einsatz durch den Betrieb von Kraftfahrzeugen, Anhängefahrzeugen, Schienen-, Luft- oder Wasserkraftfahrzeugen verursacht wurde,
III. vom Betriebsinhaber für Kosten der Sonderlösch- und -einsatzmittel, die bei einem Brand in einem Gewerbe- oder Industriebetrieb anfallen,
IV. vom Betreiber, wenn die Gefahr oder der Schaden beim Umgang mit Gefahrstoffen oder wassergefährdenden Stoffen für gewerbliche oder militärische Zwecke entstand,
V. von der Person, die ohne Vorliegen eines Schadensereignisses die Feuerwehr vorsätzlich oder infolge grob fahrlässiger Unkenntnis der Tatsachen alarmiert hat,

VI. vom Betreiber, wenn der Einsatz durch einen Alarm einer Brandmeldeanlage oder einer anderen technischen Anlage zur Erkennung von Bränden oder zur Warnung bei Bränden mit automatischer Übertragung des Alarms an eine ständig besetzte Stelle ausgelöst wurde, ohne dass ein Schadenfeuer vorlag,

VII. vom Fahrzeughalter, wenn der Einsatz durch einen Notruf ausgelöst wurde, der über ein in einem Kraftfahrzeug installiertes System zum Absetzen eines automatischen Notrufs oder zur automatischen Übertragung einer Notfallmeldung an eine ständig besetzte Stelle eingegangen ist, ohne dass ein Schadensereignis im Sinne von § 2 Absatz 1 FwG vorlag.

In den Fällen der Nummern 1 und 5 gelten § 6 Absätze 2 und 3 des Polizeigesetzes des Landes Baden-Württemberg (PolG) entsprechend.

(2) Für Einsätze nach § 2 Absatz 2 wird Kostenersatz verlangt. Kostenersatzpflichtig ist

I. derjenige, dessen Verhalten die Leistung erforderlich gemacht hat; § 6 Absätze 2 und 3 des PolG gelten entsprechend,

II. der Eigentümer der Sache, deren Zustand die Leistung erforderlich gemacht hat, oder derjenige, der die tatsächliche Gewalt über eine solche Sache ausübt,

III. derjenige, in dessen Interesse die Leistung erbracht wurde,

IV. abweichend von den Nummern 1 bis 3 der Fahrzeughalter, wenn der Einsatz durch den Betrieb vom Kraftfahrzeugen, Anhängefahrzeugen, Schienen-, Luft- oder Wasserkraftfahrzeugen verursacht wurde.

(3) Ersatz der Kosten soll nicht verlangt werden, soweit dies eine unbillige Härte wäre oder im öffentlichen Interesse liegt.

§ 4 Überlandhilfe

Alternative 1:

Die Kosten der Überlandhilfe hat der Träger der Feuerwehr zu tragen, dem Hilfe geleistet worden ist. § 34 Absätze 4 bis 8 FwG i. V. m. § 5 des Satzungsmusters gelten entsprechend.

Alternative 2:

Bei Überlandhilfe im Sinne von § 26 FwG gilt der „Öffentlich-rechtliche Vertrag zur Regelung des Kostenersatzes der Überlandhilfe innerhalb des Landkreises …“ in seiner zum Einsatzzeitpunkt gültigen Fassung.

§ 5 Höhe des Kostenersatzes

(1) Der Kostenersatz wird in Stundensätzen für Einsatzkräfte und Feuerwehrfahrzeuge nach Maßgabe des § 34 Absätze 4 bis 8 FwG erhoben. Die Höhe der Kostenersätze ergibt sich aus dem in der Anlage zu dieser Satzung beigefügten Verzeichnis.

(2) Für die Erhebung der Kosten für Einsatzkräfte werden Durchschnittssätze festgelegt.

(3) Für die normierten und mit diesen vergleichbaren Feuerwehrfahrzeugen gelten gemäß § 34 Absatz 8 FwG die pauschalen Stundensätze der Verordnung des Innenministeriums Baden-Württemberg über den Kostenersatz für Einsätze der Feuerwehr (VOKeFw) in der jeweils geltenden Fassung. Für die übrigen Fahrzeuge ergeben sich die Kostenersätze aus dem in der Anlage zu dieser Satzung beigefügten Verzeichnis.

(4) Die Einsatzdauer beginnt

I. bei den Kosten für Einsatzkräfte mit der Alarmierung (Beginn des Einsatzes) und endet nach Wiederherstellung der Einsatzbereitschaft einschließlich der notwendigen Aufräumungs- und Reinigungszeiten.

II. bei Fahrzeugen mit der Abfahrt aus dem Feuerwehrgerätehaus und endet nach der Wiederherstellung der Einsatzbereitschaft einschließlich Reinigungs-, Prüfungs-, Reparatur- und sonstiger Zeiten, die sich daraus ergeben, dass Feuerwehrfahrzeuge wieder einsatzfähig gemacht werden.

(5) Die Stundensätze werden halbstundenweise abgerechnet. Angefangene Stunden werden bis zu 30 Minuten auf halbe Stunden, darüber hinaus auf volle Stunden aufgerundet.

(6) Daneben kann Ersatz verlangt werden für

I. von der Gemeinde für den Einsatz von Hilfe leistenden Gemeinde- und Werkfeuerwehren oder anderen Hilfe leistenden Einrichtungen und Organisationen erstattete Kosten,

II. die Kosten der Sonderlösch- und Einsatzmittel nach § 3 Absatz 1 Satz 2 Nr. 3,

III. sonstige durch den Einsatz verursachte notwendige Kosten und Auslagen. Hierzu gehören insbesondere die durch die Hilfeleistung herangezogener und nicht durch Nr. 1 erfasster Dritter, die Verwendung besonderer Lösch- und Einsatzmittel und die Reparatur oder den Ersatz besonderer Ausrüstungen entstandenen Kosten und Auslagen.

§ 6 Entstehen, Festsetzung und Fälligkeit der Kostenschuld

(1) Die Verpflichtung zum Kostenersatz entsteht mit Beendigung der Inanspruchnahme der Feuerwehr.

(2) Der Kostenersatz wird durch Verwaltungsakt festgesetzt.

(3) Der Kostenersatz wird zu dem im Kostenbescheid genannten Zeitpunkt fällig.

§ 7 Inkrafttreten

Diese Satzung tritt am XX.YY.ZZZZ in Kraft.

..., den XX.YY.ZZZZ

... ...

Bürgermeister

Hinweis nach § 4 Absatz 4 GemO:
Eine etwaige Verletzung von Verfahrens- oder Formvorschriften der Gemeindeordnung für Baden-Württemberg (GemO) oder aufgrund der GemO erlassenen Verfahrensvorschriften beim Zustandekommen dieser Satzung wird nach § 4 Abs. 4 GemO unbeachtlich, wenn sie nicht schriftlich innerhalb eines Jahres seit der Bekanntmachung dieser Satzung gegenüber der Gemeinde geltend gemacht worden ist; der Sachverhalt, der die Verletzung begründen soll, ist zu bezeichnen. Dies gilt nicht, wenn die Vorschriften über die Öffentlichkeit der Satzung, die Genehmigung oder Bekanntmachung der Satzung verletzt worden sind.

Erläuterungen

Zu § 1:
Das Satzungsmuster bezieht sich lediglich auf Ansprüche, die sich aus dem Feuerwehrgesetz als Rechtsgrundlage ergeben. Aufgrund dessen bleiben Ersatzansprüche nach anderen Vorschriften unberührt.

Das Anhörungsrecht des Feuerwehrausschusses nach § 10 Absatz 4 Satz 2 FwG ist zu beachten. Danach muss der Feuerwehrausschuss angehört werden vor dem Erlass oder der Änderung von örtlichen Satzungen, die die Regelungen der Feuerwehr berühren. Auch die Satzung zur Erhebung von Kostenersätzen unterliegt dem Anhörungsrecht.[1]

---

1 Hildinger/Rosenauer, Feuerwehrgesetz Baden-Württemberg, 4. Auflage 2017, § 10, Rn. 23.

Zu § 2:

Der § 2 der Satzung nimmt Bezug auf § 2 Absatz 1 FwG. Dieser zählt die Pflichtaufgaben der Feuerwehr auf, die sie auf jeden Fall erfüllen muss und die in der Regel für den Bürger nach § 34 Absatz 1 FwG kostenfrei sind[2].

Ein Schadenfeuer bzw. ein Brand im Sinne von § 2 Absatz 1 Nr. 1 FwG wird von der Rechtsprechung definiert als ein fortschreitendes, unkontrolliertes Feuer außerhalb einer Feuerstätte, das nicht zum Verbrennen bestimmte oder nicht wertlose Gegenstände vernichtet, sowie ein Schwelbrand.[3] Dabei ist es erforderlich, dass durch die Verbrennung als solche mit einem Schaden an Leben und Gesundheit, Eigentum von bedeutendem Wert oder der Umwelt gerechnet werden muss.[4] Für die Beurteilung, ob ein Schadenfeuer vorlag, ist auf die im Recht der Gefahrenabwehr allgemein gebotene ex-ante-Sicht abzustellen. Das bedeutet, dass auf die Sach- und Kenntnislage im Zeitpunkt des behördlichen Handelns abzustellen ist[5].

Der Begriff des öffentlichen Notstands wird in § 2 Absatz 1 Satz 2 FwG legal definiert. Es handelt sich mithin um ein Ereignis, das durch ein Naturereignis, einen Unglücksfall oder dergleichen verursacht wurde, das zu einer gegenwärtigen oder unmittelbar bevorstehenden Gefahr für die Gesundheit und das Leben von Menschen, Tieren oder für andere wesentliche Rechtsgüter führt, von dem die Allgemeinheit, also eine unbestimmte und nicht bestimmbare Anzahl von Personen, unmittelbar betroffen ist und bei dem der Eintritt der Gefahr oder der Schaden nur durch außergewöhnliche Sofortmaßnahmen beseitigt oder verhindert werden kann. Wichtig dabei ist die Abgrenzung zur anderen Notlage gemäß § 2 Absatz 2 Nr. 1 FwG. Eine solche ist ein Ereignis, bei dem für die Abwehr von gegenwärtigen oder unmittelbar bevorstehenden Gefahren die speziellen Geräte und Fähigkeiten erforderlich sind, über die die Feuerwehr verfügt.[6] Der wichtigste Unterschied zwischen öffentlichem Notstand und einer anderen Notlage ist, dass beim öffentlichen Notstand die Allgemeinheit, somit eine unbestimmte und nicht bestimmbare Anzahl von Personen, unmittelbar betroffen sein muss.[7] Sobald eine andere Notlage vorliegt, ist der Einsatz kostenpflichtig nach § 2 Absatz 2 Nr. 1 FwG. Naturereignisse sind z.B. Stürme, Hochwasser, Erdbe-

2 Hildinger/Rosenauer, Feuerwehrgesetz Baden-Württemberg, 4. Auflage 2017, § 2, Rn. 26.

3 Hildinger/Rosenauer, Feuerwehrgesetz Baden-Württemberg, 4. Auflage 2017, § 2, Rn. 27.

4 OVG NRW, Urteil vom 24.6.2008 – 9 A 3961/06, VG Aachen, Urteil vom 30.6.1999 – 6 K 974/97, VG Minden, Urteil vom 13.5.2004 – 9 K 1857/02, VGH Baden-Württemberg, Urteil vom 22.1.2004 – 1 S 2263/02 – zitiert nach juris.

5 Hildinger/Rosenauer, Feuerwehrgesetz Baden-Württemberg, 4. Auflage 2017, § 2, Rn. 27.

6 Hildinger/Rosenauer, Feuerwehrgesetz Baden-Württemberg, 4. Auflage 2017, § 2, Rn. 28.

7 Hildinger/Rosenauer, Feuerwehrgesetz Baden-Württemberg, 4. Auflage 2017, § 2, Rn. 31.

ben, Erdrutsche und extrem starke Regenfälle.[8] Vom Begriff „Unglücksfall" werden alle nicht durch Naturereignisse verursachten Schadensereignisse durch menschliches oder technisches Versagen erfasst, damit auch Einstürze.[9] Unglücksfälle sind dabei solche Ereignisse, die mit einer gewissen Plötzlichkeit eintreten und die nicht unerhebliche Gefahren für Menschen oder Sachen bringen oder zu bringen drohen – hierunter werden beispielsweise Explosionen, Flugzeugunfälle und Verkehrsunfälle bei Transporten mit gefährlichen Stoffen und Gütern gezählt.[10] Eine unmittelbar drohende Gefahr setzt eine Situation voraus, bei der der Eintritt des Schadens in allernächster Zeit mit an Sicherheit grenzender Wahrscheinlichkeit zu erwarten ist, wenn nicht sofort Maßnahmen ergriffen werden.[11] Zur Beurteilung einer solchen Gefahrenlage ist wiederum die ex-ante-Sicht maßgeblich.[12]

Technische Hilfe zur Rettung von Menschen und Tieren aus lebensbedrohlichen Lagen wird durch die Feuerwehr geleistet, wenn sie das ihr zur Verfügung stehende technische Gerät zum Einsatz bringt.[13] Dazu gehört es insbesondere, eingeschlossene, verschüttete oder eingeklemmte Personen und Tiere zu befreien sowie nach Wasser- und Eisunfällen zu retten und andere lebensbedrohliche Gefahren abzuwenden oder Menschen und Tiere aus solchen Gefahrenlagen zu befreien.[14] Die Feuerwehren sind – nach entsprechender Übertragung – für diese Aufgaben zuständig, auch wenn kein Brand oder öffentlicher Notstand vorliegt.[15] Bei der Rettung von Tieren ist zu beachten, dass diese einen erheblichen materiellen oder ideellen Wert haben müssen, damit der Einsatz der Feuerwehr zulässig ist.[16]

Eine Hilfeleistung für Menschen, Tiere oder Schiffe ist gegeben, wenn Anhaltspunkte dafür ersichtlich sind, dass einzelne Menschen, Tiere oder Schiffe in irgendeiner Weise gefährdet sein könnten.[17] Die Brandschutzaufklärung für Erwachsene und die Brandschutzerziehung für Kinder wurden als Aufgabe für die Feuerwehr durch das Gesetz zur Änderung des Feuerwehrgesetzes vom 15.09.2009 (LT-Drs. 14/5103) neu in

8 Hildinger/Rosenauer, Feuerwehrgesetz Baden-Württemberg, 4. Auflage 2017, § 2, Rn. 29.
9 Hildinger/Rosenauer, Feuerwehrgesetz Baden-Württemberg, 4. Auflage 2017, § 2, Rn. 29.
10 Hildinger/Rosenauer, Feuerwehrgesetz Baden-Württemberg, 4. Auflage 2017, § 2, Rn. 29.
11 Hildinger/Rosenauer, Feuerwehrgesetz Baden-Württemberg, 4. Auflage 2017, § 2, Rn. 30.
12 Hildinger/Rosenauer, Feuerwehrgesetz Baden-Württemberg, 4. Auflage 2017, § 2, Rn. 30.
13 Hildinger/Rosenauer, Feuerwehrgesetz Baden-Württemberg, 4. Auflage 2017, § 2, Rn. 38.
14 Hildinger/Rosenauer, Feuerwehrgesetz Baden-Württemberg, 4. Auflage 2017, § 2, Rn. 36.
15 Hildinger/Rosenauer, Feuerwehrgesetz Baden-Württemberg, 4. Auflage 2017, § 2, Rn. 36.
16 Hildinger/Rosenauer, Feuerwehrgesetz Baden-Württemberg, 4. Auflage 2017, § 2, Rn. 37.
17 Hildinger/Rosenauer, Feuerwehrgesetz Baden-Württemberg, 4. Auflage 2017, § 2, Rn. 46.

das Feuerwehrgesetz aufgenommen. Dadurch kann eine Gemeinde nunmehr die Feuerwehr damit beauftragen, die Bevölkerung durch geeignete Maßnahmen, insbesondere Aufklärungsmaßnahmen über den Brandschutz, zu sensibilisieren.[18] Rechtsgrundlage für die Durchführung der Brandsicherheitswache ist die Versammlungsstättenverordnung – VStättVO vom 28.04.2004 (GBl. S. 311, S. 653). Die Brandsicherheitswache ist erforderlich, wenn aufgrund der Art der Veranstaltung, der Zahl der teilnehmenden Personen und der Art der Darbietungen bei einem Brandfall eine erhebliche Anzahl von Personen akut gefährdet werden könnte und nur ein unverzügliches Eingreifen der Feuerwehr das Schadensausmaß eingrenzen kann.[19] Die Feuerwehr legt fest, welche Einsatzkräfte und Einsatzmittel für den Brandsicherheitsdienst vorzuhalten sind – die Kosten für den Brandsicherheitsdienst hat der Veranstalter zu tragen.[20] Zu weiteren „Maßnahmen der Brandverhütung“ werden die Mitwirkung an der Brandverhütungsschau oder deren Durchführung, ferner die Überprüfung von Baugesuchen auf Beachtung der Vorschriften des baulichen (vorbeugenden) Brandschutzes gezählt.[21]

Zu § 3:

Die Erfüllung der Pflichtaufgaben erfolgt grundsätzlich unentgeltlich gemäß § 34 Absatz 1 Satz 1 Halbsatz 1 FwG. § 34 Absatz 1 Satz 2 FwG nennt Ausnahmen, in denen die Träger der Gemeindefeuerwehren Kostenersatz verlangen. Kostenersatz wird verlangt, sofern die Einsätze auf einer vorwerfbaren Pflichtverletzung beruhen (§ 34 Absatz 1 Satz 2 Nr. 1, 5, 6 und 7 FwG) oder wenn die besonderen Fertigkeiten und die Ausstattung der Feuerwehr benötigt werden (§ 34 Absatz 1 Satz 2 Nr. 2, 3 und 4 FwG).

§ 3 Nr. 1 spricht von vorsätzlicher oder grob fahrlässiger Schadensverursachung. Eine Unentgeltlichkeit kann dann nicht in Anspruch genommen werden, wenn eine Gefahr oder ein Schaden vorsätzlich verursacht wird.[22] Vorsatz liegt dann vor, wenn eine Gefahr oder ein Schaden in rechtswidriger Weise mit Wissen und Wollen herbeigeführt wird.[23] Der Handelnde muss den rechtswidrigen Erfolg voraussehen und diesen in seinen Willen wenigstens billigend aufgenommen haben.[24] Der Vorsatz muss neben der

18 Hildinger/Rosenauer, Feuerwehrgesetz Baden-Württemberg, 4. Auflage 2017, § 2, Rn. 51.
19 Hildinger/Rosenauer, Feuerwehrgesetz Baden-Württemberg, 4. Auflage 2017, § 2, Rn. 53.
20 Hildinger/Rosenauer, Feuerwehrgesetz Baden-Württemberg, 4. Auflage 2017, § 2, Rn. 53.
21 Hildinger/Rosenauer, Feuerwehrgesetz Baden-Württemberg, 4. Auflage 2017, § 2, Rn. 52.
22 Hildinger/Rosenauer, Feuerwehrgesetz Baden-Württemberg, 4. Auflage 2017, § 34, Rn. 11.
23 Hildinger/Rosenauer, Feuerwehrgesetz Baden-Württemberg, 4. Auflage 2017, § 34, Rn. 11.
24 Hildinger/Rosenauer, Feuerwehrgesetz Baden-Württemberg, 4. Auflage 2017, § 34, Rn. 11.

Handlung auch die Schadensfolge umfassen.[25] Vorsatz erfordert daher das Bewusstsein des Täters, dass sein Verhalten einen Schaden zur Folge hat, und den Willen, sich trotzdem so zu verhalten.[26] Bedingter Vorsatz liegt vor, wenn der Täter den als möglich vorgestellten Erfolg in seinen Willen aufgenommen und für den Fall seines Erfolgs gebilligt hat.[27] Auch in diesem Fall muss der Vorsatz die Schadensfolge einschließen, wenn auch nicht in allen Einzelheiten.[28] Diesem Tatbestand kommt nur eingeschränkt praktische Bedeutung zu, da Vorsatz häufig nicht oder nur schwer nachweisbar ist.[29] Die Beweislast liegt bei der Gemeinde.[30]

Grobe Fahrlässigkeit ist eine besonders schwere Verletzung von Sorgfaltspflichten, deren Beachtung von jedermann erwartet werden kann.[31] Grob fahrlässig handelt, wer schon einfachste, ganz naheliegende Überlegungen nicht anstellt und das nicht beachtet, was im gegebenen Fall jedem einleuchten muss.[32]

§ 3 Nr. 2 bestimmt, dass der Fahrzeughalter kostenersatzpflichtig ist, wenn der Einsatz durch den Betrieb von Kraftfahrzeugen, Anhängefahrzeugen, Schienen-, Luft- oder Wasserkraftfahrzeugen verursacht wurde. Das Gesetz zur Änderung des Feuerwehrgesetzes vom 17.12.2015 (GBl. S. 1184) regelt wieder unmittelbar bei den kostenersatzpflichtigen Tatbeständen, wer kostenersatzpflichtig ist. Bei Einsätzen, die durch den Betrieb von Kraftfahrzeugen, Anhängefahrzeugen, Schienen-, Luft- oder Wasserkraftfahrzeugen verursacht wurden, ist nunmehr klargestellt, dass der Fahrzeughalter zum Kostenersatz verpflichtet ist und nicht der Fahrer oder der Eigentümer.

Kraftfahrzeuge sind maschinengetriebene, nicht an Schienen gebundene Landfahrzeuge.[33] Es ist unerheblich, ob sie sich auf Rädern, Ketten oder Kufen fortbewegen oder ob sie der Beförderung von Personen oder Lasten dienen.[34]

Die Nr. 2 greift den Rechtsgedanken der Gefährdungshaftung auf.[35] In bestimmten, gesetzlich vorgesehenen Fällen muss für Schäden gehaftet wer-

25 Hildinger/Rosenauer, Feuerwehrgesetz Baden-Württemberg, 4. Auflage 2017, § 34, Rn. 11.
26 Hildinger/Rosenauer, Feuerwehrgesetz Baden-Württemberg, 4. Auflage 2017, § 34, Rn. 11.
27 Hildinger/Rosenauer, Feuerwehrgesetz Baden-Württemberg, 4. Auflage 2017, § 34, Rn. 11.
28 Hildinger/Rosenauer, Feuerwehrgesetz Baden-Württemberg, 4. Auflage 2017, § 34, Rn. 11.
29 Hildinger/Rosenauer, Feuerwehrgesetz Baden-Württemberg, 4. Auflage 2017, § 34, Rn. 11.
30 Hildinger/Rosenauer, Feuerwehrgesetz Baden-Württemberg, 4. Auflage 2017, § 34, Rn. 11.
31 Hildinger/Rosenauer, Feuerwehrgesetz Baden-Württemberg, 4. Auflage 2017, § 34, Rn. 12.
32 Hildinger/Rosenauer, Feuerwehrgesetz Baden-Württemberg, 4. Auflage 2017, § 34, Rn. 12.
33 Hildinger/Rosenauer, Feuerwehrgesetz Baden-Württemberg, 4. Auflage 2017, § 34, Rn. 24.
34 Hildinger/Rosenauer, Feuerwehrgesetz Baden-Württemberg, 4. Auflage 2017, § 34, Rn. 24.
35 Hildinger/Rosenauer, Feuerwehrgesetz Baden-Württemberg, 4. Auflage 2017, § 34, Rn. 13.

den, die dadurch entstehen, das von einer Sache, sobald sie in Betrieb genommen wird, eine Gefahr ausgehen kann (Betriebsgefahr), ohne dass ein Verschulden vorliegen muss.[36] Das Gesetz geht in diesen Fällen davon aus, dass es dem Geschädigten nicht zugemutet werden kann, ein Verschulden des Halters im Einzelfall nachzuweisen.[37] Beispielhaft genannt werden können dabei die Gefährdungshaftung der Halter von Kraft- und Anhängerfahrzeugen (§ 7 StVG), von Schienenfahrzeugen (§ 1 HaftPflG) und von Luftfahrzeugen (§§ 33, 53, 54 Luftverkehrsgesetz).[38] Die Kostenersatzpflicht nach Nr. 2 setzt auch kein Verschulden des Verursachers der Gefahr oder des Schadens voraus – ausreichend ist ein ursächlicher Zusammenhang zwischen dem Betrieb des Fahrzeugs und der Gefahr oder dem Schaden.[39]

Die Kostenersatzpflicht knüpft an den Betrieb des Fahrzeugs an.[40] Die nach § 7 StVG für die Haftung des Fahrzeughalters geltenden Grundsätze können grundsätzlich auch beim Kostenersatz nach der Nr. 2 herangezogen werden.[41] Das Haftungsmerkmal „bei dem Betrieb“ ist nach der Rechtsprechung weit auszulegen und umfasst alle durch den Kraftfahrzeugverkehr beeinflussten Schadensabläufe.[42] Dies ist dann der Fall, wenn sich bei der Entstehung des Schadens eine von einem Kraftfahrzeug typischerweise ausgehende Gefahr ausgewirkt hat.[43] Angeknüpft wird dabei an die abstrakte Betriebsgefahr, d.h. die besondere Gefahr, die von jedem Kfz durch seinen Betrieb schlechthin ausgeht, ohne Rücksicht auf die Umstände im Einzelfall.[44] Für die Kostenersatzpflicht ist weder ein Verschulden noch ein verkehrswidriges Verhalten erforderlich.[45] Von einem Kfz geht eine Betriebsgefahr dann aus, wenn es am öffentlichen Verkehr teilnimmt und/oder mittels Motorbetrieb fortbewegt wird.[46] Wenn nur eine dieser beiden Voraussetzungen vorliegt, ist ein ursächlicher Zusammenhang mit dem Fahrzeugbetrieb zu bejahen.[47] Voraussetzung für eine Kostenersatzpflicht ist darüber hinaus, dass sich eine Gefahr realisiert hat,

---

36 Hildinger/Rosenauer, Feuerwehrgesetz Baden-Württemberg, 4. Auflage 2017, § 34, Rn. 13.
37 Hildinger/Rosenauer, Feuerwehrgesetz Baden-Württemberg, 4. Auflage 2017, § 34, Rn. 13.
38 Hildinger/Rosenauer, Feuerwehrgesetz Baden-Württemberg, 4. Auflage 2017, § 34, Rn. 13.
39 Hildinger/Rosenauer, Feuerwehrgesetz Baden-Württemberg, 4. Auflage 2017, § 34, Rn. 13.
40 Hildinger/Rosenauer, Feuerwehrgesetz Baden-Württemberg, 4. Auflage 2017, § 34, Rn. 16.
41 Hildinger/Rosenauer, Feuerwehrgesetz Baden-Württemberg, 4. Auflage 2017, § 34, Rn. 16.
42 Hildinger/Rosenauer, Feuerwehrgesetz Baden-Württemberg, 4. Auflage 2017, § 34, Rn. 18.
43 Hildinger/Rosenauer, Feuerwehrgesetz Baden-Württemberg, 4. Auflage 2017, § 34, Rn. 18.
44 Hildinger/Rosenauer, Feuerwehrgesetz Baden-Württemberg, 4. Auflage 2017, § 34, Rn. 19.
45 Hildinger/Rosenauer, Feuerwehrgesetz Baden-Württemberg, 4. Auflage 2017, § 34, Rn. 19.
46 Hildinger/Rosenauer, Feuerwehrgesetz Baden-Württemberg, 4. Auflage 2017, § 34, Rn. 19.
47 Hildinger/Rosenauer, Feuerwehrgesetz Baden-Württemberg, 4. Auflage 2017, § 34, Rn. 19.

die von dem Kfz in seiner Eigenschaft als Verkehrsmittel ausgeht.[48] Die Gefahr muss zudem in einem unmittelbaren Zusammenhang mit der Verwendung des Kfz im Verkehr stehen.[49]

Nach den Vorschriften des StVG ist die Haftung für beim Betrieb eines Kfz verursachte Schäden in bestimmten Fällen ausgeschlossen.[50] Dies gilt insbesondere, wenn der Schaden durch höhere Gewalt verursacht wurde (§ 7 Absatz 2 StVG), in den Fällen des § 8 StVG (z.B. bei Fahrzeugen, die nicht schneller als 20 km/h fahren können, wenn der Verletzte selbst beim Betrieb des Fahrzeugs tätig war und bei Schäden an einer vom Kfz beförderten Sache) und bei einem unabwendbaren Ereignis (§ 17 Absatz 3 StVG).[51] Mangels einer entsprechenden Regelung im FwG ist der Kostenersatz in diesem Fällen nicht ausgeschlossen.[52]

Durch das Gesetz zur Änderung des Feuerwehrgesetzes vom 17.12.2015 hat sich auf der Tatbestandsseite eine redaktionelle Anpassung ergeben. Der Tatbestand umfasst wieder nur die Wasser**kraft**fahrzeuge und nicht mehr sämtliche Wasserfahrzeuge wie z.B. Schlauchboote, Surfbretter, Luftmatratzen etc. Wasserkraftfahrzeuge sind Fahrzeuge, die zur Fortbewegung auf dem oder im Wasser bestimmt sind. Der Tatbestand umfasst damit ausschließlich maschinenbetriebene Wasserkraftfahrzeuge.

Die Nr. 3 bezieht sich auf die Kostenersatzpflicht bei Sonderlösch- und -einsatzmitteln. Sonderlöschmittel sind alle Löschmittel außer Wasser wie z.B. Schaum, Pulver, Zement, Kohlendioxid, Stickstoff und Inertgas.[53] Sondereinsatzmittel sind alle Einsatzmittel, über die die Feuerwehr üblicherweise nicht selbst verfügt und die sie von einem Dritten heranziehen muss wie z.B. Bagger, Radlader, Traktoren und Güllefässer.[54] Der Begriff des „Gewerbebetriebs" richtet sich nach der Gewerbeordnung.[55]

Nr. 4: Der Begriff „Umgang" erfasst die Förderung, Beförderung und Lagerung sowie die Ver- und Bearbeitung.[56] Ob ein Gefahrstoff oder ein wassergefährdender Stoff vorliegt, ist in den einschlägigen Bestimmungen nie-

---

48 Hildinger/Rosenauer, Feuerwehrgesetz Baden-Württemberg, 4. Auflage 2017, § 34, Rn. 20.
49 Hildinger/Rosenauer, Feuerwehrgesetz Baden-Württemberg, 4. Auflage 2017, § 34, Rn. 20.
50 Hildinger/Rosenauer, Feuerwehrgesetz Baden-Württemberg, 4. Auflage 2017, § 34, Rn. 17.
51 Hildinger/Rosenauer, Feuerwehrgesetz Baden-Württemberg, 4. Auflage 2017, § 34, Rn. 17.
52 Hildinger/Rosenauer, Feuerwehrgesetz Baden-Württemberg, 4. Auflage 2017, § 34, Rn. 17.
53 Hildinger/Rosenauer, Feuerwehrgesetz Baden-Württemberg, 4. Auflage 2017, § 34, Rn. 27.
54 Hildinger/Rosenauer, Feuerwehrgesetz Baden-Württemberg, 4. Auflage 2017, § 34, Rn. 27.
55 Hildinger/Rosenauer, Feuerwehrgesetz Baden-Württemberg, 4. Auflage 2017, § 34, Rn. 27.
56 Hildinger/Rosenauer, Feuerwehrgesetz Baden-Württemberg, 4. Auflage 2017, § 34, Rn. 28.

dergelegt.[57] Die Kostenersatzpflicht besteht unabhängig von der Menge der Gefahrstoffe, mit denen umgegangen wird.[58] Das Gesetz zur Änderung des Feuerwehrgesetzes vom 17.12.2015 legt nun fest, dass der Betreiber kostenersatzpflichtig ist.

Nr. 5: Die Kostenersatzpflicht tritt auch dann ein, wenn vorsätzlich oder grob fahrlässig ein Fehlalarm ausgelöst wird. Bezüglich der Begriffe „vorsätzlich“ und „grob fahrlässig“ wird auf die obigen Erläuterungen verwiesen. Kostenersatz wird nicht verlangt bei einer Alarmierung aufgrund einer falschen Wahrnehmung, d. h., wenn ein Bürger seiner Meldepflicht nach § 29 Absatz 1 FwG nachkommen will, er aber die Lage falsch einschätzt und die Feuerwehr aufgrund dessen unnötig ausrückt.[59]

Nr. 6: Brandmeldeanlagen sind technische Einrichtungen in besonders gefährdeten, privaten oder öffentlichen Gebäuden, die bei Brandausbruch oder akuter Brandgefahr die Feuerwehr alarmieren. Sie müssen jederzeit eine unmittelbare Benachrichtigung der Feuerwehr ermöglichen.

Ein Fehlalarm liegt vor, wenn die Alarmierung durch einen technischen Defekt bzw. eine Fehlfunktion in der Anlage erfolgt wie z. B. Kurzschluss, Störung durch elektromagnetisches Feld, diagnostische Schwäche bei Alarmierung ohne Vorliegen von Hitze und Rauch, technisch bedingte Fehlfunktion, von außen kommende brandfremde Ereignisse. Daneben gibt es den Täuschungsalarm, bei dem die Brandmeldeanlage durch Effekte getäuscht wurde, die einer realen Gefahr ähnlich sind wie z. B. Zigarettenrauch, Schweißen, Küchendämpfe. In solchen Fällen ist der Tatbestand der grob fahrlässigen Verursachung des Anscheins einer Gefahr gemäß § 3 Nr. 1 der Satzung (§ 34 Absatz 1 Satz 2 Nr. 1 FwG) zu prüfen.

In neuerer Zeit werden auch andere Anlagen als baurechtlich angeordnete Brandmeldeanlagen nach DIN 14 675 zur Meldung von Bränden an die Feuerwehr genutzt. Dies gilt beispielsweise für Rauchwarnmelder, die nach § 15 Absatz 7 der Landesbauordnung ab 2015 in Aufenthaltsräumen in derselben Nutzungseinheit anzubringen sind, wenn Anbieter von Hausnotrufsystemen oder Einrichtungen wie Alten- und Pflegeheime kostenpflichtige Systeme einrichten, die Rauchwarnmeldungen an zentrale Stellen übertragen, von denen aus – ohne Kenntnis über den Sachverhalt vor Ort – regelmäßig telefonisch die Feuerwehr alarmiert wird. Die Alarmrufe an die Feuerwehr stützen sich dabei auf technische Einrich-

---

57 Hildinger/Rosenauer, Feuerwehrgesetz Baden-Württemberg, 4. Auflage 2017, § 34, Rn. 28.

58 Hildinger/Rosenauer, Feuerwehrgesetz Baden-Württemberg, 4. Auflage 2017, § 34, Rn. 28.

59 Hildinger/Rosenauer, Feuerwehrgesetz Baden-Württemberg, 4. Auflage 2017, § 34, Rn. 29.

tungen, die ihrer Bauart nach lediglich der Warnung der Personen vor Ort dienen, und deren systemimmanente Risiken für Fehlauslösungen und Fehlsteuerungen höher sind als bei den speziell für Branderkennung und Alarmierung der Feuerwehr eingerichteten Brandmeldeanlagen. Es ist daher gerechtfertigt, derartige oder vergleichbare technische Systeme, die mit Risiken der Fehlalarmierung behaftet sind, beim Kostenersatz wie Brandmeldeanlagen zu behandeln und von ihnen ausgelöste Fehlalarme für den Betreiber der Anlage kostenersatzpflichtig zu machen.

Betreiber ist derjenige, der z.B. nach der LBO eine Brandmeldeanlage für seinen Gewerbebetrieb, Altenheim, Krankenhaus, Hotel etc. einzurichten hat bzw. hatte oder derjenige, der ein Hausnotrufsystem mit Übertragung von Rauchwarnmeldungen betreibt. Es bestehen aber Zweifel, ob die Betreibereigenschaft auch beim Leitungsinhaber vorliegt, über dessen Leitung die Signale an die Leitstelle gehen. Dies dürfte regelmäßig der Eigentümer bzw. Besitzer der betreffenden Anlage bzw. Einrichtung sein, aber auch ggf. die Firma, die die technische Einrichtung im Auftrag des Eigentümers bzw. Besitzers betreibt und unterhält.[60]

Rauchwarnmelder und Brandmeldeanlagen dienen unterschiedlichen Zwecken und sind nicht gleichzusetzen (gt-info Nr. 0596/2014 in der Druckausgabe vom 05.08.2014).

Rauchwarnmelder sind regelmäßig autark arbeitende Geräte. Sie dienen dazu, in dem betreffenden Raum Brandrauch zu detektieren und diesen mit einem akustischen Alarmsignal insbesondere schlafenden Personen zu melden, damit sich die Personen aus diesem Raum in Sicherheit bringen können. Eine Weiterleitung des Alarmsignals an die Feuerwehr ist nicht vorgesehen. Demgegenüber können bei Brandmeldeanlagen unterschiedliche Meldesignale, z.B. von automatischen Meldeeinrichtungen oder Druckknopfmeldern, ausgewertet und als Folge weitere programmierte Schritte, insbesondere Alarmierung der Feuerwehr, aber auch Einschaltung des Gebäudealarms oder Starten einer automatischen Löscheinrichtung, ausgelöst werden. Brandmeldeanlagen werden daher überwiegend in Sonderbauten wie Flughäfen, Versammlungsstätten, Hochschulen, Schulen, Bürogebäuden, Verkaufsstätten, Altenwohnheimen oder Krankenhäusern auf bauordnungsrechtliche Anordnung eingerichtet.

Gemäß der beschriebenen Funktion als reine Warneinrichtung können Rauchwarnmelder grundsätzlich keine unmittelbaren Alarmierungen und damit auch keine Fehlalarmierungen der Feuerwehr auslösen. Die

60 BWGZ 2010, 691.

Frage der Kostenersatzpflicht nach § 34 Absatz 1 Satz 2 Nr. 6 des Feuerwehrgesetzes (FwG) stellt sich damit nicht.

Die Alarmierung der Feuerwehr erfolgt in der Regel durch eine Person, die das Signal eines Rauchwarnmelders wahrnimmt. Kommt es dabei zu einer Fehlalarmierung, richtet sich der Kostenersatz nicht nach § 34 Absatz 1 Satz 2 Nr. 6. Die alarmierende Person ist nur dann kostenersatzpflichtig, wenn ihr für die Fehlalarmierung Vorsatz oder grob fahrlässige Unkenntnis der Tatsachen vorgeworfen werden kann (§ 34 Absatz 1 Satz 2 Nr. 5 FwG).

Nr. 7: Auch die ab dem 31.03.2018 in alle neuen Modelle von Pkw und leichten Nutzfahrzeugen einzubauenden sogenannten eCall-Systeme, die bei einem Unfall automatisch einen Notruf (eCall) an die Notrufnummer 112 auslösen oder alternativ eine automatische Notfallmeldung an eine ständig besetzte Stelle (Call-Center) übertragen, können infolge technischer Fehlfunktionen oder vorwerfbar unterlassener Rückmeldungen über die automatisch hergestellte Sprechverbindung Fehlalarme auslösen. In diesen Fällen soll nach der neuen Nr. 7 entsprechend der Kostenregelung bei Einsätzen, die durch den Betrieb von Kraftfahrzeugen verursacht wurden, der Fahrzeughalter kostenersatzpflichtig sein. Wurde der eCall manuell ausgelöst, greift bei Vorsatz oder grober Fahrlässigkeit die Kostenregelung der Nr. 5.

Satz 2 stellt sicher, dass wie bisher bei vorsätzlicher oder grob fahrlässiger Verursachung des Einsatzes oder Fehlalarmierung der Feuerwehr der Sorgeberechtigte oder der Betreuer in Anspruch genommen werden kann, wenn eine Person gehandelt hat, die das 16. Lebensjahr noch nicht vollendet hat oder die unter Betreuung gestellt ist.

Mit der Bestimmung der kostenersatzpflichtigen Personen unmittelbar bei den Tatbeständen – siehe § 3 Absatz 1 der Satzung bzw. § 34 Absatz 1 Satz 2 FwG – beschränkt sich der Regelungsinhalt des § 3 Absatz 2 darauf, den Kreis der Kostenersatzpflichtigen für den in § 34 Absatz 2 FwG geregelten Kostenersatz bei Einsätzen im Rahmen der Kannaufgaben nach § 2 Absatz 2 FwG festzulegen.

§ 3 Absatz 2 Nr. 1 zieht den sogenannten Verhaltensstörer zum Kostenersatz heran. Ein Verhalten im Sinne der Norm kann in einem Tun, aber auch in einem Unterlassen begründet sein, wenn eine Pflicht zum Handeln besteht.[61] § 6 Absätze 2 und 3 PolG gelten entsprechend, sodass die Gemeinde die Möglichkeit hat, den Sorgeberechtigten oder den Betreuer in Anspruch zu nehmen, wenn die Gefahr oder der Schaden durch eine Person verur-

61 Hildinger/Rosenauer, Feuerwehrgesetz Baden-Württemberg, 4. Auflage 2017, § 34, Rn. 43.

sacht wurde, die das 16. Lebensjahr noch nicht vollendet hat oder die unter Betreuung gestellt ist.[62] Auch kann diejenige Person zum Kostenersatz herangezogen werden, in deren Auftrag der Verhaltensstörer handelt.[63]

Die Nr. 2 bezieht sich – anknüpfend an § 7 PolG – auf den sogenannten Zustandsstörer. Die Kostenersatzpflicht besteht unabhängig von einem Verschulden, wenn der Zustand einer Sache den Feuerwehreinsatz notwendig gemacht hat.[64] Es kommt nicht darauf an, wie dieser Zustand entstanden ist.[65] Kostenersatz kann von allen Personen gefordert werden, die die tatsächliche Gewalt innehaben, d.h. die in der Lage sind, auf den Zustand der Sache einzuwirken.[66]

Die Nr. 3 greift den Grundgedanken des Aufwendungsersatzes für die Geschäftsführung ohne Auftrag nach § 683 BGB auf.[67] Voraussetzung dafür ist, dass die Feuerwehr ihre Leistung bewusst im (mutmaßlichen) Interesse eines Einzelnen erbracht hat.[68]

Die Nr. 4 wurde durch die Novelle 2015 ins Gesetz eingeführt. Die Vorschrift sieht die Kostenersatzpflicht des Fahrzeughalters auch bei Einsätzen nach § 2 Absatz 2 FwG vor, wenn der Einsatz durch den Betrieb von Kraftfahrzeugen, Anhängefahrzeugen, Schienen-, Luft- oder Wasserkraftfahrzeugen verursacht wurde. Dies wird mit dem Rechtsgedanken der Gefährdungshaftung gerechtfertigt.

Bei der Auswahl des Kostenersatzpflichtigen ist der Grundsatz der Verhältnismäßigkeit zu wahren (Auswahlermessen), es sei denn der Einsatz der Feuerwehr beruht auf § 34 Abs. 2 Nr. 4 FwG (an dieser Stelle ist abweichend von den nachfolgend aufgeführten Grundsätzen der Fahrzeughalter heranzuziehen). Grundsätzlich ist zwar der Verhaltensstörer vor dem Zustandsstörer und diese beiden vor demjenigen in Anspruch zu nehmen, in dessen Interesse die Leistung erbracht wurde. Allerdings handelt es sich dabei nicht um einen allgemeingültigen Rechtsgrundsatz bzw. Rangverhältnis. Stets müssen die konkreten Umstände des Einzelfalls zur Beurteilung herangezogen werden, aus denen sich eine andere Reihenfolge ergeben kann. Bei der Abwägung sind neben den Interessen des Kostenersatzpflichtigen auch diejenigen der Gemeinde zu beachten. Der „nachrangig“ Verpflichtete

62 Hildinger/Rosenauer, Feuerwehrgesetz Baden-Württemberg, 4. Auflage 2017, § 34, Rn. 43.
63 Hildinger/Rosenauer, Feuerwehrgesetz Baden-Württemberg, 4. Auflage 2017, § 34, Rn. 43.
64 Hildinger/Rosenauer, Feuerwehrgesetz Baden-Württemberg, 4. Auflage 2017, § 34, Rn. 44.
65 Hildinger/Rosenauer, Feuerwehrgesetz Baden-Württemberg, 4. Auflage 2017, § 34, Rn. 44.
66 Hildinger/Rosenauer, Feuerwehrgesetz Baden-Württemberg, 4. Auflage 2017, § 34, Rn. 44.
67 Hildinger/Rosenauer, Feuerwehrgesetz Baden-Württemberg, 4. Auflage 2017, § 34, Rn. 45.
68 Hildinger/Rosenauer, Feuerwehrgesetz Baden-Württemberg, 4. Auflage 2017, § 34, Rn. 45.

kann bereits dann zum Kostenersatz herangezogen werden, wenn sich aus der Prüfung ergibt, dass eine Inanspruchnahme des „vorrangig“ Verpflichteten aussichtslos ist. Zudem darf die Gemeinde die finanzielle und wirtschaftliche Leistungsfähigkeit in ihre Auswahlentscheidung mit einfließen lassen. Diese Entscheidung muss aber auf einer ausreichenden Tatsachengrundlage beruhen – ohne jegliche nähere Prüfung darf man nicht von der Leistungsfähigkeit des Betroffenen ausgehen.

Mehrere Kostenersatzpflichtige haften nicht als Gesamtschuldner. Das Feuerwehrgesetz sieht keine Rechtsgrundlage für eine gesamtschuldnerische Haftung vor.

§ 3 Absatz 3 besagt, dass Ersatz der Kosten nicht verlangt werden soll, soweit dies eine unbillige Härte wäre oder im öffentlichen Interesse liegt. Dies ermöglicht es den Besonderheiten einzelner Fälle Rechnung zu tragen. Die hier beschriebene Ausnahme von der Kostenersatzpflicht gilt sowohl für Pflicht- als auch für Kannaufgaben.

Eine unbillige Härte kann sich für den Betroffenen z. B. daraus ergeben, dass er den Kostenersatz nicht oder nicht in voller Höhe bezahlen kann (dem liegt der Rechtsgedanke des § 227 AO über den Erlass einer Forderung zugrunde) oder er durch das Schadensereignis persönlich hart betroffen ist, ihm z. B. ein hoher Sachschaden entstand oder er selbst oder ein naher Angehöriger erheblich verletzt wurde.[69]

Weiterhin kann es im öffentlichen Interesse liegen, von einem langjährigen Feuerwehrangehörigen oder von einem Arbeitgeber, der mehrere Feuerwehrangehörige beschäftigt und durch deren wiederholte Freistellung für den Feuerwehrdienst betroffen ist, keinen oder nur teilweisen Kostenersatz zu verlangen.[70] Das öffentliche Interesse ist auch dann gegeben, wenn ein gemeinnütziger Verein im Interesse der Gemeinde Jugendarbeit betreibt und zum Beispiel während eines Ferienlagers oder bei einer Veranstaltung des Vereins ein Feuerwehreinsatz notwendig wird.[71]

Zu § 4:

Die erste Alternative gilt für Kommunen, die keine Vereinbarung nach § 26 Absatz 2 FwG haben. In diesen Fällen gelten die Regelungen aus dem Feuerwehrgesetz.

69 Hildinger/Rosenauer, Feuerwehrgesetz Baden-Württemberg, 4. Auflage 2017, § 34, Rn. 47.

70 Hildinger/Rosenauer, Feuerwehrgesetz Baden-Württemberg, 4. Auflage 2017, § 34, Rn. 48.

71 Hildinger/Rosenauer, Feuerwehrgesetz Baden-Württemberg, 4. Auflage 2017, § 34, Rn. 48.

Die zweite Alternative gilt für Kommunen, die eine landkreisinterne Überlandhilferegelung vereinbart haben. Hierbei kann die Hilfe leistende Gemeinde die Kosten des Einsatzes unmittelbar beim Kostenersatzpflichtigen erheben, wenn die Überlandhilfe aufgrund einer Vereinbarung mit der Hilfe empfangenden Gemeinde oder der Festlegung eines Einsatzgebietes für die Überlandhilfe nach § 22 Absatz 6 Satz 2 FwG geleistet wurde. § 4 zweite Alternative der Satzung (§ 26 Absatz 2 Satz 4 FwG) gibt den Gemeinden die Möglichkeit, von den gesetzlichen Vorgaben abweichende Vereinbarungen über die Kosten der Überlandhilfe zu treffen. Ziel solcher Vereinbarungen ist es, die kommunale Zusammenarbeit und die gegenseitige Solidarität zu stärken und einen gerechten Ausgleich der finanziellen Belastungen zu erreichen. Bei Abschluss solcher öffentlich-rechtlicher Verträge gemäß § 54 LVwVfG, die auch einen gegenseitigen Verzicht auf Erstattung der Kosten der Überlandhilfe vorsehen können, sollte jedoch insbesondere auf eventuelle quantitative und qualitative Unterschiede der Hilfeleistung sowie auf die Möglichkeit des Kostenersatzes von Dritten geachtet werden. Die örtlichen Vereinbarungen gehen der Kalkulation nach dem § 34 Absätze 4 bis 8 FwG vor.

Mit der Gesetzesänderung vom 17.12.2015 (GABl. 1184) wurde eingeführt, dass abweichend von § 26 Absatz 2 Satz 1 FwG die Hilfe leistende Gemeinde die Kosten des Einsatzes nach § 34 FwG unmittelbar beim Kostenersatzpflichtigen erheben können, wenn die Überlandhilfe aufgrund einer Vereinbarung mit der Hilfe empfangenden Gemeinde oder der Festlegung eines Einsatzgebietes für die Überlandhilfe nach § 22 Absatz 6 Satz 2 FwG geleistet wurde (§ 26 Absatz 2 Satz 3 FwG). Vereinbarungen zwischen Gemeinden und die Festlegung von Einsatzgebieten für die Überlandhilfe durch die Aufsichtsbehörden nach § 22 Absatz 6 Satz 2 FwG können vorsehen, dass Gemeindefeuerwehren regelmäßig im Wege der Überlandhilfe tätig werden. Dies kann z. B. bei Anlagen und Einrichtungen mit besonderen Gefahren vereinbart werden und ist häufig auf Bundesautobahnen der Fall, wenn anstelle der örtlich zuständigen Gemeinde, deren Gemeinde keine direkte Zufahrt hat, regelmäßig die Feuerwehr tätig wird, die eine günstige Zufahrtsmöglichkeit hat und somit schneller Hilfe leisten kann. Für diese Fälle ermöglicht § 26 Absatz 2 Satz 3 FwG, dass die Hilfe leistende Gemeinde Kostenersatz nach § 34 FwG direkt beim Kostenersatzpflichtigen geltend machen und bei Bedarf ihren Anspruch durchsetzen kann. Dadurch wird die örtlich zuständige Gemeinde entlastet, deren Feuerwehr vielfach am Einsatz nicht beteiligt war und die nach der geltenden Rechtslage in diesem Fall allein bei der

Abwicklung des Kostenersatzes tätig werden muss. Das Ausfallrisiko verbleibt wie bisher bei der Hilfe empfangenden Gemeinde, da die Kostentragungsregelung nach § 26 Absatz 2 Satz 1 FwG unberührt bleibt.

Bei der Überlandhilfe leisten sich die Gemeindefeuerwehren auf Anforderung gegenseitig Hilfe. Die Überlandhilfe nach § 26 FwG stellt keine Amtshilfe i. S. d. §§ 4 ff. LVwVfG dar, sondern eine Amtshilfe eigener Art dar, deren Voraussetzung § 26 FwG abschließend regelt. Die Vorschriften der §§ 4 ff. LVwVfG finden keine Anwendung – auch nicht ergänzend.

Die Gemeinde des Einsatzortes hat dem Träger der Überlandhilfe leistenden Feuerwehr grundsätzlich die beim Einsatz anfallenden tatsächlichen Kosten zu erstatten.[72]

Im Rahmen der Überlandhilfe dürfen die Kosten nicht in Form eines Verwaltungsaktes eingefordert werden, sondern in Form einer Kostenrechnung.[73] Einer Gemeinde fehlt gegenüber einer anderen Gemeinde die Befugnis zum Erlass eines Verwaltungsaktes nach § 35 LVwVfG.[74]

In vielen örtlichen Satzungen der Gemeinden findet sich der Passus, wonach bei sonstiger Amtshilfe diejenige Behörde, der Hilfe geleistet wurde, die Kosten zu tragen hat, die nach der jeweiligen örtlichen Satzung berechnet wurden. Sofern eine solche Regelung aufgenommen wird, ist zu beachten, dass das FwG nur eine Regelung über die Amtshilfe für den Bund vorsieht, § 34 Absatz 10 FwG. Im Übrigen gilt § 8 LVwVfG. Die Kostenersatzregelungen des FwG sind nicht anwendbar, da es sich bei der Amtshilfe nicht um Feuerwehreinsätze im Sinne des FwG handelt.

Zu § 5:

Die Satzungsermächtigung nach § 34 Absatz 4 Satz 1 Halbsatz 2 FwG ist nur deklaratorisch und greift die allgemeine Ermächtigung des § 4 Absatz 1 Satz 1 GemO auf. Eine Satzungspflicht besteht nur nach § 34 Absatz 5 Satz 2 FwG für den Fall, dass Stundensätze für ehrenamtliche Feuerwehrangehörige in der Form von Durchschnittssätzen festgelegt werden sollen. Sollte eine Satzung aufgrund der Pauschalierung gemäß § 34 Abs. 5 Satz 2 FwG erfolgen, sollte diese Rechtsgrundlage in die Zitierung der Ermächtigungsgrundlage ergänzt werden. Eine derartige Handhabung dient insbesondere der Verwaltungsvereinfachung und Gleichbehandlung. Damit können beim Kostenersatz stets einheitliche Stundensätze abgerechnet werden, und zwar auch dann, wenn Verdienstausfall und Auslagen nach § 16 Absatz 1 Satz 1

72 Hildinger/Rosenauer, Feuerwehrgesetz Baden-Württemberg, 4. Auflage 2017, § 26, Rn. 17.
73 Hildinger/Rosenauer, Feuerwehrgesetz Baden-Württemberg, 4. Auflage 2017, § 26, Rn. 18.
74 VGH Baden-Württemberg, Urteil vom 07.12.2007, Az: 1 S 1255/06.

FwG in tatsächlicher Höhe entschädigt werden oder auch wenn diese aufgrund fehlender Voraussetzungen (z.B. Verdienstausfall liegt nicht vor) gar nicht gewährt werden können.

Die Berechnung der Kostenersätze für Feuerwehreinsätze wird in § 34 Absatz 4 bis 8 FwG geregelt. Der Kostenersatz umfasst Stundensätze für Einsatzkräfte und Feuerwehrfahrzeuge. Durch die getrennten Stundensätze werden in pauschaler Form alle laufenden Kosten der Feuerwehr abgegolten, die nicht nach § 34 Absatz 4 Satz 3 FwG gesondert berechnet werden können.

Nach § 34 Absatz 5 Satz 5 FwG a.F. war zur Festlegung von Pauschalsätzen für die Erhebung von Kostenersätzen bei Feuerwehreinsätzen eine Regelung durch Satzung Pflicht. Die überwiegende Anzahl der Kommunen in Baden-Württemberg hatte entsprechende Satzungen erlassen. Diese Satzungen sind durch das Gesetz zur Änderung des Feuerwehrgesetzes vom 17.12.2015 (GBl. S. 1184) kraft Gesetzes außer Kraft getreten. Dies bedeutet, dass Kostenersätze für Feuerwehreinsätze, die bis einschließlich 29.12.2015 stattgefunden haben, nach den alten Regelungen – d.h. nach den örtlichen Satzungen zur Erhebung von Kostenersätzen bei Einsätzen der Freiwilligen Feuerwehr XY, geltend zu machen sind. Für alle Einsätze ab dem 30.12.2015 gelten die neuen Regelungen des Feuerwehrgesetzes.

Ausschlaggebend für die Anwendung der jeweiligen Rechtsgrundlage zur Kalkulation des Kostenersatzes ist der Zeitpunkt des Einsatzes. Es gilt dabei Folgendes:

Seit dem 30.12.2015 gilt das neue FwG. Der Kostenersatz für alle ab dem 30.12.2015 stattgefundenen Einsätze muss nach der neuen Formel im FwG berechnet werden. Auf die veralteten örtlichen Satzungen kann nicht mehr zurückgegriffen werden, da diese auf einer überholten Rechtsgrundlage, d.h. dem alten FwG, beruhen. Auf die VOKeFw kann man sich erst ab deren Inkrafttreten – dem 26.04.2016 – berufen. Ab dem 30.12.2015 bis 25.04.2016 müssen alle in diesem Zeitraum stattgefundenen Einsätze nach der neuen Formel im FwG abgerechnet werden. Erst ab dem 26.04.2016 kann man sich auf die VOKeFw und die darin aufgeführten Pauschalsätze beziehen bzw. diese anwenden.

§ 5 Absatz 2 der Satzung bezieht sich auf die Kalkulation des Kostenersatzes für ehrenamtlich tätige Einsatzkräfte nach § 34 Absatz 5 FwG. Die Stundensätze für ehrenamtlich tätige Einsatzkräfte setzen sich zusammen aus den beim Einsatz gewährten Entschädigungen für Verdienstausfall und Auslagen sowie den sonstigen für die ehrenamtlich tätigen Feuerwehrangehörigen der Einsatzabteilungen entstehenden jährlichen Kosten, die auf der Grundlage von 80 Stunden je Feuerwehrangehörigem der Einsatzabteilung(en) berechnet werden, siehe § 34 Absatz 5 FwG.

Das erste Tatbestandsmerkmal „beim Einsatz gewährte Entschädigungen für Verdienstausfall und Auslagen" bezieht sich auf die gewährten Entschädigungen nach § 16 FwG. Erfolgt eine pauschalierte Entschädigung, so ist die gemeindliche Entschädigungssatzung zu berücksichtigen.

Das zweite Tatbestandsmerkmal „sonstige Kosten der ehrenamtlich tätigen Feuerwehrangehörigen der Einsatzabteilungen" dient dazu, weitere Kosten zu decken, die dem kommunalen Träger für die ehrenamtlich tätigen Feuerwehrangehörigen der Einsatzabteilungen entstehen.

Unter dem Halbsatz „sonstige für die ehrenamtlich tätigen Feuerwehrangehörigen der Einsatzabteilungen entstehenden jährlichen Kosten" sind all **diejenigen notwendigen Kosten** zu verstehen, die **unmittelbar der Person des Feuerwehrangehörigen der Einsatzabteilung zuzuordnen sind**.

Folgende Posten können einberechnet werden:

- Kosten für Aus- und Fortbildung
- Kosten für Dienst- und Schutzkleidung (Erwerb und Reinigung) sowie für die der weiteren persönlichen Ausrüstung unmittelbar zuordenbare Ausstattung
- Kosten für ärztliche Untersuchungen
- Aufwendungen für die Unfallkasse
- Mitgliedsbeiträge für den Feuerwehrverband
- Versicherungsbeiträge (immer für die Einsatzabteilung)
- G 25/G 26-Untersuchungen
- Aufwandsentschädigung für den Feuerwehrkommandanten
- Aufwandsentschädigung für den stellv. Kommandanten und Abteilungskommandanten und deren Stellvertreter
- Entschädigung Zugführer
- Erwerb von Meldeempfängern zur Ausgabe an die Feuerwehrangehörigen
- Übungsgelder.

Nicht unter den Halbsatz „sonstige für die ehrenamtlich tätigen Feuerwehrangehörigen der Einsatzabteilungen entstehenden jährlichen Kosten" fallen folgende Posten:

- Unterhalt des beweglichen Vermögens
- Erwerb von geringfügigen Vermögensgegenständen

- Mieten und Pachten
- Haltung von Fahrzeugen
- Sonstige besondere Aufwendungen
- Ehrungen, Jubiläen
- Repräsentationen
- Aufwendungen für Leistungen und Waren
- Zuschüsse an übrige Bereiche, auch an Kameradschaftskasse
- Erwerb und Unterhalt von Funkgeräten
- Erwerb und Unterhalt von Atemschutzgeräten
- Erwerb und Unterhalt von Schläuchen
- Bürobedarf (Drucker, Papier)
- Telefonkosten (Festnetz, Handy)
- Unterhaltung und Bewirtschaftung der Feuerwehrgerätehäuser einschließlich Abschreibungen und kalkulatorischen Verzinsungen
- Programmierung Meldeempfänger
- Anteilig Sach- und Personalkosten.

Im Rahmen der sonstigen jährlichen Kosten stellte sich in unserer Mitgliedschaft vermehrt die Frage, ob die Sach- und Personalkosten auch anteilig darunter zu verstehen sind. Diese fallen nicht unter die sonstigen jährlichen Kosten.

Was den Abzug der pauschalen Zuweisungen nach VwV-Z-Feu für Einsatzkräfte bei den sonstigen Kosten angeht, so herrschte zunächst Uneinigkeit in der Handhabung. Die Kürzung um diese Zuschüsse ist nach dem Wortlaut des § 34 Absatz 5 FwG nicht ausdrücklich vorgesehen. Bezugnehmend auf die gt-info Nr. 0601/2016 in der Druckausgabe vom 05.07.2016, (FAQ neues FwG und VOKeFw Teil 2) wurde unter Nr. 4 die Frage gestellt, ob die pauschalen Zuweisungen nach VwV-Z-Feu für Einsatzkräfte bei den sonstigen Kosten in Abzug gebracht werden müssen.

Bereits in der damaligen gt-info wurde darauf hingewiesen, dass ein solcher Abzug von § 34 Absatz 5 FwG nicht vorgesehen ist. Dennoch ist das zuständige Ministerium für Inneres, Digitalisierung und Migration seinerzeit davon ausgegangen, dass der Anteil der pauschalen Zuwendung, der zur Finanzierung der in den Kostenersatz für Einsatzkräfte eingerechneten Kosten verwendet wird, abzusetzen sei.

In der Zwischenzeit konnte das Thema mit dem zuständigen Ministerium für Inneres, Digitalisierung und Migration abschließend erörtert werden.

In diesem Gespräch wurde uns mitgeteilt, dass nunmehr auch das zuständige Ministerium der Auffassung ist, dass der oben genannte Abzug von § 34 Absatz 5 FwG nicht vorgesehen ist und es sich um eine Investitionskostenpauschale handelt, die nicht in Abzug gebracht werden muss.[75]

Aufgrund dieses Gesprächsergebnisses erfolgte eine Klarstellung zur Frage Nr. 4 in der gt-info Nr. 0601/2016 in der Druckausgabe vom 05.07.2016 und zwar in der Art und Weise, dass die pauschalen Zuweisungen nach VwV-Z-Feu für Einsatzkräfte bei den sonstigen Kosten nach § 34 Absatz 5 FwG nicht in Abzug gebracht werden müssen.

Die bisherigen örtlichen Satzungen, die auf dem alten Feuerwehrgesetz beruhten, hatten einen Posten vorgesehen, der allgemein die Personalkosten, die Fahrzeugkosten und Verbrauchsmittel (Ölbindemittel, Sonderlöschmittel usw.) zum Inhalt hatte. Üblich war dabei ein Satz von 10 bis 20 Prozent, der auf den Kostenersatz aufgeschlagen wurde. Diese bisherige Praxis ist vom neuen Feuerwehrgesetz nicht vorgesehen. Damit können keine Gemein- und Verwaltungskosten mehr in den Kostenersatz aufgenommen werden.

Die Formel zur Berechnung der Personalkosten nach § 34 Absatz 5 FwG lautet wie folgt: (Gewährte Entschädigungen)+(Sonstige jährliche Kosten/ Anzahl der FWA der Einsatzabteilung(en)/80).

Aus der oben genannten Formel wird klar, dass sich der Halbsatz „die auf Grundlage von 80 Stunden je Feuerwehrangehörigem berechnet werden" nur auf die sonstigen Kosten bezieht. Bei der Kalkulation sind die Mitglieder der Einsatzabteilungen zugrunde zu legen. Für die Berechnung der sonstigen jährlichen Kosten sind grundsätzlich die letzten 4–5 Jahre zugrunde zu legen. Im gleichen Turnus sind auch die Kosten anzupassen. Für die Erhebung einer Verwaltungsgebühr bietet das FwG keine Grundlage. Dementsprechend ist ein pauschaler Verwaltungszuschlag von z. B. 10 Prozent nicht möglich. Die Frage, ob und in welcher Form und Höhe für die Erstellung des Kostenbescheids eine Gebühr erhoben werden kann, ist Gegenstand des Gebührenrechts und nicht des FwG. Entscheidend dürfte hier sein, ob in der örtlichen Verwaltungsgebührensatzung nach KAG ein entsprechender Gebührentatbestand vorgesehen ist.

Bezüglich des nicht ausgerückten Personals ist Folgendes zu beachten: Abrechnen kann man die Personenzahl, die zum Alarmierungszeitpunkt (ex-ante-Sicht) entsprechend der Ausrückeordnung für den Einsatz benötigt wird. Personen, die darüber hinaus angetreten sind, kann man nicht

75 Vgl. Hildinger/Rosenauer, Feuerwehrgesetz Baden-Württemberg, 4. Auflage 2017, § 34, Rn. 60.

abrechnen. Nicht rechtmäßig wäre ein spezieller (reduzierter) Stundensatz für alle angetretenen Personen.

§ 5 Absatz 3 der Satzung bezieht sich auf § 34 Absatz 8 FwG, der die Möglichkeit der Festsetzung von Stundensätzen für Feuerwehrfahrzeuge durch Rechtsverordnung einräumt. Das Innenministerium hat mit der Verordnung des Innenministeriums über den Kostenersatz für Einsätze der Feuerwehr (Verordnung Kostenersatz Feuerwehr – VOKeFw) vom 18.03.2016 (GBl. S. 253) von der Ermächtigungsgrundlage Gebrauch gemacht. Die Verordnung legt in § 1 für alle normierten Feuerwehrfahrzeuge Stundensätze fest. Diese Stundensätze werden anhand von Vergleichswerten und nach Maßgabe der Berechnungsgrundlage in § 34 Absatz 7 FwG festgesetzt. Für Fahrzeuge, die mit den in § 1 Absatz 1 VOKeFw genannten Feuerwehrfahrzeugen in ihrem taktischen Einsatzwert, ihrer zulässigen Gesamtmasse und ihrer technischen Beladung vergleichbar sind, gelten die Stundensätze nach § 1 Absatz 1 VOKeFw. Solche Fahrzeuge sind z. B. LF 8/6, LF 16/12, TLF 16/24, SW 2000-Tr.[76] Alle anderen Fahrzeuge sind nach § 34 Absatz 7 FwG zu kalkulieren. Die Verordnung gilt für die Erhebung von Kostenersätzen für Feuerwehrfahrzeuge für alle Einsätze ab dem 26.04.2016 und ist seitdem verbindlich anzuwenden. Die VOKeFw muss nicht in die örtliche Satzung implementiert werden. Geräte und Kraftstoff sind in den Pauschalsätzen nach der VOKeFw enthalten. Örtliche Kalkulationen zu den in der VOKeFw genannten Fahrzeugen sind rechtswidrig.

Die Stundensätze für Feuerwehrfahrzeuge, die nicht in § 1 Absatz 1 oder § 1 Absatz 2 VOKeFw genannt sind, müssen nach den Voraussetzungen des § 34 Absatz 7 FwG kalkuliert werden. Fahrzeuge, die nicht in der VOKeFw genannt wurden und deswegen gesondert zu kalkulieren sind, sind z. B. Lichtmastanhänger und Gerätewagen Atemschutz. Mit den Stundensätzen für Feuerwehrfahrzeuge nach § 34 Absatz 7 Satz 1 FwG werden alle Kosten abgegolten, die nicht nach § 34 Absatz 4 Satz 3 FwG gesondert berechnet werden können oder von den Stundensätzen für Einsatzkräfte erfasst sind. Umfasst ist auch der Einsatz der Feuerwehrgeräte, deren Kosten bisher gesondert in Rechnung gestellt werden konnten. Zu den Feuerwehrfahrzeugen gehören auch Anhängerfahrzeuge sowie die bei den Feuerwehren vorhandene Wasserfahrzeuge. Die Stundensätze werden aus Gründen der Verwaltungsvereinfachung auf der Grundlage der Anschaffungskosten für die Feuerwehrfahrzeuge berechnet. Eine Einbeziehung der Kosten der sonstigen Einrichtungen der Feuerwehr wie die des Feuer-

---

76 Hildinger/Rosenauer, Feuerwehrgesetz Baden-Württemberg, 4. Auflage 2017, § 34, Rn. 81.

wehrhauses, der kalkulatorischen Kosten (Abschreibungen, Verzinsung des Anlagekapitals) sowie der Verwaltungs- und Gemeinkosten in die Berechnung ist nicht mehr vorgesehen.

Die Kalkulation der Stundensätze für Feuerwehrfahrzeuge basiert auf den Anschaffungskosten der Feuerwehrfahrzeuge. Das sind die Kosten von Fahrgestell, Aufbau, eingebauten Aggregaten und Beladung einschließlich Umsatzsteuer. Sie sind zu kürzen um Zuschüsse, die das Land aus Mitteln der Feuerschutzsteuer – insbesondere nach der VwV-Z-Feu – gewährt. Die Kommunen bekommen die Zuwendungen nach der VwV-Z-Feu zwar über mehrere Jahre hinweg ausbezahlt, dennoch sind die Zuwendungen bei der Berechnung des Stundensatzes in voller Höhe abzuziehen. Zehn Prozent der so gekürzten Anschaffungskosten können über die gesamte Nutzungszeit der Fahrzeuge pauschal als jährliche Kosten angesetzt werden. Für das öffentliche Interesse an der Aufstellung, Ausrüstung und Unterhaltung der Gemeindefeuerwehr sind nach § 34 Absatz 7 Satz 2 FwG von den ansetzbaren Kosten 50 Prozent abzusetzen. Die verbleibenden Kosten sind auf 80 Einsatzstunden zu verteilen. Erhebungen einer von Gemeindetag und Städtetag eingesetzten Arbeitsgruppe haben gezeigt, dass die durchschnittliche Zahl der jährlichen Einsatzstunden je Feuerwehrfahrzeug unter den vorgegebenen 80 Stunden liegt. Die Festlegung von 80 Stunden berücksichtigt die zusätzlich zu den Einsatzfahrten anfallenden Ausbildungs- und Übungsfahrten.

Das Beispiel zur Berechnung der Feuerwehrfahrzeuge nach § 34 Absatz 7 FwG kann wie folgt aussehen:

Beispiel:

Kaufpreis:	380 000 €
Abzügl. Zuschuss (VwV-Z-Feu):	104 500 €
	275 500 €
Davon 10 %	27 550 €
Abzügl. 50 % öffentl. Interesse	13 775 €
Verteilt auf 80 Einsatzstunden:	172,19 €/Stunde

Ein- und Ausrücken gehören zu den Einsatzmaßnahmen der Feuerwehr, sodass sie vom Einsatzzweck nicht zu trennen sind.[77] Kosten der An- und Abfahrt können per Kostenbescheid festgesetzt werden.[78] Kosten,

77 Hildinger/Rosenauer, Feuerwehrgesetz Baden-Württemberg, 4. Auflage 2017, § 34, Rn. 6.
78 Hildinger/Rosenauer, Feuerwehrgesetz Baden-Württemberg, 4. Auflage 2017, § 34, Rn. 6.

die nach Zeit abgerechnet werden, sind von der Abfahrt im Feuerwehrhaus bis zur Rückkehr dorthin einzubeziehen.[79] Darüber hinaus kann auch ein Zeitraum dafür angesetzt werden, die Fahrzeuge und Geräte wieder einsatzfähig zu machen (z.B. verbrauchte Einsatzmittel wieder auffüllen und Fahrzeuge auftanken).[80]

Die in § 5 Absatz 5 vorgegebene Abrechnung der Kosten je angefangene halbe Stunde übernimmt zur Klarstellung die gesetzliche Vorgabe nach § 34 Abs. 4 FwG, die wiederum aus der verwaltungsgerichtlichen Rechtsprechung resultiert.

Die in § 5 Absatz 6 genannten Posten entsprechen dem § 34 Absatz 4 Satz 3 FwG. Es handelt sich bei allen genannten Posten um Kosten, die nach tatsächlichem Aufwand abgerechnet werden sollen. Diese Vorschrift ermöglicht es, auch Kosten und Auslagen abzurechnen, die bei einem einzelnen Einsatz entstanden sind und die wegen ihrer Besonderheit oder weil sie nur vereinzelt anfallen nicht durch die Stundensätze für Einsatzkräfte und für Feuerwehrfahrzeuge abgedeckt sind, deren Ersatz durch den Kostenpflichtigen aber sachgerecht ist. Sie sind mit den Stundensätzen nach § 34 Absatz 4 Satz 2 FwG nicht abgegolten. Es handelt sich dabei zum einen um Kosten, die die Gemeinde für die Hilfeleistung von Gemeinde- und Werkfeuerwehren oder andere Hilfe leistenden Einrichtungen und Organisationen tatsächlich erstattet hat. Zudem können nach § 5 Absatz 6 Nr. 2 Sonderlösch- und -einsatzmittel berechnet werden, die bei einem Brand in einem Gewerbe- oder Industriebetrieb verwendet wurden. Die Nr. 3 dient der Klarstellung. Wenn ein Einsatz im Einzelfall erfordert, Personal oder Geräte Dritter heranzuziehen oder Einsatzmittel wie beispielsweise Ölbindemittel zu verwenden, sollen die notwendigen Kosten dafür, wie bisher, nicht von der Allgemeinheit getragen werden müssen. Gleiches gilt, wenn Ausrüstungen durch besondere Umstände eines einzelnen Einsatzes unbrauchbar werden – so hat die Rechtsprechung den Kostenersatz für bei einem Unfall mit gefährlichen Stoffen beschädigte Schutzanzüge bejaht. Hier empfehlen wir ebenfalls die Abrechnung der tatsächlich entstandenen Kosten, die bei einer Reparatur/Ersatzbeschaffung anfallen und durch die Rechnung nachgewiesen werden können. Eine Reparatur ist das Instandsetzen eines Ausrüstungsgegenstandes, der beim Einsatz beschädigt wurde.

---

79 Hildinger/Rosenauer, Feuerwehrgesetz Baden-Württemberg, 4. Auflage 2017, § 34, Rn. 6.

80 Hildinger/Rosenauer, Feuerwehrgesetz Baden-Württemberg, 4. Auflage 2017, § 34, Rn. 6.

In der Anlage zur Mustersatzung wird auf die einzelnen Posten wie Personal und Fahrzeuge Bezug genommen. Dies stellt eine Grobgliederung dar, an der man sich orientieren kann. Es ist nicht möglich, einzelne Sätze bezüglich der Personalkosten und/oder der nicht normierten Fahrzeuge vorzugeben. Dazu sind die örtlichen und landesweit vorliegenden Unterschiede zu groß. Es bleibt jeder Kommune vorbehalten, die Sätze für das Personal anhand der oben dargestellten Formel zu berechnen. Bezüglich der normierten Fahrzeuge gilt die VOKeFw. In der Anlage sind zwar alle Sätze aus der VOKeFw aufgeführt, **nichtsdestotrotz hat jede Kommune nur die Stundensätze für die eigenen Fahrzeuge aufzuführen.** Was die nicht normierten Fahrzeuge angeht, so müssen diese – sofern sie in einer Kommune vorhanden sind – gemäß der Formel des § 34 Absatz 7 FwG berechnet werden. Es wird auf die Ausführungen weiter oben verweisen.

Zu § 6:

§ 6 der Satzung regelt die allgemeinen Voraussetzungen der Entstehung und Fälligkeit der Kostenschuld.

Der Kostenersatz nach § 34 FwG stellt eine öffentlich-rechtliche Forderung dar, ist aber keine Kommunalabgabe im Sinne des Kommunalabgabengesetzes (KAG). Der Verweis für das Erhebungsverfahren auf das KAG ändert an der Rechtsnatur des Kostenersatzes nichts. Bei Fragen zu Fälligkeit, Säumniszuschlägen, Stundung, Erlass und Zahlungsverjährung wird in § 34 Absatz 9 Satz 2 FwG auf § 3 Absatz 1 Nr. 5 KAG verwiesen, der wieder auf die Abgabenordnung verweist. Die Festsetzung bewirkt, dass nach ihrem Ablauf eine Festsetzung des Kostenersatzes bzw. dessen Aufhebung oder Änderung nicht mehr zulässig ist. Für die Festsetzungsverjährung sind seit der Gesetzesänderung vom 17.12.2015 (GBl. 1184) die §§ 169 bis 171 AO mit den für Kommunalabgaben nach § 3 Absatz 1 Nr. 4c KAG geltenden Maßgaben entsprechend anwendbar. Mithin gilt die 4-Jahre-Regelung.

Nach § 34 Absatz 9 FwG werden die Kosten durch Verwaltungsakt festgesetzt. Für das Erhebungsverfahren findet § 3 Absatz 1 Nummer 5 des Kommunalabgabengesetzes (KAG) entsprechende Anwendung. Für die Festsetzungsverjährung sind die §§ 169 bis 171 der Abgabenordnung mit den für Kommunalabgaben nach § 3 Absatz 1 Nummer 4 Buchstabe c KAG geltenden Maßgaben entsprechend anwendbar.

§ 3 Absatz 1 Nr. 5 KAG besagt, dass auf die Kommunalabgaben sinngemäß die folgenden Bestimmungen der Abgabenordnung anzuwenden sind, soweit sie sich nicht auf bestimmte Steuern beziehen und soweit nicht dieses Gesetz besondere Vorschriften enthält: Nr. 5 aus dem Fünften Teil – Erhebungsverfahren –

a) über die Verwirklichung, die Fälligkeit und das Erlöschen von Ansprüchen aus dem Steuerschuldverhältnis §§ 218 und 219, § 220 Abs. 2, §§ 221 bis 223, § 224 Abs. 2 und §§ 225 bis 232,

b) über die Verzinsung und die Säumniszuschläge § 233, § 234 Abs. 1 und 2, § 236 mit der Maßgabe, dass in Absatz 3 anstelle des § 137 Satz 1 der Finanzgerichtordnung § 155 Abs. 5 der Verwaltungsgerichtsordnung Anwendung findet, § 237 Abs. 1 und 2, Abs. 4 mit der Maßgabe, dass § 234 Abs. 3 keine Anwendung findet, und §§ 238 bis 240,

c) über die Sicherheitsleistung §§ 241 bis 248.

Gem. § 3 Absatz 1 Nr. 4c KAG gelten die Vorschriften über die Festsetzungs- und Feststellungsverfahren § 155, § 156 Abs. 2, § 157 mit der Maßgabe, dass ein Bescheid über eine Abgabe für einen bestimmten Zeitabschnitt bestimmen kann, dass er auch für künftige Zeitabschnitte gilt, solange sich die Berechnungsgrundlagen und die Höhe der festgesetzten Abgabe nicht ändern, und von Amts wegen aufzuheben oder zu ändern ist, wenn die Abgabenpflicht entfällt oder sich die Höhe der Abgabe ändert, §§ 158 bis 162, § 163 Abs. 1 Satz 1 und 3, §§ 164 bis 168, § 169 mit der Maßgabe, dass die Festsetzungsfrist nach Absatz 2 Satz 1 einheitlich vier Jahre beträgt, § 170 Abs. 1 bis 3, § 171 Abs. 1 bis 3, Abs. 3a mit der Maßgabe, dass im Falle der Ungültigkeit einer Satzung die Festsetzungsfrist nicht vor Ablauf eines Jahres nach Bekanntmachung einer neuen Satzung endet und anstelle des § 100 Abs. 1 Satz 1, Abs. 2 Satz 2, Abs. 3 Satz 1 sowie des § 101 der Finanzgerichtsordnung § 113 Abs. 1 Satz 1, Abs. 2 Satz 2, Abs. 3 Satz 1 und Abs. 5 der Verwaltungsgerichtsordnung Anwendung findet, § 171 Abs. 4 und 6 bis 14, § 172 mit der Maßgabe, dass Absatz 1 Satz 3 Halbsatz 2 keine Anwendung findet, § 173, § 174 mit der Maßgabe, dass die Vorschrift nur für kommunale Steuern gilt, §§ 175 bis 177, 191 bis 194, § 195 Satz 1 und §§ 196 bis 203 (…).

Mithin verjährt der Anspruch nach 4 Jahren.

Zu § 7:

Die Satzung muss vom Gemeinderat beschlossen werden. Für das Inkrafttreten kann auch ein anderer Zeitpunkt gewählt werden (siehe § 4 Absatz 3 Satz 2 GemO). Die Satzung kann aber nicht rückwirkend zum 30.12.2015 in Kraft treten. Eine Rückwirkung ist unter Zugrundelegung der erhöhten Sätze, die durch die neue Berechnungsgrundlage ermöglicht werden, nicht möglich, da dies zu einer Schlechterstellung des Bürgers führen würde.

Eine Regelung zum gleichzeitigen Außerkrafttreten der bisherigen Kostenersatzsatzung ist nicht notwendig. Die Kostenersatzsatzungen gemäß § 34 Absatz 5 FwG a.F. sind nach herrschender Meinung durch die letzte Gesetzesänderung 2015 kraft Gesetzes außer Kraft getreten. Die Heilungsvorschrift nach GemO darf nicht vergessen werden.

Anlage zu § 5 Absatz 1 der Mustersatzung
Kostenersatzverzeichnis

1. Personalkosten

a) Feuerwehrangehörige (pro Person, je Stunde)	... Euro
b) Brandsicherheitswache (pro Person, je Stunde)	... Euro

2. Fahrzeuge

a) genormte Fahrzeuge

Für die genormten Fahrzeuge gelten die Pauschalsätze der Verordnung des Innenministeriums über den Kostenersatz für Einsätze der Feuerwehr (VOKeFw) vom 18.03.2016 (GBl. S. 253). **Aus der VOKeFw sind nur die eigenen Fahrzeuge aufzunehmen.** Der Vollständigkeit halber und aufgrund der Tatsache, dass wir nicht in Erfahrung bringen können, welche Gemeinde welches Fahrzeug hat, werden alle Pauschalsätze aufgeführt. Diese lauten wie folgt[81]:

1. Einsatzleitwagen ELW 1	34 Euro,
2. Einsatzleitwagen ELW 2	162 Euro,
3. Einsatzleitwagen ELW 2 in Form eines Abrollbehälters	121 Euro,
4. Mannschaftstransportwagen MTW bis 3 500 kg zulässiger Gesamtmasse	20 Euro,
5. Kommandowagen	16 Euro,
6. Tragkraftspritzenfahrzeug TSF	43 Euro,
7. Tragkraftspritzenfahrzeug TSF-W	63 Euro,
8. Mittleres Löschfahrzeug MLF	83 Euro,
9. Löschgruppenfahrzeug LF 10	120 Euro,
10. Hilfeleistungs-Löschgruppenfahrzeug HLF 10	135 Euro,
11. Löschgruppenfahrzeug LF 20	170 Euro,
12. Hilfeleistungs-Löschgruppenfahrzeug HLF 20	184 Euro,
13. Löschgruppenfahrzeug LF 20 KatS	133 Euro,

81 Die folgenden Werte entsprechen den Werten aus der Verordnung Stand 18.03.2016. Die Werte wurden mit der Änderung der Verordnung vom 11.03.2024 jeweils erhöht und sind nunmehr aus dieser Fassung zu entnehmen.

14. Tanklöschfahrzeug TLF 2000	95 Euro,
15. Tanklöschfahrzeug TLF 3000	120 Euro,
16. Tanklöschfahrzeug TLF 4000	154 Euro,
17. Vorausrüst- oder Vorausgerätewagen VRW/VGW	51 Euro,
18. Rüstwagen RW	187 Euro,
19. Gerätewagen Gefahrgut GW-G	146 Euro,
20. Drehleiter DLAK 18/12	223 Euro,
21. Drehleiter DLAK 23/12	264 Euro,
22. Gerätewagen Transport GW-T	
a) bis 3 500 kg zulässiger Gesamtmasse	20 Euro,
b) mit einer zulässigen Gesamtmasse von über 3 500 kg bis 9 000 kg	25 Euro,
c) mit mehr als 9 000 kg zulässiger Gesamtmasse	54 Euro,
23. Gerätewagen Logistik GW-L1	25 Euro,
24. Gerätewagen Logistik GW-L2	54 Euro,
25. Wechselladerfahrzeug WLF	70 Euro.

Die oben genannten Sätze gelten auch für Feuerwehrfahrzeuge, die mit den dort Genannten in ihrem taktischen Einsatzwert, ihrer zulässigen Gesamtmasse und ihrer technischen Beladung vergleichbar sind.

b) Nicht genormte Fahrzeuge

Alle anderen Fahrzeuge sind nach § 34 Absatz 7 FwG zu kalkulieren.

Fahrzeug XY	... Euro
Fahrzeug WZ	... Euro

3. Sonstiges

Verbrauchsmaterialien und sonstige benötigte Materialien werden zusätzlich zu den entstandenen Kostenersätzen gemäß § 34 Absatz 4 Satz 3 FwG festgesetzt. Hierbei werden die tatsächlichen Kosten angesetzt. Es wird auf § 5 Absatz 6 der Satzung verwiesen.

Anhang 4

Verwaltungsvorschrift des Innenministeriums über Zuwendungen für das Feuerwehrwesen (ZFeuVwV)

vom 21. August 2024 (GABl. S. 651)

Az. IM6-1503-12/2

INHALTSÜBERSICHT

1. **Zuwendungsziel, Rechtsgrundlagen**

1.1 Das Land gewährt zur Förderung des Feuerwehrwesens Zuwendungen auf der Rechtsgrundlage von § 5 des Feuerwehrgesetzes (FwG), der Landeshaushaltsordnung (LHO), insbesondere der §§ 23 und 44 LHO, sowie der zugehörigen Allgemeinen Verwaltungsvorschriften des Ministeriums für Finanzen zur Landeshaushaltsordnung für Baden-Württemberg (VV-LHO), insbesondere der Allgemeinen Nebenbestimmungen für Zuwendungen zur Projektförderung an kommunale Körperschaften (ANBest-K), den Bestimmungen des Landesverwaltungsverfahrensgesetzes (LVwVfG) und nach Maßgabe dieser Verwaltungsvorschrift.

2.1 Ein Rechtsanspruch der Antragsteller auf Gewährung der Zuwendung besteht nicht; vielmehr entscheiden die Bewilligungsstellen (Nummer 6.1) nach pflichtgemäßem Ermessen im Rahmen der jeweils verfügbaren Ausgabe- und Verpflichtungsermächtigungen des Staatshaushaltsplans.

2. **Zweck der Zuwendungen**

Die Zuwendungen sollen die Gemeinden, Verwaltungsgemeinschaften und Zweckverbände bei der Erfüllung ihrer Aufgaben nach § 2 Absatz 1 in Verbindung mit § 3 FwG sowie die Landkreise nach § 4 FwG in der jeweils geltenden Fassung unterstützen.

3. **Zuwendungsempfänger**

Zuwendungsempfänger sind Gemeinden, Landkreise, Verwaltungsgemeinschaften und Zweckverbände. Mit Zustimmung des Innenministeriums kann ausnahmsweise eine Zuwendung an einen anderen Zuwendungsempfänger gewährt werden, wenn ein besonderes Landesinteresse vorliegt.

4. **Zuwendungsvoraussetzungen**

4.1 *Notwendigkeit, Zweckmäßigkeit*

4.1.1 Die zuwendungsfähigen Maßnahmen müssen feuerwehrtechnisch notwendig und zweckmäßig sein und insbesondere den Grundsätzen der Wirtschaftlichkeit und Sparsamkeit unter angemessener Berücksichtigung von Nachhaltigkeitsaspekten des § 7 LHO entsprechen. Dabei sind die örtlichen Risiken, die örtlichen Feuerwehrbedarfsplanungen und neben der Ausstattung der jeweiligen Gemeindefeuerwehr auch die Ausstattung der umliegenden Gemeindefeuerwehren zu berücksichtigen.

4.1.2 Die Vorschriften über die Vergabe von Aufträgen sind zu beachten; auf Nummer 3 der Allgemeinen Nebenbestimmungen für Zuwendungen zur Projektförderung an kommunale Körperschaften (ANBest-K, Anlage 3 zu Nummer 13.4.1 zu § 44 LHO) wird verwiesen.

4.2 *Anwendung anderer Vorschriften und Ausnahmen*

Die zuwendungsfähigen Maßnahmen müssen den allgemein anerkannten Regeln der Technik, insbesondere Normen, Unfallverhütungsvorschriften, Bauvorschriften, Güte- und Prüfvorschriften und Richtlinien, entsprechen. Dies gilt auch, wenn Zuwendungen nach Nummer 5.2.2 dieser Vorschrift als Festbeträge in Form eines jährlichen Pauschalbetrags gewährt werden. In besonders gelagerten Fällen kann das Innenministerium Ausnahmen zulassen.

4.3 *Sicherheitsgrundsätze*

Maßnahmen zur Beschaffung von Technik für Alarmierungseinrichtungen und die Einrichtung von Integrierten Leitstellen sind nur dann zuwendungsfähig, wenn für die betroffenen informationstechnischen Systeme die Sicherheitsgrundsätze, die Sicherheitsstrategie sowie die Pflichten und Berichtswege entsprechend der Verwaltungsvorschrift Informationssicherheit in der jeweils geltenden Fassung sinngemäß umgesetzt werden.

5. **Art, Umfang und Höhe der Zuwendungen**

5.1 *Projektförderung*

Die Zuwendungen werden als Projektförderung für Investitionen und sonstige Maßnahmen auf dem Gebiet des Feuerwehrwesens in Form eines Zuschusses in der Regel als Festbetragsfinanzierung (Nummern 5.2 und 5.4), im Übrigen als Anteilsfinanzierung (Nummer 5.3) gewährt.

5.2 *Festbetragsfinanzierung*

5.2.1 Die Höhe der Festbeträge für Investitionen mit einem Einzelbeschaffungswert von über 20 000 Euro und für Sonderfördermaßnahmen ergeben sich aus der Anlage.

5.2.2 Für jede angehörige Person einer Einsatzabteilung der Freiwilligen Feuerwehr, einer Einsatzabteilung Berufsfeuerwehr und einer Einsatzabteilung mit hauptamtlichen Kräften der Gemeindefeuerwehr werden Zuwendungen in Form eines jährlichen Pauschalbetrags in Höhe von 90 Euro gewährt. Stichtag ist der 31. Dezember des vorangegangenen Kalenderjahres. Sofern eine feuerwehrangehörige Person den Einsatzabteilungen verschiedener Gemeindefeuerwehren angehört, erhält jede Gemeinde den jährlichen Pauschalbetrag. Die Zuwendungen werden für folgende Maßnahmen gewährt:

a) Aus- und Fortbildungen nach Feuerwehr-Dienstvorschriften auf Gemeinde- und Kreisebene,

b) Beschaffung und Erhalt von Dienstkleidung, Schutzkleidung und persönlicher Schutzausrüstung,

c) Beschaffungsmaßnahmen für feuerwehrtechnische Zwecke mit einem Einzelbeschaffungswert bis 20000 Euro,

d) Leistungen für Sachschäden (§ 5 Nummer 4 FwG),

e) Überlandhilfeleistungen (§ 5 Nummer 3 FwG), überörtliche Feuerwehr-Einsatzübungen, Einsätze auf Bundesautobahnen und Bundeswasserstraßen,

f) Ersatz des Verdienstausfalls für Lehrgangsteilnehmer,

g) Betrieb von Atemschutzwerkstätten, Atemschutz-Übungsanlagen und Schlauchwerkstätten.

Für Beschaffungen gilt Nummer 4.2 entsprechend.

5.2.3 Gemeinden mit einer Einsatzabteilung Berufsfeuerwehr können anstelle von Zuwendungen nach Nummern 5.2.1 und 5.3 einen jährlichen Pauschalbetrag von 1200 Euro für jede angehörige Person der Einsatzabteilung Berufsfeuerwehr erhalten. Stichtag ist der 31. Dezember des vorangegangenen Kalenderjahres. Die Änderung der Förderungsart nach Nummern 5.2.1 und 5.3 oder nach Nummer 5.2.3 Satz 1 ist mindestens ein Jahr vor Beginn des Haushaltsjahres, ab dem die Förderungsart geändert werden soll, bei der Bewilligungsstelle zu beantragen. Die gewählte Förderungsart muss jeweils mindestens sechs Jahre lang beibehalten werden. Neben dem jährlichen Pauschalbetrag können Gemeinden mit einer Einsatzabteilung Berufsfeuerwehr auf Einzelantrag noch Zuwendungen gewährt werden für

a) die Errichtung von Feuerwehrhäusern der Einsatzabteilung Berufsfeuerwehr und der Einsatzabteilung der Freiwilligen Feuerwehr nach Maßgabe der Nummer 1 der Anlage;

b) die Ausstattung der Einsatzabteilung der Freiwilligen Feuerwehr mit Feuerwehrfahrzeugen nach Maßgabe der Nummer 2 der Anlage. Sofern der Feuerwehrbedarfsplan der Gemeinde die wechselseitige Nutzung eines Feuerwehrfahrzeugtyps zwischen Einsatzabteilung der Berufsfeuerwehr und Einsatzabteilung der Freiwilligen Feuerwehr vorsieht, kann eine Zuwendung anteilig entsprechend des Nutzungsanteils der Einsatzabteilung der Freiwilligen Feuerwehr gewährt werden;

c) den Feuerwehranteil an der Einrichtung einer Integrierten Leitstelle nach Maßgabe der Nummer 4 der Anlage;

d) Funkgeräte im Rahmen der Einführung des Digitalfunks nach Maßgabe der Nummer 5 der Anlage;

e) Atemschutzwerkstätten nach Maßgabe der Nummer 6 der Anlage;

f) Schlauchwerkstätten nach Maßgabe der Nummer 7 der Anlage;

g) Atemschutz-Übungsanlagen nach Maßgabe der Nummer 8 der Anlage;

h) Feuerwehr-Übungsanlagen nach Maßgabe der Nummer 9 der Anlage,

i) die Beschaffung von Feuerwehrfahrzeugen mit überregionalem oder landesweitem Einsatzbedarf nach Maßgabe der Nummer 5.3.

5.2.4 Gemeinden mit einer Abteilung Jugendfeuerwehr erhalten für jede angehörige Person dieser Abteilung, die an Ausbildungs- und Übungsdiensten regelmäßig teilnimmt, einen jährlichen Pauschalbetrag von 45 Euro. Stichtag ist der 31. Dezember des vorangegangenen Kalenderjahres.

5.3 *Anteilsfinanzierung*

Sofern Maßnahmen in der Festbetragsfinanzierung nach Nummer 5.2 nicht aufgeführt sind, können mit Zustimmung des Innenministeriums Zuwendungen zu Beschaffungsmaßnahmen für Zwecke der Feuerwehr mit einem Einzelbeschaffungswert von über 20000 Euro als Anteilsfinanzierung gewährt werden. Dabei darf eine Zuwendung grundsätzlich maximal 50 Prozent der zuwendungsfähigen Ausgaben betragen. In Einzelfällen mit besonderer landesweiter Bedeutung für die Weiterentwicklung des Feuerwehrwesens kann eine Zuwendung bis maximal 70 Prozent der zuwendungsfähigen Ausgaben erhöht werden, soweit der Zuwendungszweck nur mit dieser erhöhten Förderung erreicht werden kann. Die besondere landesweite Bedeutung für die Weiterentwicklung des Feuerwehrwesens und die Erforderlichkeit der erhöhten Förderung sind zu dokumentieren.

5.4 *Rahmenverträge*

Das Land möchte den zuwendungsberechtigten Stellen nach Nummer 3 für die Neubeschaffung einzelner Fahrzeugtypen die Teilnahme an landesweiten Rahmenverträgen anbieten. Dabei soll in Abstimmung mit den Kommunen die Auswahl der Fahrzeugtypen und die technischen Anforderungen einschließlich Beladung erfolgen. Das Land übernimmt die Ausschreibung, koordiniert und unterstützt bei der Durchführung der Beschaffung einschließlich der Abnahme. Die Beschaffung der Fahrzeuge erfolgt durch die Gemeinden aus dem Rahmenvertrag. Einzelheiten zur Förderung sind in Nummer 2 der Anlage geregelt.

6. **Verfahren**

6.1 *Bewilligungsstellen*

Bewilligungsstellen sind

a) die Landratsämter für kreisangehörige Gemeinden, Verwaltungsgemeinschaften und Zweckverbände, denen Gemeinden desselben Landkreises angehören,

b) im Übrigen die Regierungspräsidien.

6.2 *Frühzeitige Beteiligung der Bewilligungsstelle*

Die feuerwehrtechnische Beamtin oder der feuerwehrtechnische Beamte nach § 23 FwG der Bewilligungsstelle ist

a) bei Baumaßnahmen,

b) bei Fahrzeugbeschaffungen insbesondere wegen der Auswahl von Fahrzeugtyp und zusätzlichen Ausstattungen sowie

c) zur Koordinierung überörtlicher Belange

von der antragstellenden Stelle rechtzeitig zu beteiligen.

6.3 *Antragsverfahren*

6.3.1 Die Anträge auf Zuwendungen sollen bei den Bewilligungsstellen bis zum 15. Februar des laufenden Haushaltsjahres eingereicht werden.

6.3.2 Die Angaben zum Antragsverfahren können auf der Internetseite der Landesfeuerwehrschule (www.lfs-bw.de) unter „Themen", „Gesetze und Vorschriften", „Verwaltungsvorschriften", „ZFeuVwV" abgerufen werden. Nummer 13.3 der VV zu § 44 LHO findet keine Anwendung.

6.3.3 In den Zuwendungsanträgen zur Festbetragsfinanzierung und zur Anteilsfinanzierung ist anzugeben, ob eine Ausnahme nach Nummer 4.2 Satz 3 beantragt wird. Eine beantragte Ausnahme ist genau zu bezeichnen.

6.3.4 Die Vorlage einer aufgegliederten Darstellung der zuwendungsfähigen und nicht zuwendungsfähigen Ausgaben des Vorhabens mit einer

Übersicht über die Finanzierung dieser Ausgaben ist nur bei Beantragung einer Anteilsfinanzierung nach Nummer 5.3 notwendig.

6.4 *Bewilligungsverfahren*

6.4.1 Die Bewilligungsstellen prüfen unter Beteiligung der feuerwehrtechnischen Beamtin oder des feuerwehrtechnischen Beamten nach § 23 FwG die feuerwehrtechnische Notwendigkeit und Zweckmäßigkeit der beantragten Maßnahmen und halten die Bewertungen, insbesondere zu beantragten Ausnahmen nach Nummer 4.2 Satz 3 sowie zu Anträgen nach Nummer 5.3, als fachtechnische Bewertung fest. Das Muster einer fachtechnischen Bewertung ist auf der Internetseite der Landesfeuerwehrschule (www.lfs-bw.de) unter „Themen", „Gesetze und Vorschriften", „Verwaltungsvorschriften", „ZFeuVwV" abgelegt.

6.4.2 Die Landratsämter legen den Regierungspräsidien bis zum 15. März des laufenden Haushaltsjahres als Grundlage für die Verteilung der verfügbaren Ausgabe- und Verpflichtungsermächtigungen eine aufgrund der feuerwehrtechnischen Notwendigkeit nach Prioritäten geordnete Übersicht über den Mittelbedarf vor. Bei beantragten Ausnahmen nach Nummer 4.2 Satz 3 sowie bei Anträgen nach Nummer 5.3 ist die fachtechnischen Bewertung nach Nummer 6.4.1 beizufügen.

6.4.3 Die Regierungspräsidien legen dem Innenministerium bis zum 15. April des laufenden Haushaltsjahres als Grundlage für die Verteilung der verfügbaren Ausgabe- und Verpflichtungsermächtigungen Übersichten zum Mittelbedarf vor. Die beantragten und notwendigen Zustimmungen des Innenministeriums sind in einer getrennten Übersicht ebenfalls vorzulegen.

6.4.4 Das Innenministerium weist nach Auswertung des Mittelbedarfs den Regierungspräsidien Ausgabe- und Verpflichtungsermächtigungen zu. Zustimmungen des Innenministeriums werden in der Zuweisung aufgeführt.

6.4.5 Die Regierungspräsidien weisen nach Erhalt die Ausgabe- und Verpflichtungsermächtigungen den Landratsämtern zu. Dabei ist konkret für einzelne Maßnahmen zuzuweisen.

6.5 *Zuwendungsbescheid*

6.5.1 Die Bewilligungsstellen teilen der antragstellenden Stelle mit

a) Bewilligungen mit Zuwendungsbescheiden mit den auf der Internetseite der Landesfeuerwehrschule (www.lfs-bw.de) unter „Themen", „Gesetze und Vorschriften", „Verwaltungsvorschriften",

„ZFeuVwV“ abgelegten Mustern „Zuwendungsbescheid Pauschalbeträge“, „Zuwendungsbescheid Festbetragsfinanzierung“ und „Zuwendungsbescheid Anteilsfinanzierung“ oder

b) ablehnende Entscheidungen mit Begründung.

6.5.2 Zuwendungen Dritter, die für denselben Zweck gewährt werden, mindern bei Anteilsfinanzierung die zuwendungsfähigen Ausgaben. Als Zuwendungen Dritter gelten nicht Landesmittel oder Mittel nach § 4 FwG.

6.5.3 Eine eventuelle Ausnahme nach Nummer 4.2 Satz 3 ist im Zuwendungsbescheid genau zu bezeichnen. Dabei muss die Zustimmung des Innenministeriums vor der Erteilung des Zuwendungsbescheides vorliegen.

6.5.4 Im Zuwendungsbescheid ist festzulegen, dass

a) die Zuwendung bei Förderung mit Anteilsfinanzierung auf den bewilligten Betrag begrenzt ist,

b) die Zuwendung im Regelfall in einer Summe nach Vorlage und Prüfung des Verwendungsnachweises ausbezahlt wird, soweit nicht unter Beachtung der Nummern 1.4 bis 1.7 ANBest-K eine anderweitige Festlegung über die Auszahlung der Zuwendung getroffen wird,

c) der Zuwendungsbescheid unwirksam wird, wenn die Maßnahme nicht innerhalb von zehn Monaten nach Bestandskraft des Zuwendungsbescheids begonnen wurde,

d) bei Zuwendungen für Maßnahmen zur Beschaffung von Technik für Alarmierungseinrichtungen und die Einrichtung von Integrierten Leitstellen die Pflichten aus Nummer 4.3 umzusetzen sind,

e) die mit Zuwendungen nach Nummer 5.2.3 Satz 5 Buchstabe b Satz 1 beschafften Feuerwehrfahrzeuge bei den Abteilungen der Freiwilligen Feuerwehr zu stationieren sind,

f) die Zweckbindung bei Zuwendungen (Nummer 8.2.3.3 der VV zu § 44 LHO festgesetzt wird

aa)	für Baumaßnahmen auf	25 Jahre,
bb)	für Feuerwehrfahrzeuge bis zu 4,75 t zulässiger Gesamtmasse auf	10 Jahre,
cc)	für Feuerwehrfahrzeuge über 4,75 t zulässiger Gesamtmasse und Abrollbehälter auf	20 Jahre,

dd)	für Maßnahmen der Informations- und Kommunikationstechnik in Integrierten Leitstellen auf	5 Jahre,
ee)	für sonstige Maßnahmen auf	10 Jahre,

g) sich der Erstattungsanspruch (Nummer 9 ANBest-K) für die Zeit der zweckentsprechenden Verwendung jährlich vermindert

aa)	bei Baumaßnahmen um	4 Prozent,
bb)	bei Feuerwehrfahrzeugen bis zu 4,75 t zulässiger Gesamtmasse um	10 Prozent,
cc)	bei Feuerwehrfahrzeugen über 4,75 t zulässiger Gesamtmasse und Abrollbehältern um	5 Prozent,
dd)	bei Maßnahmen der Informations- und Kommunikationstechnik in Integrierten Leitstellen um	20 Prozent,
ee)	im Übrigen um	10 Prozent,

h) bei der Ersatzbeschaffung eines Fahrzeugs das alte Fahrzeug außer Dienst gestellt wird. Ausnahmen hiervon sind mit Zustimmung des jeweils zuständigen Regierungspräsidiums möglich.

i) die Prüfung der Grundsätze des nachhaltigen Bauens nach § 9 Absatz 2 Klimaschutz- und Klimawandelanpassungsgesetz Baden-Württemberg (KlimaG BW) für Hochbaumaßnahmen nachzuweisen sind.

6.5.5 Sofern eine geförderte Maßnahme, für die Ausgabe- und Verpflichtungsermächtigungen zugewiesen wurden, aus unabweisbaren Gründen nicht zur Umsetzung kommt, wird dies unverzüglich von der zuwendungsempfangenden Stelle über die Bewilligungsstelle dem jeweils zuständigen Regierungspräsidium gemeldet. Dabei sollen die Höhe der frei werdenden Ausgabe- und Verpflichtungsermächtigungen und der Grund, weshalb die Maßnahme nicht zur Umsetzung kommt, dargestellt werden. Das Regierungspräsidium entscheidet über die anderweitige Zuweisung dieser frei gewordenen Ausgabe- und Verpflichtungsermächtigungen.

6.6 *Nachweis der Verwendung*

6.6.1 Die Verwendung der Zuwendung ist mit den auf der Internetseite der Landesfeuerwehrschule (www.lfs-bw.de) unter „Themen“, „Gesetze und Vorschriften“, „Verwaltungsvorschriften“, „ZFeuVwV“ eingestellten Mustern nachzuweisen.

6.6.2 Bei der Beschaffung von Feuerwehrfahrzeugen und -geräten sind dem Verwendungsnachweis zusätzlich anzuschließen

a) eine Fertigung der Rechnung mit der Bescheinigung der Richtigkeit (sachliche und rechnerische Feststellung nach § 11 der Gemeindekassenverordnung),

b) eine Erklärung der zuwendungsempfangenden Stelle, dass die Lieferung entsprechend den Angaben im Antrag erfolgt ist,

c) der Abnahmebericht über die mängelfreie feuerwehrtechnische Abnahme von Feuerwehrfahrzeugen entsprechend der jeweils geltenden DIN-Normen durch eine qualifizierte sachverständige Person einer unabhängigen Prüforganisation,

d) bei Ersatzbeschaffung eines Fahrzeugs die Bestätigung über die Außerdienststellung des bisherigen Feuerwehrfahrzeugs und

e) bei Feuerwehrfahrzeugen eine Erklärung der zuwendungsempfangenden Stelle, dass die technische Beladung entsprechend der jeweiligen DIN-Norm vorhanden und vorschriftsmäßig auf dem Fahrzeug verlastet ist.

6.6.3 In den Fällen der jährlichen Pauschalbeträge nach den Nummern 5.2.2 bis 5.2.4 gelten die Antragsunterlagen als Verwendungsnachweis; ein besonderer Auszahlungsantrag entfällt.

6.7 *Prüfungsrecht des Rechnungshofes*

Der Rechnungshof ist berechtigt, Prüfungen bei Stellen außerhalb der Landesverwaltung entsprechend den §§ 91 und 100 LHO durchzuführen.

7. Hilfeleistung in anderen Ländern und in grenznahen Gebieten in Frankreich

7.1 Die Länder Baden-Württemberg, Bayern, Hessen und Rheinland-Pfalz haben Vereinbarungen getroffen, dass Hilfeleistungen im Aufgabenbereich der Feuerwehr über die Ländergrenzen hinaus unter der Voraussetzung der Gegenseitigkeit kostenlos erfolgen. Für die unentgeltliche Hilfeleistung von und nach Bayern gilt diese Regelung bis zu einer Entfernung von 15 km Luftlinie von der Grenze des Gemeindegebiets.

7.2 Durch das Abkommen über die alltäglichen Hilfeleistungen der Feuerwehren im deutsch-französischen Grenzgebiet wird für die Departements Bas-Rhin und Haut-Rhin auf französischer Seite und die Landkreise Lörrach, Breisgau-Hochschwarzwald, Emmendingen, Ortenaukreis, Rastatt und Karlsruhe sowie die Stadtkreise Baden-Baden, Freiburg und Karlsruhe auf baden-württembergischer Seite die gegenseitige kostenlose Hilfeleistung vereinbart.

7.3 Da die Hilfe leistenden Gemeinden in Baden-Württemberg auf Grund der obengenannten Vereinbarungen von den Hilfe empfangenden Gemeinden keinen Kostenersatz verlangen können, wird der Anspruch der Hilfe leistenden Gemeinden in Baden-Württemberg auf Kostenersatz nach § 26 Absatz 2 FwG vom Land erfüllt. Dazu wird Hilfe leistenden baden-württembergischen Gemeinden neben dem jährlichen Pauschalbetrag nach den Nummern 5.2.2 bis 5.2.4 auf Einzelantrag Ersatz der Kosten der unentgeltlichen Hilfeleistungen der Feuerwehr über die Ländergrenzen hinaus gewährt. Die Zuwendung ist abweichend von Nummer 6.1 auch von kreisangehörigen Gemeinden bis spätestens 31. März des folgenden Haushaltsjahres beim Regierungspräsidium zu beantragen.

8. Inkrafttreten, Außerkrafttreten

Diese Verwaltungsvorschrift tritt am 1. Januar 2025 in Kraft und am 31. Dezember 2031 außer Kraft.

Anlage
(zu Nummer 5.2.1)

Höhe der Festbeträge für Zuwendungen

1. **Feuerwehrhäuser**

Für die Errichtung von Feuerwehrhäusern beziehungsweise -räumen mit Nebenanlagen nach DIN 14092 und mit dem Gebäude fest verbundene Einrichtungen beträgt die Zuwendung

a)	bei Neubauten		
	aa)	für die ersten zwei Stellplätze je	120000 Euro,
	bb)	für den dritten und vierten Stellplatz je	110000 Euro,
	cc)	für die fünften bis neunten Stellplätze je	90000 Euro,
	dd)	ab dem zehnten Stellplatz je	80000 Euro,
b)	bei der Erweiterung bestehender Gebäude		
	pro zusätzlichem Stellplatz		90000 Euro.

2. **Feuerwehrfahrzeuge**

Die Beschaffung von Feuerwehrfahrzeugen wird durch die Gewährung von Zuwendungen in der Form von Festbeträgen gefördert. Die Festbeträge beinhalten Fahrgestell, Aufbau einschließlich Lagerungen, Kommunikationseinrichtungen sowie technische Beladung. Sofern das Land im Bewilligungsjahr der Zuwendung Neufahrzeuge aus einem Rahmenvertrag anbietet, werden grundsätzlich ausschließlich Fahrzeuge dieses Typs aus dem Rahmenvertrag mit dem abweichenden Förderbetrag Rahmenvertrag gefördert; eigene Beschaffungen der Gemeinden von Fahrzeugen dieses Typs mit dem Regelförderbetrag werden damit in diesem Bewilligungsjahr grundsätzlich nicht gefördert. Eine Ausnahme ist mit Zustimmung des Innenministeriums möglich, soweit sich Zuwendungsempfänger aus nachvollziehbaren technischen Gründen nicht am Rahmenvertrag beteiligen können.

Die Festbeträge betragen für:

a) Neufahrzeuge

Fahrzeugtyp nach Norm	Massenklasse	Förderbetrag Euro	Förderbetrag Rahmenvertrag Euro
Führungsfahrzeuge			
ELW 1 nach DIN SPEC 14507-2	L 1	60000	–
ELW 2 nach DIN SPEC 14507-3	M 2/M 3	260000	–
ELW 2 in Form eines Abrollbehälters		105000	–
KdoW nach DIN SPEC 14507-5	L 1	17000	–
Löschstaffelfahrzeuge			
TSF nach DIN 14530-16	L 1	45000	–
KLF nach DIN 14530-25	L 1	45000	–
TSF-W nach DIN 14530-17	L 2	80000	108000
MLF nach DIN 14530-25	L 2/M 1	87000	119000
Löschgruppenfahrzeuge			
LF 10 nach DIN 14530-5	M 2	140000	182000
HLF 10 nach DIN 14530-26	M 2	150000	202000

Fahrzeugtyp nach Norm	Massenklasse	Förderbetrag Euro	Förderbetrag Rahmenvertrag Euro
LF 20 nach DIN 14530-11	M 3	150000	202000
HLF 20 nach DIN 14530-27	M 3	160000	230000
LF 20 KatS nach DIN 14530-8	M 3	150000	–
Tanklöschfahrzeuge			
TLF 2000 nach DIN 14530-18	M 2	110000	–
TLF 3000 nach DIN 14530-22	M 2	120000	–
TLF 4000 nach DIN 14530-21	M 3/S	140000	–
Rüst- und Gerätewagen			
VRW/VGW[1]	–	55000	–
RW nach DIN 14555-3	M 2/M 3	235000	–
GW-G nach DIN 14555-12	M 2/M 3	260000	–
Drehleitern			
DLAK 18/12 nach DIN EN 14043	M 2	230000	–
DLAK 23/12 nach DIN EN 14043	M 3	350000	–
Logistikfahrzeuge und Zusatzbeladung			
GW-T[1]	–	21500	–
GW-L1 nach DIN 14555-21	L 2/M 1	50000	–
GW-L1 nach DIN 14555-21	M 2/M 3	90000	–
GW-L2 nach DIN 14555-22	M 3	130000	–
GW-L KatS[1]	–	200000	–
Zusatzbeladung „Wasserversorgung“ nach DIN 14555-22, Tabelle 2, für GW-L2	–	11000	–
Zusatzbeladung „Rollwagen“ nach technischer Beschreibung für GW-L[1]	–	10000	–

Fahrzeugtyp nach Norm	Massenklasse	Förderbetrag Euro	Förderbetrag Rahmenvertrag Euro
Sonstige Fahrzeuge			
WLF nach DIN 14505	S	87000	–
MTW/MZF[1]	–	22000	–

1 Die jeweiligen Technischen Beschreibungen, die auf der Internetseite der Landesfeuerwehrschule www.lfs-bw.de, unter Themen/Gesetze und Vorschriften/Verwaltungsvorschriften/ZFeuVwV abgelegt sind, müssen eingehalten werden.

b) Gebrauchtfahrzeuge

aa) Feuerwehrvorführfahrzeuge

Feuerwehrvorführfahrzeuge werden mit 90 Prozent des Festbetrags nach Nummer 2 Buchstabe a gefördert, wenn die Vorgaben von Nummer 4.2 der ZFeuVwV erfüllt sind. Als Vorführfahrzeuge gelten solche, die noch nicht auf einen Endabnehmer zugelassen sind, sondern auf einen Hersteller oder Händler. Des Weiteren dürfen die Fahrzeuge nicht älter als 18 Monate sein und die Kilometerleistung 60000 km nicht überschreiten. Ausnahmen hiervon bedürfen der Zustimmung des Innenministeriums.

bb) Gebrauchtfahrzeuge

Die Beschaffung von Gebrauchtfahrzeugen einschließlich der gegebenenfalls notwendigen Umrüstung wird für nachfolgende Fahrzeugtypen mit Festbeträgen gefördert:

Typ	Alter des Gebrauchtfahrzeugs	
	Bis unter 5 Jahre	5 Jahre bis 10 Jahre
KdoW DIN SPEC 14507-5	10000 Euro	0 Euro
MTW/MZF[1]	5700 Euro	0 Euro
WLF (DIN 14505)	26000 Euro	15600 Euro
GW-L1 nach DIN 14555-21 Massenklasse L 2/M 1	15000 Euro	9000 Euro
GW-L1 nach DIN 14555-21 Massenklasse M 2/M 3	27000 Euro	16200 Euro

1 Die jeweiligen Technischen Beschreibungen, die auf der Internetseite der Landesfeuerwehrschule www.lfs-bw.de, unter Themen/Gesetze und Vorschriften/Verwaltungsvorschriften/ZFeuVwV abgelegt sind, müssen eingehalten werden.

3. **Alarmierungseinrichtungen**

a) Für die erstmalige Einrichtung der digitalen Alarmierung beträgt die Zuwendung zur

aa)	Beschaffung und Einrichtung digitaler Alarmumsetzer pro Stück	7500 Euro,
bb)	Leitstellenausstattung in bestehenden Leitstellen einmalig	23500 Euro,

b) bei der Ersatzbeschaffung der digitalen Alarmierung beträgt die Zuwendung

aa)	für digitale Alarmumsetzer pro Stück	4500 Euro,
bb)	für die Leitstellenausstattung	18000 Euro.

4. **Einrichtung von Integrierten Leitstellen**

Für die erstmalige Einrichtung und Ersatzbeschaffung der Einrichtung von Integrierten Leitstellen werden für den von den Stadt- und Landkreisen vertraglich zu tragenden Feuerwehranteil Zuwendungen entsprechend der Zahl der Arbeitsplätze in folgender Höhe gewährt. Dabei wird die Zuwendung in vier Komponenten unterteilt, sodass bei Ersatzbeschaffung eine Förderung je benötigter kompletter Komponente möglich ist:

a) Stufe I: bis 150000 Einwohner (mindestens 2 Einsatzleitplätze + 1 Aufnahmeplatz + 1 Notplatz oder 3 Einsatzleitplätze + 1 Notplatz)

Komponente	Förderbetrag Euro
Möblierung	28500
Hardware inklusive Kommunikation	100000
Infrastrukturmaßnahmen	42500
Software	114000
Maximaler Gesamtförderbetrag Stufe I	285000

b) Stufe II: 150001 bis 300000 Einwohner (mindestens 3 Einsatzleitplätze + 2 Aufnahmeplätze + 1 Notplatz oder 4 Einsatzleitplätze + 1 Aufnahmeplatz + 1 Notplatz)

Komponente	Förderbetrag Euro
Möblierung	33000
Hardware inklusive Kommunikation	115500
Infrastrukturmaßnahmen	49500
Software	132000
Maximaler Gesamtförderbetrag Stufe II	330000

c) Stufe III: 300001 bis 450000 Einwohner (mindestens 4 Einsatzleitplätze + 2 Aufnahmeplätze + 1 Notplatz oder 5 Einsatzleitplätze + 1 Aufnahmeplatz + 1 Notplatz)

Komponente	Förderbetrag Euro
Möblierung	37500
Hardware inklusive Kommunikation	131400
Infrastrukturmaßnahmen	56100
Software	150000
Maximaler Gesamtförderbetrag Stufe III	375000

d) Stufe IV: 450001 bis 600000 Einwohner (mindestens 5 Einsatzleitplätze + 2 Aufnahmeplätze + 1 Notplatz oder 6 Einsatzleitplätze + 1 Aufnahmeplatz + 1 Notplatz)

Komponente	Förderbetrag Euro
Möblierung	42000
Hardware inklusive Kommunikation	147000
Infrastrukturmaßnahmen	63000
Software	168000
Maximaler Gesamtförderbetrag Stufe IV	420000

e) Stufe V: ab 600001 Einwohner (mindestens 6 Einsatzleitplätze + 3 Aufnahmeplätze + 1 Notplatz oder 7 Einsatzleitplätze + 2 Aufnahmeplätze + 1 Notplatz)

Komponente	Förderbetrag Euro
Möblierung	46500
Hardware inklusive Kommunikation	163000
Infrastrukturmaßnahmen	69500
Software	186000
Maximaler Gesamtförderbetrag Stufe V	465000

5. **Sonderfördermaßnahmen**

a) Ersatzbeschaffung fest eingebauter Funkgeräte im Rahmen der Einführung des Digitalfunks

Für die durch die Einführung des Digitalfunks BOS verursachte Ersatzbeschaffung von fest eingebauten Funkgeräten in Feuerwehr-Einsatzfahrzeugen und Feuerwehrhäusern, die nach dem Ausstattungskonzept Digitalfunk Feuerwehr in der jeweils geltenden Fassung auch weiterhin notwendig sind, beträgt der Festbetrag 600 Euro je Stück, einschließlich Einbau- und Zubehör. Die Förderung der Ersatzbeschaffung fest eingebauter Funkgeräte endet zum 31. Dezember 2027.

b) Ersatzbeschaffung für Handsprechfunkgeräte im Rahmen der Einführung des Digitalfunks

Für die durch die Einführung des Digitalfunks BOS verursachte Ersatzbeschaffung von Handsprechfunkgeräten in Feuerwehr-Einsatzfahrzeugen, die nach dem Ausstattungskonzept Digitalfunk Feuerwehr in der jeweils geltenden Fassung auch weiterhin notwendig sind, beträgt der Festbetrag 250 Euro je Stück, einschließlich gegebenenfalls Einbau und Zubehör.

6. **Atemschutzwerkstätten**

Für die Errichtung (ausschließlich Neubau) und Einrichtung (Ersteinrichtung und bei Bedarf Ersatzbeschaffung) einer Atemschutzwerkstatt nach DIN 14092 T 7 beträgt die Zuwendung:

	Förderbetrag Euro
Errichtung Atemschutzwerkstatt	42000
Einrichtung Atemschutzwerkstatt	47000
Maximaler Gesamtförderbetrag Atemschutzwerkstatt	89000

Die Einrichtung einer Atemschutzwerkstatt wird in der Regel nur einmal je Stadt- und Landkreis gefördert. Begründete Ausnahmen können mit Zustimmung des Innenministeriums zugelassen werden. Fördervoraussetzung ist, dass ein nachhaltiges Betriebs- und Nutzungskonzept vorliegt und die Atemschutzwerkstatt höchstens kostendeckend betrieben werden.

7. **Schlauchwerkstätten**

Für die Errichtung (ausschließlich Neubau) und Einrichtung (Ersteinrichtung und bei Bedarf Ersatzbeschaffung) einer Schlauchwerkstatt nach DIN 14092 T 7 beträgt die Zuwendung:

Halbstraße	Förderbetrag Euro
Errichtung Halbstraße	32000
Einrichtung Halbstraße	27000
Maximaler Gesamtförderbetrag Halbstraße	59000

Vollstraße	Förderbetrag Euro
Errichtung Vollstraße	43 000
Einrichtung Vollstraße	30000
Maximaler Gesamtförderbetrag Vollstraße	73 000

Die Einrichtung einer Schlauchwerkstatt wird in der Regel nur einmal je Stadt- und Landkreis gefördert. Begründete Ausnahmen können mit Zustimmung des Innenministeriums zugelassen werden. Fördervoraussetzung ist, dass ein nachhaltiges Betriebs- und Nutzungskonzept vorliegt und die Schlauchwerkstatt höchstens kostendeckend betrieben werden.

8. **Atemschutz-Übungsanlagen**

Für die Errichtung (ausschließlich Neubau) und Einrichtung (Ersteinrichtung und bei Bedarf Ersatzbeschaffung) einer anerkannten Atemschutzübungsanlage einschließlich Zielraum nach DIN 14093 beträgt die Zuwendung:

	Förderbetrag Euro
Errichtung Atemschutz-Übungsanlage	88500
Einrichtung Atemschutz-Übungsanlage	66000
Maximaler Gesamtförderbetrag Atemschutz-Übungsanlage	154500

Die Einrichtung einer Atemschutz-Übungsanlage wird in der Regel nur einmal je Stadt- und Landkreis gefördert. Begründete Ausnahmen können mit Zustimmung des Innenministeriums zugelassen werden. Fördervoraussetzung ist, dass ein nachhaltiges Betriebs- und Nutzungskonzept vorliegt und die Atemschutz-Übungsanlage höchstens kostendeckend betrieben werden.

9. **Feuerwehr-Übungsanlagen**

a) Für nach den „Hinweisen Feuerwehr-Übungsanlagen" der Landesfeuerwehrschule in der jeweils geltenden Fassung erstellte Einrichtungsmodule beträgt die Zuwendung:

aa)	Brandübungsanlage	450000 Euro,
bb)	Feuerwehr-Übungshaus und Übungsturm	280000 Euro,
cc)	Feuerwehr-Übungseinrichtung Technische Hilfeleistung	450000 Euro,
dd)	Schulungsgebäude, sofern sich dieses mit den Modulen a) bis c) an einem Standort befindet,	500000 Euro.

b) Darüber hinaus sind folgende Vorgaben zu beachten:

aa) Die Feuerwehr-Übungsanlage soll von den Feuerwehren von mindestens drei Stadt- oder Landkreisen dauerhaft genutzt werden. Dabei ist eine längerfristig angelegte Nutzung durch Gemeindefeuerwehren der anderen Landkreise nachzuweisen. Dies ist beispielsweise durch einen gemeinsamen Betrieb der Übungsanlage mittels eines Zweckverbands oder durch eine entsprechende verbindliche Erklärung der Gemeinden oder Kreise möglich.

bb) Die Feuerwehr-Übungsanlage darf maximal kostendeckend betrieben werden.

cc) Die Aus- und Fortbildungen finden auf der Basis der von der Landesfeuerwehrschule vorgegebenen standardisierten Lerninhalte statt.

dd) Der Betrieb soll über mehrere Jahre sichergestellt werden. Hierzu gehören Darlegungen, wie die Feuerwehr-Übungsanlage organisatorisch betrieben werden soll, welche Betriebskosten zu decken sind und wie die wirtschaftliche Auslastung erreicht wird.

10. **Abrollbehälter**

Abrollbehälter	**Förderbetrag Euro**
Pritsche nach technischer Beschreibung[1]	22000
Logistik nach technischer Beschreibung[1]	48000
Wasser 8000 nach technischer Beschreibung[1]	70000
Atemschutz nach technischer Beschreibung[1]	156000
Gefahrgut nach DIN 14555-12	156000
Sandsackabfüllung nach technischer Beschreibung[1]	80000
Unwetter nach technischer Beschreibung[1]	172000
Sonderlöschmittel nach technischer Beschreibung[1]	130000
Aufenthalt nach technischer Beschreibung[1]	56000
Einsatzstellenhygiene nach technischer Beschreibung[1]	80000
Mobiler Großventilator-Raupe (MGV-Raupe) nach technischer Beschreibung[1]	130000

1 Die jeweiligen Technischen Beschreibungen, die auf der Internetseite der Landesfeuerwehrschule www.lfs-bw.de, unter Themen/Gesetze und Vorschriften/Verwaltungsvorschriften/ZFeuVwV abgelegt sind, müssen eingehalten werden.

11 Sonstige Investitionsmaßnahmen im Feuerwehrwesen

Investitionsmaßnahme	Förderbetrag Euro
Drohne nach technischer Beschreibung[1]	10000
Mobiler Großventilator-Straße (MGV-Straße) nach technischer Beschreibung[1]	130000
Mehrzweckboot nach DIN 14961	25000
Rettungsboot 2 nach DIN 14961	10500
Netzersatzanlage 60 bis 119 kVA innerhalb des Feuerwehrhauses nach Empfehlungen für die Ersatzstromversorgung von Feuerwehrhäusern	15000
Netzersatzanlage 60 bis 119 kVA im Außenbereich des Feuerwehrhauses nach Empfehlungen für die Ersatzstromversorgung von Feuerwehrhäusern[2]	30000
Netzersatzanlage ab 120 kVA innerhalb des Feuerwehrhauses nach Empfehlungen für die Ersatzstromversorgung von Feuerwehrhäusern[2]	25000
Netzersatzanlage ab 120 kVA im Außenbereich des Feuerwehrhauses nach Empfehlungen für die Ersatzstromversorgung von Feuerwehrhäusern[2]	40000

1 Die jeweiligen Technischen Beschreibungen, die auf der Internetseite der Landesfeuerwehrschule www.lfs-bw.de, unter Themen/Gesetze und Vorschriften/Verwaltungsvorschriften/ZFeuVwV abgelegt sind, müssen eingehalten werden.

2 Die Empfehlungen für die Ersatzstromversorgung von Feuerwehrhäusern sind auf der Internetseite der Landesfeuerwehrschule www.lfs-bw.de unter Themen/Krisenmanagement & Katastrophenschutz/Gemeinden & Katastrophenschutzbehörden abrufbar.

Anhang 5

Hinweise zur Leistungsfähigkeit der Feuerwehr

des Landesfeuerwehrverbandes und des Innenministeriums mitgetragen von Städtetag Gemeindetag Landkreistag

– Januar 2008 –

Präambel

Das Innenministerium und der Landesfeuerwehrverband Baden-Württemberg haben in einem gemeinsamen Arbeitskreis die Hinweise zur Leistungsfähigkeit der Feuerwehr erarbeitet. Innenministerium, Landesfeuerwehrverband, Gemeindetag, Städtetag und Landkreistag sehen darin eine fachlich fundierte Hilfe für eine Bedarfsplanung kommunaler Feuerwehren in den Städten und Gemeinden Baden-Württembergs. Grundlage der vorliegenden Hinweise sind die „Hinweise zur Leistungsfähigkeit einer Gemeindefeuerwehr" des Landesfeuerwehrverbandes aus dem Jahre 1999.

Die in den Hinweisen beschriebenen strategischen und taktischen Aspekte sowie die Bemessungswerte spiegeln die heute allgemein anerkannten Erkenntnisse im Feuerwehrwesen wider. Die festgelegten Bemessungswerte dienen als Grundlage bei Entscheidungen über die Aufstellung und die Unterhaltung einer *leistungsfähigen Gemeindefeuerwehr*. Bei der Bemessung der Gemeindefeuerwehr muss darüber hinaus eine *gemeindespezifische, risikoorientierte Planung* durchgeführt werden. Die Gemeinden haben hierbei das Gefahrenpotenzial und die damit verbundene Auftrittswahrscheinlichkeit eines Schadenereignisses in der Gemeinde zu berücksichtigen. Die Hinweise beziehen sich vorrangig auf den *Bebauungszusammenhang* im Sinne eines Ortsteils.

Die Ergebnisse einer gemeindespezifischen Risikobewertung haben Vorrang vor den in den Hinweisen festgelegten Bemessungswerten. Dies gilt insbesondere für die Eintreffzeiten in Abschnitt 2.

Die Hinweise beschreiben Grundsätze für gemeindeübergreifende Planungen und dienen der Stärkung der *interkommunalen Zusammenarbeit*. Die Möglichkeiten der interkommunalen Zusammenarbeit sollen ausgeschöpft werden. Auf eine Festlegung detaillierter Bedarfs- und Planungszahlen wird in den Hinweisen bewusst verzichtet. Zu vielfältig und unterschiedlich sind die Risiken in den Gemeinden und in den Stadt- und Landkreisen.

Abweichungen von den Bemessungswerten – insbesondere von den Eintreffzeiten, den Einsatzkräften und den Einsatzmitteln in Abschnitt 1 und in Punkt 2.2 – sind in Einzelfällen zu tolerieren; sie sind in Ausnahmefällen nicht vermeidbar. Ebenso müssen besondere Einflussfaktoren, wie beispielsweise extreme Witterung und zeitlich befristete Verkehrsspitzen, nicht berücksichtigt werden.

In der *praktischen Anwendung* sollen die Hinweise sowohl bei der Überprüfung der bestehenden Feuerwehrstruktur als auch bei der Entscheidung über zukünftige Konzepte helfen. Die Hinweise können beispielsweise Anwendung finden bei

- der Festlegung der Alarm- und Ausrückeordnung für eine Gemeindefeuerwehr, auch über Gemeindegrenzen hinaus,
- Standortentscheidungen für Feuerwehrfahrzeuge und -geräte innerhalb einer Gemeinde,
- Beschaffungen von Fahrzeugen und Geräten,
- der Erstellung gemeindeübergreifender Fahrzeugkonzepte und bei gemeindeübergreifenden Beschaffungen.

Eine bedarfsgerechte Feuerwehrplanung – auch unter Berücksichtigung *gemeindeübergreifender Hilfe* – dient nicht nur einer effektiven und kostengünstigen Aufgabenerledigung; sie ist darüber hinaus ein wichtiges Planungsmittel zur Entschärfung der Probleme bei der Sicherstellung der *Tagesalarmbereitschaft.*

Kommunen mit *hauptberuflichen Einsatzabteilungen* können von einzelnen Bemessungswerten abweichen, wenn ein gleiches Sicherheitsniveau durch andere geeignete Maßnahmen, wie beispielsweise durch gleichzeitige Alarmierung der Einheiten mehrerer Feuerwachen, erreicht werden kann.

Die gesetzlichen Verpflichtungen des Bundes und des Landes im Katastrophenschutz bleiben durch diese Hinweise unberührt.

Die vorliegenden Hinweise sind in drei Abschnitte unterteilt:

1. MINDESTSTANDARD DER LEISTUNGSFÄHIGKEIT EINER FEUERWEHR UNTER EINBEZIEHUNG DER DIREKT ANGRENZENDEN NACHBARGEMEINDEN
2. UMFASSENDE LEISTUNGSFÄHIGKEIT EINER FEUERWEHR UNTER BEACHTUNG DER INTERKOMMUNALEN ZUSAMMENARBEIT
3. LEISTUNGSFÄHIGKEIT DER FEUERWEHREN ALS ERGEBNIS GROSSRÄUMIGER PLANUNG

1 MINDESTSTANDARD DER LEISTUNGSFÄHIGKEIT EINER FEUERWEHR UNTER EINBEZIEHUNG DER DIREKT ANGRENZENDEN NACHBARGEMEINDEN

1.1 Grundlagen

Jede Gemeinde hat auf ihre Kosten eine den örtlichen Verhältnissen entsprechende *leistungsfähige Feuerwehr* aufzustellen, auszurüsten und zu unterhalten – gemäß § 3 Absatz 1 Satz 1 des Feuerwehrgesetzes (FwG).

Zur Beurteilung des unbestimmten Rechtsbegriffs „leistungsfähige Feuerwehr" werden in den vorliegenden Hinweisen standardisierte Szenarien (Standardszenarien) für den Brandeinsatz und für die Technische Hilfeleistung herangezogen. Auf deren Grundlage werden der zur Gefahrenabwehr erforderliche Kräftebedarf und die erforderlichen Ausstattungsmerkmale der Gemeindefeuerwehr abgeleitet.

Zur Gefahrenabwehr müssen die erforderlichen Einsatzkräfte und Einsatzmittel innerhalb eines bestimmten Zeitraums an der Einsatzstelle einsatzbereit verfügbar sein.

Daher müssen die nachfolgenden *Bemessungswerte* festgelegt werden:

BEMESSUNGSWERTE:

- Eintreffzeit
- Einsatzkräfte
- Einsatzmittel

Alle drei *Bemessungswerte müssen gleichzeitig* erfüllt sein, um dem Begriff „leistungsfähig" gerecht zu werden.

Die Erfüllung der Pflicht- und Kannaufgaben obliegt der Gemeindefeuerwehr; *Abteilungen innerhalb einer Gemeindefeuerwehr arbeiten hierbei zusammen*. Eine gemeindeübergreifende Zusammenarbeit ist sinnvoll und planerisch festzulegen.

1.2 Standardszenarien

Die Bemessungswerte werden anhand zweier definierter *Standardszenarien* festgelegt. Für den Brandeinsatz wird der sogenannte Standardbrand, für die Technische Hilfeleistung wird die Standardhilfeleistung definiert. Hierbei werden die Auftrittswahrscheinlichkeit und das Schadenausmaß berücksichtigt. Sie dienen als Orientierungswert für eine bedarfsgerechte Vorhaltung, die auf Grundlage einer örtlichen Bewertung zu überprüfen ist.

Anmerkung: Das Produkt aus Auftrittswahrscheinlichkeit und Schadenausmaß wird als Risiko bezeichnet.

Die *Standardszenarien* stellen Gefahrenlagen dar, wie sie im alltäglichen Einsatzgeschehen der Feuerwehren mit hinreichender Wahrscheinlichkeit in jeder Gemeinde auftreten können.

Für *Schadenereignisse, die „unterhalb" der Standardszenarien* anzusiedeln sind (beispielsweise Müllbehälterbrände und Pkw-Brände), können durch Festlegungen in der Alarm- und Ausrückeordnung Abstriche beim Umfang der Einsatzmittel sowie bei den Einsatzkräften möglich und vertretbar sein. Die Eintreffzeit soll jedoch bei jedem Schadenereignis eingehalten werden.

In Einzelfällen können *Schadenereignisse „oberhalb" der Standardszenarien* (beispielsweise Explosionen und Einstürze) und räumliche Besonderheiten (beispielsweise große Höhenunterschiede verbunden mit weit verstreuten Gebäuden) die Vorhaltung eines stärkeren Einsatzpotenzials (Einsatzkräfte und Einsatzmittel) als Ergebnis einer risikoorientierten Planung erforderlich machen. Die Entscheidung über mögliche Konsequenzen obliegt der Gemeinde.

1.2.1 Standardszenario „Brand" (Standardbrand)

Der Standardbrand ist eine Schadenlage, wie sie in jeder Gemeinde auftreten kann.

Szenario „Standardbrand":

- Wohnungsbrand in einem Obergeschoss eines Wohnhauses mit bis zu zwei bzw. drei Obergeschossen,
- durch welchen Menschen in Obergeschossen unmittelbar gefährdet und
- deren bauliche Rettungswege verraucht sind.

Über den Standardbrand hinausgehende Risiken, beispielsweise wegen der Nutzungsart, der Gebäudehöhe oder der Anzahl der Nutzer müssen in Abhängigkeit von der Auftrittswahrscheinlichkeit solcher Schadenlagen gemeindespezifisch bewertet werden.

1.2.2 Standardszenario „Technische Hilfeleistung" (Standardhilfeleistung)

Die Standardhilfeleistung beschreibt eine Schadenlage, wie sie alltäglich mit hinreichender Wahrscheinlichkeit in jeder Gemeinde aufgrund der Verkehrswege, des vorhandenen Gewerbes und der Baulichkeiten auftreten kann.

Szenario „Standardhilfeleistung"

- Unfall mit einer verletzten Person
- Person ist eingeklemmt
- Kraft- bzw. Betriebsstoff tritt aus

Über die Standardhilfeleistung hinausgehende Risiken, beispielsweise durch besonders gefahrträchtige Objekte oder durch eine Konzentration von Industriebetrieben, Verkehrsträgern oder Verkehrsverbindungen müssen in Abhängigkeit von der Auftrittswahrscheinlichkeit solcher Schadenlagen gemeindespezifisch als Ergebnis einer risikoorientierten Planung bewertet werden. Im Ergebnis kann ein zusätzliches Einsatzpotenzial (Einsatzkräfte und Einsatzmittel) notwendig werden.

1.3 Bemessungswerte

1.3.1 Eintreffzeit

Die **Eintreffzeit** ist die Zeitdifferenz

- vom Abschluss der Alarmierung
- bis zum Eintreffen an der Einsatzstelle.

Diese Zeitdifferenz ergibt sich als Summe aus der Ausrückezeit und der Anmarschzeit.

Anmerkung: Bei der Diskussion über die Hinweise wird häufig der Begriff der *Hilfsfrist* genannt. Als Hilfsfrist wird die Zeitspanne vom Beginn der Notrufabfrage in der Leitstelle bis zum Eintreffen der Einsatzkräfte an der Einsatzstelle verstanden; sie beinhaltet neben der Ausrückezeit und der Anmarschzeit auch die Gesprächszeit und die Dispositionszeit (Durchführen der Alarmierung) innerhalb der Leitstellen.

1.3.1.1 Eintreffzeit beim Standardbrand

Beim	Standardbrand
ist die	**Eintreffzeit**
Für die	ersteintreffende Einheit 10 Minuten.

Diese Eintreffzeit basiert darauf, dass die Menschenrettung die zeitkritische Einsatzmaßnahme darstellt. Da bei Wohnungsbränden die Rauchgasintoxikation die häufigste Todesursache ist, kann die in der sogenannten ORBIT-Studie ermittelte *Reanimationsgrenze* für Personen im Brandrauch als Orientierungswert hierfür herangezogen werden. Diese Studie besagt, dass spätestens 17 Minuten nach Beginn der Rauchgasintoxikation mit der Reanimation begonnen worden sein muss, um einen Verletzten erfolgreich wiederbeleben zu können.

Erfahrungsgemäß gilt bei einem Wohnungsbrand:

- die Entdeckungs- und die Meldezeit betragen ungefähr zwei Minuten (bei Anwesenheit von Menschen in der Wohnung),
- die Gesprächs- und die Alarmierungszeit betragen ebenfalls zwei Minuten und
- nach dem Eintreffen an der Einsatzstelle werden für die Erkundung und die Entwicklung bis zum Wirksamwerden der Einsatzmaßnahmen nochmals drei Minuten benötigt.

Für die von der Gemeindefeuerwehr beeinflussbaren Zeiten – **Ausrückezeit** und **Anmarschzeit** – verbleiben somit *zehn Minuten.*

Zur umfassenden Bewältigung des Standardbrandes ist neben der **Menschenrettung** die Brandbekämpfung der entscheidende Faktor. Die in Abschnitt 1.3.3 „Einsatzkräfte" begründete Mannschaftsstärke (1/8/9) zur Durchführung der Menschenrettung reicht für die Gesamteinsatzmaßnahmen nicht aus. Zusätzliche Einsatzkräfte sind daher heranzuführen.

Diese nachrückenden Kräfte können später als zehn Minuten nach der ersten Alarmierung eintreffen. Der hierfür entscheidende zeitkritische Faktor ist der voraussichtliche Zeitpunkt einer schlagartigen weiteren Brandausbreitung: der *Feuerübersprung* (Flash Over). Dieser tritt ungefähr 20 Minuten nach Brandausbruch ein. Er führt zu einer massiven Wärme- und Rauchfreisetzung.

Durch den Flash Over sind die vorgehenden Einsatzkräfte und alle sich im Gebäude aufhaltenden Menschen durch die weitere Ausbreitung von Flammen, Wärme und Rauch gefährdet.

Nach dem Eintreffen der ersten Einheit müssen somit spätestens nach weiteren fünf Minuten alle zur Schadenbewältigung benötigten Einsatzkräfte verfügbar sein.

Beim	Standardbrand
ist die	**Eintreffzeit**
für	nachrückende Einheiten 15 Minuten.

1.3.1.2 Eintreffzeit bei der Standardhilfeleistung

Die Eintreffzeiten bei der Standardhilfeleistung orientieren sich an den Einsatzmaßnahmen der Feuerwehr und der *notfallmedizinischen Versorgungsstrategie.* Hierbei werden die im Rettungsdienstgesetz beziehungsweise im Rettungsdienstplan vorgegebenen Eintreffzeiten und die für die notfallmedizinische Erstversorgung erforderliche Zeit zu Grunde gelegt.

Der Rettungsdienst soll nach § 3 des Rettungsdienstgesetzes in möglichst zehn, höchstens fünfzehn Minuten nach der Alarmierung an der Einsatzstelle eintreffen. Da bei Unfällen, die eine Technische Hilfeleistung notwendig machen, vor der notfallmedizinischen Versorgung oft erst der Zugang zum Verunfallten geschaffen werden muss, sollte die Feuerwehr mindestens zeitgleich mit dem Rettungsdienst eintreffen.

Daher muss die Feuerwehr mit ihrer ersten Einheit spätestens zehn Minuten nach Alarmierung an der Einsatzstelle eintreffen.

Bei der	Standardhilfeleistung
ist die	**Eintreffzeit**
für die	ersteintreffende Einheit 10 Minuten.

Die Feuerwehr führt immer die ersten beiden Phasen des *Rettungsgrundsatzes* durch:

1. Sichern und

2. Zugang schaffen

Danach führt der Rettungsdienst die notfallmedizinischen Maßnahmen durch. Sollte der Zugang zum Verunfallten schon geschaffen sein, bevor der Rettungsdienst an der Einsatzstelle eintrifft, führt die Feuerwehr auch die dritte Phase des Rettungsgrundsatzes mit den ihr zur Verfügung stehenden Mitteln durch:

3. die lebenserhaltenden Sofortmaßnahmen

An den möglichen Aufgaben der ersten beiden beziehungsweise der ersten drei Phasen des Rettungsgrundsatzes orientiert sich auch die Zuordnung der Einsatzmittel in Abschnitt 1.3.2.2 „Einsatzmittel bei der Standardhilfeleistung“. Diese Aufgaben können von jeder Feuerwehr durchgeführt werden.

Nach der notfallmedizinischen Erstversorgung bzw. nach der Durchführung der Lebenserhaltenden Sofortmaßnahmen folgt die vierte Phase des Rettungsgrundsatzes, das

4. Befreien

Das Befreien der verunfallten Person wird in Abstimmung mit dem Rettungsdienst nach den Grundsätzen der patientenorientierten Rettung durchgeführt.

Da für das Befreien meist eine umfangreichere Geräteausstattung und auch größere Einsatzerfahrung notwendig beziehungsweise vorteilhaft sind, im Gegenzug aber eine größere Zeitspanne zwischen Alarmierung und Eintreffen akzeptiert werden kann, wird eine zweite Eintreffzeit für die hierfür notwendigen, weiteren Einheiten festgelegt.

Die Zeitspanne ergibt sich aus der Zeit, die zur Durchführung der lebenserhaltenden Sofortmaßnahmen beziehungsweise der notfallmedizinischen Erstversorgung benötigt wird. Angesetzt werden hierfür zehn Minuten. Daraus ergibt sich, dass spätestens 20 Minuten nach der Alarmierung eine Einheit an der Einsatzstelle eintreffen muss, die die üblicherweise zum Befreien notwendigen Geräte mitführt.

Im Interesse einer optimalen Verletztenversorgung und vor allem weil zum Schaffen eines Zugangs zum Verletzten der Einsatz von Spreizer und Schneidgerät häufig hilfreich ist, sollte bereits 1 5 Minuten nach der ersten Alarmierung ein *Hilfeleistungssatz* a n der Einsatzstelle verfügbar sein. Dies gilt überall dort, wo aufgrund der Verkehrssituation mit einer durchschnittlichen Auftrittswahrscheinlichkeit von Unfällen gerechnet werden muss.

Dies bedeutet:

Bei der	Standardhilfeleistung
ist die	**Eintreffzeit** nachrückender Einheiten zum Befreien höchstens 20 Minuten.

1.3.2 Einsatzmittel

1.3.2.1 Einsatzmittel beim Standardbrand

Die Mindestausstattung für die Ersteinsatzmaßnahmen beim *Standardbrand* besteht aus

- vier umluftunabhängigen Atemschutzgeräten (Pressluftatmer),
- 500 Litern Löschwasser – auf dem Fahrzeug mitgeführt,
- vierteiliger Steckleiter,

- feuerwehrtechnischer Beladung zur Vornahme zweier C-Rohre im Innenangriff.

Diese Geräteausstattung wird auf einem Tragkraftspritzenfahrzeug – Wasser (TSF-W) oder einem Staffellöschfahrzeug (StLF 10/6) mitgeführt.

Dies bedeutet:

Das	TSF-W oder StLF 10/6
stellt die	**Mindest-Fahrzeugausstattung** dar für die Ersteinsatzmaßnahmen beim Standardbrand.

Das TSF-W beziehungsweise das StLF 10/6 reicht jedoch nicht aus, um alle erforderlichen Einsatzmaßnahmen des Standardbrandes durchzuführen. Hierzu sind *lageabhängig weitere Einsatzmittel* erforderlich.

Das TSF-W beziehungsweise das StLF 10/6 ist als Ausstattung für eine Abteilung nur dann ausreichend, wenn innerhalb der Eintreffzeit für nachrückende Einheiten mindestens ein LF 10/6 vorhanden ist.

Zu beachten ist, dass ein TSF-W und ein StLF 10/6 keine dreiteilige Schiebleiter mitführen. Bei Ortsteilen mit Gebäuden mit drei Obergeschossen sollte daher ein Löschfahrzeug mit *dreiteiliger Schiebleiter* vorhanden sein, um die Bemessungswerte zu erfüllen. In Ausnahmefällen kann abhängig von der Häufigkeit solcher Gebäude in einer Gemeinde im Rahmen einer Risikobewertung akzeptiert werden, dass das nachrückende LF 10/6 die Schiebleiter mitführt. Die Eintreffzeit einer tragbaren Leiter zur Sicherstellung des zweiten baulichen Rettungswegs (zweiter Rettungsweg im Sinne § 15 Abs. 3 der Landesbauordnung) kann sich in diesem Fall auf 15 Minuten verlängern.

Das LF 10/6 kann aus der benachbarten Abteilung oder aus einer benachbarten Gemeindefeuerwehr kommen. Ist dies nicht möglich, muss die Abteilung selbst über ein LF 10/6 verfügen.

Daraus ergibt sich:

Das	TSF-W oder das StLF 10/6
stellt für den	Standardbrand
die	**Mindest-Fahrzeugausstattung**
dar für eine	Feuerwehrabteilung.

Das	LF 10/6
stellt für den	Standardbrand
die	**Mindest-Fahrzeugausstattung**
dar für eine	Gemeindefeuerwehr.

Die Mindest-Fahrzeugausstattung einer Gemeindefeuerwehr muss gegebenenfalls entsprechend der örtlichen Risikobewertung ergänzt werden.

Bei kleinen Gemeinden (zur Orientierung: Gemeinden bis zu 500 Einwohnern) kann ein StLF 10/6 als Mindest-Fahrzeugausstattung ausreichend sein; dies ist durch eine örtliche Risikobewertung zu begründen.

1.3.2.2 Einsatzmittel bei der Standardhilfeleistung

Die *Mindestausstattung zur Durchführung der ersten drei Phasen des Rettungsgrundsatzes* (Sichern, Zugang schaffen, Lebenserhaltende Sofortmaßnahmen) bei der Standardhilfeleistung besteht aus:

- Geräten für die einfache Technische Hilfeleistung (Handwerkszeug)
- Sanitäts- und Wiederbelebungsgeräten (Verbandkasten)
- Beleuchtungs- und Signalgeräten
- 500 Litern Löschwasser – auf dem Fahrzeug mitgeführt.

Diese Geräteausstattung wird auf einem Tragkraftspritzenfahrzeug – Wasser (TSF-W) oder einem Staffellöschfahrzeug (StLF 10/6) mitgeführt.

Dies bedeutet:

Das	TSF-W oder das SLF 10/6
stellt die	**Mindest-Fahrzeugausstattung** der Feuerwehrabteilung
dar für die	Ersteinsatzmaßnahmen bei der Standardhilfeleistung.

Das TSF-W beziehungsweise das StLF 10/6 reicht jedoch nicht aus, um alle erforderlichen Einsatzmaßnahmen der Standardhilfeleistung zu erledigen. Hierzu sind lageabhängig weitere Einsatzmittel erforderlich.

Als *Mindestausstattung für nachrückende Einheiten*, die spätestens 20 Minuten nach Erstalarmierung an der Einsatzstelle eintreffen müssen, werden zur *Technischen Hilfeleistung bei der Standardhilfeleistung* benötigt – insbesondere zum Befreien von Personen:

- Pumpenaggregat für hydraulische Rettungsgeräte,
- Hydraulischer Spreizer,

- Hydraulisches Schneidgerät,
- Rettungszylinder,
- Trennschleifmaschine,
- Stromerzeuger.

Diese Geräteausstattung wird auf einem Hilfeleistungslöschgruppenfahrzeug (HLF 10/6) mitgeführt.

Das für den Standardbrand mindestens vorzuhaltende LF 10/6 ist grundsätzlich mit zu alarmieren und muss innerhalb der Eintreffzeit von 15 Minuten an der Einsatzstelle eingetroffen sein.

Um die für den *ersten Hilfeleistungssatz* angestrebte Eintreffzeit von 15 Minuten (siehe Abschnitt 1.3.1.2) zu erreichen, wird empfohlen, auf dem LF 10/6 einen Hilfeleistungssatz mitzuführen. Das HLF 10/6 muss in diesem Fall dennoch nach spätestens 20 Minuten an der Einsatzstelle eingetroffen sein.

Ein *zweiter Hilfeleistungssatz* sollte bei jedem Verkehrsunfall an der Einsatzstelle verfügbar sein.

Somit gilt:

Das	HLF 10/6
stellt die	**Mindest-Fahrzeugausstattung**
dar für die	nachrückenden Einheiten zur Standardhilfeleistung.

Das HLF 10/6 kann auch aus einer benachbarten Gemeindefeuerwehr kommen, wenn die Eintreffzeit eingehalten wird. Ist dies innerhalb der Eintreffzeit für nachrückende Einheiten für die Technische Hilfeleistung nicht möglich, muss die Gemeindefeuerwehr in jedem Fall selbst über ein HLF 10/6 oder ein Fahrzeug mit mindestens vergleichbarem taktischen Einsatzwert verfügen.

Die Mindest-Fahrzeugausstattung einer Gemeindefeuerwehr für die Technische Hilfeleistung muss entsprechend einer örtlichen Risikobewertung geprüft und gegebenenfalls ergänzt werden.

1.3.3 Einsatzkräfte

1.3.3.1 Einsatzkräfte beim Standardbrand

Zur Durchführung aller notwendigen Einsatzmaßnahmen beim *Standardbrand* werden *zwei Gruppen* benötigt.

Die 1. Gruppe führt die Ersteinsatzmaßnahmen Menschenrettung über den Treppenraum und über tragbare Leitern durch. Diese Gruppe muss innerhalb der Eintreffzeit (zehn Minuten) an der Einsatzstelle eintreffen.

Die Mannschaftsstärke und der Ausbildungsstand ergeben sich aus der Aufgabenverteilung und Auftragsdurchführung gemäß den Feuerwehr-Dienstvorschriften und den Unfallverhütungsvorschriften. Insbesondere ist sicherzustellen, dass mindestens vier Atemschutzgeräteträger und die Führungskräfte, wie beispielsweise Zugführer, zur Verfügung stehen.

Die Arbeitsteilung der *ersteintreffenden Gruppe* beim Standardbrand:

1. Funktion:	Einheitsführer: Führen der taktischen Einheit, Atemschutzüberwachung
2. Funktion:	Maschinist und Fahrer: Bedienen der Feuerlöschkreiselpumpe und im Fahrzeug fest eingebauter Aggregate
3. und 4. Funktion:	Angriffstrupp: Menschenrettung unter Atemschutz über Treppenraum unter Vornahme eines Rohres
5. und 6. Funktion:	Wassertrupp: Im Bedarfsfall Menschenrettung über tragbare Leiter, Herstellen der Wasserversorgung, Sicherheitstrupp
7. und 8. Funktion:	Schlauchtrupp: Unterstützen bei der Menschenrettung, Verlegen von Schlauchleitungen
9. Funktion:	Melder: Unterstützen bei der Menschenrettung, Sonderaufgaben

Die *2. Gruppe unterstützt die 1. Gruppe* und führt die umfassende Brandbekämpfung durch. Diese Gruppe muss spätestens nach weiteren 5 Minuten (das bedeutet 15 Minuten nach der ersten Alarmierung) an der Einsatzstelle einsatzbereit sein.

1.3.3.2 Einsatzkräfte bei der Standardhilfeleistung

Zur Ausführung aller Maßnahmen bei der Standardhilfeleistung werden eine Gruppe und eine weitere Taktische Einheit (selbstständiger Trupp, Staffel, Gruppe) benötigt.

Die *1. Gruppe* führt die Maßnahmen der ersten drei Phasen des Rettungsgrundsatzes durch. Hierfür sind bei der Standardhilfeleistung mindestens neun Funktionen erforderlich. Dies entspricht der taktischen Einheit einer Gruppe (1/8/9) nach FwDV 3.

Die Arbeitsteilung der *ersteintreffenden Gruppe* bei der Standardhilfeleistung:

1. Funktion:	Einheitsführer: Führen der taktischen Einheit
2. Funktion:	Maschinist und Fahrer: Bedienen der im Fahrzeug fest eingebauten Aggregate
3. und 4. Funktion:	Angriffstrupp: Zugang schaffen, Lebenserhaltende Sofortmaßnahmen durchführen
5. und 6. Funktion:	Wassertrupp: Sichern; auch vor den Gefahren der technischen Infrastruktur schützen
7. und 8. Funktion:	Schlauchtrupp: Unterstützen, Bereitstellen von erforderlichen Geräten
9. Funktion:	Melder: Unterstützen, Sonderaufgaben

Die Mannschaftsstärke und der Ausbildungsstand ergeben sich aus der Aufgabenverteilung und der Auftragsdurchführung gemäß den Feuerwehr-Dienstvorschriften und den Unfallverhütungsvorschriften.

Die *weitere Taktische Einheit unterstützt die 1. Gruppe* und führt die vierte Phase des Rettungsgrundsatzes durch. Sie befreit den Verletzten und führt die weiteren Maßnahmen durch. Die Aufgabenverteilung erfolgt nach der Feuerwehr-Dienstvorschrift 3. Die weitere Taktische Einheit ist in der Regel eine Gruppe; lagebedingt kann sie auch ein selbstständiger Trupp oder eine Staffel sein. Sie muss spätestens 10 Minuten nach der ersten Gruppe (das bedeutet 20 Minuten nach der ersten Alarmierung) an der Einsatzstelle einsatzbereit sein.

Bei Einsätzen, bei denen das HLF 10/6 erst nach den zulässigen zwanzig Minuten eintrifft und das örtliche LF 10/6 dementsprechend mitalarmiert wird, steht eine weitere Gruppe (Mannschaft des LF 10/6) an der Einsatzstelle zur Verfügung. Diese unterstützt die Mannschaft des TSF-W beziehungsweise des StLF 10/6 und bereitet – sofern sie einen Hilfeleistungssatz mitführt – den Einsatz des Hilfeleistungssatzes vor. Bei Bedarf setzt sie diesen bereits zum „Zugangschaffen“ ein.

Im Einzelfall können vor der Durchführung der technischen Rettung komplexe Sicherungsmaßnahmen erforderlich sein.

1.4 Zusammenfassung des 1. Abschnitts

In Abschnitt 1 ist die Mindestleistungsfähigkeit der Gemeindefeuerwehr für die Standardszenarien Brand und Technische Hilfeleistung beschrieben, wie sie in jeder Gemeinde und mit einer hohen Wahrscheinlichkeit auftreten können. Als Einsatzmittel sind hierbei nur Gerätschaften berücksichtigt, wie sie aufgrund der möglichen Einsatzaufgaben grundsätzlich bei **jedem** Einsatz benötigt werden.

Es liegt in der Planungsverantwortung der jeweiligen Gemeinde, innerhalb der definierten Zeit eigene Einsatzmittel an der Einsatzstelle verfügbar zu haben oder sich durch interkommunale Zusammenarbeit Nutzeffekte zu erschließen.

Jede Gemeinde soll die zuvor beschriebene Leistungsfähigkeit beziehungsweise die ermittelten Bemessungswerte erfüllen.

Im Einzelnen gilt:

- Innerhalb des Bebauungszusammenhangs soll spätestens **10 Minuten** nach Alarmierung eine **Löschgruppe** mit mindestens einem **TSF-W** oder einem **StLF 10/6** an der Einsatzstelle eingetroffen sein. Dabei wird toleriert, dass die fehlende Mannschaft (drei Funktionen) beispielsweise mit Mannschaftstransportfahrzeugen (MTF) die Einsatzstelle anfährt. Dies gilt sowohl für den Brandeinsatz als auch für die Technische Hilfeleistung.
- In jeder Gemeinde soll spätestens 1 5 Minuten nach der ersten Alarmierung eine zweite Gruppe an der Einsatzstelle eingetroffen sein. Eine der beiden Gruppen soll mindestens über ein **LF 10/6** verfügen.
- Bei der Technischen Hilfeleistung soll zusätzlich spätestens **20 Minuten** nach der ersten Alarmierung eine weitere taktische Einheit mit mindestens einem **HLF 10/6** an der Einsatzstelle eingetroffen sein.

2 UMFASSENDE LEISTUNGSFÄHIGKEIT EINER GEMEINDEFEUERWEHR UNTER BEACHTUNG DER INTERKOMMUNALEN ZUSAMMENARBEIT

Im Abschnitt 1 werden die Bemessungswerte aus Szenarien und Aufgaben abgeleitet, wie sie in jeder Gemeinde mit hoher Wahrscheinlichkeit auftreten können. Die beiden Standardszenarien (Standardbrand und Standardhilfeleistung) sind am Wohnungsbrand und am Verkehrsunfall mit Personenkraftwagen ausgerichtet.

Darüber hinaus sind in allen Gemeinden Baden-Württembergs noch viele andere Einsatzszenarien möglich. Hierfür benötigt die Feuerwehr weitere Geräte und Feuerwehrfahrzeuge.

Ob eine Gemeinde diese Geräte und Feuerwehrfahrzeuge selbst beschafft, oder ob sie deren Verfügbarkeit durch interkommunale Vereinbarungen sicherstellt, ist auf Grundlage einer Risikobetrachtung zu entscheiden. Ausschlaggebend ist die *Auftrittswahrscheinlichkeit*; das heißt, wie häufig muss in einer Gemeinde mit dem entsprechenden Schadenszenario gerechnet werden? In großen Gemeinden, mit vielen Gewerbe- und Industriebetrieben ist die Auftrittswahrscheinlichkeit weitaus größer als in kleinen, ländlich strukturierten Gemeinden. Bei hoher Auftrittswahrscheinlichkeit eines Schadenereignisses sind die zur Schadenabwehr benötigten Fahrzeuge von der zuständigen Gemeinde ohne Berücksichtigung der in diesem Kapitel empfohlenen Eintreffzeiten zu beschaffen.

Je geringer die Auftrittswahrscheinlichkeit ist, desto mehr bietet sich die gemeinsame Beschaffung im Rahmen der interkommunalen Zusammenarbeit an. Besteht in einer Gemeinde eine hohe Auftrittswahrscheinlichkeit, spricht dies eher für eine gemeindeeigene Beschaffung. In jedem Fall ist zu prüfen, ob Feuerwehrfahrzeuge aus Nachbargemeinden einbezogen werden können.

Entscheidend ist, dass bei einer interkommunalen Zusammenarbeit die Alarmierung der Feuerwehrfahrzeuge aus den Nachbargemeinden in der Alarm- und Ausrückeordnung geregelt ist.

Die Anforderung von Überlandhilfe im Sinne des Feuerwehrgesetzes bleibt hiervon unberührt.

Die in diesem Abschnitt festgelegten Eintreffzeiten sind Orientierungswerte; in begründeten Fällen kann hiervon abgewichen werden. Die Eintreffzeiten sind aufgrund allgemeiner Erfahrungen festgelegt.

2.1 Hubrettungsfahrzeuge zur Menschenrettung

Beim Brandeinsatz ist die Sicherstellung des 2. Rettungsweges bei Gebäuden bis zur Hochhausgrenze eine der wichtigsten taktischen Aufgaben.

Nach der Landesbauordnung kann der 2. Rettungsweg über Rettungsgeräte der Feuerwehr sichergestellt werden. Für Gebäude „geringer Höhe“ gemäß der Landesbauordnung sind hierfür tragbare Leitern ausreichend. Bei „sonstigen Gebäuden“ gemäß der Landesbauordnung sind grundsätzlich Hubrettungsfahrzeuge vorzuhalten.

Hubrettungsfahrzeuge müssen demnach immer dort innerhalb der Eintreffzeit verfügbar sein, wo Gebäude vorhanden sind, bei denen die Rettungshöhe der tragbaren Leitern zur Sicherstellung des 2. Rettungsweges nicht ausreicht und der 2. Rettungsweg nicht baulich hergestellt ist. Die

Hubrettungsfahrzeuge müssen daher grundsätzlich in der gleichen Zeit eintreffen, wie die ersteintreffende Einheit nach Abschnitt 1.3.1.1.

Für	**Hubrettungsfahrzeuge**
gilt grundsätzlich	für die Menschenrettung
die Eintreffzeit von	10 Minuten.

Gleichwohl sind längere Eintreffzeiten nicht immer zu vermeiden. Dies gilt beispielsweise bei abgelegenen Einzelobjekten oder wenn in einer Gemeinde – als Einzelfall – nur wenige „sonstige Gebäude" als Altbestand bestehen. In diesen Fällen soll auf die Schaffung baulicher Rettungswege hingewirkt werden. Bei Neubauten bedeutet dies, dass der 2. Rettungsweg baulich sichergestellt werden soll.

Ergänzend hierzu soll die Gemeinde durch Alarm- und Ausrückeordnung sicherstellen, dass bei Bränden in sonstigen Gebäuden das nächstgelegene Hubrettungsfahrzeug immer sofort alarmiert wird. Voraussetzung hierfür ist, dass eine objektscharfe Erfassung im Einsatzleitsystem der Leitstelle möglich ist.

Die Eintreffzeit für Hubrettungsfahrzeuge zur Menschenrettung darf auch in den beschriebenen Ausnahmefällen nicht über 15 Minuten liegen.

2.2 Hubrettungsfahrzeuge zur Brandbekämpfung und als Arbeitsgerät

Hubrettungsfahrzeuge dienen vornehmlich zur Menschenrettung. Sie sind aber auch für andere Aufgaben geeignet. Insbesondere können sie zur Brandbekämpfung im Außenangriff bei großräumigen Objekten eingesetzt werden. Durch die große Wurfweite und das gezielte Aufbringen des Löschmittels von oben wird beispielsweise bei Bränden in Industrie- und Gewerbebetrieben eine hohe Löschwirkung erzielt. Hubrettungsfahrzeuge können als Arbeitsbühne bei Arbeiten in absturzgefährdeten Bereichen oder zur Rettung von Personen aus Höhen und Tiefen eingesetzt werden.

Hubrettungsfahrzeuge sollen daher auch in Gemeinden im Rahmen der Überlandhilfe verfügbar sein, die keine „sonstigen Gebäude" in ihrem Bestand haben. Die Eintreffzeit kann für diesen Einsatzzweck länger als zehn Minuten sein, sodass geeignete Hubrettungsfahrzeuge auch von weiter entfernten Standorten herangeführt werden können.

Für	**Hubrettungsfahrzeuge** zur Brandbekämpfung und als Arbeitsgerät
gilt grundsätzlich die Eintreffzeit von	25 Minuten

2.3 Rüstwagen oder entsprechende Abrollbehälter

In jeder Gemeinde sind Technische Hilfeleistungseinsätze möglich, bei denen die auf den Hilfeleistungs-Löschgruppenfahrzeugen mitgeführten Geräte nicht ausreichen; Beispiele sind Lkw-Unfälle, Hoch- und Tiefbauunfälle, Maschinenunfälle und Einstürze.

Die für eine umfangreiche Technische Hilfeleistung benötigten Geräte sind auf dem Rüstwagen nach DIN 145553:2002 oder auf vergleichbaren Fahrzeugen beziehungsweise Abrollbehältersystemen verlastet.

Zur Bewältigung von Großschadenlagen, beispielsweise einer Massenkarambolage sollen – unbeachtet von der Eintreffzeit – mindestens zwei Rüstwagen je Landkreis vorhanden sein.

Für	**Rüstwagen (RW)**
Gilt grundsätzlich die Eintreffzeit von	25 Minuten.

2.4 Gerätewagen-Gefahrgut (GW-G) oder entsprechende Abrollbehälter

Gefahrstoffeinsätze setzen ein umfangreiches Fachwissen, eine intensive Ausbildung und eine spezielle Geräteausstattung voraus. Der ABC-Einsatz kann daher nur von speziell geschultem Personal durchgeführt werden.

In Baden-Württemberg gibt es für diese Aufgabe die *Gefahrstoffzüge*. Sie bestehen aus einem Gerätewagen-Gefahrgut (GW-G) sowie einem LF 10/6, einem TLF 16/25 (alternativ LF 20/16) und einem Rüstwagen (RW).

Die für einen umfangreichen Gefahrstoffeinsatz benötigten speziellen Geräte sind auf dem Gerätewagen-Gefahrgut nach DIN 14555–12:2005 oder auf vergleichbaren Fahrzeugen beziehungsweise Abrollbehältersystemen verlastet.

Die empfohlene Eintreffzeit für den GW-G gilt für den gesamten Gefahrstoffzug.

Für	**Gerätewagen-Gefahrengut (GW-G)**
gilt grundsätzlich die Eintreffzeit von	30 Minuten.

Der ABC-Erkundungskraftwagen und die ABC-Dekon-Komponente können im Einsatzfall zur Verstärkung des Gefahrgutzuges hinzugezogen werden.

Sofern in Gemeinden Betriebe vorhanden sind, die ständig mit Gefahrstoffen umgehen, wird für die Erstmaßnahmen, insbesondere für die Menschenrettung, die *Mindestausstattung* der Gemeindefeuerwehr bestehend aus vier Chemikalienschutzanzügen, einem Explosionsgrenzen-Warngerät und einem Gasspürgerät empfohlen.

2.5 Einsatzleitwagen 1 (ELW 1)

Einsatzleitwagen 1 (ELW 1) sind Führungsfahrzeuge zur Unterstützung der Einsatzleitung ab der Führungsstufe C nach FwDV 100. Sie können auch bei Einsätzen mit niedrigerer Führungsstufe dem Einsatzleiter als Führungsmittel dienen. Für den Führungserfolg ist im Einsatz ein frühzeitiger Aufbauder Führungsorganisation einschließlich des Tätigwerdens einer Führungsgruppe und damit die Verfügbarkeit eines ELW 1 wichtig.

Ein ELW 1 ist für Gemeinden ab mindestens 10.000 Einwohnern angezeigt. ELW1 können für mehrere Gemeinden gemeinsam beschafft und durch eine gemeinsame Führungsgruppe besetzt werden.

Für	**Einsatzleitwagen 1 (ELW 1)**
gilt grundsätzlich die Eintreffzeit von	20 Minuten.

2.6 Gerätewagen Atemschutz (GW-A) oder entsprechende Abrollbehälter

Ein Einsatz mit vielen Atemschutzgeräten erfordert eine leistungsfähige Atemschutzlogistik. Diese soll eine ständige Versorgung mit Atemschutzgeräten sicherstellen. Die hierfür benötigten Geräte sind auf einem Gerätewagen-Atemschutz oder auf vergleichbaren Fahrzeugen beziehungsweise Abrollbehältersystemen verlastet.

Für	**Gerätewagen-Atemschutz (GW-A)**
gilt grundsätzlich die Eintreffzeit von	30 Minuten

2.7 Schlauchwagen 2000 (SW 2000), GW-L als SW 2000 oder AB-Schlauch

Außerhalb des Bebauungszusammenhangs liegen insbesondere in ländlich strukturierten Gebieten häufig Einzelobjekte, für die bei Großbränden die benötigte Löschwassermenge nicht ausreicht. Auch innerhalb des bebauten Gebietes reicht die nach DVGW-Merkblatt W 405 vorgesehene Löschwassermenge nicht immer für eine wirkungsvolle Brandbekämpfung aus. Die Löschwasserversorgung muss dann von der Feuerwehr durch Wasserförderung über lange Schlauchstrecken hergestellt werden. Neben Löschfahrzeugen sind hierfür besonders der SW 2000 oder ein GW-L beziehungsweise ein Abrollbehälter-Schlauch mit entsprechendem Einsatzwert geeignet.

Die Ermächtigung nach § 3 des Feuerwehrgesetzes zur Verpflichtung von Eigentümern und Besitzern zur Bereithaltung von Löschwasser bleibt hiervon unberührt.

Für	Schlauchwagen (SW 2000)
gilt grundsätzlich die Eintreffzeit von	25 Minuten.

3 LEISTUNGSFÄHIGKEIT DER FEUERWEHREN ALS ERGEBNIS GROSSRÄUMIGER PLANUNG

In den Abschnitten 1 und 2 ist die Leistungsfähigkeit der Gemeindefeuerwehr beschrieben, wie sie mit der eigenen Personal- und Fahrzeugausstattung oder durch interkommunale Zusammenarbeit gewährleistet werden soll.

Darüber hinaus gibt es Einsätze, bei denen weitere Sonderfahrzeuge und Einheiten notwendig sind, die aufgrund der geringen Auftrittswahrscheinlichkeit solcher Einsätze und aufgrund der meist unkritischen Eintreffzeit innerhalb des Landes nur wenige Male vorhanden sein müssen. Diese Sonderfahrzeuge werden in aller Regel von größeren Gemeinden bzw. von Stadtkreisen oder im Verbund mehrerer Gemeinden untereinander beschafft.

Die wichtigsten Sonderfahrzeuge und Einsatzmöglichkeiten sowie deren einsatztaktischen Möglichkeiten sind nachfolgend beschrieben.

Darüber hinaus verfügen die Feuerwehren über *Sondereinheiten*. Dies sind beispielsweise die Tauchergruppen und die Höhenrettungsgruppen. Da diese Einheiten aufgrund einer örtlichen Risikobetrachtung aufgestellt und betrieben werden, sind in den Hinweisen für diese keine besonderen Kriterien aufgeführt.

Die Feuerwehren können auch die Ressourcen anderer Organisationen und Einrichtungen mitnutzen. Dies ist vorbereitend in der Einsatzplanung zu berücksichtigen. Eine Berücksichtigung bei der örtlichen Feuerwehrbedarfsplanung verbietet sich jedoch von selbst, wenn die Verfügbarkeit dieser Einheiten und Gerätschaften nicht rund um die Uhr und über das gesamte Jahr hinweg gewährleistet ist.

3.1 Feuerwehrkran (FwK)

Ein FwK dient vor allem zum Bewegen schwerer Lasten bei der Menschenrettung und bei der Bergung von Toten und Sachen.

Grundsätzlich kann im Einsatz auf gewerbliche Kranwagen zurückgegriffen werden; damit ist eine flächendeckende Verfügbarkeit von Gerät und von qualifiziertem Personal sichergestellt. Nachteilig ist beim Rückgriff auf gewerbliche Unternehmen, dass die Eintreffzeit planerisch nicht beeinflusst werden kann und dass keine Rund-um-die-Uhr-Einsatzbereitschaft gewährleistet ist. Bei großflächigen Schadenlagen muss auch die Möglichkeit der Einflussnahme auf Dritte kritisch bewertet werden.

Daher muss die Feuerwehr auch auf eigene Kranwagen zurückgreifen können. Diese Fahrzeuge sollen bedarfsgerecht konzipiert sein. Sie sollen ein möglichst breites Einsatzspektrum abdecken. Sinnvoll ist beispielsweise die ergänzende Ausstattung des Feuerwehrkrans zur Brandbekämpfung und als Arbeitsplattform für das Arbeiten in Höhen und Tiefen.

In der Regel werden Feuerwehrkrane nur in Städten mit Berufsfeuerwehr beziehungsweise mit hauptamtlichen Einsatzabteilungen beschafft.

Als landesweiter Planungswert gilt:

Ein bis zwei FwK je Regierungsbezirk.

3.2 Hubarbeitsbühne als Arbeitsgerät und als Löschgerät

In den Abschnitten 2.1 und 2.2 sind Kriterien für die Hubrettungsfahrzeuge beschrieben, mit denen der 2. Rettungsweg sicherzustellen ist. Gesamtmasse, Achslast, Maße, Ausladung und Rettungshöhe müssen bei diesen Feuerwehrfahrzeugen mit den Forderungen des Baurechts (insbesondere: Flächen für die Feuerwehr) in Einklang stehen.

Neben den Hubrettungsfahrzeugen gibt es aus dem gewerblichen Bereich Gelenkmaste beziehungsweise Hubarbeitsbühnen mit weitaus größeren Gewichten, Abmessungen und Lastfähigkeiten. Solche Hubarbeitsbühnen sind keine Hubrettungsfahrzeuge für den alltäglichen Einsatz und sie sind auch keine Rettungsgeräte zur Sicherstellung des 2. Rettungsweges.

Dennoch können sie bei der Feuerwehr in besonderen Lagen sinnvoll eingesetzt werden: Beispielsweise bei Bränden in Industrieanlagen zur Lageerkundung und zur Brandbekämpfung von oben. Auch dienen sie als sichere Arbeitsplattform bei der Ausführung umfangreicher oder schwerer Arbeiten in Höhen, beispielsweise nach Bränden, Stürmen oder Gebäudeeinstürzen.

Als landesweiter Planungswert gilt:

Ein bis zwei Hubarbeitsbühnen je Regierungsbezirk.

3.3 Großlüfter

Bei Bränden in weiträumigen Gebäuden und Verkehrsanlagen kann durch Großlüfter die Brandbekämpfung unterstützt und die Entrauchung beschleunigt werden.

Als landesweiter Planungswert gilt:

Drei Großlüfter je Regierungsbezirk.

Beachte: Großlüfter sind kein Ersatz für vorbeugende bauliche Brandschutzmaßnahmen beispielsweise in unterirdischen Verkehrsanlagen.

3.4 Einsatzleitwagen 2 (ELW 2)

Bei großen, lang andauernden Schadenlagen werden zur Führungsunterstützung ab der Führungsstufe D nach FwDV 100 Einsatzleitwagen benötigt, die die Information- und Kommunikation sicherstellen und die das Arbeiten eines Führungsstabes i n n e r h a l b eines Einsatzleitwagens erlauben. Das Arbeiten von Führungsstäben in Einsatzleitwagen ist vor allem bei Einsätzen außerhalb von bebauten Gebieten notwendig oder dann, wenn Gebäude oder die Infrastruktur weiträumig zerstört sind.

Geeignete Fahrzeuge sind die Einsatzleitwagen 2 nach DIN 14507.

Als landesweiter Planungswert gilt:

Ein ELW 2 für ein bis zwei Land - oder Stadtkreise.

3.5 Konzept zur Luftprobenmessung

Die Feuerwehren sind landesweit mit Fahrzeugen zur Messung von Gefahrstoffen ausgestattet. Dies sind vor allem die GW-G und die durch Landesmittel ergänzend mit Messtechnik ausgestatteten ABC-Erkundungskraftwagen.

Eine Lücke besteht noch bei der Messung der Gefahrstoffanteile in der Luft (Luftprobenmessung). Hierfür ist eine umfangreiche Messtechnik notwendig.

Die Feuerwehr Mannheim hält eine entsprechende Messtechnik vor und bietet den Feuerwehren qualifizierte Unterstützung an. Vorgesehen ist hierbei, dass die Feuerwehr vor Ort mit einem speziellen Prüfröhrchen Luftproben nimmt und – je nach Einsatzszenario – diese Proben entweder nach Mannheim zur Auswertung schickt oder dass das Messgerät einschließlich des Bedienpersonals von Mannheim an die Einsatzstelle verlegt wird.

Vor Ort müssen die Probeentnahmeröhrchen vorgehalten und jährlich kalibriert werden.

Die Probeentnahmeröhrchen können kreisweit beispielsweise auf den ABC-Erkundungskraftwagen verlastet werden. Den Land- und Stadtkreisen wird empfohlen, mit der Stadt Mannheim eine entsprechende Vereinbarung zu schließen.

3.6 Sonstige Abrollbehälter oder Logistiksysteme

Ergänzend zu den in diesem Kapitel aufgeführten Fahrzeugen oder Abrollbehältern sollten landesweit weitere Sonderfahrzeuge bzw. Logistikkonzepte aufgestellt werden:

- **Notstromversorgung,**

- **Sonderlöschmittel,**
- **Lenzen.**

Hierfür sind geeignete Strategien zu entwickeln und technische Lösungen zu erarbeiten.

Literaturhinweise:

[1] „Hinweise zur Leistungsfähigkeit einer Gemeindefeuerwehr“ des Landesfeuerwehrverbandes Baden-Württemberg; 1999 – ersetzt durch die vorliegenden „Hinweise zur Leistungsfähigkeit der Feuerwehr“; 2008

[2] Qualitätskriterien für die Bedarfsplanung von Feuerwehren in Städten; Empfehlungen der Arbeitgemeinschaft der Leiter der Berufsfeuerwehren AGBF-Bund vom 16.09.1998

[3] „Feuerwehrsystem – O.R.B.I.T. Entwicklung eines Systems zur Optimierten Rettung, Brandbekämpfung mit Integrierter Technischer Hilfeleistung“ im Auftrag des Bundesministers für Forschung und Technologie, Porsche AG; Forschungsbericht KT 7612 (Kommunale Technologien); 1978

[4] Bericht des Präsidenten des hessischen Rechnungshofes: Siebzehnte vergleichende Prüfung „Feuerwehrfahrzeuge und Geräte“ in 20 Städten und Gemeinden; Drucksache 14/3964 des Hessischen Landtages 18.07.1997

Mitglieder der Arbeitsgruppe:

Jörg **Berger** (LFV), Rainer **Dietz** (AGKBM), Bernhard **Dittrich** (LFV), Daniel **Guischard** (LFS), Michael **Hack** (AGKBM), Martin **Hagen** (AGKBM), Dr. Frank **Knödler** (LFV), Klaus **Kurz** (LFV), Frieder **Lieb** (BBM), Andreas **Löhle** (LFV), Berthold **Maier** (LFV), Gerhard **Mauch** (Städtetag), Peter **Michels** (AGKBM), Nathalie **Münz** (Landkreistag), Harald **Pflüger** (LFV), Hans-Jörg **Prinzing** (AGBF), Helmut **Richter** (LFV), Dietmar **Ruf** (Gemeindetag), Rolf **Schmid** (IM), Hermann **Schröder** (Federführung – IM), Rolf-Jürgen **Stoffel** (AGKBM), Manfred **Tremmel** (LFV), Helmut **Wibel** (LFV), Michael **Willms** (LFS)

Anhang 6

Gegenüberstellung wichtiger Normen des LKatSG 1999 mit dem LKatSG in der Fassung von 2025

LKatSG 1999	LKatSG 2025	Regelungsinhalt
§ 1 Abs. 1	§ 9	Aufgaben
§ 1 Abs. 2	§ 2 Abs. 2	Definition d. Katastrophe
§ 2 Abs. 2	§ 28 Abs. 2	Führungsstab
§ 3	§ 35	Maßnahmen bei Katastrophen
§ 4 Abs. 1	§ 4	Katastrophenschutzbehörden
§ 9	§§ 4, 5	Träger der Katastrophenhilfe
§ 10	§ 6	Katastrophenschutzdienst
§ 13	§ 18	Freistellung; Fortgewährung von Leistungen
§ 14	§ 19	Auslagenersatz
§ 15	§ 20	Ersatz von Sachschäden
§ 16	§ 17	Haftung
§ 17 Abs. 2	§ 45	Fw.-Angehörige im Katastrophenschutz
§ 18	§ 2 Abs. 2 § 44	Feststellung d. Katastrophe; Katastrophen(vor)alarm
§ 19	§ 36	Leitung des Einsatzes
§ 20	§ 36	Technische Einsatzleitung
§ 23	§ 48	Aufhebung des Katastrophenfalls
§ 25	nicht normiert	Hilfspflichten der Bevölkerung
§ 33	§ 56	Kostentragung
§ 35	§ 2 Abs. 1	Außergewöhnliche Einsatzlage (AEL)
§ 36	nicht normiert	Außergewöhnlicher Einsatzalarm
§ 37 Abs. 3	§ 45 Abs. 1	Rechtsverhältnisse bei AEL
§ 38	§ 36 Abs. 3	Einsatzleitung bei AEL
§ 39	§ 56	Kosten der Bewältigung

Stichwortverzeichnis

Die fette Zahl verweist auf den Paragrafen des Feuerwehrgesetzes bzw. auf die Einführung (Einf.); die Zahl danach verweist auf die Randnummer (Rn.). Die Hinweise betreffen grundsätzlich die Hauptfundstelle. Weitere Hinweise auf Randnummern finden sich in den Erläuterungen.

C

D

G

H

I

J

K

W